이토록 찬란한
행성에서

일러두기

1. 성서 역본은 대한성서공회 발행 '표준 새 번역 개정판' 초판이다(2001년 11월 10일).
2. 하나님과 신은 같은 뜻으로 쓴다.
3. 히-히브리어, 그-그리스어, 라-라틴어의 줄임말이다.

이토록 찬란한 행성에서

지은이   이범선
펴낸이   성상건

펴낸날   2025년 03월 21일
펴낸곳   도서출판 나눔사
주소   (우)10270 경기도 고양시 덕양구 푸른마을로15
         301동1505
전화   02.359.3429 팩스 02.355.3429
등록번호   제 2-489호(1988년 2월 16일)
이메일   nanumsa@hanmail.net

ISBN 978-89-7027-837-7   03230

값 20,000 원

*잘못된 책은 바꾸어 드립니다.

지성인을 위한 성서 인문학

이토록 찬란한
행성에서

이 범 선 지음

밤마다 물리적 하늘이 연출하는 별들의 향연(饗宴)을 경이감에
젖은 심정으로 찬탄하며 바라보는 것만으로도, 인간은 거의 종교적 체험에
가까운 신비감과 희열을 누린다.

나눔사

차례

들어가는 말

1. 19세기 프랑스 상징주의 시인 '샤를 피에르 보들레르'의 시를 생각해본다(1821~1867년, 산문시집-파리의 우울).

이방인

수수께끼 같은 친구여, 말해보오, 누구를 가장 사랑하는지.
당신의 아버지? 어머니? 누이, 아니면 형제?
나에게는 아버지도 어머니도 누이도 형도 없다오.
당신의 친구들은?
당신은 오늘날까지 나에게 그 의미가 미지수로 남아 있던 말을
구사하고 있구려.
당신의 조국은?
나의 조국이 어떤 위도 밑에 자리하고 있는지조차 모른다오.
아름다움은?
불멸의 여신인 미라면 기꺼이 사랑하겠소만.
황금은 어떻소?
당신이 신을 증오하듯 나는 황금을 증오하오.
아하, 그래요!

그렇다면 불가사의한 이방인이여, 당신은 도대체 무엇을
사랑하는 거요?
나는 구름을 사랑하오…
저기…저기…저쪽으로 지나가는 구름을…저 찬란한 구름을!

상징(象徵, symbol)은 숨겨진 무엇을 가리키는 은유(隱喩, Metaphor)의 이정표(里程標)이다. 인간사의 하 많은 것은 상징이다. 우리는 상징의 세계에서 산다. 상징은 인간을 먹여 살리는 영혼의 양식(糧食)이고, 또한 삶을 도탑게 가꾸어주는 양식(樣式)이다. 상징은 꿈과 희망과 이상(理想)이 되기도 한다.

시인은 ‘구름’을 ‘아버지, 어머니, 누이, 형, 친구들, 조국, 아름다움, 황금’보다 더 사랑하는 것이라고 말한다. 시인에게 구름은 최상의 가치에 대한 상징이다. 어떻게 구름을 모든 아들딸의 그리움이며 안식처이며 고향인 ‘어머니’보다 더 사랑한다는 것일까? 시인이 가장 사랑하는 구름은 무엇의 상징일까? ‘불멸의 여신인 미’보다 더 높게 여기는 낭만적 관념의 이상인가, 진리인가, 사랑인가, 자유인가, 일인가, 하나님·신인가? 시인은 직접 대답하지 않는다. 구름의 상징은 시인 외에 아무도 알 수 없다. 그러나 ‘이방인’(異邦人, outsider)이라는 제목으로 더듬어 볼 수 있으리라.

시인은 왜 이 제목을 붙였을까? 시인이 말하는 이방인은 보통 의미하는 외국인이 아니라, 대개 비슷한 세계관과 가치관과 인생관과 욕망을 품고 살아가는 동시대 사람들과는 매우 다른 눈·관점으로 삶과 세상을 바라보기에, 도무지 사람들과 섞이지 못하는 삐딱하고 외롭고 고독한 사람, 자의적으로 되고자 해서 된 것이 아니라 일반인들과는 다른 이상과 관점을 지니고 행동하기 때문에 그 시대에서 낯선 사람으로 취급당하는 사람이다.

따라서 시인은 '세상의 이방인'이다. 그는 '아버지, 어머니, 누이, 형, 친구들, 조국, 아름다움, 황금'을 애지중지하여 거의 절대화하는 동시대 사람들과는 전혀 다른 눈으로 그것을 보기 때문에, 이방인으로 취급당하는 사람이다. 그는 인간의 본성과 정(情)과 도덕, 사회와 국가와 대중적 종교가 떠받드는 이미지와 이념이나, 돈과 물신주의를 인생의 소중한 가치로 보고 사랑할 것으로 여기지 않는다. 실로 한 시대의 이단아(異端兒)이다.

이것은 역설(逆說, paradox)의 변증이다. 왜냐면 이런 관점과 태도야말로 진실로 참된 인간의 길이기 때문이다. 그래서 구름은 역으로 생각해봐야, 그 상징의 의미를 어느 정도 이해할 수 있을 것이다. 곧, '지나가는 찬란한 구름'을 텅 빈 허허로운 마음으로 가장 사랑하게 될 때, 그때야 비로소 '아버지, 어머니, 누이, 형, 친구들, 조국, 아름다움'을 있는 그대로 사랑할 수 있고, '황금'(돈과 재산과 소유물)을 다스릴 수 있게 된다는 것! 그래서 이 시는 비록 종교시는 아니지만, 진정한 '종교성'을 드러내는 탁월한 시로 수용할 수 있다.

그러면 도대체 시인의 '구름'은 무엇을 상징하는가? 예수의 말씀에서 생각해보자. "나보다 아버지나 어머니를 더 사랑하는 사람은 내게 적합하지 않고, 나보다 아들이나 딸을 더 사랑하는 사람도 내게 적합하지 않다. 또 자기 십자가를 지고 나를 따르지 않는 사람도 내게 적합하지 않다. 자기 목숨을 얻으려는 사람은 목숨을 잃을 것이요, 나를 위하여 자기 목숨을 잃는 사람은 목숨을 얻을 것이다."(마 10:37~39)

이것이야말로 자기가 훌륭한 그리스도인이라고 생각하는 기독교인의 착각과 망상을 으스러뜨리는 망치와 같은 충격적인 말씀이다. 예수께서는 무엇 때문에 이렇게 말씀하신 것일까? 두 가지로 볼 수 있겠다. 하나, 가장 사랑해야 할 것을 두 번째, 한참 뒤, 구석, 꼴찌, 아예 내팽개치고 제쳐두거나, 그도 아니면 필요에 따라 이용하면서 적당히 사랑해야 할 것을 절대화하는 인간의 무지와 탐욕과 어리석음이다. 그렇게 되면, 가장 사랑해야 할 것이 없어지는 것은 물론, 적당히 사랑해야 할 것도 제대로 사랑하지 못하게 되어, 삶이 온통 뒤죽박죽되어 버리고 슬픔과 고통과 불행, 비참함과 허무 속으로 떨어질 수밖에 없다.

둘, 참되고 가치 있는 인생으로 인도하려는 거룩한 사랑의 의지이다. 성공과 영광과 명예의 추구, 가족의 행복이라는 명분으로 인해 진리를 저버리기 쉬운 것이 인간이다. 권력과 재산과 명예에 대한 욕망은 인생의 3대 함정(陷穽)이다. 부귀영화! 이 말은 이것이 나쁘다는 것이 아니라, 지나치면 인생을 망치는 결정적 유혹과 수렁으로 작용할 수 있다는 뜻이다.

예수께서는 사람이 가장 사랑해야 하는 '구름'을 '나'라고 하신 것이다. 따라서 예수의 말씀 역시 사람이 '나'를 인생에서 가장 사랑하는 분으로 여길 때, 그러다가 박해와 고난과 죽음을 맞더라도 기꺼이 수용할 때, 진실로 '아버지와 어머니, 아들딸, 형제자매'를 진리 안에서 사랑할 수 있고, '자기 목숨'(진정한 삶이나 영예)을 얻게 된다는 역설의 변증이다.

따라서 보들레르의 '구름'과 예수의 '나'는 인간의 본성과 정(情)과 도덕, 사회와 국가와 대중적 종교가 떠받드는 이미지와 이념을 무시하거나 돈·재산이 전혀 필요 없다는 것이 아니라, 그것의 올바른 자리와 사용을 천명한 역설의 선언이다(신 8장; 마 4:1~11). 곧, 이것은 인생의 우선순위에 관한 것으로, 먼저 해야 할 것과 나중 해야 할 것, 근본(根本·뿌리)과 지엽(枝葉·가지와 이파리), 앞(先)과 뒤(後)에 두어야 할 것, 중요한 가치와 부차적 가치에 관한 명쾌한 진리이다. 왜냐면 인생과 사회와 종교, 세상과 역사는 우선순위를 뒤엎거나 바꿔치기하거나 내버리기 때문에 엉망진창이 되기 때문이다.

사실 성서의 모든 가르침은 인생의 우선순위에 관한 것이다. 곧, 성서는 시종일관 인간이 '지나가는 찬란한 구름'이라 할 '나'(하나님·예수 그리스도·진리)를 가장 사랑해야 하는 우선순위로 가르친다. 성서는 인간이 먼저 해야 할 것, 근본으로 삼을 것, 앞에 두어야 할 것, 중요한 가치를 생의 우선순위에 놓고 살아갈 때, 나중 할 것과 주변과 뒤에 두어야 할 것과 부차적인 가치인 '아버지, 어머니, 아들딸, 형제자매'를 진실로 사랑할 수 있게 되고, '황금'을 선용하게 되고, '자기 목숨'을 얻게 된다고 말한다. 성서는 이것을 고대 이스라엘 민족의 신화와 역사, 예수와 초기 기독교의 메시지를 통하여 보여준다.

2. 2019년이 끝나갈 무렵, 느닷없이 "코비드(Corona Virus Disease) 19"가 터져, 세상이 3년 동안 환란(患亂)에 빠져 고생했다. 참으로 인류 역사상 전 세계 모든 대륙의 사람들이 처음으로 겪는 미증유(未曾有)의 대재앙이었다. 세계 제1, 2차 대전조차도 이렇지는 않았다. 총과 대포, 전투기와 폭격기, 잠수함과 탱크, 매캐한 연기, 아비규환(阿鼻叫喚)의 피난살이도 없었건만, 보이지 않는 바이러스와 한바탕 세계적인 전쟁을 치렀다.

참으로 어렵고 참담한 시절이었다. 걱정과 시름, 슬픔과 고통, 두려움과 불안, 죽음, 그리고 피로감이 세상을 휩쓸었다. 신속하게 개발한 백신 덕택에 퇴치했지만, 여전히 불안이 가신 것은 아니다. 차후에 혹시 더 강력한 바이러스가 발생하고 백신을 무효로 만드는 일이 벌어진다면, 그때는 정말이지 인류 문명이 위태로워질 것이다.

그런데 코비드 사태는 중국에서 만든 인공 바이러스가 유출된 것이라는 과학적 의심이 있었지만, 그것은 점점 더 거세지고 있는 기후 위기에서 발생한 비상(非常) 상황으로 보아야 할 것 같다. 나는 영국의 기후학자 '제임스 러브록'을 따라, 지구를 "생각하는 거대한 유기체 행성"으로 본다(가이

아, 1979년; 가이아의 시대, 1988년). 그에 따르면, 지구는 끊임없이 자기 보전을 위하여 최선의 조정 작업을 하는 살아 있는 행성이다. 그것이 지구 생명의 역사이다. 그런데 그러한 자연 질서가 만물의 한 부분일 뿐인 인류라는 종 때문에 망가지고 있다. 그래서 생각하는 지구는 자기 보전을 위한 행동을 취한다. 그 실상이 기후 재앙이다.

그가 처음 이런 견해를 밝혔을 때, 과학자들과 정치가들과 경제인들은 '사이비 유사 과학'쯤으로 치부하며 거세게 비판했지만, 지금은 아무도 반박하지 못하고 있다. 이는 지동설이 처음에는 박해를 받았지만, 얼마 후 모든 이들이 태양계의 과학적 진실로 수용한 것과 같은 일이라 하겠다. 이런 점에 대해서는 현인 '헨리 D. 소로'의 말이 지당하리라. "세상의 값진 지혜란 한때 받아들이기 어려웠던 어진 이들의 이단 사상이다."(일기)

따라서 이제 코비드 사태는 해결되었으니 아무 문제 없다는 듯 넘어갈 일이 아니다. 그보다 더 근본적인 문제인 기후 재앙을 정면으로 바라보아야 한다. 개구리를 찬물에 넣고 서서히 끓이면 죽는 줄 모르게 죽듯이, 만물에 절대적 생명줄인 땅과 하늘과 대기, 강과 호수와 바다의 오염이 가져온 기후 위기와 재앙도 인류에게 그런 식이 될 수 있다.

그러나 기후 재앙만이 인류가 직면한 위기는 아니다. 기후 위기는 지금까지 일방적으로 석유 화학 산업에 치중한 문명사 자체가 끝없는 물질적 탐욕과 이기심으로 인한 오염, 국내와 국가 간의 불평등과 차별과 억압과 착취, 과도한 경제적이고 군사적인 경쟁 체제, 왜곡되고 오염된 이념, 갖가지 범죄와 타락, 국제적 대결과 전쟁 등으로 인생의 우선순위를 바꿔치기했기 때문에 발생한 모든 위기의 총합이다.

그렇기에 기후 위기와 재앙은 생각하는 거대한 생명체인 지구가 인류 문명의 현실을 근본적으로 재고하고 방향을 바꾸라고 촉구하는 독촉장이다. 어쩌면 최후의 독촉장일지도 모른다. 그래도 인류가 여전히 예전의 사고 체계와 존재 방식을 따라서 늑장을 부리며 이미 한계점에 도달한 문명을 바꾸지 않는다면, 그때 지구는 동시다발적으로 감당할 수 없는 사태를 일으킬지도 모른다. 지구는 지구의 것이지, 인간의 것이 아니기 때문이다.

그러므로 지금이야말로 인류가 그간 지속해온 문명의 모든 것을 되돌아보고 의심하고 재평가하고 재설정해야 하는 결정적 시점이다. 곧, 인류는 이전과 같은 지구·자연·생태계를 오염시키는 일방적인 석유화학 산업과 물질문명을 계속 밀어붙일 것인가, 아니면 그 문명의 방향을 돌려 철학·사상·종교·영성·교육을 통하여 '생태계 친화적 정신문화'를 추구할 것인가 하는 데서 선택해야 하는 중대한 전환점에 서 있다. 어느 쪽을 택하는가에 따라 향후 인류의 미래가 결정될 것인데, 그러나 지금 인류가 선택해야 할 길은 오로지 생태 친화적인 정신문화밖엔 없다!

3. 생태계 친화적 정신문화를 추구하는 일은 우선 "세상을 알고 자신을 알기" 위해서 힘쓰는 것이다(리하르트 D. 프레히트–철학하는 철학사 1, 2). 인간이 세상(우주와 지구·자연과 사회)과 타인과 자기를 아는 것은 지혜로운 삶의 기초이다. 세상의 구조에 대한 자연 과학적 지식만으로는 충분하지 않다. 인류는 아직도 자기를 제대로 알지 못하고 있다. 허우대는 컸는데, 정신은 여전히 유치하다. 외부에 대한 지식은 많으나, 자기에 대한 앎은 턱없이 부족하다. 이것이 지금 기후 위기와 재앙 시대의 인류가 처한 사태의 근본이다.

자기에 대한 앎은 단지 지식과 정보의 축적이 아니라, 통찰과 이해와 깨달음·자각과 지혜의 문제이다. 이것은 이미 고대인들이 남겨준 각 종교와 사상과 철학과 문학이 가르치는 진리이다. 인간은 누구나 행복과 안정과 평화를 갈망하며, 이것을 삶의 의미와 가치와 목적으로 본다. 그런데 이것은 인간이 인간, 곧 자기와 타인을 아는 데서 가능하다.

그리고 인간이 자기와 타인을 아는 것은 인생의 원리를 아는 데서 가능하다. 인생의 원리는 어쩔 수 없이 이원론적이다. 곧, 신과 악마, 진리와 거짓, 빛과 어둠, 선과 악, 의와 불의, 진실과 허위, 도덕과 부도덕, 윤리와 비윤리, 사랑과 미움, 자비와 폭력, 아름다움과 추함, 양심과 몰염치, 존중과 모멸, 마음과 몸, 나(我)와 비아(非我)·너, 조국과 타국, 가족과 이웃, 친구와 경쟁자·적, 안정과 불안, 축복하는 마음과 적대감, 존재 양식과 소유 형식, 영혼·정신과 물질, 노동과 쉼, 이타심과 이기심으로 이루어진 것이다. 인간은 죽음이 다가올 때까지, 이 두 세계 사이에서 줄타기하듯 행복과 평화를 추구하며 살아간다. 그래서 인생은 어렵고 복잡하고 힘겹다. 이것이 동서고금 인간의 모습이다.

이러한 인생의 원리를 깊이 이해하는 것이 자기와 타인을 아는 것이다. 자기를 아는 만큼 행복과 안정과 평화를 누릴 가능성이 크다. 왜냐면 나를 아는 것은 타인을 아는 것과 맞물려 있기 때문이다. 나를 모르면 타인을 모르고, 타인을 모르면 나를 모른다. 자타(自他)를 모르면, 인간은 행복과 안정과 평화를 바라면서도, 정작 탐욕에 기초한 이기주의와 물질주의와 폭력주의를 떠받들며, 갖가지 불행과 비참과 불평등을 낳는 부조리한 존재 방식을 취한다.

'자연은 단지 인간을 위한 물질적 재료일 뿐'이라는 "르네 데카르트"(1596~1650년)의 근대 합리주의 철학의 이분법 사고체계가 근 475여 년이 되도록 문명 발전의 원동력으로 작용한 것은 사실이다. 그러나 이것이 기후와 문명의 위기를 불러온 원인이다. 이것은 이미 1, 2차 세계대전으로 종말을 고한 것이기에, 폐기해버려야 할 구시대 사상이다. 그런데도 여전히 그 괴이한 망령(妄靈)이 인류를 지배하는 확고한 신념 체계로 자리 잡고 있다.

지구는 인간의 것이 아니다. 인간은 분명 만물의 한 종일 뿐이다. 이보다 더 분명한 과학적 진리(!)도 없다. 인간이 지구를 자신의 소유물처럼 생각하는 것은 천동설적 사고방식이다. 지구가 태양계의 중심이 아닌 것과 같이, 인간은 지구의 중심이 아니다. "너희는 다만 나그네이며, 나(하나님)에게 와서 사는 임시 거주자일 뿐이다."(레 25:23) 따라서 지금은 지구와 자연과 인간 사회를 전체적인 안목에서 생각해야 할 때이다. 생태계 친화적 정신문화는 세상과 자기와 타인을 앎으로써 탐욕과 이기주의와 물질주의와 폭력주의에서 해방된 자유롭고 단순하고 지성적이고 지혜로운 존재 방식을 요청하고 지향한다.

4. 그런데 세상을 알고 자기를 알고 타인을 아는 생태계 친화적 정신문화는 신·진리를 향한 진실한 신앙과 앎, 사랑과 깨우침·자각에서 가능하다. 여기에서 영혼과 마음과 지성과 의지의 지혜로운 통합, 자연 친화적인 단순한 생활 방식, 타자와 맺는 깊고 친밀하고 조화로운 윤리적 소통 관계가 이루어지면, 내적 기쁨과 행복, 자유와 평화를 누리는 존재 방식이 자연스럽게 드러난다. 그래서 두 개의 기도를 생각해본다.

주여, 모든 인간의 마음에 높은 이상(理想)을 주소서.
주여, 모든 인간의 손에 동정(同情)이 있게 하소서.
주여, 모든 인간이 있는 곳에 참과 선과 평화가 있게 하소서.
주여, 인간이 사는 모든 곳에 아름다운 천국이 이루어지게 하소서.
(알베르트 슈바이처, 이일선- 인간 슈바이처)

주여, 이 가슴 속에 박혀 있는 가난의 뿌리를 흔들어 주소서.

기쁨과 슬픔을 명랑히 지닐 힘을 주소서.

이 몸의 사랑이 임을 섬기는 데서 열매 맺도록 힘을 주소서.

가난을 멀리하거나 오만한 권력 앞에 무릎을 꿇는 일이 없도록
힘을 주소서.

나날이 일어나는 잡사(雜事)를 넘어 높이 이상(理想)을 끌어 올릴
힘을 주소서.

그리고 사랑으로써 임의 뜻에 이 몸의 힘을 굴복시킬 힘을 주소서.

(라빈드라나트 타고르-기탄잘리, 35)

두 기도문에서 공통된 단어는 '높은 이상'이다. 이것은 경제력이나 무력(武力)이 아니라, 문(文)의 힘·문화의 힘에 대한 이상이다. 곧, 사람을 긍휼히 여기는 동정의 심정, 이 세상에 이루어져야 할 참·진리와 선과 평화의 세계, 영원하신 임·신을 향한 사랑, 일상의 잡사에 지배당하지 않는 숭고한 사상, 그리고 자아(自我·Ego, 마음의 한 부분인 욕망의 총체)의 힘을 신·진리에 굴복시키는 진실한 태도와 자유를 지향하는 문화의 힘에 대한 이상이다.

이러한 이상은 심오하고 숭고한 정신과 사고체계에 근거한 혁신적 존재 방식을 통해 이룩되는 인간적인, 너무나도 인간적인 세계, 그래서 신성하고 참된 세계를 실현하기 위한 토대와 기둥과 원동력이다. 그러자면 인간은 '가슴 속에 박혀 있는 가난(궁핍)의 뿌리'를 흔들고 뒤엎어 새로운 것을 잉태하고 출산해야 한다.

무엇이 지금 인류가 처한 궁핍의 실상인가? "신처럼 되고자 하는"(창 3:5) 멈출 길 없는 물질적 욕망의 갈애(渴愛)! 이것은 풍요해질수록 인간의 내적 세계와 타자와 맺는 관계 방식을 거칠고 궁핍하고 곤궁하게 만드는 근본으로 작용하여, 본래 인간 안에 내재 된 참된 인간성과 질서의 세계인

"하나님의 형상"(창 1:27)을 망각하고 약화하고 외면하게 한다. 이것이 지금 인류가 지나치게 외물(外物)에 사로잡혀 갇혀 있는 물질문명의 구조이다.

인생에서 가장 중요한 것은 진리를 깨달아 사람다운 사람이 되는 것이다. 인간은 아직 채 인간이 아니다. 인간을 가리켜 "털 없는 원숭이·유인원"이라고 말하는 생물학자들이 있다(J. 다이아몬드-제3의 침팬지; 데스먼드 모리스-털 없는 원숭이; 인간 동물원). 원숭이의 특징은 '먹고 싸고 짝짓기'로 종을 보전하고, 남보다 강하고 높은 자리에 서려고 싸우는 것이다. 인간이 거죽만 인간이지 하는 짓이 원숭이와 같다면, 인간을 털 없는 유인원이나 인간의 얼굴을 한 원숭이라고 하는 것은 인간 모독이 아닌 진실의 변증이다.

인간으로 태어나 유인원으로 살다가 죽지 않으려면, 앎 곧 깨달음이 필수적이다. 깨달음이란 지식의 축적이 아니라, 인간과 세계와 삶에 대한 지혜·통찰이다. 지식은 자만과 분열과 파괴의 길이 되기 쉽지만, 지혜는 사랑과 통합과 상생(相生)의 인간다운 길을 추구한다.

'지성인을 위한 성서 인문학'(설교·강론)인 이 책은 행복하고 의미 깊고 평화로운 세상을 실현하는 길은 하나님을 향한 진정한 신뢰와 사랑, 성서의 진리, 그리고 무엇보다 역사적 예수의 가르침과 삶에 대한 깨달음을 통해 온전히 변화된 인간성으로, 타자에 대한 사랑과 생태계 친화적 존재 방식을 실천하는 데 있음을 탐색한 것이다. 그래서 성서를 통해 인문학적 깨달음의 지혜를 얻어 내적 혁명을 일으킨 새로운 존재가 되어 살아가는 것을, 21세기 인류가 지향해야 할 대안(代案, alternatives)으로 말하며, 그대를 초청한다.

1
신비롭고 경이로운
우주에서

⌄

태초에 하나님이 천지를 창조하셨다(창세기 1장 1절).

1. "세계는 사람에게 있어서 두 겹이다."(마르틴 부버-나와 너) 그대도 알듯이, 눈에 보이는 물리적·우주적 하늘과 눈에 보이지 않는 형이상학적·종교적 하늘이 있다. 물론 후자를 부정하는 것은 사람의 자유이다. 눈의 창문에 비친 물리적 하늘이야, 누군들 못 보랴? 그 하늘은 여름밤의 합창단인 개구리들과 메조소프라노 가수인 소쩍새의 눈에도 비친다.

그 두 하늘을 바라보는 인간의 체험은 사람에 따라서 다르다. 제각기 깊거나 얕고, 강하거나 약하고, 강렬하거나 미지근하고, 생생하거나 무감각한 차이를 드러낸다. 무감각한 것을 제외하면, 대체로 그 체험은 신비감과 경이감과 기쁨과 함께, 마음이 순결하게 정화(淨化)되는 느낌, 삶에 대한 통찰, 자신이 여기에 온 뜻에 대한 이해로 고양(高揚)되고 승화(昇華)된 정신을 북돋아, 일상의 존재 방식을 숭고하게 다듬어준다.

밤마다 물리적 하늘이 연출하는 별들의 향연(饗宴)을 경이감에 젖은 심정으로 찬탄하며 바라보는 것만으로도, 인간은 거의 종교적 체험에 가까운 신비감과 희열을 누리고, 덕스럽고 아름다운 삶을 살아가리라. 한 걸음 더 나아가, 그 물리적 하늘을 품어 안고 있는 보이지 않는 형이상학적 하늘을 경건한 심정에 싸여 의식적으로 응시하며 사랑의 심정을 뿜어 올리는 사람은 어떤 종교적·철학적 통찰 속에서 의미 있는 메시지를 듣고 향기로운 인격과 삶을 이루리라. 이 체험이 유달리 심오하고 강렬한 사람의 인격과 존재 방식의 빛깔과 향기는 아무리 세월이 흘러도 스러지지 않는다.

그런데 누가 진정 하늘을 보는 사람일까? 그대는 저 우주를 감싸 안고 있는 "말 없는 하늘"(天不言, 맹자-맹자), 곧 신(神, 하나님)이라, 궁극적 실재(實在·ultimate Reality)라, 진리·道라, 자연(自然)이라, 빛이라, 검(어둠, 玄)이라고 하는 그 하늘을, 거룩한 심정에 싸여 느끼고 생각하고 감사하고 사랑하시는가? 그 하늘에 어떤 이름을 붙이는 것은 각 종교와 문화의 자유에 속한다. 본래 그 하늘에는 이름을 붙일 수 없다. 이름이란 인간 세상의 언어유희이기에, 그 이름이 그 하늘 자체는 아니다. 다만 불러야만 직성이 풀리는 데다 만인 공통의 개념이 되어 대화하며 소통할 수 있기에, 임시방편으로 붙이는 것일 뿐이다.

우리는 이른바 '진리를 깨달은 사람'(覺者)을 '인류의 스승'이라 한다. 이들은 영혼의 심층에서 형이상의 하늘이 부르는 소리 없는 소리를 듣고, 문득 진리를 자각하여 의식이 활짝 깨어난 사람들이다. 종교마다 이런 자각을 다른 말로 표현하는데, '신·궁극적 실재·진리를 깨달은 "근본체험"(윌리엄 제임스-종교적 경험의 다양성), 본래 성품의 자각(見性·覺性), 천리(天理)의 통찰' 등이다.

아주 깊은 영혼의 잠에 빠져 있거나 자의적 무신론자를 제외하고, 대개 사람들은 인류의 스승을 인정하고 사랑하고 흠모하고 기꺼이 배우고자 한다. 그것은 인간이 동물 이상의 고귀한 존재로서, 아무래도 진정 인간답게 살아갈 수 있는 길은 형이상의 하늘이 들려주는 지혜와 생명의 목소리를 듣고 그것을 언어와 삶으로 담아낸 진리의 스승을 가까이하는 데 있다고 생각하기 때문이다.

2. '신동엽' 시인의 시를 읽어본다(누가 하늘을 보았다 하는가).

누가 하늘을 보았다 하는가
누가 구름 한 송이 없이 맑은
하늘을 보았다 하는가
네가 본 건, 먹구름
그걸 하늘로 알고 일생을 살아갔다

네가 본 건, 지붕 덮은 쇠 항아리,
그걸 하늘로 알고 일생을 살아갔다

닦아라, 사람들아
네 마음속 구름 찢어라, 사람들아
네 머리 덮은 쇠 항아리

아침 저녁 네 마음속 구름을 닦고
티 없이 맑은 영원의 하늘
볼 수 있는 사람은 외경(畏敬)을 알리라

아침 저녁 네 머리 위 쇠 항아릴 찢고
티 없이 맑은 구원(久遠)의 하늘
마실 수 있는 사람은

연민(憐憫)을 알리라
차마 삼가서 발걸음도 조심 마음 조아리며

서럽게
아, 엄숙한 세상을 서럽게 눈물 흘려 살아가리라
누가 하늘을 보았다 하는가
누가 구름 한 자락 없이 맑은 하늘을 보았다 하는가

자유와 저항의 시인이 형이상학적 시를 썼다! '먹구름, 지붕 덮은 쇠 항아리' 같이 덮인 눈에 보이는 하늘 너머에 있는, 아니 그 하늘을 품어 감싸 안고 있는 눈에 보이지 않는 '티 없이 맑은 영원의 하늘'을 본 사람, 그런 사람만이 진정 하늘을 본 사람, '외경'을 아는 사람, 자기를 아는 사람, 삶의 깊이를 들여다보고 맛본 사람, 슬픔과 고통이 많은 세상에 가슴 아파하며 '연민'의 '눈물'을 흘릴 줄 아는 사람, 영원의 도(道)·진리를 깨닫고 사람과 만물을 아끼고 사랑하는 덕(德)을 이룬 사람일 것이다. 그런 사람은 아무것에도 걸리는 것 없이 자유로운 "바람"으로 존재하리라(요 3:8).

　　이것을 깨달은 '맹자'는 이렇게 노래한다(맹자-진심·盡心 상). "하늘을 우러러 부끄러움이 없기를, 사람을 굽어볼 때도 부끄러움이 없기를!"(앙불괴어천·仰不愧於天, 부부작어인·俯不怍於人). 우리가 사랑하는 시인 '윤동주'는 여기에 착안하여, "죽는 날까지 하늘을 우러러 한 점 부끄럼이 없기를!" 노래했다(서시·序詩).

　　3. 삶은 모든 생명에게 고난의 길이다. 삶이라는 무대는 매운 연기에 눈물 콧물을 흘리며 가는 길이다. 인간뿐 아니라, 길가에 핀 민들레, 땅속의 지렁이나 땅강아지, 언제나 부지런한 벌이나 모여서 군무(群舞)를 추는 하루살이, 늘 할 말이 많아 수다스러운 참새들, 거대한 몸집에 조그만 눈을 가져 코믹하게 생긴 코뿔소에게도, 삶은 연기처럼 맵고 식초처럼 시고 쓸개처럼 쓰고 가시밭길처럼 어렵기는 매한가지이다. 아무에게도 쉬운 삶은 없다.

　　유네스코(UNESCO) 보고서를 보았다. 세상에서 한 해에 1~2세 때 죽는 사람은 150만, 20세 이전에 죽는 사람은 그 5배, 50세 이전에 죽는 사람이 또 그 5배 정도라 한다. 그러니 60세까지만 살아도 엄청난 행운을 누리는 셈이다. 그런데 그사이에 흘려야 할 괴로움과 눈물이 여간 많은가! 여북하면 구약성서에도 이런 말이 있을까? "아, 내가 겪은 고난을 모두 저울에 달아 볼 수 있다면, 틀림없이 바다의 모래보다 더 무거울 것이다. …여인에게서 태어난 사람은 그 사는 날이 짧은 데다가 그 생애마저 괴로움으로만 가득 차 있다!"(욥 6:2~3, 14:1) "주님, 내가 흘린 눈물을 주님의 가죽 부대에 담아 두소서."(시 56:8)

이토록 어렵고 힘겨운 인생의 사계절을 살아가는 동안, 그대는 정녕 터진 얼의 눈으로, '마음속 구름 머리 덮은 쇠 항아릴 찢고, 티 없이 맑은 영원의 하늘, 티 없이 맑은 구원(久遠)의 하늘을 마시며, 외경을 알고 연민을 알고' 있는가? 그렇다면 그대는 비록 '서럽게 눈물 흘려 살아가도', 결코 인생의 실패자나 패배자나 낙오자는 아니다. 이미 진정으로 숭고하게 성공한 사람이다. '영원의 하늘, 구원의 하늘'은 자기에게 눈동자를 맞추는 이를 가슴에 감싸 안아 진정한 위안과 힘과 용기를 불어넣어 주고, 눈에 보이는 업적이 없다 해도, 그 인격만 보고 말없이 그의 손을 들어 줄 것이기에….

이런 이야기를 읽었다. 늑대가 어떤 집 울타리 곁에서 개와 만난다. 늑대가 먹고 살아가는 일이 너무 힘들다고 푸념하자, 개는 자기에게는 그런 걱정이 없다고 말한다. 늑대가 연유를 묻자, 개는 집만 잘 지켜주면 주인이 먹을 것을 비롯한 모든 것을 해결해준다고 말하면서, 자기와 같이 살자고 한다. 늑대가 개를 따라가다가, 그의 목에 이상한 자국이 있는 것을 보고는, 왜 그러느냐고 묻는다. 개는 주인이 가끔 쇠사슬로 묶어두기 때문이라고 대답한다. 그러자 늑대는 질겁하며, 그렇게 얽매여 배부르게 사느니 차라리 자유롭게 뛰어다니며 가난하게 사는 게 낫다 하고는, 들판으로 뛰쳐나간다(라퐁텐-우화집).

이 늑대에 기꺼이 공감하며 동의하는 사람은 얼마 없으리라. 그러나 사람은 배부르고 안전한 개 같이 살기보다는, 비록 궁핍하다 해도 위험한 들판에서 뛰노는 늑대같이 자유롭게 사는 게 백 번 낫지 않을까? 그것이 정녕 인간다운 삶이 아닐까? 인생의 목적이 자유와 창조적인 삶에 있음을 알고, 고생살이 속에서도 기죽지 않고 긍지를 갖고 생의 궁극적 의미를 찾으며 당당하게 나아가는 것, 이것이야말로 인간에게 어울리는 삶이 아닐까? 고생조차도 삶이 가져다주는 값진 은총·선물로 알고 그것을 도약대와 터전으로 삼아 자유롭고 창조적으로 살아가는 자, 그가 정녕 구원의 하늘을 마시며 영원의 하늘을 보는 사람이리라.

4. 그런데 이토록 값지고 소중한 삶에서, 자신을 사슬에 묶인 개인 줄 알고, 그저 돈과 재산, 의식주의 풍요, 안락만 추구하며 사는 사람들이 부지기수라면 지나친 말일까? 이상하게도 국부(國富)가 늘어난 현대사회일수록 더욱 그러하다. 가난하던 70년대 시절, 우리는 40년 후쯤 나라가 선진국 대열에 오르면, 모든 국민이 의식주 걱정 없이 행복하고 평화롭게 살 것이라고 굳게 믿었다. 그때는 우리 국민이 지금처럼 우울감과 불행감이나 불평등과 차별을 깊이 느끼지도 않았고, 인간성도 괜찮을 정도로 살아 있었고, 이웃 사이에 인정도 많았고, 사회범죄도 훨씬 적었다.

그런데 세계 12위권에 드는 경제대국과 선진국에 들어선 지금은 어떠한가? 여전히 사회 구조적인 문제로 인한 살림살이(특히 주택)와 직장에 대한 걱정, 재화의 불평등, 각종 범죄 등으로, 개인의 우울증과 고통은 더 늘어나고 사회는 불안하여 수십만 대의 CCTV 없이는 못 살고, 불행감과 고뇌는 더 크고 깊어지고 있다. 얼마 전에 나온 세계 여러 나라 국민의 행복감에 대한 국제 조사를 보면, 한국인은 42위권이다. 도대체 그 많은 부는 어디로 가는 것일까? 앞으로는 좀 더 나아지리라는 희망을 품지만, 누가 그것을 보장하겠는가?

그러므로 이런 현실 속에서, 우리에게는 좀 더 다른 시각이 필요하리라고 본다. 물론 구조적 현실에 대한 개선은 각 개인의 노력과 아울러, 정부 차원의 여러 구체적인 정책이 필요할 것이다. 그러나 개인 차원의 문제도 소중하다. 풍요하거나 힘들거나, 사람은 누구나 자신만의 아름답고 가치 있는 삶을 살아가야 하는 과제를 안고 있기 때문이다.

그 과제의 실현은 자신의 개별성과 존엄성과 가능성을 확실히 인식하고, 자신을 자유롭고 존엄한 존재로 알고, 부유하거나 가난하거나, 행복하거나 눈물을 흘리거나, 편안하거나 불편하거나, 성공하거나 실패하거나 간에, 늘 저 '티 없이 맑은 하늘'을 보는 일에 초점을 맞추고, 자신 안에 간직된 아름다운 본성의 세계를 긍정하고, 하루하루 최선을 다하여 의미 있는 존재 방식을 드러내는 데서 가능하리라. 인생의 의미와 목적은 부와 편안한데 있는 것이 아니라, 무엇보다 자신의 존엄성과 인격과 존재 가치를 올바로 인식하고 덕스럽게 사는 데 있기에 그러하다. 그렇기에 단연 중요한 태도는 내게 다가온 고통의 문제와 현실을 어떤 시각으로 바라보고 다루는가에 달린 것으로 보인다.

5. 시골 교회 목회자인 나는 조그마한 텃밭에 상추, 파, 부추, 고추, 가지, 오이, 호박 등을 심어 먹는다. 그런데 가끔 땅을 일구다가 뜻하지 않게 '토룡 씨'를 찍는 일이 발생한다(土龍·지렁이). '아이고, 미안해. 거기 있는 줄 몰랐어.' 하고 말하지만, 이미 벌어진 일이라 난감하기 그지없다. 지렁이는 선전포고도 없이 느닷없이 자기 땅에 침입한 쇠붙이에 커다란 상처를 입는 재앙을 당했으니, 그 얼마나 아프겠는가? 아니나 다를까, 온몸을 비틀며 물 같은 피를 줄줄 흘린다. 얼른 '누구 본 사람은 없겠지?' 하며 묻어준다.

그런데 가끔 옷조차도 걸치지 않은 지렁이의 나신(裸身)에 하얀 테두리가 있는 것을 볼 때가 있다. 그게 뭘까? 놀랍게도 그것은 상처 입은 몸을 스스로 치유하여 새 살을 이어 붙이고 살아가는 꿋꿋한 모습이다. 절망적 상황에서도 끊긴 몸 다시 이어 살아가기! 아, 그것은 인내와 영광의 훈장이다. 느닷없이 몸이 거의 두 쪽이 나버리는 처절한 고통 속에서도 절망하지 않고, 다시금 상처를 치유하고 살아가는 토룡 선생이야말로 참으로 강인한 생명력과 불굴의 전사(戰士)임을 보여주는 상징이다. 미물(微物)도 이렇게 살아가는데, 하물며 만물의 영장(靈長)이라는 인간이 이보다 못할 수 있으랴!

이스라엘 민족은 자기네를 "지렁이"를 비유한다(사 41:14). 역사의 숱한 고난으로, 지렁이처럼 끊임없이 짓밟히고 베이고 토막 나기를 밥 먹듯 한 민족. 그러나 그들은 그때마다 지렁이처럼 다시금 인생의 상처와 역사의 고난을 치유하고, 생명의 가능성을 긍정하며 위대한 인문 문화를 꽃피우고(성서), "결코 정복할 수 없는 민족"이 되어 살아왔다(조셉 게이어-정복되지 않는 민족). 어찌 그럴 수 있었을까? 그들이 정녕 '하늘'을 보았기 때문이리라.

이스라엘 민족처럼, 지렁이를 인간(나)에 관한 비유로 생각해보시라. 가끔 너무나 큰 상처와 고통으로 견딜 수 없어 자살하는 안타까운 경우도 들지만, 사실 인간은 자신의 내면에 태산과도 같은 고난 속에서도 무너지지 않을 강력한 '그 무엇'을 소유하고 있는 위대한 존재이다! 형이상의 하늘은 저 위만 아닌, 내 안에도 들어 있기 때문이다. 관건(關鍵, 문빗장과 자물쇠)은 내가 그것을 알아차리느냐 하는 것이다. 자신의 안팎에서 금강석보다도 더 소중한 그 '하늘'이란 보물을 발견한 사람은 아무리 삶이 고달프더라도 스스로 무너지지는 않는다.

6. 가뜩이나 힘들고 어려운 인생을, 자신만의 가능성을 실현하면서 "삶의 골수(骨髓)까지 파먹으며"(H. D. 소로-월든) 아름답고 고귀하게 살아가는 데는 다음 5가지 태도를 지니는 것이 중요하다고 보겠다. 나중 4가지

는 처음 1가지에 포함된다. 이 하나를 빼놓으면, 나머지는 모두 혼란에 빠지고 끝내 무너지고 만다. 그것은 무엇인가? 바로 진리이다. '노자'도 말한다. "道(진리)가 아닌 것은 일찌감치 끝난다."(부도조이·不道早已. 도덕경-30장)

6-1) 하나님·궁극적 실재·진리를 향한 경외와 신앙·신념

성서 첫머리는 우주와 만물과 인간의 창조를 말하며 시작한다(창 1장). 본디 우주와 만물은 없었던 것인데(無), 창조자·창조주 하나님이 있게(有) 하신 까닭에 나타난 것이다. 이것은 과학적인 관점에서 보고 우주와 지구와 만물의 발생론을 언급한 기록이 아니라, '신앙으로 본 고백(告白)과 증언(證言)'이다(이 점을 추호도 잊으면 안 된다)!

창조자 하나님은 그저 "스스로 계신 분이다."(출 3:14) 하나님을 지은 더 높은 다른 하나님은 없다. 그래서 하나님은 절대자·궁극적 실재이며 홀로 계신 영원한 분이다. 하나님은 종교적 상상이 가정한 신들이나 피조물인 우주 만물과 비교 불가한 분이기에 절대자이고, 만물의 근원과 목적·종국이기에 궁극적(끝) 실재(참)이고, 시간을 초월하여 늘(항상·恒常) 있기에 "영원자 당신(너)"이시다(마르틴 부버-나와 너).

성서의 하나님은 조상의 조상도, 할아버지와 할머니도 없고, 아버지와 어머니도 없고, 아내도 자식도 없는, 영원에서 영원까지 홀로 계신 분이다. 그런 하나님이 '어떤 뜻'이 있어서 우주와 만물과 인간을 창조하셨다는 것이 창조신앙의 고백과 증언 이야기의 '진실'이다.

그러면 그 뜻은 무엇인가? 하나님이 "보기에 참 좋구나!"라고 하신 것처럼(창 1:31), 우주와 만물과 인간이 조화로운 질서 속에서 행복하고 평화롭게 사는 것이다. 이것이 만물의 존재 목적이다. 이것이 아니라면 지으신 이유가 아무것도 없다. '아우구스티누스'의 말처럼, "하나님은 인간을 당신 자신을 위해서 지으셨다."라고 해도 뜻은 마찬가지이다(고백록). 만물, 특히 인간의 불행과 비참함은 하나님의 뜻이 아니기 때문이다. 행복은 개체 인간의 자유와 기쁨이고, 평화는 개체들이 서로 어우러진 공동체 안에서 누리는 행복이다.

식물과 동물은 외부의 위해(危害)나 질병만 없다면, 태어나서 죽을 때까지 이런 행복과 평화를 자연스레 누리며 존재한다. 그러나 인간은 만물 중에서도 단연 특이한 존재이기에, 동식물과 같은 행복과 평화를 바라거나 누릴 수 없다. "인간은 하나님 아래, 만물 위의 존재"이다(시 8:5~6). 그래서 성서는 인간의 행복과 평화는 인간이 창조자 하나님을 경외하고 신뢰할 때 이루어진다고 선언한다. 하나님을 향한 경외와 신앙과 사랑은 고도의 의식(意識)을 지닌 특이한 존재인 인간에게만 허용되고 명령 된 삶의 근본 원리이다.

그런데 성서는 하나님을 "진리"라고도 말한다(시 31:5; 사 65:16). 이것도 지금도 놀라운 말이다! 그러므로 하나님·진리는 인간과 삶과 세계의 궁극적 원리이다. 그 누구라도 이 원리를 저버리고 깨뜨려서는 행복과 평화를 누릴 수 없다. 따라서 진리이신 하나님을 향한 인간의 경외와 신앙(신뢰·信賴, 전인적 신뢰·trust, 의·義)과 사랑은 삶의 근본 원리를 지키고 따르는 것과 같다. 여기에서 행복과 평화가 보장된다는 것은 역사와 현실이 보여준다. 인생과 역사를 길게 볼 때, 하나님·진리를 부정하고는 누구도 행복과 평화를 누릴 길이 없다.

하나님을 믿지 않거나 짐짓 부정하는 사람도 있으니, 하나님을 진리라 하자. 그런데 예수에 따르면, "진리가 사람을 자유롭게 한다."(요 8:32) 여기에서 예수의 혁명성이 드러난다. 구약성서와 유대교 전통에 따르면, 인간을 자유롭게 하는 분은 오직 하나님 한 분뿐이시다. 따라서 예수께서도 하나님을 진리로 인식하신 것이다(요 1:1~5. 로고스·말씀·하나님·진리, 중국어 성서-道). 자유란 내적 순결, 탐욕의 초월, 사랑과 행복과 평화를 추구하는 동적(動的) 존재 방식이다. 따라서 자유의 근본인 진리를 거부하거나 망각하면, 이내 어둠과 더러움에 빠져 내적 순결과 행복과 사랑과 평화에서 소외된다.

그리고 성서가 선언하는 인간과 삶의 진리는, 인간은 누구나 행복하고 평화롭게 살 신성불가침의 존엄한 권리를 지니고 있다는 것이다. 그래서 진리를 따라 사는 것이 자유와 행복과 평화를 누리는 길이다. 인간이 필요에 따라 만들어낸 무슨 이념(理念·主義·ideology)은 삶의 궁극적 척도가 아니다. 이념이란 인간의 자유와 행복과 평화를 위한 하나의 길·수단·방편·방법일 뿐이다. 어떤 이념이든, 모든 인간의 행복과 평화를 보장하는 방향에서 운용된다면 좋은 것이다. 인간은 이념이 아니라, 이념이 인간을 위해 있기 때문이다.

하나님을 경외하고 신뢰하는 것은 곧바로 인간의 존엄성을 의식하고 보장하고 사랑하여, 모두가 행복하고 평화롭게 살려는 실천과 행동으로 이어진다. 어떤 외적 조건이나 이유로든지 간에, 인간을 무시하고 경멸하고 차별하고 억압하며 하나님을 경외하고 신뢰할 길은 그 어디에도 없다. 하나님을 경외하고 신뢰하면, 인간을 존중하고 사랑하게 되어 있다! 그런 점에서 신앙과 사랑은 하나이다. 신앙 없는 사랑이 없고, 사랑 없는 신앙은 없다. 물론 무신론자라도 휴머니스트일 수 있기에 "익명(匿名)의 신앙인"이라 하겠다(카를 라너-그리스도교 신앙 입문). 이렇게 진리이신 하나님을 향한 경외와 신앙은 인생의 뿌리요 척추·기둥이다.

6-2) 용기

용기는 인생에 끊임없이 닥쳐오는 유혹과 시련과 고난을 딛고, 자신의 본성에 간직된 아름다운 세계를 실현하기 위한 소중한 태도이다. 용기는 이중적이다. 용기는 내 안에 들어앉은 작고 탐욕스러운 나(自我·Ego, 욕망의 총체)를 내려놓거나 초극하고, 저 영원하신 분이나 궁극적 진리를 향한 온전한 경외와 신뢰 속에서 자신을 온통 내맡기며 진정한 나를 긍정하는 역설적 태도이다.

이것이 "존재를 향한 용기"이다(P. 틸릭-The Courage to Be). '존재'란 인간다운 인간의 '실존적'(참으로 있는·사는) 삶이다. 진정한 나에 대한 긍정의 용기는 보이지 않는 궁극적 힘(하나님·진리)에 대한 긍정과 맞물려 있을 때 나오는 빛과 힘이다.

아동학자들은 아기가 제대로 걸을 때까지 무려 1000번 이상 넘어졌다가 일어선다고 한다. 위업(偉業)이다! 이것은 모든 인간이 어린 시절에 치러낸 기념비적 업적이다. 그대여, 이것을 진지하게 생각해보시라. 이것은 인간은 마음만 먹는다면, 그 어떤 도전과 시련에도 무너지지 않는 불굴의 경이로운 존재라는 것을 증언한다.

그대는 사람이 넘어지면, 어째서 다시 일어나는 것인가를 진지하게 생각해보신 적이 있는가? 물론 넘어졌으니 일어나는 것은 당연한 일이다. 그러나 아무도 생각해보고 결정하고 난 다음에 일어나지는 않는다. 이것은 생각 이전에 생명의 본능이 시켜서 하는 일이다. 생명(生命)이란 글자 그대로 '살라는 명령, 명령을 사는 것'이기에, 누구나 일어서려는 본능을 충실하게 따른다.

그렇기에 아기 시절의 경험은 인생이 고난의 길이기에, 저 지혜로운 하늘·삶이 미리 연습시키는 것으로 볼 수 있다. 그대는 1000번도 더 넘게 넘어졌다가 일어선 경험을 가진 역전의 용사이시다! 이것을 기억하는 한, 그대는 그 어떤 고난 속에서도 무너지지 않으리라. 주저앉는 것, 곧 용기와 자신감을 상실하고 두려움에 사로잡히는 것은 실패하고 패배하는 지름길이다.

스페인의 '미구엘 데 세르반테스'가 쓴 "돈키호테"는 자신을 정의의 기사로 여기며 불의한 천하를 구원할 수 있다고 믿고 나선 한 중년 남자의 이야기이다. 그는 정의를 세우고자 하는 당찬 포부를 가지고, 다 늙어빠진 말 '로시난테'에 올라 어리숙한 하인 '산초 빤사'를 데리고 모험을 떠나, 기상천외한 행위를 되풀이한다. 그 과정에서 그는 갖가지 상처와 수난을 사서 겪다가, 끝내 참담하게 실패하고 집으로 돌아온다(제1권). 그러나 그는 절망하지 않는다. 그는 다시금 의로운 세상을 이루어보겠다는 꿈을 꾸고는, 그 누구도 꺾을 수 없는 용기를 품고 또 다른 모험을 떠난다(제2권).

그러면 돈키호테는 바보인가? 아니다. 실로 멋진 사나이다. 이것이야말로 모든 이가 지녀야 할 용기가 아닌가! '벤저민 프랭클린'은 "하늘은 스스로 돕는 자를 돕는다."라고 말했다(가난한 리처드의 달력). 제2차 세계대전을 승리로 이끈 영국 총리 '윈스턴 처칠'은 전쟁 중 대학생들에게 하는 강연에서, "Never give up!"이라는 말을 세 번 반복하고는 떠났다(자서전). 이것도 결코 포기를 모르고 끝까지 도전하고 일어나는 용기에 관한 말이다. 습관적으로 투정하고 불평하고 절망하는 사람은 신마저도 도우실 수 없다!

그러니 그대여, 무엇보다 자신을 사랑하시라. 이것은 성서의 가르침을 위배하는 것이 아니라, 하나님도 권고하시는 진정한 자기 긍정의 철학이다. 이것은 무슨 이기주의를 충동하는 말이 아니라, 자신을 진정으로 알고 사랑하고 실현하는 것에 관한 말이다. 이것은 타인을 이해하고 사랑할 수 있는 길이기도 하다. 그대여, 백천 번이라도 용기를 가지시라! 용기야말로 진정한 신앙과 인간다운 모습이다.

6-3) 생에 대한 의미부여

20세기 오스트리아 심리학자 '빅토르 프랑클'은 2차 세계대전 때 나치의 유대인 포로수용소에 갇혔다가 살아남은 사람인데, 전후에 그 경험에서 깨달은 바를 통하여 "의미요법"(logo therapy) 심리학을 전개했다. 그가 600만 명 이상이나 죽은 포로수용소 체험을 통해 깨달은 바는, 극단의 고난에서도 자신의 삶에 스스로 '의미'를 부여하는 인간은 살아남을 수 있다는 것이다. 그는 인간이 자기에게 '로고스'(logos), 곧 '말씀, 계시, 뜻, 이상(理想·idea), 생각, 비전(vision)' 등의 의미를 부여하며 스스로 돕는 것이 진정으로 자신을 치유하고 새롭게 살아갈 수 있는 용기라고 말한다(죽음의 수용소에서; 삶의 의미를 찾아서).

인간은 아무도 로고스 없이는 못 산다. 인간은 그렇게 되어 있는 존재이기 때문이다. 물론 누군가의 도움을 받을 수 있지만, 궁극적으로는 자신이 자신을 도와야 한다. 타인의 도움이란 어디까지나 간접적 사항일 뿐이다.

일례로 정치적 박해를 피해 망명하여 십수 년간 광야에서 고난을 겪으며 살아가던 '다윗'이 쓴 시로 알려진 시 63편을 보자. "…내가 물기 없는 땅, 메마르고 황폐한 땅에서, 하나님을 찾아 목이 마릅니다. 내가 성소(聖所)에서 하나님을 뵙습니다. 하나님의 한결같은 사랑이 생명보다 더 소중하기에, 기름지고 맛 좋은 음식을 배불리 먹은 듯이, 내 영혼이 만족합니다. 나는 잠자리에 들어서도 주님만을 기억하고, 밤을 새우면서도 주님만을 생각합니다."

이것이 바로 다윗이 고난의 시절에 자기에게 부여한 의미의 "패러다임"이다(paradigm, 세계와 사물을 이해하기 위한 사고의 틀. 과학사가 '토마스 쿤'이 "과학혁명의 구조"에서 처음 사용). 여기에는 놀라운 생각의 반전(反轉)이 있다. 그는 현재 '물기도 없는 메마르고 황폐한 땅'(a dry and weary land)과도 같은 박해와 고난의 살림살이를, 안전하고 평온한 '하나님의 성소'(성전)에 있는 것으로 이해하고, 매일 배를 곯고 굶주리면서 도망

다녀야 하는 구차하기 그지없는 생활을 '기름지고 맛 좋은 음식을 배불리 먹은 듯 만족스럽게' 여긴다. 실로 놀라운 반전(反轉) 사고의 새로운 패러다임이다. 그는 이런 마음으로 길이 참아낸 끝에 왕이 되었다.

"어떤 조건과 상황 속에서도 자신이 살아야 할 이유를 발견한 사람은 무너지지 않는다."(F. W. 니체-인간적인, 너무나도 인간적인) '이유'는 '의미'의 다른 말이다. 프랑클은 이 말에서 구원의 길을 발견하고 자신의 심리학 체계를 세웠다. 자신의 삶에 의미를 부여하지 못하는 사람은 작은 시련에도 불평하고 좌절하고 만다. 아무리 종교와 철학을 가지고 경전과 서적을 읽는다 하더라도, 의미란 어디까지나 내가 스스로 부여해야만 한다.

6-4) 우주와 세계, 삶과 자신에 대한 경이감

고대 민족의 신화들은 우주와 삶에 대한 두려움과 신비감과 경이감, 의혹과 탐구심으로 넘치는 이야기이다. 신화(神話·myth)의 그리스어는 '뮈토스'인데(mythos·신비한 이야기. mystery의 어원), '베일 뒤에 있는 흐릿하고 알 수 없기에 호기심을 자아내는 세계'를 뜻한다. 신화는 우주와 세계와 삶의 신비한 비밀을 찾아보고자 하는 고대인들의 호기심과 탐구심 어린 마음이 지어낸 인생에 관한 이야기이다.

신화에 나타나는 인생의 모든 것, 즉 신들, 기적, 자연재해와 전쟁, 사랑과 죽음, 도전과 방황, 질병과 슬픔과 고통, 이별과 상실과 상처, 고난과 무기력, 회복과 재생, 부활과 영생에 관한 이야기들은 고대인들이 삶에 대해 품었던 경이감과 인생에 대한 의미 추구의 깊은 내력을 담고 있다.

그런데 지금 이성과 과학과 풍요로 가득한 21세기 현대인들이 고대 신화에 빠져들고 있는 까닭은 무엇일까? 그것은 단지 옛이야기가 주는 즐거움 때문만이 아니라, 우주와 세계와 인생에 대한 오래된 이야기 속에서 잃어버린 경이감과 낭만성과 용기를 회복하여, 복잡하고 고단한 삶에 의미를 부여하고 행복하게 살아가고자 하는 뿌리 깊은 본성, 곧 자신의 삶을 '의미 있는 이야기'로 만들고자 하는 본성 때문이리라. 아무리 과학 기술과 물질 풍요를 누린다고 해도, 인간이란 역시 신화를 먹고 사는 존재인 것이다. 의미 깊은 이야기를 상실한 삶에 무슨 빛과 느긋한 여유와 생기가 있겠는가!

그런데 우주와 세계와 자신에 대한 경이감을 지니는 것은 고난의 시절에는 매우 품기 어려운 경지이다. 그러나 그럴 때일수록 경이감을 품어야, 내면과 인생의 참된 빛과 힘이 된다. 내게 그 빛과 힘이 없다면, 삶의 어두움을 뚫고 나가는 것이 대단히 어려워진다. 천재 물리학자 'A. 아인슈타인'조차도 이렇게 말한 것에 주의를 기울여보시라. "우주와 삶에 대한 경이감이 없는 인간은 죽은 인간이다. 경이감은 모든 종교와 철학과 예술의 원천이다."(나의 세계관) 이러한 경이감 때문에 인류 문명이 여기까지 이른 것이 아닌가!

신을 믿거나 안 믿거나, 그것은 각 사람의 자유이다. 그러나 각 사람에게는 분명히 신·하늘의 선한 뜻과 고귀한 계획이 있다. 자기가 아무런 뜻과 의미도 없이, 그저 이 세상에 내던져진 존재라고 생각하는 것은 자신에게 너무도 비참한 사유(思惟)가 아닌가! 그런 말은 결코 자기 인생에 대한 깊은 자각이나 용기에서 나온 말이 아니다. 신·하늘의 선한 뜻과 고귀한 계획이라는 용어가 마땅치 않다면, 삶의 숭고한 의미와 목적으로 생각해도 된다. 사람은 누구나 인생에서 어떤 목적의식을 가지고 깊은 의미를 추구하기 때문이다.

특히나 쓰라린 고통과 신산(辛酸)한 인고(忍苦)의 세월을 지날 때, 정녕 필요한 것은 역설적으로 경이감이다. 경이감은 우리를 인도하는 보이지 않는 내면의 빛이며, 삶을 이끄는 굳센 밧줄이고 강력한 힘이다. 어둡고 추울수록 별빛이 더욱 찬란하게 보이듯, 경이감을 가진 사람은 인생의 어두운 시절을 딛고 찬란하게 솟구쳐 오른다.

창세기의 "아브라함" 이야기에는 한 가지 특이한 일이 반복된다(12~25장). 그는 자주 밤마다 별들을 바라본다(15:5 등). 그를 부르신 하나님은 이렇게 말한다. "아브라함아, 하늘을 쳐다보아라. 네가 셀 수 있거든 저 별들을 세어 보아라." 신이 사람에게 별을 바라보라고 하시는 매우 놀라운 장면인데, 대개 주의 깊게 읽지 않고 지나치기 쉽다. 밤마다 홀로 별을 바라본 그의 이야기를, 삶에서 궁극적인 의미를 발견하기 위한 진지한 사색·탐색으로 이해해보시라. 그러면 그것은 오늘날 우리에게 전혀 다른 빛을 비추는 이야기로 다가온다.

기독교인들은 성서를 대개 '하나님의 관점'에서 읽는 데만 익숙하여, '인간의 관점'으로 읽는 방식에는 머뭇거린다. 그러나 때로는 인간의 관점에서 읽어야, 오히려 하나님이나 문장의 뜻을 더 생생히 잡아낼 수 있다. 오늘날 우리는 아무도 하나님의 말을 직접 듣지 못하기에(!), 신앙과 성서 이해를 통하여 하나님을 찾으며 인생의 참된 의미를 추구할 수밖에 없다. 그런 점에서 종교(모든 종교)란 인간이 신·진리를 찾아가는 숭고한 삶의 방식이다.

'75세'나 된 노인이 무엇 때문에 매일 별들을 바라보았겠는가? 그것은 그가 밤마다 신비감과 경이감에 휩싸여 별들을 바라보면서, 미래에 대한 꿈과 이상을 가지고 나아갔다는 이야기이다. 날마다 별 밭 아래에 서는 것, 이것이 "쭈그러진 밤송이 같은"(함석헌-죽을 때까지 이 걸음으로) 75세 노인네 아브라함을 이끌어간 삶의 '블루 오션'(blue ocean)이었다고 해도 지나친 말은 아니리라. 나는 그가 늙어서도 여전히 우주와 세계와 삶에 대한 경이감을 잃지 않은 존재 방식을 지향했기에, 그렇게 높이 솟구친 인간이 된 것이라고 본다.

그렇기에 그의 이야기는 오늘 나의 이야기가 될 수 있다. 구약성서를 읽으며 저 오랜 옛날 팔레스타인 땅에 그런 노인네가 존재했었다는 것을 안 들, 그것이 오늘 나에게 무슨 소용인가? 우리는 성서의 모든 바람직한 이야 기들을, 오늘 나의 실존적 변형의 이야기, 곧 새로운 의미의 세계를 펼쳐주 는 지침(指針)과 이정표(里程標)로 읽는다.

6-5) 낭만적(Romantique): 웃음과 유머 감각

낭만(浪漫)은 우리가 지녀야 할 매우 소중한 자질이다. '니체'는 "엄숙 함은 악마의 얼굴이다."라고 말했는데(인간적인, 너무나도 인간적인), 그것 은 엄숙함이 지나친 걱정과 교만과 고집과 두려움의 얼굴이요, 무엇보다 죽 음의 얼굴이기 때문이다. 엄숙함은 모든 생명의 기운을 내쫓는다. 그렇기에 어렵고 힘들 시절일수록 엄숙함이 아니라, 역설적으로 어린이 같은 진지함 과 낭만적인 가슴으로 돌아가 웃음과 유머 감각을 찾아 드러내는 것이 필요 하다. 심각하게 사는 것은 영혼의 질병이다. "부드럽고 유연한 것은 생명의 무리이고, 굳고 딱딱한 것은 죽음의 무리이다."(노자-도덕경, 76장)

우리가 늘 가슴에 새기고 살아야 할 진실이 하나 있다. 삶은 우리가 보 내는 신호에 응답하여 정확히 그것을 가져다준다는 것이다. 왜냐면 인간의 그 어떤 마음이나 행위도 무(無)로 사라지는 것은 아무것도 없으며, 모든 것 은 되돌아온다는 게 우주와 삶의 근원 원리이기 때문이다. 우주와 세계와 삶 은 대단히 미묘하고 촘촘한 거미줄 같은 거대한 그물망으로(web), 작은 행 위 하나만으로도 전체에 진동을 일으키는 산 유기체이다. 따라서 우리는 마 음에 품거나 밖으로 내보내는 것에 대하여 깊이 주의해야 한다.

삶은 사랑의 신호를 보내면 사랑을, 분노에는 분노를, 자비에는 자비 를, 폭력에는 폭력을, 거짓에는 거짓을, 미움과 적개심에는 미움과 적개심 을, 기쁨과 평화에는 기쁨과 평화를, 전쟁에는 전쟁을 돌려준다. 비록 밖으로 표출하지 않은 작은 마음이라도, 반드시 어떻게든 돌아오게 되어 있다.

시편은 말한다. "주님은 신실한 사람에게 주님의 신실하심으로 대하고, 흠 없는 사람에게 주님의 완전하심을 보이시며, 깨끗한 사람에게 주님의 깨끗하심을 보이시며, 간교한 사람에게 주님의 절묘하심을 보이신다."(19:25~26) 잠언은 말한다. "노하기를 더디 하는 사람은 용사보다 낫고, 자기의 마음을 다스리는 사람은 성을 점령한 사람보다 낫다."(16:32) "허물을 덮어 주면 사랑을 받고, 허물을 거듭 말하면 친구를 갈라놓는다."(17:9) "무릇 그 마음의 생각이 어떠하면, 그의 사람됨도 그러하다."(23:7)

아무도 삶을 속일 수 없다. 삶은 나의 웃음과 유머 감각에 충실하게 보답한다. 가뜩이나 어렵고 괴로운 일이 많은 인생에서 부정적인 감정에 지배당하기만 한다면, 이미 볼 장 다 본 것이다. 우리에게는 어려운 시절에도 웃으며 유머 감각으로 처리하는 절묘하고도 용기 있는 기술(art)이 필요하다. 웃음과 유머 감각은 반드시 좋은 결과를 가져온다. 혹 가다가 발이 돌부리에 걸려 넘어지면, 다짜고짜 대들며 돌멩이에 화풀이하지 말고, 한발 물러서서 웃어보시라. 웃음과 유머 감각은 인생의 명약(名藥)이며 어두운 밤의 등대이다.

이렇게 어려운 인생에서 자기 긍정의 철학을 갖는 것은 인생을 놀라운 기적으로 변화시키는 도약의 길이다. 기적은 하늘에서 떨어지는 것이 아니라, 인간이 하나님·진리·하늘과 함께 창조하는 것이다. 아브라함의 이야기를 깊이 들여다보면, 그가 자기의 삶을 진정 하나님의 기적으로 변화시켰다는 것을 알 수 있다.

성서는 결코 인간을 하나님의 노예나 꼭두각시로 말하지 않는다. 하나님은 인간을 그렇게 짓지도 않았고 생각하시지도 않는다. 오히려 하나님은 인간에게 '너는 너 자신이 되어라. 너의 삶을 위대한 기적으로 변화시켜라. 너는 할 수 있다. 네 안에 위대한 가능성이 숨겨져 있다. 나는 너를 떠나지 않고, 항상 네 곁에서 너를 도와준다.'라고 말씀하시는 분이다. 따라서 우리는 오늘의 현실과 상황 속에서, 성서를 하나님의 관점과 인간의 관점 두 방면에서 읽어야 한다. 이것이 조화와 균형을 이루면, 성서가 말하는 요점을 잡아 유익을 얻는다.

7. 이제 경전을 생각해보자. "태초에 하나님이 천지를 창조하셨다."(창 1:1) 이것은 창조 이야기의 첫 구절이다(창 1:1~2:4a. 절의 a, b, c는 긴 문장을 나눌 때 씀). 창조 이야기는 창조자 하나님이 홀로 6일 동안 우주와 지구의 만물을 창조하고 7일에 쉬었다는 내용으로, 고대 히브리인의 창조신앙·창조신학이다. 이것은 '신앙고백의 증언', 곧 신앙으로 본 하나님과 우주와 만물과 인간에 관한 이야기이다(현대 천문학 관점으로 판단하지 말라. 그러한 시도는 어리석다).

이 이야기는 기원전 586년, 유대인들이 그 당시 세계 최강의 나라인 "바빌로니아" 제국에 정복당하여 나라를 잃어버리고 먼 이국땅으로 포로로 붙잡혀가, 눈물과 고통 속에서 죽음과 같은 세월을 살아가던 중, 새로운 신앙·신학 운동을 일으킨 제사장들이 창작하여 기록한 여러 이야기 가운데 첫 부분이다(* 유대인들=유다왕국 백성. 바빌로니아제국: 성서-바벨론, 오늘날 이라크. 먼 이국땅: 바빌로니아의 수도 바빌론 일대. 예루살렘에서 직선거리로 약 800km, 당시의 길인 '왕의 대로'를 따라가면 거의 2,000km, 5천 리. 오늘날 바그다드 일대. 바벨론과 바빌론을 혼동하지 말 것. 포로: 바빌로니아 포로기, 597년과 586년 이후 여러 차례~539년까지)

그렇기에 창조 이야기는 하나님을 향한 신앙고백과 신학적 증언을 목적으로 쓴 것이다. 이것은 고난의 시대를 극복한 사람들의 입지전적 이야기, 위대하고 "아름다운 영혼의 고백"이다(J. W. v. 괴테-빌헬름 마이스터의 방랑 시대). 곧, 이 이야기는 망국과 포로시대라는 모질고 칠흑 같은 고난의 역사 속에서, 불평과 원망, 자포자기와 절망의 길을 걸어가다가, 한 위대한 예언자의 사상과 순교의 삶에서 감화를 받고 초극하여(익명의 제2 이사야, 40~55장), 그동안 줄곧 믿어온 '하나님을 새롭게 발견하고(!)' 자기를 긍정하며 솟구쳐 올라, 자기들의 삶에 새벽빛(서광·曙光)을 비추며 제2의 유월절(逾越節, 파스카·Pasca)을 이룩해낸 유대인들의 신앙고백과 신학적 증언의 기록이다.

따라서 창조 이야기에서 보아야 할 것은 우주 발생론의 천문학이 아닌, 고난을 극복한 영혼·정신의 영성이다(靈性·spirituality). 창조 이야기는 오랜 고난 속에서 좌절하던 자신을 떨쳐버린 자기 부정의 이야기이면서, 새로운 신앙의 의식(意識)으로 일어서서 미래를 향하여 출발한 자기 긍정의 이야기이다. 그런 점에서 창조 이야기는 대단히 용감한 사람들의 신앙고백이요, 하나님과 역사와 자기들과 미래를 새로운 눈으로 바라본 역사적 패러다임이다.

그들은 그런 절망적인 상황 속에서, 그간 믿어온 하나님을 전혀 새로운 눈으로 인식하며 바라보고, 우주와 삶에 대한 경이감에 젖어 용기를 품고 자기들의 부서지고 깨진 삶에 의미를 부여하고 고난을 참아내며 극복하여, 기쁨과 눈물에 젖은 가운데서 장차 조국으로 돌아가서 살아갈 미래에 대한 희망을 품고 이러한 신앙·신학 이야기를 쓴 것이다.

이 이야기는 하나님과 자신의 삶에 대한 새로운 의식과 관점은 어려운 현실을 돌파하고 미래를 창조할 수 길이라는 신앙의 진실을 증언한다. 그렇기에 쓰라린 역사적 고난과 비극적 상황 한가운데서 드높은 의식과 깨어난 정신으로 솟구쳐 올라, 위대한 신앙과 자기 긍정의 신학을 아름다운 이야기에 담아 펼친 유대인들의 태도는 오늘 나의 것이 될 수 있다.

'신앙'(신뢰, faith·trust)은 단순히 하나님의 말씀이나 약속, 계율이나 교리나 신조를 믿는 것이 아니다. 요즘 신학에서는 이것을 '믿음'(belief)이라 하는데, 머리나 관습이나 형식의 수용과 동의라는 뜻이다(이 책에서는 믿음이란 용어를 쓰지 않는다). 신앙은 그것이 아닌, 하나님과 맺는 인격적인 친밀하고 심오한 관계를 말한다.

구약성서에서 믿는다는 단어가 최초로 나오는 곳은 창세기 15:6이다. 하나님이 아들도 없는 아브라함에게, 장차 그의 몸에서 아들이 태어나 상속자가 될 것이며, 그의 후손이 하늘의 별처럼 많아질 것이라고 말씀하시자, 그는 "주님을 믿는다." 따라서 신앙이란 지금 이 순간 나를 위해 어떤 뜻과 계획을 지니고 이끄시는 하나님을 전적으로 인정(認定)하고 신뢰하며 내맡기고 나아가는 전인적인 것으로, 우선 철저히 개인적이고 실존적인 일·사건이다.

신뢰야말로 진정한 신앙이다. 그것은 하나님과 나 사이의 인격적인 관계, 곧 하나님을 내 가슴과 영혼의 "사랑과 진실"(시 85:10a)을 다해서 품고 만나, 나를 하나님에게 완전히 내맡기고 따르는 것이다. 신뢰인 신앙은 하나님을 머리로 수긍하는 신학적 지식이나 믿음의 문제가 아니다. 신앙은 전적으로 실존적인 것, 곧 내가 그것에 의하여 살고 그것에 의하여 죽는 것, 그것이 아니면 내 삶에 아무 의미도 찾을 수 없는 전인적이고 전체적인 것이다.

그렇기에 신앙은 내적으로 세상과 자아(自我, Ego)에 죽을 때만 가능하다. 신앙은 자아 추구를 포기하고 자신을 하나님에게 전폭적으로 내맡기는 완전한 항복이다(순종·복종). 신앙은 그 어떤 상황, 특히 모든 것을 상실하고 내쫓기고 패배하고 무너진 절박한 상황 속에서도, 여전히 나를 사랑하고, 나를 위하여 어떤 계획을 지니고 다스리고 인도하시는 하나님을 바라보며 완전히 내맡기는 오직 그 한마음이다. 신앙은 그 한마음으로 하나님과 세계와 자신에 대한 기존의 견해를 기꺼이 포기하고 새로운 관점(패러다임)에서 혁신적인 의미를 부여하고, 용기와 경이감 속에서 삶을 긍정하고 나아가는 '실천적 행동'이다(praxis).

성공과 편안함 속에서야, 누군들 믿지 않을 것이며 '할렐루야'를 부르지 않으랴! 그 누구에게서도 지독한 고난을 겪기 전까지는, 곧 존재 전체가 뒤집히는 시험(testing)·시련을 겪어보기 전까지는, 그 신뢰가 과연 진실한 것인지 아닌지를 알아볼 길이 없다. 예배당에 다니는 것조차도 하나님을 향한 전적인 신뢰에서 하는 것이 아니라, 하나의 종교적 문화와 취미와 인간관계의 차원에서 얼마든지 할 수 있다. 심지어 성직자로 활동하는 것조차도…. 진정 자기에게 죽은 자, 그래서 '하늘을 보았다.'라고 하는 자만이 신앙의 사람이다.

신앙은 그 어떤 상황에서도 하나님을 향한 한결같은 신뢰심을 품고 어둡고 부정적인 마음에서 탈출하여(exodus), 온통 나를 사랑하기에 나의 삶이 잘 되게 해주시려는 하나님의 선하고 숭고한 뜻을 지향하는 실존적 행동이다. 그것은 세상과 육체와 소유물에 대한 의존감정을 초극하여, 우주와 세계와 역사 너머·위에 있으면서도(超越者, The Transcendent, 하나님의 초월성) 세상에 계시는 하나님께(內在者, The Immanent, 하나님의 내재성) 초점을 맞추는 것이다. 그것은 지금 이 순간, 내 곁에 머무르고 내 안에 살아 계시는 하나님이 나를 통하여 활동하시도록 수용하고 허락하는 일 안에서 통합된다. 내 안에 계신 하나님은 절로 눈을 뜨시지 않는다. 하나님은 내가 눈을 뜰 때만, 내 안에서 그리고 나를 통하여 일하신다.

이것이 창조 이야기의 진실이다. 그것은 질곡(桎梏, 차꼬와 쇠고랑)의 역사에 붙들려 칠흑같이 무거운 삶을 살아가던 사람들이 그것을 초극하는 신앙과 용기를 지니고, 우주와 만물을 창조하고 역사를 다스리시는 하나님의 창조성과 위대성은 물론, 자기들의 삶을 긍정하며 새로운 의미를 부여하고 일어서서 나아간 절절한 삶의 이야기이다. 따라서 그것은 개인 변형의 이야기이면서, 동시에 민족 변형의 이야기이다.

8. 창조 이야기가 오늘 우리에게 전하는 메시지를 3가지로 생각해본다.

8-1) 항상(恒常) 계시는 이를 바라보라

우주와 세계, 역사와 인생은 무자비한 우연의 힘이 통치하는 것도, 강대국들의 잔혹한 힘이 지배하는 것도 아니라, 하나님이 다스리는 무대라는 것이 창조 이야기를 쓴 사람들의 신앙고백, 증언(證言), 천명(闡明), 선언(宣言)이다. 우주와 세계와 역사는 하나님의 것이요, 하나님의 다스림과 보살핌 아래 있다. 주인도 없이 방치된 정원이 아니다.

우리에게는 아버지와 어머니같이 깊고 뜨거운 정감(情感) 어린 가슴과 심정과 관심을 가지고, 사랑의 팔로 붙들고 은혜의 가슴에 꼭 품어 안고 있는 분이 계시다. 우리는 결코 홀로 걸어가는 것이 아니다. 우리 곁에는 늘 같이 걸어가는 분이 계시다. 우리에게는 나보다 더 나를 잘 아시는 이, 나보다 더 나를 생각하시는 이, 나보다 더 나를 사랑하시는 이, 내 영혼보다 나에게 더 가까운 분이 계시다. 우리 안에는 우리의 삶을 당신의 삶으로 알고 사시는 분, 우리를 통하여 당신의 삶을 사시는 분이 계시다.

하나님은 항상 계신 분이다(恒常, eternal). "주는 한결같으신 분."(如常하신 분, 시 102:27) 우리는 그분의 영원한 사랑의 손길 안에 있다. "주님의 눈동자처럼 나를 지켜주시고, 주님의 날개 그늘 아래 나를 숨겨 주소서."

(시 17:8) "너희에게 손대는 자는 곧 주님의 눈동자를 건드리는 자이다."(슥 2:8c) 인간의 아버지와 어머니인 하나님은 언제나 우리와 함께 걸으신다.

20세기 미국의 유대인 랍비이며 종교철학자인 '아브라함 J. 헤셸'은 이런 말을 한다. "유대교(Judaism)를 설명하는 길은 오직 하나 있다. 그것은 사람에 대한 하나님의 관심을 깨달아 아는 것, 인간이 영원한 타자(他者)인 하나님과 협동 관계를 맺고 있음을 깨달아 아는 것, 즉 하나님과 인간의 상호 관계를 깨달아 아는 것이다. 삶은 하나님과 인간의 협동경영이다. 하나님은 우리의 기쁨과 즐거움으로부터 떨어져 있지 않고 무관심하지도 않다. 내가 부를 때, 그분은 내 곁에 가까이 계신다."(사람은 혼자가 아니다) 저자가 2차대전의 유대인 '홀로코스트' 이후 이런 말을 한 것은 참으로 놀라운 일이다(Holocaust, 대학살. 본래 고대 유대교 제사의 하나로 짐승을 모두 불태워 바치는 번제·燔祭를 가리킴).

따라서 우리가 특히 어려운 시절에 해야 할 일은, 하나님이 내 안에서 당신의 삶을 살게 해드리는 일이다. 그것이 신앙이며 창조적 미래를 여는 길이다. 맑고 단순한 마음으로, 항상 "없이 계시는 이"(유영모-어록)인 하나님을 생생하게 느끼며 바라보고 신뢰하며, 내 안에서 사시게 해드리는 것이 우리를 고난에서 일으켜 새로운 삶으로 인도한다.

8-2) 항상 영혼의 삶을 지향하라

'L. N. 톨스토이'는 이런 말을 한다. "절대로 병에 걸리지 않는 튼튼하고 건강한 육체는 없다. 절대로 소멸하지 않는 부도 없다. 절대로 멸망하지 않는 권력 또한 없다. 이러한 것들은 모두 항구적이고 불변하는 것이 아니다. 설령 건강하고 부유하며 중요한 인물이 되는 것에 일생을 걸어도, 우리는 여전히 번뇌하고 두려워하며 슬퍼하리라. 왜냐면 목적한 대로 일생을 걸었던 그 모든 것들이 나에게서 멀어지는 것을 목격하고, 나 자신도 점점 늙어서 한 발짝씩 죽음으로 다가가고 있음을 목격하는 때가 오기 때문이다.

도대체 어떻게 하면 근심하지 않고 두려워하지 않을 수 있을까? 그 방법은 단 한 가지이다. 지나가고 사라져 없어질 것에 생명을 의탁하지 말고, 영원히 스러지지 않고 스러질 수 없는 것, 즉 우리의 내부에 있는 영혼에 생명을 의탁하는 것이다. 모든 불행은 우리 안에 머물러 있는 것을 잊고, 하찮고 육체적인 온갖 쾌락을 섭취하는 데 영혼을 팔았기 때문에 생기는 것이다. 우리 안에 있는 영혼이 바라는 바를 행하면, 천국이 우리의 영혼 속으로 내려오리라."(인생의 길)

창조 이야기는 영혼의 삶을 긍정하면서 고난을 초극한 사람들이 써낸 위대한 신앙고백의 시이다. 그것은 단지 그럴싸한 창조 신화나, 종교적 관념의 유희나, 편안할 때 만든 연역적 관념의 신학 이론이 아니다. 그 이야기 뒤편에는 나라의 멸망, 오랜 포로 생활, 고국에 대한 향수, 제국 백성들의 숱한 조롱과 모욕(시 137편), 절망에 지쳐 "골짜기의 뼈다귀처럼"(겔 37장) 말라비틀어져 가던 시절의 애처로운 역사 속에서, 기존의 하나님을 새로운 눈으로 보고 깨어나 영혼의 삶을 지향하고 일어선 위대한 신앙인들의 발자취가 녹아 있다.

따라서 창조 이야기에서 우리가 보아야 할 것은 바로 이것이다: 사람이 고난을 돌파하지 않으면(突破·breakthrough, 깨뜨리고 지나감), 외려 그것에 파열될 수밖에 없다(破裂·breakdown. 깨져서 흩어짐). 돌파냐 파열이냐 하는 것은 오로지 나에게 달려 있다! 영혼의 삶을 지향하는 사람은 고난을 돌파하리라.

8-3) 우주와 삶에 대한 신비감과 경이감을 가져라

처절한 고난 속에서 우주와 삶에 대한 신비감과 경이감을 지니는 것은 지극히 어려운 일이다. 그러나 하나님을 향한 전적인 신뢰인 신앙은 이를 가능케 한다. 사실 하나님은 인간에게 그것을 명령하신다. 그래서 '아브라함 J. 헤셀'은 이렇게 말한다. "히브리 인간상은 이것이다: 나는 명령받았다. 그러므로 나는 존재한다."(누가 사람이냐?)

이것은 "나는 생각한다. 그러므로 나는 존재한다."라는 말이나(르네 데카르트-방법서설), 현대인들을 규정한 "나는 욕망하고 소유한다. 그러므로 나는 존재한다."라는 정의와는 아주 다른 것이다(에릭 프롬-인간 해부학). 성서적 인간상은 모든 것을 하나님·그리스도와 관련하여 생각하고 평가하기에, 하나님의 명령은 특히 고난 속에서 전적으로 신뢰하고 받들고 따를 때, 우리에게 새로운 빛과 힘과 희망 가득한 전망(vision)을 낳는다.

우리에게 명령하시는 이는 우리보다 비교할 수 없이 머리가 좋고 현명하다. 그대는 하나님의 IQ가 어느 정도인지를 생각해보신 적이 있는가? 만일 하나님의 아이큐를 재본다면, 어느 정도 나올까? 측정 불가! 따라서 우리가 하나님이 하라고 명령하시는 것을 하는 것은 우리에게 이익이 되면 되었지, 결단코 손해가 되지 않는다. 하나님은 인간을 괴롭히는 취미를 갖고 계신 분이 아니다. 하나님이 인간에게 주시려는 것은 행복과 자유와 기쁨과 평화가 풍성한 번영의 삶이다(렘 29:11). 하나님·그리스도의 명령을 수행하는 것은 우리가 "생명을 얻고 또 더 넘치게 얻게" 할 뿐이다(요 10:10).

그렇기에 고난 속에서 우주와 삶에 대한 신비감과 경이감을 품는 것은 단지 감상적인 것이 아니라, 그 뒤에 보이지 않게 계시는 창조자 하나님을 전적으로 신뢰하고, 그분의 손길에 내 삶을 넘겨드리는 숭고하고 지혜로운 신앙의 행동이다. 별을 사랑하는 마음과 길가의 작은 풀조차도 신비감과 경이감에 젖은 눈망울로 바라보며 감탄하는 것은 그 모든 것을 지어내신 이를 의식하는 것이기에, 그분이 우리 삶을 다스리고 인도하게끔 해드리는 일이다. 그때 우리는 냄새 나고 좁아터진 자아로부터 해방되어 자유로워진다.

우주와 삶에 대한 신비감과 경이감은 이러한 신앙에 맞닿아 있다. 곧, 신앙은 고난 속에서도 견고한 의지를 지니고 우주와 삶에 대한 신비감과 경이감을 품고 기뻐하고 감사하고 찬미하고 춤추는 것이다(시 104편, 148편). 신앙은 고통스럽고 불가능해 보이는 일까지도 희망 속에서 긍정하고 수용하는 것이다. 우리에게 불가능한 것이 하나님께도 불가능한 것은 아니기 때문이다.

아이큐 측정 불가하신 하나님께는 언제나 제3의 길이 있다. 그러니 내가 바라는 것을 하나님께 요구하지 말고, 하나님이 나에게 바라시는 것에 초점을 맞추고 움직이면, 제3의 길이 열린다. 하나님은 자비로운 어머니이시다(호 11:3~4). 신앙은 하나님께 나를 온전히 내맡겨, 그분이 나를 통하여 위대한 해방과 창조 행동을 하시도록 돕는 것이다.

9. 한 가지 더 생각해보자. 창조 이야기는 개인적인 것을 넘어, 참되고 평화로운 세상에 대한 민족의 꿈, 곧 히브리 유토피아 이야기이기도 하다(Utopia·이상 세계). 사실 이것이 이 이야기를 쓴 진정한 목적이다.

이것은 먼저 유대인들이 "새 마음"(겔 18:31)을 일으켜 고난을 극복한 후, 조국으로 돌아가 평화로운 나라와 민족을 건설하는 꿈에 대한 것이다. 하지만 거기에서 그치는 것이 아니다. 이것은 그것을 넘어서, 장차 온 세상이 태평성대를 이루어 살아가는 이상향(理想鄕)에 대한 종말론적 희망을 증언하는 이야기이기도 하다.

"혼돈, 공허, 깊음, 어둠, 물"(1:2) 등의 이미지는 정치적 압제와 혼란한 역사, 그로 인한 히브리인들의 어두운 고난의 참상에 대한 신화적 비유이다. 하나님은 그런 비극적 역사의 "테홈"을 다스려(Tehom, 혼돈·어둠),

인간이 평화롭게 살 수 있는 질서의 세계를 창조하신다. 그래서 맨 먼저 창조되는 것이 빛이다. 이것은 하나님의 영과 진리의 빛이다(지혜, 잠언 8장).

우주와 만물이 하나님의 창조에 따라 질서정연하게 배열되어, 각자 자기 위치에서 생명력을 누리며 존재한다. 특별히 지어진 인간 또한 만물의 한 부분을 이루어, 그 질서 안에서 조화롭게 살아간다(창 1:26~30). 거기 아무런 충돌도 혼란도 무질서도 없다. 모든 것이 개성 있고 조화롭게 움직이면서 서로 어울려 존재한다. 만물에 깃든 창조자 하나님의 빛과 힘이 모든 생명체 속에서 아름답게 발현되어 행복하고 평화롭다.

히브리인들이 이런 창조 이야기를 통해서 꾸었던 꿈은 하나님이 다스리시는 조화롭고 질서 있는 평화로운 세계와 역사에 관한 것이다. 이것은 강대국과 약소국, 정복자와 피정복자, 통치자와 피통치자, 강자와 약자, 부자와 빈자, 지식인과 비 지식인, 잘난 자와 못난 자, 남녀노소의 차별과 불평등이 없는 진정한 평화(샬롬·Shalom)의 세계에 대한 이상·꿈이다.

이 이야기는 나라와 민족, 역사와 세계에 대한 새로운 이해의 틀, 곧 기존의 관념이 더는 현실의 질곡(桎梏)을 돌파하지 못하고 오히려 어둠과 좌절을 가져오며 훼방할 때, 그것을 버리고 새로운 역사를 창출(創出)할 수 있는 지혜로운 대안을 가져야 하는 것에 관하여 말한다. 그렇기에 이러한 평화로운 세계에 대한 이상은 오늘날 분열과 불평등 속에서 갈등하고 고통받는 인류의 것으로 삼을 수 있고 또 삼아야 할 꿈이다.

한자성어에 "도림처사"가 있다(桃林處士, 복숭아밭에 사는 선비). 고대 중국 은(殷)나라 주(紂)왕이 애첩 달기(妲己)와 주지육림(酒池肉林)에 빠져 뭇 백성을 벌레처럼 짓밟아 죽이는 폭정만 펼치자, 신하인 주(周)나라 무(武)왕이 혁명의 깃발을 올리고 타도했다(기원전 1,100년경).

무왕은 돌아오는 길에 함곡관(函谷關) 근처 도림(桃林)에 이르러 군대를 해체하고 병사들을 집으로 돌려보내며, 앞으로는 군대도 전쟁도 없을 것이니, 각자 고향으로 돌아가 농사를 지으며 평화롭게 먹고 살라고 했다. 그리고는 그곳에 소(도림처사)를 풀어 놓아 태평스럽게 풀을 뜯어 먹게 했다(진순신-중국의 역사, 제1권). 그 후 중국인들은 이것을 태평성대의 이상향(理想鄕)에 대한 이미지로 생각하고 대대로 꿈꾸었다.

고대 히브리인들도 창조 이야기를 통하여 이와 같은 진정 평화로운 세계에 대한 이상을 제시한 것이다. 그 길은 질곡의 역사가 강요하는 고난의 시절을 지날 때도 여전히 저 우주와 만물의 뒤편에 계신 이, 그리고 지금도 나·우리를 다스리시는 이, 곧 '티 없이 맑은 영원의 하늘'을 새롭게 바라보는 데 있다. 그것은 용기를 품고, 인생의 새로운 패러다임을 세워 의미를 부여하고, 우주와 삶에 대한 경이감 속에서 영혼의 삶을 지향하면서 어려움을 초극하고 희망을 품고 나아가는 것이다.

그대여, 그대 안에는 죽어도 죽지 않는 영혼의 등불이 타오르고 있다. 그것은 강력한 힘(powers)이다. 그 등불이 활활 타오르는 한, 그대를 무너뜨릴 세력(forces)은 세상에 없다. 하나님을 향한 나·우리의 새로운 생각·말은 나·우리에 대한 새로운 생각·말을 낳는다. 신앙이란 언제나 새로운 사고를 창안하는 새로운 세계관, 가치관, 인생관에 관한 것이요, 과거와 현실을 초극하고 하나님이 열어주시는 미래를 지향하는 것이다.

삶에 대한 새로운 의식은 나/우리에 대한 새로운 의식이다. 인간은 아무도 완성된 존재가 아니다(become). 그저 완성을 향해 나아가는 존재이다(becoming). 그렇기에 지나치게 늦지만 않는다면, 선택은 언제나 가능하다.

다음 이야기를 생각해보자. '미켈란젤로'가 십자가에서 죽은 아들 예수를 안고 있는 성모 마리아상인 "피에타"(Pieta)를 완성했을 때, 어떤 추기

경이 물었다. "당신은 어떻게 이런 위대한 작품을 만들 수 있었습니까?" 그가 대답했다. "내가 만든 게 아닙니다. 나는 단지 커다란 대리석에서 불필요한 부분만 쪼아냈을 뿐입니다. 그 상(像)은 본래 그 돌 안에 들어 있었습니다. 나는 그것을 보았지요."(어빙 스톤-르네상스인 미켈란젤로)

그대 안에도 그대만의 어떤 아름다운 상이 들어 있다. 그것을 드러나게 하는 것은 전적으로 그대에게 달려 있다. 그대는 독특한 개성을 지닌 예술가이다. 그대 삶은 그대만의 작품이다. 그러므로 그대 자신만의 삶을 창조하시라. 특히 자신에게 없거나 부족한 부분을 탓하지 말고, 풍부하게 간직된 부분을 주목하고 기르시라. 그리고 자신과 타인을 비교하지 않고 사람들의 눈과 입을 의식하지 않을 정도로, 자신을 강하게 만들어 가시라.

우주와 세계와 삶은 참으로 경이로운 것이다. 그런데 세상에서 가장 경이로운 것은 바로 그대이다. 경이로운 그대여, 그대의 삶을 경이로운 작품으로 만드시라. 이것이 하나님이 그대에게 바라시는 것이다. 그러니 그대 안에 계신 하나님께서 그대를 통해 사시게 해드리라. 그러면 그대의 삶은 하나님과 그대가 협동하여 만드는 아름다운 작품이 되리라.

2
자신과 타인을 새롭게 바라보기

∨

하나님이 말씀하시기를, "우리가 우리의 형상을 따라서, 우리의 모양대로 사람을 만들자…" 하시고, 하나님이 당신의 형상대로 사람을 창조하셨으니, 곧 하나님의 형상대로 사람을 창조하셨다. 하나님이 그들을 남자와 여자로 창조하셨다. 하나님이 그들에게 복을 베푸셨다(창세기 1장 26a. 27~28a절).

1. 신비롭고 아름다운 우주와 지구와 만물은 중력의 원리·법칙에 종속되어 있다. 헤아릴 수 없이 많고 많은 은하(銀河)와 그 안의 항성들과 행성들은 어디 말뚝에 매달아 놓은 줄도 없건만, 절묘한 중력의 법칙에 따른 조화의 질서 속에서, 항상 일정하고 단순하게 보이지 않는 궤도를 따라 공전하고 자전한다. 지구의 만물도 자연의 원리·법칙의 지배를 따라 살아간다. 만물의 한 종(種)인 인간 역시 우주와 자연의 원리·법칙 아래 있다.

그런데 인간은 만물과는 매우 다른 존재이다. 인간은 고도의 의식과 이성과 선의지를 비롯한 여러 능력을 지닌 특이한 존재이면서도, 또한 탐욕과 거짓과 악한 의지를 지닌 이중성의 자유로운 존재이다. 그래서 인간은 자연의 원리를 따르거나 거부할 수 있다.

그런데 인간은 불완전한 존재이다. 이것이 인간의 자유가 시험 되는 지점이다. 선의지를 택하면 행복하지만, 악한 의지를 택하면 불행하다. 그런데 인간은 대개 악한 의지를 지향하는 데서 탁월한 면모를 드러낸다. 실로 인간은 그 속을 알 수 없는 심연(深淵)과도 같은 복잡한 존재이다. 그래서 인간은 그를 멋지고 탁월한 피조물로 지으신 하나님에게조차 골칫덩이이다. 고대 히브리인들도 인간에 관한 이런 사실 때문에 고민한 흔적을 자주 기록한다.

"아, 내가 창조한 것이지만, 사람을 만든 것이 후회되는구나!"(창 6:7) 이것은 하나님의 인간적·인격적 측면을 말하는 고대 히브리인들의 신학적 관점에서 나온 글이지만, 그래도 사람을 지으신 하나님조차도 사람을 채 몰랐다는 희극적인 말로 보일 정도이다. 이런 말도 있다. "만물보다 더 거짓되고 아주 썩어 빠진 것은 사람의 마음이니, 누가 그 속을 알 수 있겠는가?"(렘 17:9) 이것은 하나님의 원리·법칙을 한사코 어그러뜨리기만 하며 살아가는 인간들에 대한 절망 섞인 히브리 예언자·철인의 탄식이다. 예수도 이렇게 말한다. "사람에게서 나오는 것, 그것이 사람을 더럽힌다. 나쁜 생각은 사람의 마음에서 나오는데, 곧 음행과 도둑질과 살인과 간음과 탐욕과 악의와 사기와 방탕과 악한 시선과 모독과 교만과 어리석음이다. 이런 악한 것이 모두 속에서 나와서 사람을 더럽힌다."(막 7:20~23)

이렇게 사람의 마음은 온갖 악덕으로 더러워진 진흙탕 수렁이다. 이것이 한시도 쉬지 않고 오물을 토해내면서 자타(自他)를 오염시키고 사회와 세상을 망가뜨리는 근원이다. 따라서 인간과 세상의 모든 문제는 인간 자신으로 인하여 빚어진다. 여기에 자유와 선택의 존재인 인간과 인생의 어려움이 있다.

2. 성서는 하나님을 우주와 만물의 창조자로 고백하며 증언한다. 앞장에서 말했듯이, 창조자 하나님은 우주와 만물을 품고 초월해 있는 '절대자, 포괄자, 주인, 섭리자'이시다(초월자 하나님, 하나님의 초월성). 하나님과 만물과 인간의 차이와 간격은 무한히 크다. 하나님은 결코 우주와 만물에 속한 분이 아니시기에, 그 어느 것과도 동일시할 수 없다. 그런 이유로 인간이 어떤 상(像)을 만들어 하나님과 동일시하며 숭배하는 행위는 원천 금지된다(출 20:4~6, 십계명 제2조-신상과 우상숭배 금지). 하나님께는 제국도 두레박에서 떨어지는 물방울이나 저울 위의 티끌과 같고, 사람들은 메뚜기와 같고, 통치자들은 허수아비와 같다(사 40:15~26). 그렇기에 여기에서 하나님을 향한 인간의 마땅한 마음과 태도는 경외심이다.

그러면서도 하나님은 만물 안에 계시는 분이다(내재자 하나님, 하나님의 내재성). 이것은 하나님은 철저히 인간적·인격적인 하나님이시라는 것을 말한다. 하나님도 "인간성"을 지니신다(카를 바르트-The Humanity of God). 다른 말로 하면, "하나님은 철학자의 하나님, 곧 생각도 감정도 없이 저 하늘 위에 앉아 있는 무감각한 신이 아니시다."(블레즈 파스칼-팡세) 그래서 성서는 하나님을 인간처럼 얼굴과 입과 손, 지성과 의지와 희로애락의 감정을 지니신 분으로 증언한다(신인동성동형론·神人同性同形論·anthropomorphism, 신은 사람과 비슷한 성격과 모습을 지니신 분이라는 신학적·문학적 사고체계).

"철학자에게 하나님은 하나의 객체이다(an object). 철학자의 하나님은 도무지 무관심이다(indifference). 너무도 고상하여 가슴도 없고, 세상을 한 번 힐끗 둘러보지도 않는다. 그의 지혜는 자기 자신을 인식하고 세계를 잊어먹는 데 있다. 그러나 성서의 하나님은 주체이시다(the subject). 그래서 성서는 근본적으로 인간이 하나님을 봄(vision)이 아니라, 하나님이 인간을 봄이다. 성서는 인간의 신학(theology)이 아니라 하나님의 인간학이다(anthropology)."(A. J. 헤셸-사람은 혼자가 아니다) 구약성서는 이것을 "나는 네 조상의 하나님, 곧 아브라함의 하나님, 이삭의 하나님, 야곱의 하나님이다."라고 하는데(출 3:6), 하나님의 인간성과 역사성에 관한 말이다. 여기에서 하나님을 향한 인간의 마땅한 마음과 태도는 친밀감과 사랑이다.

이와 같은 하나님의 초월성과 내재성에 관한 말들은 "하나님은 살아 계시는 분"이라는 뜻이다. 하나님은 초월성과 내재성을 완전한 조화 속에서 수행하면서, 당신의 속성/성품을 크게 두 가지로 드러내신다. 의(義·公義, 체다카·Tsedaqah)와 사랑이다(히-헤세드·Hesed, 자비-라하밈·Rachamim). 초월성에 따른 하나님의 의는 하나님을 향한 인간의 경외와 순종·복종의 근거이고, 내재성에 따른 하나님의 사랑·자비는 그분을 향한 인간의 신앙·신뢰와 친밀성과 사랑의 근거이다. 그래서 의와 사랑의 하나님은 인간에게 이웃에 대한 책임 있는 태도인 정의(미슈파트·Mishpat)를 명령하고 요구하고 호소하신다(호 4:1~2).

그런데 인간 때문에 골치를 앓는 하나님의 후회와 탄식은 인간을 만물과는 달리, 이성과 감정과 의지를 지닌 자유로운 존재로 지으신 데서 오는 것이다. 인간의 복잡성은 여기에서 나온다. 인간은 식물이나 동물과 같은 존재가 아니다. 하나님은 인간을 특별한 존재, 곧 자유롭고 독립적인 존재로 지으셨다. 만일 하나님이 인간을 동물이나 기계로 지었다면, 인간의 일탈·죄·타락도 없고 후회하실 일도 없다. 그러나 그랬더라면, 하나님은 철학자의 하나님이 되고 만다. 지구에 하나님께 응대할 이성적 존재가 없을 것이기 때문이다.

그러면 하나님은 왜 인간을 자유로운 존재로 지으셨는가? 그것은 전적으로 하나님 자신의 결정이다. 그렇게 만들어 달라고 요청한 인간은 아무도 없었다. 하나님이 인간을 자유로운 존재로 지으신 까닭은 인간의 일탈 때문에 슬픔과 고통을 겪더라도, 인간과 만나 친교 속에서 대화하는 관계를 맺어 함께 사시기 위해서이다.

그러나 자유로운 인간의 마음과 존재 방식은 항상 하나님의 뜻에 일치하는 것이 아니다. 그렇기는커녕 인간은 대개 자기를 지으신 창조자 하나님조차 아랑곳하지 않고 제멋대로 산다. 따라서 인간으로 인한 하나님의 슬픔과 후회와 탄식은 자승자박(自繩自縛)이라서, 평생 하나님이 짊어지고 가셔야 할 짐이다. 이것이 구약성서가 말하는 하나님의 인간성이다.

하나님은 인간의 도덕적 상황에 따라 깊은 감정을 느끼면서, 그때마다 적절하게 의와 자비를 드러내신다. 그래서 하나님은 인간처럼 생각하고 감정을 느끼며 기뻐하기도 하고, 슬퍼하고 분노하기도 하시는 분으로 나타난다. 이것은 고대 히브리인을 향한 하나님의 계시와 그에 대한 히브리인의 사유가 함께 어우러져 나온 신학적 관념이다(신인동성동형론).

이렇듯 만물의 원리·법칙 아래 있으면서도 자유와 지성의 존재라는 것이 인간이 지닌 복잡성의 근원이다. 그래서 아무도 인간을 무엇이라고 딱히 규정할 수 없다. 누구도 어떤 이를 속속들이 안다고 할 수 없다. 지금까지 수천 년 동안, 여러 종교와 철학에서 인간을 이리저리 이해하며 정의를 내려왔지만, 아직도 인간은 자기 자신에 대하여 여전히 미지(未知)의 세계이기에, 이해할 것이 무궁무진하게 남아 있다. 따라서 인간은 저 자신에게마저도 영원한 신비요 수수께끼와도 같은 존재이다.

3. 인간은 고도의 의식(意識)을 지닌 존재이다. 인간은 의식을 통하여 생각하고 계획하고 선택하고 행동한다. 그리고 인간에게는 자신도 잘 모르는 무의식(無意識)의 심층이 있다. 이것이 인간의 실상이다. 의식은 무의식을 잘 모르고, 무의식은 의식을 잘 모른다. 그 간격은 넓고 깊다. 의식과 무의식을 모두 알아차리고 움직이는 인간은 극히 소수이다.

종교와 철학마다 인간을 정의하는 언어는 저마다 다르지만, 그것이 가리키는 본질은 비슷하다. 아마 인간에 대한 가장 근사치에 이른 정의와 대답은 이것이리라. "인간은 신도 동물도 아니다. 인간은 그저 그 둘 사이에 낀 존재이다. 그래서 인간은 신처럼 되고자 해서도 안 되고, 동물처럼 되고자 해서도 안 된다. 만일 인간이 신이나 동물처럼 되고자 한다면, 반드시 동물 이하로 추락하고야 말 것이다."(파스칼-팡세)

이와 같은 인간 이해는 인간이 지닌 자유의 역설적인 면을 가리킨다. 자유는 자의(恣意, 방자한 마음)나 만용이 아니다. 자유는 진리와 이성적 사유와 도덕적 책임 안에서 구현되어야 할 인격적인 태도와 행동이다. 따라서 인간의 자유란 무한 자유가 아니라, 어떤 분명한 법칙과 한계 내에 있다. 인간은 그 법칙의 한계 내에서만 자유롭다. 이것이 인간이 지닌 자유의 역설적인 한계 상황이다. 우리는 이것을 인간 본질의 한 측면으로 이해할 수 있다.

그런데 인간의 의식과 지정의(知情意)와 자유야말로 영광이기도 하며, 또한 고통과 불행과 질곡의 근원이기도 하다. 인간은 신은 아니나 동물만도 아니다. 인간은 하나님 아래, 만물 위의 존재이다(창 1:26~28; 시 8:5~6). 하나님과 동물 사이에 끼어 있는 중간적 존재인 인간은 몸이 없으신 하나님이 맛볼 수 없는 인간만의 행복과 삶의 의미를 누리며 자신을 깊고 드높게 생성하고 창조해 나갈 수도 있고, 동물이 하지 못하는 여러 가지 일들을 수행하고 문명을 창조해내면서 자신이 인간이라는 것을 증명하며 동물들이 누리지 못하는 고유한 행복과 삶의 의미를 체험하며 살 수도 있다. 이것이 인간의 영광이다.

그렇지만 신도 동물도 아닌 의식을 지닌 중간적 존재이며, 여러 제약과 한계와 모순을 안고 있는 인간은 그 때문에 오히려 항상 불안하다. 이러한 근원적인 불안은 인간을 두려움과 탐욕과 거짓으로 몰고 가는 원인이고, 본래부터 타고난 고귀한 이성과 감성과 자유를 오히려 자신을 구속하고 망가뜨리는 방향에서 그릇되게 사용하게 하는 어둠의 힘으로 작용한다. 여기에서 성서가 '죄'라 하는 갖가지 무지하고 폭력적이고 어리석은 마음과 행위가 나온다.

인간은 완성된 존재가 아니다. 인간은 하나님을 향하여 성장하며 올라가야 하는 존재, 곧 자신의 완성을 이루어내야 할 사명을 지닌 존재이다. 구약성서는 이것을 "야곱의 층계"로 비유한다(창 28:10~15). 이것은 모든 인간에게 주어진 하나의 사명·길이다. 인간은 이 세상과 자기를 부단히 초극하며, 하나님을 향하여 한 계단 한 계단 올라가야 하는 존재이다.

따라서 신과 인간을 아는 것은 삶을 아는 것과 맞물린다. 신과 자기를 알면 삶의 원리와 법칙과 본질을 알고, 어떻게 살아야 하는지를 안다. 그때 그는 전적으로 인간적인 인간으로 존재한다. 신과 자기를 모르면 삶의 원리와 본질을 모르고, 어떻게 살아야 하는지를 모른다. 그때 그는 인간임에도 불구하고, 쉽사리 동물의 차원으로 떨어진다. 신과 자기를 아는 사람은 지혜롭고, 모르는 사람은 어리석다. 지혜로운 삶은 행복하고, 어리석은 삶은 불행하다. 행복은 지혜의 나무에 열리는 열매이고, 불행은 어리석음이 불타면서 나오는 맵고 쓰린 연기이다. 그리고 행복하고 불행한 삶은 대부분 각 사람의 책임에 속한다.

4. 그런데 구약성서는 이런 모든 것에 대하여 구구한 신학적 설명을 늘어놓지 않는다. 그저 그렇다고 선포하면서, 사람이 먼저 수용하고 복종하고 따르며 행동으로 옮길 것을 촉구할 뿐이다. 그래서 구약성서의 언어는 전적으로 명령적이다(imperative). 제1장에서 생각해본 현대 유대인 종교철학자 '아브라함 J. 헤셸'의 명제, 곧 "나는 명령받았다. 그러므로 나는 존재한다."라는 것이 구약성서의 사유체계를 한마디로 요약한 것이다.

이것은 다른 종교에서는 찾아볼 수 없는 유대교만의 독특함이다. 어떻게 보면 강제적인 것으로도 볼 수 있지만, 히브리인들은 그렇게 생각하지 않는다. 우리는 이 점을 충분히 이해하고 구약성서를 대해야 한다. 그렇지 않으면 본질을 놓친다. 히브리 신학은 해명의 논리가 아니라, 선포·선언과 증언(證言·witness)과 고백(confession)의 논리이다. 따라서 인간이 먼저 하나님의 명령을 실천하고 나면, 그 참뜻을 이해하게 된다. 곧, 인간이 하나님의 명령을 실천할 수 있는 것은, 지혜롭고 선하고 자비로운 하나님은 전적으로 인간과 공동체의 자유와 행복과 평화를 위해 일하시는 분이라는 진실을 아는 데서 온다(신 4~8장). 그래서 구약성서는 도타운 삶의 길은 먼저 하나님을 아는 데 있다고 말한다. "하나님을 아는 것"이 구약성서의 첫 번째 사유체계이다(다아트 엘로힘, Daath-아는 것·앎. 엘로힘·Elohim-하나님. 호 6:3.6).

히브리 신학과 그리스 철학은 여기에서 갈라진다. 히브리 신학의 모든 것은 하나님과 그의 명령 체계인 율법과 말씀을 따르는 데서 나온다. 그리스 철학의 모든 것은 철저하게 이성의 사유에서 나온다(T. 보만-히브리적 사유와 그리스적 사유의 비교). 물론 고대 히브리인들에게도 고유의 철학이 있었지만, 그것은 어디까지나 종교철학이었다. 히브리인들의 모든 것은 철저히 신앙과 종교체계에 종속되어 있다. 그들만큼 철저히 종교적인 민족도 없었다.

고대 그리스인들은 주요 12신을 비롯한 무수한 작은 신들을 믿은 다신교 세계에서 살았다. 그러나 그것은 어디까지나 종교적 감성과 이성적 사유가 낳은 신화와 종교체계였을 뿐이다. 그래서 그리스 신들은 인간 이상이 아니었고, 인간이 저지르는 모든 행위를 저질렀다. 그 신들은 단지 인간이 만들어 낸 신화적 변용일 뿐이었다.

그러나 히브리인들은 이러한 신은 상상할 수도 없었다. 그들은 하나님을 이성으로 생각해서 알 수 있는 것이 아니라, 하나님이 당신을 스스로 알려주시는 계시를 통해서만 알 수 있다고 믿었다. 그들에게 자신을 계시(啓示)한 하나님은 "스스로 계신 하나님"이다(출 3:14). 하나님은 그냥 아무런 근원도 없이, 영원부터 영원까지 홀로 계신 분이다. 그 하나님이 홀로 우주와 만물과 인간을 창조하셨다. 이것이 히브리인들의 신앙과 신학이다.

그리고 그 하나님은 인간에게 걸어가야 할 "길"(히-데렉·Derek), 곧 삶의 진정한 원리와 법칙과 질서를 주셨다. 그래서 인간은 크게 두 가지 길을 걸어야 한다. 자기를 창조하신 하나님을 알고 사랑하는 것과 하나님이 말씀으로 수여하신 도덕적 법칙을 따라 이웃과 어울려 인간답게 사는 것이다. 하나님은 말씀이고(히-다바르·Dabar, 그-로고스·Logos, Word. 지혜: 욥 28장;

잠 8장), 말씀은 하나님이시다(요 1:1~2). 이 둘은 분리되지 않는다. 그래서 하나님을 알고 신뢰하고 사랑하는 것은 하나님의 말씀을 따르는 것과 같다.

그렇기에 구약성서에서 인간이 자신과 인생을 아는 길은 이성을 통한 철학적 이해에서 비롯되는 것이 아니다. 물론 이성적인 성찰은 필요하다고 말한다. 그러나 그것은 어디까지나 부차적인 차원일 뿐이다. 히브리 신학에서 이성은 언제나 신앙 다음이다. '하나님을 신뢰하라. 그리고 생각하라.' 이 것이 히브리 신학의 요체이다.

그리고 히브리 신학은, 하나님이 인간에게 걸어가야 할 원리·법칙·질 서를 준 까닭은 하나님과 친밀한 관계를 맺어 의롭고 행복하고 평화롭게 살 게 하시기 위해서라고 말한다. 그것은 인간이 하나님을 알고 사랑하여 자신 과 인생의 법칙과 질서를 이해하는 데서 가능하다(신명기; 시 1편). 히브리 신학에서 인간은 자신을 위하여 행복을 추구할 수 없다. 그것은 가능하지 않 다. 왜냐면 그런 존재 방식은 삶의 중심을 자신이나 물질 소유에 두어, 어느 덧 하나님과 이웃을 상실하여 행복과 평화를 누릴 수 없게 만들기 때문이다. "다른 신들을 섬기는 자들은 더욱더 고통을 당할 것이다."(시 16:4). "하나님 을 거역하는 사람은 메마른 땅에서 산다."(시 68:6b) 이것을 형제·이웃을 부 정하고 살해한 "가인"의 운명인 "이 땅 위에서 쉬지도 못하고 떠돌아다니게 된다."라는 말과 연결해 생각해보시라(창 4:10~14).

히브리 신학의 역설(逆說)은 "하나님은 나의 행복이시다·하나님 바깥 에는 행복이 없다."라는 것이다(시 16:2). 그렇기에 행복은 하나님을 알고 사랑하는 마음의 향기요 그림자일 뿐이다. 행복 자체를 추구하는 것은 인 간의 목적이 아니다. 인간의 목적은 전적으로 하나님과 자기와 이웃을 알 고 사랑하는 것이다.

행복은 여기에서 나온다. 행복은 결코 외부적 사물에 대한 이성적 인식과 소유에서 오지 않는다. 행복은 오직 인간이 하나님과 조화로운 인격적 관계인 신뢰와 친교를 맺고 사는 데서 온다(communion, fellowship). 인간의 불행은 이것에 실패하기 때문이다(창 6장). 행복은 그 관계 맺기의 정도(定度)가 어떠한가에 따라 달라진다. 따라서 행복은 인간이 만들어내는 것이 아니라, 전적으로 하나님과 맺는 관계에서 나오는 은총이다(히-헨·Chen, 선물).

인간이 하나님을 알고 맺는 신앙·신뢰와 순종·복종의 관계가 깊고 진실할수록, 자신과 타인과 만물을 알고 사랑하는 것도 진실하다. 그 앎과 신뢰와 사랑이 행복의 길이다. 그렇기에 행복은 인간이 만들어내는 것이기도 하다는 역설을 지닌다. 왜냐면 인간의 삶은 인간을 자유롭고 창조적인 존재로 지으신 "하나님과의 협동경영"이기 때문이다(제1장 8-1, A. J. 헤셀).

그러나 하나님을 향한 신앙·신뢰와 순종·복종은 강제사항이 아니라, 전적으로 인간의 자율에 맡겨진 것이다. 하나님은 인간을 당신의 노예로 지으신 게 아니기 때문이다. 그래서 인간은 하나님의 요구를 수용하고 행동하거나, 아니면 거부하고 자기 마음대로 살아갈 수 있다. 이것이 인간에게 주어진 자유이며 그 한계이다. 그런데 인간이 하나님과 맺는 관계에 실패하면, 자신과 타인, 사람과 자연과 맺는 관계도 실패하게 되어, 그가 처한 모든 상황에서 고통스러운 문제가 발생한다. 따라서 이것을 근원적으로 해소하고 치유하고자 하면, 하나님을 전적으로 신뢰하고 복종하는 삶을 회복해야 한다.

그리고 인간이 자신을 하나님의 뜻에 일치시키며 살아갈 수 있는 길은 하나님을 온통 인간의 행복을 위하여 일하시는 선하고 자비로운 아버지·어머니로 알고, 하나님에게 눈을 뜨는 데서만 가능하다. 순종·복종을 말한다고 해서, 노예의 복종을 가리키는 게 아니다. 그것은 하나님 앎·이해에서 나온 자발적 순종을 의미한다. 따라서 '다아트 엘로힘', 곧 하나님을 아는 것은 인간에게 모든 가치의 근원이며 태도의 중심이다.

5. 이제 오늘의 경전을 생각해보자.

창조 이야기의 한 부분인 이것은 '바빌론 포로 시대의 유대인들'이 하나님에 대한 새로운 관점을 통하여 인간, 곧 자기와 타인을 발견한 것을 주제로 한다. 그래서 역설적으로 이 이야기는 인간에 대한 새로운 신학적 관점이야말로 고난 속에서 자기를 변혁하여 희망찬 미래를 담보하는 길이라는 것도 함께 증언한다.

여기에서 단연 놀라운 점은 "지옥에서의 한 철"을 넘어(A. 랭보-지옥에서의 한 철), 반세기가 지나도록 타향에서 죽도록 고생하는 시절에 쓴 것인데도, 자기들을 멸망시키고 포로로 끌어온 바빌로니아제국에 대한 분노나 적개심이나 저주도 없고, 하나님을 향한 원망과 불평이나 자기들의 억울한 심정과 한숨과 눈물도 전혀 없다는 것이다. 더욱 놀라운 점은 하나님께 구원해달라는 말조차도 없다는 것이다.

그들의 얼굴은 마치 태평성대를 살아가는 것처럼, 환한 빛과 미소로 가득할 뿐이다. 여기에 있는 것은 오로지 창조자 하나님을 감격스러워하는 가슴으로 부르는 환희에 찬 노래, 해맑은 영혼으로 터뜨리는 깊고 높은 감사의 시, 기쁨으로 가득한 생명의 찬가, 하나님과 우주와 만물에 대한 경이감으로 가득 찬 우렁찬 송가(頌歌)뿐이다.

어떻게 그럴 수 있었을까? 오랜 고난의 도가니 속에서 찢기고 갈아진 끝에 하나님을 새롭게 발견한 진정 심원하고 뜨거운 혼 때문이다. 이것은 어둠 속에서 터져 나온 신앙의 불꽃, 영혼의 화산 폭발이다. 이것은 철학자나 작가의 책상에서 나온 이성적 상상의 이론과 사상이 아니다(연역법적·deductive 글쓰기, 체험 없는 추론적 이론). 더구나 이것은 하나님과 신앙을 손오공의 요술 방망이로 아는, 등 따습고 배부른 사람들의 식어버린 머리와 이기적인 마음에서 나온 것이 아니다.

그렇기는커녕 이것은 기나긴 비참한 역사 속에서 자신의 참된 본성의 빛을 찾은 사람들의 이야기이다. 곧, 이것은 유대인들이 바빌론 포로 시대의 뼈아픈 수난의 체험 속에서, 신과 자신과 인간과 세계에 관한 특수하고도 보편적인 자각을 통해 생명 사상을 창출(創出)하고 고난을 극복하여(귀납법적·inductive 글쓰기, 체험을 통한 앎·깨달음), "독수리처럼"(사 40:31) 날아오른 출발점과 도약대가 된 위대한 신앙의 찬가요 종교적 각성의 시이다.

이 창조 이야기에는 오로지 자기들을 무지막지할 정도로 멸망과 패배와 상실, 포로와 고난 속으로 내던지신 하나님을 새롭게 발견하고 찬미한 유대인들의 역설적이고 지극한 사랑의 감정, 우주와 만물과 인간에 대한 깊은 애정과 경탄의 감정, 고마움의 심정이 가득 담겨 있다. 그렇기에 이 이야기는 어두운 역사를 무대로 삼아 얼의 별을 찬란하게 밝혀 올린 사람들의 불꽃이다. 그 얼마나 위대한 영혼들인가!

2,500년 전, 어둠 속에서 터진 그 불꽃이 지금도 환히 타오르고 있다. 유대인들은 고난의 시대 한복판에서, 전혀 뜻밖에도 인간의 본질에 관하여 깊이 사색한다. 하나님께 구원을 호소하는 것이 아니라, 어찌 보면 미련하게 보일 정도로 인간의 본질을 물으며 대답한다. 도대체 고난을 초극하는 것과 새로운 인간관이 무슨 관계가 있다고 그랬을까?

깊은 관계가 있다. 종교적 시각에서, 고난을 하나님이 내버리신 것으로 보거나, 역사적 시각에서 강대국·강자의 횡포로만 보는 한, 거기에는 아무 데도 "출구(出口)는 없다."(J. P. 사르트르-출구는 없다) 그저 좌절과 절망, 원망과 불평, 이런저런 분노로 하나님과 제국의 탓만 하며 저주와 미움에 사로잡혀 들끓다가 지레 시들어 죽어갈 뿐이다. 자신을 하나님과 운명과 역사에서 버려진 자, 외면당한 자, 패배자, 낙오자, 쓸모없는 자로 낙인찍는 한, 인간다운 현재와 미래의 삶은 없기 때문이다.

이 이야기는, 인간이 고난을 초극할 수 있는 것은 환경의 변화보다는 자신과 인간, 그리고 세상에 대한 새로운 관점(패러다임)을 구축하고 자기를 변화시키는 데서 가능하다고 말한다. 그것만이 고난의 시대에서 현재와 미래의 지평을 활짝 열어젖히는 길이다. 그래서 바빌로니아의 유대인들이 그런 극심한 고난의 시절에 생뚱맞게도 '인간은 누구인가?'를 물으며, 인간의 본질에 관한 탁월한 신학적 담론을 풀어내며 인간의 진정한 본질을 긍정한 것이다.

이것이야말로 위대한 걸작인 창조 이야기가 지닌 참된 면모이다. 인간에 대한 고귀한 이해와 존중심과 깊은 애정을 회복하는 것이 역설적으로 현실의 어려움을 타개하는 길이다. 타인을 나쁜 존재로 보는 한, 끝내 내가 무너지고 만다. 세상을 원망하는 한, 죽음에 이르는 것은 나뿐이다.

6. 인간이란 '누구인가(who)?'에 대한 그들의 대답은 이렇다(성서에 따르면, 인간은 물건이 아니기에 '무엇인가(what)'로 물을 수 없다). "인간은 하나님의 형상을 따라 지어진 존재!" 형상은 얼굴이나 신체가 아니라(形狀, 히-첼렘·Tselem, 그-에이콘·Eikon→ Icon. 라-이마고·Imago→ Image), 하나님의 속성·성품과 도덕적 능력에 관한 말이다. 그래서 이 말은, '인간은 하나님의 성품과 능력을 지닌 존재, 하나님을 닮은 존재'로 이해할 수 있다.

단순하게 말하면, 하나님의 형상은 진선미(眞善美)의 능력으로 볼 수 있겠다. 인간이 하나님·진리를 추구하면서 창조적인 삶을 살아갈 수 있는 것도 자신 안에 본디 이러한 진선미의 능력을 지니고 있기 때문이다. '루트비히 v. 베토벤'은 이런 말을 했다. "인간 내부에 존재하는 진선미를 효과적으로 표현할 수만 있다면, 이 세상에 넘어서지 못할 규칙이나 법칙은 없다."(서간집; 메이너드 솔로몬-L. v. 베토벤) 28세에 음악가로서는 치명적이고 절망적인 청각 상실을 겪으면서 위대한 음악과 불굴의 인간상을 창조해낸 베토벤. 그는 인간이 갖은 악조건 속에 놓이더라도, 자신이 지닌 진선미의 능력을 긍정하며 나아갈 때 얼마나 창조적으로 살 수 있는가를 보여주었다.

그런데 본문에서 '인간'이란 '모든' 인간을 가리킨다. 고대인들은 어느 민족을 막론하고 꽤 오만하게, 자기네 왕을 비롯한 소수의 신분 높은 왕족과 귀족, 또는 자기 민족만이 신의 자식인 인간이라고 여기며 일관했다. 그 중에서도 유대인들이 자기들만이 신의 특별한 선민(選民)인 인간으로서 언제나 보호받을 것이라고 자부하며 살아온 것은 타의 추종을 불허한 일이었다. 그러던 유대인들이 바빌로니아제국에 멸망하고 포로가 되자, 그 모든 종교적·민족적 선민 신념과 관념과 자부심이 일시에 무너졌기에, 다시금 재설정해야만 되었다. 그렇지 못하면 다시는 일어서지 못하고 끝내 사멸할 수밖에 없었다.

유대인들이 수행한 신학적 재설정 가운데 하나가 오늘 본문이다. 이것은 당대 여느 민족은 도무지 상상할 수도 없었던 전혀 뜻밖의 새로운 생각·패러다임이다. 그들은 왕이나 왕족과 귀족, 평민이나 노예, 성인이나 어린아이, 이스라엘인이나 이방인 등, 남자는 물론이거니와 당대 어느 민족도 인간으로 취급하지 않았던 여자까지 포함하여, 모든 '인간'(히-아담·Adam, 인간·인류)을 하나님을 닮은 존재, 즉 하나님의 자식이라고 과감하게 선언한다.

이것이 지극히 놀라운 관점인 이유는 이 '인간'에 자기들을 멸망시키고 포로로 삼아 갖은 고생을 시키는 바빌로니아 사람들도 포함하고 있기 때문이다. 진실로 혁명적인 발상이다! 따라서 새로 발견한 하나님 안에서 깨닿게 된 새로운 인간관과 자기 발견의 신학인 이러한 혁신적인 패러다임이 그들을 하나님이나 적국을 향한 모든 종류의 원망과 불평과 적개심으로부터 해방하고 자유롭게 하고 일어서게 하여, 새로운 미래를 긍정하고 나아갈 수 있게 한 원동력이 된 것이다.

이렇게 '모든 인간'이 하나님의 형상이라는 말은 사람을 더는 민족과 인종과 태생과 국적, 가문과 신분, 재산과 지식 등의 핏줄이나 종교나 지위나 소유를 통하여 이해하지 않는다는 선언이다. 따라서 이것은 고대 노예제 사회에서 당연시한 모든 이분법적 사유체계와 관습과 전통을 완전히 뒤집어엎은 사상의 혁명이다! 그렇기에 이것은 또한 여전히 인간을 그런 것들을 통하여 바라보고 차별하면서, 아직도 비인간적인 세계관 속에서 살아가고 있는 이 21세기에도 혁명적이다.

이것은 모든 인간의 평등을 선언한다. 인간이 존엄한 존재인 까닭은 절대로 그 외적 신분과 소유양식에 따른 것이 아니라, 하나님이 그 안에 머물러 살고 계시기 때문이라고 말한다. 높은 자도 낮은 자도 없다. 누구의 주인도 누구의 하인도 없다. 모든 인간은 하나님을 닮은 영혼과 내적 본질을 공평하게 소유한 평등한 존재이다. 이것이야말로 인간 자신에 대한 정확한 인식, 곧 우월감이나 자만심이나 자기 자랑, 열등감이나 자기 비하나 차별적인 마음도 아닌, 지극히 합리적이면서도 겸허하고, 종교적이면서도 실제적이고, 융통성 있으면서도 확고하고, 특수하면서도 보편적인 인간관이다. 이것이 바로 2,500년 전 히브리인들이 재설정하고 제시한 인간관이다. 21세기의 현대인들조차도 아직 이만큼 이르지 못하고 있다.

그러므로 바빌로니아의 유대인들이 고난을 극복할 수 있었던 것은 역설적으로 자기들을 비롯한 모든 인간이 창조자인 하나님의 본질적 속성을 나누어 가지고 있고, 하나님의 사랑을 받는 존재, 곧 하나님께 '복'을 받은 존재라는 것을 발견했기 때문이다. 그렇게 하여 그들은 비로소 각성의 눈을 뜨게 되었고, 사상의 지평이 광대하게 열려 새로운 미래를 바라보며 고난을 딛고 일어서게 된 것이다.

만일 그들이 포로시대 속에서 새로운 하나님과 인간관을 발견하지 못하고, 계속 하나님을 향한 절망과 푸념과 원망, 바빌로니아인들에 대한 미움과 저주의 감정, 자기들의 가여운 운명과 신세에 대한 한탄과 체념에 빠져 살았더라면, 이내 그곳에서 멸종하여 역사에서 지워지고 말았을 것이고, 인류의 보물인 구약성서를 구성하는 한 축도 나오지 않았을 것이다(그들이 그때와 그 후 만들어낸 많은 작품이 창세기~민수기에 두루 편집되었다. 레위기는 전체).

이것이 얼마나 위대한 일이었는지를 더 실감 나게 이해하자면, 예를 드는 게 좋겠다. 기원전 721년에 남 왕국 유대인의 동족인 '북이스라엘 왕국' 백성이 아시리아제국에 멸망하고 포로로 잡혀갔다. 그런데 그들은 아시리아가 정복하고 포로로 삼은 여러 민족과 같이 살아가다가, 끝내 다시는 조국 땅으로 돌아오지 못하고 역사에서 소멸하고 말았다(아홉지파의 소멸). 왜 그랬을까? 그들이 바빌론에 있던 동포 유대인들 같이, 하나님과 자기와 인간을 새롭게 발견하고 긍정하며 고난을 극복한 면모를 전혀 드러내지 못하고 아시리아에 동화되어버렸기 때문이다.

이처럼 고난의 시대든 편안한 시대든, 인간이 하나님과 자기와 타인에 대한 새로운 패러다임의 사상을 발견하지 못하거나 발견하는 것은 삶과 나라와 역사에 엄청난 차이를 가져온다. 오늘날 우리 시대에서 이것은 각 개인의 결정 사항이지만, 분명히 말할 수 있는 것은 개인이든 기업이든, 인간에 대한 불공정하고 왜곡된 관점과 권위주의적 차별이나 인권 모욕적 태도는 반드시 실패와 몰락의 길을 가게 된다는 점이다.

따라서 이 이야기는 오늘날 어떤 고통과 상실, 괴로움과 힘겨움 속에서 쓰린 가슴을 안고 눈물을 흘려야 하는 상황 속에서 살아가는 사람들에게 강력한 빛과 힘과 용기를 비추고 일깨운다. 이것은 오늘날 역설적으로 이렇게 들린다. '사람이여, 자기를 사랑할 줄 알라!'

이것은 신앙인뿐만 아니라, 모든 사람을 위한 아름답고 힘찬 삶에 관한 격려와 희망의 신학 이야기이다. 자기를 사랑하는 것은 인간의 본성이다. 심리적으로 추적해볼 때, 인간이 다급한 처지에 놓여 아무 신이나 하늘을 부르는 것이나, 아니면 '어머니'를 부르는 것조차도 무의식적으로 자신과 삶에 대한 사랑이 본능적으로 솟구쳐 오르기 때문이다. 따라서 이것은 나의 이야기요 우리의 이야기이다.

인간은 누구보다 먼저 자신을 사랑할 수 있어야 한다. 이것은 결단코 이기심이 아닌, 진실한 자기 사랑을 말한다. 이것이 모든 행동의 뿌리이다. 이것이 안 되면, 하나님이나 자기, 나아가 타인이나 세계를 새롭게 이해할 수도 없다. 나와 내 인생을 사랑하는 것은 정확히 '나를 새롭게 바라보기'와 같다. 바빌로니아의 유대인들이 이런 문서를 쓸 수 있었던 것도 자기들과 삶에 대한 진실한 긍정의 사랑 속에서, 하나님뿐만 아니라 모든 인간과 우주와 세상을 새롭게 바라보고 이해했기 때문이다.

인간은 하나님의 형상이다. 이 말은 '내 안에는 하나님 머무르신다, 내게는 신성(神性)이 내재해 있다.'라는 뜻이다. 모든 인간의 내면에는 하나님의 형상이며 위대한 가능성인 진선미와 도덕적 능력이 잠재되어 있다. 그렇기에 모든 인간은 그 존재 자체로 평등하며, 고귀하고 아름답고 존엄하다. 따라서 아무도 외적인 소유의 양식으로 사람을 판단하고 대할 수 없다. 인간에 대한 그 어떤 무시와 험담과 비난과 차별과 학대는 인간을 지은 신에 대한 모독이며, 자신과 타인에 대한 폭력이며, 그리고 만물에 대한 무자비한 침략이다.

7. 이스라엘 우화(寓話). 천지를 지은 하나님은 다음 날 천사들의 회의를 소집하고, 인간을 지은 다음에 당신이 어디에 있으면 좋겠는가를 물으셨다.

한 천사가 말했다. "지금처럼 하늘에 계시면, 사람들이 공경할 것입니다."

하나님이 대답하셨다. "그렇다면 인간들은 별들을 나로 알고 섬길 것이다."

한 천사가 말했다. "큰 산이나 바위나 나무에 숨어 계시면 됩니다."

하나님이 대답하셨다. "그렇다면 인간들은 산과 바위와 나무를 숭배할 것이다."

한 천사가 말했다. "제왕과 권력 속에 숨어 계시면 됩니다."

하나님이 대답하셨다. "그렇다면 인간들은 왕과 권력을 숭배하는 노예가 될 것이다."

이윽고 한 천사가 말했다. "사람들의 가슴에 숨어 계시면 됩니다. 자기 안에서 하나님을 찾는 사람만이 행복할 것입니다."

하나님이 대답하셨다. "네 말이 옳다."

다음 날 사람을 지은 하나님은 그 안으로 들어가셨다.

참으로 아름답고 고귀한 이야기이다. 모든 인간의 내면에는 하나님이 머물러 사신다. 따라서 모든 인간은 하나님을 닮은 자녀이다. 따라서 나는 아무것도 아닌 존재가 아니라, 하나님에게는 모든 것이다. 하나님은 나를 이 세상에 단 한 사람으로 알고 소중하게 보고 사랑하신다. "하나님은 나보다

더 나에게 가까이 계신 분이다."(아우구스티누스-고백록)

바빌로니아 포로 시대에 나온 다른 문서도 이렇게 말한다. "이스라엘아, 내가 너를 안고 다니며, 품고 다닌다. 네가 늙을 때까지 안고 다니고, 백발이 될 때까지 품고 다닌다. 내가 너를 지었으니, 품고 다니고 안고 다니고 구원해주겠다."(사 46:3~4) 여기에서 이스라엘에 그대 이름을 넣어서 생각해보시라. 그러면 이것이 다른 사람들의 이야기가 아닌, 지금 나의 이야기로 변형되어 다가오리라.

비극적인 역사의 광야에 내동댕이쳐진 상황 속에서도, 그것을 하나님의 품에 안겨 사랑받고 있다고 보는 것! 이것이야말로 신앙의 이해와 지혜이다. 따라서 신앙이란 언제나 하나님과 자기에 대한 새로운 이해와 자각이다. 이해와 자각 없는 신앙은 맹신일 뿐이다. 맹신은 사람 잡는다. 그래서 신앙은 항상 역설적이고 역동적이다. 신앙은 말도 안 되는 상황을 말이 되게 만드는 것, 곧 신앙은 전적으로 하나님 안에서 이룩하는 나의 변화에 관한 것이다.

신앙이란 하나님더러 나를 향해서 변화해 달라고 떼를 쓰는 게 아니다. 내게 필요한 것을 구하는 것도 아니다. 이런 일은 미신이나 우상숭배를 하는 사람들도 잘한다. 내가 변하면, 상황은 달라지기 시작한다. 상황이 달라져도 내가 변하지 않으면, 변한 것은 하나도 없다. 여전히 똑같은 인간이 남아 있을 뿐이다. 그것은 이미 죽어서 사는 가여운 존재 방식으로서, 상실감의 고통이 마치 다람쥐 쳇바퀴 도는 것처럼 되풀이될 뿐이다. 내 인생의 문제는 전적으로 내 변화의 문제이다. 하나님이든 신앙이든 나든 전통이든 습관이든, 언제나 "익숙한 것들과 결별하라."(구본형-익숙한 것들과의 결별) 내 안에 머물러 사시는 하나님을 아는 것(다아트 엘로힘)은 내가 하나님에게 매우나 소중한 존재인가를 아는 것과 같다. 자신 안에 머무르는 신의 형상을 발견하고, 그대 자신을 사랑하시라. 그러면 세상은 새롭게 다가온다.

이처럼 바빌로니아의 유대인들은 하나님의 사랑을 더는 육체적/물리적 차원의 필요조건과 충분조건의 충족으로 이해하지 않고, 우주와 만물을 초월해 있으면서도 자기들의 고난의 현장과 현실적 역사, 그리고 자기네 내면에 '현존하시는 하나님'(현존·現存, 지금 여기에 함께함. 히-쉐키나·Shekhinah)을 느끼고 깨달은 것이다. 그들은 율법적이고 교리적이고 이분법적이고 표층적인 껍데기 '믿음'에서, 하나님과 자신과 인간과 세상을 새롭게 이해한 차원에 이르러, 신뢰와 찬미의 진정한 자기 긍정의 '신앙'으로 솟구쳐 올라 일어선 것이다.

이와 같은 말이 신약성서에도 있다. "누가 우리를 그리스도의 사랑에서 끊을 수 있겠습니까? 환난, 고통, 박해, 굶주림, 헐벗음, 위협, 또는 칼입니까? …그러나 우리는 이 모든 일에서, 우리를 사랑하여 주신 그분을 힘입어서 이기고도 남습니다. …그 어떤 피조물도 우리를 우리 주 예수 그리스도 안에 있는 하나님의 사랑에서 끊을 수 없습니다."(롬 8:35~39)

본문은 죽음 같은 상황 속에서도 역설적으로 늘 함께하시는 하나님의 사랑을 느끼며 극복하고 노래하는 삶에 대한 위대한 증언이다. 이것을 아는 것이 진정한 신앙이다. 내 안에 하나님이 살아 계시기에, 나는 아무것도 걱정하거나 두려워할 필요가 없다. 내 안에서 사시는 하나님은 내 안에서 절망하고 실패할 생각이 없으시기 때문이다. 하나님은 나를 통해서 당신의 삶을 살며 아름답게 창조하려고 하신다. 이것이 나를 향한 하나님의 진정한 사랑의 방식이다. 그때야 나는 진정으로 나와 타인을 깊이 이해하고 복되게 살 수 있다.

8. 복음서에는 거룻배를 타고 풍랑이 몰아치는 호수를 건너가던 제자

들이 거지반 빠져 죽게 되었을 때, 갑자기 물 위를 걸어오시는 예수 이야기가 나온다(막 6:45~52). 이것은 그저 놀라운 기적 이야기일 뿐일까? 이 이야기의 진정한 의미는 무엇일까?

먼저 이렇게 이해해보자. 풍랑이 몰아치는 호수는 유혹과 욕심과 판단 착오, 시련과 고통의 위기와 문제가 많은 우리네 삶과 세상에 대한 비유이고, 제자들은 예수를 따르는 신앙인들이다. 그런데 그들이 죽음의 위기에 처했다. 예수께서는 그들을 매우 사랑하기에 내버려 두지 않고, 그들의 삶의 현장으로 다가오신다. 예수의 현존은 풍랑, 곧 위기의 문제를 다스리신다. 그분이 우리에게 주시고자 하는 바는 두려워하지 말라는 것, 곧 평화이다(요 14:27). 이것은 기독교인들이 좋아하는 일반적인 이해이다.

그런데 더 나아가 이렇게 이해해보자. 예수 같은 분은 풍랑으로 상징되는 자아와 타락한 세상이란 물에 빠지지 않고도 잘만 걸어가신다는 것이다. 예수 같은 분을 실패하게 하거나 패배하게 할 세력은 이 세상에 없다. 왜냐면 그분은 궁극의 진리에 이른 분이시기 때문이다. 따라서 그분이 제자들에게 두려워하지 말라고 하시는 것은 그분을 신뢰하고 따르는 그리스도인들에게 "이 세상에 살면서도 이 세상에 속하지 않고"(요 17:16), 마치 물 위를 걸어가듯이 자유롭게 살아가라는 고결하고 진정한 신앙의 존재 방식에 관한 이야기로 볼 수 있다.

복음서에는 예수께서 몇 번씩이나 세속적 욕망과 고집불통에 미련하기까지 한 제자들을 야단치시는 이야기(막 10:35~45), 베드로가 물 위를 걸어오라는 그분의 말씀을 듣고 가다가 풍랑을 보고 빠져들다가 야단맞는 이야기가 있다(마 14:22~33).

왜 책망하셨을까? "마음이 무뎌져 있는 것"(막 6:52), 즉 신앙의 깨달음, 깨달음의 신앙이 없는 것 때문이었다. 다시 말하면, 당신을 따라다닌 많은 세월에도 불구하고, 좀체 내면의 변화가 없어서 생각과 이해와 자각이 자라지 않은 것 때문이다. 그분은 당신을 믿고 따르는 이들이 성숙한 신앙과 자각에 이른 어른이 되기를 바라지, 만년 응석받이 어린애로 있기를 바라시지 않는다.

20세기 중반 독일의 탁월한 신학자요 그리스도인인 '디트리히 본회퍼' 목사의 이야기이다. 그가 1944년 베를린 감방에 있을 때, 밤마다 영국군 폭격기가 폭탄을 퍼부어 사람들이 죽어 나갔다. 그러자 죄수들이 그에게 기도해달라고 했다. 그런데 그는 뜻밖에도 이런 말을 했다. "나는 그딴 것을 위해서 기도하지 않습니다."(에버하르트 베트게-디트리히 본회퍼). 그때 그의 나이 37세였다. 그는 얼마 후 순교했다. 실로 본회퍼는 젊은 나이에 생사를 초월한 진정한 신앙의 경지에 들어선 사람, 살고 죽는 문제를 하나님에게 내맡긴 신뢰의 사람, 예수께서 원하시는 성숙한 신앙의 어른이 된 사람이었다.

살든지 죽든지, 모든 게 내 안에서 사시는 하나님의 손에 달려 있다는 것을 알고, 하나님의 뜻을 위하여 자신을 내어주는 것, 이것야말로 이 세상이라는 물 위를 걸어가는 삶이 아니겠는가? 그리고 이것이 진정한 기적이다. 밤낮 예수께 구해달라고 해서야, 언제 성숙한 신앙의 어른에 이르겠는가? 우리가 내 안에 살아 계시는 하나님을 생각하며 자신을 새롭게 인식한다면, 생사에 대한 근심과 두려움을 넘어서, 그리고 좌절과 자학 증세를 넘어서, 어디에서나 편안하고 자비롭게 살아가리라.

9. 마지막으로 한 가지 더 생각해보자. 오늘의 성서 본문은 '평화의 신학'에 관한 이야기로 읽을 수 있는 지평을 열어놓는다. 평화는 인간을 어떻게 이해하느냐에 따라 좌우되는 문제이다. 타인을 경쟁자나 수상한 자나 적으로만 바라보는 이분법과 분리주의에서는 의심과 승리, 살육과 정복과 타

도밖엔 없다. 그런데 그것은 매우 비싼 대가를 치러야만 하고, 그 결과 또한 좋지 않다. 내가 내보낸 모든 것은 반드시 되돌아오기 때문이다.

현대세계는 모든 것을 돈의 가치로 환산하는 참으로 비인간적이고 못난 시대이다. 어느 나라를 가릴 것 없이 현대사회에서 돈을 쥔 자는 바람직한 인간상으로 제시되고 칭찬과 존경을 받는다. 이제 인간은 인종이나 종교나 국가나 민족으로 구별되지 않고, 오로지 돈의 가치로만 이해되고 평가된다. 이런 악마적 가치관이 온 세상을 휩쓸고 있다.

이제는 급기야 기독교인들조차 돈을 하나님처럼 숭배할 뿐만 아니라, 사람을 돈의 소유에 따라 대접하고 차별하여, 돈 있는 부유한 사람은 신앙이 좋은 의인이고, 가난한 사람은 신앙이 불량한 사람이라고 보는 데까지 이르렀다. 이런 것이 바로 저 '욥기'에 나오는 욥의 친구들이 내세운 정통주의 신학 논리이다. 사람의 인격과 훌륭한 존재 방식에 대해서는 별로 묻지도 찾지도 않는다. 그래서 기독교는 여전히 번창하고 있는데, 기독교인들의 인격과 사상, 인간관과 가치관과 윤리관은 날이 갈수록 천박한 수준으로 떨어지고 있다.

바야흐로 현대 기독교는 구약성서의 단골 메뉴로 등장하는 '돈과 성공과 물질의 신, 권력의 신, 영광과 영화의 신, 향락의 신'인 "바알(Baal) 신과 그의 아내 아세라 여신"(Ashera, 아스타로테·아스다롯·이쉬타르. 고대 수메르와 바빌로니아와 가나안에서 숭배한 풍요의 여신)을 숭배하는 종교를 방불한다. 예수는 이것을 "마몬"(Mammon)이라고 한다(마 6:24).

그러나 그렇다 해도, 진리는 진리이다. 현대 기독교가 정녕 새로워지고자 한다면, 이런 악마적 가치관을 몰아내야 한다. 오늘의 기독교는, 인간은 돈의 가치로 잴 수 없는 신성을 품고 있는 존재, 곧 하나님을 닮은 존재임을 다시금 소리 높여 천명하고 증언하며, 모든 거짓된 가르침에 맞서서 대항하며 싸워야 한다. 바알과 마몬 종교의 사이비들이 설쳐대는 세상에서, 교회는 하나님의 예언자가 되어 모든 인간이 하나님의 아들딸임을 선포해야 한다. 교인 숫자가 줄어들 것부터 염려하는 자는 결단코 예수의 제자가 아니다.

기독교의 유일한 걱정은 진리 없는 교회가 되는 것일 뿐이다! 진리 없는 교회는 하나님과 예수 그리스도, 성령과 성서와는 아무 관계도 없다. 그런 교회는 "차가운 신의 무덤"이 되어(R. 아돌프스-신의 무덤), 끊임없이 죽음으로 가는 무도회를 열 뿐이다. 진리란 인간 그 자체를 존엄한 존재로 바라보는 하나님의 진리이고, 하나님의 무한한 사랑의 자녀인 인간에 관한 진리이다. 이것 외에 성서에 무슨 진리가 있는가?

이토록 "궁핍한 시대"에서(F. 휠덜린-히페리온), 인간이 하나님을 닮은 존재라고 선포하는 것은 부패한 세상에 대한 신성한 도전과 저항이다. 그렇다. "기독교는 본디 반항과 저항의 종교이다. 십자가 없이는 승리의 화환도 없다. 이것이야말로 기독교의 슬로건이다."(에른스트 블로흐-저항과 반역의 기독교, 원제-Atheismus Im Christentum, 기독교 안의 무신론)

따라서 사람 안에 있는 하나님의 형상을 말하는 오늘의 성서 본문은 평화의 신학에 관한 것이다. 하나님은 내 안과 너·타인 안에도 살고 계시다. 모든 인간은 하나님을 모시고 걸어 다니는 사원이다. "여러분은 하나님의 성전이다."(고전 3:16) 우리가 타인에게 친절하고 사랑하는 것은 그가 하나님을 닮은 존재이기 때문이지, 그 이상도 이하도 아니다. 그런다고 해서 자랑할 것도 없다(고전 13장). 자신을 사랑하는 이는 타인을 사랑하고, 타인을 사랑하는 것은 자신을 사랑하는 것과 같다.

사람 안에 있는 하나님의 형상에 대하여 '톨스토이'는 이런 말을 한다. "강은 연못과 같지 않고, 연못은 물통과 같지 않고, 물통은 물이 든 국자와 같지 않다. 그렇지만 연못에도, 강에도, 물통 속에도, 국자에도 똑같은 물이 담겨 있다. 마찬가지로 모든 사람이 그 모습은 제각각 다르지만, 그 안에 있는 영혼은 같고 또 유일하다."(인생 일기)

인간·영혼은 하나님의 형상이며 하나님의 한 부분이다. 인간은 하나님이 그 사람을 빌어서 걸어 다니는 신성한 몸이다. 따라서 모든 인간이 다 왕이다. 모든 사람이 다 회장님이다. 모든 사람이 다 주인이다. 인간에게는 본디 서열이 없다. 모든 인간이 다 존경받고 사랑받을 권리가 있다. 이것이 인간의 존엄성이요 인권이요 민주주의가 아닌가! 그렇기에 내가 내 안에서 하나님을 보는 것은 타인 속에서 하나님을 보는 것과 같다. 그 반대도 마찬가지이다. 나와 너 안에 계시는 하나님은 말도 소리도 없이 사랑과 자비를 바라신다. 그리고 모든 인간은 사랑을 바란다. 이것을 아는 것이 평화로 가는 길이다.

본문은 무엇보다 나·우리 삶의 모든 악조건 속에서도, 여전히 세차게 불꽃처럼 타오르고 있는 하나님의 사랑을 내 안에서 찾아내라고 말한다. 또 자신을 소중하게 대하며 사랑하라고 말한다. 그것이 나를 바라보시는 하나님의 관점이라고 말한다. 그리고 더 나아가, 타인을 하나님이 사람을 흐뭇하게 바라보신 그 관점으로 바라보고 소중하게 대하라고 말한다. 하나님께는 내가 소중한 것처럼, 타인도 소중하다. 인간은 아무도 동떨어진 존재가 아니다. 우주와 세계는 한 몸이다. 내가 슬프면 하나님도 슬프시고 저 별들도 슬프다.

그러므로 하나님의 눈길을 내 눈길로 하는 것, 이것이 어려운 시절을 초극하고 새로운 삶을 창조하는 길이며, 세상을 더욱 평화롭게 하는 자비의 길이다. 종교란 언제나 두 가지 길을 동시에 수행하는 것이니, 곧 저 '위'(하나님·하늘)를 '감싸 안은'(라-complicatio) 마음을 이 '아래'(땅·세상)에서 '펼치는'(explicatio) 것이다. 이것을 자신의 존재 방식과 삶으로 만드는 이는 아름답고 거룩한 "평화를 이루는 복된 사람"이다(마 5:9).

평화는 사람을 하나님이 보시는 것처럼 보는 데서부터 시작되고 진행되고 열매 맺는다. 타인을 경쟁자나 적으로 보는 한, 평화란 없다. 따라서 남녀 인간을 하나님의 형상으로 지으셨다는 말은 오늘 우리에게 '그대, 하나님을 닮은 사람이 되어라.'라는 요청으로 다가온다. 인간에게 주어진 사명과 의무란 이것밖엔 없다.

그래서 제1 이사야 예언자는 물이 바다를 채우듯, 하나님을 아는 지식이 땅에 가득하게 되면, 세상 모든 곳이 하나님의 거룩한 산이 되어 서로 해치거나 파괴하는 일이 없게 된다고 말하고(11:9), 호세아 예언자는 하나님이 바라시는 것은 제사가 아니라(미사·예배) 하나님을 알고 변함없이 사랑하는 것이라고 말한다(6:6; 마 9:13). 하나님을 아는 지식으로 가득한 사람은 하나님을 닮아, 언제 어디에서나 최선을 다해 평화의 사도로 살아간다. 자신을 "하나님이 쓰시는 몽당연필"로 내드리는 것(마더 데레사-하나님의 몽당연필), 이것이 그리스도인의 정의(定意)요, 평화의 길이다.

3

이토록 찬란한 행성에서

∨

하나님이 손수 만드신 모든 것을 보시니,
보시기에 참 좋았다(창세기 1장 31절).

1. 기독교는 영적이고 심미적이고 예술적이고 민감한 의식(意識, 마음)과 지혜로운 지성을 가르친다. 곧, 기독교가 가르치는 것은 영성이다. 성서와 전통에 기초한 기독교 영성은 영혼과 영적 가치만 중시하고 육체·물질·세상을 경시하는 이분법이 아니라, 그리스도 안에서 "다시 태어난"(重生, 요 3:1~8) 인격으로 이루어내는 의롭고 거룩한 윤리적인 삶을 가르친다. 그렇기에 기독교 영성은 전인적인 것으로, "그대들, 나의 친구들이여!"(요 15:14, 예수께서 제자들에게 하신 말씀), "너, 하나님의 사람!"이 되어 살아가는 삶이다(딤전 6:1, 사도 바울이 제자에게 하신 말씀). 이것이 성서와 기독교가 그리스도인에게 주는 자유와 생명의 빛과 힘이다.

기독교 영성은 성령의 빛과 능력을 힘입은 밝고 심원하고 단순한 지성을 통하여, 본래 하나님이 우리 안에 심어 놓으신 하나님의 형상인 진선미(眞善美)의 세계를 꿰뚫어 깨달아, 일상에서 온전하게 드러내는 삶에 관한 것이다. 모든 인간은 태어나면서부터 하나님/진리를 찾는 본성을 지니고 있다. 이것은 신을 신뢰하며 사랑하고, 자기 안에 심어진 진선미의 세계를 자각하여 생의 아름다움을 발견하고 행복을 누리면서, 일상에서 타인과 더불어 더 밝고 힘차게 드러내며 나누며 살아가고자 하는 근원적인 갈망이다. 그렇기에 인간은 본질상 종교적인 존재이다.

그런데 성서와 기독교는 인간이 타락한 본성에 따라 하나님을 거부하고 반역하는 '원죄'(原罪·original sin)의 유전(遺傳)을 말하면서, 예수 그리스도를 믿고 죄를 씻어 의로움을 입고 성령을 통하여 새로운 존재로 다시 태어나야만 한다고 선언한다(롬 1~5장). 곧, 성서와 기독교는 율법·도덕을 비롯한 어떤 것으로도 해결할 수 없는 인간의 원죄라는 근원적인 부정성에서 그리스도와 성령을 통하여 다시 태어난 새로운 인간이라는 긍정성으로 나아가는 영성을 가르친다. 이것이 로마서 이하 신약성서 모든 서신과 기독교 신학의 주제이다.

그런데 지난 2천 년 동안 그러한 신앙과 신학 전통을 믿고 고수하고 가르쳐온 기독교가 정녕 새로운 존재들의 아름다운 사랑의 연대와 구원과 평화의 역사를 이루어왔던가? 그렇다고 자신 있게 대답한다면, 기독교는 앞으로도 계속 원죄와 중생의 교리를 고수하며 복음을 선포하고 가르치고 선교해야만 할 것이다.

그러나 이제 솔직히 인정하고 생각하고 말해보자. 나는 위의 질문과 오늘날 기독교의 현실을 대단히 심각하게 물으며 따지고 있다. 그대여, 한번 물어보자. 세계 제1, 2차 대전은 누가 어디에서 일으켜 일어난 전쟁이었던가? 기독교 국가가 아닌 일본을 제외한다면, 두 차례의 대전은 순전히 유럽에서 일어난 전쟁, 곧 기독교 문화권과 문명의 국가들이 저지른 전쟁이었다(미국, 캐나다, 호주 포함).

그렇다면 그것은 무엇을 말하는가? 2천 년이나 기독교를 해온 유럽인들이 도달한 역사의 결과라는 것이다! 1, 2차 대전은 유럽의 같은 기독교 문명국가들이 국가주의와 민족주의에 함몰되어 서로를 잔혹하게 살상하며 자멸하고, 인류 역사에 말할 수 없는 해악을 끼친 전쟁이었다(기독교: 천주교, 정교회, 개신교). 실로 그보다 어처구니없고 부조리한 비극도 없었다.

왜 유럽 기독교 문명이 그런 결과에 도달했을까? 정치와 경제나 사상과 사회사적 배경과 상황은 제외하고, 매우 단순하게 생각해보자(1, 2차 대전을 기독교와 연관하여 분석한 책은 매우 드문데, 기독교의 비극 중 하나이다). 그것은 기독교 정통주의 신앙과 신학이요 복음의 근본적인 명제인 '죄인의 거듭남'이라는 것조차도 제대로 수행하지 않고, 그저 형식주의 신앙에 빠진 채, 법률과 제도와 사회 관습과 문화로 전락하여, 일방적 물질문명 지향의 경제와 권력 다툼의 정치에 종속되어버린 유럽 교회가 필연적으로 도달한 사태였다. 종교 문화적 형식주의가 되어버린 교회의 실상!

그렇기에 한마디로 말해서, 양차 세계 대전은 기독교가 저지른 죄악이었다! 2천 년 동안 인간을 죄인으로 보고 새롭게 하려고 해온 기독교 역사가 그것을 제대로 해내지 못하고, 오히려 세상에 "지옥의 묵시록"을 펼친 것이다. 누가 이것을 부정할 수 있는가?

그러면 이제 21세기에도 그런 정통주의 신앙과 신학을 여전히 고수하고 밀고 나가야 할 것인가? 아니다. 이제는 그런 신학을 내려놓아야 할 때가 왔다. 그런 신앙과 신학은 이미 유효기간이 지났다! 2차 대전이 끝난 1945년은 기독교가 역사 속에서 처절할 정도로 완패한 사건이었기 때문이다. 그것은 2차 대전 후 유럽 기독교가 거의 사멸하다시피 된 것만 봐도 분명한 일이다. 그런데도 기독교는 아직도 그것을 모르고, 여전히 이전과 똑같이 원죄와 죄인인 인간 이야기만 고집하고 있다. 그러나 이제 그런 신학은 더는 통하지 않는다.

현대 기독교는 이미 신학적으로 길을 잃어버렸다! 현대인에게 전혀 호소력 있는 메시지가 되지 못하는 것을 복음의 진수(眞髓)라고 고수하는 것은 교회를 세상으로부터 고립시키는 결과만 자초할 뿐이다. 게다가 현대 기독교는 죄와 회개와 새 인간의 탄생이라는 정통주의 복음조차도 별로 말하지 않는다. 현대 기독교가 주창하는 가르침은 대개 성공, 번영, 안전, 가족, 건강, 심리적 안정, 행복하고 즐거운 생활, 장수 등이다. 그러면서 그보다 더 중요하고 성서와 복음의 핵심인 하나님의 나라, 의와 사회 정의, 인격적 변화와 성숙, 도덕과 윤리, 희생적 사랑, 겸손, 사회적 자비의 실천 등은 외면하고 있다(마 7:15~23, 23장).

2. 그러면 이제 현대 기독교는 어찌해야 하는가? 고대 신학과 전통으

로 멀리 갈 것 없이, 지금 활동하고 있는 미국의 두 신학자를 통해 그 실마리를 생각해보는 게 좋을 것 같다.

2-1) 하비 콕스

하버드 대학의 종교학과 교수인 그는 어느 해 학기 개강을 앞두고, 여러 교수와 학생들이 뜻밖에도 '예수 이야기'를 해주면 어떠하겠느냐는 요청을 듣고는 산상수훈을 강의하기로 했다(마 5~7장). 학년을 불문하고 모든 학부생을 대상으로 하는 교양 선택과목으로 채택한 그는 학교 게시판에 붙여 알리게 했다. 개강을 앞두고 교무처에 알아보니, 무려 100여 명이 수강 신청을 했다고 한다. 그는 교회도 다니지 않는 교수들과 학생들이 어째서 예수에게 그렇게도 관심이 큰지 이해할 수 없었다.

매우 놀란 그는 크게 고무되어, 대부분 교회에 다니지 않는 총장과 교수들과 학생들이 알아듣기 쉽게 산상수훈을 강의했다. 그는 학생들의 질문을 통하여, 인류 역사에 엄청난 영향을 끼쳐온 역사적 인물이 도대체 무엇을 가르쳤는지 알고 싶어 하는 것을 보고 그 까닭을 이해하게 되었다. 얼마 후 청강생이 늘어 순식간에 500여 명이 되어, 넓은 강의실로 옮겼고, 다음 학기에는 1,000여 명이 넘어서 가장 큰 강당에서 강의했다.

물론 그는 산상수훈을 기독교 교리가 아니라, 현대인이 지녀야 할 휴머니즘의 사고체계와 인간관계, 사회 정의와 세계평화에 관련하여 인격과 도덕성과 사회 윤리 측면에서 설명했다. 그 후 그는 강의를 정리하여 출판했는데, 그것이 "예수, 하버드에 오다"라는 책이다.

그는 기독교 선교 차원에서 강의한 것이 아니었기에, 그의 강의를 듣고 기독교인이 되었다는 학생이 몇이나 되는지는 알 필요도 없다. 여기에서 중요한 것은 세계 최고의 대학에 다니는 젊은이들이 예수에게 큰 관심을 지니고 있었다는 사실 그 자체이다! 그의 강의를 듣고 책을 읽은 사람들은 자기와 인생, 인간과 사회와 세계에 대한 어떤 숭고한 이해와 관점을 얻었을 것이 분명하다.

따라서 기독교의 목표를 '기독교인 만들기'가 아니라, 인간다운 인간을 길러내어 세상을 더욱더 인간적인 곳으로 변화시키는데 둔다면, 하비 콕스의 강의는 기독교의 새로운 방향을 제시한 매우 바람직한 일로 보인다. 물론 교회에 다니면서 예수의 가르침을 내면화/인격화하여 훌륭한 그리스도인으로 살아간다면, 그보다 좋은 일은 없을 것이다.

이러한 이야기를 비판하는 사람들도 많으리라. 그러나 더 넓은 차원에서 볼 때, 예수께서는 산상수훈에서 유대교인이나 자신이 새로 창안하는 종교의 교인을 만들려고 한 것이 아니라(마 23:15), '사람다운 사람이 되는 것', 곧 '제자'를 기르는 데 초점을 맞추고 진리를 가르치신 것이 분명하기에, 콕스의 활동은 현대 기독교가 새롭게 나아가야 할 방향을 제시한 데서 큰 의미가 있다고 보아야 한다. 그런 측면에서 이제 기독교 목회자들이 해야 할 '공부'가 무엇인지 진지하게 생각해봐야 할 것이다.

2-2) 매튜 폭스

가톨릭 신부였다가 기존의 기독교 정통주의와는 매우 다른 방향에서 신학을 천착하고 전개하던 중 파문되어 성공회 신부가 된 그는 '문화와 창조영성 연구소'를 세우고 활동하면서, 줄곧 혁명적인 신학을 제창하고 있다. 그의 신학 사상의 골간은 원죄에 대응하는 "원복"이다(原福·original blessing. 책 제목이기도 하다).

그가 말하는 원복이란 창세기 1~2장을 비롯하여 성서 곳곳에 나타나는 대로, 하나님이 인간을 지으실 적에 내면에 심어주신 복된 본질과 모습,

곧 하나님의 형상을 드러내면서 살아가는 에덴동산의 행복하고 평화롭고 생동하는 삶 그것이다. 곧, 하나님과 함께 자유롭고 기뻐하고 노래하는 삶, 타인을 환대하며 사랑하고 어울리며 자비를 드러내는 삶, 그리고 지구 생태계와 친화적으로 살아가는 삶이다.

그렇다고 해서 그가 원죄와 회개와 중생을 완전히 무시하는 것이 아니다. 다만 이제는 신앙과 신학의 초점을, 이미 지나치게 그 효용 가치가 떨어진 원죄 사상에 묶어두고 전개할 것이 아니라, 하나님이 인간 안에 빚어 놓으신 본래 타고난 복된 상태와 가능성을 주목하고, 그것을 끌어내 기르는 방향으로 전환해야 한다는 것이다. 기독교가 전통의 정통주의에 따라 아무리 죄와 회개와 중생을 말해도 더는 통하지 않는 시대라면, 신학의 초점과 그것을 전달하는 언어와 방향을 바꾸는 것이 합리적이고 지혜로운 일이 아니겠는가?

실로 그러하다. 현대사회에서 누가 그렇게 원죄와 회개에 대한 교리를 듣고자 하는가? 그렇다고 인간이 죄인이라는 사실을 묻어두자는 말도 아니다. 더는 사람들에게 먹혀들지 않는 설교·강론과 신학이라면, 시대를 충분히 고려하여 언어 형식을 바꾸어야 한다는 말이다. 설교나 신학은 어디까지나 시대의 자식이며 시대의 언어이기 때문이다. 진리의 본질은 같으나, 그것을 담아내는 강론과 신학의 언어 형식이라는 그릇은 시대에 맞게 바꾸어야 한다. 그릇을 바꾸려고 하지 않으면 자칫 본질까지 위협당할 수 있기 때문이다. 역사를 보라.

그래서 폭스는 새로운 시대에 들어선 기독교 신앙과 신학이 이제부터 지향하며 걸어가야 할 길을 네 단계로 말한다.

비아 포지티바(via positiva-긍정의 길). 긍정의 길은 성령의 빛 안에서 인간 안에 심어진 하나님의 형상을 발견하고, 하나님을 신뢰하는 친교의 삶을 통하여 창조세계를 벗 삼아 생산적인 요소들을 창조하면서 살아가는 영성이다.

비아 네가티바(via negativa-부정의 길). 부정의 길은 성령의 빛 안에서 인간 안에 존재하는 하나님과 그분의 뜻을 거부하고 싫어하여 자의적인 탐욕을 따라 제멋대로 방종하게 살아가는 어두운 본성(원죄)과 삶을 정직하게 인정하고 받아들여, 그 본질과 결과를 합리적으로 이해하여 떨쳐버리는 영성이다.

비아 크레아티바(via creativa-창조의 길). 창조의 길은 성령의 빛 안에서 우리 안에 내재한 진선미의 신성과 창조성을 새삼스럽게 발견하고 긍정하여, 이것을 일상에서 벗 삼아 드러내고 표현하며 살아가는 영성이다.

비아 트란스포르마티바(via transformativa-변모의 길). 변모의 길은 성령의 빛 안에서 변화된 인간이 되어, 자비와 경축(慶祝·celebration. 만물과 타인을 축복하는 것)과 에로스적 정의감을 지니고 새로운 창조세계를 벗 삼아 실현해나가는 영성이다.

3. 예수도 "새 술은 새 부대에 담아야 둘 다 보전된다."라고 말한다(막 2:21~22). 예수께서는 새 술을 무엇으로 상징하시는가? 이중적으로 볼 수 있는데, 하나님의 말씀·성서와 자신의 메시지, 그리고 새로운 세대·시대의 사람이다. 새 부대는 무엇을 상징하는가? 그릇인 새로운 언어와 형식으로 볼 수 있겠다. 따라서 예수도 시대 변화와 설교·신학의 언어를 매우 중요하게 보았다는 것을 알 수 있다. 새로운 시대의 세대를 여전히 낡아버린 옛 부대와 같은 신학과 언어와 전통에 담으려고 한다면, 하나님의 뜻을 제대로 전달하기 어려운 것은 물론, 그들도 포섭할 수 없게 될 것이기 때문이다.

폭스는 예수 그리스도가 한 일이 바로 이런 과정이라고 한다. 예수께서는 한 번도 원죄를 말씀하신 적이 없다. 폭스는 이제부터 기독교가 이렇게 신앙과 신학의 강조점을 원복에 두며 나아갈 때, 21세기 현대인을 자연스럽고도 지혜롭게 설득할 수 있다고 말한다. 그러한 과정에서 사람은 자신의 본성에 담긴 어두운 죄성(罪性)과 연약함과 부족함을 정직하게 인식할 것이다. 왜냐면 원죄를 말하든 원복을 말하든, 그것은 하나님의 뜻에 따른 구원, 곧 인간의 인간다운 삶에 초점을 둔 것이기 때문이다. 구원이 하나님의 형상 찾기와 발현하기, 곧 인간다운 인간성의 회복이 아니라면, 기독교의 모든 것은 그저 뜬구름 잡는 어리석은 소리일 뿐이다. 인간이 변해야 세상도 변할 것이 아닌가?

기독교 신앙과 신학과 설교의 목표가 무엇인가? 하나님의 형상을 회복하여 하나님과 함께 자유롭고 기뻐하고 노래하며, 타인을 환대하며 사랑하고 어울리며 자비를 드러내고, 지구 생태계와 친화적으로 살아가는 삶이다. 이것이 구원받은 자의 모습이 아닌가? 구원이 무슨 개인주의적이고 신비적인 어떤 상태나 확신이란 말인가? 구원이란 참으로 인간다운 인간이 되는 것이다. 그렇다면 원죄와 회개와 중생을 말하거나 원복을 말하거나 간에, 기독교 신앙과 신학과 설교의 목적은 여전히 같은 것이다.

그러니 이제는 시대가 달라졌기에, 복음의 전달 수단인 신학의 초점과 언어를 바꾸어야만 한다. 그것이 어째서 잘못된 일이란 말인가? 그것이야말로 새 술을 새 부대에 담는 일이 아닌가? 2천 년 동안이나 원죄만 설파한 기독교 문명이 1, 2차 대전으로 한꺼번에 붕괴하고 망한 원인을 그렇게도 깨닫지 못하는가? 더는 통하지 않는 방식을 어째서 바꾸려고 하지 않는 것인가? 그렇다면 이제 기독교는 처절한 사멸밖엔 기다릴 게 없을 것이다.

시대가 달라졌기에, 신앙과 신학 언어도 달라져야 마땅하다. 성서를 새롭게 이해하여 시대와 현실에 맞추어 알아듣도록 말씀을 선포해야 하는 것은 교회의 사명이다. 구약성서에 나오는 히브리 예언자들이 그런 일을 한 사람들이 아닌가? 모세를 통해서 주어진 하나님의 율법과 종교 제도만 잘 지키면 된다면, 하나님이 구태여 예언자들을 보내셨을 이유가 없다(기독교 개혁자들도 마찬가지). 역사적 예수도 그런 예언자였지 않은가(마 21:46)? 구약성서 안에 이미 새로운 시대에 맞는 새로운 언어를 말한 역사가 있다! 물론 그래도 듣지 않아 이스라엘(교회)이 망했지만 말이다. 이것이 기독교의 미래가 될 수도 있다면, 지나친 말인가?

시대마다 현대인인 사람들을 옛 신학의 언어와 제도에 묶어두고서, 인간들의 성질이 돼먹지 않고 완악해서 못 쓴다고 공박해서는 선교가 제대로 될 리 없을 터이다. 초기 기독교 선교를 생각해보시라. 우리는 로마 제국이라는 거대한 정치와 문화와 종교와 문명 한복판에서 초기 기독교인들이 사용한 선교 방식이 여러 가지이지만, 특히 주목할 것은 메시지를 전달하는 매개체인 언어의 혁신이었다는 것을 분명히 알아야 한다(로마서 이하 서신들).

그것은 로마 제국의 종교와 문화의 언어와는 전혀 다른 세계관, 가치관, 인생관, 물질 관념, 인간관계, 새로운 존재 양식(樣式)에 관한 것이었다(N. T. 라이트-신약성서와 하나님의 백성). 그것은 로마 제국 내의 모든 사람에게 정녕 새로운 소리·기쁜 소식이었으니, 곧 복음이었다. 초기 기독교인들은 로마 종교와 신들을 인정하지 않았기에 '무신론자'라는 말을 들으며 오랫동안 박해를 받았지만, 로마 제국은 그들의 발걸음을 막아낼 도리가 없었다.

4. 폭스가 말하는 원복의 관점에서 볼 때, 가장 자연스럽게 하나님의 형상을 드러내는 존재는 단연 어린이이다. 그래서 예수도 "누구든지 어린이와 같이 하나님 나라를 받아들이지 않는 사람은 거기에 들어가지 못할 것이

다."라고 말한 것이다(막 10:15). 이것은 유치한 애가 되라는 말이 아니라, 어린이의 본성·성품을 회복하고 살라는 의미이다.

서너 살의 어린이는 선천적으로 지식과 사회 이전의 세계에서 사는 생의 예술가이다. 어린이는 진실하고 선하고 아름답고 자유롭고, 눈치 보지 않고, 부드럽고 활기차고 진지하고 즐겁고 행복하고 평화롭다. 그것은 어린이가 아직 세상의 때가 묻지 않은 내적인 진선미의 세계 안에서 존재하고 있기 때문이다. 어린이는 자연적이고 본능적으로 진선미의 세계를 느낄 줄 아는 천재이다.

그런데 어린이는 무척 행복하게 살지만, 그것을 의식하고 이해하지는 못한다. 그것은 무의식적인 행복이다. 이것을 나비로 비유하자면, 고치 속의 세계이다. 그러다가 자라면서 점점 그 진선미의 세계를 떠나 의식적 존재가 되어, 서서히 양심과 도덕에 기초한 상벌(賞罰, 보상과 심판)의 세계인 어른과 가정과 학교와 사회의 명령과 법에 적응하고, 인생이 자연적 천국이 아니라는 것을 차츰 깨닫는다.

청소년기에 이르면 더 확연히 외부세계를 느끼게 되어, 아직도 남아 있는 진선미의 본성의 세계와 상벌의 사회 사이를 오락가락하며 크게 갈등하고, 자기도 어쩌지 못하는 혼란한 감정과 이해 때문에 성질을 터뜨리며 '반항의 시절'(앙팡 테리블·enfant terrible)로 접어든다. 이 시절은 멀어진 어린 시절의 진선미로 가득한 행복의 세계와 거친 상벌의 사회 사이에서 자기도 모르게 치르는 개인적 부적응과 방황과 전쟁의 시기이다. 하지만 이것은 의식의 성장을 위해서는 반드시 치러야 할 피할 수 없는 고통의 시절이다.

'헤르만 헤세'는 아름다운 작품 "데미안"에서, 인간의 이러한 의식의 성장 과정을 알 속에 있는 어린 새에 비유한다. "알을 깨고 나오는 것은 고통스러운 일이지만, 하지 않을 수 없는 일이다." 아무도 계속해서 청소년 시절에 머물러 살아갈 수는 없다. 고치를 뚫고 나오는 것은 싫고 괴로운 일이 지만, 해야만 하는 일이다. 그리하여 아이는 결국 사회에 적응하고 굴복하며 그 일부가 된다.

구약성서는 이런 과정을 에덴동산의 삶을 상실하는 것으로 상징한다 (창 3장). 이 이야기를 종교심리학 측면에서 읽어, 의식의 성장과 존재 형식의 진행 과정을 말하는 것으로 보면, 에덴의 상실은 하나의 비극이지만 인간이 반드시 거쳐야 하는 자연스러운 과정이다. 그때부터 에덴은 인간에게 이중적이고도 실존적인 내면과 삶의 공간 속에 자리를 잡는다. 곧, 에덴은 아직도 그의 내면 저 깊은 곳에 신화적인 아름다운 본성의 세계로 숨어 있는 동시에, 저 앞으로 자리를 옮겨 미래에서 그가 돌아오기를 기다리고 있는 세계이다.

에덴은 인간 심층(深層)의 현실이기도 하고, 미래에 도달 가능한 고차원의 새로운 세계이기도 하다. 그가 정녕 어느 때 종교적 체험을 통하여 실존적인 자각에 이른다면, 다시금 인격적으로 에덴으로 돌아가게 될 것이다. 실존은 인생의 본원적 진리와 이치에 대한 총체적인 자각(自覺)을 통하여 변화된 인격이기에(實存·existence. 진정한 존재가 됨), 어린이와 청소년에서 어른이 되었다가 다시금 진정한 어린이로 돌아가는 것이다. 이것이 참된 인생의 길이다. 그래서 우리는 고차원의 실존에 이른 사람을 성인(聖人)이라 한다.

그러나 에덴으로 다시 돌아가는 일은 매우 어렵다. 그곳으로 가는 '길목'에는 "그룹들"이 지키고 있고(히-케루빔·Cherubim, 천사와 같은 신화적 동물), "빙빙 도는 불의 칼"이 있기 때문이다(창 3:24). 그룹들과 불의 칼 이미지는 인간의 안팎에 있는 갖가지 유혹과 장애물의 상징이다. 그것을 이기고 넘어서는 것은 대단히 어렵다. 그래서 사람은 대개 다시는 에덴으로 돌아가지 못하고(대개는 에덴을 상실한 것조차 모른다), "에덴의 동쪽", 곧 이 거칠고 삭막한 세상의 황야에서 생존과 소유를 위해 안쓰럽게 투쟁하며 방황하다가 끝을 맺고 만다. 성령의 능력을 힘입은 근본체험을 통하여 진정한 신앙과 진리에 대한 실존적 자각에 이른 소수의 사람만이 자기를 기다리고 있는 에덴으로 다시 들어간다.

이런 차원에서 생각해보면, 인생은 눈물 나게 고맙고 찬란한 것이며, 도전과 모험 속에서 살 만한 것이다. 왜냐면 인생이란 선천적으로 '신의 어린아이'로 태어나 무의식 속에서 진선미를 느끼며 에덴의 천국 생활을 하다가, 어느덧 차츰 그것을 잃어버리고 어른이 되어, 무수한 생의 낮과 밤을 지나는 동안 온갖 어둠과 상처를 경험하면서, 인생의 본질과 목적이 다시금 에덴으로 돌아가는 데 있다는 것을 깨닫는 기나긴 과정이기 때문이다. 이것이 모든 종교와 신화와 철학이 말하는 인생의 모습이다.

그런데 에덴으로 들어가는 문은 고집스럽고 두껍고 끈질긴 욕망과 망상으로 가득한 자아(自我·Ego)라는 고치를 뚫고 나오는 크나큰 고통을 감수하고 노력하고 자각하는 사람에게만 열린다. 사람이 하나님·그리스도를 신뢰하고 진리를 깨달아 참된 인간이 되어 살아가고자 하는 것은 모두 심성 안에 본래 간직하고 있는 진선미의 세계인 에덴을 되찾아 돌아가고픈 본원적 갈망의 탐색이다. 성서는 그 회복을 구원이라 한다.

5. 하나님·그리스도·진리를 향한 깊고 높은 실존적 자각(自覺)의 차원에 이른 신앙의 어른은 인간성을 성취한 '신의 어린아이'라 하겠다. 달리 말하면, 신 안에서 '어린 어른, 어른 어린이'가 된 사람이다. 그는 일체의 무의식과 유치함과 본능적 자아의 애욕을 초극한 사람이다. 요컨대 그는 "성령으로 다시 태어난 바람 같은" 자유인이다(요 3:1~8, 8:32; 롬 6장; 갈

5:16~25). 예수께서 이런 사람을 어린아이로 비유하신 것은 이런 사람의 특성이 마치 어린아이와 비슷하기 때문이다.

어린이 성(性)은 전체성, 즉흥성, 지혜로움, 마음을 억압하지 않는 해방과 자유, 無心으로 현존하는 것, 과거를 축적하지 않는 것, 지금의 삶과 미래에 대한 개방성과 수용성, 지순한 신뢰성, 분별하고 차별하는 분리주의의 초월, 화해와 사랑, 항상 미소를 짓고 고마워하는 능력, 은총에 대한 감각이다. 우리는 어린아이에게서 우리가 돌아가야 할 세계를 본다.

'어른 어린이'는 나이 들어 진리에 대한 자각과 의식의 변형을 통하여 어린이 성의 세계에 도달한 사람이다. 그는 모든 것을 진선미와 사랑의 세계 안에서 본다. 그에게는 선한 인간도 악한 인간도 없고, 부자도 가난한 자도 없고, 힘 있는 자도 약한 자도 없고, 성인도 죄인도 없다. 그의 눈에는 모든 인간이 인간으로만 보일 뿐이다. 굳이 특히 사회적 약자를 자비의 눈으로 본다(마 9:35~36).

그는 인간의 "위치성"(位置性·placement. 미국의 의사, 영성가 '데이비드 호킨스'가 사용한 용어-호모 스피리투스), 곧 권력, 신분, 지식, 재산, 미모, 건강, 능력, 명성 등에 대한 차별적 의식을 넘어선다. 그는 인간을 종교나 사회가 관습적으로 규정하는 바에 따라 바라보지 않는다. 그렇게 바라보는 것은 여전히 죄의 부조리에 갇힌 자의 사고방식일 뿐이다.

그런데 복음서를 보면, 예수도 "죄인"이라는 말을 사용한다. 그러나 그것은 예수도 사람을 그런 눈으로 바라보았다는 것이 아니라, 당대 유대교인들이 관습적으로 생각하고 말하는 방식을 인용한 것일 뿐이다. 예수 같은 분이 사람을 그런 눈으로 바라보았다면, 결코 예수가 아니다! 예수께서는 죄인을 "길을 잃은 사람"으로 보셨을 뿐이다(눅 15장).

신의 어른 어린이가 된 사람은 현재 자기 눈앞에 있는 모든 인간을 신성한 존재, 곧 신의 어린아이로 본다. 그는 모든 인간을 그의 미래에서 본다. 그는 모든 인간을 하나님의 눈으로 본다. 하나님의 눈에는 죄인이나 성인이나 다 하나님의 자식이다. 누가 알겠는가, 지금 내 눈앞에 있는 타락한 죄인이라는 사람이 성자(聖者)로 변화될지! 그는 모든 인간 안에 계신 하나님을 본다. "마음이 깨끗한 사람은 하나님을 볼 것"이라는 말이 이것이다(마 5:8). 내 눈앞에는 '죄인'이 있는 게 아니라 '사람'이 있는 것이다.

신의 어른 어린이가 된 사람은 가난과 박해와 고통조차도 아름답게 본다. 그는 자신이 처한 현실적 상황과 조건에 지배당하지 않는다. 따라서 진선미의 세계를 느낄 줄 아는 능력의 차원에서 볼 때, 어린아이는 우리가 어른이 되면서부터 잃어버린 과거이고, 신의 어른 어린이는 우리가 도달해야 할 미래이다. 모든 어른이 신의 어른 어린이가 되기를!

19세기 영국 시인 '윌리엄 워즈워스'는 이렇게 노래한다(내 가슴은 뛰네).

하늘의 무지개를 바라볼 때마다 내 가슴은 뛰네.
내 어린 시절에도 그랬고 어른이 된 지금도 그러하다네.
늙어서도 그렇지 않다면, 차라리 나를 죽게 하라.
어린이는 어른(Man)의 아버지!
원하건대 나의 하루하루가 자연스러운 경건함으로 감싸여지기를.

종교란 인간을 신의 어른 어린이와 어린 어른으로 양육하는 경건하고 아름다운 영성의 학교이다. 종교란 제도적 형식도 아니며, 율법 체계도 아니며, 도덕적 훈련도 아니며, 지식의 훈육도 아니며, 인격적 교양도 아니며, 문화적 오락도 아니며, 인간 관계적 수단도 아니며, 더더욱 자아의 욕망을 실현하려는 기복주의적 도구가 아니다.

종교는 전적으로 잃어버린 어린아이의 모습을 되찾아 살고자 하는 인간 내면에 존재하는 신성한 갈망을 실현하기 위한 길·수단·방식이다. 이 갈망은 우리가 전혀 의식하지 못할 만큼 뿌리 깊고 강력한 것이다. 인간이 제아무리 부귀영화를 누려도 행복하거나 만족하지 못하는 것은 이 본성적 갈망을 충족하지 못한 굶주림과 목마름 때문이다. 이것은 죽을 때까지 따라다닌다.

종교의 생명은 이 갈망을 충족시키는 방향으로 사람을 인도하는 데 있다. 그것이 기독교든 불교든 이슬람교든 유대교든지 간에, 한 종교의 건강성은 얼마나 신의 어른 어린이, 어린 어른을 많이 길러내는가로 측정해볼 수 있다. 신의 어른 어린이와 어린 어른이 많은 종교는 건강하고 맑은 샘물이지만, 꼬질꼬질 때 묻어 탐욕스럽고 교활한 늙은 어른이 많은 종교는 사회의 질병이요 인류의 마약이다.

건강한 종교는 사람에게 진선미의 세계를 느끼고 깨닫는 생명력으로 인도하고, 병든 종교는 세속적인 마음을 부추기며 오도하고 타락하게 하는 오물 구덩이로 인도한다. 건강한 종교는 건강한 인간을, 병든 종교는 병든 인간을 길러낸다. 교회에 다닌다고 해서 절로 이런 건강한 인간이 된다고 착각하지 말라. 그랬다면 1, 2차 대전도 일어나지 않았다!

6. 성서에는 이러한 두 가지 종교에 관한 말이 매우 많다. 예수께서는 이렇게 말씀하신다. "너희는 세상의 빛이다."(마 5:14) 이것이 세상을 밝히는 건강한 종교이다. "눈먼 사람이 눈먼 사람을 인도할 수 있느냐? 둘이 다 구덩이에 빠지지 않겠느냐?"(눅 6:39) 이것이 세상을 어둡게 하는 병든 종교이다. 종교는 진선미의 길에 관한 것이다. 진선미의 길은 진리의 말씀을 깨닫고 따르는 것이다. "사람은 빵으로만 살 것이 아니라, 하나님의 입에서 나

오는 모든 말씀으로 살 것이다.”(신 8:3b; 마 4:4). 빵의 풍요와 성공을 구하는 것은 이해할 수 있지만, 지나치면 마약의 종교가 되고 만다.

진리와 선도 그러하지만, 무엇보다 인간은 아름다움을 느끼는 감성 없이는 살지 못한다. 아름다움을 깊이 느낄 줄 모르는 사람은 이미 죽은 것이다. 우리는 하나님을 진실하고 선한 분일 뿐만 아니라, 아름다운 분으로도 알아야 한다. 왜냐면 하나님은 진실과 선과 아름다움이 삼위일체를 이루고 계신 분이기 때문이다. 인간의 인간다움은 진선미의 근원이신 하나님을 닮아 자신 안의 진선미를 드러내는 데서 이루어진다.

아름다움은 근본적으로 언제나 우리 안에 있다. 아름다움은 인간의 진정한 밥이요 물이다. 아름다움은 우리를 배부르게 하고 행복하고 만족스럽게 한다. “아름다움이 우리를 구원한다.”(정현경–결국은 아름다움이 우리를 구원할 거야, 제2권) 우리가 기쁘고 즐겁고 행복하고 평온하고 노래하고 활기가 넘치는 것은 아름다움의 샘물이 우리 안에서 솟구치거나, 밖에서 아름다운 것을 보고 내 안의 미적 세계가 감응하며 체험하기 때문이다. 그때 우리는 아름다운 인간이 된다. 인간이 이기적이고 자의적이고 폭력적인 행위를 드러내는 것은 내면의 아름다움이 무엇인가로 뒤덮이고 막혀 있거나, 외부의 아름다움에 감응하는 능력이 부족하기 때문이다. 그때 우리는 추한 인간이 된다.

아름다움에는 두 가지가 있다. 물리적 아름다움과 정신적 아름다움. 물리적인 아름다움은 자연적이고 인위적이고 외면적인 형식의 아름다움이다. 그런데 그것은 유효기간이 짧다. 화무십일홍이다. 이른바 아무리 부귀영화를 아름답게 여기며 집착한다 해도, 그것은 오래가지 못한다. 거기에는 내적인 아름다움의 깊이와 숭고함이 없기에, 그것에 매달리는 사람은 이내 공허하고 쓸쓸해지고 만다.

정신적인 아름다움은 본래 우리 안에 있는 내면의 아름다움이다. 그것은 발견하고 끌어내 가꾸는 데서만 빛난다. 그것은 영혼의 눈, 사랑의 눈에만 보인다. 내면과 인격의 아름다움은 얼굴과 모습 전체에서 우아한 빛으로 드러난다. 이것은 오랜 내적 역정(歷程)과 내공(內供, 훈련)의 빛이다. 이런 모습은 대개 중년 이후에 가능하다.

내 눈이 아름다운 사랑의 눈망울이 되어 반짝이면, 세상은 아름다움으로 가득한 장관(壯觀)이다. 떨어진 나뭇잎 하나를 가만 들여다보시라. 그 기하학적인 아름다움, 그 대칭적 무늬의 정교함과 조화로운 배열, 그 숨 막힐 듯한 우아함과 섬세함! 그 하나가 수만 권의 책들보다 하나님과 우주와 삶의 진실을 더 깊이 보여준다. 그래서 예수도 이렇게 말한다. "눈은 몸의 등불이다. 그러므로 네 눈이 성하면 네 온몸이 밝을 것이요, 네 눈이 성하지 못하면 네 온몸이 어두울 것이다. 그러므로 네 속에 있는 빛이 어두우면, 그 어둠이 얼마나 심하겠느냐?"(마 6:22~23)

해가 뜨면 어둠이 사라지듯이, 내면의 빛은 나의 태양이다. 그 빛이 어떠한가에 따라 내 눈의 밝기가 결정된다. 그 빛이 환하면 내면에서 어두움이 사라져 눈이 빛나고, 머리와 가슴과 행동이 자유, 기쁨, 감사, 노래, 행복, 평안, 사랑, 자비의 빛으로 환하고 아름다워진다. 그러나 내면의 등불이 약하거나 검은 천에 가려지면 눈은 어두워지고, 이내 어두운 마음의 충동인 탐욕과 이기심, 질투심과 경쟁심, 우월감과 열등감, 공격성과 폭력성, 비난과 욕설, 적의와 적대감, 분노, 무자비, 고통과 두려움에 지배당하고 만다.

그런데 내면의 등불은 결코 누구에게서도 꺼질 수 없다. 다만 짙은 먹구름이 가리고 있을 뿐이다. 그렇기에 우리네 인생이란 내면의 등불을 밝히는 기나긴 과정이요 여행이다. 내면의 등불은 사람이 태어날 때부터 가지고 온 보물창고이다. 그것을 열어놓는가, 닫아놓는가 하는 것은 각 사람의 몫으로 남아 있다.

7. 하나님을 신뢰하고 따른다는 것은 어떤 것일까? '하나님의 바보 되기'가 아닐까! 하나님의 바보란 진리에 대한 실존적 자각(自覺)을 통하여 다시금 어린이 성을 회복하여, 하나님의 어린 어른·어른 어린이로 돌아간 사람이다. 따라서 하나님의 바보야말로 하나님을 닮은 아들딸이요, 참사람이라 하겠다.

그는 하나님의 꽃이다. 그는 자신의 존재 중심에서 흘러나오는 향기를 세상에 퍼뜨린다. 그는 하나님이 행복하신 것처럼 행복하다. 그는 하나님처럼 욕망의 자아(Ego)의식이 없다. 그의 내면은 하늘처럼 텅 비어 열려 있는 無心의 허공(虛空)이다. 그는 구름처럼 자유롭게 흘러간다. 그는 바람처럼 아무것에도 걸리지 않는다. 그는 지극히 보잘것없는 것에서도 아름다움을 찾아내고 기뻐할 줄 알며, 모든 것에 감사하고 고마워한다. 그는 도무지 머리를 굴리거나 잔꾀나 억지를 쓸 줄 모른다. 그는 가슴의 인간, 영혼의 사람이다.

하나님의 바보는 인간이 처하는 현실의 두 가지 형식, 즉 부와 가난, 건강과 질병, 평안과 고난 등, 그 어떤 상황에 놓이더라도, 지금 이 순간 기뻐하고 노래하고 고마워한다. 왜냐면 삶에 대한 그의 초점은 이런저런 소유의 형식이나 사람들과 비교하는 것이 아니라, 오로지 진선미의 하나님과 자신 안에 간직한 진선미의 세계를 향해 맞추어 있기 때문이다.

예로부터 참된 신앙인은, 왕이든지 권력자이든지 부자든지 가난하든지 유명한 사람이든지 평범한 민중이든지, 모두 하나님의 바보로 살았다. 노아, 아브라함, 이삭, 요셉, 모세, 예언자들, 요시야, 그리고 수많은 익명의 시인들과 현자들, 예수의 제자들, 베네딕투스, 프란치스코, A. 슈바이처, M. L.

킹 2세, 본회퍼, 이현필, 도로시 데이, 유영모, 함석헌, 마더 데레사 등이 그러했다. 그들은 모두 하나님과 진리를 위해 지혜롭고 순진하고 자유롭게 아름답게 사는데 일생을 바친 바보들이었다.

그런 바보들 가운데서 단연 최고의 바보는 예수 그리스도이시다! 그이는 신비감과 경이감에 싸여 "공중의 새와 들의 백합"(마 6:26.28) 같은 보잘 것없는 자연의 사물들은 물론, 모든 사람을 사랑에 가득 찬 눈으로 바라보며 축복하고, 아름다움의 감각에 흠뻑 젖어, 모든 시간 모든 장소에서 자유와 기쁨의 샘물을 들이마시고 사랑하며 호쾌하게 사셨다. 그이야말로 아브라함으로부터 비롯된 이스라엘 역사에 나타난 모든 하나님 바보들의 완성이며, 또한 새로운 인간의 원형이시다(原型·prototype). 그리스도인은 하나님의 바보로 살아간 예수 그리스도를 신뢰하고 따르는 그리스도의 바보이다.

하나님의 바보들이 드러내는 공통점은 "기쁨의 명수"라는 점이다(이해인-사계절의 기도). 모든 것이 선물(은혜·은총의 본뜻)이라는 생생한 은총의 감각을 지니고 살아가는 그들은 지극히 사소한 일들 속에서도, 부드러움, 미소, 친절, 사랑, 노래, 감사를 잊지 않는다. 그들은 권력이 있으면 억울한 사람을 돕고, 돈과 지식이 있으면 사회적 약자를 먹이고 교육하고, 기술이 있으면 사람을 편리하게 하는 데 쓰고, 의술이 있으면 치료하고, 이런 저런 힘(powers)이 있으면 자비를 베푸는 데 쓴다. 그들은 추호도 개인적인 권력과 부와 명예를 탐하지 않고 자비 속에서 자유롭게 살아간다. 실로 아름다운 영혼이다.

8. 20세기 유대인 철학자 '아브라함 J. 헤셸'은 구약성서가 말하는 참된 인간상을 이렇게 정의한다(누가 사람이냐?). "날마다 한 노래, 날마다 한 노래." 얼마나 멋진 표현인가! 이것이 사람이 종교를 통해서 도달하는 깨달

음의 최고 경지요 궁극적 차원으로서, 無心과 無我의 자유, 기쁨, 지복(至福), 깊은 고마움, 평정심(平靜心), 자비심, 찬미의 드높은 세계이다. '노자'는 이 것을 "치허극(致虛極) 수정독(守靜篤)"이라 한다(도덕경, 16장). "지극한 텅 빔에 이르러 돈독하게 고요함을 지키시라." 여기에 이른 이는 세상에 대고 주장할 자아란 게 없다.

그는 플루트 같은 사람이다. 속이 텅 비어 막힌 게 없이, 하나님의 플루트로서 존재할 뿐이다. 그는 '날마다 한 노래'를 통하여 자기 존재의 기쁨 과 감사를 표현한다. 그는 홀로 있어도 하나님과 우주와 만물과 더불어 있기 에 아무것도 심심한 줄 모른다. 그의 의식은 만물과 만인을 생각하는 전 지 구적 차원으로 확대되어 있다.

구약성서는 인간과 인생을 어떻게 말하는가?

8-1) 인간이란 어떤 존재인가?

"너는 흙에서 나왔으니, 흙으로 돌아갈 것이다."(창 3:19) "흙으로 만 든 몸을 입고, 티끌로 터 삼고, 하루살이에게라도 눌려 죽을 사람이야! 아침 에는 살아 있다가도 저녁이 오기 전에 예고도 없이 죽는 것. 별수 없이 모두 생명줄만 끊기면 그냥 죽고 마는 것."(욥 4:19~20) "생명은 한낱 바람."(욥 7:7a) "여인에게서 태어난 사람은 그 사는 날이 짧다. 피었다가 곧 시드는 꽃 과 같이, 그림자같이 사라져서 멈추어 서지 못한다."(욥 14:1~2) "한 그루 나 무에도 희망은 있다. 그러나 아무리 힘센 사람이라도 한 번 죽으면 사라지 게 되어 있다."(욥 14:7~10)

"일생이 얼마나 덧없이 지나가는 것인지! 인생은 한 뼘 길이밖에 안 되 는 날이다. 인간은 한낱 입김 같은 것, 그 한평생이 실로 한 오라기 그림자 일 뿐."(시 39:4~6) "인생은 그 날이 풀과 같고, 피고 지는 들꽃 같아, 바람

한 번 지나가면 곧 시들어, 그 있던 자리마저 알 수 없는 것."(시 103:15~16)

아, 누가 이런 진실을 부정하랴? 그렇다. 인간은 먼지요, 흙이요, 티끌이요, 풀이요, 풀에 맺힌 이슬이요, 안개요, 흐릿한 몽상이다. 우리는 없던 데서 생겨났다가 다시금 없던 데로 돌아간다. 모든 것은 잠시뿐이다. 모든 것은 지나간다. 세상에 영원한 것은 아무것도 없다. 장차 "저 하늘과 땅도 모두 옷처럼 낡아 사라지리라."(시 102:26) 영원의 차원에서 볼 때, 우주조차도 실재(實在)하는 게 아니다. 하나님만이 영원히 실재하신다.

그런즉 인간이 지구에 존재한다는 것 자체가 뜻밖의 놀라운 은총/선물이며 신비이다. 얼마나 소중하고 찬란한 기적인가! 우리는 하나님이 잠시 세상에 보내 살게 해주셨기에 산다. 따라서 인간에게는 자기 것이라고 내세울 게 아무것도 없다. 모든 것이 값없이 주어진 것이기에… "우리에게 내 것이라고 주장할 수 있는 게 과연 하나라도 있단 말인가?"(프리드리히 횔덜린-히페리온)

모든 것이 은총으로 주어진 것이기에, 인간은 자유롭게, 풍요롭게, 행복하게, 평화롭게 살아갈 수 있다. 인생이란 은총으로 주어진 것을 기뻐하며 고맙게 사용하는 멋진 여행이다. 시간뿐만 아니라 재산도 가족도, 그리고 몸뚱이조차도…. 자기에게 주어진 모든 은총의 선물을 의식적으로 주목하면서 기뻐하고 찬미하고 고마워하며, 될 수 있는 한 자주 그리고 많이 나누어주면서 살아가는 것, 이것이 인간의 행복이다. 누가 이것을 막을 것인가?

8-2) 인간은 어떻게 살아야 하는가?

"내가 누워 곤하게 잠드는 것이나, 또다시 깨어나게 되는 것은 하나님이 나를 붙들어 주시기 때문이다."(시 3:5) "하나님을 떠나서는 내게 행복이 없다(하나님만 나의 행복이시다). 하나님이야말로 내가 받을 재산이다(몫·

기업·heritage). …하나님을 모시고 사는 삶에 기쁨이 넘친다."(시 16:2.11) "하나님은 나를 귀한 손님으로 맞아 주신다."(시 23:5) "군대가 나를 치려고 에워싸도 나는 무섭지 않다. 용사들이 나를 공격하려고 일어날지라도, 나는 하나님만 의지하련다."(시 27:3)

"하나님은 나의 고난을 돌아보시며, 내 영혼의 아픔을 알고 계신다."(시 31:7) "나는 젊어서나 늙어서나 의인이 버림받는 것과 그의 자손이 구걸하는 것을 보지 못하였다."(시 37:25) "하나님의 한결같은 사랑이 내 생명보다 더 소중하다."(시 63:3) "내 몸과 마음이 다 시들어가도, 하나님은 언제나 나의 마음에 든든한 반석이시다."(시 73:26) "하나님은 태양과 방패이시기에, 은혜와 영예를 내려주신다."(시 84:11)

그렇다. 모든 것을 은총으로 주신 이는 당신을 신뢰하는 사람의 삶을 전적으로 돌보고 인도하신다. 하나님은 무한히 자비로우시다. 하나님을 신뢰하는 사람은 아무것도 걱정하거나 두려워할 게 없다. 하나님은 그의 삶을 당신의 삶으로 알고 책임지신다. 그래서 그는 일상에서 언제 어디서나 하나님을 의식하며 산다. 하나님은 없는 곳 없이 모든 곳에 계시기에…. 그는 어떤 상태에 있더라도 아무것도 의지하거나 자랑하지 않으며, 지극히 보잘것 없는 것들 속에서도 기뻐할 수 있는 이유를 찾아내면서 겸허하고 자유롭고 의롭게 걸어간다.

인간/인생이란 어찌 보면 "평범하고 단순한 것인데, 사람들이 자신을 복잡하게 만들어 버렸다."(전 7:29) 문제(problems)는 외부에서 다가오는 이런저런 것들이 아니라(예외도 있다), '나'라는 인간 자체이다. 자아에 사로잡혀 마음과 생각을 잘못 쓰는 나! 그래서 삶이 이리저리 얽히고설키며 엉망진창이 되어버린다. 우리가 자신을 변화시키지 않는 한, 문제는 언제 어디서나 그림자처럼 따라다닌다.

평범한 것이 비범한 것이고, 단순한 것이 드높은 것이고, 일상이 숭고하고 거룩한 것이다. 평범한 단순성, 이것이야말로 인간이 도달하기 어려운 경지이다. 그런데 이것만이 인간을 행복하게 한다. 인간이 행복하기 위해서는 수백 억대의 돈을 소유하거나 온 천하를 차지할 필요는 없다. 행복은 한 잔의 물로도 충분하다. 나무 아래 잠시 고요히 앉아 있는 것만으로도 천하를 차지한 듯 행복하다. 주변에는 우리를 행복하게 하는 아름다운 것들로 가득 차 있다. 다만 우리에게 그것을 볼 눈이 없고, 느낄 가슴이 없다는 것이 문제일 뿐이다.

종교는 깊은 자각적 의식의 볼 눈과 전체적으로 느끼는 가슴을 일으켜 살아 있게 해주는 훌륭하고 값진 도구와 길이다. 깨어난 눈과 가슴만 있으면, 우리는 모든 시간 모든 장소에서 넘쳐흐르는 내면의 풍요로운 향기를 즐기고 자연스레 나누어주며 존재할 수 있다.

9. 오늘 성서는 대단히 흥미롭게도 '하나님의 삶'에 관하여 말한다. "하나님이 손수 만드신 모든 것을 보시니, 보시기에 참 좋았다." 마치 자아도취라 할 만큼, 하나님은 당신이 지은 만물을 바라보며 홀로 기뻐하며 자축하신다.

우주와 만물을 바라보며 신비감과 경이로움에 젖어 활짝 열린 하나님의 눈동자, 기쁨으로 물결치는 하나님의 가슴, 환한 미소로 가득한 하나님의 얼굴을 느껴 보시라. 자신의 작품 앞에서 감격에 젖은 "예술가 하나님!"(에디스 쉐퍼-최고의 예술가 하나님)조차도 자신이 지은 이토록 아름답고 찬란한 행성의 만물을 바라보고 어린애같이 기뻐하며 경탄하신다.

하나님의 눈에는 인간과 만물이 똑같이 소중하시다. 만물과 인간은 하나님에게 기쁨을 준다. 하나님은 만물과 함께 인간을 기뻐하신다. 하나님의 눈동자에 우주와 만상(萬象)이 아름답게 비친다. 그리하여 하나님은 인간을 포함한 만물을 당신의 기쁨과 행복 안으로 초청하신다. 만물은 절로 거기에 응답하며 존재한다.

거대한 은하가 빙빙 돈다. 별들이 초롱초롱 반짝인다. 지금까지 아는 바, 태양계가 속한 우리 은하에서 유일한 생명의 행성인 지구, 이토록 찬란한 행성인 지구는 생명의 푸른 낙원이다. 구름은 갖가지 모양을 만드는 놀이에 빠져 있다. 빗방울은 수천 길을 공중낙하 하면서도 겁먹거나 떨지 않는다.

바닷물은 넘실대며 춤을 춘다. 해안 절벽은 파도와 끊임없이 맞장구를 친다. 고래들은 기쁨의 자맥질을 즐긴다. 동물들은 뛰어논다. 새들은 노래한다. 나무들은 은하수를 향하여 팔을 뻗고 자라 오르려고 한다. 꽃들은 웃으며 향기로운 춤을 춘다. 인간은 기뻐하고 노래하며 서로 어울리며 살아간다. 이 모든 것이 하나님의 초청에 대한 기쁨의 감응(感應)이다.

우주와 만물을 기뻐하시는 것, 이것이 하나님의 삶이다. 하나님의 삶은 만물의 현재와 미래를 계속 품어 안고 아우르면서 "복을 베푸시는"(창 1:28a) 사랑의 보증이며 약속이다. 만물은 하나님의 자상한 배려 속에서 존재하고 있다. 만물과 인간이 기쁨 속에서 삶을 경축하며 자신의 본성을 자연스럽게 드러내면서 살아가는 것은 하나님의 삶 속에 뛰어드는 아름다운 예술이다.

인간은 만물과는 달리 "하나님의 형상"(창 1:27)을 지닌 이성·지성, 진선미의 능력, 자유의 존재이다. 그렇기에 인간은 신앙과 생생한 의식(意識)을 통하여 하나님의 초청에 주체적으로 응대하며 참여할 수 있다. 이것이 인간의 행복한 삶을 구성한다.

하나님의 형상은 만물에 대한 인간의 우월성을 선언하거나 확정하거나 보장하는 게 아니다. 단지 다르다는 것일 뿐이다. 이것을 잘못 이해하면,

인간은 만물을 자의적으로 파괴하게 되고, 어느덧 자신마저 불행하게 된다. 인간은 만물의 한 부분, 곧 손님과 나그네로 보내진 존재일 뿐이다. "땅은 나의 것이다. 너희는 다만 나그네이며, 나에게 와서 사는 임시 거주자일 뿐이다."(레 25:23)

10. 인간의 도덕성은 만물에 대한 자비로운 책임성에 있다(창 1:28b, 다스려라). 다스림(히-라다흐·Radach)은 '조화로운 통치를 위한 왕권의 행사'를 의미하기에, 독재나 폭력이 아닌, 품위 있는 우애의 심정으로 만물을 보살피는 덕스러운 행동과 삶에 관한 것이다. 만물과 인간은 형제자매이며, 인간은 그 고유한 특성상 만물의 맏형이요 맏언니로서, 만물의 친구요 이웃이다. 자신에 대한 겸허한 인식, 이것이야말로 인간이 이토록 찬란한 행성에서 행복하게 살 수 있는 길이다.

그렇기에 인간의 삶 역시 만물을 기뻐하시는 하나님 안에서, 하나님과 함께, 그리고 하나님을 위하여 만물과 삶을 경축하고 기뻐하며 행복하게 사는데 본래의 뜻이 있다. 만물과 동료 인간을 존재 그 자체로 소중히 여기며 기뻐할 때, 인간은 하나님과 함께, 그리고 만물과 타인과 더불어, 삶이 가져다주는 자유와 기쁨, 평화의 현실과 가능성을 풍부하게 누리며 존재한다. 이것이 인간이 인간을 기뻐하시는 하나님 곁에 머물러 함께 살아가는 존재 방식의 아름다움과 숭고함이다. "임께 가까이, 날마다 가까이, 더 가까이…." (함석헌-수평선 너머)

하나님의 가슴과 눈을 품고, 만물과 인생을 기뻐하고 복을 빌어주며 사는 것, 이것이 인생의 본질이다. 우주와 만물, 자신과 인생을 하나님의 눈으로 바라보고 하나님의 가슴으로 느끼는 사람이 하나님의 바보, 하나님의 어린 어른/어른 어린이이다. 하나님 바보의 눈은 우주와 만상의 모든 것을 신비롭고 아름다운 선물로 본다.

　우주에는 지구의 모든 모래 알갱이보다 더 많은 별이 있지만, 지구는 인간에게 유일하고 찬란하고 아름다운 고향이요 소중한 집이다. 이 세계에는 우리를 행복하게 해주는 것들로 가득하다.

　그런데 우리가 우주와 만물을 경이롭게 바라보는 고귀한 감각의 문을 닫아버리고, 지나치게 자아의 포로와 세상의 노예가 되어 사로잡혀, 눈이 멀고 가슴이 식어버린 채 가엾게 살아갈 뿐이다. 자유롭게 살라고 주어진 삶을, 우리는 스스로 "곳곳에서 쇠사슬에 묶여서"(J. J. 루소-사회계약론), 언덕 위로 무거운 돌을 굴려 올리는 저 '시시포스'처럼 살아간다.

　모든 것은 은총·선물로 주어진다. 이런 자각적 관점과 심미적 감성이 하나님을 향한 전적인 신뢰와 내맡김의 삶을 가능하게 한다. 삶이란 획득해야 할 무엇이 아니라 이미 주어지고 숨겨진 것을 발견하고 기뻐하고 맛보며 타자에게 나누어주는 것이고, 성취해야 할 어떤 것이 아니라 이미 성취된 것을 즐거워하고 나누며 더불어 사는 것이기에….

　신앙의 삶이란 하나님의 가슴과 눈을 얻은 하나님의 순결한 바보, 하나님의 어린 어른/어른 어린이가 되어 만물과 삶을 경축하는 법을 배워 나가는 아름다운 여행이며, 순간마다 박진감과 열정의 짜릿함(thrill)이 넘치는 모험의 여정이다. 우리는 이토록 아름답고 찬란한 행성인 지구에 초청받아 온 존재들, 아니 파견된 존재들이다. 따라서 우리의 삶은 언제든 지금 이 순간 즐거워하고 기뻐하는 데서 그 진정한 의미와 가치를 드러낸다.

　구름과 바람, 비와 눈, 바다, 봄과 여름과 가을과 겨울, 강과 호수와 시냇물, 나무들과 동물들과 곤충들, 꽃들과 풀들, 그리고 인생의 사계절을 주의 깊게 바라보고 생각하고 사랑하며 살자. 겨울날 그 길고 혹독한 추위를 묵묵히 견뎌 이겨내는 가느다란 나뭇가지들을 들여다보시라. 기적이 아닌가!

봄이 오면 새싹을 틔워 소리도 없이 찬가를 부르는 생명의 위대한 영웅이다.

사랑 가득한 눈으로 길가의 민들레를 바라보시라. 실로 대지의 영화(榮華)가 아닌가! 돈 주고 사올 필요도 없고, 일부러 캐다가 울안에 심을 것도 없다. 언제인지도 모르게 씨앗이 날아와 아무 데나 자리 잡고 피어나 환한 얼굴로 늘 활짝 웃는다. 꼭 사랑하는 이의 해맑은 얼굴과도 같지 않은가! 길바닥에 납작 엎드려 피어, 한 철 영화로운 세월을 보내는 보잘것없는 민들레 그 한 송이에, 창조자의 아름다우심과 우주의 경이로움과 만물의 신비와 삶의 천국이 담겨 있지 않은가!

꽃을 피운 민들레는 이윽고 기둥을 세우고 낙하산처럼 생긴 하얀 씨방을 만들어, 자식들을 바람 날개에 태워 멀리 날아가게 하는 기막힌 재주꾼이다. 그러면 자식들은 자신을 운명의 바람에 내맡긴 채, 굳이 어느 땅을 가리지 않고, 길가나 아스팔트, 시멘트 바닥이나 담장 벽 틈새, 밭이나 정원이든 내려앉아, 다시금 그만의 찬란한 삶을 꾸려간다. 가만히 앉아 들여다보면, 그 환한 미소에 온갖 시름이 훌훌 날아가고, 그 깊은 생명의 리듬에 절로 숙연해진다. 그토록 경이로운 세계가 우리의 눈앞에서 무한한 은총으로 펼쳐지고 있다.

"담장에 핀 꽃이여! 내 너를 알 수만 있다면, 하나님과 세상을 알 수 있으련만."(알프레드 L. 테니슨-담장에 핀 꽃) 그 흔하디흔한 강아지풀이 건듯 불어오는 산들바람에 길고도 가느다란 허리를 흔들며 춤을 추는 놀라운 광경을 지켜보시라. 이것을 어찌 '아이돌 그룹'의 춤과 비교할 것인가? 몸을 잔뜩 구푸렸다가 펴고 앞으로 쭉 나아가는 자벌레는 어떻게 그런 놀라운 재주를 터득했을꼬? 뱀은 다리 하나도 없건만, 어찌 그리도 재빠르게 가는가! 노래기나 지네나 쥐며느리는 언제 그 많은 발에 신발을 다 신고 걸어가는 것인지!

바람에 흔들리며 일제히 춤을 추는 나뭇잎들을 주의 깊게 바라보시라. 얼마나 멋진 무용(舞踊)인가! 돌고래들이 물 위로 솟구쳤다가 떨어지며 노니는 광경은 숨 막히도록 경이롭다. 가을밤 물결치는 호수에 어려 반짝이는 수많은 달빛은 영원을 노래하는 생명의 찬가가 아닌가! 흙 속의 현인인 지렁이는 흙을 기름지게 하며 자신만의 본질을 실현한다. 그런가 하면, 침묵으로 위대한 진리를 선포하는 "설교자요 현자(賢者)인 나무"(헤르만 헤세-나무)는 살아서는 맑은 산소를 내어주고, 그늘과 바람을 막아주고, 새들과 동물들을 고이 품어주고, 죽어서는 온몸으로 목재와 거름이 되어 준다. 가히 자연의 성자(聖者)라 함 직하지 않은가!

이 모든 것이 하나님이 지으신 이토록 아름답고 찬란한 행성의 경이로운 세계를 구성하는 주인공들이다. 아무도 조연과 엑스트라가 아니다. 모두가 주인공이다. 우리는 하나님이 바라보고 기뻐하고 좋아하시는 세계 한가운데서 산다. 우리는 여기에 초청받아 온 몸이다. 우리를 행복하게 해주는 것들이 지천으로 깔려 있다. 의식을 지닌 영광스러운 존재가 무의식 속에서 눈을 감고 가슴을 닫고 경이로움도 모르는 채, 자아의 환상에 빠져서 무감각하게 살아가는 것은 깊은 질병이며, 자신에 대한 생뚱맞은 모독이 아닌가! 그러고도 행복하기를 바란다면, 대단히 번지수를 잘못 짚은 것이리라.

11. 인간이 불행한 것은 자기가 아닌 것이 되려고 발버둥 치고 악다구니를 쓰며 살아가기 때문이기도 하고(창 3장), 삶이 갈수록 팍팍해지고 힘들어지는 것은 악한 정치와 사회구조 때문이기도 하다(미 3:1~3). 우리가 도무지 편안하지 않은 것은 육체적으로만 편안해지려고만 하고 있기 때문이고(왕 11:1~13), 즐거움이 없는 것은 몸뚱이의 쾌락만 찾기 때문이다(사 1:4~8). 우리가 위로 치솟아 오르려고 하지만, 예상과는 달리 자꾸만 아래

로 처지는 까닭은 한사코 자아의 성공을 '위'라고만 잘못 알고 있기 때문이다(창 6:1~7).

영혼을 부정하는 곳에는 가시나무와 엉겅퀴만 자란다(창 3:18). 진리를 외면한 곳에는 어둠만 가득하다(렘 4:23~26). 가슴을 잃어버린 곳에는 황폐한 사막만 펼쳐진다(시 68:6b). 가슴이 죽어버린 곳엔 지옥만 펼쳐진다(눅 16:23). 신뢰와 이성과 감각이 무뎌진 곳엔 죽음의 오락만 있을 뿐이다(눅 12:19). 그렇게 '삼천갑자 동박삭'처럼 산들, 도대체 무슨 의미?

'지그문트 프로이트'는 이런 말을 들려준다. "나와 동시대 사람인 '버나드 쇼'는 사람이 한 3백 년쯤 살아야 비로소 쓸 만한 일을 하나 이룰 수 있을 것이라 한 바 있으나, 나는 그의 의견에는 동의하지 않는다. 삶의 조건에 근본적인 변화가 없으면, 오래 산다고 해서 무엇을 이루게 되는 것은 아닐 것이다."(인간 모세와 유일신교) 여기에서 '삶의 조건에 근본적인 변화'란 의식의 변화를 가리킨다.

나는 구약성서가 말하는 인간의 유일한 의무를, 만물을 기뻐하시는 하나님을 닮아 "행복하게 사는 것뿐"이라고 이해한다(헤르만 헤세-인생의 의무). 이것이 가능한 이유는 인간 안에 하나님을 닮은 구석이 있기 때문이다(하나님의 형상). 따라서 지금도 우주와 만물을 바라보며 기뻐하시는 하나님의 눈과 가슴을 지니고 사는 것이 자유롭고 기쁜 미소와 노래가 솟구치는 행복한 삶을 누리는 길이 아니겠는가?

그대여, 경이감에 가득한 눈으로 별들을 바라보고, 일제히 군무(群舞)를 추며 내리는 눈(雪)에 넋을 잃어보고, 엄동설한에도 꿋꿋이 견디는 겨울나무들에 찬탄해보신 적이 대체 언제였던가? 우리는 정녕 살아 있는 것인가? 아니면, 이미 "마치 죽은 것처럼 살아 있는 사람"인가(알베르 카뮈-이방인)? 행복은 우리 안에 있고, 우리 주변에 지천으로 널려 있다. 필요한 것은 느낄 줄 아는 살아 있는 가슴, 볼 줄 아는 심미적 사랑의 눈뿐이다. 우주와 만물을 바라보며 기뻐하신 하나님의 삶은 우리의 삶이 될 수 있고, 또 되어야 한다.

12. 인간 안에는 하나님이 살고 계시기에, "개개의 인간은 모든 인간으로 통하는 하나의 작은 문이다."(R. W. 에머슨-강연집) 이것은 빗물이나 수돗물이나 강물이나 호수나 샘물이 저 홀로 독립된 게 아니라, 모두 바닷물의 일부인 것과 같다.

따라서 한 인간이 우주와 만상을 경이로운 감정을 가지고 바라보며 기뻐하는 일은 그의 개인적인 행복으로 그치는 것이 아니라, 가장 진실하고 선하고 아름답게 세상을 평화롭게 만들며 살아가는 진정 종교적이고 심미적인 영성이며 존재 방식이다. 인간은 만물을 바라보며 기뻐하시는 하나님처럼, 우주와 만물에 대한 경이감과 기쁨을 가지고 살아가는 방식을 통하여 만물과 세상에 봉사한다.

영혼의 등불은 결단코 작지 않다. 한 사람이 그것을 온전히 밝힌다면, 온 세상을 비추고도 남는다. 그런 사람들이 역사나 지금 이 시대에 얼마나 많은가! 성서는 사람이 영혼의 빛을 밝히는 길은 자기를 하나님의 손에 온전히 내맡기고 사는 데서 가능하고, 하나님은 그것을 세상을 밝히는 큰 등불로 사용하신다고 말한다.

한 인간이 온 세상을 구원할 필요는 없고, 그럴 수도 없다. 한 인간에게 주어진 사명이란 자기가 사는 곳에서 영혼의 등불을 밝히는 것이다. 내 영혼을 맑고 밝게 하는 것이 세상을 위한 참된 선행이요, 평화를 위한 행동이다. 이것은 현대 기상학에서 말하는 "북경 나비의 날갯짓이 뉴욕에 폭풍을 일으킨다."라는 '나비효과' 같은 것이다.

우주와 만물과 타인에 대한 나의 경이감과 기쁨은 세상에 평화와 아름다움의 바람을 일으키는 생명의 날갯짓이다. 만상은 서로 얽혀 있다. 따라서 한 생명체의 행위는 만상에 영향을 미친다. 내 영혼의 빛은 세상을 밝게 하고, 나의 자유는 세상을 더 자유롭게 할 것이다. 모든 이가 그런 경이감과 기쁨과 자유를 지니고 살아간다면, 아무도 다른 이를 해치지 않으리라. 행복한 자는 폭력을 쓰지 않기에…. 자신을 "하나님이 부시는 갈대피리"로 아는 사람은 행복하다(라빈드라나트 타고르-기탄잘리).

"천하는 신비로운 그릇"이란 말처럼(노자-도덕경, 29장), 우리네 삶 역시 신비로운 그릇이다. 내면의 눈을 뜨면 밝다. 눈이 밝으면 사물을 제대로 본다. 제대로 보면 기쁘다. 기쁘면 행복하다. 행복하면 사랑의 샘물이 솟구친다. 그러면 자연스럽게 만상에 사랑 가득한 심정을 흘려보낸다. 거기에서 평화가 일어난다.

그대여, 이토록 아름답고 찬란한 행성에 들러 잠시 지나가는 동안, 언제 어디서나 지금 이 순간, 하나님이 보고 기뻐하신 우주와 만물을 그대도 기뻐하며, 삶의 모든 것에 대하여 감사하시라. 그리고 무엇보다 모든 살아 있는 것들을 깊이 축복하며 사랑하시라. 이것이 행복하고 의미 깊은 평화의 길이다.

4
더 좋은 세상을 꿈꾸며

$\vee$

하나님은 하늘과 땅과 그 가운데 있는 모든 것을 다 이루셨다. 하나님은
하시던 일을 엿샛날까지 다 마치시고, 이렛날에는 하시던
모든 일에서 손을 떼고 쉬셨다. 이렛날에 하나님이 창조하시던 모든 일에서
손을 떼고 쉬셨으므로, 하나님은 그 날을 복되게 하시고 거룩하게
하셨다(창세기 2장 1~3절).

1. 이런 이야기를 읽었다. 남편이 아내에게 어디 가느냐고 묻자, 시장에 간다고 한다. 한참 후 돌아온 아내가 찬거리는 내놓지 않고 얇은 팸플릿 하나를 툭 던진다. 남편이 보니, 구청에서 내놓은 일일 일식(一日一食) 안내문이다. 이것은 물가가 천정부지로 뛰어오르니, 서민들이 모두 하루 한 끼만 먹고 살아야 할 지경이라는 풍자(諷刺)이다.

정치 지도자들이 나라를 다스리는 길은 서민의 눈높이에서 사물을 바라보고 살림살이를 편안하게 하는 것이 핵심이다. 우리는 이 땅의 정치가들과 공직자들이 진정한 자존감과 명예를 알고, 정직성과 공익(公益)의식을 지니고 충실히 일하여, 국민이 안정과 생의 의미를 풍부히 누리며 평화롭게 살아가는 나라를 만들기를 바란다.

우리나라 지도층과 상류층의 거짓말, 부정직, 각종 꼼수 부리기, 갑질, 지나친 당파성, 제 몫만 챙기는 몰염치, 교묘한 탈법, 법과 지위와 자본을 이용한 투기나 탈세, 원정 출산, 군대 면제 같은 일 등에 단단히 이력(履歷)이 붙어, 그것을 전통과 관례와 능수능란한 처세술로 여기는 구시대적 악습은 이제 시원하게 사라져야 할 때가 되었다. 지금부터 2,750여 년 전에 쓰인 구약성서 예언서에 이런 말이 나온다. "그들 가운데 제일 좋다고 하는 자도 쓸모없는 잡초와 같고, 가장 정직하다고 하는 자도 가시나무 울타리보다 더 고약하구나!"(미 7:4) '그들'은 물론 지도층과 상류층이다. 이렇게 되면, 나라가 어찌 되겠는가?

그리고 이제 국민도 확연히 깨어나, 무엇보다 자신의 인간성과 도덕성과 인격을 소중히 여기며 타인에 대한 존중심과 인권 의식을 확고히 지녀야 한다. 지나친 정치적 당파성으로 분열되어 갈등하고 대결하며 타당의 지도층 인사들을 비판하지만 말고, 개개인이 드높은 명예의식과 책임감 있는 태도를 지니고 청렴하고 강직하게 살아야 한다. 무엇보다 우리 사회의 큰 질병인 불공정성과 부도덕성에 대한 무감각을 치유해야 한다.

나라도 유기체라서, 병과 건강의 가능성 아래 있다. 나라라는 몸뚱이의 병은 동서고금 같은 이유로 발생한다. 그중에서 치명적인 암에 견줄 수 있는 것이 부도덕성에서 나오는 부패이다. 한자의 암(癌)은 '병든 물질이 산처럼 쌓여 있다.'라는 뜻이다. 따라서 조기(早期) 발견과 치료가 중요하다. 한국인은 세계 1위의 IQ로 똑똑하고, 열정적이고, 단합 잘하고, 어려운 이웃을 돕고, 안타까운 사건이 벌어지면 자원봉사도 잘하고, 인내심도 있고, 조국을 사랑하는 마음도 퍽 깊다. 그것은 우리 국민의 집단 무의식 속에, 단군(檀君) 할아버지의 가르침인 "홍익인간"(弘益人間)의 진리가 영혼과 뼛속에 아로새겨져 있기 때문이리라.

우리는 일제 강점기와 6.25 민족 전란을 겪고 힘차게 달려와, 2024년 현재 세계 10~12대 경제 대국에 이르렀다. 그러나 아직 미진한 부분이 많다. 나라는 경제 발전만으로 융성하는 게 아니다. 역사가 보여주듯이, 번영하다가 일시에 곤두박질친 나라가 어디 한둘인가? 흥한 나라에는 흥한 이유가 있고, 망한 나라에는 망한 이유가 있는 법이다. 망할 조건을 잘 갖추고는 흥할 것을 기대하는 것은 연목구어(緣木求魚)의 어리석은 소망일 뿐이다.

지금 한국 사회가 무엇보다 중점을 두고 해야 할 일은 3가지로 보인다. 나라를 집으로 비유할 때(國家), 기초와 같은 국민의 양심과 도덕성, 기둥과 같은 지도층과 공직자들의 공정성과 의로움, 지붕과 같은 법질서를 확립하는 일이다. 나라는 이 세 가지로 튼튼히 지어진다. 그러면 일상생활의 행복과 질서, 평화와 번영이 약속된다. 이 세 가지는 서로 맞물려 있기에, 하나가 무너지면 다른 것들도 함께 무너진다. 이것을 통틀어 '문화의식'이라 한다면, 건강하고 높은 문화의식이야말로 우리가 진정한 선진국에 이르는 길이다.

2. 예부터 어느 민족이나 부패한 정치, 봉건적 신분 제도와 차별과 억압, 잦은 전란과 가난에 시달린 나머지, 왕도 군대도 전쟁도 세금도 부역도 없이, 모든 이가 배부르게 먹고 마시고 등 따뜻하고 어울리며 살아가는 평화로운 세상에 대한 꿈을 지니고 살아왔다. 근대 유럽에서는 이런 세계를 "유토피아"(Utopia)라는 말로 명명했다(토마스 모어–유토피아). 이것은 문자적으로, 이 세상 '아무 데도(topia) 없다(u)'라는 뜻이지만, 가난하고 힘겹게 살아가는 모든 백성의 가슴에 엄연히 살아 있는 이상적 세계이며, 그에 대한 희망이다.

현재까지 6천 년 전 시작된 인류 최초의 문명으로 평가하는 수메르(Sumer)는 그 유토피아를 "딜문"이라 했다(Dilmun, 평화의 섬·세상). 「* 그런데 20세기 중반, 튀르키예에서 '괴베클리 퇴페' 유적지가 발굴되어 지금도 진행되고 있는데, 제사를 바친 여러 원형 신전이다. 빙 둘러선 거대한 돌기둥마다 각종 동물 형상이 양각되었는데, 주변 수 km 안에는 사람이 거주한 흔적이나 농토나 커다란 암석지대가 전혀 없다. 연대 측정에 의하면, 기원전 12,000년 정도라 한다. 그러한 문명을 이룩하려면, 많은 인구와 농업 발달과 정치 체제와 종교 제도와 건축학적 지식이 있어야 한다. 그렇다면 이것은 그간의 인류 문명사 전체를 뒤집어엎는 엄청난 사태이다. 그러나 아직 밝혀진 것이 적어 고고학계가 인정하지 않지만, 구석기와 신석기를 거쳐서 비로소 농업과 문자와 문명이 등장한 청동기 시대로 이어졌다는 기존의 선사시대 역사는 6천 년 더 거슬러 올라가고, 농업 이전에 종교 제도가 먼저 생겼다는 말이 되기에, 전부 다시 써야 한다.」

수메르를 이은 아카드(Akkad)와 고바빌로니아(Babylonia)는 그 유토피아를 "에디누"(Edinu), 이스라엘은 "에덴"(Eden, 에디누에서 온 것), 페르시아는 "파이리다에자"라고 했다(Pairidaeza, 울타리를 둘러친 동산·정원). 모두 고생에 지쳐 살아간 민중의 절절한 염원이 담긴 평화로운 세상에 대한 꿈이 응축된 희망의 표상이다. 기원전 3세기 중반, 이집트 알렉산드리아에서 유대교 랍비들이 히브리어 성서를 그리스어로 옮긴 70인 역(셉투아진타·Septuaginta)은 페르시아어를 채용하여 창세기 2장의 '에덴'을 "파라데이소스"라고 옮겼고(Paradeisos, 기쁨·환희의 낙원·동산), 여기에서 영어 "파라다이스"가 나왔다(Paradise, 낙원).

그런가 하면 그리스 문인들은 인류가 "황금시대→ 은의 시대→ 동의 시대→ 철의 시대를 지나왔다."라고 하면서, 폭력과 억압과 전쟁으로 얼룩진 철의 시대가 끝나고, 억압도 착취도 질병도 늙음도 전쟁도 없는, 가장 인간적이고 평화로운 황금시대가 다시 오기를 바라며 꿈꾸었다(오비디우스-변신 이야기).

이처럼 '딜문, 에디누, 에덴, 파이리다에자, 파라데이소스, 파라다이스, 황금시대'는 모두 서럽고 괴롭게 살아가는 민중이 대망해 마지않은 질병과 이기심과 폭력이 없는 세상, 정치적 억압이나 착취나 전쟁이 없는 세상, 모든 이가 즐겁게 노동하면서 배부르게 먹으면서 서로 친화를 이루어 평화롭게 살아가는 유토피아·이상향(理想鄉)을 가리키는 이미지이다.

중국 백성도 대대로 격양가(擊壤歌)를 노래하며 이상 세계를 동경해왔다. 지금으로부터 약 4천 년 전, 고대 중국의 전설적 성군(聖君)인 요(堯)임금이 자기가 정치를 제대로 하는지 궁금하여 백성을 살펴보러 나갔다. 한 농촌을 지나다가 일하는 노인을 만나, 슬쩍 임금이 정치를 제대로 하고 있는지를 물었다. 그러자 그 노인은 생뚱맞게도, "해가 뜨면 일하고, 해가 지면 들어가 쉬고, 우물 파서 물을 마시고, 밭 갈아 먹으니, 임금의 힘이란 게 내게 무슨 상관이오?" 하고 대답하는 것이었다(일출이작·日出而作, 일입이식·日入而息, 착정이음·鑿井而飲, 경전이식·耕田而食, 제력우아하유재·帝力于我何有

哉). 그 말을 들은 요임금은 마음이 흐뭇해져 돌아갔다(진순신-중국의 역사, 제1권). 4천 년 전부터 중국인들이 임금이니 정치니 군대니 관리니 하는 것이 있는지 없는지조차 모를 정도로, 제 땅에서 농사를 지으며 배부르고 먹고 등 따습게 지내는 평화로운 세상을 대망해온 것을 알 수 있다.

남북조 시대에 나온 "무릉도원"(武陵桃源)도 중국인들이 바란 이상향에 관한 이야기이다. 이것은 시인 도연명(陶淵明)의 도화원기(桃花源記)에 나오는 가상의 선경(仙境)이다. 어떤 사람이 산에 갔다가 동굴을 발견하고 들어갔더니, 복숭아꽃이 만발한 커다란 마을이 나타났다. 그런데 그곳 사람들은 수백 살 먹은 노인조차도 젊디젊었고, 모두 가득 미소를 지으며 일하고 먹고 마시고 행복하게 어울려 살고 있었다. 통치자도 없고 군대도 없고 경찰도 없었다.

그들로부터 대접을 잘 받은 그는 저녁이 되어 집으로 돌아가려고 나왔다. 그런데 마을로 들어가니, 그새 수십 년의 세월이 흘러, 자기 또래는 다 죽고 후손들만 있는 게 아닌가! 사람들에게 그 이야기를 들려주며 다시 동굴을 찾았으나 찾을 수 없었다. 그 후 무릉도원 이야기는 중국인들에게 별천지(別天地)나 이상향을 비유하는 말로 자리 잡게 되었다.

우리 민족도 예로부터 하늘에서 내려온 왕(환웅)이 낳은 자손인 단군(檀君, 왕의 칭호)이 다스리는 "태백"(太白, 크고 흰 평화로운 세상) 세상을 그리워했다. 이것 역시 모든 인간이 농사를 지어 풍족히 먹고 살며(풍백 우사 3,000명), 늙음도 죽음도 전쟁도 없는 궁극적인 평화를 누리며 살아가는 이상향에 대한 꿈이다.

백성이 평화롭게 살게 하려면, 무엇보다 간섭하지 않고 가만 내버려두는 것이 가장 좋다. 백성은 어리석지 않고 지혜롭다. 백성은 평화롭게 사는 법을 안다. 따라서 "가장 작게 다스리는 정부가 제일 좋은 것이다."(헨리

D. 소로-시민의 불복종) 자꾸만 명령과 간섭을 하면 오히려 더 불행해질 뿐이다. "나라는 작은 생선을 지지듯 다스려야 한다."라는 말처럼(노자-도덕경, 60장), 많은 명령과 간섭으로 자꾸만 뒤집으면 국민이 다 헤져서 볼품없고 고통스러워지는 법이다.

물론 현대사회에서 이런 정치를 기대할 수는 없는 노릇이다. 하지만 이 모든 말의 요점은 서민들이 살기에 좋은 평등하고 평화로운 나라에 관한 것이다. 우리는 평등하고 평화로운 세상인 유토피아를 꿈꾸고 기다린다. 우리는 집 걱정 없는 나라, 물가 걱정 없는 나라, 교육비 걱정 없는 나라, 아이들을 성적으로 줄 세우지 않고 마음껏 체육과 문화 활동을 하면서 소질에 따라 개성을 살려 가르치는 나라, 범죄가 희귀한 나라, 군대와 경찰과 CCTV가 아주 적은 나라, 그리고 전쟁의 위협이 없는 나라를 꿈꾸며 기다린다.

그러나 우리나라가 어찌 세계와 동떨어진 섬인가? 그래서 우리는 군대 없는 세계, 생태계를 오염시키지 않는 세계, 인종 차별 없이 상생(相生)하는 세계, 선진국이 후진국을 착취하지 않고 기꺼이 도와주는 세계, 평등한 세계, 국경과 비자 없이 어디든 여행하고 어느 땅이든 가서 사는 세계, 핵전쟁의 위협이 없는 세계를 희망하며 기다린다.

3. 구약성서는 가난하고 힘없고 구박받는 백성을 "암-하-아레츠"라고 하는데, 티끌과 같은 "땅의 백성"이란 뜻이다(Am-ha-Arets. the people of the land. 왕하 11:14.18.20, 21:24). 고대 히브리인들은 출발할 때부터 주변의 강대국에 짓밟힌 역사를 반복해온 약소민족이다. 그래서 그들의 역사책인 구약성서에는 참된 평화를 그리워하는 이야기들이 많다. 창세기 2장의 에덴동산 이야기, 출애굽기의 이집트 탈출과 해방과 자유 이야기, 젖과 꿀이 흐른다는 가나안(Canaan) 땅의 이미지, 왕도 정치도 군대도 종교 제도도 없이 200년 이상이나 대체로 평화롭게 살아온 사사 시대 등이 히브리

인들이 대대로 갈망해온 유토피아이다.

제1 이사야 예언자는 "바다에 물이 가득한 것과 같이, 모든 사람이 하나님을 아는 지식으로 가득해져서, 아무도 다른 이를 해치거나 상하게 하는 일이 없는" 평화로운 세상을 노래하고(사 11:1~9), 제3 이사야 예언자는 완전한 평화가 이루어지는 "새 하늘과 새 땅"에 대한 꿈을 이야기한다(사 65:17~25). 제1 이사야와 동시대에 활동한 미가 예언자는 "나라마다 칼을 쳐서 보습을 만들고, 창을 쳐서 낫을 만들고, 나라와 나라가 칼을 들고 서로를 치지 않고 다시는 군사훈련도 하지 않으며, 모든 이가 무화과나무 아래에 앉아서 평화롭게 사는 세상"을 꿈꾸며 노래한다(4:1~4).

이 모든 것은 "무화과나무 아래 앉아서…"라는 시적 표현으로 압축할 수 있는데, 대대로 끊임없는 이민족의 침입, 독재적인 왕들과 정치가들과 지도층에게 수난을 당하면서 궁극적인 평화의 세계를 갈망해온 히브리 민족의 절절한 꿈에 대한 상징이다. 후일 예수도 미가 예언자의 표현을 사용했다(요 1:48, 네가 '무화과나무 아래 앉아' 있는 것을 보았다). 따라서 예수도 당시 이스라엘 백성이 고대한 평화로운 세상에 대한 절실한 희망을 자신의 주요 메시지로 삼은 것이다.

이런 것들이 모두 "하나님의 나라"(시 145:13; 마 6:9~10), 곧 히브리 유토피아에 관한 희망과 이상(理想)이다. 곧, 진리를 깨달은 위대한 철인·현인이 다스리는 세상, 잔혹한 왕도 없고, 정치도 군대도 전쟁도 부역도 착취도 억압도 없는 세상, 부자도 가난한 자도 없는 평등한 세상, 모든 이가 제 땅에서 농사를 지으며 태평스럽게 살아가는 궁극적인 이상향에 관한 꿈이다.

구약성서에 따르면, 궁극적 평화의 세계인 유토피아는 본래 하나님이 지으신 자연스러운 세계질서이다. 그것을 가장 극명하게 보여주는 것이 창세기 2장의 에덴동산 이야기이다. 그런데 어처구니없게도 탐욕스럽고 무지한 이스라엘의 정치와 종교 지도층이 각종 지배이념(이데올로기)을 만들어, 끝없이 민중을 억압하고 착취하는 역사를 반복하면서, 그런 평화의 세계는 꿈으로나 꾸어야 할 것이 되고 말았다.

게다가 주변 강대국들에 섬처럼 둘러싸인 약소민족인 히브리인들은 대대로 이집트, 아시리아, 신바빌로니아, 페르시아, 그리스, 로마 제국으로 이어지며 식민지가 되어 숱한 학대를 받으며, 평화와는 전연 딴판인 세상에서 고난을 받으며 살아왔다.

그리하여 히브리인들은 역사상 가장 혹독하게 억압받은 그리스제국 말기에 이르러(그리스제국의 일파인 '시리아-셀류쿠스' 왕조 시대인 기원전 170년 이후), 본격적으로 하늘에서 내려오는 신적(神的) 존재인 "메시아"(Messiah) 사상을 품고, 그가 오면 이스라엘을 억압하고 착취하는 모든 악한 적을 섬멸하고 궁극적 평화의 세계를 펼칠 것이라고 믿으며 대망했다(단 7:13~14, '인자·人子 같은 이'의 강림. 묵시·默示문학의 종말론으로, 새로운 세상이 온다는 신앙).

히브리인들의 종말론적인 구세주인 메시아 대망은 예수 시대에도 이어졌고, 40여 년이 지나 로마 제국에 항거한 유대 전쟁(서기 67~70년)과 서기 135년 '바르 코흐바'(별의 아들)가 지도자가 되어 일으킨 로마 항쟁이 모두 잔혹하게 진압되면서, 팔레스타인을 떠나 온 세상으로 흩어지면서 끝나고 말았다(Diaspora·흩어진 유대인, W. 푀르스터-신구약 중간사; 보 라이케-신약성서 시대사).

4. 지금까지 3차례에 걸쳐 창세기 1장의 창조 이야기를, 우주와 지구와 만물의 기원에 관한 발생학적 이야기가 아닌, 모든 인간의 해방과 자유와 평등이 실현된 평화로운 세계에서 살고 싶어 한 고대 히브리인들의 절절

한 꿈을 담은 '희망의 신앙, 희망의 신학' 이야기로 생각해보았다. 그러나 우리가 이 이야기를 아무리 진지하게 읽는다 해도, 그 당시 히브리인들이 겪은 오래고 깊은 수난과 슬픔과 고통, 신앙과 인내와 희망을 제대로 느끼고 잡아내기는 어렵기에, 최대한 공감하는 마음으로 상상력을 발휘할 수 있어야 한다.

다시 말하지만, 이것은 고대 히브리인들이 바빌로니아제국의 포로로 잡혀가 근 70여 년이 되도록 암울하게 살아가던 시절에 나온 글로서, 모진 역사가 강요한 고난으로 상처받은 영혼들을 어떻게든 치유하여, 고통스러운 현실을 함께 극복하고 일어나 새로운 미래를 향하여 돌파해나갈 길을 진지하게 모색한 마음과 뜻이 담긴 희망의 이야기, 실로 눈물이 가득 배어 있는 인간의 진실한 소망에 관한 이야기이다.

그렇기에 여기에는 무엇보다 고난을 겪으며 영혼의 상처를 안고 살아가는 사람들에 대한 깊은 애정과 위로, 그리고 함께 꿈꾸고 창조하려는 미래에 대한 밝은 희망이 담겨 있다. 이 작품을 쓴 사람들이 전하고자 한 말은, 홀로 우주와 세계와 역사를 창조하고 다스리는 주인이신 하나님이 곧 이스라엘은 물론이거니와, 장차 온 세상에 궁극적인 자유와 평화를 가져다주신다는 신앙과 희망이다.

본문은 1장에서 이어지는 창조 이야기의 마감 부분인 절정(絶頂)이다. 전통적으로 유대교와 기독교는 이것을 '안식일 제도의 제정'에 대한 이야기로 읽어왔다. 한편으로는 그렇다. 그래서 유대인들은 이렇게 말한다. "유대인은 안식일을 만들었지만, 실상 유대인을 만든 것은 안식일이다. 안식일을 지키지 않는 사람은 유대인이 아니다."(아브라함 J. 헤셸-안식) 그만큼 유대인들에게 안식일을 준수하는 것은 역사적으로 신앙과 민족 고유의 정체성을 수호하는 절체절명의 문제였다.

그러나 다른 편으로는 그렇지도 않다. 이것은 단지 안식일 제도의 기원에 관한 이야기가 아니다. 먼저 이것은 홀로 역사를 통치하시는 하나님이 이스라엘 역사에 이룩할 참된 평화의 세계인 유토피아에 대한 히브리 민족 집단의 꿈 이야기이다. 곧, 하나님의 안식(安息·쉼. 샤빠트·Shabbath) 이야기는 고대 히브리인들이 대대로 고난 속에서 꿈꾸어 온 대동(大同, 평화·Shalom) 세계에 대한 절실한 꿈과 희망의 언어, 희망의 신학, 희망의 이야기이다.

더 나아가 이것은 유대 민족을 넘어서, 여전히 분열과 갈등과 불평등과 차별과 억압과 전쟁으로 고난을 겪고 있는 불쌍한 인류 역사에, 장차 하나님이 이룩하실 참된 평등과 평화의 안식이 넘치는 세계에 대한 희망의 신앙, 희망의 신학 이야기이다. 여기에서 우리는 예수께서 "안식일이 사람을 위하여 생긴 것이지, 사람이 안식일을 위해 생긴 것이 아니라."는 말씀이 가리키는 심오한 의미의 층을 본다(막 2:27). 하나님의 안식은 만물과 모든 인간의 자유와 평등과 행복, 그리고 만물과 인류의 평화를 위한 것이다.

따라서 짤막한 창조 이야기의 대미(大尾)를 장식하는 본문이 말하는 하나님의 안식 이야기는 유대인이나 기독교인의 안식일·주일이라는 좁은 의미를 넘어서, 하나님과 만물과 인간이 궁극적 평화 속에서 사랑으로 함께 어울려 살아가는 참되고 이상적인 유토피아에 대한 지극히 아름다운 희망의 신학 이야기로 읽어야 한다. 예수께서는 이러한 세상을 "하나님의 나라"로 말씀하신 것이다(마 6:10).

하나님과 만물과 인간 사이에 궁극적인 친밀한 사랑의 사귐(fellowship)이 이루어지는 세상이야말로 하나님의 안식이면서, 동시에 인류의 참된 안식인 평화이다. 왜냐면 하나님은 당신의 안식에 무엇보다 인간을 초청하시기 때문이다.

그렇기에 하나님의 안식은 창조 때 이루어진 과거의 역사나 추억의 문제가 아니라, 인류가 시대마다 오늘 여기에서 실현해야 할 개인과 나라의 과제이며, 또한 언젠가 인류 역사와 세상에서 실현되어야 할 미래상이기도 하다. 하나님의 안식은 그분 혼자만의 쉼이 아니라, 언젠가 역사의 저 미래에 그분이 지으신 만물과 인간이 모두 참여하여 함께 누려야 할 공동의 안식과 평화이다. 그래서 하나님의 안식은 전 지구적 평화를 이룩하려는 하나님이 세우신 프로그램·계획·목적이다. 곧, 장차 역사 속에서 하나님과 만물과 인간으로 이루어진 삶의 삼각형이 궁극적 평화로 완성되는 아름답고 숭고한 세계이다.

구약성서에서 평화란 공동묘지의 고요 같은 정적이고 죽은 것이 아니라, 하나님과 만물과 인간이 완전한 신뢰와 조화 속에서 깊은 사랑과 친교를 이루며 어우러져, 생명의 사귐을 누리는 생생하고 역동적인 삶의 현실이다. 즉, 평화란 하나님과 사람, 사람과 사람, 사람과 자연 생태계가 사랑으로 한데 어울리는 아름다운 관계 그 자체이다. '궁극적 평화 세계'의 다른 말이기도 한 하나님의 안식은 하나님도 기뻐하며 쉬시고, 만물도 생동하는 삶을 풍성하게 누리면서 기뻐하며 쉬고, 인간도 지극한 선함과 겸허 속에서 서로 어울리고 일하고 기뻐하고 쉬면서 평화롭게 살아가는 참된 이상 세계에 관한 꿈이다.

하나님과 만물과 인간의 궁극적인 친밀한 교제와 친화(親和), 이것이 대대로 될 수 있는 한 각 개인과 나라가 이루어야 할 마땅한 인간답고 신성한 질서이며, 그리고 언젠가 인류 역사에 실현되어야 할 참된 평화의 세계이다. 곧, 하나님은 만물과 인간과 조화 속에서 안식을 누리시고, 만물과 인간은 하나님과 친화를 맺어 안식을 누리고, 하나님의 형상을 따라 지어진 모든 남자와 여자는 서로 존중하고 신뢰하고 사랑하는 가운데서 안식을 누리며 존재하는 세상인 하나님 나라의 실현! 성서는 이것을 인류 역사의 목적·목적지로 말한다(창 1~2장에서 곧바로 계시록 21~22장을 읽어보면 알 수 있다).

'자유로운 영혼들이 이루어내는 평화로운 세상'을 노래하는 영화 음악 "넬라 판타지아"의 가사를 음미하면서, 본문이 그리는 세상을 상상해보시라 (Nella Fantasia-나의 꿈속에서. 영화음악가 '엔니오 모리코네가 작곡한 영화 '미션'의 주제곡. Youtobe에서 볼 수 있다). 그러면 히브리인들이 이 이야기 속에서 자기들이 바라는 세상을 그려낸 본래 의도에 깊이 공감할 수 있고, 우리 개개인과 나라가 이런 세상을 만들어내야 할 책임이 있다는 것도 진지하게 헤아려 볼 수 있으리라. 왜냐면 평화롭고 좋은 세상은 사랑의 하나님을 향한 진실하고 견고한 신앙과 희망을 지닌 인간이 합력하여 이루는 것이기 때문이다. 성서가 처음부터 끝까지 증언하는 것이 이것이다.

하나님은 지금이라도 당장 하나님의 안식이 실현된 세상, 곧 이 땅에 완전한 평등과 사랑과 평화가 이루어진 하나님의 나라를 세우실 수 있다. 하지만 하나님은 그 일을 홀로 하시지 않는다. 왜냐면 하나님은 인간을 자연의 사물이나 노예나 꼭두각시나 기계로 지으신 게 아니기 때문이다. 하나님은 특별하게 지으신 인간과 함께 그 나라를 세우기를 바라신다. 그래서 하나님은 지금도 인간의 기꺼운 협력을 바라며 기다리신다. 이것이 지금까지 세상과 역사가 온갖 모순과 부조리 속에서 천천히 진행되고 있는 근본적인 이유이다.

5. 이제 본문을 즐거운 상상 속에서 생각해보기로 하자.

먼저 본문은 우주와 땅(지구)과 만물, 그리고 인간의 창조가 이루어지고 하나님의 안식이 펼쳐진 평화로운 세상에 관한 이야기이다. 그리고 본문은 미래의 언젠가 이 땅에서 마침내 이루어져야 할 참된 평화의 세상에 이야기이기도 하다. 이렇게 본문은 이중적인 방식으로 읽을 수 있다. 곧, 처음 창조 때 이루어진 안식·평화의 세계와 언젠가 미래의 결정적인 때에 이루어질 안식·평화의 세계!

　　창조를 마친 하나님은 온통 기뻐하는 가슴으로, 우주와 만물과 인간을 가득 품어 안고 행복하고 평화로운 안식을 누리신다. 별들과 땅과 하늘과 대기는 만물과 인간을 감싸고 생동한다. 그것은 그 누구의 것도 아니다. 만물 만인 공동의 것이다. 그것은 은총·선물로 허여하신 하나님의 것이다(시 24:1). 하나님과 만물과 만인은 한 가족이고, 만물과 만인은 한 형제자매다. 아무도 낯설거나 소외된 존재는 없다. 하나님과 만물과 인간은 기쁨과 사랑과 경축 속에서 생생히 존재한다. 이것이 평화의 세상이다.

　　그렇기에 인간은 아무도 하늘과 땅과 물을 사유(私有)하거나 독점할 수 없다. "누가 감히 하늘을, 대지와 대기를 소유할 수 있단 말인가? 하늘과 대지와 대기는 '위대한 영'(와칸탕카, 신)의 것이며, 그 누구의 것도 아니다. 우리는 잠시 빌려서 쓰다가 되돌려 줄 수 있을 뿐이다."(류시화 편역-나는 왜 너가 아니고 나인가. 아메리카 원주민 시애틀 부족의 추장이 땅을 사려는 미국 대통령의 서한에 대답한 말)

　　하나님과 피조물인 만물과 만인이 참여하여 안식을 즐기고 누리는 궁극적 평화의 세계! 여기에는 나라와 민족과 인종의 구별도, 신분의 서열도, 남녀의 차별도, 빈부의 격차도 없다. 그저 하늘 아래 땅 위에서, 만물과 더불어 자유롭고 평등하고 평화롭게 살아가는 인간들이 있을 뿐이다. 인간은 아무도 타인을 간섭하지 않고 지배하지 않는다. 모든 인간이 평등하고 자유롭다.

　　특별한 인간은 아무도 없다. 모든 인간이 하나님 앞에서 평범하면서도 특별하다. 따라서 인간은 아무도 특별할 필요가 없다. 인간이 무슨 권리로 타인의 삶에 간섭하는가? 하나님은 아무에게도 그럴 권리를 주시지 않았다.

부모조차도 자녀에게 그럴 권리는 없다. 하물며 다른 사람에게야!

모든 인간은 인종과 국가나 민족으로 구별되기 이전에, 그저 하나님의 형상을 지닌 하나님의 사람이요 자녀이기에, 존엄하고 숭고한 존재일 뿐이다. 그들은 나라도 국경도 없는 자유로운 시간과 공간 속에서, 평범한 일상을 통하여 "세상을 맡아서 돌보며"(창 2:15), "이마에 땀을 흘리고 땅을 일구며 산다."(창 3:19) 이것은 하나님이 모든 인간에게 부여하신 천부적 권리와 자유와 책임이기에, 아무도 침범하거나 제한하거나 빼앗을 수 없다.

여기 하나님과 인간이 함께 안식을 누리는 세상에는 국가도 없기에 왕도 정치도 없어서, 정치 때문에 분열되고 대립하고 미워하는 일도 없다. 군대도 없기에, 군대 가서 학대받아 자살하거나 전쟁도 없어 죽는 일도 없다. 남자와 여자, 내국인과 외국인, 부자와 가난한 자, 강자와 약자, 건강한 자와 병든 자, 어린이와 노인의 구별이나 차별도 없으며, 모든 인간이 하나님의 형상을 지닌 평등한 존재로서 대우받고 사랑하며 평화롭게 안식을 누리며 산다. 여성을 비하하고 성(性)의 소유자로 보고 희롱하거나 폭력을 저지르는 일도 없다. 모든 이가 서로를 가족과 친구로 대하며 아름답고 조화롭게 산다.

서민들이 고물가로 신음하는 일도 없다. 모든 사람이 제 땅에서 농사를 지어 먹고 산다. 사람 잡는 무기인 지식을 주입하는 학교도 없다. 따라서 교육비 걱정도 없고, 성적으로 인간을 줄 세우고 평가하고 대우하는 일도 없고, 그 때문에 자살하는 아이들도 없고, 자살한 아이 때문에 평생 멍든 가슴을 안고 살아가는 부모들도 없다.

사람이 얼굴과 신체의 외모로 평가되는 일도 없다. 얼굴이 크거나 작거나, 동그랗거나 길거나 네모지거나, 잘 생기거나 못 생기거나, 정상이거나 장애이거나, 아무런 차별이 없다. 따라서 아무도 사람을 얼굴이나 외면의 소유형식을 가지고 평가하거나 대우하지 않는다. 왜냐면 인위적이고 자의적인 가치 평가와 줄 세우기, 곧 "아름다움을 아름다움으로 아는 것은 추한 일이고, 선을 선으로 아는 것은 선하지 않은 일"이기 때문이다(노자-도덕경, 2장).

누구나 다음의 진실을 알고 있다. "미(美)가 해변에서 옷을 벗고 수영했다. 그러자 뒤에 추(醜)가 몰래 와서 미의 옷을 바꿔 입고 갔다. 그 후로 사람들은 미를 추로 알고, 추를 미로 알게 되었다."(칼릴 지브란-눈물과 미소) 이것은 매우 단순하지만, 대단히 깊은 상징성을 내포한 이야기이다. 사람들은 욕심과 편견을 가지고 사물을 보기에, 늘 진실을 놓친다. 지브란의 말은 진실을 보라는 것이다. 진실은, 모든 인간은 존엄성과 아름다움을 지닌 존재이고, 그 때문에 사랑하고 사랑받을 권리가 있다는 것이다. 태어난 후 외부에서 사람에게 씌워진 것을 가지고 사람을 보고 평가하고 대우하는 것은 심히 비인간적인 못난 시각이다.

6. 하나님 안식의 세계에서 모든 사람이 자신의 근원에 연결된 깊은 자각적 의식 속에서 자유롭고 자비롭게 살아간다. 세상을 더럽히는 석유를 때는 일도 없고, 수백 년이 흘러도 썩지 않는 비닐봉지나 플라스틱 같은 각종 석유화학 제품이나 농약을 쓰는 일도 없다. 따라서 쓰레기가 발생하지 않으며, 대기나 물이나 토양이 오염되는 일도 없다. 모두 건강과 행복을 누리며 살기에, 병원도 없고 의사도 없다. 늙고 병들어 버림받거나 홀로 사는 노인도 없다. 모든 이가 "나무처럼 오래 살기에"(사 65:22) 죽음을 두려워하는 몸짓도 없고, 때가 되면 그저 평안한 마음에 젖어 "흙으로 돌아간다."(창 3:19) 사람들은 죽음을 영원의 세계를 향해 항해를 떠나는 것으로 알고 기뻐하며 환송(歡送)할 뿐이다.

'종교'도 없다. 오로지 환히 열린 자연 속에서 창조자 하나님을 경외하고 사랑하는 순수하고 숭고한 영성의 '종교성'만 있을 뿐이다(종교성은 참된 인간성과 같은 뜻). 따라서 성전도 종교인들도 없다. 종교 때문에 인간이 이분법이나 거짓된 가르침에 속는 일도 없고, 서로 대립하고 미워하고 테러를 저지르고 전쟁을 일으키는 일도 없다.

하나님의 안식 세계, 곧 궁극적 평화의 세계에는 모든 이가 깨어난 자각적 의식과 이해와 진선미의 덕성을 통하여, 집과 밭과 들판에서 하나님과 진리를 따라 자연스럽게 살아가는 삶이라는 종교성만 있을 뿐이다.

권력과 영광과 물질에 대한 집착도 없어서, 남보다 더 높이 되려고 하거나, 더 많이 소유하려고 하거나, 남이 내 이름과 얼굴과 힘을 알아주기를 바라거나 공치사를 하는 일도 없다. 모든 이가 지극히 단순한 생활을 하며 충분히 만족하여 행복하고, 서로의 존재와 삶을 깊은 경이감 속에서 축복하고 사랑하며 균등하게 살아간다.

도둑질이나 사기를 치는 사람도 없다. 거짓말이라는 것조차 모른다. 사람들은 더는 심심풀이로 동물을 살해하지 않으며, 소나 돼지나 닭 등을 집단사육하여 육식하지도 않으며, 물고기나 새들도 잡지 않는다. 그저 농사를 지으며 곡식과 채소만 먹고 산다. "하나님이 말씀하시기를, 내가 온 땅 위에 있는 씨 맺는 모든 나무를 너희에게 준다. 이것들이 너희의 먹거리가 될 것이다."(창 1:29). 따라서 자연을 훼손하는 일도 없다. 모두 최소한 나무때기나 풀이나 벽돌로 집을 짓고 단순하고 평화롭게 산다.

이것이 바로 하나님이 "쉬며 거룩하게 하고 복되게 하신" 궁극적 안식·평화의 세계이다. 모든 이가 하나님처럼 일하고 쉬고, 사랑 속에서 쉬면서 교제한다. 어떻게 이런 세상이? 이렇게 되는 까닭은 모든 인간의 내면에 더는 자아(自我)란 게 없고(욕망의 총체인 Ego), 하나님이 인간의 가슴 속에 심어주신 본래의 심성(형상) 안에서 살기 때문이다.

이것이 하나님의 창조 때 이루어진 세상이고, 또한 하나님이 사람과 함께 언젠가 세상에 이루실 참된 안식·평화의 세계이다. 따라서 하나님이 만물과 인간을 초청하여 함께 누리신 태초의 안식·평화의 이야기는 하나님을 신뢰하고 사랑하는 사람 속에서 기쁘기 그지없는 기억으로 자리 잡고, 동시에 역사의 미래에 이루어져야 할 희망의 이야기가 된다.

7. 이런 상상만으로도 얼마나 즐거운가? 그런 세상이 저 앞에서 이리로 다가오고 있다고 생각해보시라. 그리고 내가 그런 세상을 조금이라도 실현할 적임자라고 생각해보시라. 이것은 턱도 없는 말이 아니다. 왜냐면 내 안에는 하나님이 심어주신 진선미의 세계가 존재하기 때문이다.

오늘 이야기는 이런 "불가능한 가능성"(impossible possibility)에 관한 이야기이다(라인홀드 니버-인간의 본성과 운명, 제2권). 궁극적 평화의 세계는 인간의 힘만으로는 불가능하지만, 세상과 역사를 당신의 선한 뜻과 목적과 능력에 따라 다스리는 하나님이 계시기에 가능한 세상이다. 이런 세계가 저 앞에서 다가오고 있다고 믿어보자. 그럴 때 오늘 내가 살아가는 태도는 확실히 달라지리라.

지금 여기에서 이러한 새 하늘과 새 땅에 대한 절실한 희망, 곧 하나님과 만물과 인간이 한데 어울려 평화롭게 안식하며 살아갈 새로운 세상에 대한 꿈을 가슴에 안고, 깊은 자각의 내적 변화와 삶에 대한 혁신적인 패러다임을 지니고 살아가는 것은 오늘과 미래의 삶과 세계를 훨씬 더 평화롭게 만들어나가는 길이 되지 않겠는가? 그리고 이러한 내적이고 도덕적인 변화, 세계와 삶에 대한 새로운 패러다임을 갖는 것은 이제 기후 재앙의 시대로 돌입한 세계 각국의 정치나 경제와 문화 등, 모든 차원에서 일어나야 할 중차대한 과제이다.

따라서 하나님과 만물과 인간의 안식 이야기는 나의 안식이 소중한 만큼 타인의 안식도 소중하다는 것을 말하고 있다. 특히 타인의 육체적이고 정신적인 안식(쉼)을 훼방하지 말고 충분히 보장하라는 것이다. 이것은 특히 오늘날 컴퓨터와 스마트폰 시대에서, 아무런 거리낌도 없이 벌어지는 타인에 대한 폭력적인 언어공격에 대하여 진지하게 성찰해볼 것을 권고한다. 타인에 대한 이런저런 불필요한 공격은 무엇보다 나의 정신과 육체를 파괴하면서 안식을 앗아가기 때문이다.

왜 타인에 대하여 그렇게도 관심을 기울이며 피곤하게 사는가? 그렇다면 무엇보다 타인에게 따스한 관심을 품고 이해하고 자비로워져야 하는 게 아닌가? 사고체계와 존재 방식의 차원을 더 높이고 넓혀보자. 그리고 자기 존중심을 가져보자. 우리가 같은 부류의 인간으로서 동시대를 살아가고 있는 것에 대하여 놀라워하며 경이롭게 생각하고 감사해보자. 이것이야말로 삶을 기적으로 만드는 예술이 아닌가?

지구 45억 년 역사에서 100여 년이란 그야말로 한 번 호흡하는 눈 깜짝할 순간이다. 그리고 우리가 사라지고 난 후, 또 수십억 년의 세월이 흘러갈 것이다. 우리가 창조자의 은혜로 동시대에 태어난 같은 인간으로서 잠시 이웃하며 살아가고 있는 것은 그 얼마나 놀라운 기적이요 신비인가?

그렇기에 우리는 무엇보다 자신을 사랑할 수 있어야 한다. 자신에 대한 진실한 사랑! 이것이 어찌 이기심이랴? 나를 사랑하는 것은 무엇보다 나를 존중하는 것이다. 나를 존중하며 아끼면, 타인을 존중하고 아끼며 함부로 하지 않는다. 자기 사랑과 존중심은 타인에 대한 사랑과 존중으로 나타난다. 그것은 타인을 축복하는 것이니, 타인에게 "사랑의 인사"를 건네는 것이다(E. 엘가–음악 소품인 사랑의 인사). 곧, '당신이 있어서 좋습니다, 당신이 행복하시기를, 당신이 하는 일이 잘 되기를!' 하고 축복하는 것이다. 얼마나 간단한 일인가? 적진(敵陣)을 정복하는 것보다 쉬운 일이 아닌가!

자신을 존중하고 사랑하지 못하고, 우월감에 젖어 평가절상하여 교만하거나 열등감에 빠져 평가절하하고 억압하는 사람만이 타인에게도 그런 식으로 모진 법이다. 사랑과 자비는 우선 소극적인 것으로부터 시작된다. 타인에 대한 우월적 태도를 버리고 간섭하지 마시라. 타인이 그의 삶을 살아가도록 내버려 두시라. 이것만으로도 우리는 나와 타인의 인권과 안식을 보장한다. 서로가 서로에게 인권과 안식의 권리를 충분히 허용하는 것이야말로 우리네 일상을 아름답게 누리는 길이 아니겠는가?

사람은 마음이다. "무릇 그 마음의 생각이 어떠하면, 그의 사람됨도 그러하다."(잠 23:7) 따라서 인생살이란 마음공부이다. 기독교란 성령의 능력 안에서 진선미와 자유, 곧 마음을 넘어선 마음을 위한 길, 곧 無己와 無我에 이른 새로운 존재를 위한 길이다. 존재(being)에서 행동(doing)이 나오고, 행동은 존재를 증명한다. 이 둘이 따로 놀면, 위선이다.

성서와 기독교는 존재를 바로잡으려고 하는 "길"이다(구약에는 종교란 말 없다. 길이라 함, 히-데렉·Derek. 신 5:33, 28:9; 렘 6:16). 존재가 진선미와 자유에 이른 無我가 되면, 곧 성령의 능력을 통해 진리를 깨달아 다시 태어나면(중생·重生, 요 3:3.5~6), 태도와 행동과 존재 방식과 삶도 진실하고 선하고 아름답다. 더 좋은 세상은 이런 사람들을 통해서 서서히 이루어져 간다. 왜냐면 세상이란 사람이 확대된 것일 뿐이기 때문이다. 사람이 악한데, 어떻게 좋은 세상이 오랴?

그렇기에 지금 더 좋은 세상을 꿈꾸며 바라는 것은 나와 너의 의무이고 꿈이고 희망이고 이상이다. 이와 같은 꿈을 잃은 인간이나 인류는 이보다 더 못한 세상을 만들어 놓고 아귀다툼을 하며, 한없이 측은하고 가엾게 살아갈 수밖에 없다. 인간으로 태어나 살아가는 것 자체가 세상에 대한 책임이다. 모든 인간은 자기가 태어나기보다 더 좋은 세상을 만들어 놓고 떠나야 할 신성한 의무를 안고 있다. 이것은 본디 우리 내면에 새겨져 있는 신의 문자이다. 더 좋은 세상은 그런 세상에 대한 꿈을 통해서 이루어져 간다.

오늘날 인류와 세계는 참된 평화의 세상인 유토피아 이상(理想)이 없다. 심지어 처음부터 끝까지 하나님의 유토피아, 진정 인간다운 인간의 유토피아를 말하고 가르치는 성서를 경전으로 삼은 기독교조차도 이상을 잃어버리고 세속에 함몰된 채, 그저 종교라는 형식과 제도로서만 가엾게 존속하고 있을 뿐이다.

성서는 세상을 향한 하나님의 뜻·계획·프로그램·목적을 시종일관 증언하는 책이고, 유대교와 기독교는 그것을 위하여 존재한다. 결단코 개인적 종교가 아니다. 예수 그리스도의 생애는 처음부터 끝까지 이 땅에 이루어져야 할 하나님의 나라에 대한 것뿐이다(마 6:9~13). 하나님 맘속에 있는 선하고 아름다운 뜻이 어서 이 땅에 이루어지기를!

5

그대 행복하시라

∨

주 하나님이 땅의 흙으로 사람을 지으시고, 그의 코에 생명의 기운을 불어넣
으시니, 사람이 생명체가 되었다. 주 하나님이 동쪽에 있는 에덴에 동산을
일구시고, 지으신 사람을 거기에 두셨다. …강 하나가 에덴에서 흘러나와서
동산을 적시고, 에덴을 지나서는 네 줄기로 갈라져서 네 강을 이루었다.

…주 하나님이 사람을 데려다가 에덴동산에 두시고, 그곳을 맡아서 돌보게 하
셨다. 주 하나님이 사람에게 명하셨다. "동산에 있는 모든 나무의 열매는 네가
먹고 싶은 대로 먹어라. 그러나 선과 악을 알게 하는 나무의 열매만은 먹어서
는 안 된다. 그것을 먹는 날에는 너는 반드시 죽는다."

…주 하나님이 들의 모든 짐승과 공중의 모든 새를 흙으로 빚어서 만드시고,
그 사람이 그것들을 무엇이라고 하는지를 보셨다. 그 사람이 살아 있는 동물
하나하나를 이르는 것이 그대로 동물들의 이름이 되었다.

…주 하나님이 남자에게서 뽑아낸 갈빗대로 여자를 만드시고, 여자를 남자에
게로 데리고 오셨다. 그때 그 남자가 말하였다. "이제야 나타났구나, 이 사람!
뼈도 나의 뼈, 살도 나의 살, 남자에게서 나왔으니 여자라고 부를 것이다."(창
세기 2장 7.10.15~17.19.22~23절)

1. 구약성서를 한 문장으로 요약한 것은 이것이다. "너는 마음과 뜻과 힘을 다하여 하나님을 사랑하라."(신 6:5) 이것을 조금 풀어서 쓴 것은 이것이다. "너 사람아, 무엇이 착한 일인지를 주님께서 이미 말씀하셨다. …오로지 정의를 실천하며, 인자(仁慈)를 사랑하며, 겸손히 네 하나님과 함께 행하는 것이 아니냐!"(미 6:8)

구약성서는 이러한 사유체계를 시종일관 확고히 견지한다. 왜 이렇게 말하는 것일까? 그것은 사람이 온 마음과 뜻과 힘을 다하여 하나님을 사랑할 때(사랑, 헤세드·Hesed), 비로소 자연스럽게 의(義, 체다카·Tsedaqah, righteousness, 하나님과 맺는 올바른 관계), 사회 정의(正義, 미슈파트·Mishpat, justice, 타자와 맺는 올바른 관계), 인자(仁慈, Hesed. 仁愛·신실, 한결같은 사랑·steadfast love), 겸손(아나와·Anawah)을 실천하게 되어, 하나님께 영광을 돌리며(뚜렷이 빛나게·기쁘게 해드림, 사 42:8, 43:7.21, 48:9.11) 행복하고 평화롭게 살 수 있기 때문이다.

사람이 불행하고 비참한데 영광을 받고 기뻐하실 하나님은 없다. 그렇다면 하나님은 창조자도, 사랑의 하나님도, 자비로운 아버지도 아니시다. 인간이 고통을 받는 것을 보면서도 영광을 받는 분이시라면, 악마이지 하나님이 아니기 때문이다. 그러나 하나님은 분명히 사디스트가 아니시다(sadist, 타인을 고통스럽게 하면서 즐거워하는 가학적 심리를 가진 사람).

그러면 자연재해나 악행이나 불치병이나 사고나 전쟁 등으로, 어린이를 비롯한 '죄'(원죄를 말하는 게 아님) 없는 사람들이 비극적 고통과 죽음을 겪는 것은 무엇이란 말인가? 그것은 하나님과 어떤 관계가 있는 것인가? 의롭고 선하고 자비로운 하나님이 다스리신다는 세상에 도대체 왜 악이 있느냐는 신정론(神正論·theodicy. 그리스어 theos-신, dike-정의)! 이것은 히브리 예언자들과 욥기를 쓴 시인과 근대 독일의 '라이프니츠'(1646~1716

년)를 비롯한 여러 철학자가 다루기는 했지만, 성서도 해결하지 못한 것이다. 이것은 여전히 아무도 모르고 설명할 수도 없는 미궁의 문제이다. 아마도 세상 끝날까지 모를 것이다. 그래서 여기에서 더는 다루지 않는다.

그러면 하나님의 영광을 드러내며 살아가는 사람은 하나님으로부터 무엇을 얻어 누리게 되는가? "구원"이다(히-예수아·Yeshuah, 그-소테리아·soteria). 구원은 다양한 의미층을 갖는데, 요약하면 4가지이다. 정치적 구원(개인과 나라의 자유), 인격적·심리적 구원(의로움, 위로·평안·기쁨), 경제적 구원(짐승과 사람의 多産과 풍요), 인간관계의 구원이다(가족과 이웃 사이의 화평). 성서는 이러한 구원을 한마디로 "평화"라 한다(샬롬·Shalom, 安寧). 따라서 구원과 평화는 "복·행복"이다(히-아슈레·Ashre, 그-에우다이모니아·eudaimonia-신 안으로 들어가는 것). 왜냐면 사람을 행복하게 하지 못하는 구원이나 평화란 없기 때문이다.

그런데 성서에서 구원과 평화는 우선 '사람이 하나님과 맺는 매우 깊고 친밀한 관계'를 말한다(의·공의). 개인이 맛보고 누리는 구원과 평화의 실질적인 체감(體感)은 내적 행복이다. 왜냐면 사람은 외적 행복과 평화가 박탈될 때도 얼마든지 내적 행복을 누릴 수 있고, 외적 조건이 완비되어도 내적으로 불행하고 비참할 수 있기 때문이다.

그래서 우리는 사람을, 하나님으로부터 '얘야, 세상에 가서 행복하게 살다 오렴.' 하는 말씀을 듣고 부모를 통해 세상으로 '보내진' 존재로 이해할 수 있다. 그렇기에 인간적 측면에서, 위에서 인용한 신명기와 미가서의 구절을, '사람은 행복하게 살도록 이 세상에 보내졌다.'라는 뜻으로 새길 수 있겠다.

여기에서 '보내졌다.'라는 수동태를 쓴 까닭은 고대 히브리인의 사유 체계가 인간을 철저히 창조자 하나님의 피조물로 인식하기 때문이다. 앞서 생각해본 '헤셸'이 규정한 히브리 인간상의 명제인 "나는 명령받았다. 그러므로 나는 존재한다."라는 말이나(제1장 8-3), 예수의 말씀도 이러한 사유체계에서 나온 것이다. "나를 보내신 분"(요 5:24, 6:38~39), "아버지께서 나를 보내셨다."(요 6:57), "나는 내 마음대로 온 것이 아니다. 나는 그분에게서 왔고, 그분은 나를 보내셨다."(요 7:28~29) 따라서 행복은 나를 이 세상에 보내신 하나님의 뜻·명령을 신실하게 받들고 사는 데서 가능하다는 것이 성서의 가르침이다.

2. 구약성서에는 하나님이 사람을 행복하게 살라고 세상에 보내셨다는 통찰을 보여주는 가르침이 많다. 특히 하나님의 직접적 표현이나 비유적 언어로 나온다. "하나님이 그들에게 복을 베푸셨다."(창 1:28) '그들'은 하나님의 형상을 따라 지어진 '남자와 여자', 곧 모든 인간이다. 인간으로 태어난 것 자체가 이미 하나님으로부터 복을 받은 것이다.

"이스라엘아, 너희가 태어날 때부터 내가 너희를 안고 다녔고, 너희가 모태에서 나올 때부터 내가 너희를 품고 다녔다. 너희가 늙을 때까지 내가 너희를 안고 다니고, 너희가 백발이 될 때까지 내가 너희를 품고 다니겠다. 내가 너희를 지었으니, 내가 너희를 품고 다니겠고, 안고 다니겠고, 또 구원하여 주겠다."(사 46:3~4) 이것은 하나님을 '어머니'로 암시하며 표상한 말이다(호 11:3~4 참조). 이 예언자는 하나님을 어머니로 은유하여, 하나님을 당신의 어린 자녀와 같은 인간의 행복을 위하여 헌신하시는 분으로 이해하고 선포한다. 곧, 하나님은 어머니들보다 더 자녀인 인간을 사랑하신다.

"너희를 두고 계획하고 있는 일들은 오직 나만이 알고 있다. 그것은 재앙이 아니라 번영이다. 너희에게 미래에 대한 희망을 주려는 것이다."(렘 29:11) 재앙이나 번영과 희망은 인간이 본성적으로 싫어하고 갈망하는 것이기에, 이것은 인간의 진정한 구원과 행복과 평화에 관한 말씀이다.

　　따라서 이 세 구절을 통하여, 하나님이 사람을 이 세상에 보내신 이유는 행복한 삶, 곧 구원과 평화를 실컷 누리는 삶을 위해서라고 이해할 수 있다. 왜냐면 사람이 하나님을 뚜렷이 빛나게 해드리는·영광을 돌리는 삶은 구원과 평화의 행복을 선물로 주시는 하나님께 신앙·신뢰의 마음으로 곧고(貞) 신실하게(信實, 한결같이) 맞장구치며 응답하며 살 때만 가능하기 때문이다. 이렇듯 행복한 삶은 하나님의 선물에 대한 인간의 신실한 응답이 서로 맞물려 일어난다. 하나님이 계시다는 것이나 하나님을 믿는다는 것이 저절로 행복한 삶을 가져오지 않는다. 여기에서 빠질 수 없는 것이 인간의 구체적·실제적이고 살아 있는 응답인 신앙·신뢰이다.

　　'마이스터 에크하르트'는 말한다. "내가 저 별에서 하나님을 보는 나의 눈은 저 별에서 나를 바라보시는 하나님의 눈과 같다."(강론집) 신앙인의 삶은 어떤 상황 속에서도 오직 하나님의 눈에 내 눈을 맞추고 살아가는 길이다. 사람이 웃으면 하나님도 웃고, 사람이 행복하면 하나님도 행복하시다. 사람이 슬퍼하고 고통스러워하면 하나님도 슬퍼하고 고통스러워하신다. 하나님은 신앙인이 겪는 모든 일과 사건과 감정과 경험 속에 함께하시는 감정이입(感情移入)의 하나님, 곧 공감(共感)의 하나님이다. 이것이 성서가 증언하는 하나님의 모습이다.

　　2-1) 성서가 증언하는 하나님의 모습 중 하나는 하나님은 참으로 인간적인 분이시라는 것이다(신인동성동형론·anthropomorphism). 그러나 하나님은 절대로 사람이 아니며(호 11:9), 사람과 비슷하지도 않은 분이시다. 사람과 비슷한 그런 신의 모습은 수메르와 바빌로니아와 이집트와 그리스의 종교 신화에 넘쳐난다. 그런 신들의 모습은 사람이 자신의 욕망과 소망을

저 하늘에 투사하여(project) 만들어낸(delusion of God) 상(像)일 뿐이다(루트비히 포이어바흐-종교의 본질).

그런데 성서를 기록한 고대 히브리 학자, 작가, 시인, 현자, 역사가들은 어째서 그런 문학적 방식을 취하여 하나님을 설명했을까? 이유는 매우 단순하다. 그들이 하나님을 오해하고 왜곡할 위험성이 다분한데도, 굳이 하나님을 사람과 비슷한 존재로 말하는 신학적·문학적 모험을 감행한 것은 문자 해득 계층이 절대적으로 적고, 의식(意識)과 사고가 성숙하지 못한 민중에게 하나님을 보다 가까이 알고 느끼게 해주기 위해서 취한 고육지책이었다. 우리는 이것을 충분히 전제하고 구약성서를 보아야 한다.

하나님은 인간과 평화로운 관계에 있을 때 영광을 받으시고, 인간은 그 안에서만 행복하다. 사람의 죄와 불행은 하나님의 슬픔과 고통을 자아내며, 동시에 인간의 불행과 비참을 만들어낸다(창 6:1~13). 인간의 행복과 평화는 하나님의 기쁨이다(창 1:31). 따라서 인간을 향하신 하나님의 뜻은 구원과 평화의 행복한 삶이다.

성서에는 하나님과 맺는 인생의 실체적 진실과 상태를 가리키는 단어가 많다. 예를 들면 '하나님의 명령과 은혜와 사랑과 복, 인간의 신앙과 의·공의와 순종과 기쁨과 자유' 등이다. 이 모든 것을 통합하여 아우르는 단어는 평화이다(샬롬). 따라서 하나님과 사람 사이의 친밀하고 조화로운 쌍방관계를 포괄하는 개념인 평화야말로 성서의 주제이다. 예수께서는 이것을 '하나님의 나라'라고 하신다. 하나님의 나라는 내적이고 외적인 평화의 세계이다.

앞에서 어머니와 어린애 은유에서도 보았듯이, 평화는 하나님과 하나님의 어린 자녀인 인간 사이에서 일어나는 하나님의 전폭적인 내리사랑과 신뢰·신앙·경외·사랑·복종으로 드러내는 인간의 치사랑이 이루어 내는 상황이다(특히 호세아서가 그렇다). 곧, 평화는 인간을 향하신 하나님의 참되고 풍성한 사랑과 하나님을 향한 인간의 올바른 존재 방식인 진실한 마음과 태도가 만나 어울려 만들어내는 진정한 삶의 현실이다.

이것이 아니라면, 인간이 그 어떤 방식을 쓴다 해도 평화는 없다. 따라서 사람이 평화 속에서 사는 것이 하나님의 구원을 맛보며 사는 행복한 삶이다. 강력한 군대나 광대한 영토나 첨단 무기나 권력이나 돈이나 힘 등, 이런저런 소유의 형식이 결코 하나님과 사람의 관계를 신실하고 아름답게 하지 못하며, 사람을 행복하고 평화롭게 하지도 못한다(시 33:13~22). 오히려 그런 것들은 하나님과 사람이 맺는 관계를 오도하고 왜곡하고 망쳐 놓기 일쑤이다.

'전도서'는 행복한 삶에 대한 히브리인의 인생관을 이렇게 말한다. "사람에게는 먹는 것과 마시는 것, 자기가 하는 수고에서 스스로 보람을 느끼는 것, 이보다 더 좋은 것은 없다. 알고 보니, 이것도 하나님이 주시는 것. …이제 나는 깨닫는다. 기쁘게 사는 것, 살면서 좋은 일을 하는 것, 사람에게 이보다 더 좋은 것이 무엇이랴! 사람이 먹을 수 있고, 마실 수 있고, 하는 일에 만족을 누릴 수 있다면, 이것이야말로 하나님이 주신 은총이다."(2:24, 3:12~13) 하나님은 인간이 이렇게 행복하게 살아가는 것을 기뻐하신다.

그렇지 아니한가? 권력자든 약자든, 부자든 가난한 자든, 인기를 누리는 유명인사든 평범한 사람이든, 인간이 누리는 행복의 조건과 상태는 누구에게나 비슷한 것이다. 아무리 돈이 많다고 하더라도, 하루에 열 끼를 먹거나 백 년 이상 살 수 있는 것은 아니다. 수십억 원짜리 호화주택에서 수백만 원짜리 옷을 입고, 수억 원짜리 자동차를 탄다고 해서, 더 행복한 것도 아니다. 사람은 깊은 감사의 염(念)에 젖은 마음으로 한 잔의 물을 시원하게 마시는 데서도, 맑은 눈으로 하늘과 자연을 바라보는 데서도, 어린이들의 해맑은 얼굴과 노는 모습을 즐거이 바라보는 데서도, 그 어떤 권력과 돈과 인기가 가져다줄 수 없는 깊고 깊은 행복을 누릴 수 있다. 행복은 힘이나 돈에 비례하는 게 아니다.

구약성서에 의하면, 행복은 전적으로 하나님과 친밀하고 조화로운 관계를 이루어, 일상(日常)의 모든 것을 은총·선물로 알고 받아 감사하고 충만하게 누리며 사는 데 있다. 하나님은 행복의 원천이시고, 일상은 행복의 무대이다. "하나님을 떠나서는 내게 행복이 없다(하나님은 나의 행복이시다). …주님을 모시고 사는 삶에 기쁨이 넘친다."(시 16:2.11)

그렇기에 인간의 불행과 비참한 삶은 하나님께 '뚜렷이 빛나게'(영광스럽게) 해드릴 수 없으며, 오히려 하나님께 슬픔과 고통을 안겨 드린다. 예레미야 예언자는 '하나님의 고백'을 이렇게 전한다. "내 사랑스러운 백성이 참혹하게 얻어맞아 죽을 지경에 이르렀기에, 내 눈에서 밤낮 하염없이 눈물이 흘러내릴 것이다."(14:17) 이렇듯 당신이 사랑하시는 인간의 불행한 모습은 하나님의 영광을 소멸하고, 하나님의 눈에서 눈물이 뚝뚝 떨어지게 한다. 그런 상황에서는 당연히 인간도 행복하고 평화로울 수 없다.

2-2) 그런데 우리가 알아야 할 사실이 하나 있다. 고대 히브리인들에게는 "천국, 지옥, 사탄·악마, 사후의 심판, 영생, 부활"에 관한 개념이 전혀 없었다는 것이다. 이것은 기독교인들도 잘 모르는 사항이다. 간혹 후대에 나온 구약성서의 여러 문서에 그런 단어가 등장하는데, 그것은 고대 이스라엘의 고유 사상이 아니라 외래종교에서 채용한 것이다.

그런 것들은 유대인들이 페르시아제국의 식민지였을 때(기원전 539~331년), 페르시아 국교인 '조로아스터교'의 영향을 받아 여러 가지 종교적 개념과 상징체계를 수용한 후 나타난 것이다(메리 보이스-조로아스터교의 역사). 그 영향은 그때부터 본격적으로 율법·토라 종교인 "후기 유대교"

가 생겨난 후부터 더 깊어졌다(Judaism, 기원전 5세기 중반인 458년 제사장이며 랍비〈교사, 학자〉인 '에스라'가 페르시아에서 귀국한 이후부터 정립된 종교. '전기 유대교'는 왕조시대의 종교). 예를 들어 욥기 1~2장과 역대지상 21장의 "사탄"이나, 시편 73:25의 "하늘"이 그런 것인데, 이것은 모두 페르시아제국 시대에 나온 문서들이다.

고대 히브리인들에게는 여기 이 세상이 전부였다. 그들은 사람이 죽으면 누구나 지하세계인 "스올"(Sheol, 죽음·무덤)로 가서 영혼만 머문다고 믿었다. 예를 들어, 사랑하는 아들 요셉을 잃어버린 후 옷을 찢으며 아들이 있는 스올로 내려가겠다고 울부짖는 야곱(창 37:33~35), 다급해진 사울 왕이 어느 용한 무당을 시켜 세상을 떠난 예언자 사무엘의 영혼을 스올에서 불러올리는 장면이 그런 것이다(삼하 28장). 스올 개념은 후일 초기 기독교도 받아들였고(벧전 3:19~20, 옥에 있는 영들), 중세 가톨릭은 그리스 신화의 지하세계인 "림보"(limbo)와 비슷한 연옥(煉獄, purgatory)으로 보고 지금에 이르고 있다(단테 알리기에리-신곡, 연옥 편. 그런데 개신교는 사도신경을 암송할 때 연옥을 빼고 고백한다. 연옥은 베드로전서에 분명히 나오기에 괴상한 일).

이렇듯 고대 히브리인의 세계관이나 인생관에서, 인생은 이것으로 한 번뿐이고, 죽은 사람은 천국도 지옥도 아닌 지하세계로 내려가 영세 무궁토록 거하는데, 거기에서 사는 것을 이리저리 상상하여 말할 뿐이다(사 14:3~21). 다른 개념이 없었기 때문이다.

종교는 어차피 개념의 문제이다. 개념 없이는 종교적·신학적 진리를 담을 그릇이 없고, 사람들에게 이해시킬 수도 없다. 어느 책에서 읽은 하나의 실화인데, 한 미국인 기독교 선교사가 아마존 밀림에 들어가 30년 동안 선교하다가, 한 사람의 개종자도 얻지 못하고 참담하게 실패하고 돌아갔다.

왜 그랬을까? 그들에게는 '신'이라는 개념 자체가 없었기 때문이다. 그래서 선교사는 그들에게 신이라는 존재를 납득시킬 방법이 없었던 것이다. 도대체 개념이 있어야 말을 알아듣고 소통할 게 아닌가?

그리고 구약성서에는 힌두교나 불교에서 말하는 윤회개념도 없다(신약도 그렇다). 한 번 태어나 살다가 죽으면, 그것으로 끝이다. 따라서 히브리 사유체계는 우주나 만물이나 인간은 시작과 끝이 있는 철저히 직선적인 사유체계이다. 우주와 역사와 인생은 처음인 알파(A)와 끝인 오메가(Ω) 사이, 탄생과 죽음 사이에 있다.

이와 같은 이유로 히브리인들이 이 세상의 삶을 단 하나의 기회로 여기며 행복하고 평화롭게 사는 것을 무척이나 소중히 여긴 것이다. 고대 히브리인들처럼 대대로 악정(惡政)과 외세의 침략으로 고난을 많이 받아온 민족도 없다. 그런 이유로 그들은 모든 시대에 걸쳐 늘 행복하고 평화로운 삶을 갈망하며 진지하고 절실하게 묻고 성찰하고 탐색해왔다.

그러므로 기독교가 지나치게 '천국, 지옥, 사탄·악마, 사후의 심판, 영생, 부활'의 문제에 매달리는 것은 심각하게 자성해야 한다. 성서와 기독교는 하나님과 그리스도와 성령 안에서 이루어지는 인간의 철저한 내적 변혁과 의롭고 거룩한 삶을 주요 내용으로 가르치지, 단지 '천국, 지옥, 사탄·악마, 사후의 심판, 영생, 부활'을 얻거나 물리치는 문제가 아니다. 인간의 철저한 내적 변혁과 의롭고 거룩한 삶이 구원이고 영생이며, 부활의 희망이고 근거이다.

천국, 영생, 부활 등은 그것을 믿고 지향한다고 해서 얻을 수 있는 게 아니라, 오로지 지금 여기에서 철저한 내적 혁명을 일으키고 의롭고 거룩하게 살아가는 사람에게 주어지는 은총·선물일 뿐이다(요한복음은 시종일관 이 문제를 천착한다). '지옥, 사탄·악마, 사후 심판'은 인간이 사로잡히기 쉬운 탐욕과 이기심의 유혹, 내적 혼란과 외물에 대한 집착, 그리고 그에 따라 맞이할 진정한 죽음과 파멸에 대한 문학적이고 신학적인 상징이다. 이것들을 믿지 않는다고 해서 그리스도인이 되지 못하는 것은 아니다.

3. 이제 경전을 생각해보자.

3-1) 창세기 2장은 고대 히브리인들이 대망한 행복하고 평화로운 세상에 대한 갈망과 성찰과 희망의 이야기이다. 이것은 구약성서 전체를 요약하고 있는 핵심적인 장이다. 그래서 구약성서는 어떻게 하면 이런 행복하고 평화로운 세상인 유토피아를 이룩하고 살 수 있을까 하는 것을 이스라엘 민족의 삶을 통하여 보여준 '이야기와 역사로 된 주석'이라 하겠다.

창세기 2장은 성서 전체를 이해하는 핵심으로서, 하나님과 인간과 만물의 공존과 상생의 구원과 행복과 평화에 관한 이야기이다. 지금으로부터 3천 년 전, 고대 히브리 시인·작가·사상가·신학자가 쓴 이것은 실로 오늘날 신학적·철학적·인문학적으로 이해할 때도 대단히 심원하고 숭고한 진리를 담고 있는 탁월한 '이야기 신학'이다(narrative theology).

그 옛날 사람이 위대한 종교적 상상력을 통하여, 인간과 사회와 세상에 대한 아름답고도 밝은 긍정적인 진실을 걸출하게 표현해냈다는 것에 대하여, 우리는 그저 경의를 표할 뿐이다. 이것은 풍부한 은유와 비유와 상징과 이미지로 가득한 글로서, 우리에게 여러 가지 상상력을 품고 들여다보게 한다.

본문은 두 가지 주제로 나누어 생각해볼 수 있겠다. '각 개인·인간·가정의 행복한 삶은 어떻게 가능한가? 집단·공동체(사회·나라·민족·세상)는 어떻게 평화롭게 살아갈 수 있는가?' 이 두 가지는 실상 하나로서, 개인과 사회에 두루 적용되는 원리를 말하기에 같은 것이다. 2장은 이에 대한 신학적 성찰을 담은 하나의 대답이고 담론(談論)이다.

여기서 '사람'이 아닌 '인간'이라 한 까닭은, 구약성서는 사람을 개별적으로 독립된 개체가 아닌, 둘 이상의 관계적 차원에서 이해하기 때문이다. 그래서 사람은 타자(他者)가 있을 때야 비로소 '인간'이 된다. "혼자 있는 것은 좋지 않다."(창 2:18)라는 말은 사람이 혼자 있는 것은 아직 인간이 아니라는 뜻이다. "사람"(아담이란 단어의 뜻)이 "아담"이라는 개인의 이름이 된 것은 "하와"라는 타자가 생긴 다음이다(창 3:20).

3-2) 인간의 삶은 인식(認識)이다. 곧, 인생은 삶을 보는 눈·생각·관점에 달려 있다. 그래서 예수도 이렇게 말한다. "눈은 몸의 등불이다. 그러므로 네 눈이 성하면 네 온몸이 밝을 것이요, 네 눈에 성하지 못하면 네 온몸이 어두울 것이다."(마 6:22~23a) 인생은 내 눈 속에, 곧 내 인식 속에 있다. 직업이 어떠하든지 간에, 인간은 자신이 인식하고 보는 것에 따라서 살아간다. 아무도 예외가 없다.

그래서 진실한 삶의 첫걸음은 "올바른 견해"이다(正見. 불교만의 이야기가 아닌, 팔정도의 첫 번째). 성서는 하나님과 삶을 어떤 눈으로 보는가가 인생을 결정한다고 가르친다. 신앙이란 하나님의 성품과 뜻을 올바로(正) 알아보고(見) 신뢰하는 것이다(출 34:6~7; 시 50:19~21). 이런 점에서 본문은 인간이란 존재를 구성하고 있는 원리에 대한 참된 인식이 행복한 삶의 근본이라고 말한다.

주 하나님이 땅의 흙으로 사람을 지으시고, 그의 코에 생명의 기운을 불어넣으시니, 사람이 생명체가 되었다. …주 하나님이 사람을 데려다가 에덴동산에 두시고, 그곳을 맡아서 돌보게 하셨다.

앞 구절은 창세기 1:27의 "사람은 하나님의 형상"이라는 말과 함께, 고대 히브리인이 깨달은 인간관의 혁명이다. 그것도 실로 엄청난 혁명이다. 왜냐면 여기에서 '사람'은 '모든 사람'을 말하기 때문이다. 강대한 제국의 황제도, 나라의 왕도, 대신도, 귀족도, 양반도, "땅의 백성"(암-하-레츠)이라는 평민 남자와 여자도, 흑인도 황인도 백인도, 어린이도 청년도 장년도 노인도, 인종이나 신분이나 재산이나 지식의 어떠함에 상관없이, 모든 인간은 하나님의 피조물로서 동격(同格)의 평등한 존재이다.

왕이라면 모든 이가 왕이다. 평민이라면 모든 이가 평민이다. 하나님은 인간을 보되 신분과 위치로 보지 않고, 그저 인간으로만 보신다! 이것이 인간이 배워야 할 관점이다. 21세기인 지금도 인간을 신분과 돈에 따라 차별하는 무지막지한 중생이 많으니, 3천 년 전에 이러한 진리를 밝힌 사람보다 더 원시적이고 무지몽매하다 할 것이다. 성서와 기독교는 인간의 평등을 가르친다. 따라서 이를 무시하고 저버리는 모든 행태는 하나님을 모독하는 일이다.

앞 구절은 또, 모든 인간은 하나라는 위대한 사상을 천명한다. 모든 인간은 하나님의 피조물이기 때문이다. 하나님의 피조물이 아닌 인간은 없다. 인류는 한 가족이다. 지구에는 인류라는 한 가족밖엔 없다(행 17:24~29). 따라서 모든 인간은 한 형제자매이다. 이것을 깨달은 사람들이 이른바 성인들과 현자들이다. '나는 너와 다르다, 너는 내가 아니다.'라는 생각이 인류를 불행하게 하는 근본이다. 그렇기에 인류가 하나라는 것, 한 가족이라는 것, 한 형제자매라는 것을 깨닫기 전까지, 세상에는 불평등과 갈등과 대립과 전쟁이 그치지 않는다. 모든 인간이 하나요, 한 형제자매요, 한 가족이라는 위대한 진실을 깨닫고 행복하고 평화롭게 사는 것이 인류 역사의 목적이 아니라면, 도대체 인류가 무엇 때문에 존재하는가?

3-3) 사람은 "땅의 흙"(히-아다마·Adamah, the dust of ground, 먼지·티끌)과 "하나님의 생기"를 지닌 통합적 존재이다(生氣, 히-네샤마·Neshama, the breath of life). 생기는 1:27의 "하나님의 형상"이란 말의 구체적인 표현으로 보면 되겠다. 그러면 히브리인들이 사람을 땅의 흙과 하나님의 생기가 통합된 "생명체"(생명체, 히-네페쉬 하이야·Nephesh Haiyah)로 이해하게 된 까닭은 무엇일까?

먼저 육체를 볼 때, 그들은 인간이 죽어 땅에 묻는 매장(埋葬) 풍습에서, 인간의 육체는 흙에서 왔다가 흙으로 돌아가는 것으로 이해한 것으로 볼 수 있다. 아담(Adam)·사람은 아다마에서 온 것이다. 아담은 아다마이다. 그렇기에 인간이 죽으면 흙으로 구성된 육체는 다시 근원인 아다마로 돌아가 합류한다. 인간은 육체적 측면에서 볼 때 흙, 곧 원소로 구성된 물질의 합성이다. 인간이 흙이라는 이러한 생각은 원시시대부터 생겨났다.

그리고 문명 시대에 접어들어 히브리인들은, 인간이 살아가고 있는 현상이 코를 통하여 대기(大氣)를 흡입하고 있는 데서 가능하고, 죽으면 호흡이 그치고, 대기는 더는 몸속으로 들어가지 못한다는 사실에 착안하여, 인간에게는 신의 생기가 들어 있다고 생각한 것으로 볼 수 있다. 히브리인들은 대기·바람을 신의 영(靈, spirit)과 동일시한다(창 1:2). 따라서 인간이 대기를 호흡하는 것은 신의 생기·영을 호흡하는 것과 같다.

그런데 생기·영의 다른 말은 루아흐이다(Ruach). 이 단어는 '대기, 바람, 숨결·호흡', 그리고 '영혼, 정신'을 가리킨다(그-프뉴마·pneuma, 라-스피리투스·spiritus). 물론 그들은 동물들도 대기를 호흡한다는 사실을 알았지만, 동물은 이성과 언어, 논리와 감정의 표현과 상상력, 도구제작과 문화와 문명의 창조 등에 있어서 사람에 비길 바가 못 된다는 사실 때문에, 인간에게만 '하나님의 영'이라고 말한 것으로 볼 수 있다. 따라서 인간은 정신적인 측면에서 루아흐, 곧 영혼·정신이다.

그러면 아다마와 루아흐, 이 두 가지는 무엇을 말하는 것일까?

3-3-1) 먼저 인간이란 땅이다(아다마). 흙이다. 먼지이다. 티끌이다. 땅은 인간의 육체적 모태·근원이다. 그래서 인간은 "흙에서 와서 흙을 일구고 살다가 흙으로 돌아간다."(창 3:19) 우선 인간은 육체이다. 보잘것없다. 무상하다(無常, 항상 있지 못함). 이것이 이 세상의 모든 사물이 처한 절대 운명이다. 흙에서 온 모든 것들은 결국 해체되어 흙으로 돌아간다.

16세기 이탈리아 철학자 '조르다노 브루노'(1548~1600년)는 이런 말을 했다. "씨앗이 싹터 녹색식물로 자라고, 이삭을 맺고, 이삭의 곡식 알갱이는 빵이 된다. 빵은 양분이 되어 혈액을 만들고, 혈청으로부터 태아, 사람, 시체, 흙, 암석, 무기물로 변한다. 이렇듯 물질은 언제까지고 자신의 형태를 바꿀 것이며, 자연의 어떤 형상이라도 이룰 수 있다."(무한자와 우주와 세계) 원자와 분자가 합쳐져 구성된 물질은 끝없이 돌고 돌면서 갖가지 형상을 창조해내는 천재이다.

고도의 의식을 지닌 몸뚱이인 인간이 삶에서 느끼는 많은 슬픔과 허무감도 여기에서 발원한다. 인간은 중국의 전설상의 인물인 삼천갑자 동방삭처럼 오래오래 살고 싶은데, 어찌 된 게 "중간에 살다 말고 간다."(유영모-어록). 고대 히브리인들 역시 육체의 보잘것없음과 소멸을 분명하게 직시했다. 인간의 수명은 짧다. 우리는 잠시 땅 위를 스쳐 지나가는 바람 같은 존재이다. 눈앞에서 먼지가 인다. 그것은 무엇일까? 오래전에 죽은 사람의 육체가 남긴 티끌이다. 나 또한 그리되리라. 아무도 예외 없다.

"사람은 티끌, 인생은 한순간의 꿈, 한 포기의 풀 같은 것. 우리의 연수가 칠십이요 강건하면 팔십이라도, 그 연수의 자랑은 수고와 슬픔뿐이요, 빠르게 지나가니, 마치 날아가는 것과 같다."(시 90:3~10) 이것이 인간이요 인생이다. 아무리 오래 살고자 발버둥 치고 발악한들, 정한 때가 되면 흙으로 먼지로 돌아가야 한다. 죽은 육체는 한 평이면 족하거나 연기로 흩어진다. 육체는 무상(無常)한 것이다.

그러면 히브리인들은 인간이 땅의 흙이라는 것을, 왜 그렇게도 냉철하고 진지하게 직시하며 생각한 것일까? 육체를 통해서 살아가는 이토록 짧은 삶을, 만물을 받쳐주고 실어주고 품어주고 먹여주고 길러주어 풍성하게 살게 해주는 땅·흙과 같은 덕성을 품고 소중히 여기며 행복하게 살다가 떠나자고 해서가 아닐까? 앞에서도 말한 바와 같이, 고대 히브리인들에게 삶은 이 세상뿐이었기 때문이다. 그러니 인간이 땅의 흙이라는 것을 냉철하게 보는 관점은 인생무상의 허무주의적 인생관이 아니라, 육체와 이것을 통해서 이루어지는 한 번뿐인 삶을 더할 나위 없이 존중하고 소중히 여기며 살아가는 태도와 연결되는 것이다.

그때 소멸(消滅)도 정녕 아름답게 보인다. 죽음에 대한 분명한 인식만큼 지금의 내 삶을 고귀하고 아름답게 가꾸어가게 하는 철학도 없다. 그래서 요즘에는 사람들이 삶을 더 생생하게 느껴 보려고, 병원에서 자신의 영정사진과 함께 촛불을 켜놓고, 각각 관에 들어가 10분 정도 머무르는 '임종 체험 프로그램'에 참여하기도 한다. 참여자들은 모두 눈물로 범벅이 된다고 한다. 그리하여 얻는 죽음과 삶의 모든 것에 관한 깊고 생생한 인식의 빛….

인생을 행복하고 가치 있게 살아간 사람은 누구나 죽음의 소멸을 담담하게 받아들인다. 예를 들어 지난 1990년대, 37세의 젊은 나이에 루게릭병으로 세상을 떠난 미국 영문학자 '필립 시먼스'는 자기에게 남은 4년의 세월을 참으로 아름답게 살았다. 그는 그동안 영문학자의 감성으로, 삶에 주어진 모든 요소를 깊이 관찰하고 사색하면서 빼어난 수필을 썼는데, "소멸의 아름다움"이란 책이다.

　거기에서 그는 가족들, 친구들, 제자들을 비롯하여 살아오면서 관계를 맺은 사람들의 소중함, 나무와 동물과 꽃 등 아름다운 자연의 사물들, 햇빛이 찬란하거나 비바람과 눈발이 몰아치는 변화무쌍한 일상, 신과 신앙과 인생과 죽음에 대한 깊은 통찰과 사색, 자기 내면의 정황 등을 소박하고도 정감 있는 필체로 담아냈다. 그가 내린 결론은 삶이 아름다운 것처럼 죽음 또한 아름답다는 것, 곧 생성이 아름다우면 소멸도 아름답다는 것이다. 4년 후, 그는 많은 이들의 애도 속에서 평안하게 세상을 떠났다. 오는 것도 가는 것도 좋은 것이다.

　3-3-2) 인간이란 하나님의 영, 곧 영혼·정신이다(루아흐). 영혼은 육체의 주인이요 빛이요 알맹이다. 나의 참된 본질은 영혼이다. 나의 참된 모습은 육체가 아니라 영혼에서 드러난다. 영혼이란 육체라는 밭에 뿌려진 하나의 씨앗이요, 거대한 가능성의 세계이다. 따라서 인간은 영혼의 가능성이며, 인간의 의무와 행복한 삶은 주어진 짧은 세월 동안, 그 씨앗을 틔우고 자라고 열매를 맺어, 그 향기와 결실을 흡족히 누리며 남들에게 나누어주는 데 있다. 곧, 인생의 의무는 만인에게 고루 햇빛과 비의 은혜와 복을 내려 주시는 자비로운 하나님처럼 사는 것이다(마 5:48).

　이것이 영혼·정신의 삶이며, 인간의 사명이며, 그리고 행복하게 사는 길이다. 인간의 진정한 삶은 영혼의 삶이다. 그것은 하나님이나 궁극적인 진리나 이상적인 가치를 찾아, 그것을 중심으로 육체를 비롯한 인생의 여러 가지 물리적인 형식을 가지런히 사용하는 데서 이루어진다. 영혼의 삶이란 하나님을 닮은 삶이다. 인간이 본디 하나님을 닮은 존재이기에(창 1:27), 하나님을 닮아서 살아가는 것이 인간의 참된 길이다.

19세기 중반, 미국의 철인 'H. D. 소로'가 45세의 젊은 나이에 세상을 떠나게 되었다. 임종 자리에 활달한 성격의 고모가 왔다. 그녀는 독실한 그리스도인이었지만, 소로는 교회에 다니지 않았다. 그녀가 조카에게 물었다. "그래, 하나님과 화해는 했니?" 그러자 그는 이렇게 대답했다. "고모, 나는 하나님하고 싸워본 기억이 없는걸요!" 그리고는 얼마 후 평화롭게 세상을 떠났다(헨리 솔트-헨리 데이비드 소로).

　　소로가 남긴 여러 가지 글들을 보면(월든; 구도자에게 보낸 편지; 시민의 불복종; 야생사과; 강; 씨앗의 희망; 일기 등), 그는 비록 교회에 다니지는 않았지만, 누구보다도 하나님과 자연의 세계를 사랑한 진정한 그리스도인이었다고 말할 수 있다. 그는 평생 청렴하고 강직한 성품, 예언자적인 통찰력, 현인의 지혜를 지니고 진지하게 진리를 추구하며 살아간 진실한 구도자였다. 그가 지금까지 미국인들과 세계인들에게 끼친 영향은 그 어떤 종교인보다도 더 크고 깊다. 대표적으로 그의 영향을 받은 사람들은 L. N. 톨스토이, 마하트마 간디, 마틴 루터 킹 2세 목사, 생태 운동가와 문학인이었던 한국의 김종철 등이다.

　　구약성서가 인간을 하나님의 영을 간직한 존재라고 말하는 것은 육체의 보잘것없음과 무상함을 무시하고자 하는 것이 아니라, 그것을 똑바로 인식하고 온몸을 통하여 영혼의 가치를 진지하게 추구하면서 행복하고 충만한 삶을 살아가게 해주기 위해서이지, 다른 뜻이 없다. 우리는 역사 속에서 이렇게 살아간 위대한 종교인들, 화가나 조각가나 음악가 등의 예술가들, 철학자들, 시인들, 작가들, 예언자들, 발명가들, 개척자들을 본다. 그들은 모두 영혼의 삶을 살아간 사람들이었다. 그들로 인해 인류가 얼마나 풍요해졌는가? 그들은 불멸의 영혼들이다(영혼을 사람이란 뜻으로 쓰는 까닭을 생각해 보라. 마하트마-위대한 영혼).

영혼의 가치를 추구한다는 것은 자신 안에 잠재된 위대한 가능성을 실현하기 위하여, 자신을 송두리째 바치며 오직 한 길(one way)로만 걸어가는 것을 의미한다. 그러기 위해서는 사고가 깊어야 하고, 상상력이 많아야 하고, 불굴의 의지가 있어야 한다. "내면세계의 탐구, 곧 생각과 상상력이 모든 위대한 창조자들의 공통점이다."(D. 부어스틴-창조자들, 제2권) 영혼의 가치를 추구하는 사람은 "내가 그것을 위해서 살고, 그것을 위해서 죽을 수 있는 그것"(S. A. 키르케고르-유혹자의 일기)을 위하여 자신을 불태우는 사람이다.

'B. 파스칼'은 말한다. "인간이란 자연 중에서 가장 연약한 하나의 갈대에 지나지 않는다. 그러나 인간은 생각하는 갈대이다. 인간을 눌러 무찌르기 위해 우주 전체가 무장할 필요는 없다. 한차례의 바람, 한 방울의 물로도 그를 죽이기에 충분하다. 인간의 모든 존엄성은 생각하는데 존재한다. 나는 나의 존엄성을 공간에서가 아니라, 나의 사고의 준칙에서 찾아내야 한다." (팡세) '공간'이란 육체를 비롯한 여러 가지 물질과 형식의 소유이다. 그것으로 존엄성, 곧 인간의 인간다움과 가치가 결정되는 것이 아니다. 인간은 사고와 상상력과 진실한 삶으로 그 가치가 증명된다.

3-4) 이같이 구약성서가 하나님이 인간을 땅의 흙과 생명의 기운을 불어넣어 지으셨다는 것을 통해서 말하고자 하는 바는 인간의 몸과 영혼의 주인은 하나님이시라는 것, 인간은 하나님의 자녀라는 것이다. 따라서 이것은 인간이 인생에서 하는 모든 일은 하나님의 일이며, 또한 하나님의 일이어야 한다는 것에 관하여 말한다. 후일 이것을 확실히 깨달은 예수께서는 이렇게 말씀하신다. "아버지께서 내 안에 계시면서 자기의 일을 하신다."(요 14:10) 그러므로 인간의 삶은 육체와 영혼을 조화롭게 펼치는 종합예술의 무대라

는 것이 구약성서의 가르침으로, 인간의 바람직한 삶에 관한 단순하고도 심원한 진리이다.

그렇기에 성서는 당연히 육체의 힘보다는 영혼의 힘을 더 소중하게 생각한다. 그러나 이것은 육체와 영혼을 대립적인 가치로 나누어보는 이분법이 아니라, 단지 그 우선순위를 설파하는 것을 말한다. 성서에 의하면, 영혼은 주인이고 육체는 종이다. 영혼은 주관자이고 육체는 도구이다. 성서는 이 순서를 뒤바꾸는 것을 인간이 불행하게 되는 지름길로 본다.

고대 중국인들도 이렇게 생각했다. "하늘의 길이여! 알기 쉽도다. 땅의 길이여! 간단하도다. 쉽기에 알기 쉽고, 간단하기에 따르기 쉽다."(역경·易經, 건이이지·乾以易知, 곤이간능·坤以簡能, 이즉이지·易則易知, 간즉이종·簡則易從) 마음의 단순성이 길이다. 영혼은 운전자이고 육체는 자동차이다. 자동차가 인간을 운전하는가? 하늘의 길과 땅의 길을 조화롭게 따르는 것이 인생이다.

고대 히브리 민족의 예술과 문화에 그리스와 같은 육체에 대한 찬양, 곧 신을 형상화하거나 인간의 육체 조각품이 전혀 없는 이유도 육체보다는 영혼을 우선순위에 놓는 확고한 사유체계에서 나온 것이다. 그것은 두 가지 이유 때문으로 보인다. 하나는 히브리 율법에서 그런 행위를 철저히 금지했기 때문이고(출 20:4~6절, 십계명 제2조-신상을 만들지 말라), 다른 하나는 히브리인들이 놓인 지정학·정치·경제가 열악한 약소국가의 현실적 제약 때문이다.

그래서 유대인 심리학자였던 '프로이트'도 이렇게 말한다. "그리스인들이 획득한 정신 활동과 육체 활동의 조화로운 기회는 유대인에게는 주어지지 않았다. 그래서 정신과 육체의 갈등 속에서, 유대인은 더 가치 있는 것(정신)을 선택했다."(S. 프로이트-인간 모세와 유일신교) 그러한 영혼·정신의 선택은 유대인에게 인간의 행복과 평화는 하나님의 뜻을 상징화하고 명

문화한 체계, 곧 하나님의 말씀인 율법·토라에 복종하는 가운데서만 가능하다는 확고한 신념체계를 낳기에 이르렀다. 이것이 구약성서 전체를 관통한다.

그러나 히브리 사유체계에 의하면, 인간이 지향해야 할 하늘의 길과 땅의 길은 단지 문자적 명령 체계인 율법에만 있는 것이 아니다. 그것은 무엇보다 인간의 내면에 있다. 구약성서에 다음과 같은 말이 있다는 것을 알면 놀랄 것이다. "하나님의 명령·말씀은 하늘 위에 있는 것도 아니고, 바다 건너편에 있는 것도 아니다. 그것은 아주 가까운 곳에 있다. 그대들의 입에 있고, 그대들의 마음에 있다."(신 30:11~14) 따라서 필요한 것은 그것이 자기 안에 있음을 느낄 줄 아는 감각이고, 볼 줄 아는 눈이고, 들을 줄 아는 귀이다.

그렇기에 히브리인들이 생각한 최악의 인간은 무감각하고 고집스럽고 제멋대로 살아가는 인간을 뜻하는 "목이 곧은·뻣뻣한 인간"이다(신 9:6; 시 32:9). 이들은 진리에는 목석이다. 구약성서는 육체의 소중함과 그 한계와 유혹에 빠질 가능성을 분명히 인식하고, 자기 안에 있는 하나님의 영, 곧 영혼을 우선시하고 깊이 의식하며 살아가는 것이 행복의 길이며, 타인에게도 많은 혜택을 나누어주며 평화를 이룩하는 길이라고 말한다.

인간의 의무와 사명과 이상(理想)은 뭘까? 하나님처럼 사는 것, 하나님의 마음으로 사는 것, 하나님을 닮은 사람이 되는 것! 그래서 예수도 이렇게 말한다. "그러므로 하늘에 계신 너희 아버지께서 완전하신 것 같이, 너희도 완전하여라."(마 5:48) 이처럼 예수는 인간을 높이 평가하신다. 인간이 어찌 신처럼 완전해질 수 있겠는가마는, 그래도 이 말은 그것을 목표와 이상으로 삼고 살아갈 만한 것이 인생이라는 뜻이다.

4. 우리는 본문에서 하나님이 어떤 분이신지, 그리고 인간이란 어떤 존

재이며 어떻게 사는 것이 하나님의 뜻에 맞는 삶인지를 본다. 인간과 인간관계와 존재 방식에 관한 심원하고 숭고한 가르침인 이것을 깊이 이해하는 것은 확실히 행복하고 평화로운 삶으로 인도한다.

노동자이신 하나님(2:7~8). 이 이야기를 쓴 작가는 무척이나 상상력이 뛰어나다(구약성서 신학자들은 이 문서가 대략 다윗 후반~솔로몬 시대에 나온 것으로 본다. 바빌론 포로시대의 문서인 1:1~2:4a보다 무려 4백 년 전에 나온 것!). 그의 시대에 이미 전통적으로 형성되어 전승된 신학에 따르면, 이스라엘의 하나님은 전능하고 의롭고 거룩하며, 사람의 접근이 불가능하고 사람과는 비교할 수조차도 없는 전혀 다른 분으로서, 위대하고 높고 영광스러운 하나님이시다. 지금도 유대교와 기독교 정통주의 신학에서는 이렇게 믿고 말한다.

그런데 이 이야기의 작가는 매우 뜻밖이라는 것을 넘어서, 모든 이가 아연실색할 정도로 기상천외한 사고방식과 상상력을 발휘하여, 이전에는 물론 그 당시 누구도 생각하거나 말하거나 시도해본 적도 없는 방식으로, 하나님을 이해하고 증언한다. 이 작가는 높은 하늘에 거하여 명령하는 하나님이 아닌(1장의 하나님이 그렇다), 스스로 낮아져 이 땅에 내려와 흙을 밟고 만지고 빚어서 사람(2:7)과 동물(2:19)을 만드시는 하나님을 말한다!

실로 작가는 노동자이신 하나님(!)을 말한다. 그는 하나님을 도예가와 조경가처럼, 손수 흙을 만지고 버무려 사람이라는 놀라운 작품을 빚어내고, 심지어 그 한 사람을 위하여 거대한 동산까지 기꺼이 만들고 일하시는 분으로 묘사한다. 그런데 그 흙은 뭉쳐지지 않는 메마른 먼지 덩어리가 아니라, 물이 들어가 섞인 진흙이다. 그러니 하나님의 몸은 흙투성이가 되지 않을 수가 없다(신인동성동형론에서 볼 때). 이것은 이 구절을 이해하는데 매우 중요하다.

"주 하나님이 동쪽에 있는 에덴에 동산을 일구시고…." 사람을 지을 때도 진흙을 매만져 빚는 수고를 마다하지 않은 하나님은 이제 그 사람이 살아갈 터전을 만드는 데도 세밀하게 계획한 대로 거대한 동산을 일구신다. 이것이 바로 작가가 이해한 하나님 상으로서, 하나님은 사람에게 그처럼 자상하고 친절하고 사랑이 풍성한 분이시라는 것이다!

이후 구약성서에 나타나는 하나님의 모습은 대체로 이와 비슷하다. 사람을 부르고 돌보고 기르고 품고 가르치고 인도하고 보호하고 복을 베푸는, 마치 아버지와 어머니처럼 갖은 수고를 아끼지 않고 노동하시는 하나님의 모습, 인간으로 인해 기뻐하기도 하고 슬퍼하기도 하고 즐거워하기도 하고 분노하기도 하시는 하나님의 모습! 한 사람을 위하여 그처럼 거대한 동산을 만드는 하나님이니, 많은 이를 위해서 그렇게 일하시는 것은 말할 것도 없다. 이것이야말로 사람을 아끼고 사랑하시는 하나님의 참모습이다.

4-1) 그 몸을 잘 쓰는 사람(2:7a)

주 하나님이 땅의 흙으로 사람을 지으시고….

그대여, 몸을 소중히 여기시라. 어쩔 수 없이 몸은 나의 일회용 삶의 형식이다. 인생에서 가장 기본적인 사랑은 내 몸을 소중하게 여기는 것이다. 건강은 내 몸을 소중히 여기며 보살피는 것이고, 인권 존중은 타인의 몸을 소중히 여기는 것이다. 내 몸을 소중히 여길 줄 모르면 나를 망치는 것이고, 타인의 몸을 소중히 여길 줄 모르면 죄악을 행사하는 것이다. 삶은 몸으로 이루어 내는 멋진 예술이다.

인간의 육체는 물이 섞여 뭉쳐진 흙덩어리일 뿐이다(현대어로는 각종 원소의 집합체). 그래서 작은 충격에도 쉽게 긁히고 상처 입고 부러지고 찢기고 쇠락하고 죽는다. "사람의 몸뚱이란 참으로 보잘것없는 것이다. 가다가도 픽 쓰러진다."(유영모-어록) 몸뚱이는 세상에 잠시 머무는 동안 잘 부리고 써야 할 종이요 그릇이다. 따라서 사람은 자기 몸을 영혼의 종노릇을 잘하는 한도 안에서 적당하게 먹이고 돌보며 건강한 가운데 사용해야 한다.

이것은 육체를 멸시하라는 말이 아니다. 구약성서는 결코 육체를 멸시하는 금욕주의나 이원론을 설파하지 않는다. 육체는 영혼의 삶을 위한 훌륭한 도구로 주어진 것이다. 따라서 육체는 나이면서도 내가 아니다. 육체는 나의 주인이 아니다. 나는 육체 이상의 존재이다. 육체는 내 안에 계신 하나님(영·하나님의 형상)을 아름답게 드러낼 훌륭한 도구로 주어진 것일 따름이다. 그렇기에 육체를 떠받들며 섬기는 삶은 진리에 어긋난다.

'육체가 나다, 육체를 먹이고 돌보고 즐기는 게 인생이다.' 하며, 육체에 달라붙어 생존하려고 하는 마음의 한 부분이요 욕망의 총체인 에고(Ego, 自我)를 상전(上典)으로 모시고 살아가는 사람은 만고에 측은하다. "도와 덕을 지키고 사는 사람은 한때는 적막하지만, 권세에 아부하여 사람은 언제나 처량하다. 이치를 깨친 이는 사물 밖의 사물, 즉 재물이나 지위 이외의 진리를 보고, 육체 뒤의 몸, 즉 죽은 뒤의 명예를 생각한다. 그러니 차라리 한때 적막할지언정, 만고의 처량함을 취하지 말라."(홍자성-채근담)

날이 갈수록 육신은 쇠약해지고, 생의 황혼은 짙어지고, 죽음의 문턱은 가까이 다가오는데, 늙어서도 여전히 육체에 매달려 사는 것은 얼마나 가련한 노릇인가! 그런데도 우리의 문명은 지나칠 만큼 육체적인 것만 추구한다. 사람들은 먹고 마시고 입고 즐기는 일들에 그야말로 목숨을 건다(의식주를 확보하기 위한 활동과 운동을 경멸하는 게 아니에요!).

왜 그럴까? "사람이 유인원의 속성을 지니고 있어서이다. 그래서 늘 먹이를 더 많이 차지하려고, 남들과 갈등하고 경쟁하고 싸우고 추격하고 도망친다."(칼 세이건과 앤 드루연-잃어버린 조상의 그림자를 찾아서) 인간이 육체만 추구하며 살아가는 한, 그것은 원숭이와 조금도 다를 바가 없다.

그러면 몸을 어떻게 쓰는 것이 잘 쓰는 것일까? 인간을 구성하는 것이 땅·진흙이라는 것을 생각하면 되겠다. 땅·흙은 모든 사물 아래 낮게 있다. 지극히 겸허하다. 식물과 동물과 사람에게 끊임없이 공격당하면서도 만물을 낳아 먹이고 기르고 품고 보전해준다. 그러고도 아무런 말도 자랑도 공치사도 할 줄 모르고, 오직 침묵할 뿐이다. 이처럼 땅과 흙의 덕성은 만물에 차별 없는 사랑만 베푸는 데 있다.

따라서 인간이 몸을 구성하는 흙처럼, 몸뚱이의 종이 되어 가련하게 사는 것이 아니라, 몸을 영혼의 훌륭한 종으로 덕스럽게 부릴 줄 아는 것, 인생을 숭고한 목적을 위해 주어진 기회로 알고 자유롭게 타인을 사랑하고 길러주고 베풀며 살아가는 것, 곧 끊임없이 말 없는 말을 들려주는 "진흙으로부터의 명령"(토마스 칼라일-의상 철학)에 귀를 기울이며 살아가는 것, 이것이 몸을 잘 쓰는 삶이다.

4-2) 그 생명의 기운을 잘 쓰는 사람(2:7b)

그의 코에 생명의 기운을 불어넣으시니, 사람이 생명체가 되었다.

이 말은, 사람이란 하나님·진리와 연결되어야 비로소 사람 노릇을 한다는 뜻이다. 하나님·진리와 연락이 끊기면 그저 몸뚱이일 뿐이다. 사람 구실을 하지 못한다. 생명의 기운은 인간의 영혼·정신이다. 다른 말로 하면, 하나님은 인간의 내면에 사신다. 영혼은 우리 안에 있는 작은 하나님이기에

(창 1:27), 하나님의 것이다. 육체와 함께 영혼도 나의 것이 아니다. 영혼은 우리가 태어나기도 전에 있는 것이고, 죽어서도 없어지지 않는다. 그렇기에 "영혼도 몸도 둘 다 게헨나·지옥에 던져서 멸망시킬 수 있는 분을 두려워하여라."라는 예수의 말씀처럼(마 10:28), 하나님은 영혼도 죽이실 수 있다!

영혼은 하나님이 지니신 모든 속성을 공유한다. 하나님의 속성은 진선미, 곧 빛, 자유, 지혜, 선, 진실, 생명, 창조적 능력, 의와 정의, 그리고 아름다움 등이다. 이런 하나님의 속성이 인간 안에도 있다. 영혼은 인간이 그 어떤 상황에서도 무너지지 않고 아름답게 살 수 있는 참된 근거와 힘이다. 비록 난폭한 힘이 육체를 죽일 수 있어도, 영혼을 죽일 수는 없다(눅 12:4). 따라서 인간의 진정한 삶은 영혼의 삶에 있다. 영혼의 삶을 살 때, 인간은 비로소 살아 있는 생명체·존재가 된다. 육체만 추구하는 것은 살아 있으나 실은 이미 죽은 삶이다(눅 9:60). 이러한 사유는 성서 전체에 두루 걸쳐서 나타난다.

영혼의 삶은 모든 시간과 공간과 상황에서, 영혼의 세계를 깊이 의식하고 긍정하는 심정으로 사물을 바라보고 생각하고 대하는 존재 방식이다. 이러한 태도는 특히 질병이나 사고나 실패로 소중한 것을 상실하는 비극적 사건을 경험할 때 매우 중요하다. 내 안에 궁극적인 빛과 힘인 하나님이 머물러 살고 계시다는 자각적 의식을 잃지 않는다면, 우리는 어떤 비극적 사건을 겪더라도 쓰러지지 않고 더 나은 미래를 전망하며 나아갈 수 있다.

나에게 불어 닥친 비극적 사태에 매몰되어 분노하고 좌절한다면, 우리의 영혼은 더욱 깊이 침몰해버리고, 우리는 이내 어둠의 골짜기로 빠져버리고 만다. 위기(危機·crisis)의 시기는 특히 영혼의 삶에 주목해야 할 기회(機會·chance·challenge)의 순간이다. 시편에서 "내가 비록 죽음의 그늘 골짜기로 다닐지라도 두려움이 없는 것은 하나님께서 나와 함께 계시고, 막대기와 지팡이로 나를 보살펴주시기 때문이다."(23:4)라고 한 말도 이런 뜻이다. 행복한 삶은 영혼·정신의 삶에 있다. 이것을 지나치게 늦게 깨달으면 불행하다.

4-3) 물처럼 사는 것(2:10)

앞에서 사람을 빚은 흙을 물이 섞인 진흙이라 했다. 그런데 사람의 몸은 70%가 물이다. 이것이 정녕 우연일까? 여기에는 분명 매우 중요한 신학적 의미가 있는 것이리라. 이것은 사람은 물처럼 살아야 한다는 뜻이 아닐까? '노자'는 인간의 참된 삶에 관하여 '물의 철학'을 논한다(도덕경, 8장). "최고의 선은 물과 같다. 물은 만물을 잘 이롭게 하고, 다른 것들과 다투지 않으며, 뭇 사람이 싫어하는 곳에 처한다. 그러므로 진리(道)에 가깝다. (이처럼 참사람은 물처럼) 땅에 잘 거하고, 마음을 깊은 연못처럼 잘 쓰고, 사람들에게 은혜를 잘 베풀고, 말을 미덥게 하고, 사람을 잘 다스리고, 일을 능력 있게 잘하고, 때에 알맞게 움직인다. 무릇 다투지 않기에 허물도 없다." 이것이야말로 하나님을 마음의 중심에 모시고 사는 사람의 모습이 아닌가!

그러므로 "강 하나가 에덴에서 흘러나와서 동산을 적시고, 에덴을 지나서는 네 줄기로 갈라져서 네 강을 이루었다."라는 말은 풍경의 묘사를 넘어, 물처럼 살라는 신학적 메시지이지 싶다. 네 줄기를 사방(四方)으로 생각하면, 우리네 삶의 모든 방향을 말하는 것이기에, 언제 어디서나 물처럼 남을 이롭게 하며 덕스럽게 살라는 말로 이해할 수 있으리라. 내 몸의 대부분이 물이라는 것을 의식하는 한편, 저 흘러가는 강물을 바라볼 때마다, 저것이 내가 걸어가야 할 삶이 어떠해야 한다는 것을 보여주며 가르치고 이끌고 있다고 생각한다면, 우리는 물처럼 살아가리라. 이것이 하나님을 모시고 살아가는 신앙인의 참된 삶의 모습이다.

4-4) 맡아서 돌보는 것(2:15)

"그곳을 맡아서 돌보게 하셨다." 그렇기에 아무도 인생을 함부로 살 수 없고, 자연을 함부로 대할 수 없다. 부모나 부부나 자식이나 서로 함부로 대할 수 없다. 밖에 나가서도 마찬가지이다. 인간이 겪는 상처와 고통은 대개 사이(間, 관계)가 뒤틀리는 데서 발생한다. 인생은 마치 깨지기 쉬운 달걀을 두 손에 들고 돌멩이로 가득한 길을 걸어가는 것처럼, 조심해서 살아야 할 무엇이다. 우리는 삶의 모든 순간에 행여 빠질세라, "겨울날의 살얼음판을 건너듯 조심조심해야 한다."(노자-도덕경, 15장) 무슨 일이든 진지하게 살피며 세밀(細密)한 정신으로 해야 하는 것이 삶의 영원한 법칙이다.

오늘 우리 사회의 많은 이들이 이성적 존재라는 것이 부끄러울 지경으로 생각 없이 살아가는 모습을 보인다. 마치 모든 게 당연하다는 듯이, 사람들은 자신이 누리고 있는 것에 대한 경이감과 고마움의 감정을 느낄 줄 모르고, 가까운 사람들에게도 함부로 하는 것이 유행처럼 자리 잡고 있다. 그렇기에 삶이 더욱 복잡하게 꼬이고 뒤틀어지며 공허해진다. 늘 어떤 충동에 휩쓸려 해변의 갈매기 떼처럼 오락가락하지만, 삶의 참된 안식과 의미를 체험하는 경우는 정말이지 적다. 공허하고 황폐한 감정의 차가운 바람이 우리 사회를 휩쓸고 있다.

이 본문은 인간의 삶에 관한 멋진 비유이다. 에덴은 삶과 세상의 상징이다. 무엇이든지 세밀한 정신으로 '맡아서 돌보는' 마음으로 하는 것, 곧 책임감을 지니고 진지한 태도로 임하는 것이 인간의 마땅한 길이다. 지금 내가 있는 곳에서…. 특히 지금 내가 만나는 "모든 이를 마치 갓난애처럼 아끼는"(여보적자·如保赤子, 역경) 마음을 갖는 것이 필요하다.

아기를 기르는 엄마를 보시라. 얼마나 조심스럽고 세밀한가? 엄마는 우주적 하나님과 도(道·진리)를 실현하고 있다. 먼데 가서 하나님이나 도를 찾을 게 없다. 하나님과 도는 언제나 가까운 데 있다. 엄마의 마음으로 살아가는 것이 우리 모두를 행복하고 평화롭게 하리라. 무엇이든 책임감을 지니고 맡아서 돌보는 정신이 없는 것은 인간 실격의 길이다. 그 어떤 것도 절로 하늘에서 떨어지는 게 없고, 땅에서 솟구치는 게 없다. 삶의 모든 것은 인간이 노력을 통하여 진지하게 찾고 발견하고 만들어내야만 하는 것이기에, 맡아서 돌보라는 말은 이런 책임감 있는 진지한 태도에 관한 것이다.

이 네 가지가 바로 "생명 나무"를 길러 그 열매를 먹는 것이리라. 생명 나무 역시 상징체계이다. 아담이 하나님과 더불어 이름짓기 놀이를 하고, 에덴동산을 돌보고, 선악과나무를 쳐다보지도 않고, 하와와 함께 지극한 환대와 사랑 속에서 어떤 인위적인 억지도 없이, 자연스럽고 행복하게 오래도록 살아가는 장면을 비유적으로 볼 때, 그것이 바로 생명 나무를 길러 그 열매를 먹고 사는 모습이라 하겠다. 비록 죄를 지은 후에는 불행하고 비참한 생을 "끝없이 살게 해서는 안 되기에"(창 3:22~24), 그 나무에 이르는 길이 차단되지만 말이다.

4-5) 선악과: 하지 말아야 할 일들(2:16~17)

"주 하나님이 사람에게 명하셨다. "동산에 있는 모든 나무의 열매는 네가 먹고 싶은 대로 먹어라. 그러나 선과 악을 알게 하는 나무의 열매만은 먹어서는 안 된다. 그것을 먹는 날에는 너는 반드시 죽는다.""

4-5-1) 선악과가 무엇을 말하는지를 이해하는 것은 성서와 기독교 신학, 그리고 모든 철학과 사상, 문화와 문명과 역사, 나와 너, 가정과 인간관계, 나라와 민족과 세계를 이해하는 중심이며 관건이다(關鍵, 대문의 빗장과 자물쇠). 인간과 인생과 역사는 전적으로 선악과의 문제, 곧 선과 악을 아

는 것에 달려 있다.

그러면 본문은, 인간은 도무지 선과 악을 구별하고 알아서는 안 된다고 말하는 것일까? 우선 그러하다. 비유적으로 아직 선과 악을 알지 못하는 어린이를 생각해보시라. 모든 인간이 진리를 깨달아 순결한 정신적 차원에 이른 어린 어른·어른 어린이가 된다면, 곧 모든 인간이 성인(聖人)이 되기에 이른다면, 비록 선악을 알아도 그 생각과 말과 행동은 전혀 악이 없는 선일 뿐이다. 그 차원에 이른 사람에게서는 악이 나올 수 없다. 모든 인간이 그와 같은 차원에 이른다면, 세상은 그대로 천국이 되리라. 하나님이 본래 계획하신 인간과 세상의 모습이 이런 것이다.

그러나 세상이 어찌 그러한가? 어떻게 보면 인간 세상은 지옥과도 같다. 왜 그러한가? 인류가 타락하여 진리를 깨닫지 못한 상태에 갇혀서 서로 싸우며 살기 때문이다. 이런 상태에서는 선과 악이 사람들이 각자 생각하는 대로 규정된다. 그래서 나에게 선인 것이 너에게 악이 되고, 너에게 선인 것이 나에게 악이 된다.

그래서 본문은, 인간은 도무지 선과 악을 구별하고 알아서는 안 된다는 말이 아니다. 왜 그러한가? 하나님은 인간이 완전히 무지하고 어리석은 상태에서 살기를 바라시는 게 아니기 때문이다. 그러면 본문은 무슨 뜻인가? 이것은 난해한 철학적 문제에 관한 것이 아니라, 인간은 몹시 불완전하다는 것, 그런 인간이 타인과 더불어 살아가는 공동체의 삶은 매우 어려운 것이라는 사실에 관한 단순한 이야기이다.

우선 선악과는 너는 신이 아니니, 신이 되려고 해서는 안 된다는 것이다. 달리 말하면, 너는 한계를 안고 있는 인간이라는 것을 기억하고 잊지 말라는 것이다. 인간의 본성에는 이것을 부정하고 "신처럼"(창 3:5) 되어보려는 강력한 심리적 탐욕의 기제가 존재한다. 특히 권력자나 부자, 곧 남보다 강력한 힘을 소유한 자일수록 쉽사리 그런 유혹에 빠지고 만다. 이것이 바로 교만이다(그-휘브리스·hybris). 신도 아닌 주제가 신처럼 행세하려고 하는 내면의 끈질긴 유혹!

그리고 선악과는 인간이 약아빠진 체하며 상대적인 것을 절대적인 것으로 여기고, 그것을 자기와 동일시하며 사로잡혀 소유하면 영광스럽게 될 것이라 여기거나, 자신의 이익만 꾀하고 남들에게 하지 말아야 할 어떤 나쁜 짓을 하지 말라는 것에 관한 경고이다. 그렇기에 선악과를 먹지 말라는 것은 인간이 먹으면, 곧 인간이 감행하여 저지르면, 작든 크든 자신과 타인에게 슬픔과 괴로움, 혼란과 무질서, 파국과 불행 등의 '죽음의 현상'을 가져오게 되는 것에 관한 부정적인 상징 언어이다. 이것이 '반드시 죽는다.'라는 말의 의미이다.

이후 아담과 하와는 선악과를 먹지만, 곧바로 육체적 죽음에 이르지 않는다(창 3장). 그렇기에 '반드시 죽는다.'라는 것은 사람이 본래 죽지도 않게 창조되었다는 말도 아니고, 곧바로 죽는다는 뜻도 아니다. 이것은 하나님과 인간이 맺는 관계의 격절(隔絶, 벌어지고 끊어짐)과 파열이 있고 난 후 겪게 되는 내면의 어둠과 가치관의 혼란, 타인과 만물에 대한 적대감과 정복욕으로 인한 상호관계와 세상의 파괴 등, 죽음과도 같은 현실이 발생하게 되는 것에 관한 말이다. 인간이 하나님과 자신과 타인과 만물과 맺어야 할 아름다운 관계가 파괴되는 것이 죽음이 아니고 무엇인가? 이것은 살아서 이미 죽은 것이다.

따라서 선악과 금지 명령은, 그것이 권력이든 재산이든 명성이든, 불완전한 피조물에 불과한 인간 안에는 탐욕과 소유욕, 그에 따라 어떤 것을 절대화하는 이기심, 소유물과 자기를 동일시하는 망상과 집착 등에 기초하여, 타인을 속이고 공격하고 억압하고 착취하는 악한 본성의 한 측면이 강력하게 자리 잡고 있다는 것에 관한 경고의 이야기이다. 곧, 선악과 금지 명령은 인간이 어떤 것을 자기 멋대로 규정하고, 그것을 독점적으로 소유하려는 욕심에 대한 경고이다. 자기 이익이나 권력이나 명예심이나 부귀영화의 소유를 인생의 절대 목적으로 여기고 행동할 때 저지르고 나타나게 되는 결과를 생각해보시라.

그래서 선악과 금지 명령은 내면의 율법이면서 사회 윤리이다. 이것은 인간이 선과 악의 가능성 사이에 있는 자유로운 존재, 언제나 선택할 수 있는 존재, 그리고 자타에 대한 책임을 지닌 존재라는 것을 말한다. 그래서 이 문서의 저자는 4장 7절에서 이 명령을 "죄가 너의 문에 도사리고 앉아서 너를 지배하려고 하니, 너는 그 죄를 잘 다스려야 한다."라는 말로 풀어 쓴다 (창 2~4장은 같은 저자의 작품).

4-5-2) 알다시피 인간을 불행하게 하는 것, 세상을 난장판으로 만드는 것은 하지 말아야 할 일을 하는 데서 나온다. 하지 말아야 할 일은 사회적으로 주입되는 것이기 이전에, 우리의 본성에 새겨져 있는 내면의 율법이다. 하지 말아야 할 일을 하면, 작든 크든 죽음의 현상이 발생한다는 것은 누구나 다 아는 사실이다. 하지 말아야 할 일에는 크게 두 가지이다.

자신에게 하지 말아야 할 일. 사람은 자신을 과소평가하거나 과대평가하거나, 우월감이나 열등감을 품지 말아야 한다. 무엇보다도 자신을 속이지 않아야 한다(자기기만 금물). 이것은 모두 사람을 망가뜨리고 불행하게 하며 죽음의 현상을 가져오는 길이다. 과소평가는 열등감과 두려움에 빠져서 헤매는 죽음의 현상이고, 과대평가는 우월감과 망상과 교만과 폭력성으로 치달아가는 죽음의 현상이고, 자기기만은 어리석음과 절망에 이르는 죽음의 현상이다. 모두 진정한 삶과 구원에서 멀기는 마찬가지이다.

누군가 상한 음식을 내놓고 먹으라고 한다면, 그것을 먹을 사람은 없다. 곧바로 탈을 일으킨다는 상식을 알기 때문이다. 그런데 이것을 정신적 차원으로 옮겨 생각해보면, 너무나 몰상식한 일이 자주 벌어진다는 것을 알 수 있다. 사람들은 아주 쉽사리 분노, 권력과 재물과 명예(이름·명성)에 대한 탐욕, 이기심, 집착, 우월감과 교만과 패배감과 열등감, 지나친 걱정과 경쟁심, 두려움과 공포심, 불만과 불평, 언행의 폭력성에 휩싸인다. 이것은 상한 음식을 먹는 것과 같다. 그러고도 배탈나지 않기를 바랄까? 그런데도 사람들은 이것을 끊임없이 부지런히 먹어댄다. 그러나 이런 것은 누구보다 자신을 위해서 하지 말아야 할 일들이다.

인간이 자신 안에 있는 하나님, 곧 진선미의 영혼, 다시 말하면 지혜와 선과 이성의 밝은 빛이 불타오르고 있는 영혼을 의식적으로 주목하는 것은 본래의 자기를 아는 것일 뿐, 다른 게 아니다. 거기에서만 자신과 타인과 세상에 대한 참된 시각이 나오고, 자신의 존엄성과 가치를 무시하는 행위를 제어하고 절제할 강력한 힘이 솟구친다. 내 속에 있는 영혼의 빛이 밝으면, 내 눈(의식·생각)도 말도 몸도 다 밝아진다.

타인에게 하지 말아야 할 일. 이것은 자신에게 하지 말아야 할 일을 했을 때 곧바로 나타난다. "사람에게 욕을 하는 자는 지옥에 던져진다."라는 예수의 말을 생각해보시라(마 5:22). 이것은 타인의 존엄성이나 권리를 무시하며 쉽사리 혐오감과 분노를 드러내지 말라는 뜻이다. 그런데 깊이 생각해보면, 이것은 타인에게 폭력을 행사하는 것은 무엇보다 나의 내면과 삶을 엉망진창으로 만들고 타인을 파괴하는 것이기에, 나와 타인을 동시에 죽음의 현상, 곧 지옥으로 밀어 넣기에 이른다는 뜻으로 읽을 수 있다.

권력이나 돈이나 명예에 대한 욕심이 지나쳐서 저지르게 되는 거짓말과 속임수와 사기, 직업과 직책을 이용하여 사익을 챙기는 뇌물수수와 부정부패, 갖가지 언행의 폭력, 국가의 혈세를 낭비하는 일, 독재정치, 가족이나 타인에 대한 불친절과 무시와 경멸, 예의와 버릇없이 제멋대로 하는 행동, 쓰레기 투기, 교통 신호 무시, 강대국들의 핵무기를 비롯한 모든 나라의 군대와 무기들, 테러와 전쟁 등, 이런 행위로 남을 피곤하고 귀찮게 하며 살기 곤란하게 하는 것들이 인간이 타인에게 하지 말아야 할 것, 곧 '먹으면 반드시 죽는' 일들이다.

인간의 안팎에는 보이지 않는 브레이크가 많지만, 기실 하나뿐이다. 그것은 인간의 내면에 있는 선악과 금지법칙이다. 우리가 아는 대로 행복하고 평화로운 사람은 결단코 선악과를 먹지 않는다. 마음과 삶이 불행한 사람만이 먹는다. 그러므로 먼저 나에게 죽음의 현상을 가져오는 행위를 하지 않는 것이 지혜롭다. 지켜야 할 한계선과 원칙과 준칙을 넘어서서 하지 말아야 할 행위를 하면, 크거나 작거나 필연적으로 죽음의 현상이 온다. 개인과 가정과 사회와 세상은 그런 식으로 나빠지면서 점점 지옥으로 변해가는 것이다.

장자(莊子)는 말한다. "자기의 삶을 죽이는 자는 죽지 않고, 자기의 삶을 살리려는 자는 살지 못한다."(殺生者不死, 生生者不生) 이것은 "나를 따라오려고 하는 자는 십자가를 지고 나를 따라오너라. 누구든지 제 목숨을 구하고자 하는 사람은 잃을 것이요, 누구든지 나와 복음을 위하여 제 목숨을 잃는 사람은 구할 것이다."(막 8:34~35)라는 예수의 말과 같은 의미이다(요 12:24~26; 갈 6:14 참조).

4-6) 인생은 하나님과 함께하는 놀이(2:19)

"주 하나님이 들의 모든 짐승과 공중의 모든 새를 흙으로 빚어서 만드시고, 그 사람이 그것들을 무엇이라고 하는지를 보셨다. 그 사람이 살아 있는 동물 하나하나를 이르는 것이 그대로 동물들의 이름이 되었다."

여기에서 작가는 놀랍게도 흙으로 지어진 피조물에 불과한 인간이 절대자·창조자 하나님과 함께 어울려 즐거운 놀이를 하는 장면을 그린다. 참으로 위대한 문학적 상상력이다. 인생은 하나님과 함께하는 즐거운 놀이라는 것! 이것이 인생이요 세상이라는 것이다. 실로 경이롭고 숨 막히도록 아름다운 이야기이다. 그러면 인간과 세상은 언제나 기쁘고 자유롭고 행복하고 평화롭다.

이것이 인간과 역사와 문명의 목적이 아니라면, 도대체 무엇이겠는가? 모든 인간이 하나님과 더불어 즐거운 놀이를 하며 살아가는 세상이라면, 도대체 정치니 교육이니 종교니 제도니 법률이니 군대니 효도니 지식이니 하는 게 무슨 필요가 있을 것인가? 하나님과 인간이 놀이하는 모습이야말로 고대 히브리의 뛰어난 작가가 그려본 이상 세계의 모습이며, 지금이나 언젠가 이 세상에 이루어져야 할 조화와 평등과 평화의 세계가 아니겠는가?

그런데 그 놀이가 숨바꼭질도 아닌, 이름짓기 놀이라는 것이 더욱 놀랍다. 하나님은 평범하기 그지없는 한 인간에게 피조물들의 이름을 짓는 특권을 허용하신다(아담은 땅의 백성·평민이란 뜻을 기억해보시라). 이것은 15절의 "맡아서 돌보게 하셨다."라는 말을 구체적으로 입증한다. 세상은 특수한 위치, 곧 "하나님(엘로힘·Elohim) 아래, 만물 위에"(시 8:5~8) 선 평범한 인간에게 맡겨진 것이며, 인간의 의무와 사명은 그것을 하나님의 뜻에 따라 책임감을 지니고 돌보며 더불어 살아가는 것이다.

사람이 이름·명칭을 짓는 것은 공통의 개념을 세워 서로 소통하기 위한 것이다. 따라서 이렇게 고대 히브리 작가가 인간 세상은 이름, 곧 언어와 명칭과 개념이 있어야 비로소 집단과 사회를 이루어 소통하며 살 수 있다고 통찰한 것은 대단한 위업이다. 그는 세상에서 말이라는 것이 얼마나 중요한

지를 깨달은 사람이다.

고대세계에서 어떤 피조물, 역사적 건축물, 기념비, 축제일, 승전일, 종교의 여러 형식, 절기와 문화행사 등에 대한 이름을 짓는 것은 왕, 혹은 왕의 지시를 받은 최고 제사장이나 국부(國父)로 모시는 현인이 왕을 대신해서 한 일이었다. 예를 들어 중국에서 한자의 새 글자나 단어는 반드시 여러 나라로 구성된 제국을 다스리는 황제인 천자(天子)가 세운 학술원에서 해마다 만들어 반포했기에, 황제만이 하는 일로 여겼다. 그래서 나라에서 하사하지 않은 글자를 사사로이 만들어 쓰는 사람은 사형에 처했다.

이러한 관습은 고대 이스라엘 주변 제국들도 마찬가지였다. 수메르와 아카드와 고바빌로니아와 이집트 신화에 왕이 작명하는 이야기가 나오는 것도 이런 까닭에서이다. 전에 생각해본 수메르의 딜문, 아카드의 에디누, 페르시아의 파이리다에자, 70인역 성서의 파라데이소스, 영어 파라다이스도 왕명에 따라서 짓거나 번역한 것이다.

그렇기에 사물의 이름을 짓는 것이 왕의 특권인 시대에서, 흙으로 지어진 지극히 평범한 인간이 한다는 것, 그것도 창조자 하나님이 충동하고 허락하셔서 짓는다는 것은, 모든 인간은 누구나 왕이라는 사실을 천명함과 동시에, 인간은 누구나 하나님과 직접 놀이를 하고 어울릴 수 있는 존엄하고 이지적인 존재라는 것을 선언한 것이다! 하나님은 한 사람 한 사람을 왕처럼 여겨주시기에, 인생은 그처럼 인간을 높이 평가하는 하나님과 더불어 즐기는 멋진 놀이라는 것이니, 그 얼마나 위대한 발상인가!

따라서 인간은 그 어떤 이름도 자기 위에 두어서는 안 되며, 명예를 추구하는 것은 근본적으로 비인간적인 것이다. 인간이 이름 위에 있지, 이름 아래 있지 않기 때문이다. 그러니 사회적 명예를 추구하는 것 자체가 무지하고 어리석고 탐욕적인 일이다. 다른 사람들이 내 이름을 드높여 준다고 해서, 어찌 내 존재가 빛나는 것이겠는가? 그저 일시적 행사나 기분에 불과할 뿐이다. 반대로, 다른 사람들이 내 이름을 모욕한다고 해서, 어찌 내 존재가 욕될까? 그저 지나가는 말일 뿐이다. 페르시아 속담에 이런 말이 있다. "사람은 열매가 있는 나무에 돌을 던지지, 빈 나무에 돌을 던지는 바보는 없다."

예수께서는 이렇게 말씀하신다. "나는 사람들에게서 영광을 받으려고 하지 않는다."(요 5:41) 영광은 '명예, 칭찬, 인정, 존경, 불후(不朽)의 명성, 숭배'로 대치해서 보면, 더 깊이 이해할 수 있다. 이 말 한마디로 예수께서 인간 최고의 경지에 서신 것을 알 수 있다.

'나'는 이름이나 사회적 칭호 이상의 존재이다. 이름이 내가 아니다! 나의 인격과 품성과 존재 방식이 숭고하게 빛나면 이름은 절로 빛난다. 그리고 빛나지 않아도 좋은 것이다. 이름은 그저 그림자일 뿐이다. 스스로 이름의 광영(光榮)을 추구하는 것은 부끄러운 짓이다.

4-7) 항상 그대를 환영해(2:22~23)

"주 하나님이 남자에게서 뽑아낸 갈빗대로 여자를 만드시고, 여자를 남자에게로 데리고 오셨다. 그 때에 그 남자가 말하였다. "이제야 나타났구나, 이 사람! 뼈도 나의 뼈, 살도 나의 살, 남자에게서 나왔으니 여자라고 부를 것이다.""

참으로 아름다운 이야기이다. 이것을 '그러니까 여자는 남자의 부속품이다.'라고 읽는 사람은 너무나도 무지하고 어리석어서 도무지 할 말이 없다! 이것은 남녀의 차이, 상하, 우열, 주종, 서열을 강조하는 말이 전혀 아니다. 이것은 고대 히브리인이 발견한 인간에 대한, 그리고 인간관계에 대한 가장 아름다운 이해가 담겨 있는 멋지고 뛰어난 예술적 표현이다.

'갈빗대'를 뜻하는 히브리어 '쩰라(Tsela)'의 의미는 "생명, 소중함, 내 마음의 친구"이기에, 이것은 '너·당신은 나의 소중한 생명, 나는 너·당신의 소중한 생명, 너와 나는 영원한 친구'라는 뜻이다. 따라서 이것은 부부만 아니라, 형제자매와 친구와 직장 동료와 스승과 제자 등, 인간이 두 사람 사이에 이룰 수 있는 가장 아름다운 관계 형식을 가리키는 말이다.

그렇기에 '당신의 뼈도 나의 뼈, 당신의 살도 나의 살'이라는 표현은 하나님이 인간을 가리켜 "나의 친구 아브라함의 자손아! …너는 내 것이다." (사 41:8, 43:1)라고 하신 말, 연인 사이에 서로 "당신은 나의 것, 나는 당신의 것."(아 2:16)이라고 한 말과 같은 뜻이다. 이것은 더는 어떻게 말할 도리가 없는 지극한 사랑과 아름다운 관계를 표현한 것으로, '당신은 나이고, 나는 당신이다.'라는 뜻으로 한 말이다.

사랑은 무엇인가? 누구나 알지만, 누구도 정의할 수 없는 사랑. "나는 시간에 대해 알고 있지만, 사람들이 나에게 시간이 무엇인지 물으면, 말할 수 없다."라는 말처럼(아우구스티누스-고백록), 사랑도 알지만 물으면 모른다. 보이지도 않고, 내 것으로 소유할 수도 없고, 내 것이라 자랑할 수도 없는 사랑은 다만 나를 통해서 흐르는 신성한 생명의 샘물이라 하겠다. 사랑은 인간의 것이 아니라, 신의 것이다. 인간은 다만 신의 사랑을 받아서 밖으로 흘려보내는 통로(관·管)일 뿐이다.

그러나 내가 사랑 안에 머물러 있을 때면, 5월의 봄바람처럼 나를 따스하고 부드럽게 채워주는 것, 샘물처럼 남들에게 아무리 퍼주어도 마르지 않는 것, 내가 힘들고 쓰린 세월을 살아갈 때도 나를 떠나지 않고 생명력과 용기와 희망을 주는 것, 비록 내가 누군가를 배반해도 나를 떠나지 않고 내 안에서 사라지지 않는 거대하고 따스한 우주적 세계, 이것이 사랑이 아닐까? 사랑이 아름답고 강력한 빛과 힘인 것은 아무도 소유할 수 없고 소유할 수도 없는, 다만 나를 통해서 일어나고 흘러가는 신의 기운이기 때문이리라.

그렇기에 사랑은 내 안에 살고 계시는 하나님이리라. "하나님은 사랑이시기에"(요일 4:16), 내 몸에 깃들어 있는 사랑은 인간과 인생의 본질이다. 나의 것도 아니고, 그 누구의 것도 아닌, 모든 이의 가슴 속에 흐르고 있는 참되고 강력하고 영원한 빛과 힘과 생명력인 신성하고 숭고한 사랑을 뿜어내는 것이 참된 인간성을 드러내며 행복하게 살아가는 길이다.

　　영혼의 삶을 살아가는 이는 남이 나에게 해주었으면 하고 바라는 그것을 남에게 먼저 해준다. 사람은 누구나 똑같다. 동서고금의 차이도 없다. 그래서 예수도 "무엇이든지 남에게 대접을 받고자 하는 대로, 남을 대접하라."라고 말한 것이다(마 7:12) "모든 살아 있는 존재는 사랑을 바라기에…".(E. 까르데날-침묵 속에 떠오르는 소리)

　　인간이란 "호모 심파테티코스"(Homo Sympatheticos, 共感·同感의 인간), "호모 심비우스"(Homo Symbius, 共生의 인간)이다. 인간은 누구나 사랑하고 사랑을 바란다. 아기가 운다. 심리적·육체적으로 불편하고 불만스럽다는 간절한 사랑의 호소이다. 그렇듯 인간은 태어나자마자 사랑을 요청한다. 인간은 포근한 정(情)의 호수이기에, 기꺼이 타자에게 공감하며 친절과 이해, 존경과 정중한 태도, 양보와 웃는 얼굴, 칭찬하고 축복하며 공생하고 상생(相生)할 수 있다.

　　외로움은 인간의 숙명과도 같다. 여자도 남자도 외롭다. 청소년도 노인도 외롭다. 엄마도 외롭고, 아버지는 더더욱 외롭다! 이처럼 인생은 누구에게나 외로운 것이기에, 무엇보다 사랑이 필요하다. 사랑은 내 안에 있는 신의 숨결이다. 내 안에는 거대한 사랑의 은하수가 언제나 반짝이고 있다. 그것은 무한히 비치기를 바란다.

　　인간은 사랑이다. 사랑만이 인간이다. 그래서 사랑은 인간의 본질이다. 본질적인 것만이 우리를 행복하게 한다. 사랑이 아닌 것은 타인들과 사회와 세상이 강요하고 세뇌한 것이다. 그래서 비본질적이다. 모든 비본질적인 것은 우리를 슬프고 비참하게 만들어버린다.

매일 아침 눈을 뜨면, 만상(萬象, 사물과 사람)을 생각하며 이렇게 말하며 축복하시라. '그대를 환영해!' 이것이 아담이 기뻐하며 외친 말에 담긴 뜻이다. 무슨 일을 하거나 어디에 있거나, 자주 이 생각을 떠올리시라. 생명력이 솟구치고 자유가 확장되어 하루가 싱그러워지리라. 우리가 타인에게 해야 할 말은 이것뿐이다.

레바논 태생의 미국 시인 '칼릴 지브란'이 쓴 "사람의 아들 예수"에 나오는 이야기이다. 예수를 만나 새사람이 된 기생 "막달라 미리암"(히-Miriam, 라-Maria)은 그분이 세상을 떠난 후 그분을 처음 만나던 날 이야기를 들려준다.

"그이는 나를 들여다 보셨습니다. 대낮과 같은 그의 눈빛이 내 위에 쏟아졌습니다. 그이는 말씀했습니다. '미리암, 그대는 많은 애인을 가졌군요. 그렇지만 그대를 사랑하는 것은 나뿐입니다. 다른 사람들은 그대를 가까이 하는 가운데 자기 자신을 사랑하고 있습니다. 그러나 나는 그대를 그대 자신 속에서 사랑합니다.

다른 사람들은 그대 속에서 자기네 목숨보다 더 맥없이 스러져버릴 아름다움만 보지만, 나는 그대 속에서 영원히 사라지지 않는 아름다움, 그대 인생의 가을이 와도 거울 속에 자신을 들여다보기를 겁내지도 않고, 침범을 당하는 일도 없는 아름다움을 봅니다. 나만이 그대 속에 있는 것을 사랑합니다. 모든 사람은 다 자기를 위해 그대를 사랑하지만, 나는 그대를 위해 그대를 사랑합니다.'

그리고는 걸어갔습니다. 그날 그이 눈의 햇빛이 내 속에 있던 용(龍)을 죽여 버렸고, 나는 하나의 여자 미리암이 되었습니다."

이것이 사랑이다. 타인은 내 삶의 동반자이기에…(알맞은 짝, 창 2:18).

5. '톨스토이'는 이런 말을 들려준다. 한 제자가 스승에게 물었다. "어떤 일이 가장 중요한 것인가요? 어떤 인물이 가장 중요한 사람인가요? 그리고 언제가 가장 중요한 시간인가요?" 그러자 스승이 대답했다. "가장 중요한 일은 모든 사람을 사랑하는 것이다. 평생의 일이 그 안에 있기 때문이다. 가장 소중한 사람은 네가 지금 이 순간 관계를 맺는 사람이다. 다른 누군가와 미래에 관계를 맺을지 어떨지, 너는 절대로 알 수 없기 때문이다. 그리고 가장 중요한 시간은 현재의 이 순간뿐이다. 지금 현재의 순간에서만 너는 자신의 지배자일 수 있기 때문이다."(인생의 길)

사랑의 존재가 되는 것, 아니 내가 사랑의 존재임을 깨달아 아는 것, 이것이 행복의 길이다. 지금 사랑 속에서 존재하는 것, 지금 내 곁에 있는 사람을 사랑하는 것, 이것이 행복한 삶이다. 하나님을 사랑하든, 진리를 사랑하든, 사람을 사랑하든, 예술을 사랑하든, 자연을 사랑하든, 내가 사랑의 존재가 되는 것이 행복하게 사는 길이다. 행복은 밖에서 오는 것도, 만들어내는 것도 아닌, 내 가슴과 눈이 발견하고 퍼 올리는 샘물이기 때문이다.

인간의 모든 형식은 사랑과 행복을 지향한다. 권력이나 재산이나 지식이나 명예 등의 이런저런 것들이 나의 행복과 불행을 결정하는 절대적인 것으로 생각하는 것은 중대한 판단 착오와 오류이다. 행복은 내 의식에 있으며, 내가 부여하는 무엇이다. 밖에서 오는 행복도 내 가슴이 식어 있으면 무용지물이다.

에덴동산의 두 사람은 하나님과 자연과 더불어, 그리고 서로 진실하고 깊이 사랑하며 행복하고 평화롭게 살아간다. 이것이야말로 인간이 하나님과 함께, 그리고 서로를 환영하고 축복하며 더불어 행복하고 평화롭게 살아가는 삶에 관한 그림이요, 진정한 종교성에 관한 이미지이다.

　　하나님과 사람과 만물이 함께 이루는 원의 조화로운 아름다움, 거기에 "하나로서 모두이고, 모두로서 하나인 아름다운 세계"가 있다(프리드리히 횔덜린-히페리온). 전체가 하나가 되어 지복(至福) 안에서 사는 아름다운 세계! 이것이야말로 고대 히브리인들이 생각한 진정한 유토피아, 행복과 평화의 길, 참된 종교성의 길이다.

　　하늘의 길은 쉽고, 땅의 길은 간단하다. 인간의 길도 쉽고 단순하다. 오늘 이야기는 행복하게 살아가는 단순한 원리에 관한 것이다. 따라서 어떤 유혹 앞에서도 그것을 단단히 지키려는 태도가 요청된다. 삶이 고달픈 것은 여러 가지 일들 때문이기도 하지만, 공연한 "걱정이 많고, …하나님이 평범하고 단순하게 만든 사람(삶)을 우리 스스로가 복잡하게 만들어 버렸기 때문"인 것이 대부분이다(전 5:3, 7:29). 그래서 남들을 편안하게 해주지 못하고 모질게 대하는 것이다. 사람만큼 삶을 힘들게 만드는 것도 달리 없다.

　　아무도 자기만을 위하여 이 세상에 온 것이 아니다. 자기만 위한다 해도 그럴 수 없다. 삶이 그렇지 않기에…. 바람처럼 이 대지 위를 잠시 스쳐 가는 동안, 될수록 타인에게 '그대를 환영해!' 하는 마음을 가지고 살아간다면, 서로 행복하리라. 인간은 사랑 속에서 서로 기대어 살아야 할 '인간'이다(人間·inter-being). 그때 우리는 행복하다. 그러니 그대 행복하시라!

6

생명 나무와 선악을 알게 하는
나무 사이에서

∨

주 하나님은 보기에 아름답고 먹기에 좋은 열매를 맺는 온갖 나무를
땅에서 자라게 하시고, 동산 한가운데는 생명 나무와 선과 악을 알게 하는
나무를 자라게 하셨다(창세기 2장 9절).

1. 자유로운 인간의 삶은 끊임없는 선택의 연속이다. 자유는 곧 선택이기 때문이다. 우리는 출생을 제외하고는, 살아가다가 "사느냐 죽느냐, 그것이 문제"(W. 셰익스피어-햄릿)라는 일생일대의 중대한 선택의 기로(岐路)에 직면할 때도 있고, 세계관과 가치관과 인생관의 관념, 결혼, 친구나 직장이나 동료, 이웃과의 관계 등에서 선택하며 살아간다.

그런데 크거나 작거나 간에, 선택은 언제나 어렵다. 그것은 선택하는 데 있어서 무지나 어리석음, 생각의 부족, 편파적이고 왜곡된 이념(ideology)을 진리로 착각하는 일과 그에 대한 숭상과 편견, 타인의 의견에 대한 무비판적 추종, 이기심과 고집과 성급한 성격, 타인을 이겨보려는 야심, 적대감 등이 많이 작용하기 때문이다.

삶은 내 뜻대로 움직이지 않는다! 그릇된 선택의 피해는 고스란히 내 몫으로 돌아온다. 그러면 그나마 쌓아온 공든 탑이 무너지거나 여러 관계에 해를 끼쳐, 깊은 회한(悔恨) 속에서 힘겹게 살아갈 수 있다. 잠시 높은 자리에 있다가 날개도 없이 생의 절벽으로 추락하는 사람들이 얼마나 많은가를 보라.

가장 좋은 선택은 내면에 삶의 본원이나 원리에 대한 깊은 이해와 자각의 세계를 이루는 것이다. 그러면 욕심이 적어져, 굳이 무엇을 선택하지 않아도 매사가 자연스럽고 조화로워진다. 이것이 옛 현인마다 강조한 '선택하지 않는 선택'의 지혜와 기술(art)이다. '노자'는 이렇게 말한다. "무위 하지만(인위나 억지가 없이 하지만), 하지 않는 일이 하나도 없다."(無爲而無不爲, 도덕경, 48장) 그때 삶은 우리를 가장 좋은 길로 안내한다.

우리는 선천적으로 나와 가족과 이웃을 위한 최선의 방식을 선택할 수 있는 능력을 지니고 있다. 더 나아가 성령을 통하여 진리를 깨달아 다시 태어나면, 올바른 선택은 더욱 자연스럽고 자유로워진다(요 3:1~8). 거기에서 사랑, 곧 남을 먼저 배려하는 아름다운 마음씨가 샘물처럼 흘러나온다. 이와 같지 않더라도, 선택하는 기준을 나의 유익이 아니라 가족과 이웃의 행복에 둔다면, 그릇된 선택은 훨씬 줄어든다. 남을 배려하고 생각하는 고운 마음씨 자체는 이미 훌륭한 삶의 프로그램이기에, 갖가지 창조적인 생각이 솟아 나오기 때문이다.

그리고 삶에서는 목적보다 방법이 더 중요하다. 방법이 잘못되면 목적을 이룰 수 없고, 이룬다 해도 빛과 가치를 상실한다. 그런데 사람들은 대개 눈에 보이는 '형식적 목적'에 치중한다. 그러나 삶에 목적 같은 것은 없다. 한 가지 목적이 있다면, 지금 행복하게 사는 것뿐이다. 항상 지금이다. 내일이 아니다. 내일은 없다. 누가 내일을 보장하겠는가? 우리에게는 지금 이 순간뿐이다. 그래서 "태양은 날마다 새롭다."라고 하는 것이다(헤라클레이토스-어록). 내일과 미래는 단지 우리의 상상과 허구와 꿈에서만 존재할 뿐이다. 우리는 오늘 밤에도 죽을 수 있다.

우리는 성품이나 생각은 그리 나쁘지 않은데, 그만 마땅한 방법을 쓸 줄 몰라서 서로를 피곤하게 괴롭히며 불행하게 지내고, 무엇인가 소중한 것을 상실하거나 파괴되고 난 다음에야 후회하는 경우가 많다. 사람이 나쁜 것이 아니라, 살아가는 방식이 미숙한 것이다. 나쁜 사람은 존재하지 않는다. 미숙한 사람만 존재한다. 오래도록 미숙함에 익숙해져서 성격과 습관으로 고착되면 자타를 불행하게 하는 언행이 몸에 배고 만다. 고운 마음씨에 건전하고 아름다운 방법을 결합하는 것 자체가 삶의 목적이다.

하나의 예를 들어보자. 지난 2012년 영국인들에게 깊은 감동과 눈물을 안겨 준 책이 있다. 「엄마가 있어 줄게」(세인트 존 그린, 원제-Mum's List, 엄마의 목록). 어린 두 아이를 둔 젊은 엄마 '케이트 그린'은 유방암에 걸렸다. 어느 날 남편이 그녀를 끌어안고 눈물을 흘리며, "만약 당신이 떠나면 어떡하지?" 하며 슬프게 말하자, 그녀는 남편이 아이들에게 해주어야 할 일, 아이들이 아빠와 함께해야 할 일들을 적어주어야겠다고 생각하고는, 투병하는 내내 엄마의 목록을 썼다. 거기에 이런 것들이 있다.

- 내가 떠난 뒤에 아이들에게 두 배로 뽀뽀해주기
- 추억 상자를 만들어 우리 추억을 정리하기
- 내가 좋아한 바닷가에서 아이들과 산책하기
- 엄마가 바닷가와 숲속에서 온갖 생물과 만나는 것을 좋아한
  일을 기억하기
- 생일 축하는 요란하게
- 아이들이 부탁하면 언제나 도와주기
- 온 가족이 모여 식사할 수 있는 식탁 놓기

그녀는 이렇게 남편과 아이들을 위하여 자신이 줄 수 있는 가장 좋은 선물을 남겨 주고 세상을 떠났다. 이것은 방법과 목적의 일치가 어떤 것인지를 보여준다. 아름다운 방법은 그 자체가 목적이다.

2. 매 순간은 삶(하나님으로 생각해도 된다)이 내려주는 은총·선물이다. 내가 당연히 누려야 할 것은 아무것도 없다. 모든 것은 은총으로 주어진 것이다. 아침에 일어나고, 세수하고, 밥 먹고, 눈으로 보고, 귀로 듣고, 두 발로 걷고, 손으로 잡고, 입으로 말하고, 그리고 일하는 것 등이 다 삶이 나에게 건네주는 무한하고 경이로운 은총이다.

그런데 우리는 대개 이런 일들을 깊은 주의력과 의식(意識)을 지니고 하지 않는다. 이런 일들에 별로 경이감이나 고마움, 새로움이나 기쁨도 느끼지 못하고, 그저 당연하게 여길 뿐이다. 우리는 지나치게 기계적으로 살아간다! 마치 기계 인간인 것처럼, 모든 일을 자동으로 해치운다. 그러나 만일 그런 일들을 스스로 할 수 없게 된다면, 그래도 당연하게 여길까?

그대는 무엇을 하든지, 그 순간 깊은 주의력과 의식 속에서 몰입된 가운데서 하시는가? 우리가 분명히 말할 수 있는 것은 어떤 일 하나에도 집중하지 못하는 사람은 다른 일에도 마찬가지라는 것이다. 왜냐면 사람은 어디에서나 하나의 성품·마음으로 살기 때문이다. 그렇지 않다면 분열된 인간이다. 게다가 우리는 대개 분열된 인간으로 살아간다.

한 가지 일을 수행하는 모습은 그 사람의 됨됨이를 증명한다. 예수께서는 이렇게 말씀하신다. "지극히 작은 일에 충실한 사람은 큰일에도 충실하고, 지극히 작은 일에 불의한 사람은 큰일에도 불의하다."(눅 16:10) 일이 많아도 하는 사람은 나이다. "가진 사람에게는 더 주어서 넘치게 하고, 갖지 못한 사람에게서는 있는 것마저 빼앗을 것이다."(마 25:29) 언뜻 보면 불공평한 말 같지만, 이것이 삶의 영원한 원리이다.

하루는 어떤 젊은이가 온 나라에서 성인(聖人)으로 명성이 자자한 '프란치스코'를 찾아와 제자가 되기를 청했다. 그러자 그는 그 젊은이를 청소하고 채소를 가꾸는 온갖 잡일을 시켰다. 그런데 그는 툴툴거리며 일하는 품이 영 말이 아니었다. 며칠을 참던 그 젊은이는 마침내 분통을 터뜨리면서, 자기가 그런 일이나 하려고 온 줄 아느냐고 항의했다. 그때 프란치스코가 이렇게 말했다. "형제여, 그대가 그렇게 쉬운 일도 제대로 할 줄 모르는데, 어떻게 하나님과 사람을 섬기는 그토록 어려운 일을 하시려는가?" 그리고는 그를 정중히 돌려보냈다(우골리노-성 프란치스코의 작은 꽃들).

우리는 지금 이 순간, 우리를 참되고 행복하게 해주려고 끊임없이 찾아오는 많은 '손님들!'을 곧잘 무시해버린다. 지금 하는 그 한 가지 일에 정성과 힘과 땀을 들이는 게 행복한 것인데, 다른 곳 다른 일 다른 경험에서 행복을 찾는다. 그런데 세상에는 일상의 작은 일들조차도 스스로 할 수 없어서 남의 손을 빌어야만 하는 사람들이 무척이나 많다.

우리가 강아지나 고양이나 쥐나 벼룩 같은 동물들조차도 매일 잠자고 깨어나고 움직이고 먹는, 그런 사소하고 보잘것없는 일들을 삶이 가져다주는 커다란 은총이라는 것을 자각하는 것은 대개 어떤 소중한 기회를 날려 낭패를 보거나, 억울한 일을 당하거나, 심각한 질병이나 가슴 아픈 상실이나 이별을 경험하거나, 죽음과도 같은 위기를 겪을 때이다. 그러다가 사태가 전환되면, 일순간 당연한 것이 하나도 없다는 것을 깨달아 만상이 새롭게 보이고, 모든 것이 놀라운 은총이라는 것을 일별(一瞥)하게 된다.

시편에 감동적인 고백의 시가 있다. "다윗" 왕은 절세 미남인 아들 "압살롬"이 일으킨 반란으로 쫓겨, 참담한 마음에 눈물을 흘리며 종일 산을 넘고 강을 건너 먼 길을 도망치다가, 어떤 "낯선 곳에서 하룻밤"(아빌라의 데레사–천주 자비의 글)을 지낸다. 반란군이 들이닥칠까 하여 두려움에 떨며 밤새 뜬눈으로 지새우다가 지친 그는 새벽녘에야 겨우 잠들었다가, 이내 떠오르는 아침 햇살에 눈이 부셔서 깨어났다. 반란군은 그곳까지 이르지 않았다.

그 순간, 그는 태어나서 처음으로 아침 햇살을 본 것 같은 충격과 감동에 휩싸이며, 자신이 아직 살아 있다는 경이감에 사로잡힌다. 그러자 그는 이렇게 외치듯 노래한다. "내가 누워 곤하게 잠들었다가 또다시 깨어나게 되는 것조차도 주님께서 나를 붙들어 주시기 때문이구나!"(3:5)

이렇듯 그가 '종교적 환희의 체험'이라 할 정도로 감격하며, 일순간 기적과도 같은 은총을 느끼고 삶의 오묘한 깊이를 들여다보고 경탄의 감정에 휩싸여 고백하게 된 것은 그때까지 수도 없이 무의식적으로 해오던 '자다가 깨어나는' 지극히 당연하고 사소한 일이 얼마나 놀랍고 신비로운 경이로움인지를 온몸으로 깨달았기 때문이다. 목숨이 경각에 달린 그 위태로운 순간에 처하게 되자, 그는 피곤하며 누워 곤하게 잠들었다가 깨어나는 지극히 동물적인 일상의 일조차도 하나님이 내려주시는 절대적 은총이라는 진실을 본 것이다!

그때까지 그도 여느 사람들처럼 잠들고 일어나는 것을, 깊은 경이감과 자각과 고마움 속에서 맞이해본 일이 없었다. 그런데 아들이 애비를 죽이고 임금이 되겠다고 일으킨 반란으로, 처연하고 참담한 심정과 죽음의 두려움 속에서 내쫓겨 밤을 지새우고 아침을 맞고 나서야, 비로소 동물들조차도 매일 당연하게 하는 그 일이 얼마나 놀라운 기적인지를 처음으로 생생하게 의식하게 된 것이다(삼하 13~18장 참조).

이처럼 평범한 일상의 모든 것, 곧 자다가 깨어나는 식물적·동물적인 일조차도 신의 무한한 은총 때문에 가능한 것이라는 진실을 생생하게 경험하고 의식하면서 고마움을 느끼는 것은 깊은 영적 자각에서 일어나는 일이다. 이것은 우리를 오도(誤導)하지 않는다. 사실이나 사건은 누구에게나 비슷하게 일어나지만, 그것이 나의 실존적 자각의 진실이 되는 것은 전적으로 나의 몫이다. 곧, 일상의 경험(經驗)은 객관적인 일이지만, 그것을 주관적인 내적 자각의 체험(體驗)이 되게 만드는 것은 나의 몫이다.

생각해보시라. 다윗 왕과 함께 피난을 떠났던 신하들과 지도층과 군인들은 많았다. 하지만 누구에게나 해가 뜬 그 아침에 그런 경이로운 자각적 체험을 한 사람은 그가 유일하다. 이렇게 삶에서 당연한 것은 아무것도 없으며, 모든 것이 신비로운 기적이요 은총이라는 진실을 깨닫는 것은 우리를 깊은 삶으로 인도한다.

3. 삶은 매 순간 우리를 시험한다(試驗·testing). 시험은 질문 형식으로 다가오고 일어난다. '너는 누구냐? 너는 무엇을 선택할 것이냐?' 누구나 이 질문에 대답하지 않을 수 없다. 삶은 날마다 우리에게 이렇게 말한다. '네가 누구인지 증명하라!' 내 삶은 내 존재의 증명이다. 그리고 나의 삶은 나의 마음과 생각과 선택에 따라 달라진다. 예외적인 경우를 제외하고, 나의 삶은

전적으로 나의 책임이다.

이탈리아 소설가 '이탈로 칼비노'는 다음과 같은 이야기를 들려준다(보이지 않는 도시들). 온 세상을 돌아다니며 모험을 즐기는 주인공이 대 몽골제국의 황제인 '칸'을 만난다. 칸이 묻는다. "그대는 온 세상의 도시들을 돌아다니는 사람이니, 어디 내게 들려주게나. 세상에 유토피아 같은 곳이 있는가?"

주인공은 이렇게 대답한다. "폐하, 세상에 그런 곳은 없습니다. 단지 두 종류의 사람이 있을 뿐입니다. 한 부류는 이렇게 말하지요. '이 세상은 어차피 지옥이다. 살아남으려면 남들과 똑같이 살아가는 수밖엔 없다.' 그러면서 그들은 시기하고 다투면서 지옥 같은 삶을 살아갑니다. 다른 부류는 이렇게 말하지요. '그래도 세상에는 좋은 사람들이 많다. 나는 그들과 더불어 아름답게 살아가는 길을 선택하겠다.' 그들은 이렇게 말하면서, 될 수 있는 한 사랑하고 도와주면서 함께 살아가지요. 이런 사람들에게 세상은 그 자체로 유토피아입니다."

그렇다. 아름다운 세상과 아름다운 삶은 전적으로 내 마음, 내 눈 속에 있다. 물론 불우한 가정환경이나 열악한 삶의 조건을 타고난 사람들도 많다. 그러나 역사를 돌아보면, 태어나자마자 버려진 채 갖은 고난 속에서 자라지만, 끝내 그 모든 악조건을 딛고 우뚝 일어나, 세상에 찬란한 빛을 비추어 위대한 구원의 영웅이 된 정치가, 예술가, 문인, 과학자, 종교인, 장애우가 허다하다. 따라서 어떤 마음과 존재 방식을 선택하는가 하는 것은 각자의 몫이다.

사람은 두 종류뿐이다. 과거와 현재에 사로잡혀 사는 사람과 자신 안의 가능성을 주목하고 지금 깬 정신으로 현실에 굳게 서서 미래를 지향하는 사람이다. 전자는 불우한 처지를 비관하거나, 자신이 이룩한 성공과 업적에 갇혀 사는 가여운 사람으로서, 사실상 이미 죽은 인간에 불과하다. 후자는 참사람이 되려고 앞에 펼쳐진 불확정성의 미래를 향하여 도전과 모험의 길을 떠나는 사람으로서, 생생하게 살아 있는 인간이다.

　　그대는 어떤 사람인가? 삶은 매 순간 우리가 어떤 마음을 지니고 살아가는가를 보려고 시험한다. 삶의 진실은 이것이다, 삶은 내가 삶에 바라는 것을 추구하지 않고, 삶이 나에게 바라는 것을 지향하는 사람의 손을 들어준다는 것(요 12:26 참조)! 그리고 그 승리와 영광은 무엇보다 내면과 인격의 풍요이지, 외적인 업적이나 부가 아니다.

　　4. 조금 거북한 이야기이지만, '우연의 일치'를 생각해보자(coincidence). 우리의 삶은 대부분 우연의 일치로 일어난다. 좋은 가정에서 태어났더라면, 그때 그 장소에 있거나 없었더라면, 그 사건이 일어났거나 발생하지 않았더라면, 그 사람을 만나거나 만나지 않았더라면, 그것을 선택하거나 선택하지 않았더라면, 아마 다른 삶이 전개되었을지도 모른다. 우리는 우연의 일치로 대학과 전공과 직업을 선택하기도 하고, 누군가를 만나 친구로 사귀거나 결혼하기도 하고 성공하거나 실패하기도 한다. 인생에 미리 결정된 것은 아무것도 없다.

　　그런데 우리는 대개 자신이 우연히 선택한 것이나 누리는 것을, 마치 자신이 그것을 위해서 태어나고 그것을 위해서 죽어야 하는 운명인 것처럼 여기며 커다란 의미와 가치를 부여하고 살아간다. 물론 그것은 필요하고 마땅한 일이다. 그러나 그것은 대개 단지 자아의 위안을 얻고 싶어서 그럴 뿐이다. 그래서 우리는 자기의 선택이나 행위에 대하여 끊임없이 이런저런 합리화의 구실을 지어낸다.

　　진정 자신이 하고 싶은 것, 곧 본성이 요구하고, 온몸의 감각이 활짝 깨어나 찬성하고 기뻐하는 그런 일을 선택하고 행복하게 살아가는 사람은 그리 많지 않다. 많은 이들이 열심히 살기는 하지만, 어느덧 중년에 들어서서 자기 인생의 의의와 목적을 잃어버리고, 주변을 기웃거리며 우울하게 지내고 방황하는 것도 엄연한 사실이다. 일이 그렇게 되는 것은 청년 시절부터 의식(意識)이 깨어나지 못하고, 지성이 밝지 못하고, 진지한 정신적 노력도 하지 않고, 자신감이나 독립적 주체로서의 의지와 전망도 엷은 까닭인 것으로 보인다.

그래서 우리는 대개 잠든 것처럼, 술에 취한 것처럼 살아간다. 정녕 자신이 놓인 상황과 선택한 길을 깊이 사랑하며, 자부심을 느끼고, 세상에 바람직한 사람이 되기를 바라면서 진지하게 살아가는 사람들, 즉 우연의 일치를 인생의 인격적 필연으로 만들어 내어 값지고 행복하게 살아가는 사람은 많지 않아 보인다.

오래전에 들은 이야기이다. 졸업을 앞둔 미국의 어느 일류 대학교 법대생이 지도교수와 면담을 하게 되었다. 이것저것 대화를 나누다가 끝날 무렵, 교수가 물었다.

"졸업하면 무엇을 하려는가?"

"변호사가 되어 대형 로펌에 들어가 돈을 많이 벌 것입니다."

"그다음에는?"

"나이가 좀 더 들면, 예쁜 아가씨하고 결혼하겠지요."

"그다음에는?"

"아이들을 낳고 뒷바라지하며 결혼시켜야겠지요."

"그다음에는?"

"해외여행도 하고, 요트도 사고, 인생을 즐겨야 하겠지요."

"그다음에는?"

학생은 잠시 머뭇거렸다. "⋯그렇게 살다가 늙고 은퇴하여 아내와 같이 살다가 양로원에 들어가겠지요. 아마 아이들은 새해나 부활절이나 크리스마스 때나 찾아오겠지요."

그렇게 말하는 학생의 얼굴은 점점 더 어두워져 갔다. 이윽고 교수가 다시 또 물었다.

"그다음에는?"

학생은 우울하게 대답했다.

"아마 더 늙어서 요양원 침대에 누워서 지내다가, 저나 아내가 먼저 세상을 떠나겠지요."

"그다음에는?"

"…." 학생은 더 대답할 수 없었다.

만일 'A. 링컨'이 대통령이 되지 않았더라면, 어떻게 살았을까? 모르긴 몰라도, 그는 분명히 정직하고 아름답게 살았을 것이다. 그는 대통령이 되기 이전에도 거짓말을 할 줄 모르는 정직한 사람이었다. 만일 'A. 아인슈타인'이 과학자가 아니라, 죽기 전 고백한 말처럼, '평범한 배관공'으로 살았더라면, 그가 과연 얼마 후 망가지게 고쳐 놓았을까?

우리는 간혹 썩 괜찮은 직업과 위치에서 살아가는 사람들이 드러내는 추태들을 본다. 기업의 돈을 빼돌리는 기업가들, 갑질하는 사람들, 뇌물수수를 하는 사람들, 힘과 자리와 지위와 신분을 이용하여 부정부패하는 사람들, 쓸모없는 자만심에 넘쳐 대수로운 일도 아닌데 폭언과 폭력을 행사하는 사람들, 도박이나 음주운전을 하다가 추락하는 사람들, 거짓말로 사기를 치는 사람들, 사회적 봉사를 하는 일터에서조차 불량한 양심으로 일하는 사람들….

우리가 이런 일들에서 확인할 수 있는 진실은, 이런 사람들의 삶이란 그저 우연의 일치뿐이라는 것이다. 그는 꼭 그 자리에서 그 일을 해야만 할 사람은 아니었다. 우연히 그 자리에 있게 되었을 뿐이다. 이런 사람들은 타인이나 사회적 책임감은 물론, 최소한 가족에 대한 진실과 사랑조차도 없고, 정직한 자기애나 자신의 인생에 대한 책임감도 없는, 그저 그런 식으로 살다가 스러져버릴 아무것도 아닌 우연적 존재일 뿐이다.

이런 말이 좀 지나치다고 여기는 사람이 있을지 모르겠다. 그러나 우리는 남들에게서 별로 진실성도 없고 듣기에만 그럴싸한 값싼 칭찬과 존경을 기대하기 전에, 인생을 우연 이상의 것으로 만들어 낼 줄 아는 책임감 있는 인간으로 살아가는가를 진지하게 생각해봐야 한다. 우리가 정녕 하나님이나 역사, 가족이나 친구, 그리고 이웃이나 세상 앞에서 책임감을 지니고 가치 있는 인생을 살아가려면, 늘 진실한 자기성찰이 필요하기 때문이다.

기원전 8세기 후반(740년 이후) 이스라엘의 예언자 '호세아'는 "깨닫지 못하는 백성은 망한다."라고 했고(4:14), 1960년대에 '함석헌' 선생은 "생각하는 백성이라야 산다."라고 했는데(전집-제14권), 지금도 여전한 진실이다. 인생에 공짜는 없다. 하나님과 삶은 결코 거짓을 옹호하지 않는다. 우리는 철저히 도덕적인 우주, 윤리적인 세계에서 산다. 삶은 영원히 진실 편이다. 잠시에는 그렇지 않은 것 같아도, 시간이 지나면 그렇다는 것을 안다(시 73편).

우연의 일치로 권력과 재산과 지식, 지위와 힘을 소유할 수는 있다. 그러나 그것은 자기 자랑, 이기심, 쾌락, 파괴의 무기나 기회로 주어진 게 아니다. 그것은 나의 행복을 넘어, 타인의 혜택을 위해 살라고, 삶이 맡겨준 과분한 선물이요 값진 기회이다. 따라서 그것은 인간적 사명이고 사회적 의무이다. 인간은 독립된 개체가 아닌 공인(公人)이기 때문이다.

신을 믿건 안 믿건, 종교가 있건 없건, 무신론자든 불가지론자든지 간에, 모든 인간은 아무도 거스를 수 없고 부정할 수 없는 어떤 보편적인 진리의 원리와 원칙 아래에서 존재한다. 아무도 삶을 속일 수는 없다. 우리의 마음과 몸은 그것을 알고 느끼고 있다. 그것은 사랑의 도덕성과 윤리에 관한 원리이다. 이러한 것들은 젊을 때 깨달을수록 이롭다.

5. 하나님은 모든 존재가 행복하게 살기를 바라신다. 왜냐면 하나님은 모든 살아 있는 것들에게 행복을 갈망하는 본성을 실어 세상에 보내시기 때문이다. 풀도 나무도 꽃도, 하루살이도 송충이도 새도, 심지어는 바위조차도 행복에 대한 갈망을 지니고 있다. 17세기 네덜란드의 유대인 철학자 '바루흐 스피노자'는 이것을 "코나투스"(Conatus)라고 하는데(에티카), '생존을 향한 본능과 함께, 행복하게 살려는 근원적 갈망'이다. 이에 대한 분명한 증거는 갑자기 눈앞에 무엇이 스치면 자동으로 눈을 깜빡이는 것, 음식을 먹을 때 느끼는 즉각적 쾌감이다. 이처럼 생존의 의지와 행복하고자 하는 의지는 본성에 기초한 맹목적인 것이다.

그런데 인간이야말로 행복에 대한 갈망이 가장 강하다. 인간은 누구나 본능적으로 걱정과 근심, 불안과 고통, 두려움과 공포가 없는 행복한 삶을 바란다. 그러나 행복은 거저 오지 않는다. 행복은 내 인격과 성품과 존재 방식의 향기일 뿐이지, 그 자체로 추구할 수 있는 대상이나 목적이 아니기 때문이다. 행복은 언제나 존재의 향기이다. 따라서 행복을 누리려면, 나를 어떤 상태로 옮기는 내적 변형이 필요하다. 이것은 지식과 교양의 문제가 아닌, 근원적이고 내적인 변형, 곧 의식(意識)의 자각에 관한 문제이다.

그러면 어떻게 내 존재의 변형을 이룰 것인가? 2가지 방편이 있다. 하나는 기도와 명상이다(冥想·meditation, 묵상·黙想, 관상觀想·contemplation). medi는 '중간, 평형'을 뜻하는 라틴어 medium에서 온 단어로, 이리저리 흔들리는 마음을 고요한 중심에 놓는 것이다. contemplation은 라틴어 contemplatione에서 온 단어로, 사원(temple)에 들어가(con, 함께) 고요한 침묵 가운데서 한 가지를 생각하고 바라보며 집중하는 것이다. 기도·명상·관상은 온전히 깨어 있어 마음을 다스리며 어떤 하나의 대상과 주제에 집중하거나 생각 없는 생각에 머무는 것이다.

다른 하나는 매우 실제적인 것으로, 성찰과 반성, 독서, 예배, 일, 사랑과 자비를 실천하는 것 등을 깨어 있는 마음으로 하는 것이다. 우리는 이런 방편들을 통하여 서서히 내적 존재의 변형을 이루어 간다.

그런데 인간처럼 지독한 모순의 존재도 없다. "콩 심은 데 콩 나고, 팥 심은 데 팥 난다."라고 하듯, 행복을 바라면 그것을 가능하게 하는 길을 걸어야 하고, 불화와 불행과 비참 등 죽음의 현상을 낳는 길을 멀리해야 한다. 이것이 존재 방식의 합리성이다. 그러나 인간은 행복을 추구하면서도 대개 불행을 가져오는 방식을 택하는 존재 방식의 불합리성을 드러낸다.

도대체 무엇 때문에 그러는 것일까? 무지(無知)와 탐욕적 자아(Ego·욕망의 총체)를 추구하기 때문으로 보인다. 이 둘 중에서 무엇이 먼저인지는 명확하게 알 수 없지만, 언제나 맞물려 일어난다. 무지하기에 탐욕에 빠지고, 탐욕을 품기에 무지하다. 이러한 무지와 탐욕이 합쳐져 사물에 대한 그릇된 이해와 착각과 망상을 낳는다. 여기에서 성급한 행위가 나와 갖가지 고통과 상처와 불행을 만들어낸다.

이렇듯 사물을 밝게 이해하지 못하는 어둡고 무지한 탐욕적 충동의 세계가 인간성 깊은 곳에 존재하여 착각과 망상에 빠지게 하며, 바라던 행복에서 점점 더 멀어지게 하고, 고통과 불행의 도가니로 몰아간다. 그런 점에서 깨어 있는 의식적이고 자각적인 존재가 아니라면, 인간은 노예 상태로 살아간다. 누가 붙들어 맨 게 아니라, 스스로 노예 상태로 떨어진 것이다. 그래서 늘 다른 사람들과 자기를 비교하면서, 무지와 탐욕이 명령하는 착각과 망상에 따라 자동기계처럼 움직인다. 그리고는 사람들과 견주어보며 경쟁하면서 우월감이나 열등감을 품거나, 마음이나 말이나 행위로 자잘한 폭력을 행사하며 궁핍하고 가엾게 살아간다. 그렇게 하여 차츰 자신을 죽음에 이르게 하는 자살로 몰고 간다. 따라서 자각으로 깨어나 무지와 탐욕으로부터 해방되어 자유롭게 되지 못하는 한, 모든 인간은 서서히 자살하는 것이다.

　한 엄마가 심리학자에게 상담하러 들어오자마자, 학교에 다니는 세 아이의 뒤치다꺼리 때문에 종일 쉴 틈도 없고, 자기 일이란 생각할 수도 없이 지낸다고 온갖 불평을 늘어놓았다. 잠자코 듣고 있던 상담사는 충격요법(shock therapy)으로 극약처방을 할 생각으로 말했다. "그러게나 말이에요. 아이들이 모두 중병에 걸려 하루아침에 죽기라도 한다면 편해질까? 그러면 시간이 남아돌아, 부인이 하고 싶은 일을 실컷 하며 살 수 있을 텐데요!"

　그러자 그 엄마는 경악하며 말했다. "아이들이 내게 얼마나 소중한데, 어떻게 그런 일을 상상이나 하겠어요?" 그 말에 심리학자는 말했다. "부인은 지금 자신이 얼마나 행복한지 생각해보셨어요? 괜한 투정하지 말고, 아이들이 장성하여 떠나고 난 다음, 홀로 살 때를 생각해보세요. 지금 부인은 신이 내린 복을 충만하게 누리며 살고 있다는 것을 알지 못하는 것 같군요." 이 말에 그 부인은 고마워하면서 떠났다(엘리사벳 루카스-행복의 연금술).

　이처럼 사람들은 현재 자신이 누리고 있는 행복한 삶을 볼 줄 모르고, 자신의 삶이 매우 불공평하고 버겁다면서 불평하면서, 지금 자신이 누리고 있는 삶에 만족하고 감사할 줄 모른다. 아이들 뒤치다꺼리가 귀찮다고 불평하고, 아이들을 다 내보내고 나면 외롭다고 불평한다. 할 일이 많아서 불평하고, 은퇴하면 할 일이 없다고 불평한다. 인기를 누려 관심을 많이 받는다고 불평하고, 인기를 잃어 아무도 기억해주지 않는다고 불평한다. 부유해도 더 많은 부를 축적하지 못하여 정부와 주식시장에 불평하고, 빠듯한 수입에 노상 오르기만 하는 물가에 당국에 불평한다. 그러면서 모든 불만족스럽고 고통스러운 문제의 원인을 끝없이 자기 밖에서만 찾아 돌린다. '이놈의 나라나 세상은 지옥 같다~!'

6. 이제 본문을 생각해보자.

6-1) 창세기 2~3장은 인간과 인생과 세상의 보편적인 진실을 뛰어난 문학성에 담아낸 명품이다. 이것은 기독교인이 아닌 사람들조차도 감탄하고 찬사를 보내는 것으로서, '고대 이스라엘의 셰익스피어'가 썼다고 할 만한 위대한 문학이다. 이것은 하나님과 인간의 관계, 인간의 두 가지 본성과 가능성, 타인과 맺는 아름답거나 쓰라린 관계, 그리고 이상적이거나 갈등으로 가득한 사회를 구성하는 원인 등에 대한 원리를 들려준다.

이것을 쓴 고대 히브리 작가의 이름은 익명(匿名)이기에 알 수 없지만, 그는 인간과 사회(나라·민족·세계)에 대한 깊은 통찰과 혜안을 지닌 위대한 작가요 예언자라 하겠다. 여기에 담긴 인간과 나라와 세상이 걸어가야 할 보편적인 원리를 제대로 이해한다면, 구약성서가 말하는 하나님과 인간, 나와 타자와 이웃, 사회와 역사, 세상과 삶을 심오하게 이해하게 될 것이다. 여기에 나오는 두 이야기는 그대로 인간과 세상의 축소판이다.

인간과 인생에 관한 원초적이고 단순한 진리를 들려주는 이 이야기를, 인간의 내면이나 외면에는 두 가지 나무가 존재한다는 상징과 비유의 문학 수법을 사용한 '어른을 위한 동화'로 읽으면 이해하기 좋다. 사실 작가는 대부분이 문맹인 당대 히브리 평민들에게 이런 식으로 말하기 위해서 쓴 것이다. 굳이 철학적·신학적 이해를 하려고 애쓸 필요가 없다. 마음을 텅 비우고 읽으면, 그 진실을 가슴 깊이 느낄 수 있다.

우리는 본성으로나 관찰을 통하여, 우리의 내면, 가정, 직장, 길거리, 세상 등, 머무르는 모든 곳에 두 나무가 있음을 안다. 생명을 가져오는 나무와 죽음을 가져오는 나무. 생명 나무는 삶으로 부르는 초청장이고, 죽음 나무는 죽음을 알리는 부고장이다. 생명 나무는 행복과 평화의 열매를 주고, 죽음 나무는 불행과 비참의 열매를 준다.

이 둘은 모든 순간에 날아들어, 우리 앞에 서서 선택을 요구하며 시험한다. 따라서 어떤 나무를 기르고 그 열매를 먹는가 하는 것은 각자의 몫으로 주어진 책임이다. 두 나무를 법이나 칼로 비유해서 생각해도 좋다. 법과 칼은 생명 나무이기도 하고 죽음 나무이기도 한 이중적인 성격을 지니고 있다. 잘 지키거나 제대로 사용하면 자유와 행복과 평화를 누리고, 어기거나 잘못 쓰면 수치와 고통과 죽음을 가져온다.

그런데 두 나무는 근본적으로 선택의 문제를 말하는 것이 아니라, 순서의 문제 곧 우선순위와 부차 순위에 관한 것이다. 단순하게 말해서, 생명 나무는 영성(靈性·spirituality), 죽음 나무는 육체성으로 볼 수 있다(body-ness). 둘 중 하나를 선택해야 하는 것이 아니라, 어떤 것을 앞에 놓느냐 하는 우선순위의 문제이다. 생명 나무를 우선순위에 놓는다면, 죽음 나무는 굳이 선택하지 않아도 되기에 그냥 단순하고 훌륭한 도구가 된다.

그러나 우리가 알다시피, 인간이 대단히 모순된 존재라는 것은 생명 나무를 기르고 그 열매를 먹으며 살 생각을 하는 데는 달팽이처럼 한없이 느리고, 죽음 나무를 기르고 그 열매를 먹으면서 생명을 누리고자 하는 어처구니없는 짓에는 음속(音速)을 돌파할 지경으로 빠르다는 것이다.

6-2) 생명과 죽음을 가져오는 나무의 성격은 어떠한가? 그것은 누구나 다 아는 상식이다. 인생을 살아가는 데 있어서 "우리가 알아야 할 것은 모두 유치원에서 배웠다."(P. 체스터필드-아들에게 주는 편지) 유치원 선생님은 아이들에게 인생을 살아가는 법을 가르쳐주는 최초의 철인(哲人) 교사이다. 대학의 철학 교수라도 그처럼 잘 가르칠 수는 없다.

유치원 선생님이 가르치는 인생 철학은 대략 5가지로 축약할 수 있다. 1) 진실과 언어교육-거짓말이나 남의 물건을 슬쩍 하거나 분노하고 욕하면 안 돼요. 2) 인간관계와 폭력 금지와 평화교육—어른 말씀 잘 듣고 친구하고 사이좋게 놀아야 해요. 3) 지혜로운 소비와 경제교육—물건을 아껴 쓰고 낭비하면 안 돼요. 4) 인격과 품성 교육—친구를 사랑하고 칭찬하고 잘 도와주세요. 5) 사회질서와 교통질서 준수 교육—길에 쓰레기를 버리지 말고 신호등을 잘 지켜야 해요.

어디 철학자나 신학자라고 해서, 이와 다른 소리를 하는 것이랴? 이 5가지 안에 인간이 평생토록 지키며 살아야 덕목과 철학과 윤리가 다 들어 있다. 이것이 생명을 가져온다는 것, 이것을 실천하지 않을 때는 고통과 불행과 죽음이 온다는 것은 유치원 애들도 안다.

이처럼 생명 나무나 죽음 나무는 내 안과 밖에 있다. 그런데 우선은 내 안에 있다. 내가 생명 나무에서 열매를 따 먹는 것을 금지하거나, 죽음 나무에서 열매를 따 먹도록 강제하는 사람도 법도 없다(물론 악당이 있기는 하다!). 어느 것을 기르고 따먹느냐 하는 것은 전적으로 나의 자유의지에 주어져 있다.

인간은 내면에 한 에너지를 지닌 존재이다. 그것은 '하나님의 형상, 하나님의 숨결(영)'이다. 이것은 물처럼 흘러가기를 바라고, 향기롭게 날아가기를 원한다. 그런데 그 흐름의 방향을 결정하는 것은 나 자신의 이성과 판단, 태도와 행동이다. 이것이 우리가 기억해야 할 인간에 관한 매우 중요한 진실이다. 달리 말하면, 나는 영혼만도 아니고 육체만도 아니다. 나는 그 종합이다. 그런데 주체(subject)는 언제나 나이다. 내 안의 에너지를 어느 쪽으로 흘려보내는가 하는 것은 전적으로 나만의 일이다. 나는 내 안의 에너지보다 더 높은 주인이다.

6-3) 우리 안의 생명 나무는 어떤 것일까? 그것은 마음보다 더 깊은 층에 있는 영혼(얼·정신)의 세계이다. 거기에 속하는 것은 신을 향한 신뢰심, 진리에 대한 깨달음, 진선미를 향한 사랑, 사물의 질서에 대한 이해·통찰·지혜, 깊고 넓은 생각과 관점과 태도, 정의와 사랑·자비, 인내심과 겸손, 그리고 진

지한 노력 등의 가능성이다. 이것은 그대로 빛과 힘과 생명의 세계이다. 이런 영혼의 세계를 기르고 따라서 살아갈 때, 행복과 평화가 있다.

우리 안의 죽음 나무는 어떤 것일까? 마음의 한 부분인 에고이다(Ego·自我, 육체성의 욕망체계). 그런데 마음 전체가 나쁜 것이 아니다. 마음의 한 부분일 뿐인 에고가 나쁜 것이다. 에고에 속하는 것은 신에 대한 거부와 무시, 무지, 여러 가지 탐욕, 이기심, 자만심, 분노, 어리석음, 폭력성, 성급함, 거친 말과 행동, 배우려고 하지 않는 마음, 상대적인 것의 절대화 등의 가능성이다. 이것은 그대로 어둠과 죽음의 세계이다. 이런 에고의 세계를 기르고 따라서 살아갈 때, 불행과 고통과 비참과 파멸이 있다.

우리 안에 있는 생명 나무를 길러 그 열매 먹기. 종교란 이것을 잘하도록 도와주는 길이요 교육이요 훈련이다. 그런데 사람들은 대개 어디를 가릴 것 없이 종교를 통해서조차도 배고픈 아귀(餓鬼)처럼, 어떤 것이든 소유욕에 중독되어 살아가면서 한사코 죽음 나무를 길러 그 열매를 먹고자 한다. 종교란 본래 내 안에 있는 생명 나무를 주목하여 의식하고 길러 먹으며 행복하고 평안하게 살아가게 해주는 좋은 도구인데, 어떤 사람들은 자신과 타인을 비롯한 사람 잡는 이기심의 흉기로 사용하기도 한다.

종교의 모든 것은 인간을 위한 것이다. 하나님은 본디 완전한 분이기에, 인간의 제사·예배나 찬양·경배를 바라시지 않는다. 무엇이 부족해서 그런 것을 바라시겠는가? 구약성서에 이런 말이 있다. "땅과 그 안에 가득 찬 것이 모두 다 하나님의 것, 온 누리와 그 안에 사는 모든 것도 하나님의 것이다."(시 24:1) "내가 너희에게 무엇을 달라고 하겠느냐? 온 누리와 거기 가득한 것이 모두 나의 것이 아니더냐?"(시 50:9~13)

따라서 인간은 하나님께 어떤 것도 바칠 수 없다. 예배조차, 하나님을 위한 게 아니라 인간과 세상의 이로움과 화해와 행복과 평화를 위해서이다

(마 5:23~24 참고). 이것이 하나님께 기쁨과 영광을 드린다. 그래서 역설적으로 하나님께서 예배를 잘하라 하고(사 43:7.21), 사람을 불행하게 하는 예배를 거부하시는 것이다(사 1:2~31).

올바른 종교 생활은 내면의 생명 나무를 잘 기르는 것이요, 죽음 나무를 거들떠보지도 않고 굶겨 말려 죽이는 것이다. 이것이 "하나님의 가르침을 잘 듣는 훈련"(잠 1:2~9), 곧 "경건의 훈련"이다(딤전 4:8). '장자'는 이것을 "좌망(坐忘, 앉아서 잊어버리기), 심재(心齋, 마음 굶기기)"라 한다(장자). 이것을 잘하는 이가 신앙이 좋은 사람이고, 제대로 하지 못하는 이가 "예배당 마당만 밟는"이요(사 1:12), 종교 때문에 오히려 인격이 더 망가지는 사람이다(호 4:1~19; 미 2:6~11, 7:2~4).

그렇기에 사람의 행복과 불행은 종교 탓이 아니라, 전적으로 종교를 사용하는 그 사람 탓이다. 종교가 어떤 이에게는 생명을 가져다주고, 어떤 이에게는 죽음을 가져다주는 이유는 그 사람이 종교를 이용하는 방식에 달려 있기 때문이다(마 7:15~27). 모래 위에다가 집을 짓고서도 대대로 튼튼하고 행복하기를 바라는 것은 어리석은 짓이다.

7. 따라서 내 안의 생명 나무를 잘 기르고, 죽음 나무를 잊어버리거나 굶겨 죽이기 위해서는 끊임없는 훈련이 필요하다. 예수께서는 이렇게 말씀하신다. "구하라, 찾으라, 문을 두드려라. …하늘나라는 힘을 쓰는 사람들이 차지한다."(마 7:7, 11:12) 이것은 진리를 깨닫기 위한 지속적인 자각과 영적 훈련, 곧 진정한 기도와 명상에 관한 가르침이다.

'공자'는 이런 말을 들려준다. "인생 공부를 하다가 잘 안 되면, 남이 열 번 하는 것을 나는 백 번 하고, 남이 백 번 하는 것을 나는 천 번 하면 된다. 과연 노력이란 어리석은 자도 총명하게, 무른 것도 단단하게 만든다. 그리고

서도 안 되었다는 말을, 나는 이제까지 들어본 적이 없다."(자사-중용, 20장)

　우리가 해야 할 훈련으로 3가지를 들겠는데, 모두 깨어 있기에 중심을 둔다. 깨어 있기는 맑고 깨끗한 의식(意識)으로 내 마음과 행동을 깊이 살피는 것이다. 예수께서는 자주 제자들에게 깨어 있으라고 말씀하신다(막 13:33-37). 신앙·종교란 깨어 있기를 배우는 길이다.

가만히 앉아 있기-기도와 명상

　그리스도인은 '아, 나는 얼마나 모르고 모자라는가?' 하는 마음으로 자신의 부족함을 절감하고 슬퍼하기에(마 5:4), 언제나 마음을 다해 하나님 생각, 예수 그리스도 생각, 사랑·자비의 진리 생각에 전념한다. 이것이 "마음이 가난한 것"이다(마 5:3). 기도와 명상은 이런 마음가짐으로, 말을 넘어서 하나님께 나를 내던지는 것, 나를 비우고 버리는 것, 하나님의 뜻에 내 의지를 복종시키는 것, 하나님이 바라는 사람으로 변화되기를 갈망하며 애쓰는 것이다.

　이에 관해 진실한 말이 있다. "예수 그리스도가 사람에게 오라고 부르실 적에는 '너, 나에게 와서 죽으라.'는 뜻이다."(디트리히 본회퍼-나를 따르라) 모든 탐욕의 근본이고 중심인 자아에 대하여 죽기, 이것이 성서와 기독교가 가르치는 진리이다(갈 6:14; 빌 3:4~11). 이것이 잘 안 되면, 비록 세상이 종교 천국이라 해도 지옥같이 되고 만다.

　기도와 명상은 나의 필요를 하나님께 청원하는 게 아니다! 인간이 하나님께 청원할 것은 아무것도 없다. 우리는 하나님 앞에서 걸인이 아니다. 우리는 하나님의 자녀(마 7:7~11), 왕 같은 존재이다(벧전 2:9). 따라서 내가 "먼저 하나님의 나라와 그의 의를 구하면"(마 6:33), 나머지 "모든 일은 선하게 된다."(롬 8:28) 왜냐면 하나님은 무한히 선하고 자비로운 분이시기에…. 비록 개인적 필요사항을 기도하더라도, 초점은 언제나 하나님의 뜻에 맞추어야 한다. 하나님은 내게 필요한 것을 이미 다 아시기에…(마 6:8.32).

기독교인들은 명상(冥想)을 불교 고유의 것으로 여기는 경향이 많은데, 전혀 그렇지 않다(위의 5항 참고). 명상·묵상(默想)·관상(觀想)은 불교가 태어나기 훨씬 이전부터 고대 이스라엘의 종교에서 내려온 온 전통이다. 이에 대해 몇 가지만 생각해보자.

"주님께서 아브람에게 말씀하셨다. 너는 네가 사는 땅, 네가 난 곳, 네 아버지 집을 떠나서 내가 보여 주는 땅으로 가라."(창 12:1~3) "주님께서 아브람을 데리고 바깥으로 나가서 말씀하셨다. 하늘을 쳐다보아라. 네가 셀 수 있거든, 저 별들을 세어보아라."(창 15:5) "어느 날 저녁, 이삭이 산책하려고 들로 나갔다."(창 24:63) "요셉이 감방에 갇혔으나, 주님께서 그와 함께 계시면서 돌보아주시고, 그를 한결같이 사랑하셨다."(창 39:20~21, 39장)

이것은 지금부터 4천여 년 전 고대 히브리인들의 종교적 명상 전통에 관한 것이다. 예로부터 히브리인들은 하나님의 부르심을 받을 때, 밤에 별밭 아래에 설 때, 산책할 때, 감방에 갇혔을 때도 끊임없이 기도하고 명상했다. 이런 예는 구약성서에서 무수히 나온다. 대저 명상과 기도, 기도와 명상이 없는 종교는 종교 축에도 들 수 없는 것이다. 명상과 기도는 영원하신 이 앞에서 자기를 내려놓고 비우며, 그분의 뜻과 진리에 복종하는 참된 인간이 되고자 하는 영혼의 갈망과 고백이다.

다른 예를 보자. "아주 이른 새벽에, 예수께서 일어나서 외딴곳으로 나가서, 거기에서 기도하고 계셨다."(막 1:35) "그 무렵에 예수께서 기도하려고 산으로 떠나가서, 밤을 새우면서 하나님께 기도하셨다."(눅 6:12) 이것은 무엇을 말하는 것일까?

생각해보자. "너희는 기도할 때, 위선자들처럼 하지 말아라. …너희는 기도할 때 이방 사람들처럼 빈말을 되풀이하지 말아라." 하고 가르친 분이 예수이시다(마 6:5,7). 그러니 예수께서 아침이 밝을 때까지 밤새도록 같은 것을 구하셨을 리 없다. 물론 "큰 부르짖음과 많은 눈물로써 탄원을 올리며"(히 5:7), 자신의 길과 제자들과 세상을 위하여 기도하실 때도 많았다. 그러나 그럴 때도, 핵심은 몇 마디면 충분하기에 밤새도록 같은 말을 하셨을 리 없다. 그것은 예수께서 비판하신 것 같이, 한 말 또 하며 되풀이하는 것이니까(중언부언·重言復言). 오늘날 그렇게 하자면 차라리 녹음해서 틀어놓는 게 좋으리라!

그러면 예수께서는 나머지 시간엔 무엇을 하신 것일까? 명상에 잠기신 것이다. 곧, 깊은 자각의 의식 속에서 하나님과 인간의 현실을 생각하신 것이다. 그때 내려오는 하늘의 은총과 능력! 따라서 기도는 명상이고, 명상은 기도이다. 말없이 앉아 있어도 한시도 졸거나 딴생각을 하거나 잠들지 않고, 맑고 깊은 자각 속에서 하나님을 생각하고 자아를 내려놓는 것이 기도요 명상이다. 기도와 명상은 누구나 할 수 있지만, 아무나 제대로 되는 게 아니다. 더구나 명상은!

기도와 명상은 하나님 앞에서 되어야 할 본래의 나, 곧 하나님의 형상을 온전히 회복한 내가 되려고 하는 진지한 의식과 태도이며, 하나님의 뜻을 이루고자 하는 치열한 바람이다. 여기에서 내 안의 생명 나무는 자라서 열매를 맺으며, 죽음 나무는 점점 말라 죽는다. 기도와 명상은 한편으로 죽이고 한편으로 살리는 것이다. 자아에 죽고 하나님에게 사는 것!

인간은 이성보다는 우선 감정과 기억의 존재이기에, 기도와 명상은 무엇보다도 부정적이고 파괴적인 감정이나 나쁜 일에 대한 기억을 다스리는 데 특효약이다. 우리는 대개 감정과 기억을 잘 다스리지 못하기에 고통을 겪고 인간관계에 균열을 가져온다. 마음이 불편하거든, 잠시 심호흡을 하면서 가만히 앉아 있으시라. 나쁜 감정도 마음의 중력 작용에 지배되기에, 가만있으면 가라앉는다. 기도와 명상은 부정적인 감정과 기억을 다스리고, 긍정적인 감정과 밝은 생각을 길러 마음을 평화롭게 하는 뛰어난 방법이다.

성서 읽기와 관찰하며 생각하기

기독교 경전인 성서는 역사와 교훈의 책이다. 거기에는 우리와 비슷한 인간들의 족적(足跡)과 나라와 민족이 살아온 내력이 담겨 있다. 성서에는 인생의 진리가 담겨 있다. 성서의 말씀은 우리를 지혜롭게 살아가게 하고 생명으로 인도한다. 우리는 그것을 읽으며 깨우치고 배운다. 성서를 읽는 목적은 오로지 하나뿐이니, 어떻게 하면 하나님과 함께 걸어가는 사람으로서 가치 있고 아름답게 살아갈 수 있을까를 묻고 찾고 배워 성숙하기 위해서이다. 곧, 성서를 읽는 목적은 하나님이 보시기에 인간다운 인간이 되기 위해서이다.

그렇기에 성서에서 문맥을 뿌리치고 무턱대고 좋아하는 구절만 생뚱맞게 집어내 취하는 것은 현명하지 못한 왜곡되고 편향된 태도이다. 오히려 나를 거스르고 책망하는 구절이 신상에 더욱 이롭다. 듣기 좋은 말만 들으려면, 굳이 성서를 읽을 것도 없다. 그런 말은 시중에 나오는 책들에 많고 많다. 성서만큼 인간을 책망하는 책도 없다. 왜 그럴까? 그만큼 망가진 인간을 깨우쳐서 행복하고 평화롭게 살아가게 하려는 것이다. 그러니 성서를 읽으며 망가진 나를 고치려고 하질 않고, 덮어두고 좋은 구절만 취한다면, 하나님이 바라시는 사람이 되기는 진작 틀린 것이다.

우리는 하나님 형상의 한 측면이며 하나님이 선물로 주신 이성·지성을 통하여 나 자신과 사물과 세상을 깊이 관찰하고 생각하며, 거기에 담겨 있는 진실을 통찰하려고 해야 한다. 하나님은 우리더러 생각하며 살라고 이성을 주신 것이다. 이성에 반대하는 모든 종류의 신앙과 신학은 악마의 속임수이지, 하나님에게서 온 게 아니다!

구약성서는 끊임없이 지성적으로 생각하라고 촉구한다. "나의 백성은 참으로 어리석구나. 그들은 나를 알지 못한다. 그들은 모두 어리석은 자식들이요, 전혀 깨달을 줄 모르는 자식들이다."라는 말도 거기에서 나온 것이다(렘 4:22). '어리석음, 모름, 깨달음 없음'이란 모두 생각 없이 사는 것을 가리킨다. 성서뿐만 아니라, 좋은 책들을 많이 읽는 것은 사고의 지평을 넓히고 인격을 깊이 도야(陶冶)하여 훌륭한 신앙인이 되는 길이다. "우리는 알기 위하여 믿는다."(크레도 에트 인텔리감·Credo et Intelligam, 안셀무스=안셀름, 왜 하나님-인간인가)

20세기 영국의 영문학자요 기독교 변증학자인 '클라이브 S. 루이스'의 "스크루테이프의 편지"는 일종의 산문 소설이다. 평생 유능한 악마의 부하로 활동하다가 은퇴한 '삼촌 악마'가 이제 갓 입사한 '조카 악마'에게 사람들, 특히 그리스도인들을 유혹하는 효과적인 전략을 가르쳐주는 코믹하고도 진지한 이야기이다. 거기에 이런 말이 있다. "그리스도인을 유혹하는 가장 효과적인 방법이 하나 있다. 생각하지 말고 무조건 믿으라고 속삭이는 것이다! 너는 생각하는 그리스도인은 유혹하기 어렵다. 왜냐면 그는 진리를 이해하기 때문이다. 그러나 무턱대고 믿는 기독교인은 자기가 무엇을 믿는지도 모르기 때문에 아주 쉬운 먹잇감이다. 부디 이 말을 명심하렷다!"

훌륭한 신앙인으로서 인생의 깊은 의미를 발견하고 풍성하게 살고자 한다면, 부지런히 지성을 활용하여 성서와 좋은 책들을 많이 읽으며 깊이 관찰하고 생각하시라. 도대체 아무것도 읽지 않으면, 어휘력이나 문장력이 달려서 깊은 생각을 펼치기 어려운 노릇이다. 기도와 생각에 성장이 없는 이유는 무엇인가? "머리가 이해하지 못하는 것은 가슴도 이해하지 못하는 법"이기 때문이다(J. S. 스퐁-생각하는 기독교인이라야 산다). 그러나 언어와 문장이 부족하더라도, 마음의 단순성과 정결함은 참된 신앙과 지혜의 길이다.

우리는 성서를 읽고 사물을 깊이 관찰하고 생각함으로써, 점점 더 진리를 깊이 깨닫고 하나님을 알아간다. 예수 그리스도를 보시라. 얼마나 생각이 깊고 위대하신가! 자고로 훌륭한 신앙인은 생각이 깊었다는 것을 기억하시라. 오늘날 한국 기독교가 세상을 걱정하는 게 아니라, 오히려 세상이 교회를 걱정할 지경으로 망가져 가는 까닭도 생각하는 그리스도인이 그만큼 적기 때문이 아닌가!

실천: 표현하고 드러내기

그렇다고 해서 읽고 생각하는 것으로 다 되는 것은 아니다. 아는 대로 실천해야 한다. 실천이 중요한 까닭은 내가 수행한 기도와 명상, 성서 읽기와 생각과 관찰의 진실을 사회적으로 증명하는 일이기 때문이다. 모든 종교적 행위와 삶은 내가 이해하고 깨달은 바를 일상에서 구체적으로 드러내는 데서 그 진실과 힘과 빛을 실증한다.

신앙은 일종의 과학이다. 신앙은 심리적 자기 확신만은 아니다. 신앙은 실천적 실험과 사회적 증명이 필요하다(사 1장; 마 7:15~23). 기도와 명상과 성서 읽기, 관찰과 사색을 통하여 내면에 이해와 깨달음의 거룩한 빛과 힘이 가득해져서 기쁘고 자유롭고 감사한 마음이 넘치면, 일상의 실천은 자연스럽고 부드럽고 아름답게 형성될 수밖에 없다.

이처럼 매일 잠시라도 이러한 3가지 훈련을 하면서, 자기 안에 있는 생명 나무를 잘 기르며 살아간다면, 얼마나 좋을 것인가? 20세기 미국 신학자 '라인홀드 니버'는 이런 기도문을 남겼다. "하나님, 내가 할 수 있는 일은 할 힘을 주시고, 할 수 없는 일은 받아들일 수 있는 용기를 주소서. 그리고 이 둘 사이를 분별할 지혜를 주소서."(Justice and Mercy)

8. 우리에게는 끊임없는 자각의 정신이 필요하다. 이것은 '나는 하나님 안에서 이미 행복한 존재이다. 나는 내 마음에 나쁜 음식을 먹이지 않는다.'는 생각을 잊어버리지 않는 것이다. "그 무엇보다도 네 마음을 지켜라. 그 마음이 바로 생명의 근원이기 때문이다."(잠 4:23)

죽음의 나무를 기르려고 할 적마다, 곧 분노가 날 때마다, 남에게 거친 말이나 욕을 하려고 할 때마다, 이기적인 행동을 하려고 할 때마다, 남에게 불친절하게 행동하려고 할 때마다, 인격을 외면하고 돈을 선택하려고 할 때마다, 그 즉시 발걸음을 멈추고, 내가 지금 죽음의 나무를 기르고 있음을 알아차려야 한다.

우리의 마음과 생각, 언어와 태도 등은 삶에 건네는 투자(投資)이다. 모든 투자는 손해 아니면 이익을 가져오는 법이다. 우리가 내부에서 끌어내거나 외부로 던진 것은 어떤 방식으로든 되돌아온다. 생명 나무에 속한 것을 던지면 참된 이익이 돌아오고, 죽음 나무에 속한 것을 던지면 인격과 삶이 더 불행해지는 손해가 돌아온다. 사람은 아무것도 버릴 수 없다는 진실을 기억하시라. 모든 것은 되돌아온다. "돌아오는 것이 진리이다."(노자-도덕경, 40장)

예수께서는 이렇게 말씀하신다. "사람을 더럽히는 것은 사람 안에서 나오는 것들이지, 사람의 입으로 들어가는 것들이 아니다. 나쁜 생각이 그것이다."(막 7:15~16.22) 나쁜 생각은 우리를 더럽혀 불행하게 하는 여러 가지 요소들로, "음행, 도둑질, 살인, 간음, 탐욕, 악의, 사기, 방탕, 악한 시선, 모독, 교만, 어리석음" 등이다. 이런 것들이 죽음 나무에 투자하는 것으로, 필연 다시 돌아와 실패와 패배와 불행과 비참함을 안긴다.

예수께서는 이런 비유를 들려주신다. "하늘나라를 위하여 훈련을 받은 사람은 누구나 자기 곳간에서 새것과 낡은 것을 꺼내는 집주인과 같다."(마 13:52) 이것은 지혜롭게 상황·때에 맞게 적절한 것을 꺼내 쓸 줄 아는 통찰과 깊은 생각에 관한 말씀이다. 따라서 우리 안에 있는 더러운 것들, 곧 우리를 불행하게 하는 요소들은 기르고 꺼내지만 않는다면, 그냥 묻혀 있을 수밖에 없다. 그래서 끊임없는 자각과 훈련이 필요하다.

예수께서는 무엇이든 진지한 노력으로만 된다고 말씀하신다. 그분이 진리를 깨달은 것은 광야의 오랜 고행수도 때문이었지, 그냥 앉아서 받으신 게 아니다(마 4:1~11). 하나님은 아무에게도 진리를 툭 던져 주시지 않는다! 우리는 예수 그리스도나 그의 가르침을 오해하는 경우가 많다. 예수 그리스도는 하나님의 사랑과 은혜를 얻기 위한 인간의 진지한 추구와 노력을 매우 강조하신다. 물론 하나님의 사랑과 은혜는 공짜, 즉 선물로 주어지는 것이지만, 그것을 받기 위한 인간의 적극적인 태도의 필요성을 역설하신 것이다.

신약성서에는 이런 말들이 많다. 예를 들어 "열 처녀와 달란트 비유"(마 25:1~30)를 비롯한 여러 비유를 생각해보시라(마 13장: 씨 뿌리기, 진주, 그물, 겨자씨 비유 등). 모두 인간의 진지한 추구와 모색에 관한 말씀이다. 이 비유들이 가리키는 공통의 진리는 사람이 자기 안에서 하나님의 나라에 속한 요소들, 곧 생명 나무를 잘 길러야 복된 삶을 살아갈 수 있다는 것이다. 그렇지 않으면, 하나님이 은혜를 주시려고 해도 받을 그릇이 없다.

그리고 우리 안에 있는 생명 나무를 잘 기르는 데 있어서 결정적인 것 하나는 늘 성령 안에 머물러야 한다는 것이다. 왜냐면 우리 혼자의 힘으로 다 깨닫고 기르기 힘들기에, "도움의 영"(보혜사·保惠師, The Helper)인 성령의 조력(助力)을 받아야 하겠기 때문이다. 그래서 우리는 늘 고요한 가운데 기도하고 명상하면서, '성령이여, 나를 도우소서. 내 안에 살아주소서. 오셔서 나의 빛이 되어 주소서. 내 안에서 힘을 일으키소서.' 하고 말할 수 있어야 한다.

성령은 언제나 우리 안에, 우리 가까이에 머물러, 매우 자상하고 친절하게 우리를 돌보며, 우리의 요청을 거절하지 않으신다. 그분은 우리를 돕기 위하여, 즉 우리가 하나님의 사람이 되어, 하나님 안에서, 그리고 예수 그리스도와 함께 행복하고 평화롭게 살아가도록 인도하는 진리의 스승이시다 (요 14:17,27).

우리는 언제 어디서나, 늘 생명 나무와 죽음 나무 사이에 서 있다. 우리를 행복하게 하는 것들과 불행하게 하는 것들은 무엇보다 우리 안에 있다. 어떤 것을 기를 것인가? 그것은 전적으로 나에게 달려 있다. 생명 나무를 기르고 그 열매를 따 먹으시라. 하나님을 향한 진실한 경외심, 예수 그리스도를 향한 마음을 다한 사랑, 성령 안에서 끊임없이 진리를 깨달으려는 진지한 태도를 통해서 얻는 깊은 자각 속에서 존재하시라. 그러면 생명 나무의 열매를 풍성하게 맛볼 것이다. 죽음 나무에 손을 대면 반드시 '죽음'이 온다(죽음 같은 현상). 곧 분노, 이기심, 폭력성, 물욕, 자만심, 허영심, 물질적 소유를 자기와 동일시하고 자신의 존재를 세상에 증명해보고자 하는 마음은 자타 (自他)에 갖은 상처와 고통과 불행을 가져오는 죽음의 현상이다.

이 두 가지의 길과 결과를 남의 일로 여기지 마시라. 그것은 나와 가정의 일, 내 나라의 일이다. 개인과 집단의 삶은 어쩔 수 없이 두 세계의 틈바구니에서 영위된다. "죽음과 계약을 맺는"(사 28:15) 존재 방식에는 죽음과도 같은 "포로, 굶주림, 갈증"밖에는 맛볼 것이 없다(사 5:13). "그대, 삶을 바라거든 생명(의 길)을 택하시라."(신 30:19)

9. 마지막으로 교회의 사명을 생각해본다. 공동체·집단인 교회 역시 생명 나무와 죽음 나무 사이에 서 있다. 교회의 사명은 자신을 충실한 생명 나무로 기르면서, 사람들이 생명 나무와 죽음 나무 사이에서 우선순위가 무엇인지를 잘 깨닫도록 가르치고 인도하는 것이다. "교회는 진리의 터전이요 기둥"이기 때문이다(딤전 3:15). 진리는 하나님의 말씀과 뜻이다. 그것은 성서

에 적혀 있다. 유대인들은 성서를 "글자로 된 하나님"으로 본다! 따라서 하나님의 뜻·말씀·진리를 저버린 교회는 예수 공동체가 아니요, 생명 나무가 아니요, 미신과 우상숭배로 전락하여 죽은 것일 뿐이다. 그리고 진리는 내 안과 자연과 세상에도 있다.

오늘날 한국교회를 보면 한편 슬프지만(여기서는 개신교), 다른 편에서는 그렇지도 않다. 슬픈 까닭은 심히 모순되게 하나님의 이름으로 하나님을 모독하기 때문이요, 그렇지도 않은 이유는 망할 것은 어차피 망하기 마련인 것이 하나님이 다스리시는 역사의 법칙이기 때문이다. 하나님이 세상을 심판할 적에는 교회부터 시작하신다(벧전 4:17)! 새것은 어차피 죽은 것을 딛고 일어선다. 공연히 개혁과 혁명을 말하겠는가?

어떤 것이든 타락과 부패와 혼란은 장차 새로운 것을 자라나게 하려고 거름으로 썩어가는 중이다. 예수께서도 부패한 예루살렘 성전에 들어가 과격한 행동으로 유대교를 탄핵하셨다. 종교가 열매 없는 무화과나무 꼴이 되어버렸기 때문이다(막 11:12~17). 성전과 종교 자체가 부패의 본산이라면, 차라리 없는 게 낫다. 예수께서는 망할 것은 망하라고 하신 것이다.

지금 예수 그리스도께서 한국교회에 그런 일을 하고 계시다는 생각이 든다. 그 당시 유대 종교인들은 그래도 끝내 듣지 않았을뿐더러, 심지어 예수 그리스도를 나무에 매달아 죽이고, 얼마 후 끝내 망하고 세계 각지로 흩어졌다(서기 66~70년 대로마 유대 전쟁). 이것으로써 우리는 하나님이 중요하게 보시는 것은 성전이나 종교 제도나 신도 숫자가 아니라, 진리와 참된 신앙이라는 것을 안다! 따라서 오늘에 있어서 물욕과 부도덕과 몰염치에 빠져 진리와 신앙을 상실해가는 교회를 무너뜨리시는 분은 바로 하나님 자신이다! 경악할진저!

세상 사람들은 이것을 알고 있는데, 무의식의 깊은 "죽음의 잠"(시

13:3)에 빠져서 교만해질 대로 교만해진 기독교인들만이 모를 뿐이다. 역사는 언제나 그런 식으로 굴러왔다. 한 뉴스를 보았다. "한국교회가 무너지고 있다."라는 기사가 교회신문도 일반신문도 아닌, 경제신문에 대서특필되었는데, 2020년만 해도 문을 닫은 교회가 272개라 한다. 그리고 지난 2009년 이후 15년 동안 개신교인이 140여만 명이나 줄었다고 한다(자연사 포함).

자연도 나무들이 지나치게 빽빽하면 스스로 산불을 일으켜 조절하는 법이다. 그래서 미국이나 캐나다에서는 산불이 난 지역에 나무를 심지 않는다는데, 그간의 경험으로 자연의 회복력이 인공조림보다 더 빠르다는 것을 알았기 때문이라고 한다. 자연도 이렇건만, 하물며 인간 세상의 일이랴! 태워버려야 할 것은 태워버려야 새것이 나는 법이다. 성공의 복음, 번영의 복음을 하나님의 말씀, 예수 그리스도의 복음으로 팔아먹는 교회는 없는 게 낫다!

"교회는 진리의 기둥과 터"(딤전 3:15), 곧 진리의 학교이다. 기독교는 오로지 '진리의 예수 그리스도를 따르는 길'이다. 기독교인 중에서, 예수를 '불'로 아는 사람이 과연 몇이나 될까? 예수는 말씀하신다. "나는 불이다." (눅 12:49. 나는 이렇게 읽는다!) 예수 그리스도는 없어져야 할 것을 태워버리는 영원한 방화(放火)와 전복(顚覆)과 혁명과 정화(淨化)의 불이시다!

사사 '기드온'이 20만 대군의 적을 물리친 것은 오늘의 교회가 지녀야 할 위대한 전범(典範)이다(삿 7장). 그의 300명 용사는 항아리를 깨뜨리고 횃불을 쳐들어 던지고 함성을 질러 대승했다. 이것은 이 시대 교회에 대단히 중요한 무엇을 상징한다. 항아리는 교회라는 몸, 횃불은 진리를 사랑하는 뜨거운 영혼·가슴, 함성은 기도와 실천으로 보겠다. 지금은 교회가 자기를 깨뜨리고, 진리의 횃불을 쳐들고, 예수의 목소리가 되어 함성을 질러야 할 때이다. 교인 숫자나 재정을 걱정할 때가 아니다. 진리 없는 교회는 이미 죽은 것이다.

지금은 교회가 예수께서 촉구하신 "메타노이아"(Metanoia·회개. 막 1:15), 곧 철저한 자기변혁·인간혁명의 '방향전환'을 할 때이다. 지금은 하나님과 예수 그리스도를 보는 관점이나, 세계관과 교회관을 성서의 가르침에 따라 다시 되돌려, 오늘에 맞는 교회를 세워야 할 때이다. 이것이야말로 개혁을 거부하여 끝내 역사의 해골이 되고 마는 죽음이 아닌, 스스로 깨지는 의롭고 거룩한 죽음이요 부활이다. 사즉생(死即生), 죽는 것이 곧 사는 것이다.

예수 그리스도는 말한다. "나를 따르려고 하는 자는 자기 십자가를 지고 따르라."(막 8:34) 세상의 영광과 부와 화려함과 편안함에 빠진 교회의 에고와 자만이 죽어야, 예수 그리스도가 살아나신다. 지금은 교회가 진실한 영성, 진리의 성령에 뿌리를 내린 뜨거운 가슴을 회복하기 위하여 자신을 불태워야 할 때이다. 자신을 태워 세상의 어둠을 내쫓고 빛을 비추기를 거부하는 교회는 끝내 하나님과 세상으로부터 버림받고 말 것이다. 유럽 기독교를 보라.

그런데 회교국가인 이집트의 콥트 기독교, 에티오피아의 기독교는 2,000년이 넘도록 건재하고 있다. 그들은 지금도 단순하고 가난한 진리의 영성 안에서 훌륭하게 살고 있다. 부에 대한 욕망과 지나친 편안함과 안일함이 있는 곳에서 예수 그리스도의 정신은 여지없이 죽는다. "너희는 하나님과 재물을 동시에 섬길 수 없다."라는 말은 먼저 기독교에 적용되어야 할 영원한 진리이다(재물·Mammon, 고대 아람·시리아어–돈의 신. 마 5:24).

따라서 지금은 교회가 자기를 깨뜨리고 뜨거운 가슴으로 회개하고 방향전환을 해야 할 때이다. 이것만이 교회를 성서와 예수의 진리 위에 세운다. 중생한 사람이 별로 없이, 거의 성공철학과 형식주의, 미신과 우상숭배가 되어버린 현재의 기독교는 기도가 무엇인지 모르고 있다. 서낭당(城隍堂)이나 바위나 강가에 돼지머리나 시루떡을 놓고 기도하는 사람들처럼, 예수의 이름으로 돈과 성공과 부와 안락한 삶에 대한 갈망에 사로잡혀 기원하는 것은 전혀 기도가 아니다. 이러한 자기안전과 현상 유지(status quo)와 기복주의에 사로잡혀 있는 사람들에게 하나님의 복과 구원을 말하는 것은 "값싼 은혜를 남발하는 것이다. 값싼 은혜야말로 교회의 대원수이다."(디트리히 본회퍼-나를 따르라)

아모스와 호세아 시대의 북이스라엘, 예레미야 시대의 남 유다는 기복주의와 물질주의의 가짜 복음, 성공과 번영의 사이비 철학에 사로잡혀 종교 천국을 만들어 놓고 살다가 끝내 파멸했다. 교회는 생명 나무의 열매를 맺어 세상을 먹이고 살려내는 그리스도의 몸이지, 선악과 열매를 먹고 세상을 죽음으로 끌고 들어가는 물귀신·악마의 사도가 아니다.

누구도 하나님을 선호(選好)할 수는 없다. 하나님은 복과 은혜와 사랑의 아버지, 긍휼과 용서의 아버지이시다. 하지만 엄연히 의와 정의의 하나님, 거룩한 하나님, 죄와 악을 혐오하고 심판하는 준엄한 하나님이시기도 하다. "육신을 죽인 후, 게헨나(지옥)에 넣진 권세를 가지신 분을 두려워하여라."(눅 12:5). 대자대비의 예수께서 이런 말씀을 하셨다는 게 얼마나 놀랍고 무서운가!

그리스도인들이 하나님의 사람이 되려고 울부짖으며 분투해야, 예수 그리스도가 살아나 교회가 교회답게 될 것이다. 누구보다 목회자들이 진리와 의를 설파하다가 내쫓길 각오를 해야만 교회가 살아날 것이다. 오늘도 내일도 그다음 날도, 교회가 세상에서 생명 나무로서 존재할 수 있는 길은 예수 생각, 예수 마음, 예수 사상, 예수 행동을 닮고 따르는 데 있다. 기독교는 예수를 따르는 길이기 때문이다. 그리스도인이여! 진리의 횃불이 되어라.

7

자유인의 삶- 탈출과
지향의 이중주

⌄

주님께서 아브람에게 말씀하셨다. "너는 네가 살고 있는 땅과 네가 난 곳과 너의 아버지의 집을 떠나서, 내가 보여 주는 땅으로 가거라. 내가 너로 큰 민족이 되게 하고, 너에게 복을 주어서 네가 크게 이름을 떨치게 하겠다. 너는 복의 근원이 될 것이다. 너를 축복하는 사람에게는 내가 복을 베풀고, 너를 저주하는 사람에게는 내가 저주를 내릴 것이다. 땅에 사는 모든 민족이 너로 말미암아 복을 받을 것이다."(창세기 12:1~3)

1. 인간은 두 세계 사이의 경계인(境界人)이다. 이 세상-차안(此岸)과 저 세상-피안(彼岸), 육체와 영혼, 외면과 내면, 물질과 정신, 몸과 마음, 악과 선, 죄와 거룩함, 불의와 정의, 폭력과 사랑, 부패와 순결, 노동과 휴식, 머리와 가슴, 형이하학과 형이상학, 개인과 사회, 고통과 안정, 과거와 현재, 현재와 미래, 기억과 현실, 형식과 본질, 남성성과 여성성, 어둠과 빛, 이념과 실질, 과학과 종교, 조국과 외국, 그리고 나와 너. 그래서 人은 間이다(inter-being).

이 두 세계는 겉보기에 대립적이다. 하지만 실은 상호 관계성 안에 있다. 마치 동전의 양면, 손등과 손바닥의 관계와 같다. 이것 없이는 저것도, 저것 없이는 이것도 존재할 수 없다. 함축적으로 말하면, 인생과 나라와 역사는 빛과 어둠의 상호 '변증법'이다(dialectic). 그것은 반(反)과 찬(贊), 싫어함과 좋아함, 부정과 긍정, 집착과 지향, 안주와 탈출, 유지와 도전, 나아감과 머묾, 타협과 모험, 객체와 주체, 보수와 진보, 주장과 포기, 순응과 거부·저항을 통하여, 그보다 더 높은 차원을 향하여 올라가는 나선형(螺旋形, spiral)의 과정이다.

'노자'는 이렇게 말한다. "있는 것과 없는 것은 함께 살고, 어려운 것과 쉬운 것은 함께 이루어지고, 길고 짧은 것은 함께 교류하고, 높은 것과 낮은 것은 함께 기울고, 앞과 뒤는 함께 잇따른다."(도덕경, 2장) 인생과 나라와 역사, 그리고 문명과 문화는 이 두 극성(極性)의 세계를 머리·사고와 영혼과 가슴의 지평에서 끌어안아 통합하여, 인간적이고 신성한 새로운 현실을 창안해내는 변증법적 과정이다.

그렇기에 인간은 어느 하나만 좋아하고 머물러 살기를 고집할 수 없다. 그것은 극단에 치우친 삶이라서, 심각한 부조화와 불균형을 초래하여 불행을 면치 못하는 길이다. 삶의 원리는 마치 쉼 없이 양극을 오가며 작동하는 괘종시계의 시계추와 같다. 정지하면 죽는다. 모든 것을 있는 그대로 오가는 모습대로 맞이하면서, 어느 하나에 집착하거나 머무르지 않고, 그 두 세계를 포용하여 변증법적으로 제3의 가능성을 창조하는 것이 삶의 예술이다.

그리고 이 두 세계를 통합할 수 있는 시간은 언제나 '지금 이 순간'뿐이다. 과거는 이미 지나갔고, 미래는 오지 않았다. 인간에게는 언제나 오직 지금 이 순간만 존재한다. 따라서 지금 이 순간 '자기 자신에게 깨어 있는 것'이 진정한 삶에 이르는 길이다. 자아와 세상을 따르는 무의식적이고 무자각적 삶은 한쪽의 극단에 치우쳐 고집하고 집착하며 머무는 존재 방식이기에, 지금 이 순간을 상실하고 만다.

이것은 과욕(過慾)을 통하여 세상에 파묻혀버리는 어둡고 희망 없는 존재 방식이다. 과욕을 품고 열심히 사는 것은 지금 이 순간 깨어서 존재하는 것과 전혀 다른 것이다. 그것은 인간성과 양심과 생의 올바른 방향을 상실하고, 외부와 물질에 끌려다니는 소극적이고 자기 파괴적인 존재 방식이다. 깨어 있는 것은 주체적 인간성과 양심이 살아서 작동하는 능동적이고 적극적인 존재 방식이다. 삶은 우리가 생각하는 것보다 훨씬 어려운 과정이다.

2. 서양음악의 소나타(sonata)는 독주곡과 협주곡과 교향곡 등, 모든 음악의 기본 형식으로서, 제시부·주제부와 전개부와 재현부의 3단계로 이루어진다. 제시부는 주제(theme) 음조를 선언하고, 전개부는 그를 이어받아 변주하고(variation), 재현부는 주제부로 다시 돌아가 변주하며 절정으로 치달아 마친다(finale). 이 세 부분에서 악기들은 서로 앞서거니 뒤서거니 어울리고 대화를 주고받기도 하고, 밀고 당기는 갈등과 대결의 길항(拮抗) 구조를 띠다가, 끝내 한 덩어리가 되어 절정에 이른다. 소나타는 전형적

인 변증법 형식이다.

그래서 소나타 형식을 연인이나 부부의 사랑, 두 친구의 우정, 혹은 스승과 제자의 관계로 표상하기도 하는데, 특히 인생에 관한 비유로 생각할 수 있다. 예로부터 종교와 철학에서는 인생의 길을 변증법적 형식과 구조를 지닌 것으로 말한다. 그래서 인생은 어떤 일·상황·사건·경험에 대한 부정과 긍정, 저항과 수용, 보수와 개혁, 반발과 적응, 도전과 응전의 리듬 속에서 개성을 담아 변주하며 빛나는 가치를 창조하는 변증법적 소나타라 하겠다.

인간에게는 부정해야 할 것과 긍정해야 할 것, 곧 막아서야 할 것과 길러야 할 것, 지켜야 할 것과 개혁해야 할 것, 수용해야 할 것과 저항해야 할 것, 버려야 할 것과 취해야 할 것, 끊어야 할 것과 가꿔야 할 것이 있다. 인생은 다가오고 만나고 부딪히는 것 중에서, 끊임없이 부정하거나 긍정하고, 약화하거나 강화하고, 버리거나 취하고, 떠나거나 지향하고, 단절하거나 감싸 안으면서, 그 두 가지 방식을 통합하며 나선형으로 휘말려 올라가 어떤 이상(理想)에 도달하려는 역동적인 기회로 주어진 선물의 무대이다.

3. 인생에 대한 이러한 이해는 고대 여러 민족의 신화와 민담(民譚·saga)에서 비슷하게 나타나는 주제와 표상이다. 여기에서 인간이 도달하는 가장 숭고한 차원은 "영웅"(hero)으로 정형화된다. 그런데 이것은 또한 모든 사람의 삶에 관한 비유이기도 하다. 누구나 자신의 삶에서 영웅이 되어야 한다.

20세기 미국의 신화학자 '조셉 캠벨'이 밝힌 고대 신화와 민담의 영웅들이 드러내는 공통 면모는 이러하다: 부정성의 현실과 그것의 부정과 포기 → 지향해야 할 뜻·가치·이상(理想)의 긍정과 지향→ 닥쳐온 내적 고뇌와 외적 도전에 대한 투쟁→ 고난과 인내와 훈련→ 대결과 승리와 구원 실현(천

개의 얼굴을 가진 영웅들).

　　내적인 고뇌와 외적인 시련과 도전은 흔히 신화적 형상인 "괴물"로 상징된다. 강력한 힘을 소유한 그것은 안팎에서 영웅의 앞길을 막아서서 시험하며 위험과 고난에 빠뜨리는 고뇌와 좌절감, 적대자들, 그리고 사회의 구태의연한 관습과 전통과 이념과 구조이다. 곧, 열악한 상황에 처한 그의 내면에서 꿈틀거리며 유혹하는 비겁하고 사사로운 자아의 어두운 충동과 욕망, 두려움과 복수심, 외부에서 그를 시기하고 박해하고 추방하고 죽이려는 적대세력인 정치체제와 국가, 기존 사회의 억압적 전통, 보수적인 종교와 관습과 이념 등이다. 이러한 괴물은 대개 '악마(satan·devil), 뱀(serpent), 용(dragon), 거인(giant)'으로 형상화된다. 그리스 신화의 메두사, 미노타우루스, 외눈박이 키클롭스, 성서의 네필림(nephilim·거인족)과 아낙 자손이 그러하고, 역사화된 것으로는 파라오나 황제나 골리앗 등이다.

　　'켐벨'에 따르면, 후일 한 사회나 나라·민족·세상으로부터 구원의 영웅으로 받들어진 인간은 어린이나 청년이나 장년 시절에, 편모슬하나 기아(棄兒), 극도의 궁핍, 추방이나 박해나 망명, 그 과정에서 겪는 내적 회의와 자포자기적 좌절과 두려움과 외적 유혹 등, 안팎의 괴로운 부정성의 현실에 내던져져 커다란 시련과 갈등과 역경을 겪으며, 한동안 방황하며 살아간다. 그 상황과 지점에서, 그는 그대로 좌절하고 주저앉고 말 것인가(breakdown), 부정하고 저항하며 극복하고 돌파하여 도약할 것인가(breakthrough) 하는 갈림길에 선다.

　　이렇게 영웅이 자기가 놓인 고난의 상황을 도저히 극복할 수 없는 불운한 운명으로 받아들여 체념하거나 좌절하지 않고, 오히려 장차 자기를 크게 쓰려고 내던진 하늘·신의 뜻과 시험(testing)으로 알고, 기나긴 실패와 좌절과 눈물과 고통의 어두운 세월 속에서 하늘의 사람으로 자라가는 준비와 훈련을 단단히 치르는 일은 신화적이고 종교적으로 상징화된 자기 안팎의 괴물과 투쟁하는 과정이다. 하늘·신은 그것을 잘 해내는 사람에게 끝내 위대한 도약의 기회를 내려주신다. 그리하여 그는 억압자·세력·구조를 퇴치하고 고난받는 백성을 구원하여 영웅이 된다. 그 후 그는 대대로 민중에게 기억되며 칭송과 추앙을 받는다. 영웅의 조건은 단연코 고난받는 백성을 구원하는 것이다. 그렇게 하여 영웅은 뭇 사람들에게 '복을 끼쳐주는 이름(사람)'이 된다.

따라서 광대한 영토의 정복자라고 해서 영웅인 것은 아니다. 그런 사람은 대개 대량 살육을 저지른 도살자로 기억될 뿐이다. 그러나 최소한의 전쟁과 살상으로 정복자가 되어, 종교와 철학과 인문 문화와 발전된 문명을 일으키고 확산시킨 사람은 민중의 기억 속에서 위대한 영웅으로 자리 잡는다. 그중에서도 가장 역설적인 영웅은 정작 그를 비난하고 반대하며 죽음에 이르게 한 그 민중·민족을 구원한 사람이다.

그런데 이러한 영웅 이야기는 이기심과 탐욕을 본성으로 하는 자아(Ego)의 어두운 욕망과 외부의 도전과 시련을 극복하여 본래의 인간성을 실현하여 세상을 이롭게 해야 하는 모든 인간에게 주어진 보편적인 사명에 관한 것이기도 하다. 곧, 영웅 이야기는 특별히 선택된 인간만의 역할이 아니라, 모든 인간이 본래부터 안고 있는 신성한 가능성에 관한 것이다.

모든 인간에게는 자신과 타인의 구원을 위해 살아야 할 이유와 사명, 힘과 가능성이 주어져 있기 때문이다. 그대여, 그대 앞에는 인생의 영웅이라는 잠재적 미래가 놓여 있음을 잊지 마시라. 본질적 측면에서 볼 때, 자아를 초극한 인간, 곧 인간성의 참모습을 실현하여 작든 크든 생명의 빛을 가져오는 사람은 누구나 인생에서 성공하고 세상을 구원한 영웅이다.

4. 이제 경전을 생각해보자. 이것은 성서 전체에서 지극히 중요한 부분이기에, 세세하게 살펴봐야 할 것 같다. 아브라함(Abraham, 만국의 아버지)의 소명에 대한 이해는 성서 전체를 꿰뚫어 아는 길이다. 사실 성서 전체는 아브라함의 소명이 가진 신학적 성격에 대한 역사적이고 신학적·철학적이고 시적인 주석이라 하겠다.

본문은 아브라함의 소명, 곧 그를 향한 하나님의 부르심과 명령과 약속에 관한 이야기이다. 그는 유대교와 기독교 신앙의 아버지와 조상이다. 앞서 말한 영웅에 대입해 볼 때, 아브라함의 일대기는 히브리적 영웅 이야기로 봐도 되겠다. 왜냐면 이것은 숱한 시련과 유혹과 역경 속에서 오류를 드러내며 비틀거리면서도 다시금 회오(悔悟)하고 깨닫고 배우고 일어나, 자기를 부르고 약속을 주신 하나님을 향한 굳센 신앙과 견고한 복종의 삶을 통하여, 결국에는 남들에게 복을 끼쳐주는 이름(사람)이 된 신앙의 영웅에 관한 이야기이기 때문이다.

아브라함은 누구인가? 그는 지금부터 4,000여 년 전, 고(古)바빌로니아의 "우르"(Ur, 이라크 바그다드 남쪽)에서 세 아들 중 장남으로 태어나 살다가, 서북쪽 메소포타미아의 "하란"(Haran, 시리아)으로 떠나 정착하여 큰 부자로 성공한 사람인데, 직업은 알 수 없다. 그는 아버지가 세상을 떠나자 가문을 이끌고 오래 살아간다(창 11:27~32). 그러던 어느 날, 그는 자기를 부르시는 하나님의 목소리를 듣는다(창 12:1~3).

이것은 무엇일까? 이것은 한 인간이 신·절대자를 만나는 신비롭고도 충격적이고 경악스러운 종교적이고 실존적인 체험이다. 이것은 한 인간이 그간 지니고 살아오던 기존의 마음과 사고체계, 종교와 습관과 문화, 세계관과 인생관과 가치관, 그리고 존재 방식을 완전히 전복시켜 뒤바꾸어놓는 내적 혁명인 근본체험이다.

여기서 중요한 요소는 두 가지이다. 하나는 그 신은 누구이며, 그의 성격은 어떠하며, 인간을 부르신 뜻·목적은 무엇인가이고, 다른 하나는 그 체험을 한 그 사람의 감정과 이성 등의 실존은 어떤 것이며, 그는 어떻게 살아야 하는가 하는 것이다(존재 방식과 생애).

그러나 본문은 그가 목소리·말씀을 들은 것만 말하고, 그가 그간 드러낸 정신적 여정(旅程)이나 감정 상태에 관해서는 아무 말도 없다. 그는 "다양한 형식으로 이루어지는 종교적 경험"(W. 제임스-위 책)에서 신을 만나는 체험을 하고 진리를 각성(覺性)한다(출 3:1~14 참조). 따라서 그는 "신비스럽고(mysterium) 떨리고(tremendum) 매혹적인(fascinans) 누멘(das numinose, 영적) 감정"(루돌프 오토-성스러움의 의미)에 압도당한 것이다. 이것은 사람이 지어내는 망상이나 환상이 아니라, 갑자기 돌풍이나 강도처럼 틈입(闖入)해 들어와 한 인간을 사로잡는 정신적·실존적 충격으로서, 단번에 그의 영혼 깊은 곳까지 헤집고 뒤집어엎어 놓는 영적 지진·화산 폭발이라는 성격을 갖는다.

그렇기에 이런 느닷없고 강력한 영적 체험을 한 사람은 얼마 동안 큰 충격으로 인한 혼란과 그 의미를 묻고 찾는 진지한 숙고(熟考)의 시기를 지날 수밖에 없다. 하지만 가장 분명한 것은 이런 체험을 한 사람은 더는 이전의 방식으로는 살 수 없다는 것이다! 만일 그렇게 한다면, 그는 미치고 파멸하고 만다. 사실상 뒤로 물러서거나 돌아가는 길은 완전히 차단되어 있다. 돌아갈 다리는 불태워지고 끊어졌다. 이제 그에게는 자기를 사로잡은 하늘의 목소리를 따라 앞으로 나아가는 것 하나밖엔 할 수 있는 게 아무것도 없다.

그는 자기를 부르신 신을 향한 "절대 의존감정" 속에서(프리드리히 슐라이에르마허-기독교 신앙), 살든지 죽든지 모든 것을 그분에게 내걸고 미래로 투신(投身)하는 새로운 존재 방식의 장도(壯途)에 오를 수밖에 없다. 그 길은 사람에 따라 새로운 땅·환경·직업으로 떠나는 것일 수도 있고, 살던 곳에서 전혀 새로운 마음으로 살아가는 것일 수도 있다.

아브라함의 경우는 전자이다. 이것이 아브라함이 겪은 종교적 근본체험국과 각성, 곧 신을 만난 체험, 진리 체험의 본질적 성격이다. 비록 본문은 이야기를 간단히 서술하지만, 그가 모든 것을 뒤로 내던지고 떠나기까지는 오래고 깊은 침묵과 고뇌와 숙고의 시간을 보낸 것으로 보아야 한다.

5. 아브라함을 향한 야훼 하나님의 부르심·선택에서 핵심 주제를 담고 있는 표현은 이것이다: 떠나다·떠나라, 가다·가라! 이것은 탈출(脫出, 라-ex-odus, 부정·내려놓음·버림·떠남)과 지향(指向·志向, intentio, orientation, 긍정·취함·붙잡음·나아감)의 역설적이고 변증법적인 새로운 존재 방식에 관한 것이다. 이것은 처지·상황·여건이 어떠하든지 간에, 언제나 지금·현재를 부정하고 내려놓고 버리고 떠나면서, 자기에게 주어지고 던져진 신의 뜻과 미래의 이상을 긍정하고 취하고 붙잡고 지향하는 길이다. 그래서 아브라함은 "탈(脫)-향(向)의 인간상"을 드러내는(안병무-역사와 해석), 히브리적 인간상의 원형이다(原型·archetype).

그런데 이것은 '~하라'는 '명령' 형식이다. 이것은 인간이 신을 찾아 나서는 것이 아닌, 신이 먼저 인간을 찾아와 명령하고, 인간은 그 명령을 수행하는 존재라고 생각하는 히브리 사유체계의 전통에서 나온 것이다. 명령하시는 분의 뜻에 대한 전반적인 이해는 '순종·복종·따름' 후에 차츰 생겨나면서 깊어져 가는 과정에서 터득하게 된다.

그래서 히브리 사유체계 전통에서 신앙이란 매우 역설적이고 전복적이고 모험적인 것일 수밖에 없다. 신의 뜻을 이해한 다음에야 떠나겠다고 한다면, 인간의 연약하고 교묘한 본성을 고려할 때 결단코 그런 날은 오지 않는다.

우선 '~하라'고 하신 신의 명령에 따르는 것이다. 이것이 성서의 언어이다.

히브리 신앙은 합리주의 철학 이론처럼 연역적인 게 아니라(演繹的·deductive. 이론 및 이해→ 실천), 철저히 귀납적이다(歸納的·inductive. 사건, 체험, 행동, 실천→ 이해). 명령에 대한 복종의 실천(praxis)이 이론(theoria)의 이해보다 먼저이다. 왜냐면 히브리 신앙과 사유체계에서, 명령하는 분은 인간과 비교할 수조차 없이 머리가 좋은 데다가, 그것도 오직 인간의 행복과 구원과 평화를 위하여 부르시기 때문이다.

따라서 신앙은 먼저 순종·복종의 길이다. 복종 없는 신앙도 없고 이해도 없다. 명령을 실천하고 이해하는 것이지, 이해하고 실천하는 게 아니다. 이것이 성서가 말하는 신앙의 길이다. 철학의 길과는 반대이고 비합리주의이다. 그래서 성서는 하라는 것은 하지 않고 하지 말라는 것은 하면서도 종교적 열성을 드러내는 것은 신앙이 아닌 거짓·위선·기복주의의 타락이요, 하나님을 향한 반역이라고 규정한다(창 4장; 사 1장 참조).

하나님의 명령인 '떠나라 버려라 가라, 떠나서·버리고 가라'는 말은 왕정이나 군대에서 하는 전언(傳言) 형식이다. 곧바로 수행해야 하는 일이지, 왜 그런 명령을 내리는지 물을 게 아니다. 그런데 이것은 사실 한 주제이다. 떠나는 것이 가는 것이다. 떠나지 않으면 가지 못한다. 하나님의 명령에 대한 불복종은 불신이요 반역이다. 이것은 이 세상에 빠져 타락하는 것이요, 행복과 구원과 평화를 상실하는 길이다.

이것이 아브라함의 인간상과 그의 후손인 히브리 민족의 인간상이고, 삶이고 역사이다. 그리고 그의 영적 후손인 그리스도인이 따라야 할 인간상이다. 더 나아가 이 명령은 신을 믿건 안 믿건, 인생은 누구에게나 끊임없는 부정과 긍정의 변증법적 과정이기에, 모든 인간에게 주어진 인생의 보편적 사명에 관한 것이기도 하다.

구약성서는 탈출과 지향의 인간상에 관하여 끊임없이 되풀이하여 말한다. 사실 성서 전체가 이에 관한 것이다. 그에 대한 한 가지 탁월한 상징과 이미지는 "야곱의 꿈에 땅에서 하늘에 걸쳐 있는 층계"이다(창 28장). 이것은 특히 신앙인이 걸어가야 할 삶의 보편적인 이미지이다. 땅에서 하늘, 곧 하나님이나 진리나 이상의 세계를 향하여 언제나 쉬지 않고 자아와 세상에 대한 욕심을 부정하며 한 계단씩 올라가는 것, 이것이 모든 신앙인이 드러내야 할 정언(定言) 형식의 인간상과 삶이다. 해도 좋고 안 해도 좋은 게 아닌, 반드시 그렇게 해야만 하는 것! 이것이 신앙이요 복종이니, 곧 복종으로 드러내는 신앙의 실체이다.

구약성서에서 그러한 영웅적인 신앙의 인간상을 드러내는 사람으로 '요셉과 모세'를 들 수 있는데(창 37~50장; 출 2장 신 34장), 이들 역시 '캠벨'이 말하는 '부정성의 현실과 그것의 부정과 포기→ 지향해야 할 뜻·가치·이상(理想)의 긍정과 지향→ 닥쳐온 내적 고뇌와 외적 도전에 대한 투쟁→ 고난과 인내와 훈련→ 대결과 승리와 구원 실현'의 과정을 보여준다.

그 과정에서 그들은 무엇보다 외부의 적·상대가 아닌(적과 상대는 사람만이 아닌 모든 도전과 유혹과 역경 포함), 자기를 극복해야 하는 신산(辛酸)한 진통(陣痛)의 과정을 겪는다. 온갖 욕망의 총체인 자기·자아(Ego) 극복은 신앙인이 적·상대를 극복하기 전에 실현해야 할 기본적 과제이기 때문이다. 신의 명령이 내포한 근본적 성격은 자기 초극(超克)과 초월(超越)이다. 자아를 극복하지 못하면 적·상대도 극복할 수 없으며, 설령 승리한다 해도 구원의 인간상에 도달하지는 못한다. 기껏해야 자기 성공일 뿐이다.

이처럼 히브리적 영웅이 보여 주는 모습은 탈출과 지향의 존재 방식이다. 그렇지 않으면 결코 자기를 부르신 하나님의 뜻에 맞는 합목적적 존재가 될 수 없고, 자기완성도 이룰 수 없으며, 사람들에게 구원을 끼쳐주는 승리자(victor)가 될 수도 없다. 그렇기에 요셉과 모세가 드러내는 삶의 진실은 하나님이 중요하게 여기는 것은 어떤 일이 아니라, 완성된 신앙의 인간상·인격이다! 즉, 하나님 앞에서 실현해야 할 인간성·사람됨의 문제이다.

하나님이 중요하게 보시는 것은 어떤 일의 수행이나 성취나 업적이 아니다. 하나님은 사람에게 항상 '너는 먼저 나의 사람이 되어라.'라고 말씀하신다. 아브라함에게 내리신 말씀도 그렇다. 존재·마음·사고·내면·인격의 어떠함이 존재 방식·작업(work)·활동·업적의 수행보다 우선이기 때문이다. 누구든 먼저 하나님의 사람이 되지 않고서는 하나님의 일을 온전히 받들 수 없고, 받들었다 해도 이내 변질하고 타락할 가능성이 농후하다.

구약성서가 보여주는 고대 이스라엘 역사에서 사람됨을 뒤에 두고 일을 앞세우다가 실패하고 추악한 몰골을 드러낸 대표적 예를 들면, 종교인은 '엘리' 제사장(삼상 2~4장), 왕은 '사울과 솔로몬'이다(삼상 15장, 31장; 왕상 11~12장). 이들은 사람됨에 실패하여 일과 인생과 역사에서도 실패한 사람들이다.

성서는 업적보다는 사람 됨됨이, 곧 성숙한 인격을 중요시한다. 성서는 사람이 무엇을 먹을까, 마실까, 입을까 하는 걱정에 사로잡히는 일(마 6:25), 곧 권력과 재산과 인기나 명예 등의 물질적·심리적 형식에 대한 일방적 욕심을 '바알주의'로 못 박는다(Baalism, 혹은 맘몬이즘·Mammonism-돈의 신·Mammon).

바알(Baal)은 대대로 이스라엘을 유혹한 가나안 민족의 종교에서, 물질적 축복인 사람과 짐승의 다산(多産)과 농사의 풍요와 성공과 안락한 행복을 내려주는 신으로, 부인은 아세라(Ashera·아스다롯. 바빌로니아 이쉬타르의 변형) 여신이다. 그래서 숭고한 신앙과 신학과 사상, 철학과 윤리, 이상이 없는 바알 종교는 부귀영화를 인생의 목적으로 설정하고 추구하는 인간의 욕망 어린 본성에 매우 매혹적이고 유혹적인 종교체계이다. 누군들 성공과 풍요와 번영을 마다하랴!

그런데 이스라엘 종교는 숭고한 신앙과 신학과 사상, 철학과 윤리, 그리고 공동체의 평등과 평화를 이상(理想)으로 지향하는 종교이다. 따라서 이스라엘 종교는 바알 종교와 대척점에 설 수밖에 없다. 바알 종교의 유혹에 빠지는 것은 필연적으로, 먼저 하나님의 사람이 되라는 하나님의 지상명령에 대한 거부와 배반을 가져온다.

성서적 종교와 이스라엘 역사에서 바알 종교는 하나님의 뜻과 나라를 망치는 근본이다. 그렇기에 바알 종교에 대한 저항과 반대와 탄핵은 역사가들과 예언자들과 시인들과 현인들을 비롯한 구약성서의 축을 이루는 신학적 주제와 사상의 하나이며, 예수와 신약성서와 기독교에서도 마찬가지이다. 먼저 신앙과 영성의 사람이 되어야만 하나님의 일을 떠받들 수 있기에, 성서의 인간상은 '호모 엑소두스'(Homo Exodus·탈출하는 인간), '호모 아드반시우스'로 정의된다(Homo Advancius·지향하는 인간). 아브라함이 받은 떠나서 가라는 명령도 이것이다.

6. 그러면 하나님은 무슨 뜻·계획·목적으로 아브라함을 부르셨을까? 그것은 창세기 3~11장까지 반복되고 확대되며 전개된 인류의 하나님 거부와 죄악과 타락, 불행과 비참함과 파멸로 이어지는 못난 역사를 마감하고, 마침내 이 세상에 궁극적인 진정한 복·구원과 평화의 세계를 실현하시려는 원대한 뜻·계획·목적 때문이다.

곧, 하나님은 이제 타락하고 썩어빠진 인간과 세상을 근본적으로 방향을 전환하여, 하나님과 인간과 만물이 지극한 사랑 가운데서 조화를 이루어 안식하며 살아가는 참된 평화의 세상을 다시금 이 땅에 세우려는 목적에서 아브라함을 부르신 것이다(창 1~2장에 나타난 평화로운 세계의 재건과 실현! 예수의 하나님 나라).

그렇기에 아브라함의 소명은 새로운 인간·인류, 새로운 역사, 새로운 세계를 이 땅에 세워, 인류를 행복하고 평화롭게 살게 하여 구원하시려는 하나님의 뜻·계획·목적이 시작된 실질적인 역사의 출발점이다. 실로 이 장면은 성서와 이스라엘 민족과 예수 그리스도와 기독교 사상에서 볼 때, 인류 역사의 방향을 결정적으로 틀어놓은 일대 전환점이다. 아브라함의 소명 사건이 없었다면, 아니 아브라함의 복종이 없었다면, 이스라엘 민족도 모세도 다윗도 예언자도 예수도 기독교도 없었다(마 1:1).

6-1) 그런데 하나님은 '어찌하여 꼭 찍어'(하필·何必) 아브라함이라는 사람을 부르신 것일까? 여기에서부터 우리는 상상력을 발휘해야 한다. 신의 부르심은 반드시 인간의 어떤 상태·상황을 전제한다. 곧, 어떤 선한 희망이나 이상의 추구, 그릇된 판단의 오류와 고집과 실책, 그로 인한 쓰라린 실패와 패배와 상실의 경험, 자기와 세상에 대한 근본적인 의심과 회의의 경계선에 이르러, '신성한 불만과 불안'에 젖어 무엇인가를 탐색하는 인간의 상태를 전제한다.

그렇기에 우리는 상상력을 동원하여 아브라함의 소명 이야기를 인간적인 측면에서 들여다보면서, 그가 당시 어떤 존재 방식과 심리 상태에 있었는지를 생각해봐야 한다. 자기 인생에 대한 실존적인 회의에 젖어 초월적인 진실·진리를 찾지도 않는데 무턱대고 다가와 부르시는 신은 없다.

아브라함을 부르신 하나님의 마음을 어찌 헤아리랴마는, 우리가 아는 것은 두 가지뿐이다. 하나는, 하나님은 평범한 사람을 부르신다는 것이다. 왜냐면 모든 평범한 인간은 내면에 새겨진 '하나님의 형상' 때문에 위대한 인물이 될 자질을 지니고 있기 때문이다(창 1:27). 그런 점에서 모든 인간은 평범하면서도 특별하다. 사람들은 그것을 깊이 의식하고 주목하지 못하나, 하나님은 그런 평범한 사람을 불러 훈련하고 다듬고 길러서 당신의 도구로 쓰신다. 아브라함도 평범한 사람이었을 뿐이다(이삭과 야곱과 요셉도 그러하고, 모세도 평범한 목동으로 만든 후 부르셨다. 예수의 제자들도).

다른 하나는, 하나님은 누구보다 궁극적 진리와 구원과 평화로운 세상의 길을 애써 찾으며 이상(理想)을 품고 고뇌하는 사람들을 부르신다는 것이다(눅 11:9~13 참조). 자기 안에 금강석 같은 보물의 세계가 숨겨져 있다는 것을 알아차리는 사람은 의외로 드물다. 그래서 하나님은 평범하나 법기(法器·진리의 그릇)가 될 만한 자질을 가진 사람을 부르신다(누구나 그런 자질을 지니고 있으나, 대개는 세상의 포로로 살아간다).

곧, 하나님은 세상에 온통 사로잡혀 진리를 향한 관심도 없이 사는 것이 아니라, 자기를 넘어서 나날이 망가져 가는 세상을 염려하며 고통스러워하며 더 좋은 세상을 갈망하는 치열한 '산 영혼'을 부르신다. 대표적으로 노아가 그러한데(창 6:1~14), 이것은 하나님은 부패한 세상에 가슴 아파할 줄 알고, 개인적인 삶을 넘어서 세상의 변화를 묻고 탐색하는 사람을 부르신다는 것을 보여주는 고전적인 예이다.

따라서 우리는 아브라함이 평범하면서도 하나님의 법기(法器)가 될 만한 자질을 지닌 사람이었다는 점을 생각할 수 있겠다. 물론 그도 그때까지는 당대 사람들처럼, 자아와 가족이 추구하는 개인적인 성공과 명예와 부귀영화를 내려준다고 설파하는 고바빌로니아나 메소포타미아의 신들과 종교와 신화와 이념(ideology) 체계에 속하여, 아무런 회의나 고민이나 문제의식도 없이 무난하게 살아가던 사람이었다.

그런데 어느 때부터인가 자기도 모르는 사이에, 천성적으로 남다르고 예민한 종교적 성정과 감수성이 스멀거리더니, 급기야 지진이나 화산처럼 폭발하여, 기존의 신들과 종교와 인생과 세상에 대한 깊은 회의에 젖어, 더는 견딜 수 없는 고통과 고뇌를 겪었으리라. 그리하여 어느덧 견고하게만 보이던 삶이 온통 "흔들리는 터전"이 되었으리라(사 6:4).

누가 알랴마는, 어쩌면 그는 당대의 주류 종교 문화인 고바빌로니아나 메소포타미아 신들의 사태와 흔해 빠진 미신적 종교 열풍 속에서 진정한 신에 굶주렸던 것인지도 모른다. 그리하여 세상의 모든 것이 가짜와 환상으로 보이고, 그런 세상에서 한오백년 떵떵거리며 산다 한들, 아무런 의미도 가치도 없는 허망한 인생이라고 느꼈으리라.

그리하여 어느 때에 이르자, 저 하늘 위에서 앉아서, 그 이름을 부르며 기도하고 제물을 바치는 자의 경배를 흡족한 마음으로 받으며 이런저런 복을 내려준다는 기존의 신들과 종교체계와 문화의 관념에 파묻혀 살아가는 세태 속에 갇혀버린 자신에 대한 근본적인 회의에 지친 나머지, 지겹도록 권태와 신물이 났으리라. 더 나아가 어쩌면 그는 자기들은 전혀 신답지 않게 수 없는 일탈과 만행과 탈착(脫錯)을 저지르면서도, 사람들에게는 자기들만 섬기라고 하는 염치도 모르는 신들에게 실망과 회의를 느끼다가 끝내 분노했으리라.

그렇게 당대를 지배하던 신들과 종교와 신화, 그리고 자신의 인생에 대한 근원적인 회의에 젖어 흔들리는 나날을 살아가면서, 어느덧 인생의 궁극적인 질문, 곧 '나는 누구일까? 내 인생은 무엇을 위한 것일까? 나는 무엇을 위해서 어떻게 살아야 하는가? 진정한 신은 어떤 분이실까?' 하고 심각하게 물으며 찾았으리라.

그리고 그러한 근본적인 회의에서 나온 의문이 단지 순간적인 충동으로 그치지 않고, 언제부터인가 온통 그의 영혼과 삶을 사로잡았으리라. 그러던 끝에 그는 드디어 "75세"에 이르자(창 12:4. 오늘날 50세가 넘은 중년의 사내로 보면 이해하기 쉬울 듯), 더는 견딜 수 없는 지점에 이르렀을 것이다.

그대로 눌러앉아 살자니 미칠 것 같고, 그렇다고 새로운 탈출구는 전혀 보이지 않아, 이러지도 저러지도 못하는 상태 속에서 오랜 방황과 고뇌의 시간을 보냈으리라. 인생에 대한 사무치는 허무감과 진저리! 먹고 마시고 사귀며 살지만, 도대체 아무런 생의 의미도 가치도 찾을 수 없는 허망한 삶. 누구나 그런 문화 속에서 잘 견디며 살다가 사막에 이는 먼지처럼 스러지는 가여운 운명의 인생에 대한 쓰리고 가슴 아프고 텅 빈 삶의 슬픔과 고통.

그런데 그렇게 살다가 더는 견딜 수 없는 막다른 골목에 처했을 때, 느닷없이 그를 찾아와 부르시는 하나님의 목소리! 전혀 뜻밖의 종교적 체험 속에서 그 목소리를 듣자마자, 그는 충격과 함께 삶의 진실을 자각하고 모든 것을 뒤로하고, 전혀 낯선 미지의 세계로 탈출한 것이리라.

이 모든 것은 상상이지만, 그럴 가능성이 충분하다. 왜냐면 인간이 그런 과정도 없이 종교적 회오(回悟)에 젖는 일은 없기 때문이다. 중요한 것은 그 신이 메소포타미아 신이든 아니든 간에, 신의 '말씀'을 들은 아브라함의 종교적 근본체험국이라는 '사건'이다(히-다바르·Dabar는 '사건, 말씀'이란 뜻). 그는 심원하고 충격적인 영적 체험을 통하여 자기를 부르시는 신의 목소리에서 진실을 느끼고 떠난 것이다.

6-2) 이렇게 인간의 측면에서 아브라함을 생각해본 까닭은 그 누구도 자기와 삶과 세상에 대한 근원적·실존적 회의와 심원한 진리를 찾는 오랜 고뇌와 탐구의 나날 없이는, 인생에 대한 새로운 이해와 자각을 얻고자 하는 마음이나 참된 신을 찾아보려는 생각을 품지 않을 것이기 때문이다. 이렇게 생각해볼 때, 아브라함이 떠난 이유를 더 가깝게 느낄 수 있으리라. 우리가

알다시피, 하나님이 세상의 노예가 되어 푹 빠져 살아가는 자를 부르시는 일은 없다. 설령 겉으로는 그렇게 보이더라도, 실상은 전혀 그렇지 않다. 성서나 기독교 역사에서 하나님의 부르심을 받은 사람들은 모두 예외 없이 자신의 삶이나 사회나 역사에 대한 '신성한 불만과 불안'에 젖어 있던 사람들이었다(막 1:16~20 참조, 핵심은 "곧").

그런데 이상한 일이지만, 아브라함은 자기를 부르신 신이 '혹시 고바빌로니아나 메소포타미아의 신들 가운데서 어느 하나는 아닐까?' 하는 의혹도 없이, 진정한 신이라는 확신을 지니고 떠났다. 그는 그것을 어떻게 확신했을까? 그것은 오직 아브라함만 아는 것이다. 다만 우리가 추정하고 말할 수 있는 바는 그가 그 순간, 내면에서 거부할 길이 없이 솟구치고 강렬하게 뒤흔드는 비일상적이고 역설적인 체험, 곧 앞에서 말한 바와 같이 '신비스러움과 두려운 떨림과 매혹(魅惑)의 감정'에 압도되었을 것이라는 점뿐이다. 그렇지 않으면 아무것도 이해할 수 없다.

아브라함은 비일상적이고 특이하고 심원하고 충격을 안기는 실존적 체험을 통하여, 당대 사람들에게 익숙한 종교와 신화와 문화, 그리고 절대적 가치관이 되다시피 한 것들을 사정없이 부정하며 깨뜨리고(본토·친척·아버지 집. 오늘날도 마찬가지!) '떠나서 가라'고 하며 자유의 모험과 미래의 약속을 들려주시는 그 낯선 신의 나직한 목소리에서, 도저히 거부할 수 없는 모종의 압도적인 진실을 느낀 것이다.

즉, 그는 그 신의 목소리가 그동안 자기가 몸담고 살아오던 종교 문화 체계나 신정주의(神政主義)나 부귀영화 같은 고바빌로니아나 메소포타미아 사람들의 신앙과 세계관과 인생관을 완전히 산산조각내고 있기에, 그것을 진리·진실의 소리로 들은 것이다. 머물러 안주하고 소망을 기원하는 삶에 복을 준다는 게 전혀 아니었기 때문이다. 그런 종교적 체험 속에서 자각적 이해의 차원에 이른 사람은 부귀영화를 축복하거나 보장하지 않고, 오히려 그것을 해체하고 쓸어버리는 신의 목소리를 절체절명의 진실한 소리로 듣고 자신을 내던질 수밖에 없다.

따라서 하나님이 아브라함을 찾아온 시점은 그가 오랫동안 당대 사회의 주류적 경향 가운데서, 궁극적인 신과 진리를 찾기 위하여 깊이 회의하며 묻고 모색하다가 한계에 처한 때였다고 볼 수 있다. 이 세상 재미에 파묻혀 사는 사람에게는 굳이 인생에 대한 근본적인 회의랄 것조차도 없고, 하나님도 그런 사람을 부르는 법도 없으니까 말이다.

근본적인 회의란 인생에 대한 "근본 물음"이다(윌리엄 제임스-종교적 경험의 다양성). 이런 심각한 근본 회의와 물음에 젖어 있는 사람은 궁극적인 것을 찾기까지 멈추지 않는다. 멈추면 파멸하고 만다! 왜냐면 그는 이미 스스로 마음에 폭풍을 끌여들였기 때문이다. 그리하여 때가 무르익으면, 문득 거룩한 종교적 체험의 시기가 찾아온다. 신은 그런 사람을 외면하시지 않기에….

이에 관해 20세기 독일 소설가 '토마스 만'은 "요셉과 그의 형제들"에서 매우 재미있는 이야기를 들려준다(제1권). "아브라함이 자기를 찾아온 하나님의 목소리를 듣고 그를 택한 것은 그 신이 여느 바빌로니아 신들과는 다르게, 조상도 없고, 형제도 아내도 자식도 부하도 없기에 아주 외롭기 그지없어 보인 데다가, 나직한 음성이 진실하게 들리고, 그 어떤 제물도 원하지 않고, 다만 자유에 대하여 말했을 뿐이기 때문이었다." 대단히 심원한 통찰을 담은 상상력이라 하겠다. 분명 그랬을 것이다.

따라서 우리는 아브라함이 신의 목소리를 듣고 곧 떠난 것은 양(羊)우리와 같은 사회에서 사는 것에 대하여 영혼이 닳아빠져 진력이 났기 때문으로 볼 수 있다. '영혼이 닳아빠지는' 내적 상황은 정녕 미칠 것 같은 나날이다. 그것을 그대로 뭉개버리면, 그는 진실로 미쳐버리고 만다. 이미 그것이 그의 내면을 죄다 갉아먹어 들어갔기 때문이다. 그는 늘 똑같은 체제와 문화와 가치관, 똑같은 성공과 영광과 영화스러운 살림살이만 추구하는 세상과 사람들에 싫증이 나다 못해 혐오감이 들어, 새로운 삶을 갈망해온 것이다.

그런데 그런 삶이 기존의 세계에 그대로 안주하면서 생각만 새로 한다고, 어디 가능하겠는가? 아니다. 그것 역시 자기 합리화일 뿐이다. 따라서 결론은 하나밖엔 없다. 아무도 하지 않는 다른 행동을 감행하여, 그 세계를 박차고 떠나 새로운 곳으로 가서 새로운 방식으로 살아가는 것이다. 설령 가족과 친척과 세상이 모두 '미친놈'이라고 욕을 해대더라도…. 그렇지 않으면, 그간의 고뇌와 추구는 말짱 거짓이고 헛일일 뿐이다.

그렇다고 해서 하나님은 전적으로 수동적이시고, 아브라함이 신적 체험을 만들어냈다는 말이 아니다. 그런 일 없다. 단지 사람이 신의 목소리를 듣는 그런 특이하고 압도적인 근본체험국이나 그것을 소명으로 알아듣고 인식하는 사건은 궁극적 진실·진리를 찾기 위한 진지하고 오랜 인간적 탐색과 회의(懷疑)의 과정 없이는 일어나지 않는다는 뜻에서 하는 말이다. 그렇기에 아브라함의 소명은 신의 느닷없는 틈입(闖入)이 아니라, 오랜 시간 고뇌 어린 탐색에 대한 신의 응답으로 보는 게 합리적이다. 그렇지 않다면, 설령 고바빌로니아의 전사(戰士) 신인 '마르두크'(Marduk)가 호통치며 불렀다 해도 나서지 않았을 것이다.

그리고 그를 부른 하나님은 그가 도중에 여러모로 실수하더라도, 그의 인생을 전체적으로 다스리며 이끄실 것이다. 그것이 하나님의 선택과 인도의 주도권이다(initiative). 따라서 아브라함은 장차 자기를 통해 이룩하시려는 하나님의 인류 구원 프로그램을 몰랐어도, 오로지 그분의 부르심과 명령에 신앙으로 응답하여 탈출하고 지향하며 나아간 것이다. 곧, 그는 거부할 수 없는 압도적인 체험과 뜨겁고도 생생한 진실로 느껴지는 하나님의 목소리를 따라, 그동안 부유하고 편안하게 살아오던 기존의 세계, 즉 '아버지의 집, 고향, 친척들'을 무슨 쓰레기처럼 치부하고 부정하고 떠나, 전혀 미지의 세계를 향하여 떠난 것이다. 이것이 그의 소명의 진실이라 하겠다.

그런데 신의 부르심을 받은 사람은 누구나 기존의 세계와 미지의 세계 중간에 있다. "익숙한 삶의 지평선은 사라졌다. 더는 낡은 개념, 이상, 정서적 틀은 맞지 않는다."(J. 캠벨-천 개의 얼굴을 가진 영웅들) 그러나 새로운 세계는 어디에 있는지, 어떤 것인지 알 수조차 없다. 그곳이 가나안인지 어딘지는 전혀 문제가 아니다. 그것조차도 그의 마음에 있는 것은 아니다. 다만 자기를 부르신 이의 명령에 신앙으로 응답하여 멧돼지처럼 돌진할 뿐이다.

하나님은 그에게 '가나안 땅'을 지목하시지 않았다. 따라서 그는 하나님의 목소리를 듣고 무모하게 보일 만큼이나 전적인 신앙과 신뢰의 발걸음으로 막연한 미래를 향하여 자신을 내던진 것이다. 하나님의 명령은 그에게 이런 목소리가 아니었을까 싶다. "소유양식의 삶을 절대화하는 유혹에서 해방되어 존재 양식의 삶을 지향하라."(에릭 프롬-소유냐 존재냐)

7. 하나님은 모든 시대의 신앙인에게 언제나 탈출과 지향을 명령하신다. 다른 땅으로 이사를 떠나라는 것이 아닌(그럴 수도 있지만!), 내적 탈출과 지향의 명령! 이것이 성서가 말하는 신관과 인간관과 세계관과 역사관의 핵심이다. 탈출과 지향을 상실한 삶은 기실 자아와 세상에 중독되어 갇혀버린 노예와 수인(囚人)의 삶이다. 탈출이 없으면, 지향이 있을 리 없다. 자유인의 삶은 언제나 탈출이 기본이다. 그렇기에 신앙이란 우선 탈출이다. 탈출한 후에야 지향이 있다.

7-1) 일차적으로 탈출은 글자 그대로 살던 곳을 떠나는 것으로 나타난다(아브라함, 팔려가는 것-요셉, 도망치는 것-모세). 오늘날 누구에게도 그런 방식일 수 있다. 그러나 탈출은 단지 그러한 극단적인 양자택일을 말하는 것만은 아니다. 아브라함은 '본토, 친척, 아비 집'을 떠났지만, "많은 재산과 종들"을 내버리지 않고 데리고 떠났다(창 12:5). 요셉은 형제들에게 팔려 이집트 노예가 되었지만 끝내 파라오 다음의 통치자·권력자·강자가 되었고(창 37~50장), 모세는 이집트인을 죽이고 시나이반도로 도망쳤지만 결국 위대한 해방의 민족 지도자가 되었다(출 2장~신명기). 그러나 그들 모두 평생토록 그 어떤 것에도 매이거나 집착하거나 종속되거나 지배당하지 않았다.

따라서 진정한 탈출이란 내면·마음·심정(心情)·사고(思考)·뜻·의지의 탈출이다. 왜냐면 이민을 떠나거나, 팔리거나 버림을 받거나 추방당하거나, 아니면 도피하거나 간에, 과거나 현재의 욕망을 그대로 가지고 있는 한, 그것은 탈출이 아니기 때문이다. '큰스님'이 되고자 출가(出家)하셨는데, 세상 욕심을 그대로 품고 추구한다면, 그게 어찌 출가일까 보냐? 도대체 스님에 무슨 크고 작은 게 있는지 모르지만, '큰'이란 것 자체가 불교가 줄곧 말하는 내버려야 할 집착·망상·환상·욕심이 아닌가! 그러니 '큰스님'이란 말 자체가 모순이고 오류이다.

탈출이란 그것이 '본토, 친척, 아비 집'이든, 권력과 영향력과 재산, 신분과 미모와 재주와 머리와 기술이든, 과거의 업적과 영광에 대한 기억이든, 고통스럽고 몹쓸 사건에 대한 쓰라린 추억이든, 사람이 그런 것을 신처럼 떠받들면서 헤어 나오지 못하거나, 그것으로 자기를 인식하고 동일시하고 규정하고 주장하고 내세우고 살아가면서, 거기에서 삶의 안전을 담보하고자 하는 일체의 욕망과 자포자기적 심정을 끊어버리는 것이다. 곧, 우리 안에서 신이 되고자 하는 욕망의 체계인 자아(Ego)와 그 자아의 확대판인 세상에 대하여 죽는 것! 이것이 진정한 탈출이다.

탈출은 하나님의 뜻을 내 인생의 목적으로 받아들이고 떠나는 것이다. 아니, 하나님이 내 안에서 당신의 삶을 사시게 해드리는 것이다! 그래서 탈출은 하나님을 향한 전적인 신앙과 무조건적 신뢰에서만 가능하다. 탈출은 무집착(無執着), 곧 현재 내가 처해 있는 현실이 어떠하든지, 거기에 묶이거나 사로잡히지 않는 내적 자유에서 나오는 행동과 실천이다.

누구에게나 인간이 처한 현재의 현실은 크게 두 가지로 말할 수 있겠다. 외면적 빛과 낮: 성공과 권력과 영광과 영화, 어둠과 밤: 결핍과 가난과 실패와 고난의 상황. 그런데 탈출은 이 두 가지 현실의 어떤 상황·자리에 처해 있든지 붙잡히지 않는 것이고, 지금 나의 현실이 어떠하든지 간에, 그런 것으로 나를 인식하고 동일시하며 규정하지 않는 것이다. 외면적 빛에 붙잡힌다면 사치와 방탕과 교만뿐이고, 어둠에 붙잡힌다면 자포자기와 절망뿐이다. 둘 다 하나님과 진리, 영혼과 삶을 상실하고 마는 똑같은 결과에 이르기는 마찬가지이다. 거기에는 소외의 현실밖에는 없다(疏外, 바깥에 서다·내쫓기다). 소외는 실패와 상실과 죽음의 현실이다.

7-2) 지향은 탈출한 사람이 언제 어디서나 자기에게 주어진 인생의 우선순위를 바라보고 나아가는 것이다. 구약성서는 이것을 '하나님의 명령·뜻'이라는 형식으로 표현한다. "너는 내가 보여 주는 땅으로 가라." 곧, 너는 내가 인도하는 대로 따르라는 것이다. 이것은 깊이의 삶과 높이의 삶, 곧 거룩한(다른·구별된·의로운) 삶을 지향하는 것에 관한 말이다. '지금 네 삶의 조건과 상황이 어떠하든, 너는 항상 땅에서 하늘에 닿은 나선형 층계를 오르라!'

따라서 지향은 하나님과 진리와 내면세계의 각성에 관한 것, 곧 양적인 삶을 질적인 삶으로 변형시키는 것에 관한 말이다. 이것은 단순한 수정이나 교정이나 대체(replacement)의 형식적 존재 방식이 아닌, 전적인 변형(transformation)의 삶에 관한 것이다. 그래서 지향은 이것저것 끌어모아 축적하고 소유하는 집합(gathering)이 아닌, 변증법적 통합(unification)에 관한 것이다.

지향이란 인간이 내면에서 듣거나 느끼거나 발견한 궁극적 실재(實在·Reality)와 가치와 이상을 향하여, 자신의 모든 것을 모아 집중하고 몰입하는 것이다. 따라서 통합으로서의 지향은 육체성이나 육체적 가치에 대한 그 어떤 것도 거부하거나 부정하지 않는다. 우리는 이 점에 대해서 추호도 오해하지 말아야 한다. 성서는 결코 육체와 육체적인 것을 부정하거나 금기시하지 않는다. 다만 거기에 사로잡히지 않고, 그것을 기반으로 활용하여 생의 숭고한 목적·이상을 지향하며 높이 솟구치는 삶을 말한다.

'그대 삶의 우선순위를 하나님의 명령과 진리를 깨닫는 내면세계의 각성과 그 실천에 두라. 곧, 날마다 그대의 존재를 혁신하라. 그러면 그것으로부터 자연스럽게 아름답고 고귀한 존재 방식이 나온다.'

이런 말이 성서가 설파하는 것이다. 이것은 예수의 사상에서도 그대로 나타난다. "너희는 먼저 하나님의 나라의 그의 의를 구하라. 그러면 이 모든 것(일상의 필요)을 너희에게 더해 주실 것이다."(마 6:25~34) 몸과 일상의 일체 물적 형식은 진리와 영혼과 정신의 발판이지 목적이 아니기 때문이다.

구약성서는 탈출과 지향의 개념을 이스라엘 민족의 역사적 체험을 통하여, '이집트를 떠나 가나안 땅을 향해 나아가는 것'으로 이미지화한다(출애굽기~신명기). 그래서 탈출은 했으나 지향을 거부하는 자는 끝내 도중에 사멸하고 만다(민 13~14장; 신 1장). 히브리 예언자들의 비판과 규탄도 하나님의 뜻·명령인 탈출과 지향을 거부하고, 성공과 안정과 번영만 추구하는 바알 종교적 세속주의와 기복주의의 세계관과 가치관에 관한 것이다. 그러한 거부와 안주적 태도는 끝내 파멸에 이르고야 만다(왕하 17~25장; 예레미야서).

7-3) 그리고 탈출과 지향은 보편적인 원리와 법칙에 관한 것으로, 모든 인간과 나라와 역사에 적용된다. 개인과 국가가 탈출과 지향에 진실할수록 건전한 생활과 자유와 민주주의와 평화의 번영이 약속된다. 고이면 썩고, 개혁과 혁신을 거부하며 안 나가면, 이내 시대에 뒤처지고 몰락할 뿐이다. 안정과 보수도 필요한 일이지만, 그것을 지나치게 추구하면 필연 자멸하고 만다.

이러한 탈출과 지향의 인간상에 관한 원리는 성서뿐만 아니라, 동양의 노장(老莊)과 공맹(孔孟), 고타마 붓다와 달마대사와 당나라 선승 단하 천연, 그리고 그리스 철인 헤라클레이토스나 소크라테스나 피타고라스나 플라톤, 로마의 키케로나 세네카 등이 설파한 보편적 사상이기도 하다. 인간이 깨달아야 할 진리는 동서고금의 차이가 없다. 그렇기에 탈출과 지향의 존재 방식은 동서고금의 모든 인간에게 적용되는 일반적이고 보편적인 원리, 곧 삶에 대한 통찰과 지혜와 자각(自覺)에 기초한 도덕성의 길이다.

삶의 의미는 이러한 '깨달음의 앎'에 있다(knowing, 지식이 아닌 진리에 대한 심원한 통찰). 이것은 특수한 신앙과 종교와 철학 체계의 사회를 넘어, 모든 인간과 나라와 역사 일반에 적용되는 앎과 사상·철학과 도덕과 윤리와 존재 방식의 문제에 관한 것이다. 그렇기에 부정부패나 거짓되고 무책임하고 폭력적인 행위 같은 일은 탈출과 지향을 거부한 결과로 발생하는 것으로, 자기의 진정한 가치에 대한 망각, 자기 존중의 결여와 자기 비하, 가족과 친구와 동료에 대한 존경심과 책임의 결여와 상실, 사회에 대한 인간적 의무의 포기 등에서 나오는 행태이다.

어째서 사람들은 그런 행태를 드러내는가? 영국의 문학평론가 '콜린 윌슨'의 말을 들어보는 것이 좋겠다. "모든 범죄는 지름길 심리에서 나온다."(잔혹, 제1권). 이것은 인간성과 나라에 관한 심원한 통찰이다. 남들이나 타국들보다 빨리 성취하여 힘을 소유하고 자랑하고자 하는 탐욕, 이것이 몰염치와 범죄와 투쟁, 수치와 전쟁의 길을 걷게 하는 근본이다.

성서에서 볼 때, 이것은 탈출과 지향을 거부하는 데서 나타난다. 현재 소유의 형식과 자기를 동일시하며 규정하고 제한하며 탈출을 거부하기에, 끊임없이 하나님의 뜻인 미래의 이상을 향하여 나아가는 지향도 없다. 게다가 미래를 지향한다 해도, 여전히 소유욕에 근거한 과거의 되풀이나 더 많은 축적에 대한 기대와 추구일 뿐이다. 그러나 탈출을 거부하고 지향해야 할 인간적 가치와 이상을 긍정하고 나아가지 않는 존재 방식은 필연적으로 적나라한 현실 안주와 자만, 부패와 수치, 쇠락과 파멸에 맞닥뜨리게 될 수밖에 없다.

1970년대 초반에 나온 미국 소설가 '리처드 바크'의 아름다운 소설 "갈매기의 꿈"을 생각해보자. 한 갈매기가 여느 갈매기들처럼 해변에서 먹이를 경쟁하는 일상에 진저리를 친 끝에, 혼자서 더 높이, 더 빨리, 더 아름답게 비상(飛上)하는 것에 미쳐서 매일 그 연습만 한다. 그러자 부모들과 주변 어른들과 친구들이 먹이나 열심히 찾을 것이지, 쓸데없는 짓만 한다면서 책망하고 따돌린다.

그러나 그는 그것을 이겨내고 꿋꿋하게 버티며 연습하던 끝에, 드디어 가히 갈매기 신의 경지에 올라 자유자재로 시공간을 오고 간다. 그리하여 갈매기 사회로부터 완전 왕따가 되고 소수 갈매기만 추종할 뿐이지만, 그는 그들을 가르치며 자유자재한 삶을 살아간다.

이 이야기는 우리에게 이른바 '인류의 교사'라는 사람들의 삶을 생각하게 한다. 아브라함, 모세, 아모스와 호세아와 이사야(제1, 2, 3)와 예레미야와 에스겔 등 이스라엘 예언자들, 노자, 공자, 장자와 맹자, 고타마 붓다,

조로아스터, 헤라클레이토스, 소크라테스, 피타고라스, 예수, 까비르, 프란치스코, 마이스터 에크하르트, 조르다노 브루노, 왕양명, 이황, 이이, H. D. 소로, 최제우, 톨스토이, 알베르트 슈바이처, 마하트마 간디, 암베드카르, 비베카난다, 마더 데레사, 유영모, 이세종, 함석헌, 김흥호 같은 사람들. 이들은 대부분 빈한한 가정 출신이었지만, 진리를 향한 진지한 노력과 수행의 비상(飛翔) 끝에 결국 드높은 경지에 이르러 인류의 스승이 된 분들이다.

그들의 삶은 무엇을 보여 주는가? 끊임없는 탈출과 지향의 존재 방식이다. 그들은 모두 신, 또는 인생의 궁극적 진리를 깨닫기 위한 거룩한 열정에 불타올라, 한 번도 물러서지 않고 나아간 끝에, 마침내 위대한 경지에 도달하여 숭고한 인격으로 진리를 가르쳐주었다. 그들은 위대한 정복자도 아니었고, 부자도 아니었고, 작가도 아니었고, 예술가도 아니었고, 경제인도 아니었다. 그들은 모두 위대한 인격자, 진리의 발견자들이었다. 그래서 세상은 지금도 그들을 세상의 빛, 세상의 소금으로 우러른다.

8. 아브라함이 들은 하나님의 목소리는 진리의 목소리이다. 성서에서 하나님은 진리이시다(시 31:5; 사 65:16; 요 8:31~32 참조). 따라서 아브라함의 하나님-체험은 진리-체험에 관한 것이다. 신앙인은 성서에서 말하는 하나님을 올바로 이해해야 한다. 그렇지 않으면 자기도 모르게 하나님과 삶을 왜곡하여 이해하고서도 그런 줄도 모르고 살아가게 된다. 대개 성서의 하나님을, 마치 금은보화 박힌 저 하늘궁전의 의자에 좌정하고 있는 옥황상제같이, 어떤 고정된 실체(實體)처럼 생각하는 경향이 다분하다.

물론 구약성서에 그런 표현들이 많다는 것도 사실이다. 그러나 그것은 어디까지나 백성의 인지(認知)가 제대로 발달하지 못했던 미숙한 시대였기에, 그렇게밖에 표현할 수 없어서 취한 고육지책의 방편일 뿐이지, 하나님이 실제로 그렇다는 말이 결코 아니다. 예수 시대까지만 해도, 히브리인들 가운데 문자 해득 계층은 제사장과 학자와 귀족이나 평신도 부유층 등, 전 국민의 3% 미만이었다(요아킴 예레미야스-예수 시대의 예루살렘). 따라서 지금도 하나님을 그런 식으로 말하는 것은 유치원 아이들에게나 어울리는 것이다. 하나님은 진리이시다!

그런데 성서가 증언하는 하나님마저도 탈출과 지향의 길 위에 서 계시다! 곧, 하나님도 끊임없이 움직이며 활동하시는 이동의 신이다. 하나님은 저 하늘이나 성전에 머물러 있는 어떤 고정된 실체가 아니다. 죽은 것만이 고정된 실체이다. 고정된 하나님이란 사실 고대 이스라엘 주변의 민족사회에서 말하는 거짓된 우상으로서의 죽은 신들(사 44:9~20, 46:1~2), 혹은 그리스 신화에서 말하는 괴팍하고 음란한 신들일 뿐이다.

"성서의 하나님은 아브라함의 하나님, 이삭의 하나님, 야곱의 하나님이시다."(출 3:6; 블레즈 파스칼-팡세) 하나님은 우주와 만물의 창조자, 만물 위에 계시는 분, 만물 안에 계시는 분, 만물과 함께하시는 분, 특히 역사 속에서 인간과 함께 움직이면서 인간의 구원과 평화를 위해 활동하는 역사의 주인이시다. 그래서 하나님의 삶 역시 인간과 함께 끊임없는 탈출과 지향을 지속하는 가운에서 이루어져 가는 과정이다(processing).

그렇다고 해서 하나님이 완전하지 않다는 말이 아니다. 우리가 하나님을 이해하기 위해서는 이렇게 말할 수밖에 없다는 뜻이다. 실로 종교적인 언어만큼 어려운 것도 없다. 가장 좋은 것은 "인간은 말할 수 없는 신비에 관해서는 침묵할 수밖에 없다."라는 것이지만(L. 비트겐슈타인-논리 철학 논고), 그래도 사람들을 위해 하나님이나 진리를 말해야 하겠기에, 비슷하게 그릴 수밖에 없는 사정이 있는 것이다.

성서의 하나님은 초월자(超越者, The Transcendent)인 동시에 내재자(內在者, The Immanent)인 역설적인 분이시다. 초월자 하나님은 이 세상 안에서, 즉 역사 속에서 내재하며 활동하신다. 따라서 하나님에게도 역시 삶이란 것이 있으시다. 하나님의 삶은 자연과 인간과 함께 나아가는 역사적인 삶인 동시에, 인간과 역사를 보편적인 자유와 변혁과 구원의 세계로 이끌어 올리시는 초월적인 삶이다.

하나님이 이 둘을 조화롭게 수행하시며, 아무것도 모순되지 않게 한다. 우리 눈에는 모순으로 보인다고 해도 그러하다. 하나님은 자연과 인간과 역사를 "인간의 자연화, 자연의 인간화"가 이루어지는 세계로 이끄시는 분이다(K. 마르크스-경제학·철학 수기; 창 2장; 사 45장). 하나님은 인간과 세계를 자유와 변혁, 구원과 평화의 과정이 되도록 인도하시는 분이다. 그래서 구약성서가 하나님을 "살아 계신 하나님"이라고 말하는 것이다(시 42:2).

자유와 변혁, 구원과 평화를 창조하시는 하나님의 활동은 인간과 역사를 전제하며 그 안에서 진행된다. 인간과 역사 없는 하나님의 활동은 가능하지도 않고 상상할 수도 없다. 그렇다면 그 하나님은 하늘에 좌정하고 무한한 침묵과 무관심 속에서 우주와 세상을 관조하는 "철학자의 하나님"일 뿐이다(B. 파스칼-팡세). 그리스 철학자 '에피쿠로스'가 말하는 무관심한 관조(觀照)의 신이 그러하다(B. 러셀-서양철학사, 제1권).

하나님은 언제나 세상과 역사를 통하여 인간의 자유와 변혁, 구원과 평화를 창조하고 지속시켜 나가면서, 동시에 저 미래에서 이곳으로 오면서 인간과 역사를 그 자유와 변혁, 구원과 평화의 새로운 세계로 부르고 인도하신다. 이런 변혁과 창조의 하나님과 진리는, 정치든 종교든, 체제 유지적인 관점에서 은근히 혹은 직접 왜곡하고 선전하면서, 하나님을 저 위에 있는 독재자 같은 신과 이념(ideology)인 것처럼 말하는 하나님 상이나 신학적 언어와는 전혀 반대편에 서 있다.

정치와 종교의 이념으로 삼아 고정해버린 그런 하나님 상과 진리를 말하는 방면에는 구약성서, 신약성서, 기독교 신학, 철학과 정치학과 사회과학과 자연과학, 예술과 문화와 언론 등, 무수히 많다. 여기에 '구약성서, 신약성서, 기독교 신학'까지 포함한 까닭은 여기에도 그런 표현이 많이 있기 때문이다(일일이 예거할 수 없다. 월터 부르지만-예언자적 상상력; 에른스트 블로흐-저항과 반역의 기독교, 참조).

　　그러나 성서의 하나님은 마치 아직 완성되지 않은 분인듯, 당신도 완성을 향하여 나아가면서 역사 속에서 자신을 드러내신다. 그것은 하나님이 인간과 역사의 한계 때문에 어쩔 수 없이 취하시는 자기 제한과 겸손의 존재 방식이다. 어떤 부모가 아이에게 어른의 행동을 기대하는가?

　　"하나님, 나는 당신이 필요합니다. 그러나 당신에게도 내가 필요하십니다. 내가 없으면, 당신도 하나님이 아니십니다."(예수의 어린 시절인 서기 1세기 초반 유대교 랍비 '힐렐'의 말, '조철수-예수 평전'에서 재인용) 하나님은 역사 속에서, 인간과 함께 당신의 뜻을 완성하며 나아가는 도상에 계신 분이시다(途上·길). 즉, 하나님은 오늘도 내일도 그다음 날도, 언제나 인류와 함께 걸어가시는 분이다. 이것이 구약성서가 말하는 "구름 기둥과 불기둥으로 인도하시는 하나님"(출 13:21), 곧 '쉐키나' 하나님의 이미지이다(Shekhinah, 임재·현존).

　　9. 성서는 하나님이 역사의 하나님, 역사의 주인이시라고 말한다. 그러나 역사는 엄연히 인간의 무대이기도 하다. 따라서 하나님이 역사의 주인이시라는 말은 하나님이 인간과 함께 움직이면서 인간의 역사를 하나님이 뜻하는 세계로 변화시키기 위하여, 인간을 불러 당신의 도구와 동료와 공동작업자로 쓰신다는 의미이다. 그리고 그 부르심은 신앙인을 비롯한 모든 인

간을 향한 보편적인 것이기도 하다.

하나님은 역사 속에서 인간을 불러 탈출하고 지향하라고 하신다. 따라서 "인생의 목적이란 완전한 존재에 이르기 위해 아집과 나 중심의 질곡에서 벗어나는 것이다."(마이스터 에크하르트-강론집) 이것이 모든 인간에게 주어진 하늘의 명(命)이다. "하늘의 명이 인간 성품의 본질이요, 이 성품을 따르는 것이 인간이 걸어가야 할 길이고, 이 길을 잘 수행하는 것이 참 배움이다."(자사-중용, 1장)

인간을 향하신 하나님의 명령·뜻·계획은 자아와 이 세상으로부터의 해방, 즉 '본토, 친척, 아비 집'으로 상정되는 소유와 자기 동일시와 이기심으로부터의 해방과 자유에 관한 것이다. 그것은 나를 이 세상의 그 무엇과도 동일시하지 않는 무아(無我)의 길, 소유하면서도 소유 당하지 않는 무소유(無所有)의 길을 가라는 것이다.

'본토, 친척, 아비 집'을 글자 그대로 버리라는 말이 아니라(어떤 이에게는 글자 그대로!), 버린다는 것이 무엇인지를 이해하라는 것, 곧 마음·생각의 탈출로 자각하라는 것이다. 그리하여 자유와 변혁과 창조의 삶, 즉 진정으로 인간적인 삶을 건설하라는 것이다. 이것이 모든 인간이 받은 하나님의 명령과 진리이며, 특히나 참된 삶을 추구하는 신앙인의 진정한 발판이며 방향이며 또한 목적지이다.

그런데 이 길은 아무것도 확정되지 않은 어두운 미지의 세계로 이어지는 모험과 도전을 요구하기에, 매우 거칠고 황량하고 막연하기도 한 불확정성의 어려운 길이다. 이 길은 그 어디에도 안주하고 의지할 구석이 없다. 인간의 삶 자체가 '불확정성의 원리' 아래 있다. 의지할 수 있는 것은 오로지 내면에서 가느다랗게 들려오는 진리와 양심의 목소리뿐이다.

진리처럼 확정적이면서도 불확정적인 것도 없다. 진리는 절대적이면서도 상대적이다. 그래서 진리는 이중적이다. 진리란 그것이면서도 그것이 아닌 것, 그것이 아니면서도 그것인 그런 것이다. 진리는 알 수 있으면서도 알 수도 없고, 들리지 않으면서도 들리고, 소유할 수 없으면서도 소유할 수 있고, 보이지 않으면서도 보이고, 말로 표현할 수도 없으면서도 표현할 수 있고, 모호하면서도 분명하고, 어두우면서도 밝기도 한, 그런 어떤 것이다. 그래서 진리는 역설적으로 '어두운 빛, 빛나는 어둠'이라고 말할 수밖에 없다. 물론 성서에서 진리는 하나님, 하나님의 뜻·말씀이다.

소리조차도 없이 절실히 원하는 사람에게만 다가오는 진리의 목소리는 내적 체험과 각성과 신념과 이상(理想)을 일으킨다. 그때 그 진리의 목소리는 그에게 절대적인 진리가 된다. 따라서 진리는 철저히 개인적이고 주체적이다. "진리는 주체성이다."(S. A. 키르케고르-반복). 진리는 정보의 습득으로 아는 지식(knowledge)이 아니라, 내적이고 실존적인 체험으로 체득하여 통찰하고 깨닫는 앎(knowing)이다. 이것은 종교적인 진리만이 아니라 철학적인 진리도 해당한다. 진리는 종교와 철학으로 구분되지 않는 궁극적인 것이기 때문이다.

언제나 내면에서 들려오는 진리의 목소리는 '너는 이대로는 안 된다. 너는 끊임없이 참 사람됨의 완성을 향하여 여행을 떠나야 하는 도상의 존재이다.'라고 소리 없이 선언하면서, 우리를 시험하고 해체하고 다그치며 앞으로 나아가라고 촉구한다. 모든 인간은 자신의 내면에서 이 거부할 수 없는 진리의 목소리를 느끼고 듣고 있다. 그렇지 않은 인간은 하나도 없다. 다만 민감한 영혼만이 그 소리를 귀 기울여 듣고 자기 변형의 길을 떠날 뿐이다.

인간이 갖가지 욕망과 망상과 거짓에 휘둘리거나, 많은 것을 소유했어도 늘 내적 소외감과 불안과 허무감을 느끼거나, 특히 죽음을 두려워하는 것도 내면에서 들려오는 진리의 목소리 때문이다. 보이는 것을 소유하고 축적하여, 그것을 자기와 동일시하며 자기를 규정하고 인생을 붙잡아 보려 하지만, 늘 초조한 기분과 밑 없는 구렁텅이에 빠져들어 가는 감정을 느끼지 않을 수 없다. 내면에서 들려오는 진리의 목소리에 귀를 기울이지 않는 한, 이런 가여운 존재 방식은 평생 이어지고, 결국 죽음의 먹이로 끌려가고 만다. "일생 죽음의 공포 때문에 종노릇하는 사람들…."(히 2:15) 이것이 인간의 적나라한 현실이다.

따라서 역설적으로 말해서, 압도적으로 다가와 지금의 나를 불편하고 불안하게 하고 해체하면서, 그 어떤 안정조차도 주지 않는 것만이 진리라 하겠다. 진리는 우리를 편들어주거나 옹호하거나 타협하지 않기 때문이다. 진리만큼 전혀 인정사정없는 몰인정한 것도 없다. 진리는 내면에서 그저 태양처럼 환하게 빛나며 변화와 행동을 요구한다. 그렇기에 진리만이 우리 삶의 궁극적인 빛과 인생의 참된 의미이며, 진정한 삶의 발판이고 지향해야 할 방향과 목적이다. 진리는 어둠 속에 있는 우리를 이끌어 올리는 빛이다. 하나님의 목소리로 나타나는 진리는 모든 상대적인 것을 상대화하고, 절대적인 것을 붙들라는 명령이다.

10. 그러므로 자유와 변혁과 창조적인 삶을 명령하시는 하나님의 뜻을 따라 탈출하고 지향하는 자에게는 언제나 긴박한 도전과 모험인 신앙, 곧 하나님을 향한 온전한 신뢰가 필요하다. 신앙이란 지금 이 순간 나를 부르시는 하나님의 목소리·진리에 기꺼운 동의·복종을 통하여, 자아와 세상에 대하여 철저히 죽고 나를 하나님에게 내던지는 투신의 행동이요, 하나님을 선하신 분으로 믿고 그분이 인도하는 미래의 새로운 삶을 향하여 나아가는 응전(應戰·응답, response)의 모험이다.

하나님은 자꾸만 저 앞으로 움직이시는 분이다. 다른 말로 하면, "하나님은 미래에서 지금 이곳으로 오고 있는 하나님이시다."(위르겐 몰트만-희망의 신학; 오시는 하나님) 만일 하나님이 고정된 실체라면, 어느덧 시간이 흐르면 과거지사가 되면서 낡은 고물로 해체되고 말 것이다. 역사 속에서 이미 그런 운명을 맞이한 신들이 바로 저 고대 이스라엘 주변 민족의 신들과 그리스와 로마 신들의 운명이었다는 것은 누구나 다 아는 일이다.

그래서 "신앙은 내기 도박과 같다."라고 말하는 것이다(B. 파스칼-팡세). 신앙은 절대의 세계에 자신의 모든 것을 내거는 도박행위와도 같다. 그만둘 것이냐, 내디딜 것이냐 하는 두 가지 양자택일 앞에서, 신앙은 살든지 죽든지 내딛는 것이다. 진리는 항상 내가 고수하고 지키고자 하는 기존의 모든 거점과 발판을 모조리 부수고 철거한다. 그렇지 않으면, 진리가 아니다. 진리는 위대하고 신성한 파괴자이다. 진리는 먼저 자아를 죽이고 난 다음에야, 새로 난 사람을 통해 일한다.

진리는 우리에게 자기를 먹어 차지하라고 말한다(마 11:12-하늘나라는 힘쓰는 자들이 차지한다). 이것이 진리의 역설적인 면모이다. 진리는 소리도 형체도 움직임도 없이 한없이 부드러운 깃털처럼 고요하기도 하지만, 우리를 사방에서 옥죄고 틈입해오면서 인정사정없이 부추겨 일어서게 하는 망치요 칼이요 불이다. 진리의 얼굴은 다양하다. 그것은 양심으로도 오고, 역사적인 사건을 통해서도 얼굴을 드러낸다.

20세기 동독의 철학자 '에른스트 블로흐'는 이런 말을 한다. "진정한 의미에서의 발판은 오로지 진리를 찾으려는 노력 속에 있다. 다시 말해, 그것은 진리에 대한 결코 실망을 느끼지 않는 예견 속에서, 진리가 이끄는 방향과 부호에 대한 충직함 속에서 성장한다. 이는 점점 올바른 것으로 변하기 위한 과정에서 환멸을 가져올 수 있고, 또한 그래야 한다.

진정한 의미에서의 발판은 상부에서 내려온 교활한 강령을 반영한 미

성숙함을 전제로 하지 않는다. 오히려 그것은 과정에서 나타나는 불만족의 자세를 전제로 하며, 이러한 희망이야말로 희망하는 사람에게 하나의 발판이 될 수 있다. 우리에게 개방된 그 공간은 어디서도 아직 확정되지 않고 있다. 거짓된 공간은 결코 우리의 진정한 발판이 되지 못한다.

우리는 그 앞에 무릎을 꿇어서도 안 되고, 거짓으로 만들어진 낯선 확신으로 향연을 베풀어서도 안 되며, 미리 확정된 안전한 신앙에 따른 희망으로 마음을 빼앗겨서도 안 된다. 중요한 것은 '그럼에도 불구하고'라는 부정과 저항의 태도 외에도, 과정과 미리 보이는 무엇을 향한 개방성, 발효하는 무엇, 그리고 가능성이다."(저항과 반역의 기독교) 마르크시스트 무신론자가 이런 말을 했다는 것이 얼마나 놀라운가!

하나님의 부르심은 거짓되고 환상적으로 규정하고 인식하는 자아를 버리는 행위, 곧 케노시스(Kenosis·자기 비움)의 자유와 결단 속에서, 자기 변혁과 창조적 삶을 향하여 떠나라는 명령이다. 하나님의 부르심은 전혀 인간의 욕망과 의도와 소망에 합치하는 게 아니며, 더구나 세속적인 것들에 대한 보장성 충분한 보험이 아니다. 떠나서 가라고 하시는 하나님의 명령은 막연하지만, 충분히 근거 있고 심원한 것이다. 막연한 신비의 베일 뒤에 감추어진 심원한 근거가 아니라면, 진리의 목소리가 아니다. 진리를 이미 확정된 것으로 선전하는 "모든 이론은 회색이며"(J. W. V. 괴테-파우스트), 거짓된 신들의 유혹이며 우상의 목소리일 뿐이다.

진리는 결코 안정과 만족과 정체(停滯)와 타협을 허용하지 않는다. 그것은 언제나 도전과 모험 속으로 우리를 휘몰아간다. 비록 진리를 깨달은 스승의 가르침을 듣는다 하더라도, 그것을 체험을 통하여 깨달아 낸 것으로 하는 것은 여전히 나에게 주어진 과제이다. 아무도 진리를 떠먹여 줄 수는 없다. 그래서 이렇게 말할 수밖에 없다. "들을 귀가 있는 사람은 들어라!"(막

4:9) 아무도 진리를 축적할 수 없다. 진리는 비-축적적 앎이며, 바람같이 자유로운 것이다(요 3:1~8).

자유와 변혁과 창조의 세계는 내적 깨달음과 확신, 성숙해가는 인격, 진리에 뿌리를 내린 굳건한 존재 방식을 요구한다. 이것이야말로 인간을 그 어떤 상황 속에서도 무너지지 않게 지켜주는 유일한 토대이며 진정한 재산이다. 이렇게 떠나서 가라는 하나님의 부르심과 명령은 모든 인간에게 주어진 삶의 과제이다.

11. 아브라함을 부르신 하나님의 목소리는 자아에서 나오는 타산적 생각의 길이 아닌, 자아를 이해하고 넘어서 자신을 텅 비우고 진리를 따르라는 신앙·신뢰와 기도와 관상(觀想, 묵상·명상)의 길, 곧 참된 영성의 길인 '종교성'으로 초청하는 목소리이다. 이것은 날마다 세상과 자신에게 죽는 영성훈련의 길이다. 왜냐면 이것만이 끊임없이 우리 안에서 속삭이는 유혹적 생각·사념(思念)의 다발일 뿐, 실재하는 게 아닌 환상의 세계인 자아(Ego)를 초극하는 길이기 때문이다. 자아의 종노릇을 하며 살아가는 사람의 영혼과 삶은 온갖 착오와 오류로 가득한 어둡고 괴롭고 무겁기 그지없는 것이며, 끝내 막다른 골목인 허무와 죽음의 길로 빠지고 만다.

아브라함을 부른 하나님의 목소리는 "알지 못하는 것에 대한 두려움, 남과 같지 않은 것에 대한 불안, 홀로 있음에 의한 쓸쓸함을 극복하는 일에 대한 초청이다."(오강남-종교란 무엇인가). 따라서 이 길을 가려면, 오직 그 신성한 목소리에 부합되는 내면의 질서와 태도를 깊이 파고자 하는 진지한 기도와 관상으로 영성훈련의 길을 걸어가야만 한다.

11-1) 한 번 물어보자. 그대는 기도하시는가? 모든 기독교인은 기도할 것이다. 그러나 자아가 강요하는 머리와 타산의 방식, 곧 아브라함 시대의

바빌로니아와 메소포타미아나 오늘날 현대인들의 가치체계를 구성하는 주요 성분인 성공과 부귀영화와 가족주의와 안전을 생의 목적으로 받들고 희구하며 기도하는 것은 전혀 성서가 말하는 기도가 아니다. 미신과 우상 숭배자들이나 신을 부정하는 무신론자들조차도 그런 기도는 한다.

예수께서는 기도에 대하여 이렇게 말씀하신다. "구하라, 그리하면 하나님께서 너희에게 주실 것이다. 찾아라, 그리하면 너희가 찾을 것이다. 문을 두드려라, 그리하면 하나님께서 너희에게 열어 주실 것이다."(마 7:7~11)

그런데 지금까지 이 말씀만큼 오해되고 왜곡되고 잘못 가르치는 말씀도 없다. 대개 기독교인들은 이 말을 순전히 자기들이 바라고 추구하는 육신과 세상의 가치체계를 끊임없이 확보하려는 종교적 요구로 이해한다. 그러나 예수의 말씀은 전혀 그런 뜻이 아니다. 만일 그렇다면, 앞 구절인 6장 25~35절과 모순된다. 거기에서 예수께서는 분명히 "너희가 필요한 것을 다 아시는 하나님께서 이 모든 것을 더하여 주실 것이니, 먹을 것과 마실 것과 입을 것을 걱정하지 말라."라고 하셨기 때문이다.

'구하라, 찾아라, 문을 두드려라'라는 말은 모두 같은 말, 곧 동의어이다. 왜 예수께서는 같은 뜻의 말을 세 번이나 반복하며, 인간이 '찾아 얻어야 할 것'에 대하여 말씀하셨을까? 이것은 어떤 의미일까? 나는 이것을 '노력하라, 노력하라, 노력하라'라는 뜻이라고 본다. 그러면 예수께서는 그 '찾아 얻어야 할 것'을 무엇으로 생각하신 것일까?

성서를 보면, 두 가지이겠다. 하나는 '구하라~'의 말씀은 이른바 '바빌로니아나 메소포타미아 종교와 문화의 가치체계', 곧 자아와 세상에 대한 추구를 한 번에 끝장내라는 것이다(요일 2:15~16). 이것은 아브라함이 들은 하나님의 목소리와 같은 것이다. '떠나라, 버려라! 자아의 욕망과 세상을 지향하는 삶, 곧 물질적 소유에서 자기 정체성을 확인하고 생의 의미와 가치를 찾으려는 어리석고 무모한 시도를 단번에 포기하고 끝장내라! 소유가 있거나 없거나 간에, 소유물에 소유되지 않는 삶을 지향하라!' 그래서 언제나 먼저 "하나님을 아는 것"(다아트 엘로힘·Daath Elohim, 호 6:6), 곧 하나님의 뜻·진리의 길을 생의 목적으로 추구하여 하나님이 바라시는 사람이 되라는 것이다.

다른 하나는 자비로운 하나님은 그러한 결단과 행동을 하는 사람에게 그가 생각하고 바라는 것 이상의 "좋은 것"을 내려주며 인도하신다는 것이다. 그런데 이 '좋은 것'도 하나님이 생각하시는 좋은 것이 아닌, 사람이 생각하는 좋은 것으로 오해하기 쉽다. 이것만 떼어놓고 보면, 지금까지 기독교 정통주의와 보수주의 신학계에서 가르쳐온 것이 맞다. 이른바 사람이 바라는 좋은 것!

그러나 예수께서는 전혀 이런 뜻에서 하신 말씀이 아니다! 그래서 우리는 마태복음과 똑같은 말을 전하는 누가복음을 참고해서, 예수께서 가리킨 '좋은 것', 곧 '얻어야 할 것'이 무엇인지를 올바로 판단해야 한다. 마태복음의 '좋은 것'은 누가복음에서는 "성령"이다(눅 11:9~13). 따라서 마태는 의도하지 않게 사람들이 오해할 용어를 쓴 것이다! 그러나 그것이 어찌 그의 본래 의도였을 것인가?

성령이 예수의 본뜻을 가리킨다. 성령은 자아를 해체하고 진리를 깨닫게 하여 인간혁명(중생·重生)을 이룩하시는 진리의 영이기 때문이다(요 3:5, 14:17; 갈 5:16~25). 성령은 사람을 예수의 사람으로 변화시켜, 이 땅에 하나님의 나라를 세우는 일에 헌신하게 하신다.

따라서 기도란 성령의 감동·감화·임재·현존 안에서 자기가 해체되기를 바라는 것, 깊이 잠들어 살며 이런저런 선악과를 먹으며 죽음을 맛보며 살아가던 죄악과 파멸의 삶을 단절하고 깨어나 새 사람이 되기를 바라는 것, 지금 내면을 완전히 바꾸어(Metanoia, 회개·방향전환. 막 1:15) 하나님이 인도하시는 미래를 향해 투신하며 진정한 생명의 길을 걸어가는 것이다. 이것이 '얻어야 할 것'을 구하는 참된 기도이며, 진정한 종교성에 이르는 길이다.

이러한 기도가 중요한 것은 하나님의 응답도 그러하지만, 기도하는 것 자체 때문이다. 기도는 하나님을 변화시키는 게 아니라, 전적으로 기도하는 사람을 변화시킨다. 눈물을 흘려가며 진리를 깨닫기를 바라고, 이웃의 행복과 나라의 평안과 세상의 평화를 비는 사람이 어떻게 이기적으로 살 수 있으랴?

자아와 세상의 욕망을 추구하는 옛사람을 해체하고, 하나님과 진리를 깨우쳐 참된 인간으로 살기를 바라는 기도는 무엇보다 사람을 낮추어 겸허하게 한다. 그는 하나님 앞에서, '나는 아무것도 모릅니다. 나는 아무것도 아닙니다.' "나는 쓸모없는 종일 뿐입니다. 나는 마땅히 해야 할 일을 했을 뿐입니다."라는 말밖엔 할 줄 모른다(눅 17:10). 그래서 기도는 그냥 침묵이고 눈물이고 회오(悔悟)이다. 기도란 그럴 정도로 전적인 신뢰, 곧 자신을 하나님에게 완전히 내맡기는 것이다. 하나님 앞에서 아무것도 아닌 사람이 되어야만, 하나님을 위해서 무엇을 하는 사람이 된다. 기도는 거짓된 자기 죽이기이면서 진정한 자기 찾기이다.

참된 기도와 일은 진리를 어기고 인위적으로 무엇을 하지 않고, 내 안에 계시는 하나님(말씀·Logos·진리·道, 요 1:1)이 나를 통하여 당신의 일을 하게 해드리는 것이다. "아버지께서 내 안에 계시면서 자기의 일을 하신다." (요 14:10). 그때 내가 아무리 공을 쌓아도 하는 것은 아무것도 없다. 그래서 "참사람은 공을 이루고도 (공이 없다고 여겨) 공에 머무르지 않는다."(聖人功成而不居, 노자-도덕경, 2장)

만일 아브라함이 '내가 너에게 복을 주고, 이름을 떨치게 해주고, 한 민족의 조상이 되게 해주고, 너를 저주하는 자에게서 지켜준다.'(12:2~3)라는 약속, 곧 인간이 본능적으로 좋아하고 추구하고 바라는 것에만 마음을 두고, 늘 그것을 기도하며 바랐다면, 그는 중간에 넘어져 끝내 실패하고 말았을 것이다. 그 모든 약속은 떠나서 가라는 '조건절'(條件節, if~then)을 충족해야 하는 것을 전제하기 때문이다(12:1).

따라서 자아와 물욕에 대한 집착으로 드리는 기도는 전혀 기도가 아니다. 그것은 오히려 종교 안에서 기도를 통하여 길을 잃어버리는 지름길이다. 종교성·영성의 기도란 끊임없는 자기부정의 언어요, 진리를 추구하는 갈망의 언어요, 떠나서 나아가는 자가 되고자 하는 몸부림이다. 기도란 단지 말만이 아니라, 사람이 걸어가야 할 뜻을 들려주는 하나님의 목소리에 귀를 기울이며 '듣고 복종하는' 자로 살아가는 존재 방식이다(히-쉐마·Shema, 듣는다·들음에서 샤마·Shama, 순종·복종이 나옴. 같은 어근인 shm에서 나온 단어). 듣는 것이 복종하는 것이고, 복종은 듣는 것이다. 듣지 않는 것은 복종하지 않는 것이고, 복종하지 않는 것은 듣지 않는 것이다. 우리말에 '말 들어!' 하는 것이 곧 말에 복종하라는 뜻인 것과 같다.

기도는 기도를 마치면 끝나는 게 아니다. 그것은 시작일 뿐이다. 기도보다 중요한 것은 기도를 드린 사람이다. 그러니 기도가 온통 자아의 욕망을 늘어놓는 것이라면, 그 사람 일상의 모든 게 자아의 욕망을 추구하는 행위로 가득해질 것은 분명한 이치이다. 그런 기도는 비록 백 년을 한다 해도 사람이 달라지지 않는다(암 5:4~24; 사 1:11~17 참조).

기도는 내적 변화·혁신·혁명이 목적이기 때문이다. 성령의 사람이 되는 것! 따라서 기도는 자아와 욕망을 십자가에 매다는 길이다. 여기에서만 자기를 내려놓고 하나님의 뜻을 받드는 삶이 이루어지며, 끊임없는 자기변혁과 새로움이라는 부활의 삶이 선물로 주어진다. 이것은 자유와 기쁨으로 넘치는 생명력을 누리는 진정한 그리스도인의 삶이다.

11-2) 그런데 이런 기도가 어찌 저절로 될 것인가? 이것은 오랜 영성 훈련이 필요한 일이다. 아브라함도 사람이다. 그는 프로그램에 따라 자동으로 복종하는 기계 인간이 아니다. 천지창조 이래 그런 인간은 없다. 그러니 연약한 인간인 그도 자아에 기초한 자기안전과 강화를 도모하려고, 어찌 물욕이나 걱정이나 두려움을 품지 않았을 것인가?

그러면 아브라함은 '내가 너에게 복을 주고, 이름을 떨치게 해주고, 민족의 조상이 되게 해주고, 너를 저주하는 자에게서 지켜준다.'라는 것을 생의 의미와 목적으로 추구하는 자아의 본능적 욕망을 넘어서기 위하여, 어떻게 구하고 찾고 문을 두드리며 기도했을까? 아브라함이 떠나서 머무는 곳마다 끊임없이 "제단을 쌓았다, 별들을 바라보았다."라는 것이 그것이다(창 12:7~8, 15:5 등).

이것은 무슨 뜻인가? 그가 하나님의 뜻에 맞는 사람, 곧 "하나님의 친구"(사 41:8)가 되기 위하여, 끊임없이 영성훈련을 거듭한 것을 말한다. 아브라함이 드러낸 '제단~ 별들~'의 전후 맥락을 가만 들여다 보면, 바람직한 행동을 할 때도 그러했지만, 자기 뜻대로 해보려고 하다가 그만 큰 낭패와 수치를 겪은 다음에 뉘우치는 뜻에서 한 일도 많다. 특히 후자가 더욱 중요하다. 그는 그런 방식으로, 늘 기도와 침묵과 사색·명상 속에서 자기를 죽여, 자기 안에서 하나님을 살려내는 영성의 사람이 되고자 한 것이다. 그래서 우리는 그를 진정한 "호모 렐리지오수스"(Homo Religiosus·종교성의 인간. 루돌프 오토-성스러움의 의미)라 할 수 있다.

이렇게 자아를 내려놓고 하나님의 뜻을 받드는 삶의 절정은 그가 100살에 낳은 아들 이삭을 "모리아 산"에서 번제로 바친 사건이다(창 22장). 이것이야말로 진정한 기도요 복종이다. 이것은 하나님과 나 사이에 아무것도 세워두지 않는 것, 하나님보다 더 중요하게 여기는 것을 내 마음과 일상생

활에 두지 않는 것, 오직 하나님만 갈망하고 절대적으로 복종하는 삶에 관
이야기이다.

이것이 바로 하나님이 아브라함을 부르실 때 명령한 '떠나서 가라'는
말이 가리키는 진정한 의미요 목적지이다. 절대적으로 하나님의 사람이 되
어 살아가는 것! 그리고 이것이 하나님이 그에게 약속하신 '복'의 실체이다.
떠나서 가는 자유인이 되는 것이 복 중의 복이다(갈 5:1.16~25 참조)! 그랬
기에 하나님이 그에게 여러 가지 '복들', 곧 부와 명성, 안전과 자손을 허락
하신 것이다. 되라는 하나님의 사람은 안 되고 다른 복들을 실컷 누려봐야,
그건 복이 아니다! 하나님이 바라고 명령하시는 존재의 당위적 목표와 차원
은 내버리고, 그저 세속적 복들만 소유하고 살아간 사람들이 드러낸 실패와
패배의 추악한 모습은 성서와 인류 역사와 오늘날에도 흔하고 흔한 것이다.

이렇게 아브라함은 매일 하나님만 지향하고, 하나님의 뜻에 자신을 내
맡기는 절대적인 복종의 사람으로 살아, 결국 하나님이 부르신 뜻을 완성하
고, 그러한 신앙의 삶을 후손들에게 물려주어 신앙의 조상이 된 것이다. 그는
하늘에서 떨어진 것도, 땅에서 솟아난 것도, 하루아침에 이루어진 것도 아니
다. 그는 오랜 기도와 영성 생활을 통해서 피어난 신앙과 인격의 꽃이다. 그렇
기에 아브라함은 그 자신과 하나님이 합작하여 이루어낸 걸작이다.

12. 아브라함을 부르신 하나님의 목소리는 가슴·심정(心情)의 목소리
이다. 머리의 목소리가 아니다. 머리는 늘 자아와 지식과 힘과 세상을 추구
하며 계산하느라 타산적이지만, 가슴·심정은 언제나 지금 이 순간 삶에 대한
근원적인 이해와 자각과 사랑과 진리를 지향한다. 머리는 눈에 보이고 손에
잡히고 자랑할 수 있는 물질적 형식을 추구하라고 충동하기에, 가슴의 언어
와 심정의 길, 가슴의 아름다움과 심정의 장엄함, 가슴의 빛과 심정의 힘을

모르고, 조금 안다 해도 짐짓 쓸데없다고 하며 이내 물리쳐버린다. 가슴·심정의 목소리는 머리의 목소리와는 다른 길을 요구하기 때문이다.

머리의 목소리는 세상에 속한 사람으로 자아를 추구하라고 하나, 가슴·심정의 목소리는 세상 속에서 세상을 넘어서는 길, "세상에 있어도 세상에 속하지 않은 길"(요 17:14.16), 보이지 않는 것을 끌어안는 길, 세상 사람들과는 다른 목소리에 귀를 기울이는 이방인(outsider)으로 살아가면서도 진정 자유롭고 아름답고 가치 있는 삶의 길로 부른다. 가슴·심정의 목소리는 새로운 패러다임(paradigm)을 가져 하나님의 개인·실존이 되라 하고, 세상의 조류와 유행에 저항하는 반역자가 되라 하고, 영혼의 힘으로 세상을 변혁하는 혁명가가 되라 한다.

따라서 가슴·심정의 목소리는 세상에서 언제나 위험한 길로 인식되어 배척당한다. 왜냐면 그 목소리는 인간에게 자기를 해체하여 다른 의식을 가지고 세상 사람들과는 다르게 살라고 명령하기 때문이다. 가슴·심정의 목소리는 물질적 소유 체제에 따른 기존의 모든 것, 곧 종교와 철학과 신학과 교육, 전통과 관습과 사유체계와 문화적 습성, 정치와 국가체제와 경제·돈·재산, 세계관과 가치관과 인생관 등, 모든 것에 대하여 의문을 제기하며 나아가라는 저항과 혁명의 목소리이다.

그래서 대개 부모나 사회와 국가는 자녀나 청소년들이 가슴·심정의 목소리가 아닌, 머리의 목소리와 세상의 목소리를 듣도록 강요하고 가르치고 주입하면서, 그것을 양육과 교육이라는 그럴싸한 말로 덮어버린다. 그러나 실상은 자아와 세상의 노예·포로 교육이다. 자녀가 시인과 현인과 깨달은 자가 되기를 바라는 부모는 희귀하다. 학교와 사회는 이런 것에 반대하면서, 세상에서 머리로 성공하는 법을 가르치며 세뇌한다. 그래야만 세상에서 능력 있는 자로 인정받고, 권력과 높은 연봉과 부와 명예를 누릴 수 있기 때문이다. 자식이 궁극적인 것에 대한 상상과 환상과 사랑에 빠져 진리를 추구하면서, 자기만의 길을 창조적으로 걸어가기를 바라는 부모는 그야말로 위대한 인간이다!

아브라함이 들은 목소리는 가슴·심정의 목소리이다. 그 목소리는 세상에 맞추어 걸어가는 북소리가 아닌, 내면의 심연에서, 곧 다른 곳에서 들려오는 북소리이다. 'H. D. 소로'는 이렇게 말한다. "운동장에서 발걸음이 틀리게 걷는 아이는 분명히 다른 곳에서 들려오는 북소리에 맞추어 걸어가고 있는 게 틀림없다."(월든) 세상의 이런저런 유혹적 소음 한가운데서, 들릴 듯 말듯 들려오는 "그 부드럽고 세미(細微)한 음성"(왕상 19:12)을 들을 줄 아는 귀가 열린 사람, 아브라함이 그런 사람이었다. 그래서 그가 어느 날 느닷없이 떠났을 때, 사람들은 이구동성으로 그가 미쳤다고 말했으리라.

13. 아브라함을 부르신 하나님의 목소리는 자유의 목소리이다. 이것은 물질적 가치가 아닌 영성의 가치를 지향하라는 부르심으로, 그 어떤 것에도 얽매이지 않는 삶, 세상의 어떤 형식과 체계와 소유물과 자신을 동일시하지 않는 존재 방식으로 살아가라는 부르심이고 초청이고 명령이다.

자유로운 삶이란 예수께서 말씀하시는 "성령 안에서 다시 태어나 바람 같이" 살아가는 삶이다(요 3:1~8). 바람은 불고 싶은 대로 분다. 그 어떤 것에도 막히지도 않고 걸리지도 않는 바람은 영원한 자유의 상징이요 자유인의 이미지이다. 성령을 통하여 다시 태어나 바람 같은 자유인이 된 사람은 권력과 부와 영광에도 굴하지 않고, 빈천에도 걸리지 않고, 칭찬과 존경과 명예에도 매이지 않고, 모욕과 박해에도 상처 입지 않고, 오직 그 모든 일에서 지금 이 순간 자유로 나아가라고 부르시는 하나님의 목소리에 맞추어 뚜벅뚜벅 걸어간다.

그리고 자유를 향하여 부르시는 하나님의 목소리는 모든 인간의 내면에서 항상 울려오는 보편적인 음성이기도 하다. 아브라함은 직접적 근본체험국을 통하여 그 목소리를 생생하게 들었지만, 누구나 그 목소리를 듣고자하면, 비록 그와 똑같지는 않을지라도 들을 수 있다. 왜냐면 모든 인간의 내면에는 하나님이 살고 계시기 때문이다(창 1:27, 하나님의 형상). 바울은 "우리는 그리스도의 마음을 가진 존재이다"(고전 2:16), "여러분은 하나님의 성전이다."라고 말하는데(고전 3:16), 그리스도인을 가리키는 '우리, 여러분'을 모든 인간으로 이해할 수 있다. 아직은 그것을 모른다 해도, 모든 사람은 하나님의 형상, 그리스도의 마음을 가진 존재, 하나님의 성전이기 때문이다.

따라서 모든 인간의 내면에서는 끊임없이 자유를 향하여 부르시는 하나님의 목소리가 들려온다. 바울은 이렇게 말한다. "하나님을 알 만한 일이 사람에게 환히 드러나 있다. 이 세상 창조 때로부터, 하나님의 보이지 않는 속성, 곧 그분의 영원하신 능력과 신성은 사람이 그 지으신 만물을 보고서 깨닫게 되어 있다. 사람들은 하나님을 안다."(롬 1:19~21)

사람에게 본디 하나님을 알 만한 능력과 바탕이 주어져 있지 않다면, 누구에게도 하나님을 알고 진리와 복음을 따르라고 말할 수는 없다. 그렇지 않은가? 누가 강아지와 고양이에게 종교와 철학을 논하며 가르치겠는가? 사람에게 생명과 구원의 진리를 말할 수 있는 것은 본래 사람에게 그것을 씹어 먹고 소화할 내적 위장(胃腸)이 있기 때문이다. 그래서 예수께서도 "들을 귀가 있는 사람은 들어라."라고 말씀하신 것이다(막 4:9).

하나님의 목소리는 도덕적이지만 도덕 이상의 무엇, 윤리를 내포하나 윤리를 초월한 어떤 것이다. 그 목소리는 모든 도덕과 윤리의 근원인 영성과 존재의 예술에 관한 것, 곧 진리와 자유, 의와 사랑·자비의 목소리이다. 그래서 모든 인간은 작든 크든 그 목소리에 따라서, 지금 이 순간에도 타인을 사랑하려 하고 친절을 베풀려 하고 도움이 되려 하고 행복하게 해주려고 애를 쓰며 살아간다. 그렇지 않은 인간은 하나도 없다. 히틀러와 스탈린 같은 극악한 독재자도 가족과 동물은 사랑할 줄 알았다. 사람에 따라 차이가 있을 뿐, 모든 인간은 본래 자기 안에 간직하고 있는 진선미와 사랑의 능력을 드러내며 살아갈 줄 아는 존재이다.

결단코 자신이나 타인을 과대평가하거나 과소평가하지 마시라. 이것은 사람을 매우 우울하고 슬프고 고통스럽고 불행하게 하는 가시밭길이다(행 26:14). 자신을 과대평가하거나 과소평가하는 것은 의식(意識)의 성장과 열린 태도, 자유와 평화를 지향하며 살아가는 존재 방식에서 정체(停滯) 현상을 빚어낸다. 마음을 병목처럼 비좁게 만드는 일이기 때문이다. 인간은 자신 안에 있는 엄청난 보물을 묻어두고, 밖으로만 돌아치며 찾아다니기에 불행을 면치 못한다. 사실 저 밖엔 아무것도 없다. 천하를 독차지한 사람은 아무것도 가진 게 없다.

인간은 작은 우주이다(micro cosmos). 그러나 실상 우주보다 더 거대한 우주로서, 그것은 인간이 지닌 진선미와 자유와 사랑이라는 가능성의 우주이다. 자신의 가능성에 눈을 뜨는 것이 인간의 사명이다.

'F. M. 도스토옙스키'는 마녀재판이 성행하던 16세기 스페인에 재림한 예수를 교회를 어지럽히고 민중을 선동하는 죄로 재판하는 대 심문관 이야기에서, 이런 말을 들려준다. "인간은 당신이 생각한 것만큼 그렇게 높은 존재가 아니다. 인간은 보호가 필요한 어린애일 뿐이다. 따라서 인간은 명령과 위협과 권위만 주면, 얼마든지 복종하면서 행복과 안전을 느낀다. 그런데 당신은 왜 그처럼 인간을 높이 평가하며 자유롭게 하는가? 당신은 인간을 잘못 생각했다. 그것은 인간들이 원하는 게 아니다. 인간은 우리가 보장하는 빵과 안전과 보호를 바랄 뿐이다. 따라서 당신은 사라져주어야만 하

겠다."(카라마조프의 형제들, 제1권)

그렇다. 예수께서는 지나치다 할 만큼 인간을 드높은 존재로 인식하고 대우하신 분이다. 그분의 눈에 하찮고 멸시해도 좋을 인간은 하나도 없었다. 그분은 사람들이 "지극히 작은 자"라고 여기는 사람을 하나님을 보듯 보고, 자신과 같은 존재로 동일시하신다(마 10:40~42, 25:31~46). 그분만큼 인간의 존엄성과 가능성과 자유를 지지하고 격려하신 분도 없다. 예수의 모든 가르침은 인간에게 자신의 내면을 바라보고, 마음 밭에 묻혀 있는 위대한 "보물과 진주"(밭의 보물, 진주를 발견한 사람의 비유-마 13:44~46)를 발견하고 끌어내 창조적인 삶을 실현하라는 것으로 모인다. 그것이 지금 하나님의 '나라', 곧 '다스림' 안에서 살아가는 것이다. 예수는 그것을 위해 자신의 모든 것을 투자하는 것이 아버지 하나님이 기뻐하는 삶이며, 인간의 진정한 행복과 자유와 평화를 위한 삶이라고 말한다.

따라서 아브라함을 부르신 하나님의 목소리와 예수 그리스도의 가르침은 같은 것이다. 그것은 물질이 아닌 영성의 가치, 곧 진정 자유롭고 풍성하고 생명력 가득한 인간적 존재 방식에 관한 것이다. 더 많이 소유하는 것(to have)이 아니라 더 풍부하게 존재하는 방식, 더 강하고 높게 되는 것이 아니라 더 부드럽고 깊게 존재하는 방식, 더 많이 쌓는 것이 아니라 더 자유롭고 노래하고 기뻐하는 존재 방식에 관한 것이다.

14. 그러므로 아브라함을 부르신 하나님의 목소리는 사랑·자비의 존재가 되라는 목소리이다. 곧, 언제 어디서나 자기를 향하신 하나님의 가없는 사랑을 늘 기억하는 것과 함께, 만인을 향한 사랑 속에서 존재(being)를 지향하라는 목소리이다(to be). 그가 자기를 향하신 하나님의 사랑을 의식하고 걸어가는 한, 미래에 대해서는 아무것도 걱정하고 두려워할 필요가 없

으며, 언제나 지금 이 순간 자유 속에서 충만하게 존재할 수 있다. 왜냐면 그의 삶은 자기 것이 아니라 하나님의 것으로서, 하나님은 아브라함 속에서 당신의 삶을 사실 것이기 때문이다. 어느 누가 그런 삶을 패배시킬 것인가(롬 8:35~39 참조)?

아브라함은 하나님의 진리와 사랑이 아닌 소유에서 자기 정체성(identity)과 안전과 보호와 영광을 찾으며 의존하려고 하다가 몇 번의 실수를 한다. 큰 부자였고(창 12:5), 318명이나 되는 종들을 거느리고 있었고(창 14:14), 사회에서 존경받는 지도자이기도 한(창 23:6), 아브라함은 세 번의 큰 실수를 저질렀다.

기근을 피해 이집트로 들어가면서, 위험한 일이 발생하면 자기만 살아남고자 아내에게 누이라 말하라고 시키며 이집트 파라오를 속였다(창 12:10~20). 그리고 하나님의 약속을 믿지 못하고 아내의 강요로 첩을 통해 서자(庶子) "이스마엘"을 얻었다. 얼마 후 적자(嫡子) 이삭을 낳아 기르던 중, 또다시 아내의 성화를 못 이겨 내쫓았는데, 부자면서도 고작 빵과 물 한 주머니만 주었을 뿐, 당시 화폐로 쓰던 은 덩어리 하나 주지 않았다(창 16장, 21:1~21). 그 일들은 분명 그에게 크나큰 자책감과 쓰디쓴 모멸감을 안겨주었을 것이다.

하지만 아브라함은 무너지지 않고, 그때마다 '제단을 쌓고 별들 아래' 서는 방식을 통해 반성하고 성찰하며 하나님과 자신을 진지하게 생각하면서(창 13:1~4), 지향해야 할 삶의 중심을 회복하며 오뚝이처럼 일어서서, 소유의 형식에서 자신의 정체성과 안전과 미래를 구하려는 삶을 버리고, 자기에게 주어진 길을 걸어간다.

그렇게 그는 하나님의 사랑에서 자신의 참모습을 발견하고, 그것만이 진정한 안전과 영광의 삶이라는 것을 이해한다. 그리고 그는 자기 안에서 생동하는 하나님의 사랑이 자연스럽게 흘러가도록 마음을 활짝 열고, 자기의 혈육이나 주변 사회 사람들을 사랑한다(창 14장).

사랑은 가난하고 약하고 의존적인 상태를 전제하지 않는다. 사랑은 내면의 힘과 빛이 강한 자만 할 수 있는 것이다. 나약한 자는 사랑하기 어렵다. 사랑은 내면의 성채(城砦)가 견고한 자가 드러내는 특권과도 같다. 사랑은 내면의 강렬한 빛과 크나큰 힘이 뻗쳐나오는 현상이다. 사랑은 하나님·진리의 대지에 깊이 뿌리박은 자만이 드러내는 향기로운 꽃이다. 내면의 허약함은 결코 사랑으로 드러나지 못한다. 사랑의 존재 방식은 하나님 앞에서 자기를 텅 비우는 진정한 겸손의 삶이며, 이런저런 소유가 있어도 소유욕이 없는 정신, 곧 무소유(無所有)의 정신과 무아(無我)의 태도이다. 사랑은 순결한 영혼의 강한 힘에서 흘러나온다. 영혼의 힘이 약한 자는 사랑에 무기력하다.

그리하여 아브라함은 하나님이 "나에게 순종하며 흠 없이 살아라(내 앞에서 완전하라)."라고 말씀하신 것을 잊지 않고, 하나님 앞에서 순결하고 자비로운 영혼이 되는 길을 충실히 걸어간다(창 17:1). 아브라함이 "죄인·악한(惡漢)"으로 유명한 "소돔과 고모라" 사람들을 위해 기도하는 장면은 그가 진정 사람을 사랑한 자비로운 존재였다는 것을 생생하게 보여준다(창 18:16~33). 그는 죽어 마땅한 사람들을 어떻게든 살려보려고, 하나님 앞을 가로막고 의로운 사람을 악한 사람들과 함께 심판하시는 것은 하나님답지 않은 "불공정한 행동"이라고 따지면서까지 하나님의 자비심에 호소한다.

하나님의 사랑을 지향하는 자는 그 어떤 것이나 사람을 의지하지 않고, 오로지 하나님 앞에서 홀로 서 있을 뿐이다. 그와 하나님 사이에는 아무 것도 없다. 왜냐면 하나님은 사람에게 하나님의 사랑을 인생의 절대적 의미와 가치로 알기를 요구하시기 때문이다. 사랑의 하나님은 미래가 아닌, 지금 이 순간 충만하고 자유롭게 존재하는 길을 걸어가도록 부드럽게 명령하고 인도하신다. 사랑의 하나님은 신앙인에게 바빌로니아나 메소포타미아(이 세상!) 체계가 지향하는 소유의 축적에서 자기의 존재를 확인하고 증명하는 것이 아니라, 소유하기는 하나 소유욕이 없는 자로 살아가라고 명령하신다. 사랑의 길은 끊임없이 자아를 내려놓는 자기부정과 초극(超克)의 길이기 때문이다.

그렇기에 하나님의 사랑을 선택하는 것만큼 어렵고 위험한 길도 없다. 하나님의 사랑 안에 있는 사람은 자아(Ego)를 추구할 수 없기 때문이다. 하나님의 사랑을 지향하는 마음과 권력·재산·세속적 영광에 굶주린 욕망은 결코 양립할 수 없다. 하나님의 사랑은 그런 욕망을 초극할 것을 명령하고, 그런 욕망은 하나님의 사랑을 내버릴 것을 강제한다. 그렇기에 "사람은 하나님과 재물을 동시에 섬길 수 없다."(눅 16:13)

하나님은 신앙인에게 언제나 지금 이 순간 하나님과 마음을 다한 사랑의 성실 속에서 지내는 것, 곧 매 순간 하나님과 조화롭게 조율되어 살 것을 바라신다. 사랑은 인간이 끊임없이 자신의 본원(本源)이신 하나님께로 돌아가는 것이다. 하나님 안에서 살아가는 사람은 언제나 하나님의 가슴으로 느끼고, 하나님의 눈으로 보고, 하나님의 귀로 듣고, 하나님의 손발로 움직인다. 그는 하나님이 부는 텅 빈 플루트로서 존재할 뿐이다.

15. 그리하여 아브라함은 늘 자기 안, 자기 곁, 자기 위, 그리고 자기 앞에서 부르시는 하나님의 부드러운 목소리, 진리의 가느다란 음성만 듣고 나아간다. 그러나 아직 그것이 이끄는 미래가 어떤 것인지는 아무것도 알 수 없다. 걸어가는 도상에서 수많은 위기를 겪으며, 그때마다 목숨과 안전에 대한 본능이 뛰쳐 나와 하나님이 바라시는 방법을 쓰지 않으려고 할 수도 있다. 따라서 그는 언제나 하나님의 목소리를 절대적으로 신뢰해야 한다.

그런데 그것은 역설적으로 자기를 부르신 하나님을 향한 압박이기도 하다. 왜냐면 하나님은 모든 시간 모든 장소에서 그를 부르신 뜻을 실현해야 할 책임을 지니고 있기 때문이다. 만일 그렇지 않으면, 그 하나님은 거짓 신, 곧 바빌로니아와 메소포타미아의 그렇고 그런 신들 가운데 하나로 판정될 수밖에 없다. 그럴 경우, 그는 그 신을 버려도 된다!

따라서 아브라함의 삶은 그 안에서, 그를 통해서 사시는 하나님 자신의 삶이기도 하다. 결국에 그를 부른 하나님조차도 당신 자신의 명령에 어쩔 수 없이 얽혀드신 것이기에, 그의 신뢰와 하나님의 책임은 분리되지 않는다. 그와 하나님은 공동 운명을 걸머지고 있다. 하나님의 명령은 하나님 자신과 그가 함께 실현해야 할 공동과제이다.

그러나 신뢰의 길은 언제나 위험하다. 왜냐면 그것은 연약함과 비겁함과 탐욕이라는 자아의 불신과 의혹으로 인하여, 이런저런 시련과 도전 앞에서 사그라지고 버려질 가능성이 다분히 존재하기 때문이다. 그리스도 외에 완전한 인간은 아무도 없다. 인간은 아무도 공장에서 찍어낸 제품이 아니다. 그렇기에 전적인 신뢰의 길은 수많은 인간적 갈등과 긴장과 모험 속에서 목표를 바라보는 한결같은 지속성, 곧 "한길로만 가는 순례"를 전제한다(유진 피터슨-한 길 가는 순례자; 알리스터 맥그래스-내 평생에 가는 길).

그래서 신앙·신뢰의 길은 늘 시험(testing)에 맞닥뜨린다. 그것은 안전이 보장된 길이 아니라, 오히려 역설적으로 이런저런 위험과 시련과 상실과 고통 속에서도 안전을 느끼는 삶이다. 신앙·신뢰의 길은 위험한 안전, 안전한 위험의 절묘한 역설의 길이다. 그 길은 자기의 삶과 죽음, 곧 일생이 하나님의 손에 달려 있음을 알고 내맡기고 지향하는 모험의 삶이다. 그가 알고 의지하는 것이라고는, 하나님은 당신이 부르신 사람의 삶이 무너지지 않게 지켜주실 것이라는 진실한 약속뿐이다.

그러나 그것은 인간이 치러야 할 고통에서 완전히 면제되는 삶이 아니라, 시련과 고통과 위기 속에서도 하나님의 사랑이 가져다주는 강렬한 평화를 맛보면서 견디며 전진하는 희망의 길이다. 하나님은 아무에게도 고통 없는 삶을 약속하지 않으며 약속하실 수도 없다! 그렇게 하시는 것은 당신이 세운 인생의 법칙에 어긋나는 모순이다.

그렇기에 인간은 누구나 고통을 통해 성장하고 승화하는 길을 걸어갈 수밖에 없다. 신앙의 길이 안전한 것이라고만 생각하는 이는 아직 신앙이 무엇인지 모르고 있다. 신앙의 삶은 매 순간 시험과 도전의 연속이다. 그것은 강력한 강도(强度)의 이런저런 시험과 사건을 통하여 하나님을 신뢰하는 마음을 뒤흔든다. 그래서 신앙의 길은 언제나 위험하다.

신앙의 시험과 시련은 아브라함에게 처음만이 아니라, 모든 시간과 모든 장소와 모든 경험을 통하여 다가온다. 따라서 그는 자신의 내면이나 세상으로부터 들려오는 여러 가지 분분한 소리 사이에서, 진리의 가느다란 소리를 잡아낼 줄 알아야 한다. 그가 들은 하나님의 목소리는 무슨 스피커에서 나오는 소리 같은 게 아니다. 모든 것이 그의 내면에서 들려오는 소리 없는 소리일 뿐이다.

아브라함이 지녀야 할 태도는 마치 전쟁 중에 잠수함 병사가 온 신경을 집중하여 음향탐지기를 듣는 것에 비유할 수 있다. 자칫 딴청을 피우면, 어뢰를 맞고 침몰한다. 신앙의 길은 그렇게 순간순간 고도의 집중력과 의식이 필요하다. 아브라함은 자기를 부르신 하나님의 뜻에 맞게 자기를 맞추고 재창조하며 나아가야 한다. 때가 오면, 그는 자기를 부르신 하나님의 뜻이 신앙의 사람이 되는 것이라는 진실을 깨달으리라.

16. 아브라함의 존재 방식은 죽을 때까지 신앙의 상상력을 품고 살아

가는 삶이다. 허무맹랑한 꿈이 아니라면, 신앙의 상상력이야말로 미래를 참된 현실로 만드는 길이다. 비록 꿈을 이룩하지 못한다 해도, 꿈을 꾸며 나아가는 과정 자체가 신선한 삶을 구성한다. 하나님은 꼬부랑 할아버지가 품고 있는 꿈조차도 엄청난 사건으로 변화시킬 수 있는 분이시다.

오래도록 성공과 안정을 누리며 살던 곳을 느닷없이 떠난 아브라함은 실로 엄청난 도발을 감행한 것이다. 오늘날 그의 행동을 생각해보면, 사회에서 성공하고 잘 나가던 50대 중반에 이른 남자가 갑자기 모든 것을 정리하고 낯선 곳으로 가서 새로운 삶을 시작한 것에 견줄 수 있다. 비록 중간에 몇 번 비틀거리기도 했지만, 그는 그때마다 다시금 뉘우치고 일어나 자기에게 주어진 길, 자기가 택한 길을 뚜벅뚜벅 걸어갔다. 그랬기에 그가 이스라엘 민족과 그리스도인의 조상이 된 것이다.

그의 행동은 전적으로 자기 당대나 미래 어느 시기에 실현될 약속을 믿고 나아간 신앙의 행동이었다(히 11:8~12). 그는 자기를 부르신 하나님의 음성을, 자기 인생의 절대적인 명제, 곧 자신을 향한 절대적인 진리로 믿고 그런 무모한 행동을 감행하며 죽을 때까지 그 길로만 걸어간 사람이었다.

신앙이란 백척간두(百尺竿頭) 같은 위기의 상황에서도, 목숨을 구걸하지 않고 발걸음을 내딛는 그런 모험의 행동이다. 신앙이란 진리의 제단에 자신을 제물로 바치는 행동이다(롬 12:1~2). 신앙이란 모든 것을 당연하게 생각하고 받아들이며 수동적인 태도로 살아가던 기존의 습성과 세계관을 깨뜨리는 전복적인(subversive) 행동이다. 하나님은 지금도 이런 사람을 통해서 일하신다. 자기가 누리는 기존 세계의 안온하고 문제없는 삶의 폭신폭신한 소파에 앉아서 하나님의 놀라운 기적을 바라는 자에게는 필연적인 영고성쇠(榮枯盛衰)의 늙음과 죽음밖에는 없다. 그런 자에게는 천국도 없다.

아브라함은 영락없이 "하나님의 꾐에 빠져서"(렘 20:7), 누가 봐도 미친 길을 떠난 것이다. 그리하여 하나님에게 제대로 미친(!) 그는 죽을 때까지, 하나님 앞에서 늘 제단을 쌓고 기도하며 내면을 심원하고 숭고하게 하고, 밤마다 별 밭 아래 서서 명상하면서 헤아릴 수 없는 눈물과 무진장한 노력으로 자기에게 주어진 길을 걸어간다.

17. 제2 이사야는 독수리 이야기를 들려준다(사 40:31). "오직 주님을 소망으로 삼는 사람은 새 힘을 얻으리니, 독수리가 날개를 치며 솟아오르듯 올라갈 것이요, 뛰어도 지치지 않으며, 걸어도 피곤하지 않을 것이다." 이 말은 유대인들이 기원전 597년과 586년과 그 후 몇 차례 바빌로니아제국의 포로로 잡혀가 40~50여 년이 흐르기까지, 자신 안에 갇혀 자포자기와 절망에 빠져 살아가던 비극적 역사 한가운데서 익명(匿名)의 예언자가 한 말이다(이사야 1~39장은 제1 이사야: 기원전 740~697년 사이, 40~55장은 제2 이사야: 기원전 545~539년 사이, 56~66장은 제3 이사야: 기원전 500~450년 사이. 신학자들이 내용을 보고 시대를 구별한 것).

그런데 이 독수리 이야기 뒷면에는 예언자가 숨긴, 말 없는 이야기가 깔린 것으로 보인다. 무엇인가? 나는 그것을 '닭 이야기'라고 생각한다. 닭대가리는 날개가 있어도 이미 길들어져 퇴화하여 날 수 없다. 따라서 미래가 없다. 닭대가리에게 미래의 꿈이 제아무리 휘황찬란하다 하더라도 오로지 치킨일 뿐이다. 닭들이 아는 것이라곤, 그저 매일 먹고 마시고 알 낳고 울다가 사람에게 먹히는 것이 전부이다.

나라를 잃어버리고 포로가 된 유대인들은 체념과 절망에 빠져서, 어느덧 자기들을 닭장에 갇힌 영락없는 닭대가리로 여기고, 한탄과 푸념과 원망에 젖어 살아갈 뿐이다. 예언자가 보기에, 지금 절망적인 고난의 칠흑 같은 어둠의 시대 속에서, 한 줄기 희망의 빛도 없이 우울한 자포자기의 감방에 갇혀, 자신에게 '떠나서 나아가야 할' 새로운 미래가 있다는 것을 긍정하고 깨우쳐 일어날 줄 모르는 유대인들은 바빌론이라는 닭장에 갇혀서 꼬꼬댁거리는 닭대가리들이다. 그러니 그대로 가면, 역사의 도마에서 죽임을 당하는 것밖에는 없다. 실로 가엾기 그지없고 아무런 희망도 미래도 없는 삶일 뿐이다.

그런 사람들에게 종교적 자각으로 진리를 깨달은 탁월한 지성이 말한다. '너희는 닭대가리가 아닌 독수리이다!' 고독한 독수리는 바람(역사와 시대의 시련)을 이용하여 창공을 높이 날아, 비상한 시력으로 먹이(뜻·목적)를 낚아챈다.

그 예언자의 말은 종교와 신앙인의 참모습에 관한 이중적인 메시지이다. 그는 종교란 자신의 본성이 독수리임을 발견하는 것이라는 진실을 들려준다. 그는 종교란 인간이 시대의 닭장에 갇혀서 먹이나 풍요하게 먹고 포동포동한 닭이 되자고 신에게 기도하는 것이 전혀 아니라고 말한다. 그것은 미신이요 우상숭배일 뿐이라는 것이다(사 44장). 신앙이란 내가 놓인 상황이 좋든지(부와 영화) 나쁘든지(궁핍과 고난) 간에, 오로지 하나님만을 바라보고 독수리처럼 날아오르는 행동·실천·도전·모험이다.

그런데 대개 신앙인들이 드러내는 모양새가 모이가 더 풍성한 닭장 같은 삶에서 더 뚱뚱한 닭이 되지 못해 안달이다. 결국에 역사의 치킨이 되는 것밖에는 없는데도, 남보다 더 포동포동해지면 복을 많이 받은 줄로 착각한다. 그리고는 어떤 닭이 더 뚱뚱한가, "누가 더 높은가?"(막 9:33~37)를 놓고 경쟁한다. 높으면 자랑하고 낮으면 기가 죽는다. 그리하여 교회당에 수십 년을 다녀도, 성서가 말하는 '복'이 무엇인지조차 모른다. 아브라함 이야기를 생각해보면, 복이란 잘 떠나고 잘 나아가는 것이요, 하나님의 사람이 되어가는 것인데도 말이다.

종교는 기실 두 개뿐이다. 이 말은 사람이 욕심과 착각과 망상에 빠져서, 본디 하나뿐인 종교를 두 가지로 만들어버린다는 뜻이다. 닭의 종교와 독수리의 종교. 닭의 종교는 탐욕으로 인해 진리에 닫힌 마음의 표층(表層)과 정체(停滯)의 세계이고, 독수리의 종교는 자기를 부정하고 진리에 열린 마음의 심층(深層)과 모험의 세계이다. 닭의 종교는 기존의 세계에 안주하고 떠나지 않는 솔로몬의 종교이고, 독수리의 종교는 기존의 세계를 박차고 미래를 향하여 돌진하는 아브라함과 예언자의 종교이다. 하나님은 지금도 신앙인에게 독수리가 되라고 명령하신다. 닭이냐 독수리이냐 하는 것은 전적으로 각자에게 달려 있다. 하나님은 아무것도 강요하시지 않는다.

18. 그렇기에 우리는 아브라함 이야기에서 '종교란 무엇인가?'를 읽는다. 참된 종교는 언제나 지금 '떠나서 나아가는' 과정에 존재한다. 종교란 경전, 성전, 제도, 예배, 학문, 교리, 신조가 아니다. 종교란 그런 것을 수단으로 하여, 언제나 지금의 상태를 부정하고 떠나고 넘어서서, 더 완전한 진리를 찾아 나아가는 모험의 여행이다. 따라서 사람이 종교 생활을 한다는 것은 어떤 고정되고 고착된 이념이나 교리를 고수하는 것도, 권력이나 소유물을 얻고 증대하고 지키려고 신을 찾는 행위도 아니다.

그것은 심지어 하나님에 대한 기존의 관념마저도 해체하고 새롭게 이해하면서, 절대적인 진리를 향하여 매 순간 자기를 개방하고 나아가는 과정이다. 그렇기에 신앙은 어떤 교조나 신념에 대한 심리적 동의나 머리의 수긍을 넘어, 절대적인 진리를 향한 투신 행동으로 나타날 수밖에 없다. 바울은 이렇게 고백한다. "나는 이것을 이미 얻은 것도 아니며, 이미 목표에 다다른 것도 아닙니다. …내가 하는 일은 오직 한 가지입니다. 뒤에 있는 것은 잊어버리고, 앞에 있는 것을 향하여 몸을 내밀면서, 그리고 예수 안에서 하나님께서 위로부터 부르신 그 부르심의 상을 받으려고 목표 지점을 바라보고 달려가고 있습니다."(빌 3:12~14)

이것이 종교 안에 있는 사람의 정직하고 합리적이고 숭고한 태도이다. 이것은 더 심원하고 숭고한 진리를 발견하기 위하여, 열린 마음과 자세를 지니고 끊임없이 떠나고 나아가는 열린 종교성, 곧 표층·껍데기에 머무르지 않고 더 깊고 숭고한 세계를 향하여 나아가는 것이다. 하나님은 당신을 신뢰하는 이들을 이러한 열린 세계로 걷어차신다. 따라서 갇힌 길과 폐쇄된 길, 곧 지금 소유하고 있는 것과 이룬 것과 누리고 있는 것들에 사로잡히고 붙잡혀서 열려 있는 미래를 향하여 떠나지 않고 나아가지 않는 것은 교회 안에 있다 하더라도 하나님을 향한 불신이며 죽음과 파멸의 길이다.

예수께서는 이렇게 말씀하신다. "좁은 문으로 들어가거라. 멸망으로 이끄는 문은 넓고, 그 길이 널찍하여서 그리로 들어가는 사람이 많다. 생명으로 이끄는 문은 너무나도 좁고, 그 길이 비좁아서 그것을 찾는 사람이 적다."(마 7:13) 좁은 문과 비좁은 길이란 열린 마음으로 열려 있는 미래를 향하여 자기와 현재를 부정하고 떠나고 나아가는 자기부정(否定)과 자기 초극(超克)과 자기 초월(超越)의 역설적 삶이다. 이것은 끊임없이 자기를 부정하고 혁신하며 나아가는 길이기에, 부단한 노력과 성찰과 개혁이라는 힘든 길을 요구한다. 그래서 사람들은 이 길을 선택하려고 하질 않는다. 그러나 이것은 생명의 길, 곧 진정한 사람됨의 길이다.

멸망으로 이끄는 넓은 문과 널찍한 길이란 지금 소유하고 있는 것에 매이고 갇혀서 열려 있는 하나님의 목소리를 거부하는 것, 인격의 참된 변화와 완성과 미래를 거부하는 것, 곧 자기변혁을 거부하는 것이다. 그러면서 현재의 소유를 즐기고 지키며, 더 나아가 그것을 더욱 증대하고 강화하고자 하나님께 빌기까지 하는 길이다. 이것은 집착과 아집과 망상을 버리고 떠나라고 가르치는 종교 안에서, 오히려 그것에 사로잡히는 괴상한 삶이다.

따라서 이것은 죽음, 곧 멸망의 길이다. 종교 안에서 가장 위험한 것은 이런 길을 더 잘 걷기 위하여, 하나님에게 기도하는 행위와 그러한 신념을 확신하거나 가르치는 것이다. 이 때문에 본디 '길'을 찾자고 하는 종교 안에서 길을 잃어버리는 모순이 발생한다. "나더러 주여, 주여 하는 자라고 해서, 다 하늘·하나님 나라에 들어가는 게 아니다."(마 7:15~23)

하나님을 믿는다는 것, 곧 신앙으로 산다는 것은 하나뿐이다. 지금까지 진리를 어느 정도 깨달았든 무엇을 얼마나 소유했든, 그것은 이미 과거지사일 뿐이다. 그것은 바울의 말처럼 '뒤에 있는' "오물·배설물"이다(빌 3:8). 그것을 붙잡아 본들, 아무것도 뾰족한 게 나올 리가 없다. '과거에는 화려한 영광을…, 내가 소싯적에…!' 이런 말은 죽어가는 노인의 넋두리일 뿐, 살아 있는 사람이 할 소리가 아니다.

현재를 발판…도약대로 삼아, 열린 가슴으로 확정되지 않은 미래를 향하여 떠나서 나아가는 것, 더 높고 넓은 진리의 세계를 향하여 발길을 내딛는 것, 그리하여 후대에 빛나는 삶의 발자취를 남기는 것, 이것이 신앙의 길이요 종교성의 길이다. 신앙과 종교성의 길은 고여 있는 것이 아닌, 강물처럼 열려 있어 살아 흐르는 길이다.

그렇기에 아브라함이 하나님의 목소리를 듣고 떠나고 나아간 것은 진정한 종교성의 모습이다. 종교란 단순한 것이다. 그것은 하나님과 궁극적 진리를 향하여 매 순간 떠나고 나아가는 발걸음과 실천과 행동이다. 따라서 종교성이야말로 종교이다. 종교성을 상실한 종교는 진리의 훼방꾼이요 참된 인간이 되는 길의 방해물이다.

이렇게 생각해보자. 만일 아브라함이 '떠나서 가라'는 말을 차선책으로 생각하고, '큰 민족이 되고, 복을 받고, 이름을 크게 떨치고, 하나님이 그를 축복하는 사람에게는 복을 베풀고, 그를 저주하는 사람에게는 저주를 내린다.'(12:2~3)라는 것을 삶의 우선순위에 두고 살았더라면, 그가 과연 "하나님의 친구"(사 41:8)나, 이스라엘 민족의 조상이나, 유대교와 기독교에서 신앙의 조상이 될 수 있었을까? 그랬다면 그는 부자나 주변 사회에 영향력을 행사하는 권력자(창 23:6, 하나님이 우리 가운데 세우신 지도자)로 살다가 세상을 떠나고 곧 잊히고 말았을 것이고, 우리는 그의 이름조차도 알 수 없을 것이다.

19. 프랑스 작가 '장 지오노'가 쓴 실화소설 "나무를 심은 사람"을 생각해본다. 1차 대전으로 산이 황폐해져서 사람들이 떠나버린 프로방스 지방에서, 홀로 나무만 심으며 살아간 50세를 넘긴 중년의 독신 남자인 '엘제아르 부피에.' 그는 그저 헐벗은 산에 가슴이 아파, 30년 이상 각종 나무 씨앗을 심어 거대한 숲을 이루어 놓았다. 말랐던 시냇물이 흐르자, 새들과 짐승들, 그리고 사람들도 다시 돌아와 살게 되어, 프랑스 최고의 산림지대가 되었다. 그는 1947년에 세상을 떠났다. 얼마나 아름다운 영혼인가! 이것이야말로 후대를 위해 자신을 바친 진정한 탈출과 지향의 존재 방식이라 하겠다.

아브라함은 자신의 삶을 통하여 인류 역사에 신앙으로 사는 참된 인격의 씨앗을 뿌려, 이스라엘 민족과 예수 그리스도와 기독교라는 거대한 구원의 숲을 이루어 놓은 선구자가 된 사람이다. 그의 존재 방식은 "인간적인 세계를 건설하는 일의 의미"(오귀스탱 베르크-대지에서 인간으로 산다는 것)가 무엇인지를 보여 준다. 그는 신앙의 복종과 모험과 도전의 길을 떠난 사람이 과연 세상에 무엇을 남겨줄 수 있는지를 보여준 예증이다.

'요한네스 볼프강 v. 괴테'(1749~1832년)의 "파우스트"는 한 인문주의자가 묻고 대답한 인간의 진정한 존재 방식에 관한 판타지 희곡이다. 주인공 파우스트는 철학자, 물리학자, 기계 및 건축 공학자로서, 다재다능한 사람이다. 평생을 학문과 실험의 세계에서 살아온 그는 노년에 이르러 깊은 회의와 고뇌에 직면하여 허무감에 젖는다.

그러던 중, 어느 날 악마 메피스토펠레스가 낯선 나그네로 변장하고 찾아와, 그가 바라는 이 세상의 모든 영광과 부와 쾌락을 제공하겠다고 한다. 그런데 조건이 하나 있다. 파우스트가 장차 더는 사는 게 괴롭고 싫증 나서, "멈추어라!" 하고 말하며 포기하면, 자기가 영혼을 가져가겠다는 것이다. 파우스트는 악마의 그런 내기 제안에 응한다.

악마는 곧바로 그에게 청춘을 돌려주어, 젊고 잘 생기고 명석한 청년으로 변신하게 한다. 그는 고금(古今)을 넘나들면서 부와 권력, 세속적 영광과 쾌락과 행복 등, 갖가지 감각적이고 심미적인 쾌락을 만끽한다. 한 나라의 국토부 장관이 되어 거대한 간척지를 개간하여 영광을 누리기도 하고, 예술가가 되어 뭇 사람들의 찬사를 받기도 하고, 엄청난 부자로 하고 싶은 일을 실컷 하면서 뭇 여성들의 치마에 싸여 극한의 육체적 쾌락을 맛보기도 한다.

그러나 그는 그 어디에서도 정신적 행복과 평안을 맛보지 못한다. 아무리 많은 시간이 지나도 자기는 늙질 않는데, 자기가 사랑하던 사람들은 모두 늙고 병들어 죽어버린다. 그런 일들이 자꾸만 일어나면서 말할 수 없는 슬픔과 고통에 빠져, 급기야 사는 것에 지쳐 삶의 의욕을 다 잃어버린다. 그러다 자기가 한때 사랑했다가 버린 죽은 여인이 천상에서 자기를 향한 순결한 사랑을 노래하는 환상을 보고, 환희에 젖어 외친다. "멈추어라, 너 아름다운 순간이여!" 그러자 악마는 미소를 지으며 그의 영혼을 지옥으로 끌고 가려고 한다. 그런데 바로 그때 하늘의 문이 열리고, 천사들이 내려와 파우스트의 영혼을 천국으로 데리고 올라가고, 악마의 시도는 실패로 돌아간다.

이 이야기는, 신은 인생에서 최선의 것을 만들어내기 위하여 분투하고 노력하는 자를 버리지 않으신다는 뜻을 전한다. 인간이란 궁극적 진리를 찾으려고 "노력하는 동안에는 어쩔 수 없이 방황하기 마련이고" 갖은 실수를 저지르지만, 그래도 그 정신을 잃어버리지 않는 한, 끝내 신이 받아들이신다는 것이다. 물론 괴테는 기독교 신앙이 아니라, 단지 인문주의자의 신념을 피력한 것이지만, 그렇더라도 얼핏 기독교 신앙을 이해한 것으로 보인다.

'S. A. 키르케고르'(1813~1855년)는 모든 인간이 밟아야 할 인생의 3단계를 말한다(이것이냐 저것이냐). "심미적(審美的) 단계"는 육체적 쾌락과 물질적 탐닉, 경제적 성공과 번영을 추구하는 가장 낮은 차원이다. "윤리적 단계"는 철학과 과학과 예술, 도덕과 문화적 삶을 추구하면서 끊임없는 갈등과 회의와 모순 속에서 정직하게 고뇌하며 허무를 느끼지만, 한 단계 더 치고 올라가지 못하고 그 안에 갇힌 채 안쓰럽게 살아가는 중간 차원이다. "종교적 단계"는 신앙과 종교적 체험과 진리의 깨달음을 통하여 자아와 세상을 초극하여 내적 순결과 평안과 자유에 이른 숭고한 차원이다.

아브라함의 소명과 성서가 말하는 '복'이란 전혀 육체적·세속적·심미적·윤리적인 차원의 것이 아니다. 그런 것은 부차적인 복일 뿐이다. 복이란 하나님의 명령·뜻을 받들어 수행하는 신앙과 복종의 사람 됨됨이·인격과 삶이다! 오직 하나님의 은총 안에서 그분만 사랑하는 사람, 하나님과 자기 사이에 아무것도 끼어놓지 않는 사람, 하나님보다 더 사랑하는 것을 자기에게 두지 않는 사람이 되는 것! 이것이 그가 모리아 산에서 외아들을 제물로 바친 섬뜩한 이야기의 의미이다.

따라서 물질적 성공이나 심리적 안정이나 안전과 번영을 우선적인 복으로 이해하는 것은 예수의 복음과 성서의 진리와 신앙을 왜곡하고 폐기하는 것과 마찬가지이다. 오늘날 "울타리" 신앙(욥 1:10), 곧 '성공의 복음, 번영의 복음'이 기독교의 드센 주류로 자리 잡고 있기에, 날이 갈수록 기독교가 세상을 걱정하는 게 아니라, 오히려 세상이 기독교를 걱정하는 사태가 발생하고 있다. 세상을 구원할 예수 그리스도의 가르침과 삶과 복음이 어쩌다가 이다지도 형편없이 천박하게 추락했는지! 그래서 바울은 말한다. "너희 때문에 하나님의 이름이 이방인들 가운데서 모독을 받는다."(롬 2:24) 따라서 지금 교회를 향하여, '세상을 구원하기 전에 너 자신부터 구원하라!'라고 하는 말은 타당한 명제로 다가온다.

20. 아브라함의 하나님은 오늘도 같은 하나님이시다. 그 하나님이 지금 나와 너를 부르신다. 그 부르심은 모든 인간에게 주어진 숭고한 사명에 관한 것이다. 그 부르심을 회피하는 사람은 비록 부와 성공을 누린다 해도, 결국 "메마른 땅에서 살며"(시 68:6b) "떠돌아다니는 삶"밖엔 없다(창 4:12.14). 그는 소외된 인간으로 전락하여, 삶의 테두리 바깥에 내쫓겨 사는 가여운 존재, "혐오스러운 존재"(밀란 쿤데라-참을 수 없는 존재의 가벼움)가 되어, 한없이 가벼운 삶에 내던져지고 만다.

그런데도 그것을 모른다는 것이 더 끔찍하다. 권력, 학식, 신분, 지위, 연륜, 성공, 부, 안락한 생활에 매몰될 때, 그것은 떠나서 가라는 인간의 보편적인 법칙을 수용하고 실행하는 데 거의 힘을 쓰지 못한다. 이것은 전적으로 내적 자각과 성실성의 문제이다. 인간이란 영성과 도덕성과 사회적 성실성의 삼위일체를 갖추어야만 아름답고 숭고하게 산다.

떠나서 가라는 내면의 목소리를 듣는 삶은 의(義, 하나님과 맺는 올바른 관계. 公義)와 사회정의, 그리고 사랑·자비를 지향하는 것이다. 고이고 정체하고 나아가지 않는 것(가나안으로 가랬더니 안 가!), 집착하고 붙드는 것은 신앙과 도덕성과 공정성의 의와 정의를 해치고, 사랑과 자비를 훼손하는 길이다. 곧, 자기를 죽음에 이르는 병에 들게 하는 일이다.

신앙과 성실, 의와 정의, 사랑과 자비는 해방과 자유의 길, 공존과 화해와 상생의 길, 곧 구원과 평화와 영생의 길이다. 이것은 한 인간이 도달하여 누리는 진정한 인격과 삶의 영광이다. 이러한 인격과 삶의 발자취를 자손들에게 물려주는 것이야말로 진정으로 성공한 사람이 아니겠는가?

자신이 놓여 있는 현실이 고난이든 영광이든, 기존의 세계를 끊임없이 부정하고 날마다 미지의 세계를 향하여 떠나고 나아가라는 것이 하나님의 부르심이다. '진정으로 너를 구원할 것만 의지하라! 모든 가짜를 거부하라! 너의 참모습은 날마다 사랑과 자유의 진리를 드러내는 지금 이 순간에만 있다'라는 목소리!

떠나고 가는 신앙의 삶은 지금도 하나님 앞에서 자신과 모든 것을 내려놓는 것이고, 활짝 열린 자유로운 내면을 지니고 미래를 인도하시는 하나님께 삶을 전적으로 내맡기면서 나아가는 모험과 도전과 창조의 길이다. 그러니만큼 날마다 새로운 것을 배우고 실험하는 신나고 즐거운 과정이고 역정(歷程)이다.

그것은 오늘 여기에서 심정을 다하여 끊임없이 떠나고 가는 사고와 행동을 반복하고 혁신하면서, 하나님 앞에서 기도하고 침묵하며 자기를 비우고, 별을 바라보며 명상하고 상상의 나래를 펼치며 앞으로 나아가는 순례의 여정(旅程)이다. 지금도 하나님의 목소리는 우리에게 떠나고 나아가는 것이 무엇인지를 분명히 이해하고 자각하는 삶, 주체성 있는 신앙과 선한 자유의지를 지니고 끊임없이 새로운 세계를 지향하며 날아가는 독수리가 되라고 하신다.

이것이 바로 '본토(고향), 친척(세상), 아비 집(가정)'을 떠나고 버리는 것의 진정한 의미, 곧 모든 것에 대한 집착으로부터 떠나서 깊은 신뢰와 자각과 주의력을 가지고 미래를 지향하는 존재 방식과 삶이다. 이것이 복이다!

하나님은 모든 인간에게 수도사가 되라고 말씀하시는 게 아니다. 소유하되 소유물에 소유되지 않는 자유, 곧 "세속 안에서의 자유"(한스 큉-왜 그리스도인인가)를 행사하는 인간이 되라고 말씀하신다.

그대는 지금 하나님의 목소리를 듣고 있는가? 그대는 누구인가? 하나님에게 속한 자유인인가, 세상에 속한 노예인가? 독수리인가, 닭인가? 진리 앞에서는 둘 중 하나일 뿐이다. 그대는 어느 쪽인가? 그대는 떠나고 지향하는 오늘의 아브라함인가, 아니면 현재의 자신을 지키려 성전을 짓고 번영과 영광을 위하여 도모하다가 세상의 포로가 되어버린 솔로몬인가? 성서와 역사는 이 두 사람 중에서 누가 이기고 누가 졌다고 말하는가?

아브라함 이야기는 성서 전체를 이해하는 핵심이기에, 말이 길었다. 아브라함의 삶을 예수의 말씀으로 보자면, 십자가를 지고 나를 따르라는 것이다. 곧, 너에게 죽고 나·진리를 따르라는 것이다. 이것의 요약이 요한복음 12:24~26이다. 사람이 나·그리스도를 귀하게 여겨 한 알의 죽는 밀알이 되어 섬기는 삶을 살면, 끝내 아버지께서 그를 높여 주신다! 이것이 그리스도인의 길이다. 아브라함 이야기를 곧바로 신약성서에 대입하여 읽어보시라. 같은 의미라는 것을 알 것이다.

8

끝나지 않는 수업

∨

어느 날 저녁에 이삭은 산책하려고 들로 나갔다
(창세기 24장 63절).

1. 'L. N. 톨스토이'의 책에 나오는 아라비아반도에 전해오는 이야기이다(인생의 길). 모세가 홧김에 이집트 공사판 감독관을 때려죽이고 파라오(Pharaoh)의 체포령을 피해 시나이반도로 도망쳐 살아가던 우울한 시절(출 2:11~15), 어느 날 양 떼를 데리고 오아시스에 머물게 되었는데, 우연히 한 '베두인'(Bedouin, 유목민) 목동이 두 손을 모으고 서서, 이렇게 기도하는 소리를 들었다.

"전능하신 하나님(엘 샤다이·El Shaddai, 본래 시나이와 아라비아반도 산의 신), 부디 당신 곁에 있게 해주소서. 저를 당신의 종으로 받아주소서. 그러면 저는 진정한 기쁨으로 당신의 발을 씻겨 드리겠습니다. 또 신발도 신겨 드리고, 발등에 입도 맞추겠습니다. 또 당신의 머리칼도 빗겨드리고, 잡수실 음식도 마련해드리고, 입으시는 옷도 손질해 드리고, 잠자리 정돈도 해드리겠습니다. 그리고 제 가축에게서 매일 신선한 젖을 짜서 바치겠습니다. 제 마음은 오직 당신을 바랄 뿐입니다."

이런 기도를 들은 모세는 곧장 왕짜증이 나서 다짜고짜 화를 내며 목동을 야단쳤다. "너는 신을 매우 얕보는 자로다. 신에게는 육체 따위란 없다. 그건 너의 무지막지한 상상일 뿐이다. 신은 사람이 아니기에, 몸뚱이 따위는 가지고 있지 않다. 따라서 발을 씻을 것도 없고 신을 신을 일도 없고, 옷도 집도 음식도 노예도 잠자리도 필요 없으며, 양의 젖 따위는 먹지도 않는다. 너는 지금 신을 대단히 오해하고 있는데, 아주 잘못된 기도를 한 것이다!"

이 말을 들은 목동은 그만 어안이 벙벙해져 얼굴이 새파랗게 질렸다. 그는 여태까지 신을 그런 분으로 알고 섬겨왔기에, 그렇지 않은 신이란 상상할 수조차 없었다. 그런데 신이 그런 분이 아니시라고 하니, 이제 더는 신에게 기도할 수도 봉사할 수도 없게 되어 절망의 바닥으로 떨어진 목동은 그 자리에 털썩 주저앉아 슬피 울며 탄식했다. 모세는 그 모습을 보고는 의기양

양해져 양 떼를 이끌고 자리를 떠났다.

얼마쯤 가자, 하나님이 그에게 나타나 이렇게 말씀하셨다. "너는 어째서 나의 충실한 종에게 그렇게도 가혹하고 쓸데없는 말을 퍼부으며 패대기치느냐? 누구에게나 자기 사상과 말과 관습이 있는 법이다. 어떤 이에게 좋은 것이 다른 이에게는 좋지 않을 수도 있다. 너에게 독약 같은 것이라도 다른 사람에게는 감미로운 꿀인 경우가 종종 있다. 말 자체로는 아무런 의미도 없다. 나는 그저 내게 기도하는 사람의 마음을 볼 뿐이다. 너, 아직 멀었다. 너는 오래오래 속이 문드러질 때까지 썩으며 배워야겠구나!"

2. 이것은 대단히 의미심장한 이야기이다. 근엄한 보수정통주의 신학자 같은 모세의 모습. 아마도 이집트 왕자 시절 배운 이집트 왕실 종교의 엄숙한 전통과 거룩한(!) 신학 때문이었으리라. 그런데 모세는 정녕 신을 아는 사람일까? 그 후 모세는 그 벌 때문이었는지, 그곳에서 40년이나 되도록 고생스러운 망명 생활의 한 많은 외로움과 고독 속에서 신을 올바로 알고 섬기는 법을 배워야만 했다!

이 이야기의 핵심은 신을 향한 마음의 진실성과 단순성이다. 이것이 신을 아는 것이다. 베두인 목동처럼, 다른 아무것도 바라지 않고, '제 마음은 오직 당신을 바랄 뿐입니다.' 하는 그런 진실하고 단순한 마음으로 신을 모시는 것! 왜냐면 신은 종교 의례나 신학적 지식보다 "깨끗하고 굳건한 마음"을 사랑하시는 분이기에…(시 51:10.16~17).

'톨스토이'의 이야기를 한 가지 더 들어보자(세 은자·隱者). 러시아 정교회의 주교 신부가 흑해의 어느 항구에서 콘스탄티노플로 순례를 떠났다. 뱃머리에서 즐거이 시원한 바람을 쐬고 있는데, 사람들이 저 앞의 조그마한 섬을 가리키며, 거기에 세 명의 거룩한 성자들이 살고 있다고 말하는 것이었다.

그 말에 잔뜩 호기심이 발동한 신부는 선장에게 가서, 잠시 그 섬 곁에 서서 자기를 데려다 달라고 청했다. 선장을 곤혹스러운 표정을 짓다가, 높은 신분의 신부의 청이라서 하는 수 없이 섬 가까이로 가서 거룻배를 내려 데려다 주었다.

이윽고 은자들의 거처로 간 주교가 보니, 그들은 허름한 농부의 옷을 입고 있었는데, 무척이나 마른 몸에 수염이 덥수룩했다. 주교는 기침을 하더니, 그들에게 주기도문을 아느냐고 물었다. 그러자 그들은 모른다고 대답했다. 기가 막힌 주교는 어떻게 성자라는 사람들이 주기도문조차도 모를 수 있느냐고 하며, 자기가 가르쳐줄 테니 따라서 외우라고 했다.

그런데 두 사람은 자기들의 머리가 너무나도 나쁘니, 그나마 머리가 좋은 한 사람에게 들려주면 자기들도 따라서 외우겠다고 말하는 것이었다. 그래서 주교는 그 사람에게 "하늘에 계신"부터 "영원히 있사옵니다. 아멘." 까지, 몇 번 들려주어 겨우 외우게 하고는 의기양양하게 떠났다.

이윽고 배에 오른 주교는 자기가 오늘 굉장한 일을 했다는 뿌듯한 마음으로 바람을 즐기며 수염을 쓰다듬었다. 그런데 얼마 후, 사람들이 파랗게 질린 얼굴로, 저기를 보라고 외치는 것이었다. 주교 신부가 그 쪽을 바라보니, 세 사람의 은자가 바다를 걸어 배로 다가오고 있는 게 아닌가!

주교는 놀라 자빠질 정도로 아연실색했다. 이윽고 그들이 다가와 배 아래에 멈춰서자, 주교는 파랗게 질린 얼굴로 떠듬떠듬 어째서 왔느냐고 물었다. 그러자 머리가 좋은 은자가 아까 외운 주기도문을 도중에 까먹었으니, 다시 들려달라는 것이었다. 그렇지 않으면 자기들이 잠을 이루지 못할 것이라고 말했다.

머릿속이 하얘진 주교가 이렇게 말했다. "성자님들, 주기도문 같은 것은 몰라도 돼요. 그러니 다시 돌아가서 이전처럼 사세요!" 그 말에 은자들은 서로 얼굴을 바라보고 웃으며, 다시금 바다를 걸어서 섬으로 돌아갔다 (러시아 민화집).

주기도문을 천 번을 백 번이나 외우고, 노트에 십만 번을 쓴다 한들, 바다를 걸을 수 있겠으며, 신을 알겠는가? 그저 단순하고 깨끗한 맘으로 신을 사랑하는 것이 최상이다. 단순성을 잃어버린 마음을 성서로 대신하고, 깨끗한 마음이 실종된 후에 기도와 신조와 교리를 암송한들, 그것으로 신을 알고 사랑하는 일을 대신할까?

3. 인생은 끝나지 않는 수업이다. 인생이라는 '평생교육원'에서 진행되는 인생 수업에는 입학식만 있을 뿐, 졸업식도 졸업장도 축하의 꽃다발도 사진 찍기도 없다. 죽음조차도 인생 수업의 끝은 아니다. 오히려 죽음은 영원한 학교로 들어가는 새로운 입학식이다. 따라서 인생이란 끊임없이 무엇인가를 배우고 익히는 즐거운 수업의 여행길이다. 배워서 알고 깨닫는 것만큼 큰 행복과 신명 나는 기쁨도 없으렷다.

'공자'는 말한다. "날마다 배우고 또 때맞춰 익히는 것은 얼마나 기쁜 일인가?"(논어, 학이 편-1) 열린 마음으로 배우고 또 배워서 깨닫고 새로워지고 성장하고 성숙한 인격에 이르는 것은 누구에게나 가능한 것이지만, 누구나 하는 것은 아니다.

인간은 모두 똑같은 내적 세계를 안고 삶을 출발한다. 인간은 모두 하나님이 내면에 심어주신 진선미의 세계인 '하나님의 형상'(창 1:27)을 안고 세상의 학교에 입학한다. 부유하든 가난하든, 집의 환경은 내적 세계와는 아무 상관 없다. 진선미의 내적 세계는 누구나 지니고 있는 아름다운 가능성이다.

그런데 이것은 끊임없는 마음 공부와 배움과 이해, 깨달음과 적절한 실천을 통해서 발현되고 자란다. 배운다는 것은 단지 지식과 기술의 습득을 가리키는 것이 아니다. 그것은 지성, 지혜, 판단력, 덕스러운 품성과 인격, 신앙, 사랑, 자비심, 이타주의, 인내심, 신중한 태도와 관용, 용기와 불굴의 의지 등의 함양을 의미한다. 곧, 성숙한 인격이다. 실로 인간다운 인간이 되는 것, 이것은 죽을 때까지 지속해야 할 끝나지 않는 수업이다. 한 사람이 인격적으로 성숙하는 것은 인류를 구원하는 하나의 방식이며, 착각과 탐욕에 젖는 것은 세상을 파괴하는 하나의 방식이다.

배움은 자신의 삶을 진실로 사랑하기에 스스로 자기를 길러 나가는 것이다. 인간의 의무와 사명이란 이것밖엔 없다. 자기를 길러 나가면 자기를 아는데 이른다. 진실한 의미에서 볼 때, 자신을 사랑하지 않는 사람만이 배우지 않고 자기를 길러 나가지 않는다. 배움은 정직한 자기 사랑이다.

모르니까 배우는 것이다. 배움은 죽음이 찾아오기 전까지, 그 어떤 악조건 속에서도 포기하지 않고, 새로운 것을 익히면서 미래를 향하여 줄곧 모험의 길을 떠나는 삶의 과정 자체이다. 끊임없는 배움을 통하여 자신의 삶을 진선미의 숭고한 가치를 발현하는 무대로 만들어 나가는 사람만이 자연스럽게 사회와 역사와 인류를 위해 공헌한다.

4. 역사를 보시라. 매우 열악한 환경에서 태어나 불철주야(不撤晝夜) 노력한 끝에, 위대한 경지에 오른 입지전적 인물들이 얼마나 많은가? 우리는 그런 사람들을 존경한다. 고생을 모르고 성공한 사람은 쉽게 교만해진다. 아버지의 부 때문에 거만한 젊은이라면, 이미 싹수가 노란 것이라서, 그 후의 삶이란 볼 것조차 없다. 패배해봐야 승리의 가치를 알고, 실패해봐야 성공의 은혜를 새기게 되고, 고난 속에서 눈물을 흘리며 안타까운 세월을 지내봐야, 마음과 뜻과 생각을 깊이 갈고 닦아 성숙한 인격으로 자란다. 인격

의 성공이 진정한 성공이다.

사실 교만은 가장 쉬운 길이다. 그것은 굳이 배울 필요도 없는 땅 짚고 헤엄치기이다. 교만은 인간 본성에 새겨진 거친 측면의 하나이다. 거만하고 교만하기 그지없다는 사마귀를 생각해보시라. '장자'는 "당랑거철"(螳螂拒轍) 이야기를 들려준다. 사마귀 한 마리가 길을 건너다가 달려오는 마차를 보고 눈을 부릅뜨고 앞발을 치켜세우고는, 마치 자기가 들어 올릴 수 있기라도 하듯, '어디, 나하고 한 번 해볼텨?' 하며 비키질 않는다. 어떻게 되겠는가?

딸깍발이(올곧은) 선비 '맹자'의 말에 귀를 기울여보자. "하늘(天·하나님)이 사람에게 큰 임무(大任)를 내려주려고 할 적에는 반드시 먼저 그 마음과 뜻에 더없는 고통을 안겨주고, 그 육신의 근골(筋骨)을 더없이 고달프게 하며, 그 몸뚱이를 배고프게 하며, 그 육신의 삶을 공핍(空乏)하게 하고, 하는 일마다 어그러지고 뒤틀리게 하신다. 그렇게 하는 까닭은 길이 참아내는 마음을 움직이게 하여, 무엇이든 할 수 있는 능력을 크게 길러주시기 위해서이다.

인간이란 본시 과실을 범한 후에야 비로소 뉘우쳐 고칠 줄 알고, 마음이 고통스럽고 생각이 산산이 깨져나간 후에야 크게 일떠설 줄 알고, 그 얼굴이 고뇌로 일그러지고 그 목소리조차 애절해질 때야 비로소 깨달음을 얻는 법이다. 따라서 우환(憂患)이야말로 생명의 길이요, 안락(安樂)이야말로 죽음의 길이다."(맹자–고자 하)

참된 배움은 고난도 달게 받아 참아내며 실력을 길러, 내 안에 있는 진선미의 세계를 드러내고자 힘쓰는 것이다. 어린애 같은 마음의 권력자, 겸손하고 자비로운 부자, 자상하고 친절한 지식인, 착한 사람이 되려는 것이다. 빛나는 인격은 그만큼 험난한 과정을 통과한 후에 맺히는 결실이다. 숭고한 인격은 세월의 바람에도 스러지지 않는다. 정신의 스승들은 세속적으로는 실패한 인물들이 대부분이지만, 오늘날까지도 인류에게 심원한 영향력을 행사한다.

5. 신은 모든 인간에게 그만이 해낼 수 있는 고유한 사명을 주어 세상으로 보내신다. 사람을 낳는 것은 부모이지만, 보내시는 분은 신이다! 게다가 사람은 재수 없이 세상에 내던져진 존재도 아니다. 인간의 삶은 신의 신성한 파송·심부름이다. 이것을 아는 이는 자기 인생의 사명을 자각한다. 인간에게 있어서 하늘이 자기에게 주신 사명을 깨닫는 것보다 중대한 일은 없다. 그것이 그 사람의 진정한 새 출생이요, 참된 삶의 길잡이다.

그런데 하나님은 심부름하는데 하나의 조건을 부여하신다. 그것은 각자 사명을 실현하기 위해 진지하게 노력하고 실험해야 한다는 것이다. '마하트마 간디'는 "인간의 삶이란 진리를 위한 실험이다. 나의 삶도 그렇다."라고 말하는 데(자서전), 자신의 개성과 소질과 직업이 어떠하든지 간에, 신의 의로운 뜻을 받들고 실현하여 남에게 도움이 되도록 살아야 하는 것이 인간의 신성한 의무·사명이다.

그리고 하나님은 사람이 그렇게 살아가는 한, 그를 떠나지 않고 격려하며 여러 가지 필요한 것들을 제공해주신다. 신앙을 떠나서도 그러하다. 하나님은 신앙이라는 잣대로 사람을 차별하시지 않는다. 모든 인간은 하나님의 자식이기 때문이다. 하나님은 자신만이 해낼 수 있는 선한 가치를 창조하기 위하여 끊임없이 배우고 애쓰고 창조하는 사람을 도우신다.

이것을 실증한 두 사람을 생각해보자. 17세기 영국 시인 '존 밀턴'은 뛰어난 시인이면서 언론 자유를 부르짖은 사상가인데, 가뜩이나 좋지 않은 눈으로 지나친 독서와 글쓰기를 한 탓에, 50세를 지나 시력을 상실하게 되었다. 그런데 그는 오래전부터 창세기 2~3장에 나오는 아담과 하와의 이야기를 장편 서사시로 쓰려고 구상하고, 수많은 자료를 읽으며 준비해왔던 터였다. 절망적인 기분은 이루 말할 수 없었지만, 그는 포기하지 않고 머릿속으로 이야기를 다듬은 후 딸에게 구술하며 오랫동안 교정하고 작업한 끝에, 인류사에 남은 대작을 완성했다. 그것이 "실낙원"이다(이창배-실낙원 해설, 존 메이시-세계문학사).

2013년 95세의 나이로 세상을 떠난, 전 남아프리카공화국의 대통령 '넬슨 만델라'는 실로 전설적인 인물이다. 감리교 그리스도인인 그는 백인들의 인종차별 정치에 맞서서 투쟁하다가, 무려 28년이나 대서양의 작은 '로빈' 섬의 감방에 투옥되어 지냈다. 그동안 백인 정부의 숱한 모략과 탄압과 회유를 받았고, 하나님이 자기를 버리신 것 같은 자포자기의 감정에 빠지기도 했다. 그러나 그는 굴복하지 않고, 성서를 비롯한 수많은 책을 읽고 기도하며, 훗날 흑백 화해의 날이 오리라는 큰 희망을 품고 견뎌냈다.

결국에 1990년에 해방된 그는 대통령이 되어 400년간 이어진 인종차별을 종식하고, 백인들에 대한 보복도 금지하며 민족 대 화해를 이루어냈다(자서전-자유를 향한 머나먼 여정). 그를 존경하는 세상은 그에게 노벨평화상을 안겨주었고, FIFA 총회에서는 그를 보고 2010년 남아공 월드컵대회를 만장일치로 합의해주어 개최했다.

이렇게 어떠한 삶의 조건과 상황 속에서도, 하나님이 자기를 이 세상에 보내실 적에 내려주신 일이 자기에게 여전히 남아 있다는 것을 깊이 자각하는 사람은 결단코 무너지지 않는다. 그런 사람은 인생을 끊임없이 배우고 창조하는 무대로 이해하고 노력에 노력을 거듭한다. 도대체가 좌절하거나 교만할 틈이란 없다. 이런 것은 할 일이 없거나 모르는 사람이나 할 뿐이다.

20세기 프랑스 시인 '폴 발레리'는 노래한다(1871~1945년). "…오, 나만을 위해, 나에게만, 나 자신 속에서, 하나의 마음 곁에서, 시의 샘물들에서, 공허와 순수의 결말 사이에서, 나는 기다린다, 나의 위대한 내면의 메아리를. 언제나 미래인 텅 빈 속을 영혼 속에서 울리는, 쓸쓸하고 어둡고 소리 잘 나는 우물을!"(해변의 묘지)

하나님은 자기 내면의 '위대한 메아리, 영혼의 우물'을 찾아내려는 자를 결코 외면하지 않으신다. 예수께서는 이런 역설을 들려주신다. "밀알 하나가 땅에 떨어져서 죽지 않으면 한 알 그대로 있고, 죽으면 열매를 많이 맺는다. 자기의 목숨을 사랑하는 사람은 잃을 것이요, 이 세상에서 자기의 목숨을 미워하는 사람은 영생에 이르도록 그 목숨을 보전할 것이다. …누구든지 나를 섬기면, 내 아버지께서 그를 높여주실 것이다."(요 12:24~26)

'노자'도 비슷한 역설을 말한다. "그 몸을 뒤로하면 앞서게 되고, 그 몸을 밖에 두면 보전하게 된다."(도덕경, 7장) 하나님은 시련과 고난의 어두운 땅속으로 들어가, 아무도 알아주지 않아도 묵묵히 미래를 위하여 자기를 훈련하고 노력하는 사람을 버려두시지 않는다.

우리는 지식을 배우지만, 진정한 수업은 진리의 수업, 존재의 예술에 대한 수업이다. 이것은 일체의 소유욕, 거짓, 걱정, 두려움, 이기심, 폭력성을 극복하고, 모든 시간 모든 장소에서, 내 안에 있는 아무도 무너뜨릴 수 없는 진선미의 세계를 드러내며 살아가는 영혼의 삶이다. 종교는 이것을 신을 향한 신뢰나 진리의 깨달음, 철학(philosophy)은 지혜(sopia)를 사랑하는(phileo) 것이라 한다. 무엇이라 하든, 인생이란 죽을 때까지 끊임없이 진리와 존재의 예술을 배우는 수업, 곧 아름답고 고귀하게 사는 법을 배우는 끝나지 않는 수업이다.

여기에 인생의 참된 의미와 가치와 빛이 있다. 우리는 실패하고 패배할 수 있다. 그런데 그렇기에 인생은 살아볼 만한 것이다. 실패와 패배의 경험도 없이 어떻게 빛나는 생을 창조하겠는가? 불운 때문에 존재의 중심을 잃고 좌초하는 것은 영혼의 목소리나 생의 궁극적인 진리를 긍정하는 용기가 부족하기 때문이다. 진리는 언제나 세미한 목소리로 말하기에, 잘 들리지 않는다. 그 소리는 항상 진리, 선, 사랑, 자비, 의, 인내, 겸손, 친절, 관용, 이해, 부드러움에 대해 들려준다. 그것을 듣고 배우는 것이 진정한 존재 방식을 이룩하는 길이다.

6. 그렇게 끊임없이 배우며 살아간 아름다운 영혼이 여기에 있다.

어느 날 저녁에 이삭은 산책하려고 들로 나갔다.

'이삭'(Issac, 웃음)은 히브리 역사에서 대단히 이질적인 인간상이다. 히브리인 특유의 집요한 면모가 거의 없기 때문이다. 그러나 깊이 들여다보면, 이삭이야말로 진정한 히브리인이다. 그의 삶에는 어떤 혹독한 고난도 없고, 드라마 같은 사건도 없고, 분노하는 모습도 없고, 무엇을 잡고 이루어 보겠다고 집착하며 남들과 치열하게 싸우는 일도 없고, 하나님 앞에서 떼를 쓰는 일도 없다. 모든 것을 있는 그대로, 일어나는 그대로 받아들이기에, 도대체 아무런 감정도 욕심도 뜻도 의욕도 없는, 목석같은 바보가 아닌가 할 정도로, 대단히 밋밋하기 그지없는 사람이다. 그래서 아마도 아버지와 어머니가 볼 때, '우리가 혹시 덜떨어진 애를 낳은 게 아닐까?' 했을지도 모른다.

그는 젊은 시절부터 이미 모든 것을 다 알고 있는 현자(賢者)처럼, 매사에 유유자적하게 움직인다. 그는 자기 이름의 뜻처럼, 태어나서 죽을 때까지 평생토록 미소를 가득 머금은 Mr. smile로 smile life를 살아간 사람이다. 인간이 어떻게 그렇게 살 수 있을까?

위 구절과 전후 맥락을 통해서 충분히 추적해볼 수 있다. 산책은 그가 늘 해오던 습관으로 보인다. 구약성서에 어떤 사람이 '산책했다.'라고 말하는 이야기는 여기밖엔 없다. 고대 히브리인들은 비좁은 가나안·팔레스타인 땅에서 여러 적대적인 부족들과 함께 복작거리며 가난하고 고달프게 산 데다가, 간혹 들판에 사자 같은 맹수들도 어슬렁거렸기에, 섣불리 산책했다가는 비명횡사할 수도 있어서, 그 같은 취미를 즐길 겨를이 없었다.

따라서 그가 산책하는 모습은 예사롭지 않게 보인다. 소화불량이나 생활의 스트레스나 무슨 막중한 일 때문에 한 것 같지는 않다. 어쩌면 먼 데서 아내가 될 아가씨를 데리고 오는 아버지의 종·집사를 기다리며, 가뜩이나 수줍음이 많은 성품에 마음이 울렁거려 가라앉히려고 걸었을 수도 있다. 그렇지만 그 후 일생토록 드러낸 그의 삶을 전체적으로 살펴볼 때, 그것은 오랜 습관이었던 것으로 보인다. 그때 그의 나이는 대략 40세 정도였다.

그러면 이삭은 어떻게 해서 산책하는 습관에 젖게 되었을까? 어쩌면 홀로 있기를 좋아하고, 시끄럽고 복잡한 것들을 싫어하는 천성 때문일 수도 있다. 그가 죽을 때까지 드러낸 존재 방식을 보건대, 충분히 그러한 가능성이 있다. 그는 도대체 매사에 아무 생각도 없는 사람처럼 살았고, 급하게 서두르며 일을 해본 적도 없고, 크나큰 손해를 볼 대경실색할 일이 벌어져도 하나도 놀라는 법이 없이 농담을 던지는, 만사에 느긋하기 그지없는 사람이었다.

천성이 아니라면, 그의 아버지 아브라함이 자주 홀로 별들을 바라보았다는 이야기에서 실마리를 찾을 수 있다(창 15:5). 아브라함은 이삭이 태어난 후에도 그런 습관을 오래도록 지속했을 것이다. 그렇다면 구약성서에는 나오지 않지만, 아브라함은 그때마다 어린 이삭을 데리고 자주 산책했을 것이기에, 그의 산책 습관은 아버지로부터 배운 것으로 볼 수 있다.

그런데 또 다른 이유는 없었을까? 우리가 추정해볼 수 있는 게 하나 있다. 그것은 그가 어린 시절에 겪은 끔찍한 경험, 곧 "모리아 산"에서 벌어진 사건 때문이 아니었을까(창 22장)? 나는 이것을 결정적인 것으로 본다. 거기에서 무슨 일이 벌어졌던가?

어느 날 아버지 아브라함은 하도 늙어서 그만 자기가 섬기는 신에게 미쳐서인지, 외아들에게는 입도 뻥끗하지 않고 산에 제사 드리러 간다고 속이고는 데리고 갔다(창 22장 서두에는 아들을 번제로 바치라는 하나님의 명령이 있다). 물론 '무서운 아내' 사라에게도 그렇게 둘러댔을 것인데, 하나님의 명령이라는 말을 꺼냈다가는 분명 아내의 결사 항전의 반대 사태에 직면했을 것이기 때문이다.

그렇게 "사흘"이나 걸어가던 길에, 아들은 이상한 점 하나를 발견했다. 불씨도 장작도 칼도 다 있는데, 정작 제물로 바칠 양이 없는 것이었다. 그래서 늙은 아버지에게 물었다. '그런데 아부지, 양은 어디 있어?' 그러자 아버지는 곤혹스러운 표정으로 하는 수 없이 대답했다. "으응, 그건 하나님이 다 알아서 마련해 주실 게다."(야훼·여호와 이레) 그 말에 아버지에 대한 믿음이 좋은 손자뻘도 안 되는 20대 초반의 아들은 그런가 보다 했다.

이윽고 산에 도착하여 널따란 바위를 본 아버지는 거기에서 제사를 바치려고 했는지, 장작을 깔아 놓고는, 난생처음 멀리 나온 탓에 멋진 풍광을 감상하느라고 여념이 없는 아들을 느닷없이 뒤에서 냅다 붙잡아 장작 위에 눕혀놓았다. 하도 순식간의 일이어서, 젊고 기운 센 아들은 저항할 틈도 없었다. 그리곤 아버지는 칼을 치켜들고 아들의 가슴에 냅다 내리꽂으려고 했다. 그를 어린양처럼 죽여 배를 가르고 살을 발라 제물로 불태워 바치려는 것이었다(번제·燔祭, 라~홀로카우스트·Holocaust, burning offering). 그것은 아들에게는 경악(驚愕)을 넘어, 인간사 그 어떤 말로도 형용할 길이 없는 미친 짓 그 자체였다. 세상에, 신에게 미쳐 외아들을 잡아 바치는 아비도 있던가!

아버지의 광기 어린 눈동자 속에서 본 "공포와 전율"을 자기도 느낀 이삭은 빠져나가려고 고래고래 아우성치고 발버둥쳤다(S. A. 키르케고르-공포와 전율, 모리아 산 이야기를 기독교 철학으로 해설한 책). 그러나 아무리 늙었어도 광기에 사로잡혀 결사적인 아버지의 팔뚝에서 나오는 힘을 도저히 물리칠 수 없었다.

그때 죽음의 공포와 전율에 사로잡힌 아들은 늙은 아버지의 두 눈에 맺힌 굵은 이슬방울을 보았다. 그것은 자기가 미쳐 있는 신을 향한 경외의 눈물이었고, 하나뿐인 아들을 향한 사랑의 눈물이었다! 실로 두 사람에게 순간의 영원, 영원의 순간이 교차했다. 그제야 기운이 진한 아들은 모든 것을 포기하고 눈을 감았다. 아직 박히지도 않은 칼끝을 느낀 심장이 한없이 쪼그라들었다. '아, 이렇게 채 살아보지도 못하고, 내 짧은 인생이 신에게 미친 아버지의 손에 끝나는구나!'

이삭은 그 순간, 신앙의 역설과 사랑의 역설을 한꺼번에 보았다. 사랑하는 아들을 죽여 자신의 신앙을 증명하고, 또한 사랑하는 아들을 살릴 길이 하나님에게 달려 있다는 것을 믿고 그렇게 해야만 살릴 수 있다고 믿은 역설을…(야훼 이레는 양뿐 아니라, 아들을 살릴 길도 마련하실 것이라는 의미를 내포)!

그런데 기다려도 곧 심장에 박혀야 할 칼끝이 와 닿지 않았다. 사위(四圍)가 만사 고요했다. 자기를 짓누르는 손길도 느낄 수 없었다. 눈을 떠 보니, 아버지는 없고 저 혼자 누워 있었다. 살아났다는 느낌에 앞서, '아, 이 노인이 차마 할 수 없어서, 혹시?' 하는 생각이 들었다(자살). 가슴이 덜컥했다. 얼른 일어나 주변을 살폈다. 저쪽 수풀 앞에 아버지의 뒷모습이 보였다. 안도의 한숨을 내쉬고 가보니, 수풀에 "산양 한 마리"가 걸려 울부짖고 있었다.

아버지는 아들을 보지도 않고 우직하게 들어가 양을 잡아 오더니, 냅다 장작 위에 눕히고는 목을 찔렀다. 그리고는 서걱서걱 배를 갈라 각을 떠서 펼쳐 놓고는 불을 질렀다. 아들에겐 이렇다저렇다 한마디도 없었다. 그렇게 침묵 속에서 제사가 끝나고, 아버지와 아들은 묵묵히 집으로 돌아왔다(이삭이 돌아왔단 말은 없다. 뒷 이야기를 보면, 그는 집을 떠나 홀로 광야에 칩거하여 산다. 오래도록 그 사건의 의미를 천착하며 성찰하며 사색했을 것이다).

7. 그토록 충격적인 경험은 이삭의 영혼에, 신을 향한 사랑에는 중간에 가로막을 어떤 것도 놓아서는 안 된다는 것, 그 어떤 것도 신에 대한 성실과 복종을 가로막지 못하게 해야 한다는 진리를 자각한 일대 사건이 되었다. 그가 깨달은 것은 하나님을 향한 사랑은 온 세상을 희생시켜서라도 증명해야 할 만큼 절대적이어야 한다는 진리, 곧 매우 늙은 나이에 낳은 외아들이라도 하나님보다 더 소중하게 여겨서는 안 된다는 진리, 그것이었다.

그 사건에 대한 심오한 종교적 각성, 곧 "근본체험국" 이후(윌리엄 제임스-종교적 경험의 다양성), 이삭은 삽시간에 늙은 철인이 되었다. 모리아 산의 체험이 그를 이전과 이후로 갈라놓은 갈림길이 되었기 때문이다. 아직 장가도 가지 않았지만, 그의 내면에는 근본적인 변화가 일어났다. 그는 더는 이전처럼 살 수 없었다. 그에게는 세상도 이전과는 다른 세상, 삶도 이전과는 다른 삶이 되었다.

그때부터 그에게 홀로 산책하는 습관이 생겼으리라. 그때마다 다시금 하나님을 위해서는 자기 외아들까지라도 바쳐야 한다는 역설적 진리의 실체를 곰곰이 생각해보았으리라. 그런 사색은 이삭을 일체의 걱정이나 불안,

소유욕이나 공포나 두려움에서 해방해 주었고, 그의 내면에 무엇으로도 설명할 수 없는 초월적 지평을 활짝 열어젖혔으리라.

그리하여 그의 마음에 하나님은 그처럼 절대적 사랑을 바친 사람의 자손을 얼마든지 지켜주고 인도해줄 것이라는 확고부동한 신앙이 자리 잡았다. 그는 아버지의 삶에서 그 확증을 보았다. 따라서 그때부터 그 어떤 일이나 미래에 대해서 아무것도 걱정할 필요가 없다는 것을 깨닫게 된 이삭은 하나님의 인도 아래에서 모든 일이 선하고 아름답게 이루어질 것이라고 믿게 되었다.

이런 생각은 그 후의 삶을 볼 때 들어맞는다. 그 후 그는 어떤 상황 속에서도 놀라는 법 없이, 그저 smile life를 살아갔을 뿐이다. 따라서 산책하는 습관이 하나님을 향한 절대적 신뢰심, 자아에서 해방되어 아무것도 걱정하거나 두려워하지 않는 용기, 이욕(利慾)을 품고 사물을 바라보지 않는 마음, 그리고 일이 일어나면 일어나는 대로 받아들이고 거기에서 가장 지혜로운 좋은 방식을 취하는 태도 등을 형성시켜준 원동력이 된 것이 틀림없다.

그 후 이삭은 아내를 얻었을 때 행복하게 웃는다. 여러 해가 지난 후, 아내가 하나도 아닌 쌍둥이들이 뱃속에서 전쟁을 치른다고 하면서, 이렇게도 배가 아파서야 어떻게 자식을 낳겠느냐고 할 때도, 그는 한꺼번에 둘이라서 좋아하기만 한다.

여러 해가 흘러, 다 자란 큰아들이 들에서 사냥해온 고기를 요리해줄 때는 아이처럼 웃는다. 작은아들이 엄마와 공모해 제 형과 자기를 속이고 축복을 받으려고 고기 요리를 해올 때도 웃으며 축복하고 맛있게 먹는다. 그일로 형제 사이에 불화가 생겨, 작은아들이 도망치듯 집을 떠날 때도 웃으며 축복해준다. 그 후 아이들이 모두 집을 나가고, 아내가 먼저 세상을 떠나도 유유자적하게 산다. 20년의 세월이 흐른 후, 작은아들이 크게 성공하여 귀향했을 때는 마치 모든 게 그리될 줄 알았다는 듯이, 더할 수 없이 행복한 미소를 짓는다. 이삭은 도대체가 그런 사람이었다.

8. 그러면 그가 정녕 모리아 산에서 겪은 종교적 체험을 통하여 젊은 나이에 각성(覺性)하고, 오랜 산책 습관으로 하나님과 인생의 진실을 깊이 사색하면서 현인의 경지로 나아간 증거를 보여주는 일화 하나를 생각해보자.

아버지가 세상을 떠난 후, 그는 가업을 물려받아 목축하며 지낸다. 그리고는 뜻밖에도 아버지가 하지 않던 농사까지 짓는다. 대단히 의외의 사태라 하겠는데, 이것도 역시 목축하며 이동하는 귀찮은 생활을 싫어하고, 한 곳에 오래 머물러 조용하게 살아가는 것을 좋아한 이삭의 성품을 보여주는 대목이다.

그때 그가 살던 지역은 이미 부족국가 체제를 이루고 왕이 다스리던 "블레셋"의 정치적 영향력이 느슨하게 미치던 곳이었다. 그런 곳에서 목축과 농사를 짓는데 가장 소중한 생명줄은 우물이었다. 그런데 블레셋 부족에게는 "군대"가 있었다. 따라서 집안의 종들 수백 명뿐인 이삭으로서는 그들과 불화가 생길 때 싸우는 것은 생각조차 할 수 없는 일이었다(아브라함의 종 318명, 창 14:14).

어느 때 이삭의 종들이 샘을 찾아내고 우물을 팠는데, 블레셋 사람들은 자기 지역에 들어온 이방인이 아주 잘 사는 것을 보고 시기한 나머지 위협하며 가로챘다. 여느 사람 같았으면 달라붙어 항의라도 했을 것이지만, 이삭은 그저 아무 말 없이 순순히 양보하고는, 다른 지역으로 옮겨갔다. 그곳에서 또 우물을 파자, 그들은 또 쫓아와 가로챘다. 그들은 그렇게 대여섯 차례나 찾아와 우물을 가로챘다.

그런데 이삭은 그때마다 툭 농담을 던졌다. "으음, 다투는군! 으음, 반대하는군!" 분명 사람들에게 바보같이 보였을 것이지만, 그는 하나도 개의치 않았다. 이윽고 그가 또 다른 샘을 발견하고 우물을 팠는데, 그들에게도 낯짝이 있었는지 더는 찾아오지 않았다. 그러자 그는 이렇게 말했다. "으음, 이제야 장소가 참 넓군그래!" 그 말은 '그동안 내가 좁아터진 곳에서 살려고 공연히 갈등을 일으켰던 게로군! 그들이 가로챈 것도 다 까닭이 있었던 게야!' 한 것이요, '하나님이 드디어 나를 넓은 곳으로 인도해주셨구나!' 하는 뜻이었다.

그렇게 그는 불필요한 싸움을 피해 가족을 지켜내고, 블레셋인들에게도 인격적인 감화를 끼쳐 평화롭게 지낼 수 있게 되었다. 따라서 그는 단기적 안목으로 볼 때는 여러 번 손해를 입었지만, 장기적 안목으로 볼 때는 아무것도 손해 본 것이 없었고, 오히려 더 큰 이익을 얻은 것이었다. 만일 그가 첫 번 우물에서부터 달라붙어 싸웠더라면, 분명히 멸문지화를 당했을 것이다. 그러니 그 모든 것이 하나님이 이삭의 가슴을 움직여서 하신 일이었다.

그러자 그날 밤 하나님이 그에게 나타나 이렇게 말씀하셨다. "나는 너의 아버지 아브라함을 보살펴준 하나님이다. 내가 너와 함께 있으니, 두려워하지 말라. 내가 나의 종 아브라함을 보아서, 너에게 복을 주고 너의 자손의 수를 불어나게 하겠다." 그는 그곳에 제단을 쌓고 하나님의 이름을 부르며 예배를 드렸고, 그곳에서 또 새 우물을 팠다(창 26:12~25). 이삭은 인생의 진정한 승리자였다.

이처럼 참으로 바보 멍텅구리 같아 보이는 이삭의 처세는 많은 것을 생각하게 한다. 조그마한 이익을 다투고 차지하고 누리는 것은 정녕 나에게 이로운 것이고 빛나는 승리일까? 소탐대실(小貪大失)이라는 말처럼, 작은 이익을 다투다가 그에 비교할 바 없이 큰 것을 잃을 수 있다. 그러나 이삭은 더 큰 것을 위해 작은 것을 포기할 줄 알았기에, 잃은 것이 아무것도 없었다.

그가 여러 번 양보를 통해서 지켜내고 획득한 이익은 무엇일까? 하나님의 사람이라는 신앙과 인격과 긍지, 비록 짧게 볼 때는 손해이지만 결국에는 더 큰 이익을 얻으며 이웃들과 평화롭게 지내는 아름답고 숭고한 존재 방식, 만사가 하나님의 뜻 안에서 전개된다는 진실의 확인 같은 것이 아니었을까?

이삭은 어떻게 그럴 수 있었을까? 그 모든 게 모리아 산의 종교적 체험에서 일으킨 내적 자각과 그에서 비롯된 깊은 명상과 침묵과 기도의 오랜 관행이 인생의 이치를 더 깊이 배우고 터득하게 하여, 어느덧 존재의 중심을 확고하게 잡고 살아가도록 한 것이었다고 말할 수밖에 없다. 그리하여 그는 진정한 '사람의 아들, 하나님의 아들'로 성숙한 것이다.

그 후 그는 끊임없이 인생을 배우고 즐거워하는 학생, 기쁨의 달인(達人)으로서 행복하게 살아가다가, 자기에게 주어진 사명, 곧 아버지 아브라함의 신앙을 자식에게 물려주는 일을 완수하고, 두 아들과 많은 손자 손녀들이 지켜보는 가운데서 미소를 띤 채 선종(善終)했다.

9. 이제 이삭이 늘 즐겨한 산책에 대하여 생각해보자. 산책이란 무엇인가? 그것은 "walking in the sky, walking in the wind, walking in the myself"이다(아일랜드 노래). 햇빛 아래에서나 바람 속에서나 빗속에서나, 산책은 고독한 심정에 싸여 홀로 걷는 심원한 사색의 발걸음이다. 마음을 텅 비우고 자신을 성찰하며, 인생의 이치를 궁구하고, 영원한 존재를 생각하며 허허로운 가슴으로 걷는 고독한 순간! 산책은 자아를 내려놓는 일종의 종교적 통과의례이다. 마음은 비운만큼 깊어지고 커지며 슬기와 창조성을 솟구치는 우물이 된다.

우리는 시인이나 음악가나 과학자의 생애에서 이런 현상을 목격한다. 그들은 마음을 텅 비우고 산책하던 중, 애써 골몰할 때는 전혀 떠오르지 않던 시상(詩想)이나 악상(樂想)이나 골몰하던 문제가 느닷없이 환하게 보여 해결책을 찾은 경험을 들려준다. 예를 들어 'L. v. 베토벤'의 "6번 교향곡, 전원"은 그가 유서(遺書)를 써놓고 자살하려다가, 도시를 떠나 친구 목사가 목회하는 시골로 내려가 아름다운 풍광을 즐기며 산책한 후 얻은 착상으로 작곡한 것이다. 이렇듯 창발적인 아이디어는 자기를 내려놓고 마음을 텅 비우는 고독한 산책의 경험에서 솟구치는 일이 허다하다. 산책은 존재가 심원해지고 숭고해지고 아름다워지는 순간이기에….

영국인들이 나팔꽃에 왜 '모닝 글로리'(morning glory)라는 이름을 붙였을까를 생각해보면 충분히 짐작이 간다. 나팔꽃은 이른 아침 해가 뜨기 전에 피었다가 햇빛이 비치면, 이내 꽃잎을 닫는다. 늦잠쟁이는 울타리에 나팔꽃이 핀다 해도 볼 수 없다. 그렇기에 나팔꽃은 모든 꽃 중에서 유별나게 이른 아침마다 산책하는 사람만 볼 수 있는 '아침의 영광'이라 할 수 있는 것이다. 그대여, 날마다 새로운 우주가 펼쳐지고 만상이 잠에서 깨어나는 이른 아침에 잠시라도 산책하고 명상하는 아침의 영광을 누려보시는 게 어떠할지?

산책은 지금 이 순간 하나님 안으로 들어가는 것, 내면의 성전으로 들어가는 것, 경이로운 만물과 내가 한 몸임을 자각하는 것, 내 안의 참나를 의식하는 것, 그렇게 하여 위대한 영·삶이 나를 인도하도록 내맡기는 것이다. 산책만큼 우리를 지금 이 순간의 현존과 나의 참모습으로 돌려주는 것도 없다.

아침에 하든, 한낮에 하든, 저녁에 하든, 밤에 하든, 산책은 온 존재의 세계와 더불어 홀로 있는 고요하고 깊고 풍부한 순간이다. 그렇기에 산책은 "슬슬 거닐어 노님"이다(소요유·逍遙遊, 장자~장자). 18세기 프랑스 철학자 'J. J. 루소'는 "고독한 산책의 몽상(夢想)은 깊은 삶으로 나아가는 길"이라 했고(고독한 산책자의 몽상), 19세기 독일 철학자 'F. W. 니체'는 "오, 견

고한 고독이여, 내 얼마나 너를 사랑하는가!"하고 읊었다(인간적인, 너무나
도 인간적인).

"고독(aloneness)은 홀로 있음의 영광, 외로움(loneness)은 홀로 있음
의 비참이다!"(P. 틸릭-The Eternal Now) 고독은 삶을 전체적으로 바라보
며 참된 나가 되려고 홀로 있는 것이다. 고독한 자는 "신 앞에 단독자(單獨
者)로 서 있다."(S. A. 키르케고르-유혹자의 일기). 그는 본래의 벌거벗은 영
혼으로 신 앞에, 우주 앞에, 세계 앞에, 그리고 자신 앞에 홀로 우뚝 서 있다.
그러나 외로움은 없다. 외로운 자는 신을 찾아도 못 찾지만, 고독한 자는 신
을 찾지 않아도 신이 찾아오신다.

고독한 산책은 대개 두 가지 형식이다. 자유롭게 걷거나 앉아서 주변
의 사물을 깊은 의식 속에서 바라보며 즐기고 느끼는 것, 그리고 삶의 근원
적 원리와 내 영혼과 삶을 생각하는 것이다. 일단 문제나 일은 제쳐둔다. 산
책은 내려놓음과 챙김, 열어 놓음과 들여다봄, 나아감과 들어감의 이중적인
길이다. 산책하는 사람은 궁극적 실재이신 하나님·진리, 자기와 삶과 세계
에 마음을 활짝 개방하고 사물을 있는 그대로 보면서 내면과 삶을 응시한
다. 그렇게 하여 고정관념이나 편견 등에서 해방되어 사물의 실상을 자각하
고, 새로운 통찰의 빛과 힘을 얻는다. 그러면 문제와 일을 다룰 번뜩이는 지
혜를 얻는다.

구약성서에 놀라운 명언이 있다. "하나님이 집을 세우지 아니하시면
집을 세우는 사람의 수고가 헛되다. …일찍 일어나고 늦게 눕는 것, 먹고 살
려고 애써 수고하는 모든 일이 헛된 일이다. 진실로 하나님께서는 사랑하시
는 사람에게 그가 잠을 자는 동안에도 복을 주신다."(시 127:1~2) 이것은 하
나님을 향한 신앙, 삶을 향한 신뢰 속에 자신을 내려놓을 때 일이 더 복되게
풀어진다는 뜻으로 볼 수 있겠다.

산책은 종교적인 영성과 자각, 철학적인 의식과 사고, 예술적인 몸가짐이다. 산책은 홀로 있는 순간이기에, 내 존재의 중심이신 하나님과 내면의 자기와 삶의 중심으로 들어가는 문이다. 산책은 무엇보다 사랑 안에 있기 위함이다. 나를 객관화하면서 동시에 내면화하여 초월하는 것이다.

산책하는 삶의 아름다운 풍경을 노래한 시인 '김현승'의 시를 감상해 보자(절대고독).

나는 이제야 내가 생각했던 영혼의 먼 끝을 만지게 되었다
그 끝에서 나는 하품을 하고 비로소 나의 오랜 잠을 깬다
내가 만지는 손끝에서 아름다운 별들은 흩어져 빛을 잃지만
내가 만지는 손끝에서 나는 무엇인가 내게로 더 가까이 다가오는
따스한 체온을 느낀다

그 체온으로 내게로 끝나는 영원의 먼 끝을
나는 혼자서 내 가슴에 품어준다
나는 내 눈으로 이제는 그것들을 바라본다

그 끝에서 나의 언어들을 바람에 날려 보내며
꿈으로 고이 안을 받친 내 언어의 날개들을
이제는 티끌처럼 날려 보낸다

나는 내게서 끝나는 무한의 눈물겨운 끝을
내 주름 잡힌 손으로 어루만지며 어루만지며
더 나아갈 수 없는 그 끝에서

드디어 입을 다문다--- 나의 시와 함께

복음서에 이런 구절이 있다. "아주 이른 새벽에, 예수께서 일어나서 외딴곳으로 나가서, 거기에서 기도하고 계셨다."(막 1:35) "날이 새니, 예수께서 나가서 외딴곳으로 가셨다."(눅 4:42). 이것은 흔히 사람들이 생각하듯이, 예수께서 밤새도록 울부짖으며 기도했다는 것일까? 아니다. 사람이 아무리 절실한 문제를 안고 있다고 하더라도, 5분이 지나면 더는 말할 게 없다. 따라서 이것은 다른 무엇인가를 가리키는 것이다.

무엇일까? 바로 산책이나 명상이다. 예수께서는 새벽, 또는 밤에, 홀로 마을 밖으로 나가 오래도록 산책하거나 가만히 앉아서 명상에 잠기셨다는 말이다. 따라서 우리는 예수께서 일상을 산책과 명상의 시간으로 시작하고 마무리 지으신 것임을 알 수 있다. 종일 분주하게 많은 사람을 만나고 나면, 어느덧 마음이 무뎌지고 지치는 것이 사람이다. 예수 또한 사람이었으니 그렇지 않을 수 없었다.

10. 우리가 장차 "그리스도의 심판대 앞에 서면"(고후 5:10), 이런 질문을 받을지 모른다. '너는 왜 네가 되지 않았느냐?' 그리스도는 내가 아브라함이나 모세가 되지 않은 것을 탓하지 않고, 내가 되지 않은 것을 책망하시리라. 따라서 우리는 가면을 쓰고 살지 않아야 한다. 그러자면 매일 자신을 비우는 훈련을 해야 한다. 가면을 쓰고 살아가는 삶에는 아무것도 없다. 그런 삶은 "헛되고 헛되다. 모든 것이 헛되다."(전 1:2)

우리는 매일 가면을 벗고 나의 본래 얼굴(眞面目)을 발견하기 위해 힘써야 한다. 그런 만큼 우리는 걱정과 불안과 두려움에서 해방되어 자유로워진다. 그러면 삶을 인도하는 보이지 않는 손길을 느낄 수 있다. "내 삶을 좋게 하신 이가 내 죽음도 좋게 하실 것이다."(장자-장자) 그런 점에서 인생은 나의 진면목을 찾는 기나긴 산책이다. 신앙인에게 있어서 내 본래의 얼굴을 찾은 것은 내 안에서 예수 그리스도를 찾은 것과 같다. 예수 그리스도의 얼굴이 본래 내 얼굴이기 때문이다.

인생은 기쁨을 위한 무대이다. "기뻐하라! 기뻐하라! 인생의 사업, 인생의 사명은 기쁨이다. 하늘을 향하여, 태양을 향하여, 별을 향하여, 풀을 향하여, 수목을 향하여, 동물을 향하여, 인간을 향하여 기뻐하라!"(L. N. 톨스토이-어떻게 살 것인가?) 기뻐하며 살라는 것, 이것만이 하나님의 유일한 명령이 아닐까? 왜냐면 기뻐하는 이는 악을 행할 수 없고 사랑밖에 할 줄 모르기 때문이다. 기쁨은 행복이다. 행복은 찾으면 신기루처럼 없어지지만, 기쁨을 발견하면 행복은 거기에 있다.

기쁨은 이미 온 천지에 가득 퍼져 있다. 특히 기쁨은 우리 내면에 있다. 필요한 것은 그것을 볼 줄 아는 눈과 느낄 줄 아는 감각뿐이다. 그것은 오직 존재의 중심을 잡을 때만 보이고 느껴진다. 존재의 중심을 잡는 것은 하나님을 생각하며 그리스도 안에 있는 것이다. 그러면 하나님·그리스도의 마음과 눈으로 세상을 보고 느낀다.

따라서 인생은 존재의 중심 잡는 법을 배우는 항상 수업 중인 기쁜 과정이다. 사람이 혼란과 걱정, 불안과 광기에 사로잡히는 것은 존재의 중심이 약하기 때문이다. 팽이나 자전거 타는 것을 생각해보시라. 회전으로 중심이 생기면 돌고 나아가지만, 중심을 잃으면 쓰러진다. 사람도 내면의 중심을 잃으면, 여러 가지 혼잡하고 더러운 생각과 행위만 나온다. 말이 거칠고, 태도가 이기적이고, 행위가 폭력적이다. 스마트폰 시대가 되면서 이런 현상이 더욱 거세게 일어나는데, 인간이란 존엄한 존재가 그 자그마한 요물 같은 기계에 빠져서 중심을 잃어버리고 분자처럼 고립되고 있는 것은 비극적 희극, 희극적 비극이다.

존재의 중심이 잡히면 사랑이 흘러나온다. 왜냐면 존재의 중심이란 내 안에 계신 하나님의 발현이기 때문이다. 하나님은 사랑뿐이시니, 악인도 선인도, 의인도 죄인도 구별할 줄 모르는 영원한 사랑의 바보이시다. 그 신성한 바보는 사람의 성격이나 모양이나 양태를 구별하지 않고, 누구에게나 온통 은총(선물·공짜)으로 "햇빛과 비를 내려주신다."(마 5:45).

11. 그대여, 이삭처럼 자연스럽게 넉넉한 영혼의 향기를 풍기면서 존재하시라. 그리고 어렵고 힘들 때도 항상 미소를 지으시라. 웃음은 내 안에 계신 신의 얼굴이다. 웃음은 내가 세상에 보내는 부드러운 인사이며, 내가 나에게 즐겁고 의미 있는 삶으로 부르는 초대장이다. 내가 나를 소중히 여기지 않는데, 누가 아끼겠는가?

신의 초대장은 매일 우리에게 등기(登記)로 배달된다. 그러나 우리가 자기 속에 틀어박혀 있으면, 수취인(受取人) 불명(不明)으로 되돌아가고 만다. 삶을 이런 식으로 살아가는 것은 무엇보다 자신에게 잘못하는 일이다. 그리고 신은 자신에게 잘못하는 사람을 도우실 수 없다. 신의 도움은 신에게, 자신에게, 타자에게, 그리고 삶에 열려 있는 사람에게만 일어난다. 미스터 스마일 이삭이 그런 사람이었다.

어떤 상황 속에서도 삶은 사랑을 위해 존재한다는 것을 마음에 새기고 의심하지 마시라. 그렇게 사랑의 미소 속에서 삶의 강물과 함께 흘러가시라. 만인과 만물에 대한 사랑 속에서 존재하는 이는 가난하다 해도 황금 궁전에서 사는 것이고, 그렇지 못한 이는 황금 궁전에서도 언제나 배고프고 쓸쓸하고 허망하다.

사람들은 인생이 짧다고 말한다. 그러나 나는 말한다, 인생은 신이 베푸시는 향연을 즐기며 삶이 지니고 있는 골수(骨髓)를 파먹으며 존재하는 데는 충분히 길고 멀다고. 역사를 보시라. 30대에 세상을 떠났어도, 백 년을 산 사람보다 비교할 수 없이 아름답고 숭고하고 가치 있는 생을 보낸 사람들이 있다. 그들은 지금도 해와 같이 빛난다.

인생은 무엇일까? 예수께서는 이렇게 말씀하신 것으로 보겠다. 인생은 "결혼잔치"와 같은 것이라고(마 22:1~14, 25:1~13; 요 2:1~11). 앞의 두 비유는 결혼잔치에 초대를 받았지만 자잘한 일에 매이고 치여 참여하지 않거나 못한 사람들의 이야기이고, 물이 포도주로 변화된 사건은 예수 그리스도와 함께하는 삶은 전보다 비교할 수 없는 질적으로 풍요하고 의미 깊은 삶을 살아가게 된다는 이야기이다.

어떻게 사는 것이 가장 좋을까? 산책하시라. 고독해지시라. 침묵하시라. 홀로 깊게 있으시라. 이것을 그대의 스승으로 삼으시라. 그러면 삶이 그대를 가장 좋은 길로 인도할 것이고, 그대 가슴에 가득 찬 사랑의 샘물이 미소를 통하여 세상으로 자연스럽게 흘러가리라. 인생은 무엇인가를 해보려고 정신없이 달리기보다는, 내려놓고 가만 있을 때 오히려 더 잘 되는 이상한 무대이다. Smile Life! 이것은 그대의 천부적인 권리요, 그대의 참모습이다. 그대가 신을 붙잡으려는 것보다는, 신이 그대를 붙잡게 해드리는 것이 그대 삶의 정원을 아름답게 만드는 길이다.

9

꿈은 어떻게 이루어지는가?

∨

요셉이 이집트로 끌려갔다. 요셉을 이집트로 끌고 내려간 이스마엘 사람들은 바로의 신하인 경호 대장 이집트 사람 보디발에게 요셉을 팔았다. 주님께서 요셉과 함께 계셔서, 앞길이 잘 열리도록 그를 돌보셨다. 그 주인은 주님께서 요셉과 함께 계시며, 요셉이 하는 일마다 잘되도록 돌보신다는 것을 알았다. 주인은 요셉이 눈에 들어서 그를 심복으로 삼고, 집안일과 재산을 모두 요셉에게 맡겨 관리하게 하였다. …요셉이 감옥에 갇혔으나, 주님께서 그와 함께 계시면서 돌보아 주시고, 그를 한결같이 사랑하셔서 간수장의 눈에 들게 하셨다(창세기 39장 1-6.20-23절).

감정 자각(emotional awakening)

1. 인간은 무엇보다 감정의 동물이다. 삶에서 감정이 차지하는 비중은 우리가 생각하는 것보다 훨씬 더 크고 강하다. 감정은 성품에서 비롯되기도 하지만, 습관의 영향도 매우 크다. 성품은 천성적인 것이라서 어찌할 수 없다 해도, 습관은 의지에 따라 얼마든지 바꿀 수 있다. 대개 좋은 감정은 행복과 뜻의 성취를 가져오지만, 그릇된 감정은 불행과 실패의 길로 작용한다. 작거나 크거나 간에, 그릇된 감정처리는 나와 가족, 친구와 직장과 사업 등에서 관계를 망가뜨리고 삶을 어렵고 불행하게 만드는 일의 많은 부분을 차지한다.

감정의 미묘성과 복잡성과 폭발성을 알기 위해서는 심리학 서적을 읽고 지식을 습득하는 것보다, 어떤 상황에서 일어나는 자신의 감정이나 다른 사람들을 주의 깊게 관찰하는 것만으로도 충분하다. 머리보다 더 빠른 것이 감정의 속도인데, 광속(光速)이라 하겠다. 감정은 기다리는 법을 알지 못한다. '벌컥, 욱하고, 툭하면, 대뜸, 다짜고짜'란 단어들은 감정을 폭발시키는 것에 관한 말들이다.

지난 20세기 아르메니아 사람으로서 진리의 각성(覺性)에 이르러, 많은 사람을 가르친 현인이었던 '조지 구르지예프'는 가난한 아버지가 죽으면서 들려준 유훈을 평생 가슴에 새기며 살았다. 그의 아버지는 이런 말을 들려주었다. "얘야, 내가 가난해서 너에게 물려줄 유산은 없다만, 부디 살아가는 동안 이 말을 명심해라. 누군가가 너를 모욕하고 화나게 하거든 당장 맞받아치지 말고, 그에게 24시간이 지난 후에 보자고 말하고 떠나거라."(P. D. 우스펜스키-위대한 가르침을 찾아서) 하루가 지난 후에도, 부당하게 모욕을 당하면서 느낀 분노의 감정을 여전히 간직하고 있을 사람은 별로 없으리라. 24시간이면 자신의 감정과 모욕한 사람의 처지에 대해 충분히 성찰해볼 수 있는 시간이다. 게다가 그 일은 이미 지나간 어제의 일이다. 그러니 무엇 때문에 지나간 일로 오늘을 새삼 망칠 필요가 있을 것인가?

그런데 예전에 목회하던 곳에서 이상한 사람을 본 적 있다. 그는 조그마한 수첩을 가지고 다니면서, 남들이 자기를 부당하게 대한 말이나 일들을 빼곡히 적어놓았다가, 며칠 후나 몇 달 후, 아니면 몇 년이 지난 후에도, 기분이 안 좋거나 술에 취하면, 그 사람을 찾아가 수첩을 펼치고 보여주며 시비를 거는 게 취미였다. 그래서 그는 일 년 내내 싸울 거리가 떨어질 날이 없었고, 동네 사람들은 누구나 그를 슬슬 피해 다니거나, 책잡히지 않으려고 무진 애를 쓰기도 했다. 물론 이런 식은 아닐지라도, 나를 부당하게 대한 사람을 '마음의 수첩'에 적어놓고 잊지 않는 것은 좋지 않은 일이다.

감정을 잘 통제하는 것은 무엇보다 지혜롭고 숭고한 인격자가 되는 것이지만, 누구에게나 그것을 바랄 수는 없는 일이라서, 그보다 실제적인 방법을 적절히 사용하는 것이 좋다. 신학자들이나 심리학자들은 가치 있는 삶을 살아가는 데는 무엇보다 그때그때 자신의 감정을 자각하는 것이 중요하다고 역설한다(아우구스티누스-고백록; A. J. 헤셸-사람을 찾는 하나님; R. 크래머-예수 심리학; R. 맥컬리-인간, 하나님의 형상; 폴 존슨-종교 심리학).

이것은 올라오는 부정적인 감정을 억압하고 제어하고 숨기는 것이 아니라, 그 흐름을 지켜보며 밝게 이해하면서 해소하고 긍정적인 감정을 기르는 자각적 능력에 관한 것이다. 부정적인 감정은 억누르고 감출수록 마음의 병이 되고, 또한 기회를 엿보다가 때를 만나면 화산처럼 폭발하여 일을 그르친다. 따라서 부정적 감정을 억압하는 것은 아무런 도움이 되지 않는다. 빛이 들어오면 어둠이 물러가듯이, 부정적 감정의 어둠과 파괴력은 이해와 자각의 빛 안에서 자연스럽게 소거(消去)된다.

그런데 이것은 여간 어려운 일이 아니다. 예를 들어 우리는 타인을 책망하거나 타인으로부터 책망을 받는 순간, 그것이 정당하든 부당하든, 곧 속이 상하고 분노가 일어 마음이 뒤틀린다. 그것은 어느 정도 관계에 상처를 입힌다. 그래서 감정 자각에는 깊은 주의력과 오랜 훈련이 필요하다. 특히 좋지 못한 감정이 솟구치거나 부당한 대우를 받을 때 즉시 터뜨리거나 맞받아치지 않고, 감정의 흐름을 주시하면서 내면의 소중한 부분을 손상당하지 않고 지켜내는 기술은 인생을 살아가는 데 매우 훌륭한 방편과 덕이다. 자꾸 그렇게 하다 보면, 상대의 태도나 자신의 감정에 지배당하지 않고, 그때마다 합리적이고 넓은 관점에서 살펴보고 이해하여, 즉각적 대응으로 상실될 수도 있는 것들을 미리 예방하여 좀 더 밝은 감정을 품고 현명하게 살아갈 수 있다.

2. 마음은 합리적이고 좋은 마음과 비합리적이고 나쁜 마음이 섞인 이중의 세계이다. 그런데 감정은 마음의 한 부분이다. 따라서 감정도 이중적인 세계로, 합리적 감정과 비합리적 감정이 있다. 단순하게 말해서, 합리적 감정은 좋고 바람직하고, 비합리적 감정은 좋지 않고 바람직하지 않다. 이렇게 나누는 것은 전적으로 상황·맥락(context)에 따른 구분일 뿐이다. 어떤 감정도 평상시에 이분법적으로 뚜렷하게 분리되거나 작용하는 것은 아니며, 그저 상황에 따라 어떤 감정이 중심적으로 드러날 뿐이다.

감정은 빙하와 같아서, 드러나는 것보다는 드러나지 않은 부분이 그 아래 더 많이 숨어 있다. 인간에게는 절대적으로 선하거나 악한 감정이란 없다. 나쁘다는 사람이라도 좋은 감정이 숨어 있고, 선하다는 사람이라도 나쁜 감정이 감추어져 있다. 감정은 모두 상황과 그에 대한 나의 대응이 얽혀서 발생한다.

그런데 감정의 샘인 마음은 실체가 아니라 하나의 에너지 현상이다 (energy phenomenon). 많은 경우, 사람들은 마음을 그 한 부분일 뿐인

'에고'(Ego, 탐욕적 자아)로 사용하며, 이 지극히 미묘하고 교묘하고 이기적인 것에 쉽사리 지배당한다. 대개 어떤 일을 하면서, 머리는 에고가 아니라고 합리화하지만, 그것조차 에고의 속임수이다. 간단히 말해서, 에고란 내 안에서 제왕·주인이 되고자 하는 마음의 탐욕적 허상(虛像) 에너지이다. 이것을 알아차리거나 잘 다루거나, 혹은 텅 비우거나, 아니면 아예 죽이지 못할 경우, 사람의 한평생은 에고의 노예로 사는 희생물이 되고 만다. 인류 역사는 에고의 진창에 빠져 죽은 사람들의 발자취이다.

"위대한 심리학자이신 예수 그리스도"(R. 크래머-예수 심리학)께서 "나를 따라오려고 하는 사람은 자기를 부인하고, 자기 십자가를 지고 나를 따라오너라."(막 8:31~37)고 말씀하실 때의 '자기'란 바로 우리 안에서 제왕이 되고자 하는 에고를 가리킨다. 대개 사람들이 생각하는 '나'란 실상 에고이다. 교회에 다니더라도, 에고를 추구하는 나를 부인하고 십자가에 매달아 죽이지 않으면 그리스도를 따르기 어렵고, 참되고 가치 있는 삶을 살기 힘들다. 그렇기에 감정 자각이란 이런 마음의 한 부분일 뿐인 에고의 교묘한 속임수를 알아차리고 포로가 되지 않는 것을 의미한다.

복음서에 나오는 예수의 제자들은 바로 에고를 극복하지 못한 사람들이 드러내는 적나라한 모습을 보여준다. 그것은 내적 혁명을 체험하지 못한 모든 인간의 자화상이다. 그들은 심지어 스승이 곧 죽음의 문으로 들어가는 마지막 만찬 석상에서조차 누가 높은 사람인가 하며 서로 다투기까지 하는 졸렬하기 그지없는 모습을 드러낸다(눅 22:24~27). 진실로 이것은 충격적이지만, 당연한 일이기도 하다.

오늘날도 마찬가지이다. 종교를 가진 사람들이 드러내는 모든 밉살스러운 모습은 종교와 전혀 상관없는 에고의 작용일 뿐이다. 그런데 종교라는 그럴듯한 형식으로 포장한 에고의 추구는 더더욱 추악하다. 왜냐면 에고를 버리라는 것이 종교의 가르침인데, 오히려 종교를 통하여 에고를 추구하기 때문이다. 실로 에고의 처리·극복 문제야말로 모든 종교가 가르치는 진리의 하나이다.

　기독교는 에고를 초극하는 길이 하나님을 향한 뜨거운 사랑과 성령을 통한 내적 변화와 진리에 대한 이해와 깨달음에서 가능하다고 말한다(시 36편, 51편; 요 3:1~8; 행 2:42~47; 롬 6:1~23, 8:1~17; 갈 5:16~25). 그러나 진지한 노력과 탐색이 부정되는 것은 아니다. 왜냐면 성령체험은 내적 변화를 향한 뜨거운 추구에 대한 응답이기 때문이다(눅 11:9~13; 행 2:1~13). 성령의 역사(役事)·활동/work)은 다양하지만, 그중 하나는 감정을 거룩한 심정(心情)에 담아 표현하도록 길러 주는 것이다.

　이렇듯 하나의 실체가 아니라, 단지 마음의 에너지 현상일 뿐인 에고와 그것의 한 부분인 감정은 상황에 따라 그 에너지를 올바르거나 엉뚱한 방향으로 흘려보낸다. 합리적이고 올바른 방향으로 흘려보낼 때 좋은 마음과 좋은 감정이 되고, 비합리적이고 그릇된 방향으로 흘려보낼 때 나쁜 마음과 나쁜 감정이 된다. 사람이 나쁜 게 아니다. 단지 마음이라는 내적 에너지를 어떻게 드러내는가에 따라 달라질 뿐이다.

　3. 우리는 자신의 목적 달성의 여부나 상대의 반응에 따라 좋아하기도 하고 기분 나빠 하기도 한다. 따라서 이런 모든 사태를 가만히 지켜보면서 휘둘리지 않는 '나'의 감정 자각이 중요하다. 생각해보시라. 궁극적으로 내 안에는 '나' 말고는 없다. 그 나는 내 영혼, 내 이성, 내 마음, 내 감정을 초월해 있는 엄연한 주인이다. 그래서 우리는 '내·네 영혼, 내 생각, 내 마음, 내 감정'이라 한다. 이런 것들과 '나'는 엄연히 다르다. 나는 그 모든 것 이상이다.

　'나~~'이라는 여기에 인간에 관한 놀라운 종교적·철학적 진리가 있다.

그래서 예로부터 진리를 깨달은 스승들이 이구동성으로 나를 내 안의 그 무엇이나 이 세상의 그 무엇과도 동일시하지 말라고 한 것이다. 나는 내 안에 있는 그 무엇의 종이 아니다. 나는 엄연히 '그것들'보다 상위(上位)에 있는 주인이다.

그런데 우리는 그런 것들을 나 자신으로 여긴다. 이것이 모순을 낳는다. 우리는 무엇보다 이 점을 깊이 생각해야 한다. 분노를 낼 때, 나는 분명히 분노가 아니다. 슬퍼할 때, 나는 슬픔이 아니다. 기뻐할 때, 나는 기쁨이 아니다. 미워할 때, 나는 미움이 아니다. 시기할 때, 나는 시기가 아니다. 행복할 때, 나는 행복이 아니다. 나는 언제나 이런 것들 뒤편·위에 고요하게 있는 존재이다.

모든 감정은 언제나 들락날락하는 바람 같은 것일 뿐이다. 어떤 바람도 항구적으로 머물지 않는다. 비유하면, 나는 태양이고 내면은 지구이다. 지구인 내면은 태양인 나를 따라 공전하면서 낮과 밤의 명암을 드러낸다. 따라서 어떤 감정이 오든지 나를 그 감정과 동일시하지 않고, 그것이 왔다가 지나가도록 놔두고 감정에 속지 않는 게 중요하다. 집착하면 또 다른 불상사를 낳는다. 나는 어떤 감정과도 같지 않다.

평화는 감정의 상태가 아닌, 모든 감정을 초월한 내면의 조화로운 빛과 힘·기운이다. 이것이 바로 진리를 깨달은 이들이 드러내는 모습이다. 이들이 분노할 때조차도 아름다운 것은 그것이 일시적 감정에 휩싸인 행동이 아니기 때문이다. 그들의 '나'는 언제라도 감정 위에 있는 고요함과 평화를 잃지 않는다. 그러므로 어떤 경우든지, 나는 감정의 주인이라는 것을 명심하는 것이 중요하다. 감정의 노예가 되면 인생을 그르친다. 우리 사회에서 나타나는 지도층의 '막말'이라는 것도 이것을 보여준다. 자기가 무슨 용사라도 된 듯 착각하고, 말을 마구 쏟아내는 사람은 제 무덤을 파는 것이다.

우리에게는 여러 가지 감정이 있다. 기쁨, 즐거움, 편안함, 행복감, 이해심, 존중심, 칭찬하는 마음, 사랑, 자비심, 인내심, 겸허함, 신중함 등의 합리적이고 건전한 감정과 불쾌함, 슬픔, 비탄, 우울함, 허무감, 시기, 미움, 여러 가지 욕망, 회의, 짜증, 불만족, 분노, 성적(性的) 충동, 폭력성 등의 비합리적이고 파괴적인 감정이다.

그런데 우리는 합리적인 감정에 대해서는 대개 자신에게 그 공을 돌리고, 비합리적인 감정은 부당한 것이라고 하면서 타인에게 그 탓을 돌리는 성향이 다분하다. 그것은 우리 안에서 독재자가 되기를 바라는 에고에 속아 넘어가기 때문이다. 비합리적인 감정을 드러낼 때, 그것을 남의 탓으로 돌리면서 자신을 합리화하는 것은 나의 불편한 감정의 원인이 외부에 있다고 생각하기 때문이다. 그러나 그것은 맨발로 다니면, 가시나 돌멩이나 유리 파편이나 거친 금속에 찔려 피를 흘리게 될 것이니, 온 세상을 부드러운 융단으로 뒤덮어버리면 발이 찔릴 일도 없다는 것이나 마찬가지로 어리석은 생각이다. 그것을 예방하려면, 단지 신발을 싣는 것 하나만으로 충분하다. 이처럼 내 감정의 혼란은 타인이나 세상의 문제가 아니라, 비합리적 감정을 통제하지 못하는 나 자신이 만들어내는 것이다.

그렇기에 합리적이거나 비합리적인 감정의 훈련, 곧 종교적이고 심리적인 방면에서 감정 자각을 훈련하는 것은 매우 중요하다. 아무도 성인으로 태어나지는 않는다. 예로부터 종교에서는 감정 자각의 방편에 대해서 말한다. 종교적 방편으로는 기도, 묵상(한 주제에 집중하는 것), 침묵 혹은 명상(주제조차도 없이 마음·생각·사념을 초월하는 것), 경전 읽기(讀經, 거룩한 독서·divina rectio), 찬양이 있고, 심리적·철학적 방편으로는 마음의 움직임에 대한 주시(注視)와 이해, 삶에 대한 넓은 관점을 갖는 것이 있고, 실제적 방편으로는 용서와 관용과 사랑을 통하여 타인을 수용하는 것, 산책, 독서, 운동, 등산, 문화 활동, 여행 등이 있다.

그런데 이런 방편들은 뚜렷이 분리되는 게 아니라 서로 깊이 연관되어 있다. 이런 것들은 우리의 감정을 보다 인간적이고 숭고한 방향으로 이끈다. 감정이 인생의 많은 것을 좌우한다는 점을 기억하면, 언제나 나를 깊이 의식하고 자각하는 상태에서 움직이는 것이 좋다.

4. 인생은 심오하고(深奧, 깊어서 잘 알 수 없음) 미묘한 것이다(微妙, 미세하고 신비로움). 그것은 인생이 지금 무엇인가를 밝히 드러내고 있으면서도 어둡게 감추고 있고, 또한 미래를 향하여 환히 열려 있으면서도 무엇인지 알 수 없는 미지의 지평으로 가득 차 있는 이중적인 명암의 장(場)이기 때문이다. 그래서 역설적으로 인생은 신비롭고 아름답고 설레는 것이다. 우리는 매일 펼쳐지는 인생 앞에서 마치 결혼을 앞둔 새색시 기분 같은 것을 느낀다. 밝은 소망으로 가득한 뛰는 가슴으로 아름다운 삶을 기대한다.

그런데 비록 많은 변수는 있어도, 미래는 각자가 만드는 것이다. 각자의 삶은 자신의 창조물이다. 극히 예외적인 경우를 제외한다면, 아무도 자기 인생에 대하여 신이나 타인이나 세상이나 자연이나 운명에 불평할 수 없는 노릇이다. 그렇기에 창조적인 예술 감각이 필요하다. 내 인생이란 창조물은 아무런 지식이나 감성이나 기술이 없어도 저절로 이루어지는 작품이 아니다. 오히려 그것은 다른 어떤 것보다 더 세밀하고 부드러운 예술적 인식과 태도를 요구한다. 자그마한 나무인형을 깎아 만드는 데에도 기술이 필요하거늘, 인생이라는 거대한 대리석을 깎아 자신만의 작품을 만들어내는 데는 얼마나 더 세밀한 기술이 필요하겠는가?

인생을 망치게 하는 것은 우리 자신에게 있다. 거기에는 대단히 많은 요소가 있지만, 가장 큰 것은 무지(無知)이다. 이것은 대단히 폭넓은 개념으로, 지식을 뜻하는 것이 아니라 지혜와 덕성에 관한 것이다. 지혜와 덕성이 부족한 것은 배움이 모자라서가 아니라, 영혼(얼·정신·참된 마음)의 힘을 느끼지 못하거나 지성적으로 깊이 생각하지 않기 때문이다.

예로부터 인류의 교사들은 무지를 인생을 망치고 죄와 타락으로 가는 첫째 요인으로 꼽았다. 성서만 봐도, 고대 이스라엘의 익명의 작가들과 예언자들, 그리고 예수 그리스도와 사도들이 그러하다. 예언자들과 예수께서는 "하나님을 모르는 것"을 인간의 근원적인 무지로 규정하고, 그것을 죄와 타락과 불행의 근원으로 보았다(사 29:9~13; 렘 9:24; 호 4:6; 6:3.6; 요 7:28~29).

하나님은 모든 인간의 내면에 지혜와 덕성의 보물창고를 선물로 지어 주셨다. 이것이 "하나님의 형상"(창 1:27), "하나님의 숨결·영"이다(창 2:7). 이것은 누구나 타고날 때부터 지닌 선하고 아름다운 빛과 빛으로 가득한 진선미(眞善美)의 보물창고로서, 언제든 꺼내져 쓰이기를 기다리고 있다. 그렇기에 인간은 비록 문자를 모르고 학교에 다니지 않고 책 한 권 읽지 않는다 해도, 이런저런 종교적이고 철학적 방편을 통하여 신과 진리를 깨달아 고귀하고 아름답고 의미 있는 삶을 살 수 있다. 진리를 깨달은 사람 중에서 문맹자가 있는 것도 이 때문이다(인도의 까비르).

성령의 능력을 힘입어 그 보물창고를 자각하기에 이르면, 인간이란 누구나 비슷하기에 나와 남들이 바라거나 싫어하는 것 역시 비슷하다는 진실을 안다. 그 생생한 앎(knowing, 지식이 아닌 깨달음이나 지혜)은 자연스럽게 사랑과 자비의 배려와 친절한 행동으로 나타난다. 따라서 내면의 보물창고에 귀를 기울이지 않는 것이 무지이다. 박사, 대학교수라도 무지할 수 있다! 무지는 함부로 행동하게 하는 나쁜 길잡이로 작용한다. 그것은 자신을 해치는 짓을 하면서도 알아차릴 줄 모르게 할 만큼, 교묘하고 강력하게 작용한다. 그런 방식에 익숙해지다 보면, 어느덧 내면이나 행동의 뿌리 깊은 습성이 되어, 그만큼 벗어나기가 더 어려워진다.

두 번째는 두려움이다. 여기에는 사물, 사람, 일, 질병, 파산, 가난, 갖가지 소외, 실패와 패배, 고질적인 악습과 관행, 그릇된 사회적 전통과 습관, 거짓된 교육과 이념(ideology), 죽음에 대한 두려움 등이 있다. 두려움은 자동으로 자기보호 본능을 작동시키기에, 신과 진리, 사물과 세계, 타인과 미래, 삶과 역사에 대하여 닫힌 자세를 가져온다. 닫힌 마음과 태도는 집착과 고집과 불평을 발동시키며 자기 삶의 장(場·field)을 좁아지게 하여, 자기 안에 갇혀 살아가게 한다. 두려움은 내면의 폐쇄체계이기에, 현재와 미래를 어렵고 어둡게 만들어버린다. 두려움에 갇혀버린 사람은 긴장과 불안과 불평 속에서 어제나 오늘이나 내일이나 늘 똑같은 날을 살며, 살아서 이미 죽어버리고 만다.

세 번째는 부정적인 마음이다. 이것은 무지와 두려움에서 나오는 이것저것에 대한 탐욕으로서, 정작 불행과 파멸을 싫어하고 거부하면서도 오히려 그것을 끌어들이는 자기모순의 심리이다. 이것은 나를 축소하여 나를 난쟁이로 만들고, 다가온 좋지 않은 상황이라는 상대를 확대하고 과장하면서 거인으로 만들어 놓는다.

이스라엘 민족의 광야방랑 이야기에서, 가나안 땅을 정탐한 사람들과 그들의 보고를 들은 백성이 드러낸 마음과 태도가 이것이다. 그들은 가나안 사람들을 거인으로, 자기들을 메뚜기로 보았다(민 13장). 난쟁이나 메뚜기는 결코 거인을 이길 수 없다. 따라서 부정적인 마음과 감정은 실패와 패배, 그리고 절망과 상실의 길일 수밖에 없다.

이런 세 가지 마음의 상태는 인생을 망치게 하는 주요 요인들이다.

우연을 하나님의 기적으로 만들기

1. 인생은 수많은 우연의 연속이다. 우리는 하루에도 의도하지 않은 사

람들을 만나고, 여러 가지 뜻밖의 사건을 겪는다. 이 모든 것이 대부분 느닷없는 틈입(闖入)이다. 우리는 앞에서 무엇이 기다리고 있을지 아무것도 모른다. 그리고 인생은 우리가 원하는 대로 전개되지도 않는다. 따라서 우리가 해야 할 일은 삶을 향하여 질문을 던지는 것이 아니라, 삶이 내게 요구하는 질문에 대답하는 것이다. 우리는 혹 자기 생일은 잊어먹더라도, 이것을 잊으면 안 된다. 삶에 질문만 던지면 끝내 자멸하고야 만다. 삶은 우리가 먼저 대답한 후에야 응답해준다. 이것이 삶의 원리이다. 이런저런 우연한 사건들을 통해서 우리에게 질문을 가져오는 삶에 대답하며 사는 것이 인간의 길이다.

우연한 일들은 바라는 것과 원치 않는 것으로 나누어진다. 인간은 이 두 가지 경우에 어떻게든 대답하지 않을 수 없다. 대개 올바른 대답을 할 때는 좋은 결과가 오고, 잘못된 대답을 할 때는 좋지 않은 결과가 온다. 예를 들어 성공하고 부를 얻고 권력과 영향력과 명예를 누릴 때, 그것을 누리게 해준 삶에 잘못된 대답을 하면, 오히려 그것이 없었을 때보다 더 나빠질 수 있다. 그래서 성서는 "서 있다고 생각하는 사람은 넘어지지 않도록 조심하라."라고 충고한다(고전 10:12). 그리고 실패하고 패배하고 나쁘게 된 상황에 놓일 때, 그것을 가지고 온 삶에 잘못된 대답을 하면, 그것은 더욱 악화하고 미래를 차단하는 벽으로 작용한다. 그래서 성서는 "어려운 시절에는 생각하라."라고 말한다(전 7:14).

어떤 익명의 시인이 쓴 시를 들어보자(조앤 윈밀 브라운-"기쁨의 날개"에서).

내가 성공하기 위한 힘을 달라고 기도했을 때,
하나님은 내가 복종하도록 약하게 하셨다.
내가 일을 할 수 있도록 부를 달라고 기도했을 때,

하나님은 더 좋은 일을 하도록 병이 나게 하셨다.

내가 행복해지도록 풍요를 달라고 기도했을 때,

하나님은 내가 현명해지도록 가난하게 하셨다.

내가 숭배받고자 권력을 갈망했을 때,

하나님은 당신을 가까이하도록 고난을 주셨다.

내가 인생을 즐길 수 있기를 바랐을 때,

하나님은 모든 일을 즐길 수 있는 지혜를 부여하셨다.

그리하여 나는 내가 기도하던 모든 것을 받았다.

2. 인생의 모든 것은 내가 보기 나름이다. 인생은 내 눈 속에 있다! 인간은 자기에게 다가온 것을 신의 은총·선물로 볼 수도 있고, 신의 외면이나 운명의 냉혹한 괴롭힘으로 볼 수도 있다. 그러나 분명한 것은 무엇이든지 내가 그것을 어떻게 바라보고 해석하느냐에 따라 그 후 삶이 달라진다는 것이다. 사람은 자기 생각과 관점에 따라 자신의 인격과 삶을 창조하기 때문이다.

특히 내가 변화시킬 수 없는 불가역적 상황에 직면했을 때, 무엇보다 일단 그것을 받아들이고 분노나 불평이나 증오심을 품지 않는 것이 중요하다. 우리는 우연히 일어나는 일 자체에 대하여 어떻게 할 도리가 없다. 그것은 하나의 '시험'으로 다가오면서(testing), 우리에게 어떻게 할 것이냐를 물을 뿐이다. 그런데 우리가 알아야 할 사실은 변화시킬 수 없는 상황 속에서도 언제든 변화시킬 수 있는 요소가 하나 있다는 것이다. 그것은 내 마음가짐이다(생각·시각·관점). 따라서 인생을 망치는 것은 불안정하고 변경시킬 수 없는 우연한 상황 그 자체가 아니라, 그에 대한 내 마음의 부정성이다.

이런 이야기를 읽었다. 독일의 어떤 도시에 남편과 2남 2녀를 두고 평온하게 살아가던 50대 중반의 어머니가 있었다. 그런데 어느 날 막내딸이 교통사고로 의식불명이 되어 치료받다가 세상을 떠났다. 그녀는 너무나도 상심하여 삶의 의미를 찾지 못하고, 남편과 함께 시골로 내려가 오래도록 괴롭고 우울한 나날만 보냈다. 그러던 그녀가 생일을 맞았다. 출가한 세 자녀는 모두 일 핑계를 대고 하나도 오지 않았다. 그래서 그녀는 이제 이 세상에서 아무도 자신을 기억해주는 사람이 없다는 상실감에 빠지고 말았다.

그런데 그날 오후 우연히 딸이 죽은 병원에서 보낸 우편물이 하나 왔다. 뜯어보니, 그 병원의 한 수련의가 골절에 관한 논문에 쓰려고 설문조사를 한다는 것이었다. 그러자 즉각 죽은 딸을 떠올린 그녀는 너무나 화가 나고 고통스럽고 절망적인 기분이 되어, 그것을 가지고 심리학 전문의를 찾아갔다. 그 모든 일을 다 듣고 난 의사는 이렇게 말했다.

"부인, 따님의 이름이 적힌 봉투는 소중히 간직해두세요. 이 편지가 부인 생일에 맞춰 도착했다는 게 오히려 놀랍지 않나요? 하늘나라에서 보내는 따님의 생일축하 인사처럼 느껴지지 않으세요? 다른 자녀들은 바빠서 어머니의 생일조차 챙겨드릴 여유가 없지만, 너무 이른 나이에 어머니 품을 떠난 막내 따님은 이처럼 놀라운 우연을 통해, 오늘 어머니 마음에 생생하게 되돌아왔지요. 기적과도 같이 말입니다. 마치 이 편지가 오늘 도착하도록 따님이 하늘에서 조종하기라고 한 것처럼 말이에요." 그녀는 이런 이야기를 듣고는 감사와 기쁨의 눈물을 흘리며 집으로 돌아가, 전과 다르게 살았다(E. 루카스-"행복의 연금술"에서)

우리는 하루에도 몇 번씩 좋거나 나쁜 우연한 사건들을 접한다. 물론 모든 일을 신의 기적으로 볼 수도 있다. 그러나 그것이 지나치면, 이상한 미신이 되기에 주의해야 한다. 핵심은 모든 일을 비현실적이고 허황한 방식으로 생각하지 않고, 하나님과 진리의 측면에서 진정 자신과 타인에게 도움이 되는 방향으로 깊이 이해하는 것이다. 즉, 자신과 가정이나 이웃을 소중히 바라보며 삶을 고마워하고, 자신의 인격을 향상하고, 희망을 지니고 미래를 내다보면서 살아가는 방식에 도움이 되도록 사태를 수용하고 이해하는 것이다. 이해의 빛은 참으로 놀랍다. 그것은 내면의 어둠을 몰아낸다. 억압은 아무런 도움이 되지 않는다.

사고나 질병과 수술, 실패나 파산, 낙방이나 좌천이나 지지부진한 진급, 혹은 이와는 반대로 성공과 부귀와 승승장구하는 나날에서, 거기에 사로잡혀 지배당하지 않고, 오로지 하나님과 자신, 이웃과 세계 앞에서 진정 인간다운 인간으로 살아가는 데 초점을 맞춘다면, 우리는 우연한 일을 기적의 무대로 변화시킬 수 있다.

한 젊은이의 고생살이

1. 나는 요셉을 이렇게 말하고 싶다. "영혼이 아름다운 사람!" 오늘날의 입장에서, 요셉을 '입지전적(立志傳的) 인물'로 보기로 하자. 그는 머리와 수완이 좋은 천재형 인간이었다. 하지만 그는 본디 그렇게 살도록 정해진 인간으로 세상에 보내진 존재도 아니고, 그저 우연히 성공의 줄을 잡고 권력과 영광의 인간이 된 것도 아니다. 그렇게 생각한다면, 성서에 나오는 그 어떤 훌륭한 인간도 우리의 모범이 될 수 없고, 평범한 우리는 결코 그들처럼 높이 솟아오를 수도 없으리라. 태생부터가 다르다면 모든 게 운명 탓, 아니 사람을 날 때부터 차별하여 세상에 보내시는 하나님 탓이 되리라.

요셉은 10대 후반의 청소년 시절부터 30세에 이르기까지 십수 년 동안 (17살-창 37:2, 30세-창 41:46), 죽음과도 같은 온갖 개고생을 하면서 자신을 성실하게 갈고 닦은 끝에 영광의 경지에 오른 입지전적 인물이다. 그에게서 성실성을 뺀다면(sincerity·faithfulness·honesty), 아무것도 없다. 성실성이란 열심히 사는 것을 포함하여, 무엇보다 신을 향한 마음의 진실성, 거짓이 없는 정직한 성품, 모든 시간·장소·상황에서 자기에게 바람직한 마음·시각과 감정을 지닐 줄 아는 단순성의 능력, 그리고 자신이 놓인 현실에서 도피하지 않고 그에 가장 적절한 방식으로 대응하며 활용하는 태도 등이다.

이것이 요셉이 드러낸 성실성의 면모이다. 그래서 우리는 그를 '노력형 수재(秀才)', 곧 수재였지만 숱한 고생과 실패 속에서도 굴하지 않고 무지무지 노력한 사람으로 이해할 수 있다. 그래야만 오늘날 그는 우리와 가까운 사람으로 다가온다. 왜냐면 모든 인간은 그와 같은 차원에 오를 가능성을 지니고 태어나기 때문이다.

우리는 요셉을 '베토벤' 같은 사람으로 보는 게 좋겠다(1770~1827년). 그보다 14년 먼저 태어난 동시대의 음악가 '모차르트'를 진정한 천재라 한다면(1756~1791년), 베토벤은 노력 형 천재라 하겠다. 사실 모차르트는 음악의 천품을 타고난 천재였다. 그는 3살 때 소품을, 8살 때 첫 번째 교향곡을 작곡했다. 그래서 모차르트의 음악을 매우 사랑한 20세기 스위스 신학자 '카를 바르트'는 "모차르트 이야기"라는 책까지 썼는데, 거기에서 그를 가리켜 "고뇌하는 인류를 위로하려고 하늘에서부터 음악을 가지고 온 사람"이라고 말했을 정도이다.

모차르트는 35세에 죽기까지, 626곡을 작곡했다. 작곡 기간을 10세~35세로 보고 헤아려도 25년간 626곡이라면, 1년에 25곡 정도를 작곡한 셈이다. 1년은 52주이니, 대략 2주에 한 곡씩 써낸 것이다. 그러니 오늘날에는 상상하기도 어려운 천재 중의 천재가 아니라면 불가능한 일이다(P. 솔레르스-모차르트 평전; 이덕희-음악 혼의 광맥을 찾아서). 물론 그도 뼈 빠지게 성실하게 살았다. "모차르트는 유대인이다."(폴 존슨-유대인의 역사).

그런데 베토벤은 재능을 타고나기도 했지만, 무엇보다 노력 형 음악가였다. 지금도 독일 '본'에 있는 베토벤 박물관에는 생전에 그가 사용하던 피아노가 전시되어 있는데, 건반이 우묵하게 파여 있다. 물론 그것은 베토벤이 28세쯤에서부터 귀가 잘 안 들려서, 마치 망치로 내려치듯 피아노를 두들겨서 그렇게 된 것으로도 볼 수도 있다. 하지만 사실은 그가 신들린 듯 끊임없이 피아노 연습을 했기 때문이다. 베토벤은 연습벌레요 노력 형 천재였다. 후세가 그를 "음악의 성인(樂聖)"이라 한 것은 노력을 통하여 그러한 경지에 오른 사람이기 때문이다. 베토벤의 곡은 모차르트의 1/4 정도이지만, 모든 곡의 길이나 깊이는 광대하다(로맹 롤랑-베토벤 전; J. W. N. 설리번-베토벤의 정신적 발달; 메이너드 솔로몬-L. v. 베토벤).

따라서 요셉을 베토벤 같은 노력 형 수재로 이해하는 게 좋겠다. 그럴 때 그의 진면목(眞面目)을 이해할 수 있다. 비록 요셉의 일대기는 일사천리로 전개되고(창 37장, 39~50장), 게다가 주로 하나님의 개입과 인도를 말하기에 이러한 요소를 잡아내기란 쉽지 않지만, 꼭 그런 것만도 아니다. 그의 이야기 꼭지 하나하나를 세심히 들여다보면, 그가 오랜 세월의 고난 속에서 어떤 방식으로 처신하고 상황에 대처했는지를 읽어낼 수 있다.

젊어서부터 온갖 악조건 속에서 숱한 고생을 하며 뛰어난 성공과 업적을 이룬 데서, 요셉은 동서고금의 입지전적인 인물들과 별반 다르지 않다. 아버지가 그에게 물려준 것이라고는 피 하나밖엔 없었다. 물론 그의 DNA가 다른 11명의 형제와는 남다른 면을 가지고 있었을 것이지만, 꼭 그렇게만 생각할 것도 없다. 그의 아버지 야곱은 아들 요셉과는 다르게, 죽기 직전까지 숱한 고생을 사서 한 사람이었다.

요셉의 일대기를 진지하게 읽어보는 사람은 나이와 성을 불문하고 그의 이야기에서 엄청난 보물을 찾아낼 것이다. 우리가 거기에서 보아야 할 것은 어떠한 악조건 속에서도 불평하거나 좌절하지 않고 하나님을 향한 굳건한 신뢰심을 지켜나가는 신앙의 자세, 고난에 굴복하지 않는 불굴의 의지력,

자기에게 주어진 상황에 적절하게 대처하는 지혜, 어디에서나 남의 눈치를 살피지 않고 할 일을 찾아낼 줄 알고 성실성을 다하는 태도, 그릇된 욕망에 빠져 딴 길로 벗어나지 않는 맑은 마음, 자기의 성공을 홀로 누리지 않고 사람들에게 나누어주며 구원한 멋진 인간성, 자기를 배반하고 팔아먹은 자들에 대한 무한한 용서와 관용의 정신과 인격이다. 이렇게 요셉은 사람들에게 피난처와 구원자가 되어준 위대한 인간상이다.

2. 야곱의 아내는 4명이었다. 요셉은 야곱이 목숨처럼 사랑한 "라헬"이 낳은 사랑스러운 아들이었다(Rachel·레이첼). 형제 중 11번째인 그에게는 배다른 열 명의 형들과 누이 하나와 동생 베냐민이 있었다(벤야민·Benjamin, 오른손〈야민〉의 아들〈벤〉. 오늘날 이름에 Benjamin이나 Ben이 들어가면 대부분 유대인). 그런데 야곱의 첫사랑이자 마지막 사랑이었던 라헬은 벤야민을 낳자마자 젊은 나이에 세상을 떠났다(창 28~36장).

그런데 요셉은 꿈 많은 소년이었다(창 37장). 그가 "해와 달과 별들과 곡식 단들"이 자기를 빙 둘러서서 절을 한 꿈을 꾸었다는 것은 장차 천하를 먹여 살리는 사람이 되고픈 이상과 포부에 관한 것으로 볼 수 있다. 다른 말로 하면, 그의 꿈은 그의 아버지 야곱에게 일어났던 것과 같은 하나님의 뜻과 계시였다(창 28:10~15). 그래서 요셉 이야기는 그가 이 꿈을 어떤 과정을 거쳐서 이루게 되었는가를 보여주는 멋진 평전(評傳)이라 하겠다.

천하 유일 사랑이었던 아내가 비극적으로 세상을 떠나자, 반쯤 정신이 나가버린 야곱은 오직 그녀 생각에 밤낮 요셉만 끼고 살았다. 요셉은 숫제 야곱의 신이었다(god). 야곱은 유독 그에게만 부드럽게 말하고 비싼 수입품 옷까지 입히며(채색옷), 다른 아들들과 몹시 차별적인 눈먼 애정을 쏟아부었다. 그래서 그것이 그만 형제들 사이에서 화(禍)를 불러들였다.

어느 날, 요셉은 아버지 심부름으로 멀리 양 떼를 몰고 떠난 형제들을 찾아갔다. 그들을 늘 자기를 속인 외삼촌 때문에 원치 않은 결혼으로(!) 낳은 자식들이라고 생각하는 아버지로부터 조금도 고운 사랑을 받지 못하고, 매사에 야단만 맞으며 자란 10형제들은 아버지의 사랑을 독차지한 동생 요셉을 시기하던 차에, 마침 그 기회가 오자 그를 죽이자고 모의한 끝에 마른 우물 "구덩이"에 던져 넣었다(이후 구덩이의 현실과 상징이 계속됨).

그러다가 동정심이 생겨 죽이지 않고, 그를 다시 끌어내 이집트를 오가며 장사하는 대상(隊商)들에게 돈 몇 푼 받고 팔아버렸다. 그리고는 염소를 죽여 요셉의 옷에 피를 묻혀 집으로 돌아가 아버지에게 보여주면서, 아마 요셉이 들판에서 짐승들에게 잡아먹힌 모양이라고 능청스럽게 거짓말을 했다. 그것으로 야곱의 인생은 끝난 것이나 다름없이 되고 말았다(창 37장). "아, 나는 죽은 요셉과 함께 무덤으로 내려가련다."(스올·Sheol, 히브리인들이 생각한 죽은 자가 머무르는 지하세계) 그는 매일 이런 말만 하며 죽은 것처럼 겨우 살았다.

나이 17세 청소년인 요셉은 이집트로 끌려가(구덩이) 노예시장(구덩이)에서 파라오의 경호 대장인 고위 관료의 집에 팔려 노예 생활을 하게 되었다(구덩이). 그 생활이 몇 년 정도였는지는 알 수 없다. 그러다가 누명을 쓰고 투옥되어, 감방에서 30세까지 살게 되었다. 그 모든 일은 청소년에서 청년이 된 요셉에게 닥쳐온 우연한 일이었지만, 그에게는 일생일대의 엄청난 고난과 시험이었다. 그는 그런 절망적인 상황 속에서 어떤 선택을 강요받게 되었다. 즉, 하나님과 삶은 그에게 질문을 던졌다. '그러면 이제 너는 어떻게 할 것이냐?'

'노자'는 "총욕약경"(寵辱若驚)이라는 잊을 수 없는 명언을 남겨주었다. "총애를 누릴 때도 두려워하고, 욕을 겪을 때도 두려워하라."(도덕경, 13

장) 이는 승리와 성공 등의 영광과 영화를 누릴 때도 깊이 헤아려 삼가 조심하고, 억울한 고난을 겪을 때도 좌절하지 말고 깊이 생각하며 앞날을 생각하라는 의미로 새길 수 있겠다.

놀랍게도 17세 청소년 요셉은 어떻게 이런 진리를 알았는지, 그때부터 이것을 가슴에 새기고 살았다. 오늘 읽은 본문이 그 증거이다. 이것은 그가 그때부터 시작된 고난 속에서 어떤 심리적 결정권을 행사하고, 그 후 어떻게 살아갔는지를 보여주는 서막이다. 창세기 39장에만도 "하나님이 요셉과 함께하셨다."라는 말이 6번이나 반복되고 있다.

어떤 작가가 같은 단어나 문장을 되풀이하는 것은 그 중요성 때문이다. 따라서 독자는 그 반복되는 어구가 의미하는 바를 여러 방향에서 이리저리 살피며 깊이 생각해봐야 한다. 그것이 책을 읽는 가장 좋은 방법이다. 인류의 경전이나 고전이나 걸작이라는 책들은 나이를 먹어가고 연륜과 경험이 풍부해짐에 따라 여러 번 되풀이해서 읽을수록 좋다. 예를 들어 '성서나 불경, 노자나 장자, 논어나 맹자, 호메로스의 일리아드나 오디세이아, 플라톤이 지은 소크라테스의 변론과 국가와 향연, 단테의 신곡, 세르반테스의 돈키호테, 괴테의 파우스트, 톨스토이의 부활, 도스토옙스키의 카라마조프의 형제들' 등은 한 번 읽고 다 알아들었다고 말하기 어렵다. 몇 년을 주기로 반복해 읽으면, 그때마다 새로운 무엇을 본다.

따라서 우리는 '하나님이 요셉과 함께하셨다.'라는 말의 방향과 의미를 깊이 생각해보아야 한다. 하나님이 당신을 믿는 누구와는 함께하시지 않을 것인가? 그런 일 없다. 우리는 구약성서에서, 하나님이 당신을 믿는 이들이 "백발이 될 때까지 안고 다니고, 품고 다니고, 구원해주신다."라고 말하는 것을 읽는다(사 46:3~4).

그러나 그렇다고 해서, 하나님을 믿는 모든 히브리인이 아브라함이나 이삭이나 요셉처럼 살아간 것은 아니었다. 이러한 점은 오늘날도 마찬가지이다. 왜 그럴까? 분명한 이유가 있다. 우리가 요셉의 일대기에서 읽어야 할 것이 바로 그것이다. 지금 요셉의 이야기는 우리에게 이렇게 묻는다. '만일 그대가 요셉의 처지였다면, 그것을 어떻게 받아들이고 어떤 태도를 드러낼 것인가?' 그렇기에 그의 이야기는 오늘날 나의 실존적인 이야기로 다가온다.

기독교인들은 요셉의 일대기를 잘 알고 있기에, 오랜 고난 속에 내던져진 그의 마음이나 감정, 생각과 처신에 대해서 깊이 생각해보지도 않고, 무턱대고 '하나님의 섭리'만 운운하며 지나치는 경향이 많다. 그런데 정말 제대로 읽은 것일까? 그에 대한 정보 습득은 별로 도움이 되지 않는다. 우리는 거기에서 신앙인인 한 청소년이 하나님 앞에서, 그리고 완전히 엉클어지고 엉망진창이 되어버린 삶의 현실 속에서, 과연 어떤 마음·내면·사고체계, 감정과 의지와 행동을 통하여 그것을 다루어 나갔는지를 읽으면서, 그것이 오늘날 나에게 어떤 도전과 암시를 주는지 잡아내야 한다.

3. 오늘날 우리처럼, 요셉도 그 당시 자신의 미래에 대해서는 전혀 아무것도 알 수 없는 처지였다. 그저 우연히 있을 수 없는 일이 일어난 것이었고, 그로 인하여 고난의 세상 속으로 내던져진 것이다. 따라서 '하나님이 요셉과 함께하셨다.'라는 말은 요셉이 자신의 고난을 어떻게 바라보고 수용하며 이해하고 적절한 태도를 드러냈는지를 보여주는 대목이다.

그래서 이 문장은 그가 자신이 변경할 수 없는 그런 절망적인 상황 속에서 마음과 감정을 변화시켜, 하나님을 신뢰하는 가운데 사태를 긍정적인 마음으로 바라보았다는 뜻으로 읽어야 한다. 즉, 이 문장은 하나님이 그와 함께한 것은 틀림없는 진실이고 사실이지만, 그에 못지않게 '요셉 또한 하나님과 함께했다.'라는 뜻이다. 즉, 요셉은 자기를 다스리고 인도하시는 하나님을 굳게 신뢰하면서 사물을 다르게 바라보았다. 그렇지 않았다면, 그는 얼마 못 가서 지레 무너지고 말았을 것이다.

그러나 그것이 그렇게 쉬운 일이었을까? 아니다. 실로 어려운 일이었다. 그런데도 지금 고등학교 1학년생에 불과한 요셉은 그때부터 그것을 해냈다. 그랬기에 하나님이 그의 삶을 다루실 수 있게 된 것이다. 이것이 요셉이 드러낸 신앙의 삶이다. 고난과 시련이 없기를 갈망하고 기도하는 게 신앙이 아니라, 그 속에서 무너지지 않고 하나님과 함께 솟구쳐 오르는 것이 신앙이다. 아무리 좋은 신앙으로 고난과 시련이 없기를 기도한다고 해서, 하나님이 그런 삶을 주시는 것은 아니다. 하나님은 그런 하찮은 일 거의 안 하신다! 왜냐면 그를 사랑하시기 때문이다. 사랑은 가장 좋은 것을 준다! "하나님은 사람을 사랑하되, 발길로 걷어차는 방식으로 사랑하신다."(S. A. 키르케고르-그리스도교의 훈련) 이것이야말로 받아들이기 어려운 말이지만 삶의 진실이다.

사실 우리가 성서에서 만나는 훌륭한 인간상은 모두 비슷한 모습을 보여준다. 그것은 'L. N. 톨스토이'가 "행복한 가정은 세상 어디에서나 비슷하지만, 불행한 가정은 각기 나름의 이유로 불행하다."라고 말한 것과 유사한 것이다(안나 카레니나). 그렇기에 우리는 성서가 보여주는 바람직한 인간상의 공통점을, '하나님이 그와 함께, 그가 하나님과 함께!'라는 등식으로 일종의 공리(公理)를 세울 수 있다.

여기에서 우리는 인생의 어떤 원리를 대면한다. 삶의 정황이 어떠하든지 간에, 인간이 자기 마음·시각·감정의 도타운 변화를 이루어내지 못한다면, 하나님마저도 그를 도우실 수 없다는 것! 따라서 중요한 것은 어떤 상황에 놓일 때, 그것을 바라보고 생각하는 내 마음과 감정이다. 지금 내 삶의 정황이 어떤 것이든지, 거기에 지배당하고 종속되어 교만하거나 좌절하지 않고, 마음과 감정의 변화를 이루어 미래를 지향하는 것만은 전적으로 나의 선택/몫이다. 하나님은 이런 사람만 도우실 수 있다. 하나님은 모든 이를 사랑하고 돕지만, 사람이 그것을 거절하면 아무것도 할 수 없으시기 때문이다. 하나님은 그렇게 전능하기도 하고 무능하기도 한 분이시다. 사람이 하나님을 그렇게 만드는 것이다. 이것이 성서가 줄기차게 말하는 인간과 인생에 관한 진리이다.

'하나님이 요셉과 함께, 요셉이 하나님과 함께'라는 원리를 역으로 생각해보자. 만일 요셉이 그런 고난의 상황에서 과거에 아버지의 사랑을 독차지하며 살던 일을 기억하고 현재의 절망적인 현실과 비교하기만 하면서, 수렁과도 같은 한없는 좌절의 사고와 감정에 빠졌다면, 그 후 그의 삶은 어떻게 되었을 것인가? 하나님도 어떻게 해볼 도리가 없으셨을 것이고, 그는 평생 가여운 노예 신세를 면치 못하고 울분과 한탄과 절망의 감정 속에서 지레 일찌감치 죽어갔으리라. 이런 일은 오늘날 누구에게나 해당할 수 있다.

따라서 우리는 요셉이 그 모든 시련과 고난 속에서도 무너지지 않고 극복한 일에서, 그가 생각과 감정을 얼마나 잘 다루며 사물을 다르게 바라보았는가를 생각해볼 수 있다. 그의 일대기에 맞추어, 특히 그의 감정 자각을 생각해보려면, 한 가지 사건마다 깊은 이해가 필요하다. 단순하게 생각해보자.

형들에게 배신당하고 구덩이에 내던져졌을 때, 대상에게 푼돈에 팔려 며칠 동안 땡볕 아래서 이집트 제국으로 질질 끌려 내려갔을 때(낙타에 태워 갔을 리 없다!), 수많은 사람이 복작거리는 노예시장에서 발가벗겨져 경매처분 되었을 때, 부잣집 노예로 팔려갔을 때의 요셉을 생각해보시라. 여기까지는 감정 자각이니 뭐니 할 겨를조차도 없이, 그저 말할 수 없는 황망함과 두려움과 수치감과 공포뿐이었을 것이다.

그리고 그때부터 오랫동안 낯선 환경에서 갖은 고된 일에 시달렸을 때, 억울한 누명을 쓰고 투옥되었을 때, 파라오 신하들의 꿈을 해몽해주면서 죄 없는 자기를 생각해달라고 부탁한 일이 낭패로 돌아갔을 때, 그래서 앞으로 얼마나 더 오래 감방 생활을 하게 될지 알 수 없어 막막했을 때, 그의 마음과 감정을 생각해보시라.

거침없이 빠르게 전개되는 성서 이야기가 보여주는 이 지점까지 10년이 넘는 세월이다! 분명 온갖 비합리적이고 부정적인 감정의 기복을 겪었으리라. 하나님 앞에서나 사람들이나 자신에게나 말할 수 없는 두려움, 공포, 분노, 배신감, 울분, 한탄, 원망, 상실감, 슬픔, 고통, 눈물, 좌절감, 자포자기, 절망, 혹은 극단적으로는 자살하고픈 감정에 휩쓸렸을 것이다. 그렇지 않았다면 인간이 아니다!

물론 요셉 이야기에는 이런 말들이 전혀 없다. 그러나 10대 청소년~20대 청년이 결단코 그럴 수는 없다. 그런 처참한 고난의 상황에서, 어떻게 목석도 아닌 젊은 피가 그냥 수용하고 감내했을 것인가? 숱한 괴로움으로 가슴이 찢어지고 무너지고 다시 추스르기를 수도 없이 되풀이하며, 눈물로 지샌 밤이 얼마나 많았을 것인가! 그런 마음을 보여주는 한 대목이 바로 위에서 말한, 파라오 신하들의 꿈을 해몽해주면서 자기를 부탁한 경우이다.

그는 오래도록 그런 과정을 겪으면서, 자신이 처한 상황에 대하여 신앙과 이성으로 깊이 느끼고 생각했을 것이다. 왜냐면 그는 끝내 감방에서 무너지지 않았기 때문이다. 그렇다면 그는 분명 어느 시점에 크나큰 내적 변화를 일으킨 것이 틀림없다. 그것이 무엇일까? 나는 그중 하나를 그의 감정 자각이라고 본다. 감정 자각은 심원한 신앙과 영성의 한 차원에 속하기 때문이다(J. 에드워드-신앙과 정서).

어떤 억울하고 비극적인 상황에 놓였을 때 느끼는 인간의 감정이란 대동소이하다. 그러나 그 상황을 다루는 태도는 사람마다 다르다. 그 후의 삶은 그 상황을 어떤 감정으로 느끼고 다루고 처리하고 극복하는가에 따라 달라진다. 그렇기에 중요한 것은 억울한 일을 당하거나 실패하여 생의 위기와 고난을 겪을 때 느끼는 감정을 처리하는 문제이다. 감정은 이성적 사고보다 먼저 일어나는 일이기 때문이다. 그때 일어나는 비합리적이고 부정적 감정을 통제하고 극복하고 승화시키지 못하면, 반드시 그 어두운 감정의 희생물이 되고 만다.

사람이 술, 마약, 도박, 혹은 여러 가지 악습에 점차 익숙해지고 빠지는 것도 대부분 본디 사람이 나빠서가 아니라, 감정을 제대로 처리하지 못하여 어느덧 성격이나 습관으로 굳어지기 때문이다. 특히 가정에서 감정 자각을 하는 것은 대단히 중요하다. 사람이란 낯모르는 사람보다는 잘 아는 사람들에게 함부로 대하기 쉽다. 식구들에게 부정적 감정을 쏟아놓는 일을 되풀이하다 보면, 모든 게 엉망진창이 되고 만다. 관계의 갈등과 파국은 대개 거친 말과 제멋대로 하는 행위에서 시작되어 쌓여서 폭발하는 것이기 때문이다.

따라서 우리는 요셉이 십여 동안 고난 속에서 겪은 부정적 감정들을 잘 다룬 끝에, 결국에 하나님의 은총으로 감방에서 해방되어 빛나는 성공의 길로 들어섰다고 보아야 한다. 그러므로 인생의 성공이나 행복한 삶에 있어서 감정 자각이 갖는 중요성은 이루 말할 수 없다. 하나님의 도우심과 구원이란 인간이 가만히 앉아 있는데도 하늘에서 뚝 떨어지는 그런 게 전혀 아니다. 성서를 그렇게 읽으면 죄다 헛일이다.

이런 말에 반박하려고, '그럼, 홍해를 건넌 사건은 뭐냐?'고 묻는 사람들에게 이렇게 대답하련다. 다시 읽어보시라고. 모세가 하나님 이야기를 해주며 두려움에 떨던 군중을 진정시키고 나서야, 그들은 비로소 안정과 신뢰를 되찾았다. 그리고 나서 하나님의 "구름 기둥과 불기둥"이 나타나 앞뒤에서 켜주었고(하나님의 현존·Shekhinah의 상징), 모세가 바닷물을 갈라지게 하자 그것을 보고 나아가 건너갔다(출 14장).

그렇다고 해서 하나님의 구원 능력이 과소평가되는 게 아니다. 신앙인에게 있어서 모든 것은 전적으로 하나님의 도움이다! 사태가 전환된 다음에 신앙인이 하는 말은 언제나 이런 것이다. "하나님은 여기에 이르기까지 우리를 도와주셨다."(에벤에제르·Ebenezer, 삼상 7:12), "내가 나답게 된 것은 전적으로 하나님의 은혜이다."(고전 15:10) 이것이 신앙의 언어, 곧 신앙인의 체험과 언어가 가진 본질적 측면이다.

요셉은 경호 대장의 노예로 들어갔을 때나, 그 후 억울한 누명을 쓰고 투옥되었을 때에도, 언제나 하나님과 함께했다. 우리는 그가 '보디발'의 종에서 몇 년 후 가내 '총무 집사'가 되어 집안일과 모든 영지(領地)의 관리를 담당하고(보디발의 신분으로 볼 때 파라오로부터 거대한 영지를 하사받았을 것), 감방의 행정도 맡아 보았다고 하는 구절을 유심히 생각해봐야 한다.

요셉은 가나안 땅을 떠나본 적 없는 촌구석 히브리인이었다. 따라서 그는 이집트 문자와 언어, 이집트 전통과 풍습과 종교, 이집트식 계산법이나 회계도 몰랐다. 이것이 우리가 요셉을 생각할 때 먼저 전제해야 할 사항이다. 그런데 그는 몇 년 후 총무가 되어 일을 도맡아서 했다. 따라서 우리는 그가 그렇게 억울한 일로 온갖 부정적 감정들이 솟구칠 때도 그것을 잘 다루면서, 그 사이에 그 모든 것들을 부지런히 배우고 익혀서 익숙하게 되었다는 것을 알 수 있다. 대단히 명석했다 해도, 그런 것들을 제대로 익히기 위해 밤낮 엄청난 주의력과 노력을 기울였던 게 틀림없다.

이것이 '하나님이 요셉과 함께했다.'라는 말의 진정한 의미이다. 그는 인생의 비극적 우연 속에서도 절망하지 않고, 하나님 안에서 자기 마음과 감정을 변화시켜 미래가 달라질 수 있음을 희망하는 가운데, 그 상황에 적절하게 적응하고 대응해 나갔다. 그리하여 사물을 다르게 바라보는 시각을 기르는 자기계발 속에서, 작든 크든 자기에게 주어진 모든 일에 최선을 다했다. 이것이 그가 드러낸 신앙의 태도이다. 이런저런 실력도 쌓지 않고(특히 인격), 큰 복을 받고 큰 인물이 되고자 하는 것은 망상과 만용을 넘어선 하나님 모독일 뿐이다.

현대그룹의 창설자인 고 '아산(峨山) 정주영' 할아버지는 이런 말을 했다. "나는 생명이 있는 한, 실패는 없다고 생각한다. 내가 살아 있고 건강한 한, 나한테 시련은 있을지언정 실패는 없다. 낙관하자. 긍정적으로 생각하자. …작은 일에 성실한 이를 보고 우리는 큰일에도 성실하리라 믿는다. 작은 약속을 어김없이 지키는 사람은 큰 약속도 틀림없이 지키리라 믿어준다. 작은 일에 최선을 다하는 사람은 큰일에도 최선을 다한다."(시련은 있어도 실패는 없다; 아산재단-아산을 기리며)

이것이야말로 요셉에게 딱 들어맞는 말이지 싶다. 요셉에게 하나님의 구원은 빠르게 일어난 게 아니었다. 마음의 변화와 감정 자각 다음에 또 해야 할 일이 있기 때문이다. 그것은 마음과 감정의 변화가 인격과 존재 방식 그 자체가 될 때까지 훈련받아야 한다는 것이다. 하나님은 신앙인의 영혼 형식과 일상의 존재 방식이 당신의 계획에 부합되는 지점에 이르기까지 단련하며 기다리신다(하나님은 시간이 많으셔!). 여기에서 우리는 인생에 우연히 벌어지는 비극적인 일조차도 하나님의 계획을 드러내는 일의 하나로 다가올 수 있음을 본다.

4. "랍비, 이 사람이 나면서부터 시각 장애인이 된 것이 이 사람의 부모의 죄 때문입니까? 이 사람의 죄 때문입니까?" 이렇게 제자들이 어느 불행한 사람을 바라보며 예수께 물었을 때, 이렇게 대답하신다. "그렇지 않다. 그 누

구의 죄도 아니다. 하나님께서 하시는 일들을 그에게서 드러내시려는 것이다."(요 9:1~3) 이것은 우리가 살아가면서 겪는 고통스러운 불상사에 대하여 어떻게 인식해야 하는지를 보여주는 중요한 대목이다. 남의 이야기가 아니다! 불행의 원인을 따져본들, 아무것도 뾰족한 수는 나오지 않는다. 신을 원망하든지, 세상 사람들을 원망하든지, 아니면 자기 인생의 불운에 한탄하며 더 비참해져서 절망하다가 죽어갈 뿐이다. 따라서 신앙인은 언제든 신앙에 기초한 합리적인 방식으로(!) 생각해야 한다.

요셉이 나중에 형제들을 만났을 때, 그 모든 일이 하나님이 천하 만민을 구원하시려고 미리 계획한 일이라고 말하는 장면이 나오는데(창 45장), 그것은 그가 그때 가서 그런 지혜를 얻었다는 것이 아니라(될 턱도 없다!), 팔려가고 노예가 되고 감방에 들어가는 일련의 비극적인 경험을 13년이 넘도록 하는 과정에서 터득한 이치라는 사실을 말해준다.

따라서 요셉 이야기의 진실은 오늘날 우연히 내 인생에 불어 닥친 비극적인 경험을 어떻게 인식하고 받아들이며, 어떤 결정을 하고 나의 감정과 시각과 태도를 선택하는가에 관한 이야기이다. 요셉은 그 모든 상황에서 자신이 변경할 수 없는 사건에 주목한 것이 아니라, 자신이 변화시킬 수 있는 부분, 곧 자신의 마음과 감정과 시각과 행동을 변화시키는 데 집중했다. 그랬기에 하나님이 그를 통해서 천하 만민을 살리는 위대한 구원의 사건을 창조해내신 것이다. 그리하여 요셉에게 불어 닥친 일련의 비극들은 우연한 사건이 아니라 하나님의 기적으로 변한 것이다. 자신의 삶을 하나님의 기적으로 만든 사람, 그가 요셉이다.

오늘의 우리

인생에는 우연한 일들이 벌어진다. 따라서 우리에게 중요한 것은 특히 감정을 자각하면서 사건을 다르게 바라보는 시각이다. 패배할 것인가, 초극할 것인가? 좌절할 것인가, 마음을 변화시켜 참아내고 극복하면서 삶을 위대한 기적의 무대로 바꾸어 놓을 것인가? 이것은 전적으로 사건 속에 서 있는 나 자신에게 달린 문제이다.

비극적 현실에 놓였을 때, 우리는 이렇게 말해야 한다. "내가 바라는 일이 아니라 당신이 바라는 일이 이루어지기를, 그리고 나의 뜻대로가 아니라 당신의 뜻대로 하시기를…. 당신은 뜻을 이루기 위해 나에게 단 하나의 조건을 부여하셨습니다. 내가 할 일은 그 조건 안에 국한되어 있는 것입니다."(L. N. 톨스토이-인생의 길) 그 '단 하나의 조건'이 무엇인지 진지하게 생각해보시라. 하나님은 이런 마음을 가진 사람을 도와주신다.

20세기 그리스의 위대한 작가 '니코스 카잔차키스'의 말을 생각해본다. "너의 존재를 이루는 상반된 힘의 일시적 만남으로부터 인간이 이 세상에서 만들 수 있는 영원불멸함, 다시 말해 자유의 외침을 창조하려고 노력하라. 날마다 죽어라. 그리고 날마다 다시 태어나라. 날마다 모든 소유를 부정하라. 최상의 미덕은 자유가 아니라, 자유를 얻기 위해 투쟁하는 것이다. 감히 이런 식으로 묻지 마라. '정복할까, 아니면 정복당할까?' 계속 싸우라! 당신이 살아 있는 한, 우주의 사업이 바로 당신의 사업이 되기를! 비록 그것이 단 한 순간의 일이라 할지라도…. 전우여, 이것이 우리의 새로운 계명이다."(신을 구하는 자)

아울러 'N. 카잔차키스'의 기도문을 생각해본다. "주여, '존재하는 것은 당신과 나뿐'이라고 하는 이들에게 복을 내리소서. 주여, '당신과 나는 하나'라고 하는 이들에게 복을 내리소서. 주여, '이 하나조차도 존재하지 않는다.'라고 하는 이들에게 복을 내리소서. 주여, 나는 당신의 손에 든 활입니다. 당겨주소서. 주여, 너무 세게 당기지는 마소서. 나는 약한지라 부러질지

도 모릅니다. 그러나 주여, 당신의 마음대로 하소서. 부러뜨리든 말든 뜻대로 하소서."(영혼의 단련)

이것이야말로 진정한 신앙인의 모습이 아닌가! 누구나 꿈과 이상이 있다. 그러나 진정한 꿈의 성취나 성공이란 숭고한 인격이다. 이것이 하나님이 신앙인에게 바라시는 것이다. 그렇지 않다면, 하나님이 어떻게 그를 통하여 세상에 빛을 비추고 누군가를 먹여 살리게 해드릴 수 있겠는가? 꿈은 이런 식으로 이루어진다.

10
지혜로운 삶을 위하여

이스라엘은 들으십시오. 주님은 우리의 하나님이시요, 오직 한 분뿐이십니다. 당신들은 마음을 다하고 뜻을 다하고 힘을 다하여, 주 하나님을 사랑하십시오(신명기 6장 4~5절).

1. 17세기 폴란드의 유대인 랍비 '코츠커'(렙 메나헴 멘들)가 제자들과 같이 거리를 걸어가는데, 한 제자가 그날따라 거리에 사람들이 많이 돌아다니는 것을 보고 스승에게 물었다. "스승님, 저 사람들은 지금 어떤 상황에서 살아가는 것일까요?" 그러자 코츠커가 이렇게 말했다. "저게 어찌 사람이냐? 걸어 다니는 허깨비이지!"(A. J. 헤셀-어둠 속에 갇힌 불꽃)

의미심장한 이야기이다. 멀쩡히 살아 있는 사람들을 가리켜 허깨비라니, 교만에서 나온 인간 모독이 아닌가? 그러나 현자(賢者)인 랍비가 어찌 인간을 모독하고 교만을 떨 것인가! 역설(逆說)이다. 진리의 차원에서 볼 때, 사람으로 태어나 허깨비처럼 사는 사람들의 상황이 그만큼 안타까운 것이다.

그렇다. 이것이 사람들이 처해 있는 상황이다. '태어난 김에!' 사는 것은 모든 동식물 생명체의 본능적 삶이다. 하지만 인간은 그런 차원에 머무를 수 없다. 인간은 단지 먹고 입고 돈 벌고 소유하고 으스대며 오래 사는 것, 곧 '몸뚱이 신화'에 사로잡혀서 사는 것을 삶의 목적으로 삼을 수는 없다. 인간은 그 이상이어야 한다. 인간으로 태어나 동물적 차원에 그치는 것은 신성(신) 모독이고 또한 자기 모독이다.

그대는 예수께서도 허깨비처럼 살아가는 사람들을 향하여 지독하고 모진 말씀을 하신 적이 있다는 것을 알면 놀랄 것이다. 예수께서 길을 가다가 어떤 젊은이에게 "나를 따르라."라고 말하자, 그는 "아버지가 돌아가셨으니, 먼저 가서 아버지의 장례를 치른 다음에 따르겠습니다." 하고 대답한다. 그러자 예수께서는 그에게 "죽은 사람들을 장사하는 일은 죽은 사람들에게 맡겨 두고, 너는 가서 하나님의 나라를 전파하라."라고 말씀하신다(눅 9:59~60).

예수께서도 세상에는 지금 참된 삶으로 들어가 살아 있는 사람들과 살았으나 이미 죽어버린 사람들이 있다고 보신 것이다. 천하제일 신앙의 민족인 유대인들이 오랜 고난 속에서도 줄기차게 성전에 다니고 율법과 민족전통과 관습을 지키며 종교 생활을 하면서 살아가고 있는데, 예수께서는 어째서 그들을 죽은 사람들이라고 하신 것일까?

그 생명과 죽음의 분기점은 '지금 하나님의 나라(다스림) 안에서 살아가느냐?' 하는 것이다. 이것은 종교 생활 이상(以上)의 자각적 의식(意識)에 관한 것이다. 곧, 겉으로 보이는 표층 껍데기의 종교형식이 아닌, 내면의 깊이에서 매 순간 부드럽고 진실하고 깊은 하나님–의식에 휩싸여 살아가는 진정한 종교성!

그대는 지금 생생하게 살아 있는가? 아니면, 죽은 것 같이 살아 있는가? 그대는 그대에게 생명과 삶의 모든 것을 은총·선물로 허락하신 하나님께 깊이 고마워하며 지혜롭게 살아가고 있는가? 아니면, 그대는 하나님의 은총에 무감각하고 고마워하는 마음도 없이, 자신의 존재와 삶을 그저 당연하게 여기며 사는가? 그대는 만물을 향한 사랑과 자비심을 품고 살아가는가? 아니면, 더 많은 소유와 향락에 대한 탐욕적 갈망에 사로잡혀 걱정하고 시기하고 경쟁하고 불평하고 미워하면서 살아가는가?

그대는 자신이 죽을 것이라는 사실을 깊이 의식하고 살아가는가? 아니면, 죽음이란 먼 미래의 일, 혹은 다른 사람에게나 일어나는 일이라고만 생각하고 살아가는가? 그대는 하나님과 진리를 사랑하고 실천하는 것이 삶의 참된 의미와 가치와 유일한 사명이라는 것을 깨닫고 살아가는가? 아니면, 그저 물질적 성공과 부귀영화를 누리는 것을 삶의 목적으로 여기고 살아가는가? 그대는 하루 한 번쯤 자신을 텅 비우고 순수한 마음으로 모든 살아 있는 것들의 행복을 축복하며 살아가는가? 아니면, 그대 자신만의 행복이나 필요하면 하나님께 기도하거나, 도무지 하나님하고는 연락을 끊은 채 살아가고 있는가?

진정 살아 있는 사람이란 지금 이 순간 하나님 안에, 곧 하나님의 다스림(나라) 속에 있는 사람이다. 그는 성령과 진리를 통해 다시 태어나(중생·重生, 요 3:1~8; 롬 8:1~17), 세계관과 가치관, 인생관과 인간관, 물질 관념에 철저한 변혁을 이룬 사람이다.

바울의 용어로 말하면, 진정 살아 있는 사람이란 "옛사람을 그리스도와 함께 십자가에 매달아 죽여 죄의 몸을 멸하고, 죄의 세력에서 해방되어 다시는 죄의 노예가 되지 않으며, 자신을 의의 도구로 하나님께 바치는" 사람(롬 6:6~13), "나는 그리스도와 함께 십자가에 못 박혔습니다. 이제 사는 것은 내가 아니라 그리스도께서 내 안에서 살고 계십니다."라고 고백하는 사람(갈 2:20), "예수 그리스도를 아는 지식을 가장 고귀하게 여겨, 모든 것을 오물로 여기는" 사람(빌 3:8), "세상을 본받지 않고 하나님의 선을 분별하는 사람"이다(롬 12:1~2).

요컨대 "세상에 있으나 세상에 속하지 않은 사람"(요 17:14), 세상 사람들과는 전혀 달리 하늘·진리의 주파수에 자기를 맞추고 영원의 목소리에 귀를 기울이며 걸어가는 바람 같은 자유인(요 3:8), 몸뚱이 신화인 자아(Ego)와 세상을 초극한 영의 사람이다(갈 5:16~25).

그의 가슴속에서는 자유와 기쁨의 샘물이 솟구쳐 오른다. 그는 모든 시간 모든 공간에서 깊은 의식(意識)으로 깨어서 현존하고 실존한다. 그때부터 모든 것이 자연스럽게 된다. 도덕적으로 살려고 애쓰지 않아도, 모든 것이 도덕적이 된다. 의롭게 살려고 애쓰지 않아도 의롭다. 그는 모든 상황에서 깊이 깨어난 감응(感應)의 능력으로 생생히 존재한다. 물론 그는 자신으로 인한 것이 아니라, 고통을 받는 사람들로 인한 슬픔도 많이 겪지만(시 12편; 마 5:4), 그것은 진정 하늘에 속한 사람의 영예이다.

그는 이 세상과 물질이나 사람들에게 얽매이지 않고 자유롭게 살아간다. 어디에 있으나 무슨 일을 하거나, 깊은 감수성과 진실성과 단순성 속에서 감사를 느끼며 산다. 그는 지금 햇빛처럼 쏟아지고 있는 하나님의 자비로운 은총을 생생하게 느끼며 고마워하며 산다(마 5:45). 그는 만물과 타인 속에서 하나님의 환한 얼굴을 본다(시 4:6; 마 5:8).

그리하여 그는 내면의 맑은 샘물과 인격의 향기를 세상에 자연스럽게 퍼뜨리고 흘려보내며, 모든 살아 있는 것들이 행복하게 살기를 바라고 축복하며 자비 속에서 존재한다. 이것이 정녕 살아 있는 것이며, 지혜로운 삶이며, 지금 하나님의 다스림(나라) 속에 있는 것이다.

2. 기원전 323년, 튀르키예에서 팔레스타인, 이집트, 페르시아를 거쳐 인도 서부지역(파키스탄)과 아프가니스탄까지 정복한 33세의 젊은 황제 '알렉산드로스'는 조국 그리스로 돌아가다가 '바빌론'에 머물던 중 세상을 떠났다. 그는 죽기 직전 신하들에게, 관 양쪽에 구멍을 뚫어 두 손을 내놓게 하라고 유언했다. 신하들이 안 된다고 하자, 그는 이렇게 말했다. "아니다. 천하를 정복한 알렉산드로스조차도 죽으니 아무것도 가져가지 못하고 빈손으로 세상을 떠났다는 것을 모든 사람이 알게 하라."(니코스 카잔차키스-알렉산드로스 대왕)

그보다 100여 년 후인 기원전 221년, 550년간의 기나긴 전쟁의 시대인 '춘추전국시대'를 평정하여(기원전 770-221년), 주(周) 나라 이후 다시금 중국을 통일하고 '진(秦) 제국'을 창설한 '진시황제'(秦始皇帝)는 법가(法家)의 한 사람인 재상 '상앙'(商鞅, 이사·李斯)의 전략에 따라, 문자와 언어, 도량형과 법률, 제도와 관습과 도로와 문화 등, 일상의 세세한 것까지 법으로 통일하여 철권(鐵拳) 통치를 했다. 그리고는 영생불사(永生不死)하고자 하는 헛된 욕망을 품고, 천하 각지로 사람을 보내 불로초(不老草)를 구해오라고 했다. 그들이 고조선의 제주도에도 들렀다가 헛탕을 치고 '서쪽으로 돌아간

포구'가 "서귀포"이다(西歸浦).

그런 진시황제는 제국을 순행하다가 돌연 마차에서 죽어 썩은 생선처럼 부패했고, 이미 만들어 놓은 거대한 여산(驪山) 능에 묻혔다. 그것이 얼마나 컸던지, 지난 2000년 동안 나무와 수풀이 우거진 산으로만 알았는데, 20세기 중반 한 농부가 땅을 파다가 발견하여 발굴되었다. 그 황릉은 궁전을 그대로 옮겨 놓은 지하궁전이었다. 거기에 남녀노소 백성과 군인들, 말과 전차들, 곡식과 살림살이를 함께 매장했을 뿐만 아니라, 흙을 구워 실제 살아 있는 군인들과 똑같은 인물상도 흙으로 구워 수천 개나 묻었다(토용·土俑·兵俑). '죽어서도 나만이 황제이니라!' 그러나 진 제국은 불과 15년 만에 멸망했다(진순신-중국의 역사, 제3권).

지난 1955년에 세상을 떠난 천재 과학자 'A. 아인슈타인'에게 죽기 직전 한 기자가 물었다. "선생님은 다시 태어나신다면, 무슨 일을 하고 싶으십니까?" 그 말에 아인슈타인은 깊은 한숨을 내쉬며 슬픔에 빠져 이렇게 대답했다. "내가 다시 인간으로 태어난다면, 나는 배관공이 되어 자유롭게 살고 싶소."

그는 왜 이런 말을 했을까? 그는 제2차 대전으로 인류가 멸망할 것처럼 보여, 미국 대통령 '프랭클린 루스벨트'에게 서한을 보내, 하루빨리 전쟁을 끝내려면 원자탄을 발명해야 한다고 설득했다. 그리하여 '맨해튼 Project'가 가동되어, '오펜하이머'를 비롯한 물리학자들이 원자탄을 만들었다. 그는 이론적으로 원자폭탄의 가공스러운 파괴력을 알고 있었기에, 그것을 실험으로만 보여주어도 전쟁 당사자인 독일과 일본이 항복할 것이라고 보았다. 그러나 그것은 순진한 과학자의 이중적 착오였다. 그는 인간이 악을 고집하는 경향이 무척이나 끈질기다는 것과 원자폭탄이 정치가들과 군인들의 손에 넘어갔을 때 어떤 결과가 벌어질 것인지에 대해서는 생각하질 못했다.

드디어 미국은 1945년 8월 6일과 9일, 히로시마와 나가사키에 원자폭탄을 터뜨려, 순식간에 24만 6천 명이나 죽이고 30만 명 이상을 불구로 만들어버렸고, 두 도시를 완전히 사라지게 했다. 그때 일본은 굳이 원자폭탄을 쓰지 않았더라도, 얼마 후 망하고 말 상황이었다. 그리고 10년 후 아인슈타인은 죽었다. 그는 원폭을 만든 것이 자기 인생의 최대 실수라고 말했다(P. 마이클모어-A. 아인슈타인 전).

　　이 세 이야기는 인간의 탐욕과 무지와 어리석음에 막강한 권력과 과학적 지식과 폭력성이 합쳐질 때 어떤 결과가 빚어지는지를 그대로 보여준다. 그리고 지금 탐욕에 빠진 어리석은 인류는 "이토록 푸르고 아름다운 행성인 지구"(K. 세이건-창백한 푸른 점)를 10개라도 순식간에 없애버릴 수 있는 20,000개 이상이나 되는 핵무기를 안고 살아가고 있다. 이 모든 것은 이렇게 묻게 한다. '인간은 과연 지혜로운 만물의 영장인가, 자멸적인 어리석은 동물인가?' 또는, "인간이란 양인가, 늑대인가?"(에릭 프롬-인간의 마음)

　　그러니 코츠커와 예수의 말은 전혀 독단이나 교만이나 과장이 아니다. 단순하게 말할 때, 세상에는 단지 두 종류의 사람만이 있을 뿐이다. 깨어 있는 자와 잠든 자. 곧, 지혜로운 자와 어리석은 자(마 7:24~27). 사람을 이렇게 만드는 것은 외부적 요인이 아니라, 전적으로 각자의 사고와 행위이다. 이것은 학문이나 지식, 돈과 지위와 신분과 직업, 특정한 신에 대한 신앙이나 종교, 남자와 여자, 노인과 어린아이, 흑인과 백인과 황인, 외모나 재주와 기술, 살아가는 환경 등, 그 어떤 것 하고도 아무런 관계가 없다. 깨어 있는 것과 잠든 것, 지혜와 어리석음은 각 사람의 내면과 사는 모습으로 증명된다.

　　잠들거나 깨어 있고, 어리석거나 지혜롭게 하는 결정적 요소는 무엇인가? 그것은 내면의 어떠함이다. 정치인이나 대학교수라도 깊이 잠든 어리석은 자일 수 있고, 글자를 모르는 농부나 노동자라도 얼마든지 깨어 있는 지혜로운 자일 수 있다. 권력과 지식이 깨어 있는 것과 잠들어 있는 것, 어리석음과 지혜로움을 가르는 기준이 아니다. 오히려 권력과 지식은 깨어 있음과 지혜로움을 가로막는 위험한 장애 요소로 작용할 수 있다. 그래서 이런 말이 있다. "하나님을 모르고 하늘의 운행에 대하여 박식한 천문학자보다는, 하나님을 경외하는 무식하고 가난한 농부가 더 지혜롭다."(토마스 아 켐피스-그리스도를 본받아)

3. 20세기 프랑스의 신부, 신학자, 고생물학자인 '피에르 떼이야르 드 샤르댕'(1881~1955년)은 세상에는 4개의 권역(圈域)이 있다며, 인류의 진화가 어떤 방향으로 흘러가고 있는지를 밝히려고 했다(인간 현상).

첫째, 광물 권역(Geosphere). 이것은 무생물의 암석 영역으로, 의식도 감각도 의지도 없는 완전한 무의식과 영원한 잠의 상태이다. 움직임도 없고, 과거와 현재와 미래도 없다. 삶도 죽음도 없다. 일체의 감정이 없어, 기쁨과 슬픔, 행복과 불행도 모른다. 반쪽을 내도 비명 하나 없다. 그저 영원한 침묵이다. 시간의 흐름에 따라 서서히 해체될 뿐이다.

둘째, 생물 권역(Biosphere). 이것은 먼저 식물영역으로, 공포심이나 기쁨과 고통 등 기본적인 감각을 지니고 있으며, 바람에 몸을 움직이기도 하지만 스스로 이동하지는 못한다. 동물로부터 자기를 지켜낼 줄은 몰라도, 다른 식물로부터 자기를 보호하려고 경쟁하는 의지는 지니고 있다. 그리고 동물영역이다. 동물은 기본적인 의식과 본능과 감정과 의지가 있고, 작으나마 생각할 줄 알고 도덕성도 있고, 이동의 자유와 공동체를 이루는 능력도 있어서, 생존 의지와 자기보호와 종족 보존을 위해 활동한다. 이 두 권역의 역사가 지구역사 45억 년의 대부분을 차지한다.

셋째, 정신 권역(Noosphere). 이것은 인간(호모 사피엔스)의 영역이다. 인간은 원시시대부터 이성과 감정과 의지에 기초한 지식과 창조성과 협력을 통하여 문명을 창안하고, 도덕과 윤리와 예술의 문화를 창조하고, 종교와 초월적 욕구를 통하여 신과 진리를 찾으며 삶의 의미와 가치를 추구해왔다. 현재까지 고고학계의 정설인 인류 최초의 "수메르"(Sumer) 문명 이후부터 지금까지 6천 년 역사이다. 그러나 인류는 아직도 평등하고 인간적이고 생태 친화적인 평화의 문화를 이룩하지 못하고 헤매고 있다.

넷째, 그리스도 권역(Christspere). 이것은 신과 진리에 대한 깨달음을 통하여 궁극적인 자각에 이른 영역으로, 극소수 사람들이 도달한 인간 의식(意識)의 정점(頂點)인 그리스도-의식이다(Christ-consciousness. 힌두교-크리슈나·Krishna 의식, 불교-붓다·Buddha 의식). 이것은 신과 진리를 깨달은 사람이면, 누구나 도달할 수 있는 궁극(窮極)의 "오메가 포인트"(Omega Point)로서, 인류는 이 지점을 향하여 나아가고 있다.

샤르댕의 말은 인류가 생물권에서 시작하여 정신권을 넘어 그리스도-의식의 차원에 이르기까지 올라가야 할 정신의 진화에 관한 것이다. 모든 인간이 그 차원에 이를 때, 그 어디에 이기심, 탐욕, 거짓, 갈등, 범죄, 전쟁이 있겠는가? 그리스도이신 예수에게는 추호(秋毫-가을에 가늘어진 짐승의 털)도 동물적인 냄새를 느낄 수 없지 않은가?

그리스도-의식은 로마서 8장 29를 보면 이해할 수 있다. "하나님께서는 미리 아신 사람들을 택하셔서, 자기 아들의 형상과 같은 모습이 되도록 미리 정하셨으니, 이것은 그 아들이 많은 형제 가운데서 맏아들이 되게 하시려는 것입니다." 이것은 장차 인류가 그리스도-의식에 이르도록 정신적으로 진화하는 것이 하나님의 뜻이라는 말이다.

모든 인간이 그리스도-의식의 차원에 이르면, 얼마나 좋은가! 그것이 바로 "하나님의 나라(다스림)"가 이 땅에 이루어진 세상이다. 성서는 이것이 인류를 향하신 하나님의 근본적인 뜻과 계획과 목적이라고 말한다(창 12:1~3; 사 11:1~9, 65:17~25; 마 6:9~10). 따라서 인류 역사가 지금도 참된 지혜와 궁극적 평화의 지점을 향하여 정신적으로 진화하고 있다고 믿는 것은 오늘의 삶을 위해서도 매우 바람직한 신념과 이상이다.

4. 우리는 행복하고 자비롭고 평화롭게 살아야 한다. 그러자면 무엇보다 지혜로워야 한다. 지혜로우면 행복하고 자비롭고 평화롭다. 지혜로운 삶을 위해서는 먼저 확실히 인식해야 할 것이 하나 있다. 죽음이다. 죽음에 대한 분명한 인식만큼 사람을 지혜롭게 살아가도록 이끄는 것도 없다. 죽음에 대한 사색이야말로 모든 이를 위한 철학이다. 죽음이란 현상은 말없는 진리의 스승이다.

죽음은 지금 살아 있는 모든 이가 반드시 지나가야 할 건널목이다. 그렇기에 죽음이야말로 인생에서 가장 중요한 현상이다. 탄생보다 더 중요하다. 왜냐면 탄생은 우리가 어떻게 해볼 수 없는 과거의 일이지만, 갑자기 일어나는 사고사만 아니라면, 죽음의 모습과 질은 우리가 어떻게 사느냐에 따라 결정할 수 있는 것이기 때문이다.

모든 인간은 자라고 늙고 죽는 3단계를 거친다. 다만 사람에 따라 사는 모양과 기간이 다를 뿐이다. 그러나 태어난 인간은 모두 죽는다는 사실만큼은 영원불변의 진리이다. 구약성서에 이런 말이 있다. "내가 모태에서 빈손으로 태어났으니, 죽을 때에도 빈손으로 돌아갈 것이다. 주신 분도 하나님, 가져가신 분도 하나님이시다."(욥 1:20~22)

그렇기에 탄생에서부터 주어진 모든 것은 신의 은총·선물이다. 인간이 空手來空手去 하는 까닭은 본디 모든 것이 하나님의 것이기에, 다시금 돌려드리고 떠나야 되기 때문이다. 구약성서는 말한다. "땅과 그 안에 가득 찬 것이 모두 다 주님의 것, 온 누리와 그 안에 사는 모든 것도 주님의 것이다."(시 24:1) "숲속의 뭇 짐승이 다 나의 것이 아니더냐? 산에 있는 저 모든 새도 내가 다 알고 있고, 들에서 움직이는 저 모든 생물도 다 내 품 안에 있다. …온 누리와 거기 가득한 것이 모두 나의 것이 아니더냐?"(시 50:10~12)

따라서 인생은 하나님의 것을 잠시 빌어먹고 빌려 쓰다가 가는 것이다. 실로 그러하다. 빌어먹고 사는 것이 인생이기에, 인간은 누구나 거지, 곧 '신의 거지'인 셈이다. 얼마나 평등하고 공평한가! 거지만이 거지가 아니다. 대통령도 홀로 사는 노인도 재벌 회장도 유명한 연예인도 부자도 가난한 자도, 모든 인간은 빌어먹다가 가는 신의 거지이다. 그것이 인간의 영원한 현실이요, 또한 영광이다. 인간은 없이 와서 살다가, 아무것도 가지고 가지 못하고 떠난다. 이것은 종교적 진리 이전에 인생의 사실적 절대 진리이다. 그렇기에 지혜로운 자는 죽음을 늘 의식하고 살아간다. 그런 만큼 삶도 아름답고 숭고해진다.

4-1) 어리석은 자는 자신이 죽지 않을 것처럼 생각하거나, 자기의 죽음에 대해서 생각하지 않는다. 왜 그럴까? 무지와 착각과 두려움 때문이다. 이것이 인생을 가여운 존재 방식으로 내모는 근원적인 동력이다. 인간의 무지는 참으로 깊고 깊다. 그 무지의 첫째 증거는 죽음에 대해서 생각하지 않는 것이다. 그러면서 자신을 육체로만 알고, 인생을 몸뚱이의 안락과 안전과 보호로만 이해한다. '나는 오직 몸뚱이일 뿐이다. 인생이란 오로지 감각적 쾌락을 위한 것일 뿐이다.' 이것이 어리석은 자의 확고한 사유체계이다.

그런 점에서 볼 때, 인간 대부분은 철저한 유물론자이다. 어디 공산주의자들만 유물론자일까? 자신을 몸뚱이로만 아는 것은 '나는 그저 짐승일 뿐이다.'라고 말하는 것과 같다. 이것은 샤르댕의 말에 따르면 생물권 영역에 갇혀 살아가는 존재 방식이요, 'H. 마르쿠제'에 따르면 2차원도 못 되는 "1차원에 감금된 인간으로 살아가는 것이다."(일차원적 인간). 이런 말을 인간 모독이라 할 것인가? 아니다. 진실이다.

그리하여 어리석은 자는 자기와 타인, 인생, 신, 만물, 진리, 종교, 철학, 세계관과 가치관과 인생관과 물질 관념 등, 모든 것에 대하여 착각하고 망상한다. 그는 모든 것을 물질적 척도로 판단하며, 자신을 욕망의 존재로만 인식한다. '나는 욕망한다. 그러므로 나는 존재한다.'라는 것이 그의 확고한 사유체계이다. 그는 자신을 돈 벌고 성공하기 위해 세상에 온 존재로 인식한다. 그는 사람이나 인생을 돈의 가치로만 판단하며, 만물을 돈벌이 수단과 재료의 관점에서만 파악한다. 이것이 17세기 근대 '데카르트' 이후 지금도 계속되는 인류의 확고한 신념 체계이다.

그렇기에 어리석은 자는 돈 벌고 권력 잡고 명예와 향락을 누리는 소유와 감각적 쾌락의 관점에서만 인생의 의미를 찾는다. 그는 진실로 진리에 관심이 없다. 그는 신을 오래된 신화로만 여긴다. 그는 종교를 가진다 해도, 세속적 목적으로만 사용한다. 그래서 종교 안에 있어도 좀체 인간이 변하질 않는다. 그에게는 인생을 깊이 들여다보는 철학도 사상도 없다. 그의 확고한 가치관은 물질의 소유와 축적과 향유뿐이다.

따라서 그는 언제나 그 모든 것을 일시에 잃지나 않을까 하는 두려움 속에서 전전긍긍하며 살아간다. 그래서 할 수 있는 힘을 다해서 죽음을 생각하지 않고, 자기 보전과 안전과 향락에만 몰두한다. 그에게 죽음이란 다른 사람의 일일 뿐이다. 그러나 사실 그의 마음 깊은 곳에는 죽음에 대한 엄청난 두려움과 공포심이 존재한다. 그렇기에 한사코 그 반대편으로 치달아가는 것이다. 자아·에고에 사로잡힌 마음은 언제나 반대의 극을 찾아 안주하면서 자기를 위로하기 때문이다. 죽음에 대한 두려움이 없다면, 그렇게 물질 지향적으로 살아갈 필요가 전혀 없다. 죽음에 대한 두려움과 물질 지향성은 비례하고(반대도 마찬가지), 둘은 존재 지향성에 반비례한다. 존재 지향성은 진실성, 단순성, 자유, 기쁨, 감사, 만족, 축복, 사랑, 자비심, 겸손을 추구하는 것이다.

그런데 어느 정도 신을 사랑하고 진리를 깨달은 사람이 아니라면, 누구도 죽음에 대한 본능적 인식과 두려움을 떨쳐버릴 수는 없다. 어리석은 자는 본능적으로 육체의 죽음을 자기의 완전한 소멸, 심판과 파멸이라고 생각한다. 그래서 그는 그 죽음에 대한 공포를 잊어버리기 위하여, 이런저런 일에 바쁘고 갖가지 쾌락에 몸을 던진다. 그래서 그는 "흥청망청 소를 잡고 양을 잡고, 고기를 먹고 포도주를 마시며, 내일 죽을 것이니, 오늘은 먹고 마시자."라고 하면서 살아간다(사 22:13).

4-2) 지혜로운 자는 자신이 육체적 존재라는 사실, 그리고 곧 죽는다는 사실을 분명히 인식하며 살아간다. 그는 육체의 덧없음, 곧 먼지는 먼지로, 티끌은 티끌로, 재는 재로 돌아간다는 사실을 직시한다. 그렇기에 그는 자신의 존재를 신의 은총이라고 생각하거나, 혹은 삶이 자기에게 가져다준 선물로 이해한다. 그는 자신을 신이 머무는 성전으로 인식하며, 자신의 삶을 신의 소명으로 이해한다. 그는 자기 안의 신과 자신의 불멸성을 인식한다.

그래서 지혜로운 자는 하루하루를 충만하고 가치 있게 살아가기 위해 죽음을 직시하면서 깊이 명상한다. 그는 죽음을 말 없는 지혜의 스승으로 안다. 그는 언제라도 자기에게 죽음의 사자가 방문할 수 있다는 진실을 알고 있다. 그는 자신의 육신이 죽어 연기로 스러지든지, 땅에 묻혀 벌레들의 음식이 될 것이라는 사실을 안다. 죽음에 대한 깊은 인식은 그에게 오늘 지금 이 순간의 삶을 더욱 확실하고 진실하고 생생하게 의식하고 살아가게 해준다.

그리고 그는 자신 안에 태어나지도 않고 죽어도 죽지 않는 무엇이 있다는 진실을 알고 의식적으로 주목한다. 영혼! 영혼은 태어나는 게 아니다. 본디 영혼인 우리가 거대한 영혼(!) 안에서 세상에 들어온 것이다. 영혼은 우주의 영·영혼이신 신의 한 부분이다. 마치 바다에서 튀어 오른 물방울이 바닷물의 한 부분인 것과 같다.

영원의 시각에서 볼 때, 우주와 세계에는 신밖에 없으시다! 모든 물질적인 형상은 없던 데서 나타나 다시금 없던 데로 돌아간다. 현대 물리학이 발견한 것같이, 물질이나 만물이란 그 속에 아무것도 없는 텅 빈 원자로 구성된 비-형상(영·의식)이 형상으로 나타난 것이기에, 길게 보면 비-형상이고 가상의 현실이다. 물질이란 다만 시간의 문제일 뿐이다. 하나님만이 실재(實在)하신다. 지혜로운 이는 이것을 안다. 그렇기에 그는 인생을 죽음을 뛰어넘을 기회로 보고, 걱정이나 염려, 두려움이나 공포, 불안이나 시기심, 경쟁이나 적대감, 분노와 거짓말, 소유를 향한 욕망과 싸움으로 시간을 낭비하지 않는다.

죽음을 깊이 의식하는 것은 무엇보다 자기에게 정직하고 진실하게 한다. 그는 이렇게 묻는다. '인생이 죽음으로 다 끝나는 것이란 말인가? 나는 모든 것을 내려놓고 떠나는 죽음으로 끝나고 말 것을 위해 그렇게도 애를 쓰며 사는 것인가? 그렇다면 이것은 너무나도 어리석고 불합리하고 허망한 것이 아닌가? 그러니 나는 죽음조차도 앗아갈 수 없는 그것을 찾아야 한다. 나는 죽음을 두려운 공포의 대왕이 아니라, 오래 기다려온 손님으로 맞이하게 해줄 진리를 찾아야만 한다.'

그때부터 그는 일상에서 진리를 추구하는 데로 눈길을 돌린다. 왜냐면 그는 죽음이 삶의 모든 것을 앗아가는 분명한 실체이고 아무도 피해갈 수 없는 것이라면, 이 세상에서 소유하고 축적하고 누리는 모든 것이 다 착각일 뿐이며 허망한 노릇이 아닐 수 없다는 것을 통찰하고 있기 때문이다. 그때부터 그는 인생을 진리를 깨닫고 드러내기 위한 기회로 여긴다.

　　인도의 시성(詩聖) '라빈드라나트 타고르'는 이렇게 노래한다(기탄잘리-90).

　　죽음이 그대의 문을 두드리는 날이면,

　　그대는 그에게 무엇을 내놓겠나이까?

　　오, 이 몸은 이 생명이 찬 잔을 손님께 올리겠나이다.

　　손님이 빈손으로는 결단코 돌아가지 않도록 하겠나이다.

　　저의 온 가을날과 여름밤의 향기로운 포도의 수확을 남김없이,

　　또 바쁜 내 일생토록 번 것과 주운 것을 남김없이,

　　죽음이 내 문을 두드려 내 인생이 끝나는 무렵이면,

　　그 앞에 서슴지 않고 내놓겠나이다.

　　우리는 그 때를 몰라도, 죽음이 내 생명의 문을 두드리는 날이 올 것이다. 아무리 발악을 한다 해도 모든 짓이 무용지물이다. 떠나야 한다. 그런데 내가 아무것도 내놓을 것이 없어, 죽음의 사자가 받을 것이 없는 빈손이 되게 한다면? 이것은 종교를 떠나서도 실로 두려운 일이다. 죽음을 오래 기다려온 손님으로 인식하는 사람은 그간 잘살아온 것이 틀림없다. 평생 죽음으로부터 도망치려는 도저히 불가능한 일만 해온 사람이라면, 분명히 공포 속에서 사로잡혀 끌려갈 것이다. 사고만 아니라면, 죽음의 모습은 그간 살아온 인생의 내력을 여실히 증명한다.

　　지혜로운 자는 인생을 '죽음의 연습'으로 이해한다. 랍비 '번함'이 임종을 맞이했다. 그의 아내가 곁에서 울었다. 그러자 랍비가 아내에게 말했

다. "여보, 왜 우시오? 우리가 사는 것은 죽음의 연습일 뿐이라오."(마르틴 부버-성자가 되기를 거부한 수도승).

그렇다. 삶이란 죽음의 연습이다. 죽음은 늙어서야 다가오는 현상이 아니라, 우리가 태어날 때부터 늘 곁에 있다. 그렇기에 언제든 세상을 떠나게 된다는 것을 항상 의식하고 살아가는 이는 지혜롭고 아름다운 삶을 산다. 이것이 고래로부터 모든 깨달은 이들과 현자들과 철인들의 가르침으로, 아무도 부정할 수 없는 인생의 진실이다.

5. 진리란 '늘 그러한 것'이다(如如·如常. such-ness). 진리는 우주와 세계와 인간이 존재하기도 전부터 있다. 진리는 인간의 발명품이 아니다. 진리란 우주와 만물, 역사와 인생을 다스리는 궁극적 원리·이치인 무엇이다. 신과 진리는 눈에 보이지 않는다. 눈에 보이지 않는다고 신도 진리도 없다고 하는 것은 그저 "타조의 논리"일 뿐이다.

타조는 다급하면 모래 속에 머리를 처박고, 아무것도 보이지 않으니 적은 없다고 안심한다. 얼마나 어리석은가? 그런데 똑똑한 체한다. 이것이 무신론자의 논리이다. 그런데 진리는 어떤 형태나 형식이나 말로 고정될 수 있는 무엇이 아니다. 진리는 기성 제품이 아니다. 진리는 종교, 경전, 교리, 신조, 신학, 철학 이상의 무엇이며, 그것들의 총합보다 더 크다. 그것들은 단지 그렇게도 볼 수 있는 진리의 한 측면으로, 더 큰 진리를 가리키는 표지판이다.

5-1) 하나님은 진리이시다. "진리의 하나님"(시 31:5), "진리이신 하나님!"(사 65:16) 진리는 하나님의 다른 이름이다(말씀·로고스·참. 중국어 성서-道). 요 1:1, 8:32). "아버지는 만유(萬有)보다 더 크시다."(요 10:29)

"그분은 만물보다 먼저 계시고, 만물은 그분 안에서 존속한다."(골 1:17) 하나님은 진리의 인격적인 표현이고, 진리는 하나님의 비인격적인 표현이다 (하나님은 인격이 아닌 신격이지만〈호 11:9〉, 행동은 인격적이다). 그렇기에 사람이 '진리'를 찾는다는 것은 우주와 만물과 인생의 궁극적 실재(實在·Reality), 곧 모든 것이 그에게서 나오고 그에게 돌아가는 '근원'을 추구한다는 뜻이다.

　　진리의 하나님은 항상 변화무쌍하게 우리에게 다가오신다. 진리의 하나님은 날마다 새로우시다. 하나님은 저 하늘 위에 고정된 어떤 실체가 아니시다. 하나님은 영이요 진리이시다(요 4:24). 그래서 하나님·진리는 발명할 수 있는 게 아니라, 오로지 내적 체험을 통하여 발견하고 깨달아야 할 뿐이다. 진리는 사람이 깨어 있는 만큼 보인다. 깨어 있다는 것은 내면의 눈을 뜨고 본다는 것이다. 따라서 하나님을 진리라고 할 때는 신뢰와 함께 깨달음이 필요하다. 경전이나 신조나 교리나 신학적 가르침을 진리로 믿는다고 해서, 저절로 깨닫거나 사람이 변화되는 것이 아니다. 2천 년이나 기독교를 해온 유럽이 두 번의 전쟁으로 쑥대밭이 된 역사를 생각해보시라.

　　사람, 참 안 변한다! 예수께서 이웃집에 사신다고 해도, 그의 제자가 되어 따른다 해도, 그것이 저절로 나를 깨닫게 하진 못한다. 복음서에서 진리의 예수를 따르던 제자들을 생각해보시라. 아무도 내적으로 변화된 제자는 없었다. 그만큼 마음이 딱딱한 사람들이었다. 그것은 예수의 무능력이 아니라, 그분이 사람을 강제로 변화시키시지 않기 때문이다.

　　예수께서는 사람이 진리를 깨달을 수 있는 길을 말씀하신다. 성령체험·성령의 감화이다. "성령은 진리의 영이시다."(요 14:17) 사람이 성령체험을 하면, 일순간에 진리를 깨달아 변화된다(행 2장). 그러나 이것은 근본 변형의 첫걸음·시작일 뿐이다. 그는 진리의 불꽃을 보았다. 그러나 완전하지는 않다. 따라서 계속 이어지는 성령의 감화와 지속적인 내적 각성이 필요하다. 왜냐면 마음에는 여전히 진리를 싫어하며 온갖 욕망의 총체인 자아(Ego)를 "신처럼"(창 3:5) 떠받들고 추구하는 "쓴 뿌리"(히 12:14~17) 같은 악한 본성이 자리잡고 있기 때문이다(고전 11:9~12; 갈 2:11~14; 히 3:14~19, 6:3~6). 그래서 언제나 "가지가 줄기에 붙어 있듯이·머물러 있듯이, 그리스도 안에 머무르는 일"이 필요하다(요 15:1~10).

진실로 자아야말로 하나님·진리의 유일한 적이다. 사탄·악마란 에고의 종교적 상징 언어일 뿐이다. 인간 안에서 신의 자리에 서고자 하는 에고는 자아주의·자기주의·위아(爲我)주의·이기주의만 안다(egotism). 따라서 자아를 추구하는 한, 하나님·진리를 알 수도 없고 사랑할 수 없고 따를 수도 없다.

성령이 사람에게 와서 하는 일은 하나뿐이니, 곧 자아를 불태워 죽이는 것이다. 그래서 성서는 성령을 "불"로 상징한다(사 6:6~7; 행 2:3). 자아가 불태워진 자리에서 새롭고 참된 성품이 자라난다. 다른 말로 하면, 그간 자아에 가려지고 묻혀 있던 참된 성품이 드러난다. 자아가 스러지면, 본디 내 안에 있던 참된 성품인 "하나님의 형상"(창 1:27)이 환하게 비치기 때문이다. 그때에야 이기심에서 해방된다.

이것이 자아의 죽음으로, "자기를 부인하고 십자가를 지고 나(그리스도)를 따르는 것, 나와 복음(진리)을 위하여 자기 목숨을 잃는(부정하는) 것"이고(막 8:34), "세상에 대하여 죽는 것이다."(갈 6:14) 그리하여 지속하여 성령 안에서 진리를 더욱 심오하게 깨달아 온전한 내적 변형을 이루어 바람처럼 자유로운 인간이 된다(요 3:8).

이렇게 진리는 각 사람이 성령체험, 곧 위로부터 오는 신성한 불꽃을 통하여 내적 자각과 실존적 변형을 일으킬 때 인격적으로 깨달아 아는 것이다. 진리를 깨달으면 하나님을 인격적인 분으로 알게 되며, 내면은 전적으로 인격적인 존재의 본질로 가득 찬다. 그때 우리는 진정한 해방과 자유 속에서(요 8:32) 생명과 평화를 맛보며(요 14:27), 자연스럽게 사랑과 의와 자비의 존재 방식을 따라서 살아가게 된다.

진리의 성령을 체험하는 것은 하나님을 향한 불타는 사랑의 갈망으로 수행하는 기도와 침묵과 공부, 이타적 행동과 봉사에서 가능하다. 진리는 아무 강요 없이 우리 앞에 두 가지 길을 놓는다. 빛의 길과 어둠의 길. 창세기는 이것을 "생명 나무와 선악을 알게 하는 나무"로 상징하고(창 2:9), 신명기는 "하나님의 명령에 복종하는 길과 탐욕을 앞세운 우상숭배의 길"(6장), "생명과 번영, 죽음과 파멸, 생명과 사망, 복과 저주의 길"로 말한다(신 30:15~20).

이것은 인간 안에 있는 두 가지 힘이다. 'S. 프로이트'는 이것을 "생명의 에너지인 에로스·Eros와 죽음의 에너지인 타나토스·Thanatos"라고 말한다(쾌감원칙의 피안). 그리스 신화에서 에로스는 빛과 사랑과 생명과 문화와 상생(相生)의 힘을, 타나토스는 어둠과 이기심과 폭력성과 파괴와 죽음의 힘을 인격화한 신으로서, 인간 안에 있는 두 가지 대조적인 힘의 상징이다. 이 두 가지 힘을 어떻게 사용하는가 하는 선택은 각자의 몫이다.

어둠의 힘을 택하여 걸어가는 자는 어리석다. "행위가 악한 사람들은 빛보다 어둠을 더 좋아한다. 그리고 빛을 미워한다. 왜냐면 자기의 악한 행위가 드러날까 보아 두려워하기 때문이다."(요 3:19~20) 행위가 악하다는 것은 자아의 탐욕을 추구하는 것을 의미한다. 탐욕은 어둠이다. 어둠의 길은 끝내 욕심과 적개심과 분노, 불의와 부패, 고통과 불행, 죄와 죽음의 길이다(롬 6:23). 어둠의 길을 걸어가는 어리석은 사람은 자기가 생명과 삶을 사랑한다고 하지만, 실상은 "죽음을 사랑하는 것"이기에(necrophilia, 죽음·necro+사랑·philia, 에릭 프롬―사랑의 기술), 지독한 모순에 빠져 서서히 자살하는 것이다.

그러나 지혜로운 사람은 진리의 하나님을 따라서 빛의 길을 추구한다. "너는 내 앞에서 다른 신들을 네게 두지 말라"(출 20:3), "너는 마음을 다하고 뜻을 다하고 힘을 다하여 하나님을 사랑하라"(신 6:5), "누구든지 내게로 오는 사람은 자기 아버지나 어머니나, 아내나 자식이나, 형제나 자매뿐만 아니라, 심지어 자기 목숨까지도 미워하지 않으면, 내 제자가 될 수 없다."(눅 14:26~27)라는 말이 이것이다. 어느 정도까지? "네가 사랑하는 외아들 이삭을 번제물로 바쳐라."(창 22:2)

이 네 구절은 같은 뜻이다. 하나님의 말씀 형식으로 하면 이러하다. '너는 나보다 더 중요하게 여기는 것을 네게 두지 말라! 너는 오로지 나만 사랑하라! 그리고 나머지는 아무것도 걱정하지 말라. 나머지는 내가 책임지고 돌봐주마.'(마 6:25~34) 이것이 하나님·진리를 추구하는 자에게 주어진 유일한 명령이다. 이것이 신앙인의 길이다. 신앙의 세계는 결코 기복주의나 문화적 행사가 아니다. 그것은 하나님·진리에 목숨과 인생 전체를 거는 "내기 도박"이요(파스칼-팡세), 투신(投身)이요 모험이다. 하나님·예수 그리스도의 철저한 독재성(!)을 모르는 이는 전혀 신앙을 알지 못한다.

5-2) 그러면 하나님·그리스도는 도대체 무슨 뜻·이유·까닭으로 이렇게도 과격한 말씀을 하시는 것일까? 그것은 하나님이 인간을 무척이나 사랑하시기 때문이다. 이것은 인간이 헤아릴 수 없는 하나님의 무한한 사랑의 심정에서 나오는 말씀이다. 하나님의 독재성은 온통 당신이 사랑하시는 우리를 향한 사랑과 은혜의 독재성이다.

그만큼 하나님은 인간이 행복하고 평화롭게 살기를 바라신다. 독재성 없는 사랑은 사랑도 아니다. 독재성이기에 사랑이다. 이것이 인간을 향하신 하나님 사랑의 역설이다. 하나님은 당신을 믿는다는 사람이 당신 앞에 그 무엇도 끼워놓거나 세워두지 않기를 바라신다. 그렇게 하면 인간은 반드시 불행하고 비참해지기 때문이다.

그래서 하나님이 당신을 신뢰하고 따르는 사람의 참된 유익과 행복과 평화를 위하여, '너는 너(自我)와 세상에 죽고 나를 위해서 살아야만, 비로소 행복하고 평화롭게 산다.' 하고 말씀하시는 것이다. 이것이 하나님의 참된 사랑의 역설이다. 죽어야만 산다는 하나님의 이런 사랑의 역설을 깨닫지 못하는 사람은 비록 100년 동안 "성전 마당을 밟고 다닌다."라고 하더라도(사 1:12), 더군다나 신부와 목사로 산다 하더라도, 결코 하나님을 알거나 사랑하거나 구원을 얻을 수 없다(마 7:15~23).

"우리가 온 생애를 바쳐 사랑하는 '그이'는 누구인가?"(까비르-여기 등불 하나가 심지도 없이 타고 있다) '그이'는 신·진리, 사람, 이념, 권력·재산·명예, 쾌락일 수도 있다. 시인이 '온 생애를 바쳐 사랑하는 그이'는 하나님·진리이다. '그이'는 사람이 진실하게 사랑할수록, 내면을 아름답고 하고, 품성을 숭고하게 하고, 태도를 겸허하고 자비롭게 하는 분이시다.

6. 이제 본문을 생각해보자. "이스라엘은 들으십시오. 주님은 우리의 하나님이시요, 오직 한 분뿐이십니다. 당신들은 마음을 다하고 뜻을 다하고 힘을 다하여, 주 하나님을 사랑하십시오."

6-1) 마음과 뜻과 힘을 다하여 하나님을 사랑하는 것, 곧 오직 유일한 사랑으로 하나님을 사랑하는 것, 이것이 인간의 길, 인생의 의무·사명, 그리고 인생 그 자체이다. 인간은 하나님·진리를 위해 존재한다! 하나님과 진리 없는 인생은 빈껍데기일 뿐이다. 죽음이 다가오기 전에, 젊은 시절에 이것을 깨닫는 사람은 복이 있다. 죽음이 다가오고서야 알면, 그때는 지나치게 늦으

리라. 여태까지 하나님과 진리 없이 살아왔기에, 아무것도 할 수 없게 되고 만다. 따라서 인간은 지나치게 늦지 않도록, 지금 이 순간 하나님과 진리를 깨닫고 사랑하는 일에 나서야 한다. "지금이 아니라면, 언제?"(에릭 프롬-너희도 신처럼 되리라)

항상 지금이다. 이것이 '마음, 뜻, 힘을 다하여'가 가리키는 뜻이다. 항상 지금, 우리 전체를 하나님과 진리에 바쳐야 한다. 마음을 다한 온전한 헌신, 온전한 항복·복종, 곧 온전한 사랑만이 인간을 진정한 행복, 곧 자유와 지복(至福)으로 인도한다.

자유와 행복이 구원이고, 구원은 자유와 행복이다. 자유와 행복 아닌 구원 없고, 구원이 아닌 자유와 행복 없다. 왜냐면 그대는 자유와 행복 속에서 가장 인간다운 인간으로 존재하기 때문이다. 구원이 인간다운 인간이 되는 것이 아니라면, 그것을 어디다 쓰겠는가? 이것은 말로 아는 것이 아니라, 체험으로만 아는 진실이다. 누군들 자유롭고 행복하기를 마다하랴 마는, 정녕 자유롭고 행복하려고 한다면, 자유와 행복에 이르는 길을 걸어야 한다. 생각과 행동, 희망과 실천의 분리는 비극적인 결과만 가져올 뿐이다. 하나님·진리만이 인간을 자유롭고 행복하게 한다. 이것을 아는 것이 지혜이다.

인생과 종교에도 진화의 법칙과 경제의 법칙이 적용된다. 곧, 적응과 번영의 법칙, 투자와 수익의 법칙이다. 환경에 잘 적응하는 생물은 번성과 행복과 종의 보전이 가능하고, 자신의 가능성과 잠재력과 능력을 십분 닦으며 이상(理想)에 대응하고 투자하는 사람은 그에 마땅한 결실을 얻는다(물론 외부적 요인에 의한 예외도 있다). 예수께서는 이렇게 말씀하신다. "가진 사람에게는 더 주어서 넘치게 하고, 갖지 못한 사람에게서는 있는 것마저 빼앗을 것이다."(마 25:1~29) "가진 사람은 더 받게 될 것이요, 가지지 못한 사람은 그가 가진 것까지 빼앗길 것이다."(눅 19:11~26) 진리와 사랑에 투자

하는 사람에게는 충분한 보상이 있고, 진리와 사랑을 배제한 삶은 날로 영혼이 궁핍해진다.

6-2) 우리가 하나님을 사랑하고 진리를 깨닫기 위해서는 무엇보다 마음을 깊이 이해해야 한다. 왜냐면 마음의 한 부분일 뿐인 자아(Ego, 온갖 욕망과 망상의 총체인 自我)가 하나님과 진리를 싫어하고 훼방하는 최대의 적으로 자리 잡고 있기 때문이다. 자아는 마음 전체가 아니다. 구약성서에는 마음에 관한 두 가지 말이 나오지만, 뚜렷히 구분해 쓰지 않기에 문맥에 따라 이해해야 한다. 마음은 '사람 자체, 영혼, 내면의 핵심, 생각, 자아(自我·Ego)'이다.

먼저 마음(히-렙·Leb)은 독립적 실체가 아니라 내면의 에너지 세계로서, 주체인 내가 활용하는 방식에 따라 다르게 나타난다. 마음은 선악의 피안(彼岸)에 있는 중성적인 것으로, 선하게도 악하게도 쓸 수 있다. 그래서 구약성서는 마음보다 사람에 초점을 맞추고 말한다. 사람이 마음의 주인이요 핵심이기 때문이다. "사람이 마음에 생각하는 모든 계획"(창 6:5), "사람은 겉모습만을 따라 판단하지만, 나(하나님)는 사람의 중심을 본다."(삼상 16:7)

그리고 마음은 사람 자체나 영혼(히-루아흐·Ruach)과 동일시되기도 한다. 마음은 의식, 감정, 사고, 판단, 계획, 의도, 의지, 태도, 행위, 능력, 욕망의 근원이다. "내 영혼(마음)아, 네가 어찌하여 그렇게 낙심하며 괴로워하느냐?"(시 42:5) "그 무엇보다도 너는 네 마음(영혼)을 지켜라. 그 마음이 바로 생명의 근원이기 때문이다."(잠 4:23) "무릇 그 마음의 생각이 어떠하면, 그의 사람됨도 그러하다."(잠 23:7)

사람은 마음을 불순하게 쓸 수 있다. "사람들이 서로서로 거짓말을 해대며 아첨하는 입술로 두 마음을 품고서 말합니다."(시 12:2) "너희 모두는 다른 길로 빗나가서 하나같이 썩었으니, 착한 일을 하는 사람이 하나도 없구나!"(시 14:3) "만물보다 더 거짓되고 아주 썩은 것은 사람의 마음이니, 누가 그 속을 알 수 있겠습니까?"(렘 17:9)

사람은 마음을 순수하게 쓸 수 있다. "너희는 마음을 다하여 하나님을 사랑하라."(신 6:5) "주님께서 날마다 좋은 생각을 주시며, 밤마다 나의 마음에 교훈을 주십니다."(시 16:7) "좋은 나무가 나쁜 열매를 맺지 않고, 또 나쁜 나무가 좋은 열매를 맺지 않는다. 나무는 각각 그 열매를 보면 안다. … 선한 사람은 그 마음속에 갈무리해 놓은 선 더미에서 선한 것을 낸다."(눅 6:43~45) 사람이 하나님이나 진리를 추구할 수 있는 까닭은 마음을 순수하게 사용할 수 있는 능력 때문이다.

마음을 적극적으로 본 철인이 '맹자'이다. 그는 마음이 4가지 힘을 가진 것으로 본다. "남을 불쌍히 여길 줄 아는 측은지심(惻隱之心), 부끄러워할 줄 아는 수오지심(羞惡之心), 예의를 아는 사양지심(辭讓之心), 옳고 그름을 가릴 줄 아는 시비지심(是非之心)."(맹자-공손추) 이런 마음을 온전히 닦아 드러내며 사는 이가 군자(君子), 곧 지혜로운 사람이다. 그렇다면 우리가 해야 할 일은 이러한 마음을 기르는 것이다. 이것이 지혜로운 삶으로 인도한다.

6-3) 그러면 어떻게 마음을 기를 수 있을까? 두 가지 방향을 생각할 수 있겠다. 외면의 도덕·윤리를 배양하는 것과 내면의 순결을 닦는 것이다. 도덕은 겉·밖에서 안으로 들어가는 길이고, 내면의 순결은 안에서 겉·밖으로 나가는 길이다.

도덕적 훈련은 사회·나라에서 공적으로 인준한 행위의 기준을 단련하는 것이다. 사회는 이런저런 선악에 관한 교훈으로 국민을 선도하고 훈육한다. 법률만으로는 사회 질서를 유지하기 어렵기 때문이다. 그래서 예로부터 어느 나라든지 어떤 종교나 철학을 통치 이념으로 도입하여, '착하게 살라,

인권을 존중하라, 관용하라, 탐욕과 분노를 버려라, 폭력을 쓰지 말라, 악행을 저지르지 말라.'라는 도덕적 계율을 부과한다.

그런데 이것은 대개 표면적일 뿐, 내면의 순결에 이르기 어렵다. 자칫 겉만 번지르르하게 닦는 위장술과 위선에 머물 수 있어, 이익과 위기 앞에서는 이내 사라지기 쉽고, 뿌리·내면이 썩은 상태에서도 얼마든지 표리부동하게 취할 수 있다. 이른바 '양반, 귀족'이라고 해서, 속이 성한 참 양반·귀족이 아니다. 대개는 겉만 양반·귀족이다.

이런 사람은 표층적인 도덕주의자일 뿐이다. 심층의 변화는 없다. 신분과 학문과 재산과 권위주의로 잔뜩 무장하고 행세하지만, 실상은 부패하고 위선적인 내면을 가리고 있는 경우가 많다. 내면에는 사납고 이기적이고 권위주의적인 자아가 표범처럼 떡 버티고 주인 노릇을 하고 있기에, 언제든 자기 이익이 침해당할 시에는 폭력의 발톱을 드러낸다. 도덕주의는 대부분 위선에 이르고 만다. 사회 정의나 인권이나 평등이나 자유의 확대에 대해서는 아무 관심도 없다. 복음서에 나오는 유대교 바리새인들이나, 조선 시대 양반들이 그러하다.

내면의 순결은 이기심의 뿌리인 자아를 자르는 것이다. 곧, 마음의 근본(根本)을 다스리는 것이다. 사람의 뿌리는 마음이기 때문이다. 마음을 깨끗하게 하는 훈련은 심층의 변화, 곧 인격의 변화를 가져온다. 그래서 성서는 내면의 순결을 위한 훈련으로, 기도와 묵상을 권고한다(시 1:2, 19:14, 119:15.23.48.66, contemplation). 이것이 내면의 순결을 위한 훈련이다.

동양 철학에서도 내면의 순결을 위한 훈련을 말한다. "심재(心齋)-마음 씻기·단련하기, 좌망(坐忘)-앉아서 자아와 외부 잊기."(장자-장자, 인간세, 대종사), "진기심·盡其心-그 마음을 다하기."(맹자-맹자, 진심) "심즉리(心卽理)-마음이 곧 진리이다."(장횡거-서명·西銘), "신독·愼獨-홀로 있을

때도 삼가하기.”(자사-중용)

신약성서는 성령을 통하여 다시 태어난(重生, rebirth) 새로운 존재를 말한다(요 3:1~8; 롬 6장, 8:1~17; 갈 5:16~26). 성령은 자아를 불태워 하나님·그리스도의 마음을 내 마음으로 지니게 하는 진리의 영이시다(요 14:15~21; 행 2장). “마음의 영을 새롭게 하여, 하나님의 형상을 따라 참 의로움과 참 거룩함으로 지으심을 받은 새사람을 입으십시오.”(엡 4:23~24) “그리스도 안에 머물러 있는 사람마다 죄를 짓지 않습니다.”(요일 3:6)

그리고 마음의 순결을 위한 훈련과 함께, 경전을 읽고 진리를 깨달아 내면화·인격화·생활화하는 작업도 수행해야 한다. 경전 없는 마음의 훈련은 자칫 왜곡과 망상으로 오도(誤導)될 수 있다. 경전의 가르침을 깨닫는 것은 마음과 생각을 올바른 방향으로 인도하여 더욱 심원하고 숭고하게 하는 방편이다.

이렇게 마음을 기르고 진리를 자각하기 위한 훈련은 죽을 때까지 지속해야 하는 과정·길이다. 한 번의 깨달음도 있지만, 인간이란 누구도 완전하지 못하기에 평생 ‘수행(修行)·수도(修道)의 길’을 가는 겸허한 자세를 지녀야 한다(수행·수도를 불교 방식으로만 아는 이는 큰 탈 난다. 아브라함과 요셉 이야기를 보라). 진리의 자각과 내면의 순결은 인격의 심층적 변화를 가져온다. 여기에서 도덕·윤리는 자연스럽게 흘러나온다. 이 두 가지 훈련은 오로지 하나님·진리를 사랑하는 지혜로운 사람으로 살기 위한 것이다. 지혜로우면 자유롭고 행복하다.

7. 영혼은 하나님과 진리를 갈망하는 본성의 핵심이다. 곧, 영혼은 “영원한 사랑의 임을 찾아 헤매는 여인과 같아서”(칼릴 지브란-사람의 아들 예수), 그 임을 만나지 못하는 한, 언제나 대체품·대용품 속에서 지상을 떠돌며

안쓰럽게 헤매어 돈다. 그러나 대용품은 언제 어디서나 사이비일 뿐이다(似而非·비슷하나 아닌). 가짜를 진짜로 알고 살면 속는 것이다. 무엇이든 속아서 살면 인생을 헛사는 것이다.

세상은 가짜투성이다. 가짜는 사막의 신기루(蜃氣樓)와 같다. 그것을 오아시스로 착각하고 모래를 퍼마시다가는 이내 죽고 만다. 가짜에 충성하는 것은 무지하고 어리석다. 진짜는 하나님·진리뿐이다. 진짜를 외면하고, 세상의 가짜를 진짜로 알고 사는 사람은 평생 자기기만 속에서 가엾고 측은하게 살아간다. 아무도 예외가 없다. 성서는 이런 사람에 대하여 말한다. "하나님을 거역하는 자는 메마른 땅에서 산다."(시 68:6b)

우리의 마음은 대개 짙고 두꺼운 먹구름에 가려져 있어 어둡다. 하나님·진리를 갈망하는 본성을 훼방하는 이 먹구름의 세력이 바로 마음의 한 부분인 에고이다. 실로 동물적 본능의 한 측면인 에고는 우리 내면에 있는 어둠과 불순함의 총체, 독재자·폭군·음흉한 악마이다. 그러나 다시 말하지만, 에고는 마음 전체가 아니라 한 부분일 뿐이다. 이것을 분명히 이해하는 것은 인생에서 대단히 중요하다. 실로 인생과 세상과 역사는 개인적이고도 사회적인 에고와의 투쟁이라는 진실을 증언한다.

마음에는 엄연히 밝고 힘차고 선하고 아름다운 측면들이 있다(하나님의 형상인 진선미의 능력). 그러나 마음의 한 부분일 뿐인 에고는 본래 염치도 없고, 원숭이처럼 잠시도 가만있지 않고 야단스럽게 설쳐대는 데다가, 집요하게 자기를 주장하고 집착하고 확대하는 고약한 특성을 지니고 있기에, 자신이 마음 전체라고 우리를 현혹(眩惑)하고 기만(欺瞞)한다. 깨어 있지 않은 사람은 누구나 이 유혹에 속아 넘어가고 만다. 그것은 우리가 무의식적으로 에고에 에너지를 주입하고 힘을 주며 강화하기 때문이다(막 7:14~23 참고, 꼭 읽을 것).

그러면 도대체 에고는 무엇 때문에 하나님·진리를 추구하려는 영혼의 갈망을 싫어하고 거부하는 것일까? 그것은 하나님·진리는 빛이고, 에고는 어둠과 불순함의 독재자·폭군이기 때문이다. 따라서 에고는 언제 어디서나 우리가 빛으로 나아가려는 것을 제지하며 유혹하여, 자기 말을 듣게 하려고 안팎의 모든 수단을 동원한다. 그 목록은 헤아릴 수 없이 많다. 에고의 유일한 목표는 우리 안에서 "신처럼 되어"(창 3:5) 우리를 독점하여 군림하고 지배하며 죽을 때까지 생존하는 것이다. 그래서 에고는 언제 어디서나 자기가 우리의 절대적 주인이라고 속삭이며 끊임없이 자기의 명령을 따르고 복종하라고 요구한다.

에고가 아는 것은 자기만족뿐이다. 그래서 에고는 끊임없이 우리가 자신과 남들을 비교하며 더 많이 소유하고, 더 높이 솟구치고, 더 강하게 되고, 더 감각적 쾌락을 누리고, 더 영광스럽게 되라고 요구한다. 그러나 그럴수록 에고는 만족을 모른다. 왜냐면 에고는 만족의 한계를 모르는 바닥 없는 지옥이기 때문이다. 에고는 우리를 완전히 노예로 차지하고 부리며, 끝내 죽음에 이르러 잡아먹는 것이 목표이다.

그렇기에 에고의 최대 적은 하나님·진리이며, 하나님을 향한 진실한 신앙과 진리를 향한 순수한 열정이다. 에고는 우리 안에서 영원한 제왕으로 살아남기 위하여, 자신을 제어하고 사로잡아 한구석에 가두어 놓거나, 더 나아가 아예 죽음에 이르게 하는 하나님과 진리의 빛을 향한 영혼의 순수한 갈망에 맞서서, 갖은 변명과 합리화와 핑계를 대고 억지를 쓰며 무지막지할 정도로 결사적으로 저항하며 그 갈망을 뒤덮어버리려고 한다. 이것은 우리 안에서 이기심이나 불만이나 분노의 광풍이 몰아칠 때 주의 깊게 관찰해보면 아는 것이다.

사람의 인생이란 대개 이 무지막지한 에고의 조종대로 움직이는 볼썽

사납고 불행하고 처참한 것이다. 그런 점에서 인간은 대부분 에고의 노예로서 살아간다. 게다가 남들보다 지식과 재주와 재산과 능력 등이 더 많을 때, 에고는 더욱 강화된다(개인과 인종과 국가와 민족). 우리 마음과 세상은 에고가 벌이는 거대한 난장판이요 전쟁터이다. 성서는 처음부터 끝까지 이 전쟁에 대하여 보도하고 증언한다.

8. 우리는 내 안에서 언제나 주인으로 행세하려는 에고의 교묘한 속임수의 작용을 '나'라고 잘못 판단하고 충실한 종으로 살아간다. 합리적으로 생각해보자. '내 몸'이라는 말은 분명히 둘로서, '나'와 '몸'이다. 그래서 '나는 몸'이 아니다. 나와 몸은 분명 다르다. 나는 주체·위이고 몸은 도구·아래이고, 나는 주인이고 몸은 종이다. 그렇지 않다면, 이렇게 표현할 수 없다. 그런데 사람들은 대개 나를 몸과 동일시한다.

마음도 그러하다. 우리는 '내 마음'이라 한다. '나'와 '마음'이다. 그런데 우리는 이것을 분리하여 말하지 않고, 자신을 마음과 동일시한다. 그러나 나와 마음은 엄연히 다르다. 내면을 몇 겹의 세계로 생각해보면, 마음의 뒤쪽, 혹은 위쪽에 '나'가 존재한다. 마음을 지켜보는 내가 마음 뒤·위에 있다. 따라서 나는 마음이 아니다. 나는 마음의 주인이다.

예를 들어 분노하거나 슬프거나 기쁜 순간, '나'는 어디에 있는가? '나는 마음'이라는 등식에서 본다면, 분명히 화가 나이고 슬픔이 나이고 기쁨이 나란 말이 된다. 과연 그러한가? 아니다. 우리는 '나는 화난다, 나는 슬프다, 나는 기쁘다'라고 말한다. 그러니 '나'는 분노도 슬픔도 기쁨도 아니다. 그 순간 내가 나도 모르게 마음의 에너지를 분노, 슬픔, 기쁨의 방향으로 흘려보내고 있는 것일 뿐이다. '나'는 화도 슬픔도 기쁨도 아닌, 그 뒤편·위편에 고요히 있는 평화로운 존재이다. 나는 마음이 아니라 내 존재 그 자체이다.

그런데 우리는 평상시에는 이것을 잘 모른다. 이것을 알아차리려면, 깊은 의식 속에서 깨어 있어야만 한다. 깨어 있음은 특히 마음의 한 부분인 에고를 축소하고 가두어 놓는다. 의식적으로 깨어 있을 때 에고의 활동은 정지되고, 나는 온전히 거기에 있다(現存). 곧, 내가 에고와 생각과 감정 전체를 내려다보고 다스린다.

이와 비슷한 예로, 강제적으로 깨어 있게 되는 경우를 생각해보자. 갑자기 매우 놀라거나 커다란 사건을 맞닥뜨릴 때, 그 순간 에고는 정지된다. 잠시 아무런 느낌과 생각조차 없다. 그 순간에 나는 온전히 거기에 있다. 그러다가 몸이 해를 입지 않거나 시간이 지나면 의식이 돌아오고, 그때부터 마음이 다시 작동되어 생각하기 시작한다.

마음의 한 부분일 뿐인 에고는 몸, 마음, 감정, 분노, 기쁨, 성공, 성취, 업적, 신분, 지위, 이름·명예·명성, 좋거나 나쁜 타인의 평가, 돈·재산·소유물 등을, 우리 자신과 동일시하라고 끊임없이 속삭이며 명령한다. 이것은 대단히 강력하다. 그러면 우리는 대개 무의식적으로 그에 복종하고 끌려다니며, 욕심과 환상과 망상의 세계로 빠져든다. 이런 환상적 망상의 자기 동일시 행태를 불태우고 초극하지 못하는 한, 평생 에고의 종노릇을 하게 된다.

에고는 갖가지 이기적이고 한심한 사념(思念)의 폭풍우가 몰아치는 거칠고 난폭한 어둠과 혼란의 골짜기이다. 눈을 감고 가만히 앉아서 내면을 응시하며 에고가 어떻게 움직이는가를 살펴보시라. 일부러 생각해낸 것이 아닌데도, 머릿속에서 이런저런 생각이 스스로 생겨 돌아다닌다. 단 30초도 떠도는 생각 없이 있지 못한다. 에고는 한시도 쉬지 않고, 과거와 현재와 미래의 온갖 일들에 대한 생각으로 종횡무진 활약하고 돌아다니면서, 우리를 끌고 다닌다. 그런데 우리는 그 에고를 자신과 동일시한다. 거기에서부터 모든 게 잘못된다.

에고로서의 마음을 우리 안의 작은 사탄·악마라고 할까, 지옥이라고 할까, 거머리나 기생충이라고나 할까? 성서는 에고를 우리와 세상에 있는 사탄·악마라고 말한다. 그러나 사탄·악마라는 것은 개인의 에고와 그것의 확대판에 불과한 세상이라는 에고의 종교적이고 신화적인 상징과 이미지일 뿐이다. 절대로 실체가 아니다.

(* 사탄·악마를 실체로 여기면, 성서와 기독교 신앙과 신학의 모든 게 혼란에 빠진다. 간단히 생각해보자. 성서와 기독교 신학은 하나님을 가시적이거나 비가시적인 모든 것의 창조자라고 말한다. 그렇다면 하나님은 비가시적인 사탄·악마의 창조자일 수밖에 없고, 인간과 세상과 역사는 하나님이 홀로 벌이는 비극적 희극 놀이가 되고, 죄와 악조차도 하나님의 책임으로 돌아가고야 만다.

사탄·악마는 이스라엘이 페르시아 제국의 식민지가 되었을 때, 그 나라 국교인 조로아스터교의 교리에서 받아들인 신학 개념이다. 처음 나오는 곳이 역대지 상 21장인데, 이 책은 그때 나온 작품이다. 욥기도 페르시아 시대의 작품이다〈욥 1~2장〉. 그 전에 나온 성서에는 사탄이 없다. 그 후 예수 시대로 이어지고 기독교에도 들어왔다. 예수께서 사탄을 언급한 것은 예수 역시 그 시대의 사람이었기에, 사람들과 소통하기 위해서 사용하신 것이다〈예수는 지구가 둥글다는 것이나 지동설도 몰랐다〉. 예수의 광야 고행 시에 나타나 유혹한 사탄은 예수의 마음에서 순간 일어난 것이지, 비가시적인 객관적 실체로 나타난 게 아니다.)

실로 그러하다. 에고는 끊임없이 우리를 속이고 불행하게 하는 악마요 지옥이며, 우리의 내면적 피를 빨아먹으며 생존하는 거머리요 기생충이다. 따라서 사람이 에고를 따라서 살아가는 한, 제아무리 부유하고 강력한 권력과 지식과 지위를 차지하고 살더라도, 모든 곳에서 악마적 현실인 지옥만 만들어내고 경험하며 날마다 내적 에너지를 상실할 뿐이다.

9. 에고는 거짓말쟁이다. 에고는 거대한 속임수 체제이다. 에고는 교묘한 설득의 천재이다. 에고보다 뛰어난 논리학자도 없다. 에고에 휘둘리는 한, 에고의 논리와 설득을 이겨내기란 거의 불가능하다. 에고는 모든 언어와 논리를 동원하여, 즉시 우리를 설득하여 굴복시킨다. 그래서 우리는 에고를 '나'라고 확신하면서 자동으로 항복하고 굴종하고 따른다.

에고는 추악한 범죄와 살인을 저지르고서도 얼마든지 그에 합당한 논리를 내세울 수 있다. "당신이 내게 주신 저 여자가…. 저 뱀이 나를 꾀어서…."(창 3:12), "햇빛 때문에 죽였소!"(알베르 카뮈-이방인) "죄는 너의 문에 도사리고 앉아서, 너를 지배하려고 한다."(창 4:7) 에고는 세계적 전쟁을 일으키고, 철(鐵)의 장막에서 잔혹한 독재정치를 하며 수천만 명을 죽이고서도 그에 합당한 이유를 내세울 수 있는 거짓말쟁이다. 그것이 히틀러의 에고요 스탈린의 에고요, 그리고 우리의 에고이다. 에고는 언제나 우리를 거짓말로 속여 이리저리 끌고 다닌다. "악마는 거짓말쟁이이며, 거짓의 아비이다."(요 8:44)

에고는 이기주의자이다. 에고의 목표는 우리가 죽는 그날까지 살아남아 우리를 지배하여 종으로 부려먹는 것이다. 따라서 언제나 자기가 살아남는 것만 생각하고 이기주의를 택하도록 충동한다. 그때 우리는 깊이 생각하지 않고, 즉각 그 사념을 따라 움직인다. 그러나 에고의 지시를 따르면 이내 후회하게 되지만, 에고는 또 다른 구실을 떠올려 자책하게 한 다음, 다음번에는 더 좋은 방법을 쓰면 된다고 설득하며 성공한다.

에고는 분리주의자이다. 에고는 세상을 이원론·이분법의 눈으로만 바라본다. 에고는 남들을 자기와 대척점에 있는 경쟁자·적·원수로 파악하고,

자신을 세상과 사물과 분리하여 바라본다. 가장 비극적인 일은 에고를 따르는 사람은 자기 자신과도 분리된다는 것이다. 이러한 분리의식이 사람을 한시도 쉬지 못하게 하면서 몰고 간다. 거기에는 우월감과 열등감에 기초한 탐욕적 충동밖에는 없기에, 끊임없이 무엇인가를 추구하여 소유하고 즐기지만, 그럴수록 분리는 더욱 깊어져서, 그는 어느덧 자신 안에서 외로운 섬처럼 소외되고 만다.

에고는 물질주의자이다. 에고는 물질적 수단의 소유를 인생의 목적인 것처럼 선전하며, 우리를 끌고 다닌다. 그래서 에고는 물질적 형식을 소유했을 때 누릴 여러 가지 혜택을 줄줄이 읊어대며 늘어놓으며 설득한다. 그러면 우리는 즉각적으로 에고의 지시에 복종하여 환상적인 무지개의 꿈을 좇아서 따라간다. 에고는 우리가 재산을 많이 소유하면, 좋은 집과 좋은 자동차와 즐거운 향락을 마음껏 누리며 행복하게 살 수 있다고 확신하게 한다. 그렇게 하여 행복에 대한 정의를 왜곡시켜 버린다. 에고는 행복이 진리 안에 있는 인격의 향기일 뿐인데, 그것이 마치 어떤 실체라도 되는 것처럼 여기고 추구하게 한다.

에고는 권력과 명예 중독자이다. 에고는 권력에 대한 의지이다. 에고는 우리에게 권력에 대한 장밋빛 청사진을 보여주며 속삭인다. '이것을 차지하라, 저것을 확보하라. 그러면 너는 사람들을 부리는 우월한 자가 된다.' 많은 이들의 절과 복종과 상찬과 아부와 친절을 받는 것이야말로 에고가 좋아하는 것이고 더욱 부풀어 오르게 하는 일이다. 그 극치는 교만이다. 교만이란 에고가 한껏 부풀어 오른 것 외에 아무것도 아니다. 그리하여 에고에 속아 넘어간 사람들은 어디서나 권력 지향적 인간이 된다. 에고는 권력을 남을 부리는 것으로만 일방적으로 생각하게 한다. 에고가 권력을 지향하는 것은 우리를 이름과 동일시하여 빛나게 하려는 생각 때문이다. 자기를 이름으로 아는 것이 사람들의 확고한 사고방식이다. 이런 사람들은 이름이 '나'가 아니라는 것을 알지 못한다. 그런데 사람들은 제 이름을 드러내고 휘날리는 것을 인생의 목적인 것처럼 생각하고, 그럴 때 자기가 잘사는 것이라고 착각한다.

에고는 보수주의자이다. 에고는 언제나 과거와 현재의 경력과 소유와 업적만 생각하고 지키려고 한다. 에고가 가장 싫어하는 것은 '내'가 새로운 계획을 하는 것, 그리고 다른 사람이 새로운 계획을 나에게 제시하고, 사회가 질적으로 변하는 것이다. 자기의 동의도 없이, 나나 다른 이들이 새로운 계획을 하면, 에고는 갖은 논리를 동원하여 그것을 흐트러뜨리고 망쳐 놓으려고, 나와 타인을 설득하기 시작한다. '그런 짓은 어리석다. 바보나 하는 일이다. 너는 반드시 후회하게 된다. 지금도 잘만 살지 않느냐? 왜 쓸데없는 일을 벌이는가?' 하고 훼방한다. 그리고 에고가 미래를 생각하게 하는 것은 미래가 아닌 과거의 투영일 뿐이다. 왜냐면 미래에 실현하고자 하는 것 역시 소유이고, 소유는 언제나 과거에 속하기 때문이다.

에고는 싸움꾼이요 전쟁광이다. 에고는 한시도 평안할 수 없다. 에고는 지진이요 화산이요 태풍이다. 마음의 고요함과 기도와 명상은 에고의 적이요 죽음이다. 따라서 에고는 우리를 늘 걱정과 불안과 혼란의 싸움터로 내모는 전쟁광이다. 에고가 우리에게 무엇인가로 고민하고 갈등하고 두려워하고 질투하고 투쟁심을 일으키는 것은 소유와 권력과 명예를 얻으면 행복하고 평안할 것이라고 믿게 하여 자기에게 복종시키려는 것이다. 자기모순에 갇힌 에고는 자학적이기에(masochistic) 상처를 입고 피를 흘리고 광기로 치달아가는 것을 좋아하고, 가학적이기에(sadistic) 타인을 공격하고 평가절하하면서 자신이 매우 우월한 존재임을 증명하려고 한다. 에고의 조종을 받는 한, 우리는 한시도 인생의 전쟁터에서 벗어날 수 없다.

이러한 에고는 항상 다른 사람들과 세상에 촉각을 곤두세우게 한다. 내 안에 몸뚱이 신화 체계인 세상이 들어와 있다. 에고를 추종하는 나는 시장바닥이요, 쓰레기 더미요, 잡동사니일 뿐이다. 그때 내 안에 나는 없고, 에고뿐이다. 우리는 얼마나 다른 사람들의 눈과 입을 의식하며 살아가는가? 그런데 사실 "우리를 망치는 것은 다른 사람들의 가벼운 입이다."(벤저민 프랭클린-가난한 리처드의 달력) 에고는 오로지 세상의 영광만 탐한다. "너희는 서로 영광을 주고받으면서, 오직 한 분이신 하나님께서 주시는 영광은 구하지 않는다."(요 5:44) 우리 안에서 영생하고자 하는 에고, 이렇게 근본적으로 무지하고 이기적이고 폭력적인 에고를 따라가는 한, 인간은 언제 어디서든 지옥만을 창조한다.

10. 하나님·진리는 빛이다. 따라서 하나님·진리가 우리 안으로 들어오면, 어둠 그 자체인 에고는 축소되거나 없어진다. 에고를 넘어선다는 것은 에고가 환상이라는 것을 이해하고 내가 마음을 다스린다는 것이다. 따라서 에고를 이해하고 넘어선 사람은 마음의 에너지를 종으로 부려 선한 방편으로 사용한다. 종교란 에고를 이해하고 넘어서서 진정한 나를 찾아 살려내는 길이다. 그렇게 되면 더는 에고의 조종을 따라서 살지 않는다. 그는 마음의 주인이 되어, 참된 나로 살아간다.

예수께서 "늘 깨어 있으라."라고 말씀하신 것도 이 때문이다(막 13:32~37). 깨어 있는 것만이 에고의 조종을 따라가지 않을 수 있는 유일한 길이다. 깨어 있는 것은 하나님의 현존 안에 있는 것, 하나님의 다스림(나라) 속에 있는 것, 성령 안에 있는 것이다. 그렇기에 죄가 활개 치거나 틈입하지 못한다. 죄란 에고를 따라가는 마음과 행위이다. 따라서 에고로서의 마음을 올바로 통찰하고 뛰어넘는 것은 진정 의미와 가치 있는 삶을 위한 관건이다. 에고를 초극하지 못하면, 마치 도미노 현상처럼 모든 것이 무질서해지고 무너지고 만다.

정성으로 하나님을 사랑하고 진리를 이해하는 사람은 그때그때의 불순하고 더러운 마음의 세계를 넘어서, 평화로운 영혼의 빛을 따라서 살아간다. 하나님·진리 안에 있는 '나'는 그 자체로 완전하고 풍족하다. 거기에는 외부로부터 보탤 것이 아무것도 없다. 하나님·진리 안에 있는 나는 밝은 영혼을 되찾는다. 그것은 나에게 무한한 행복과 평화를 가져다준다.

"나는 사람들에게서 영광을 받으려 하지 않는다."(요 5:41.44) '영광'은 사람들의 존경과 칭찬과 기림과 경배·숭배 등, 세상으로부터 떠받들리는 모든 것의 상징과 이미지다. 이것이 바로 에고인 마음을 완전히 초극하여 살아가신 예수 그리스도의 참모습이다. 예수 같은 분은 다만 죽지 않기 위해 음식을 먹을 뿐, 그 이상 권력과 명예 등에 대한 추구란 전혀 없다.

따라서 지혜로운 삶은 에고로부터의 해방과 자유, 진리를 향하여 멈추지 않는 발걸음에 존재한다. 무지하고 깨어 있지 못한 사람들이 비난하든 칭찬하든, 그것은 그에게 아무런 차이를 만들지 못한다(마 5:10~12). 그 둘 다 그들의 깊은 잠에서 비롯된 것이기 때문이다. 그것은 꿈꾸는 자의 잠꼬대와 같은 것이다. 따라서 바람이 산을 흔들 수 없듯이, 칭찬이나 비난은 지혜로운 사람을 흔들지 못한다. 그는 진리의 땅에 견고히 선 바위와도 같다.

지혜로운 삶은 하나님·진리에 깨어난 의식으로 복종하며 살아가는 것이다. 이것은 하나님·진리에 대한 사랑과 깨달음에서 나오는 지혜, 신뢰와 사랑에서 샘솟아 흐르는 태도, 곧 각성(覺性)에서 나오는 자발적이고 자연스러운 삶이다. 이것이 성서가 말하는 순종·복종의 참된 의미이다. 하나님은 부하의 복종을 바라는 상관이나 독재자가 아니시다.

지혜로운 삶은 삶이 가져오는 모든 것을 받아들이는 것이다. 삶은 지금 우리에게 필요한 것을, 빠르지도 늦지도 않게 정확한 시점에서 가져다준다. 그러므로 우리는 깊은 자각 속에서, 삶이 가져다주는 좋은 것이나 나쁜 것을 기쁨과 감사함으로 수용할 수 있어야 한다. 내게 일어나는 일에 대하여 부정도 긍정도 하지 마시라. 그냥 있는 그대로 받아들이시라. 그리고 그것을 올바른 방향으로 전환하시라. 그것이 지혜로운 삶의 기술이다.

지혜로운 삶은 내가 만물의 한 부분, 만물과 하나라는 진실을 알고 사랑과 자비 속에서 사는 것이다. 예수께서는 하나님을 "아버지, 아빠"(Ab-ba, 아람·시리아어)로 부르셨다(막 14:36). 이것은 자각의 언어, 가슴의 언어, 생생한 느낌의 언어, 무한한 신뢰와 사랑의 언어이다. 아버지는 자녀에게 절대로 나쁜 것을 주시지 않는다. 여기에서 내가 만물과 형제자매라는 의식이 가능하다. 그에게는 남이란 없다. 모든 것은 아버지가 내신 것이기에, 나의 가족이며 더 나아가 다른 몸을 입고 있는 나이다. 따라서 필요한 것은 사랑밖엔 없다.

지혜로운 삶은 일상 속에서 경이감을 가지고 사는 것이다. 지금 이 순간 벌어지는 모든 존재의 기적과 신비를 보는 사람의 내면은 천국이다. 그는 눈길이 머무는 모든 곳에서, 천국을 본다. 눈이 보배이다. 우주가 없질 않고 있다는 것 자체가 신비이다. 그리고 '나'라는 인간이 없질 않고 존재한다는 것은 더욱 큰 신비이다. 우주와 나와 너의 존재에 대한 경이감은 우리를 압도한다. 잠시 머물다 스쳐 지나가는 세월 속에서 깊고 숭고한 경이감을 지니고 있을 때, 우리는 언제나 영원한 고향에서 살고 있다.

11. 어리석은 삶이든 지혜로운 삶이든, 각자의 몫이다. 모든 사람은 지금 하나님의 다스림(나라) 안에서 살아가는 성자(聖者)의 본성과 지혜를 지니고 태어난다(막 10:13~16을 읽을 것). 그런데 너댓살 지나면서부터 가정

과 사회의 그릇된 교육 때문에 그 본성의 지혜로움이 오염되기 시작하여, 청소년을 넘어서면서부터는 마음에 부패한 사회와 세상이 자리 잡는다. 그리하여 그는 자기 안의 사회(에고)와 자기 밖의 사회(확장된 에고)에 적응하면서, 어느덧 자신의 지혜로운 본성을 상실해간다. 구약성서에 이런 말이 있는 것도 그래서이다. "노인에게 지혜가 있느냐? 오래 산 사람이 이해력이 깊으냐?"(욥 12:12) 에고의 종노릇을 하는 사람은 노인이라도 어리석기는 마찬가지이다.

모든 인간은 존재 방식을 통해 자신이 누군지를 증명한다. 인생이란 자기 증명의 연극무대이다. 이것은 남녀나 인종이나 종교, 지식이나 신분이나 재산과는 아무런 상관도 없다. 각 사람의 삶은 그가 드러내는 어리석음과 지혜로움을 그대로 세상에 비추어주는 거울이다. 삶의 거울은 거짓말을 하지 않는다. 나의 삶은 전적으로 나의 내면·사람됨의 반영이요 증명이다. 물론 위선의 껍데기를 뒤집어쓰고 다가오는 자를 판단하는 것은 어렵다. 그러나 그것도 지혜로운 사람을 속이지는 못한다.

우리는 지혜로운 인간으로 태어나 죄인과 악인으로 살다가 죽을 수는 없다. 더군다나 동물처럼 살다가 죽을 수는 없다. 그것은 참으로 어리석고 비극적인 일이다. 모든 이가 행복하고 의미 있는 삶을 살기를 원한다. 이보다 더 확실한 것도 없다. 여론조사를 해볼 것도 없다. 그렇다면 행복하고 의미 있는 삶을 가능하게 하는 길을 걸어야만 한다. 그것이 지혜의 길이다. 무지와 어리석음의 길에는 결코 행복과 의미가 없다. 지혜의 길에만 생명과 보람과 평화가 있다. 지혜의 길은 인류의 경전을 참고하고, 우주와 자연과 삶의 이치를 깊이 성찰하고, 궁극적으로는 내면을 깊이 들여다보고 참된 자기 자신으로 돌아가는 데서 가능하다.

예수께서 자주 깨어 있으라고 하신 것은, 깨어 있는 것이 하나님을 사랑하는 것이고, 하나님의 다스림(나라) 속에 있는 것이고, 자신의 참모습으로 존재하는 것이기 때문이다. 예수의 모든 가르침은 사람이 지금 하나님의 다스림 속에서 살아가는 삶에 관한 것이다. 사도들도 그렇다. "지금은 잠에서 깨어나야 할 때이다. 밤이 깊고 낮이 가까이 왔다."(롬 13:11~14) "정신을 차리고 깨어 있으라."(벧전 5:8)

성서의 모든 언어는 깨어 있으라는데 초점을 맞춘다. 신앙이란 깨어 있는 것이지, 다른 게 아니다. 왜 그런가? 하나님·그리스도를 믿는다면서 "사망의 잠에 빠져 있고"(시 13:3), "이 시대의 풍조를 본받고"(롬 12:2), "이 세상 신"의 포로가 되고(고후 4:4), "공중의 권세를 잡은 통치자에 사로잡혀 이 세상의 풍조를 따라 사는 것"(엡 2:2)은 실상 "하나님을 떠난 인간의 비참"이기 때문이다(B. 파스칼-팡세). 깨어 있는 것이 지혜의 길이다.

신앙생활, 지식과 교양의 축적, 권력과 명예와 재산으로 깨어 있음과 지혜를 대체할 수는 없다. 그럴수록 하나님과 진리, 자신과 인생에 대해서 더욱더 무감각하고 무지해지고, 영혼과 삶은 쪼그라들고 왜곡된다. 지혜는 하나님을 사랑하고, 진리를 탐색하고, 자신을 알고, 인생의 이치를 이해하는 것이다. 깨어 있음에서 나오는 모든 행동은 결단코 이기적이거나 악하거나 추하거나 부끄러울 수도 없다. 그때 모든 것이 선하고 옳고 아름답고 도덕적이다.

마음과 뜻과 힘을 다하여 하나님을 사랑하라는 말은 지혜롭게 살라는 것이다. 왜냐면 하나님은 지혜·앎·지식의 근원이시고(잠 8장), 하나님을 경외하고 아는 것이 슬기의 근본이기 때문이다(잠 1:7, 9:10). 종교는 오로지 깨어 있음을 위한 방편이다. 방편을 목적으로 삼는 사람은 만고에 처량하다. 예배당·성당에 열심히 다닌다고 구원받는 게 아니다. 구원은 종교라는 방편을 제대로 활용할 때 온다. 그 길은 마음과 뜻과 힘을 다해 하나님·진리를 사랑하는 지혜로운 삶에 있다.

　지혜의 궁극 지점은 죽어서 사는 진리, 곧 철저히 자아에 죽는 십자가에 달리는 데 있다. "자기 십자가를 지고 나를 따르라."라는 말이 이것이다(막 8:34). 에고에 죽는 일만큼 멋진 일도 없다. 우리는 에고라는 바위를 인생의 언덕 위로 밀어 올리느라 애쓰는 "시시포스"처럼 살 게 없다. 자아를 넘어선 사람의 삶은 노래와 춤이다. 그것은 참으로 지혜로운 삶이다.

11

영원한 지금

∨

아, 내 날은 연기처럼 사라지고, 내 뼈는 화로처럼 달아올랐습니다(3). 음식을 먹는 것조차 잊을 정도로, 내 마음은 풀처럼 시들어서 말라버렸습니다(4). 신음하다 지쳐서, 나는 뼈와 살이 달라붙었습니다(5). 나는 광야의 올빼미와도 같고, 폐허 더미에 사는 부엉이와도 같이 되었습니다(6). 내가 누워서 잠을 이루지 못하는 것이 마치 지붕 위의 외로운 새 한 마리와도 같습니다(7). … 나는 재를 밥처럼 먹고 눈물 섞인 물을 마셨습니다(9). 주님께서 저주와 진노로 나를 들어서 던지시니(10), 내 사는 날이 기울어지는 그림자 같으며 말라가는 풀과 같습니다(11).

…나는 아직 한창때인데 기력이 쇠하여지다니, 주님께서 나의 목숨 거두시려나(23)? 나는 아뢰었다. '나의 하나님, 중년에 나를 데려가지 마십시오. 주님의 햇수는 대대로 무궁합니다.'(24) 그 옛날 주님께서는 땅의 기초를 놓으시며, 하늘을 손수 지으셨습니다(25). 하늘과 땅은 모두 사라지더라도, 주님만은 그대로 계십니다. 그것들은 모두 옷처럼 낡겠지만, 주님은 옷을 갈아입듯이 그것들을 바꾸실 것이니, 그것들은 다만 지나가 버리는 것일 뿐입니다(26). 주님은 언제나 한결같으시니(如常하시니), 주님의 햇수에는 끝이 없습니다(27). (시편 102:3~7.9~11.23~27).

이토록 소중한 삶

1. 삶이 참으로 소중하다는 진실을, 누군들 모르랴? 그대라는 인간 존재는 우주 탄생 이래 처음 출현한 사람이다! 그대가 사라지고 나면, 그대 같은 사람은 다시는 나타나지 않는다. 따라서 그대는 그대의 처음이자 마지막이다. 그대는 태초부터 세상 끝날까지, 오직 그대 한 사람뿐이다. 이것이 '고타마 붓다'의 "하늘 위나 하늘 아래나, 오로지 나 홀로 존귀하다."(天上天下 唯我獨尊)라는 말의 의미가 아니겠는가? 여기에서 尊을 存으로 이해해도 된다. '하늘 위나 하늘 아래나, 오로지 나 홀로 있다.' 모든 인간의 '나'는 천상천하유아독존이다. 전에도 없었고 후에도 없다. 나는 나만의 홀로이다.

내가 없질 않고 있다(存)는 것의 경이로움! '나'는 아무하고도 비교할 수 없는 홀로 독특하고 존귀한 존재이다. 따라서 삶이 소중하다는 것은 그 자체의 가치를 말한다. 하지만 이것은 내가 삶을 통하여 존귀하게 살려내야 할 무엇, 즉 내 안에 잠재된 어떤 내적 가능성을 가리키는 말이기도 하다. 왜냐면 나는 이토록 소중한 삶을, "사소한 일들에 시간과 정력을 낭비하고 목숨을 걸면서"(리처드 칼슨-우리는 사소한 것에 목숨을 건다) 정신을 팔고 무가치하게 살다가 허망하게 죽을 수도 있기 때문이다.

사람들은 대개 그릇된 욕망과 관념·이념, 차별의식, 편견, 왜곡된 사고 체계(세계관, 인생관, 인간관, 가치관, 물질 관념), 불필요한 습관에 갇혀서, 사물과 자신과 타인의 삶에 대하여 잘못된 해석과 판단을 내리고 살아간다. 그러다가 일이 몹시 뒤틀어지면, 신을 믿지 않던 사람도 신을 원망하고, 세상 탓을 하며 불평하고, 가족이나 타인에게 비난의 화살을 날린다. 그런데 이런 것은 돌부리에 걸려 넘어지고서 거기다 대고 화풀이하는 꼴과 같다.

이런 우스개 이야기를 읽은 적이 있다. 신앙심이라고는 눈곱만치도 없어 일 년에 두 번, 곧 부활절과 크리스마스에만 문화 행사차 성당에 나가는 어떤 프랑스인이 사업이 잘못되자, "하나님, 내가 그래도(!) 일 년에 두 번씩이나 성당에 나가는데, 나한테 어찌 이러실 수 있습니까?" 하고 원망했다는 것이다.

2. 이런 사람의 이야기가 구약성서의 '전도서'가 아닐까 싶다. 히브리 사상과 그리스 철학이 혼합된 이런 책이 성서에 들어 있다는 게 놀랍기 그지없다(그리스 제국 식민지 시대의 작품. 기원전 332년~63년 사이). 이 책은 실제 이야기가 아니라, 일종의 철학적 수필이다. 작가가 화자(話者)로 설정한 주인공(나)은 평생 권력과 영광, 재산과 명예, 온갖 향락과 영화를 실컷 누리며 살아온 왕이요, 해박한 박물학적 지식인에다 철학자이다. 그러다가 늙어서 힘과 의욕을 잃게 되자, 그간 인생을 낭비하며 잘못 살아왔다는 것을 절절히 깨닫는다.

그리하여 지나간 세월에 대한 뼈아픈 회한(悔恨)과 자책(自責)에 빠져, 깊은 불안과 공포 속에서 머지않아 들이닥칠 죽음을 진지하게 의식한다. 쓰라리고 씁쓸한 후회밖에 남은 게 없는데, 죽음이 모든 것을 빼앗아갈 것이 분명하기에, 아무런 생기와 희망을 품을 수 없다. 자신이 소유한 모든 것과 그간 누려온 모든 영광과 향락이 아무런 빛도 가치도 의미도 없는 허망하기 그지없는 것으로 보일 뿐이다.

평생 그런 것에 목숨을 걸고, 하나님과 진리, 그리고 죽음의 현실에 대해서 한사코 외면하고 살아온 자신을 들여다보자, 그는 그만 허무주의에 사로잡히고 만다. 그리하여 지나온 삶의 모든 것이 "바람을 잡으려고 한 일"로만 보여, 그나마 남은 세월에서 누려야 할 안식과 기쁨과 행복도 모두 잃어버리고, 구슬픈 어조로 만사 다 헛되다고 한탄한다. 생각해보니 그 모든 게 하나님이 공연히 사람을 고달프게 괴롭히려고 하시는 일로만 보인다. 그래

도 평생 예배당에 잘 다녔는데, '나한테 어찌 이러실 수 있습니까?'

그러다가 그는 그간 자신이 별로 가치를 부여하지 않고 소홀하게 여긴 일상의 자잘한 것들의 소중함과 아름다움에 새삼 눈을 뜨고 찬찬히 돌아보기 시작한다. 그때야 그런 것들이 진정 삶에서 매우 중요한 요소들이며, 거기에서 행복을 느끼고 즐거워하며 사는 것이 인생의 참된 맛이라는 진실을 깨닫는다.

이를테면 여느 벌레들조차도 매일 먹고 마시는 지극히 보잘것없는 일에서 신의 은총을 만끽하고 고마워할 줄 아는 것, 자기가 하는 일에서 보람과 행복을 느끼는 것, 모든 일을 때에 맞게 하는 것(timing), 머지않아 닥쳐올 죽음을 진지하게 생각하는 감각을 충분히 살려서 날마다 기쁘게 사는 것, 사는 동안 남들에게 좋은 일을 많이 하는 것, 일상의 모든 일에 만족하는 것, 좋은 시절에는 기뻐하고 어려운 시절에는 깊이 생각하는 것, 극단을 피하고 평범하고 단순하게 사는 것 등이다.

명민한 철학자인 이 사람은 진즉부터 이런 것들을 머리로 알기는 다 알았다. 하지만 이론과 실천은 엄연히 다른 것이니, 누구보다도 똑똑한 사람이 평생 한눈만 팔며 살아온 것이다. 인생을 다 지내고 늙어 꼬부랑 할아버지가 되어 곧 세상을 떠나야 마당에 이르러 돌아보니, 어떻게 그런 일이 자기에게서 벌어졌는지, 똑똑하기 그지없는 머리로 암만 생각해봐도 도대체 너무나도 어처구니가 없다.

그러나 어찌하랴! 이미 다 보내버린 인생인 것을…. 그래서 그는 씁쓸하고 아픈 가슴을 안고 자기가 마지막으로 할 수 있는 한 가지 일에 진력하여, 젊은이들에게 자기처럼 지식이나 저장하고 감각적 쾌락이나 추구하며 미련하게 살지 말라는 충고를 남겨 놓는다. "젊을 때 너는 너의 창조주를 기억하라."(그런데 전도서는 히브리 종교와 전통을 배신하고 그리스화한 당대의 지도층이나 모든 시대의 인간을 겨냥한 냉소적인·cynical 비판 철학서로 읽을 수 있다. '그렇게 살아봤자, 너희네 인생에는 아무것도 없다!')

전도서에 얽힌 재미있는 이야기가 있다. 서기 90년경, 유대교 랍비 학자들이 이스라엘 '얌니아' 회당에, 구약성서·히브리 성서를 최종적으로 확정하려고 모였다. 책의 성격상 '성문서·시가서'(욥기~아가서)에 넣어야 할 전도서를 놓고, 그 사상이 하도 히브리 전통에서 벗어난 것으로 보이기에, 며칠 동안 넣어야 할지 말아야 할지 옥신각신하며 토론을 거듭했다. 반대한 사람들은 신앙이란 단어가 하나도 없는 데다가 젊은이들에게 허무주의를 조장할 우려가 크다는 의견이었고, 찬성한 사람들은 사람들이 대개 살아가는 모습을 적나라하고 진실하게 지적한 것이기에 히브리 전통 사상에 맞는다는 것이었다. 토론으로 결론이 나질 않기에 이르자, 결국에 다수결 투표로 채택했다(유형기 편-성서주해: 전도서).

3. 전도서 주인공과 같은 일이 어찌 문학 작품에만 나오는 이야기일까? 역사나 오늘날도 이렇게 살아가는 사람들이 얼마나 많은가? 인생의 목적은 성공과 소유와 향락에 있다고 철석같이 믿고 살아가는 사람들의 행렬을 보시라. 물론 가족을 먹여 살리기 위한 성실한 노력은 매우 훌륭한 일이다. 그러나 남보다 더 성공하고 돈 많이 벌어 좋은 집에 살고, 좋은 자동차를 굴리고, 자녀들 교육 잘하고, 실컷 취미 생활과 여행을 하며 갖가지 즐거움을 누리고, 남들에게 여봐라고 하는 듯 자랑하며 사는 것이 인생의 목적인 양 설정하고 맹목적으로 돌진하듯 살아가는 것이 어찌 바람직한 모습일 것인가?

그러다가 은퇴하고 늙고 지치고 병들면, 모든 힘과 희망을 잃어버리고 쓸쓸히 요양원에 들어가 살아가다가, 끝내 "모든 인간이 가는 길"(왕상 2:1)

인 저 죽음이라는 회피할 수 없는 현실 앞에 홀로 서게 된다. 두려움과 공포가 밀려온다. 한평생 외면하고 살아온 인생의 진실이 마치 악마처럼 무서운 형상을 하고 얼굴을 들이미는 것처럼 보인다. 더 살고 싶지만, 허용되지 않는다는 것을 안다. 그때야 흐릿하게 인생의 진실을 알게 되지만, 어떻게 할 방도를 찾을 줄 모른다. 두려움과 공포 속에서, 그저 도살장으로 끌려가는 짐승처럼 죽음의 세계를 향하여, 홀로 외롭고도 두렵게 빨려 들어간다. 얼마나 허망하고 가여운 노릇인가?

이런 것을 여전히 남의 일이라고 생각하는 사람이 있다면, '엘리자베스 퀴블러 로스' 여사가 쓴 "인생 수업"을 꼭 읽어보시기를 권한다. 여사는 미국의 의사로서 임종을 앞에 둔 환자를 돌보는 '호스피스' 운동의 창시자이다. 그녀는 평생 이런 일을 하면서 돌본 환자들의 마지막 모습과 인생의 진실에 관한 이야기를 들려준다.

여기에는 평생 신을 믿거나 믿지 않고 살아온 사람들, 곧 권력자들, 재산가들, 명망가들, 부자들이 죽음 앞에서 무지무지한 공포를 느끼며, 신을 원망하거나 심지어 저주하기도 하고(기독교 성직자들도 있다!), 가족에게 불평을 쏟아내고, 세상에 악담을 퍼부으며 가련하게 떠나가는 사람들이 나온다. 그런데 신을 믿거나 안 믿거나 간에, 선한 마음씨로 최선을 다해 사람들을 사랑하며 인간다운 길을 걸어온 사람들은 누구랄 것 없이 그동안 잘 살아올 수 있었음을 고마워하면서 행복한 미소를 지으며 떠난다.

여사는 사람들에게 어떻게 사는 것이 아름다운 죽음을 맞이할 수 있는 길인지를 말해주고자 이 책을 썼다. 그래서 이 책은 죽음에 관한 것보다는, 나이가 어떠하든지 지금 어떻게 살아야 하는가에 관한 이야기이다. 아름다운 삶이 아름다운 마지막으로 이어진다.

노년은 한평생의 결실이요 생의 마지막 절정이다. "마지막으로 용의 눈동자를 찍는다."라는 말처럼(화룡점정·畵龍點睛), 노년 시절은 인생의 그림에 마지막 점을 찍어 완결짓는 시간이다. 그래서 어떤 이의 노인 시절을 보면, 그간 살아온 삶의 이력을 알 수 있다. 이것은 재산과 지식과 권력의 유무가 아니라, 내면과 일상에 관한 말이다. 아무도 삶을 속일 수 없다. 늙어서도 여유 있게 움직이고, 부드러운 미소를 지으며 친절하고 자상하게 내적·인격적 아름다움을 자연스레 드러내는 사람은 그동안 잘 살아온 게 틀림없다. 남들에게 함부로 하는 노년의 모습은 잘못 살아온 자신에게 화를 내며 스스로 폭로하는 것이다.

노년의 시절은 그동안 뿌린 씨앗의 결실을 거두고, 즐겁고 만족스럽게 노래하고 기뻐하며, 매일 자손들을 축복하고, 영원을 향한 아름다운 여행을 준비해야 할 때이다(시 71편). 삶이 소중하다는 것이야 누구나 알지만, 소중하게 가꾸어 나갈 줄 아는 사람은 그리 많지 않은 것 같다.

4. 20세기 영국 소설가 'J. R. R. 톨킨'의 대하소설 "반지의 제왕" 결말에 매우 아름다운 장면이 나온다. 악을 물리치고 선을 세우기 위하여 인생과 나라와 역사의 거대한 전쟁을 치르고 세상을 떠나는 백발의 스승 일행을 태우려고 항구로 돛단배가 들어온다. 그들은 그간 함께 인생의 전쟁터에서 싸운 동지들과 미소를 지으며 일일이 끌어안고 작별한다. 그런데 아직 젊은 나이의 주인공 작은 사람 '호빗'도 그들과 함께 떠나며, 목숨과도 같은 친구와 별리(別離)한다. 자신이 이 세상에서 할 일을 마쳤다고 생각했기 때문이다.

이것은 그들의 죽음을 아름답게 상징화한 것이다. 죽은 것이지만, '죽었다.' 하고 단정적으로 말할 수 없는 숭고한 삶이기 때문이다. 기쁘게 떠나는 그들을 태운 배는 저 멀리서 환한 미소를 띠고 맞이하는 아름다운 황혼의 태양을 향해 나아간다. 그들의 항해는 영원의 세계로 떠나는 여행을 상징한다. 그들은 죽어도 죽지 않는 사람들인 것이다.

이것은 기독교 신앙의 세계를 거대한 판타지로 형상화한 멋진 소설인데, 작가의 인생관이 역력히 드러나 있다. 죽음이란 사람이 한평생 어떻게 살아왔는지를 그대로 보여준다는 것, 일찍 떠나거나 늦게 떠나거나 세상에서 신이 부여한 사명을 완수한 사람들에게는 죽음이 없다는 것, 죽음이란 단지 영원의 세계를 향해 떠나가는 항해라는 것, 그렇기에 남아 있는 이들에게 축복을 건네며 기쁘게 작별할 수 있다는 것!

이와 같은 이야기가 구약성서에도 나온다. 창세기 5장은 신앙으로 살아간 인류의 조상들 이름과 생몰 연대를 기록한 신화적 족보이다. 770세에서 969세까지 산다. 그런데 "에녹"은 그중 가장 짧은 365세에 세상을 떠난다. 오늘날로 보면 30대 초반에 요절(夭折)한 것으로 생각해볼 수 있겠다. 그런데 다른 사람들의 죽음에는 '아무개는 몇 살을 살다가 죽었다.'라고 하는데, 에녹에게만은 "하나님이 그를 데려가셨다."라는 말을 쓰고 있다 (5:21~24). 죽어도 죽지 않은 사람이란 뜻이리라.

레바논 출신의 미국 시인 '칼릴 지브란'의 "예언자"에 이런 이야기가 나온다. 진리를 깨달은 시인이며 예언자인 '알무스타파'는 세상을 떠날 때가 왔다는 것을 알고, 그간 함께 지내온 사람들을 뒤로하고 자기를 태우러 오는 배를 기다린다. 마침내 저기 바다에서 배가 들어온다. 그의 가슴은 기쁨으로 물결친다.

그런데 그와 헤어지는 것을 슬퍼하던 마을 사람들이 다가와, 마지막으로 자기들에게 진리의 말씀을 해달라고 청한다. 슬기로운 여인으로부터 노인에 이르기까지, 갖가지 직업과 신분의 사람들이 자기들에게 맞는 말씀을 요청한다. 그러자 그는 떠나는 것을 잠시 미루고, 그들에게 인생을 지혜롭게 살아가는 통찰의 말을 들려준다. 마침내 말을 마친 그는 미소를 지으며 그들과 작별하고 배에 오른다.

그가 남긴 마지막 말이 참으로 아름답다. "잠시 시간이 지나면, 또 다른 여인이 나를 낳으리라." 후에도 자기처럼 살 사람은 있다는 것이다. 이 이야기 역시 죽어도 죽지 않는 삶이 있다는 것을 말하는 것으로 보겠다.

인생은 소중한 것이지만, 평생토록 깊은 무의식 속에서 생에 대한 잘못된 관념을 설정하고 자아·Ego의 폭군이 강요하는 지시에 휘둘려 살게 되면, 허망하게 낭비한 삶이 되고 만다. 그리고 성서는 신은 모든 죄인은 다 용서해도, 삶을 낭비한 죄인은 거부하신다고 말한다(마 25:1~30). 죽음은 그간 살아온 인생의 내력을 그대로 드러낸다.

인생은 진실하게 살아야 할 신의 은총이며 거룩한 기회이다. 인생은 진실을 위한 것이다. 이것 외에 인생의 목적이란 없다. 인생의 목적은 돈을 버는 것도 아니고, 권력을 쟁취하는 것도 아니고, 이름을 영광스럽게 하는 것도 아니고, 물리도록 쾌락을 누리는 것도 아니고, 오래 사는 것도 아니다. 신은 우리가 어떤 성취를 하고 업적을 남기는 것보다는, 사람됨인 참된 인격을 이루기를 바라신다. 이것이 진정한 업적이다.

따라서 인생에서 중요한 문제는 '나의 내적 세계를 어떻게 참되게 구성하고 살아갈 것인가?' 하는 것이다. 그런데 인생의 기초·척추와도 같은 이 참된 내적 세계를 몸에 익혀야 할 때는 대개 20대 10년 세월이다. 이 10년이 인생 전체를 좌우한다. 30세를 넘으면, 벌써 정신과 관념이 딱딱하게 굳어지며 가정이나 직장에 매이기에, 그것을 세우는 일이 대단히 어려워진다. 그리하여 그 후 사람됨의 사명을 망각하고 생의 목적도 상실하고 우왕좌왕하며 바쁘게 살아가게 되고 만다. 그러면 20대를 지나면 포기해야 하는가? 아니다. 매우 어렵지만, 죽기 전까지는 내적 세계와 삶의 진실에 눈뜰 기회는 얼마든지 있다.

5. 그런데 자유롭고 의미 깊은 삶은 시간 이해와 맞물려 있다. 나의 삶이란 시간의 흐름을 지나는 연속된 과정이고, 죽음은 내 시간의 종말이다. 나의 삶은 이 세상의 시간 속으로 들어와 시작되어 죽음이라는 시간의 종말 사이를 흘러가는 강물과도 같다. 누구에게나 이 세상의 시간 밖으로 떠날 운명이 예정되어 있다. 다른 것은 몰라도, 이것만은 완전한 예정론이다! 따라서 시간을 슬기롭게 쓰는 것이 자유롭고 의미 깊은 인생을 결정한다.

신약성서에는 두 가지 시간 개념이 있다. 크로노스(Kronos)와 카이로스(Kairos). 크로노스는 일반적이고 수평적이고 양적인 달력의 시간, 즉 모든 사물에 똑같이 적용되는 하루, 한 달, 일 년, 한 세기의 시간이다. 이것은 계산하고 측정하고 기록하고 축적하는 시간이다. 모래시계를 생각해보시라. 우리의 시간은 한정되어 있다. 묘비에 기록되는 생몰 햇수는 크로노스 시간 개념에 따른 것이다.

카이로스는 달력과는 상관없는 특별하고 수직적이고 질적인 시간, 곧 개인적이거나 역사적인 사건에 맞닥뜨렸을 때 느끼는 심리적 순간 의식의 결정적 시간이다. 이를테면 총알과 포탄이 빗발치는 전쟁터에 있는 병사의 시간, 산에 고립되거나 건물 붕괴로 갇혀서 애타게 구조를 기다리는 시간, 어떤 일에 완전히 몰입해 있는 시간, 부모나 자식이 중대한 수술로 어떻게 될지 아무것도 모르는 시간, 혹은 내 인생을 완전히 뒤바꾸는 어떤 사건을 경험하는 순간 등이 그러하다. 그때는 시간이 정지된 영원처럼 느껴진다. 그러나 사랑하지 않는 사람과 같이 있는 시간, 싫어하는 일을 억지로 해야 하는 시간, 의미 없는 일을 하고 있다고 느끼는 시간, 고통스러운 시간은 한없이 느리고 지루하기 그지없게 흘러가는 것으로 느낀다.

카이로스는 마음이 정지되어 그 시간에 온전히 있는 현존(現存·pres-ence)의 순간이다. 그래서 '영원한 지금'이다. 카이로스는 마음을 초월한 질적인 순간, 곧 시간을 의식하지 못하는 시간 감각이다. 무아(無我)와 자유의 시간이다. 그때 그대는 오직 그 순간에 몰입해 있다. 크로노스 시간에 대한 감각이 일절 없다. 모든 게 지나고 아름답게 해결되고 난 다음에야, 시간이 흘렀음을 의식한다.

그래서 성서는 일상에서 카이로스 시간관념을 지니고 살라고 말한다. 이것이 '깨어 있어라.'라는 말의 의미이다. 이 말은 과거나 미래나 어떤 다른 일을 향하여 도피하지 말고, 오로지 지금 이 순간 깊은 자각 속에서 현존하라는 것이다. 이것이 질적인 삶의 핵심이다. 지금 이 순간에 오롯이 참여하여 몰입해 있는 사람은 단순하고 아름답고 향기롭다.

시간이란, 그리고 삶이란 언제나 오직 지금 이 순간뿐이다. 이것은 지극히 합리적이고 과학적이고, 더 나아가 종교적인 시간관이다. 누구에게나 시간이란 지금 이 순간뿐이다. 시간과 삶에는 과거나 미래란 없다. 엄밀히 말해서, 시간은 흐르는 게 아니기 때문이다. 과거가 어디에 있는가? 기억에만 있을 뿐이다. 미래가 어디에 있는가? 기대에만 있을 뿐이다.

우리가 있는 시간은 지금 이 순간뿐이다. 시간은 순간에서 순간으로, 불연속적으로 끊기면서도 이어지는 듯 보이는 현재뿐이다. 그래서 시간은 외적인 현상이라기보다는 내적인 현상이다. "시간이란 마음의 순수지속이다."(앙리 베르그송-존재와 사유; 사유의 운동) 과거는 지나간 시간의 축적이며, 미래는 오지 않은 시간의 예기(豫期)이다. 따라서 나의 과거와 미래에 시간이란 없다. 나의 시간은 지금 이 순간뿐이다. 지금 이후의 그때 그 시간도 역시 그때는 지금 이 순간일 뿐이다.

어떤 놀이에 열중해 있는 어린이를 보라. 과거도 미래도 없다. 오직 지금 이 순간뿐이다. 그의 표정, 숨, 눈빛, 손놀림 등, 모든 것이 마치 정지 상태 인 것처럼 보인다. 그에게는 시간관념이란 없다. 과거와 현재와 미래로 나 뉜 분리가 없다. 생생한 현존뿐이다. 완전한 몰입의 아름다움을 보여준다. 어린이는 지금 이 순간에 전체적으로 깨어서 산다. 이것이 어린이의 진지함 과 아름다움이다.

예수께서 어린이처럼 되라고 말씀하신 것도 이런 의미이다(막 10:15). 따라서 시간에 대한 올바른 이해는 전체적으로 깨어 있는 질적인 차원의 삶, 곧 모든 순간에 깊은 의식과 자각을 품고 살아가는 것이다. 카이로스의 시 간관이 순간에서 순간으로 이동하는 깊이와 높이의 삶을 가능하게 한다.

크로노스의 시간관에 붙잡혀 사는 사람은 언제나 과거에 사로잡혀 있 거나, 미래에 꿈을 투사하며 존재한다. 그에게는 결코 지금 이 순간의 현존 이 없다. 과거를 자랑하거나 후회하고, 미래에는 크게 성공하여 권력을 얻 고 부자가 되어 영광과 화려함 속에서 살아가게 될 날만 꿈꾼다. 이런 사람 은 지금 이 순간 깨어서 살아가는 삶, 영적인 차원의 삶에 관하여 아무것도 모른다. 이런 사람이 종교를 가질 때 추구하는 것도 역시 과거와 현재와 미 래에 사로잡혀 더 많은 축적을 확보하려는 몸짓뿐이다. 그리하여 정작 카이 로스에서 살아가는 법을 말하는 종교 안에서 크로노스를 살아가면서 가장 비종교적이고 세속적인 인물이 된다.

종교란 무엇인가?

1. "종교란 궁극적 실재(The Ultimate Reality, 하나님·진리)와 맺는 거룩한 로맨스이다."(존 엘드리지와 브렌트 커티스-거룩한 로맨스) 우리가 놓인 삶의 정황이 어떠하든지 간에, 종교란 신·진리와 거룩한 로맨스 속에서 함께 살아가는 것이다. 정녕 신·진리와 거룩한 로맨스를 맺고 살아가는 사람

은 부드럽고 선하고 진실하게 사랑과 정의를 드러낸다.

궁극적 실재는 우주와 세계 안팎, 곧 우리 안팎에 없는 곳 없이 현존(現存)한다(무소부재·無所不在, 편재·遍在, 보편·普遍). 종교는 지금 이 순간 여기에 현존하는 궁극적 실재를 깊이 느끼며 심오하고 숭고하게 사는 법을 배우는 방편·길이다. 현존의 삶은 자유와 기쁨과 사랑이기에, 종교란 자유와 기쁨과 사랑의 질적이고 깊이 있는 삶에 관한 길이다.

종교가 사람에게 가져다주는 첫 번째 선물이랄까 작용이랄까 할 것은 자유이다. 자유는 먼저 해방(解放)이다. 욕심을 부려 무엇에 매달리고 갇히고 묶이고 사로잡히고, 어떤 것을 많이 소유해서 우월감을 품고 자랑하고 교만한 모든 자아에서 벗어나는 해방이다. 해방은 자유의 첫걸음이다. 자유는 생성(生成)과 청결(淸潔)이다. 자유로운 마음에 기쁨의 샘물이 터져 솟아나고 존재 방식이 깨끗해진다. 더는 세상의 것에서 자유와 기쁨, 행복과 사랑과 평안을 찾지 않는다.

그런데 자유와 기쁨과 행복과 사랑은 본래 위에서 내려오는 신성한 것, 그래서 내 안에 있는 것이다(창 1:27, 하나님의 형상). 나를 얽어매던 것을 풀어버리고 끊어버리기에(해방), 절로 자유의 기쁨과 행복과 평안의 샘물이 솟구친다. 그리고 자유는 지향(志向)이다. 이제 걸리는 게 없고 기쁘고 행복하기에, 또한 자연스럽게 남을 축복하고 사랑하는 삶을 지향한다. 이것이 종교가 가져다주는 선물이요 작용이다.

이런 사람이 종교적인(religious) 사람, 곧 종교성(religiosity) 안에서 사는 사람이다. 어떤 종교 안에 있다고 해서 절로 종교적인 사람이 되는 것은 아니다. 종교와 종교성은 무척 다르다. 지금까지 말한 종교는 종교성을 가리킨다. 종교는 종교성을 위해 있다. 종교성이 아닌 종교는 그저 형식주의일 뿐이다. 그런 종교 생활은 백 년을 한다 해도 아무 소용이 없다(사 1장;

마 7:15~23). 종교는 전적으로 내 안에서·내 인격에서 이루어야 할 숭고한 질적 삶에 관한 길이다.

종교적인 사람은 비범한 존재가 아닌, 지극히 평범한 존재로 살아간다. 종교적으로 평범한 사람이 되는 것은 탐욕이나 집착이나 억지나 과장이나 폭력이나 비교심리가 없는 마음과 인격을 이루는 것이다. 그렇기에 종교적인 사람은 우월감이나 열등감이 없다. 그는 일체의 비교에서 떠난 사람이기에, 자신과 타인을 견주지 않는다. 그럴 필요가 없음을 알기 때문이다.

그는 '나는 나이고, 너는 너이다.'라는 인간의 진실을 이해한다. 곧, 그는 모든 사람이 유일무이하고 독특하다는 것을 안다. 그러니 무엇을 가지고 서로 비교한단 말인가? 권력? 재산? 명예? 미모? 건강? 재주? 능력? 기술? 종교적인 사람은 인간이란 이런 것으로 '나'가 규정되는 존재가 아니라는 진실을 이해한다.

세상에서 가장 어려운 것은 비범한 존재가 되는 게 아니라, 지극히 평범한 존재가 되는 것이다. 인류가 스승으로 받드는 인물들은 지극한 평범함에 도달한 사람들이다. 그들이야말로 인간다운 인간으로 살았을 뿐이다. 그런데 우리 눈에는 그들이 마치 천재적인 자질을 지니고 태어나 살도록 운명지어진 매우 특별한 사람들로 보인다.

그러나 그들은 특별한 사람들이 아니다. 사람들이 모두 평범하게 되는 것을 부끄러워하고, 하도 비범한 존재가 되려고 아우성을 치며 살아가고 있기에, 가장 평범하게 살아간 그들이 그토록 비범하게 보이는 것일 뿐이다. 모든 이가 그들처럼 지극히 평범한 존재가 되어 산다면, 누가 비범하게 보일 것인가? 그들의 삶은 모든 인간이 이루어야 하는 그런 평범한 삶을 보여준다. 세상이 이토록 혼란하고 무질서하고 비극적인 것은 사람들이 저마다 평범함을 외면하고 비범하고 특별한 존재가 되려고 아우성을 치며 살아가기 때문이다.

종교는 지극한 평범함에 이르는 길이다. 평범한 사람은 지금 이 순간에 충만하게 존재한다. 그는 과거로 오그라들지 않으며, 미래로 도피하지도 않는다. 그는 오로지 지금 이 순간에 온전히 깨어 있다. 그는 지금 이 순간 자유롭고 기뻐하고 웃고 노래하고 춤추며, 남을 축복하고 삶을 경축하며 존재한다. 그는 매우 단순하고 꾸밈없이 평범하게 산다.

종교란 사람의 행위에 관한 것이 아니다. 즉, 종교는 처세술도 아니고 도덕도 아니고 윤리도 아니다. 종교는 사람이 자기의 삶에서 드러내는 모든 것을 낳는 근본과 원인과 모태인 내적 세계를 환히 들여다보고 깨달아 성취하는 일에 관한 것이다. 내적 세계가 심원하게 확보되면, 도덕과 윤리와 훌륭한 처세는 저절로 따라 나온다.

그렇기에 종교는 우선 세상의 변화가 아니라, 나의 내적 변화에 관한 것이다. 종교는 누구나 하는 모든 비슷한 일을 전혀 다른 마음으로 하는 것을 가르친다. 그렇지 않다면, 어느 시절에 새롭게 살 수 있겠는가? 종교는 지금 이 순간 새롭게 살아가는 방식을 가르칠 뿐이다. 종교는 변형된 의식과 깊은 자각 속에서, 지극히 보잘것없는 일들을 신성하게 바라보고 수행하는 방향으로 인도할 뿐이다. 이것이 종교성이다.

중국의 '임제' 선사(禪師)에게 어떤 사람이 물었다. "당신은 깨닫기 전에 무엇을 했습니까?" 그가 말했다. "나는 나무를 자르고 우물에서 물을 긷곤 했다." 그 사람이 또 물었다. "이제 당신은 깨달았는데, 무엇을 하십니까?" 그가 말했다. "같은 일을 한다. 여전히 나무를 자르고 우물에서 물을 긷는다." 그러자 그 사람은 의아하여 물었다. "이해가 안 됩니다. 그렇다면 깨닫는다는 것이 무슨 의미가 있습니까? 전에도 당신은 나무를 자르고 우물에서 물을 긷곤 했고, 지금도 같은 일을 계속하고 있습니다." 임제는 웃으며 말했다. "차이는 이렇다. 전에 그 일을 하고 있었던 것은 그것을 해야만 했기 때문이다. 그것은 내가 해야 할 의무였다. 그러나 이제 그것은 기쁨이다. 하는 일은 같지만 질이 달라졌다."(임제록)

　　이것이 종교적인 사람, 곧 종교성을 이룬 사람의 특성과 질이다. 그는 모든 것을 신성한 선물과 기쁨의 일로 인식한다. 그는 모든 것을 하나님의 선물(은총·은혜. 히-헨·Hen, 그-카리스·karis)과 기적과 신비로 이해하고 받아들인다. 호흡하고, 앉고, 일어서고, 자고, 밥 먹고, 물 마시고, 화장실에 가고, 사랑하고, 걷고, 일하고, 만나는 일상의 모든 것을 신의 거룩한 선물과 내 안의 신성(神性)을 표현하는 것으로 이해한다. 어디를 둘러보아도 온통 신뿐이시기에, 눈길이 머무는 모든 곳에서 신의 얼굴을 본다(마 5:8, 깨끗한 마음). 삶을 신성한 선물로 경험하는 것, 이것이 종교성이요 종교적인 사람의 특성이다.

　　2. 회개의 의미를 생각해보자(悔改·돌아섬·방향전환. 그-메타노이아·metanoia). "회개하라. 하나님의 나라가 가까이 왔다."(막 1:15) 회개란 마음과 사고의 의지적 방향 전환이다(마음을 바꾸세요!). 지난 시절 살아온 마음과 삶의 방향을 지금 이 순간 스스로 바꾸는 것이다. 그렇기에 회개는 인간을 대단히 주체적인 존재로 보고 말한 것이다. 회개는 하나님이 대신 해주시는 게 아니라, 다만 회개하려는 자를 도우실 뿐이다. 그러면 어느 날 성령을 체험하는 방식을 통해 전적으로 마음 혁명, 곧 존재 혁명이 일어난다(요 3:1~8).

　　회개는 의식(noetic, 관점·사고)의 초월(meta)에 관한 것으로, 지금 이 순간에 수행해야 할 근본적인 내적 변혁, 곧 사물과 세상과 인생에 대한 이해와 의식(세계관, 가치관, 인생관, 물질 관념)의 새로운 패러다임(paradigm)을 갖는 것이다. 회개는 단순히 감정적 분출이나 잘못을 후회하고 비는 행동이 아니라, 이성과 감정과 의지의 전면적 전복(subversion, 내적 혁명)과 근본적 변형이다(transformation·탈바꿈). 그래서 회개는 세계관과 가치관과 인생관과 물질 관념, 곧 그가 소중하게 여기던 모든 것의 우선순위가 철저히 바뀌는 심원한 종교적 경험이다.

그러면 회개해야 할 때는 언제인가? 언제나 지금이다. 저 미래에 회개란 없다. 예수의 말씀은 지금 이 순간 실행해야 할 긴박성을 요구한다. 아무도 회개를 미룰 수는 없다. 왜냐면 만일 미래로 미룬다면, 아무도 그 시간이 온다는 것을 장담할 수 없기 때문이다. 내일을 누가 알겠는가? '다음 달에, 내년에 회개하겠다. 늙어서 죽기 전에 회개하겠다.'라는 말은 거짓이요 만용이요 자만이다.

오직 지금 이 순간 마음의 패러다임을 바꿔야 한다. 왜냐면 지금 여기에 '가까이'(손에 잡힐 듯) 와 있는 '하나님의 나라'(다스림·감싸 안음)에 들어가야 되기 때문이다. 회개와 하나님의 나라 안에 들어가는 것은 같은 일이다. 내면을 바꾸면, 하나님의 다스림이 시작된다. 내면이 변하면 삶과 세상이 새롭게 보인다. 성령과 진리를 깨달아 진정한 거듭남(重生), 곧 하나님의 나라 안에 들어간 상태가 되면, 모든 것에서 신성을 보고 느끼고 듣고 냄새 맡는다. 지금 이 순간이 천국이다. 천국이란 사나 죽으나 언제 어디서나 하나님과 함께 있는 삶이다.

예수께서는 말씀하신다. "너는 지금 하나님의 나라 안에 있다, 너는 하나님의 나라에서 멀지 않다, 하나님의 나라는 네 안에 있다." 예수께서 말씀하시는 구원이란 지금 하나님 다스림(나라) 속에 있는 것이다. 구원은 미래에 얻어야 할 것이 아니라, 지금 경험하며 누리는 자각(自覺)과 자유이다(요 8:32). 따라서 진정한 회개는 자각이다.

프랑스에서 불교 영성공동체 "plum village"(자두 마을)을 설립하여 운영하다가 세상을 떠난 베트남 출신 '틱낫한' 스님이 미국에 있을 때, 어느 날 가톨릭 신부요 탁월한 영성가인 '토머스 머튼'을 만났다. 그런데 그가 머튼의 영성이 심원한 것을 한눈에 알아본 일은 우습게도 머튼이 자기 방에 문을 열고 들어와 닫고 인사하고 앉는 모습을 보았을 때라고 한다(로버트 H. 킹-토머스 머튼과 틱낫한).

문을 여닫는 일, 신발을 신고 벗는 일, 인사, 표정과 말 등, 사소한 일들이 어째서 영성과 관계가 있을까? 깊은 관계가 있다. 아주 작은 일을 하는 모습이 영성의 차원을 보여주기 때문이다. 영성이 얕은 사람은 일상의 일들을 깊은 생각 없이 하지만, 영성이 깊은 사람은 아주 작은 일이라도 심정의 성실을 다해 아름답게 수행한다. 이것은 사람을 판단하는 것이 아니라, 인간의 사정이 그렇다는 것이다.

구약성서에서 시편은 신앙인들의 기도문과 노래 모음집이다. 전체 5권으로 된 시편의 마지막 5권(107~150편)에서 뒤쪽에 있는 것들은 기도가 아닌 노래, 곧 찬양의 모음이다. 따라서 시편은 찬양으로 마무리된다. 특히 145~150편은 그 노래들의 절정, 곧 우주적 찬양이다. 그 앞까지는 대부분 개인과 공동체의 소원과 구원의 갈망과 탄원, 호소와 눈물의 기도문이지만, 절정에 가서는 그 모든 것을 끝내고 오로지 찬양의 노래를 부를 뿐이다.

이것은 무엇을 말하는가? 사람이 걸어가는 영적 성장의 단계를 말한다. 즉, 종교성이 무엇인지 말하는 것이다. 이것은 사람이 종교를 통하여 영적 성장의 최후단계에 도달하면, 온통 감사와 기쁨의 노래뿐이라는 것을 말한다. 곧, 종교란 기쁨, 자유, 웃음, 신에 대한 무한한 사랑과 감사를 담은 찬양이다. 물론 고통스러울 때도 마찬가지이다.

다시 말하면, 종교란 한 인간에게 일어나는 질적으로 차원 높은 내적 변형의 자각적 의식에 관한 것이다(사도 바울의 예: 행 9:1~25와 빌 3:1~11 비교). 회개와 성령체험, 곧 온전한 내적 변형을 이룩하면, 사물이나 인생이나 세상이 다르게 보인다. 따라서 이런 자각과 의식을 얻지 못하면, 종교 안에 있다 해도 여전히 종교 바깥에 머물러 사는 것과 같다. 이것이 소외(疏外), 곧 하나님으로부터 내쫓겨 있는 상태요 에덴의 상실로서, 언제나 떠돌아 헤매며 세상만 추구할 뿐인 "가인"의 운명이다(창 4:10~16).

시편을 한 사람의 신앙 역정(歷程)으로 비유해보면 더 이해하기 쉽다. 갖가지 문제가 발생하는 삶 속에서, 이런저런 고통과 시련과 쓰라림을 맛보고 살면서 해방과 자유를 위하여 눈물 나게 기도하며 인내하다가, 드디어 어떤 궁극적 이해와 자각에 이르러, 모든 문제를 다르게 바라보는 빛나는 눈과 영혼을 얻으면, 그저 웃음을 터뜨리고 기뻐하고 감사하고 노래하는 차원에 이르는 것! 인간에게 그 이상은 없다. 이것이 마음을 새롭게 바꾸는 회개가 가져오는 진정한 삶의 모습이다. 회개야말로 새로운 존재, 아름답고 숭고한 삶의 출발점이다.

그런데 우리가 오해하지 말아야 할 것은 시편의 시인들이 자신이 겪는 문제와 그로 인한 슬픔이나 무기력이나 고통이 완전히 해결되어서 그런 상태에 이른 것이 아니라는 사실이다. 시편 전체에서 개인이나 공동체의 문제가 완전히 해결되어 찬양한 것은 거의 없다. 중요한 것은 시인들이 기도를 통하여 하나님께 문제와 고통을 호소하는 가운데 서서히 영성이 밝아져 어떤 이해와 깨달음에 이르렀다는 것이고, 그렇게 하여 문제가 해결되건 안 되건 그런 것에 상관하지 않는 자각의 광명에 도달했다는 것이다. 이것이 진정한 신앙이요 종교성이다. 문제투성이로 둘러싸여 있다고 해도, 문제는 하나도 없다! 이것이 신앙의 역설이다.

이렇게 말하면 항상 표층(表層·껍데기)에 머물러 살아가는 얕은 신앙인들은 '그러면 문제가 해결되지 않았는데, 어떻게 자유롭고 기뻐하고 웃고 찬양할 수 있단 말인가?' 하고 물을 것이다. 거기에 대한 대답은 이렇다. '그대는 여전히 그대 자신과 문제에 집착하고 있으며, 시선과 중심을 하나님께 두지 않고 있다. 따라서 그대는 문제가 해결된 후에는 새로 다가온 다른 문제 때문에 전과 똑같은 상태에 떨어지게 될 것이고, 결국 인생 전체가 그런 악순환에 빠지게 될 것이다.'

문제가 해결되어야만 마음을 바꾸고 찬양하겠다면, 그런 날은 영원히 오지 않는다. 왜냐면 얽히고설킨 일들이 문제가 아니라, 여전히 자아에 매달려 있는 우리 자체가 문제요 질병이기 때문이다. 문제는 바깥이 아니다 (이것은 바깥·외부·사건·사회구조를 외면하자는 말이 아니다!). 따라서 우리에게 필요한 것은 오로지 마음의 혁명인 회개밖엔 없다. 자각에 이르러 마음이 변화된 사람에게는 문제가 없다. 문제가 있어도 문제를 끌어안고 문제를 통하여 산다. 그때 모든 문제가 완전하고 아름답다.

3. 우리는 살아가면서 여러 가지 시련과 고통을 겪는다. 자신이나 사랑하는 가족과 친구와 지인들의 선천적 장애, 질병, 사고, 불운, 박해, 실패, 패배, 방황, 상실, 이별, 죽음 등. 일어난 일은 모두 어쩔 수 없다. 그렇지만 고통에 대한 내 마음과 태도는 나에게 달린 것이다. 이런저런 고통 속에서 인생을 한탄하고 사람을 탓하고 하나님을 원망하기까지 하는 것은 스스로 무너지는 길이다.

우리는 다른 차원에서 시련과 고통을 신의 은총이나 삶의 선물로 볼 수 있다. 시련과 고통을 "장차 하나님이 하시려는 일들을 그·나에게서 드러내려는 것"(요 9:3)으로 본다면, 새로운 시각과 전망을 얻는다. 삶은 몹시 연약하고 불완전한 존재인 우리를 유익하게 해주기 위하여 자신만의 방식으로 우리에게 다가온다. 우리는 앞날을 알 수 없지만, 이런 눈으로 시련과 고통을 바라보고 수용하여 참으며 정신의 실력을 닦아 나간다면, 더욱 참된 인간으로 성장한다. '끊고 깎아내고 갈고 문질러' 다듬어야 할 필요가 없는 사람은 없다(절차탁마·切磋琢磨). 그렇기에 우리는 시련과 고통을 더 깊은 자각의 세계로 인도하여 숭고한 인격이 되게 하려는 신의 섭리와 삶의 자상한 인도로 이해하고 받아들일 수 있다. 인간은 누구나 "고통을 통하여 환희로"(루트비히 v. 베토벤-서간집) 나아갈 수 있는 능력을 지니고 있기에….

그런데 우리는 시련과 고통이 하나님의 은총이나 삶의 선물이라는 말을 오해하지 않아야 한다. 이것은 시련과 고통을 종교적·심리학적·사회학적으로 정당화하는 체념적인 숙명론을 말하는 것이 아니라, 어쩔 수 없이 다가온 시련과 고통을 우리 자신의 삶을 위하여 다른 시각과 태도로 이해하여 도움이 되게 하는 방향에서 주체적으로 활용해야 한다는 의미이다. 누군들 "고통은 그저 아프다는 감각만 줄 뿐이고"(클라이브 S. 루이스-고통에 대하여) 힘들다는 것을 모르겠는가? 그러나 그렇다고 해도 시련과 고통을 무슨 숙명처럼 짊어지고 체념 속에서 살아갈 수는 없다. 그러면 고통의 먹이로 희생될 뿐이다. 비록 다가온 시련과 고통은 어찌할 수 없다 하더라도, 그것을 바라보는 내 마음은 전적으로 나에게 달려 있다.

시련과 고통은 우리를 시험한다(testing). 곧, 시련과 고통은 우리에게 '너는 어떤 사람이냐? 너는 나를 어떻게 이해하고 다루려느냐?' 하고 물으며 도전적으로 다가온다. 시련과 고통은 우리에게 자신이 누구인지를 증명하라는 삶의 도전이다. 따라서 시련과 고통에 대한 반응이 우리가 어떤 인간인지 드러낸다. 그것은 우리를 괴롭히려고 다가오는 게 아니라, 우리를 참된 자유와 행복과 구원의 삶으로 인도하는 하나님의 초대장이다.

종교란 일상의 사소한 문제부터 큰일에 이르기까지, 깊은 의식을 가지고 받아들이고 이해하고 처리하는 영성에 관한 것이다. 예수께서는 이렇게 말씀하신다. "깊은 데로 가서 그물을 내려라."(눅 5:4) "그물을 배 오른쪽으로 던져라."(요 21:6) 같은 의미를 지닌 이 말씀은 시방 물고기 잡는 법을 강의하신 게 아니다. 물고기라면 어부들이 더 잘 안다.

'오른쪽'은 고대 어느 나라에서나 신이나 남면한 왕의 오른쪽을 가리킨다(南面-남쪽을 향해 좌정). 오른쪽은 전쟁이나 자연재해와 같은 흉사(凶事)의 위기가 일어났을 때, 그 일을 처리할 책임자가 선 중요한 자리이다. 평상시(길사·吉事)에는 그 반대이다. 그래서 전쟁이 일어났을 때 국방부 장관과 총사령관은 왕의 오른쪽에 선다. 고대나 지금이나, 인류는 늘 '오른손잡이 문화'이다. 왼손잡이 문화, 왼손으로 악수하는 나라는 지구상에 한 곳도 없으며, 왼손잡이들조차도 오른손으로 악수한다. 물건이나 건물은 대개 오른손잡이용이다.

따라서 당대의 오른손잡이 문화에서, 예수께서 오른쪽으로 그물을 던지라고 한 것은 그만큼 삶의 중심, 삶의 깊이, 삶의 진실에 자신을 온통 투자하라는 뜻으로 말씀하신 것이다. 자그마한 목선(木船)에서 오른쪽이나 왼쪽이나 무슨 차이가 있으랴? 그러므로 예수의 말씀은 그 상징적 의미를 볼 때, 깊이 있는 삶, 곧 깨어 있는 의식으로 살아가는 삶으로 부르는 초청장이다. 고통스러울 때는 더욱더 그러하다. 왜냐면 모든 게 원활하게 돌아가는 평상시에는 의식이 날카롭게 깨어 있기가 어렵기 때문이다. 평상시에도 깨어 있는 의식을 가지고 살아가는 사람은 영성이 깊은 사람에게나 가능하다.

그런데 고통은 우리의 잠든 의식을 깨워 통찰의 불꽃을 일으키는 삶의 횃불이요 망치이다. 고통은 다시금 자신을 돌아보게 하고, 인생에서 무엇이 소중한 가치인지를 분별하게 한다. 물론 이것은 고통 속에서 성찰로 나아가는 사람에게만 해당하는 일이다. 고통 속에서 불평과 원망과 저주 비슷한 감정에 휩싸이는 사람은 더욱 깊이 침몰하고 만다. 따라서 고통 속에서 인생의 소중한 차원을 인식하는 사람에게 그것은 은총의 선물이 되며, 그저 당해야 할 문제가 아니라 변형시켜야 할 기회로 자리 잡는다.

이런 문제를 성서에서 찾아보시라. 하나만 생각해보자. 로마서 8장 35~39이다. 여기에서 바울은 기독교 정신, 곧 문제투성이에 직면한 그리스도인의 존재 방식에 관하여 말한다. 어떤 문제들인가? "환난, 곤고, 박해, 굶주림과 헐벗음, 위협, 칼, 죽음, 폭력적 정치, 자연재해" 등이다. 그는 여기에서 온갖 박해와 모욕, 추방과 비난, 수난과 죽임을 당하면서도 여전히 찬란하게 빛나는 영원한 태양, 곧 예수 그리스도 안에서 빛나는 하나님의 사랑과 사랑의 하나님을 주목하고 기뻐하고 사랑하고 헌신하는 것이 신앙이라고 한다.

바울이 말하는 신앙이란 문제가 있건 없건, 그리스도인의 존재 방식은 언제나 일상을 넘어서 영원한 실재이신 하나님과 그리스도의 사랑 안에 있음을 알고, 그것을 기뻐하는 것이라는 사실이다. 따라서 시편의 결론과 같은 것이다. 이것이 종교의 길, 곧 영성이고 종교성이다. 이것은 시련과 고통에서 그 진가를 발휘한다. 영성과 종교성이란 해방과 자유, 이해와 자각, 기쁨과 웃음, 감사와 노래와 춤에 이르는 길이다.

시인의 경우

1. 이제 경전을 생각해보자. 시인은 한창 "중년"인 남성이다(23~24). 그의 나이는 몇 살일까? 중국의 시성(詩聖) '두보'(712~770년)는 말한다. "인생칠십고래희·人生七十古來稀, 사람이 70세를 사는 것은 예로부터 드문 일이다."(곡강이수·曲江二首-2) 선진국에서 평균수명이 70세를 넘긴 것은 1970년대에 들어서이다. 100년 전만 해도 불과 40세 정도였다(높은 유아

사망률과 영양 불량과 질병 때문). 시편 90:10은 "인생은 칠십, 건강하면 팔십"이라고 하는데, 평균수명이 아니라 장수한 경우를 말한다. 신약성서 신학자 '요아킴 예레미야스'는 예수 당시의 평균수명을 30세 정도로 본다(예수 시대의 예루살렘). 그렇기에 본문은 기원전 시대의 작품이기에, 예수 시대의 평균수명과 같은 것이다.

따라서 건강하게 살아오던 시인의 '중년'을 35세 정도로 볼 수 있다. 그때는 대개 늦어도 20세 전에 결혼하던 시대였기에, 그에게는 분명 예쁜 아내와 토끼 같은 자식들이 있고, 부모도 살아있고, 친구들과 친척들도 많았을 것이다. 그런데 그만 중병이 들어 죽게 생긴 것이다. 살다 말고 중간에 세상을 떠나게 되었으니, 얼마나 기가 막히는가? 그와 연결된 모든 이들이 슬퍼하는 모습이 보이는 것 같다. 이것은 먼 옛날 벌어진 남의 이야기만은 아니다.

이 시를 처음부터 죽 읽어보면, 눈물에 젖지 않을 수 없다. 인생의 중간인 "아직 한창때"에 그만 사망선고 같은 중병을 앓아, 그저 황망해져(慌忙, 몹시 당황하여 어리둥절함) 눈물로 날을 보내고 괴로움으로 밤을 지새우는 가여운 남편이요 아빠요 아들이요 친구요 친척인 한 남자가 인간의 도움과 처방이 모두 끝장나, 처연하게 죽음을 기다릴 수밖에 없는 절박한 상황에 놓였다. 바싹 마른 몸에 얼굴은 눈물로 범벅이다. 조금이라도 더 살 수만 있다면…. 아, 살고만 싶다! 그리하여 그는 하나님께 자기 병증과 마음을 솔직하게 고백한다.

2. 그의 병이 무엇인지는 알 수 없다. 다만 그의 질병은 "하나님께 부르짖을 수밖에 없는 고난"이다(1~2). 그는 하나님이 자기에게서 "얼굴을 숨기신" 것 같이 느낀다. 참담하고 무기력한 상황이다. 시들어가는 그의 "나날은 마치 연기처럼 사라지는" 것 같고, 몸은 "뼛속까지 뜨거워 화로처럼 달

아오른" 중증상태이다(3). 전신이 욱신욱신 쑤시고 괴롭기 그지없다. 그 때문에 "음식을 먹는 것조차 잊을 정도이고, 마음은 풀처럼 시들어서 말랐고, 밤이 와도 신음하다 지쳐서 뼈와 살이 달라붙었을" 지경으로 나날이 악화하고 있다(4-5).

그는 자신의 신세를 한탄한다. 자기는 "광야의 올빼미와도 같고, 폐허 더미에 사는 부엉이와도 같다."(6) 외로움이 뼈에 사무친다. 잠을 이룰 수 없는 날이 오래되어, "마치 지붕 위의 외로운 새 한 마리와도 같다."(7) "원수들" 같은 질병이 "종일 나를 모욕하고 비웃으며 저주하는 것"만 같다(8). 겨우 힘겹게 먹는 "밥조차도 재를 먹는 것 같고, 눈물 섞인 물을 마시는 것" 같다(9). 마치 "하나님이 자기를 저주와 진노로 들어서 내던진 것 같아서, 사는 날이 기울어지는 그림자, 말라 가는 풀과 같이" 느껴지기만 한다(10~11). 그리하여 이제 "아직 한창인데 기력이 쇠하여 죽을 것 같다."(23) 아내와 자식들 생각에 그만 가슴이 미어진다. 그들을 생각해서라도 조금 더 살고만 싶다.

그렇게 지내다가 그에게 문득 마음에 어떤 변화가 온다. 어느 순간, 병에 집착하기를 그치고 '얼굴을 숨기신 것' 같은 하나님을 바라본다. 그렇게 오랜 기도와 깊은 명상의 시간이 흐른다. 그러다가 결국에 하나님의 이름을 찬양하고, 자기 민족을 향한 그분의 긍휼과 은혜를 느낀다(12~22). 곧, 그는 자신의 고통을 통하여, 그동안 깊이 생각해보지 않았던 나라와 민족이 앓고 있는 역사의 수난과 질고(疾苦)와 이웃의 고난을 깊이 인식하는데 이른다.

이렇게 시인은 고통 속에서 세상을 바라보는 시야를 넓혀 나가고 있다. 그는 자기만 앓고 있는 게 아니라는 사실을 깨닫는다. 그는 자신의 처지를 통해서, '재를 밥처럼 먹고 눈물 섞인 물을 마시며'(9) 살아온 자기 민족의 고통스러운 역사와 현실에 깊이 감정이입(感情移入) 되기에 이른 것이다. 그리하여 자신과 민족이 한 몸이라는 것을 깊이 느끼고 이해한다.

이것이야말로 한 인간이 자신의 문제와 시련과 고통을 통하여 삶의 진실에 눈을 뜨는 위대한 카이로스의 순간으로서, 시련과 고통이 가져오는 진정한 보물이다. 우리는 얼마나 이 땅을 사랑하는지! "하나님의 백성들은 시온의 돌들만 보아도 즐겁고, 그 티끌에도 정을 느낀다."(12~14). 얼마나 위대한 애정인가! 내 조국의 돌들과 풀들만 봐도 즐거움과 정을 느끼는 경지! 이것이야말로 진정 신앙의 자각이 낳는 위대한 눈이다.

이윽고 그는 하나님의 영광을 생각하며 민족의 건강과 번영을 기원한다. 대대로 이스라엘이 하나님을 찬양하고, 하나님의 구원을 맛보고, 온 세상이 하나님을 섬기게 되기를 바란다. 그래서 나라와 민족이 그런 좋은 세월을 누리게 되는 세상에서 오래오래 살고만 싶다. "나의 하나님, 중년에 나를 데려가지 마십시오." 눈물이 솟구친다. 저 어린 것들을 두고 어떻게…? 아, "하나님의 햇수는 대대로 무궁하여"(24b) 시간이 많으시니, 나에게 조금이나마 나누어주시면 안 될까요?

3. 그리고 시간이 더 흐르고 병은 더욱 악화한다. 그리하여 시인은 모든 것을 내려놓고, 하나님만 생각한다. 모든 게 스러질 운명임을 절실하게 깨닫게 되자, 절실한 심정으로 영원하신 하나님만 바라본다. 이것이야말로 진정한 기도이다. 기도란 단지 내 문제를 하나님께 호소하는 것을 넘어서, 마음을 다 바쳐 하나님 앞에 나를 열어 놓는 것, 나를 하나님에게 완전히 내맡기는 것, 그리하여 오로지 하나님만 갈망하는 것이다.

여기에서 가장 먼저 알게 되는 것은 인생무상(人生無常)이다. 그는 인생의 진실을 절절히 깨닫는다. 인간과 세상의 모든 것은 잠시 잠깐이다. 한 인간의 세월이란 게 무엇인가? 어지러이 날리는 티끌이고 먼지이다. 인생의 모든 게 세월의 무게를 견디지 못하고 무너져 내린다. 인생무상, 곧 인생에 항상(恒常, 늘·영원) 있는 것은 아무것도 없다. 거대한 제국조차도 세월의 바람에 연기처럼 스러지고 흩어지고 마는 것이다.

비록 "그 옛날 하나님께서 땅의 기초를 놓고 하늘을 손수 지으셨다" 해도(25), 저 "하늘 길고, 땅 오래"라 해도(天長地久, 노자-도덕경, 7장), 그것 역시 잠깐 있다가 사라지는 사물일 뿐이다. 하나님의 영원한 세월에 비하면(26a), 그것도 숫제 없는 것과 마찬가지이다. 만물의 영고성쇠(榮枯盛衰)는 마치 "하나님이 옷을 갈아입는 것" 같은 일이요(26b), "모든 것은 다만 지나가 버리는 것일 뿐이다."(26c) 그러나 "하나님만은 언제나 한결같고(주는 如常하시니), 하나님의 햇수는 끝이 없어 무궁무진하시다."(27).

이런 묵상에 이른 시인은 오래 살거나 일찍 세상을 떠나거나, 인간의 삶이란 저 오래고 오랜 하늘과 땅, 아니 영원한 하나님·하나님의 영원성에 비하면, 모두 티끌 같은 것임을 깨닫는다. 그리하여 그는 모든 것을 내려놓고, 하나님을 향한 전적인 신뢰와 내맡김 속으로 들어간다. 살든지 죽든지 괘념치 않는다. 죽음이 오더라도 편안하게 맞이하고자 한다.

시인은 중병을 앓게 되어서야, 비로소 인생의 진실을 심오하게 이해하기에 이른 것이다. 따라서 그의 병은 하나님이 그에게 보내신 최고의 선물이 된 것이다. 그렇지 않았더라면, 인생의 깊은 진실을 깨우치지 못하고, 그저 표면에 머물러 살아가다가 죽었을 것이다. 이런 삶을 오래 산들, 무엇이 좋겠는가? 그 후 이 시인이 어떻게 되었는지는 알 수 없다. 죽었다면 아름답고 찬란한 소멸이었을 것이고, 건강을 회복했다면 진실로 숭고하게 살았으리라.

4. 우리가 여기에서 보아야 할 진실은 그가 중병의 고통을 통해서 인생을 질적인 차원에서 몇 배의 깊이로 살았다는 것이다. 그는 건강할 때는 별

로 의식하지 못했던 조국 땅의 아름다움과 가치, 그리고 인생의 진실과 가족의 소중함을 깊이 느끼고 맛보며 충만하게 살았다. 중병이 그를 과거도 미래도 아닌, 현재 이 순간의 삶에 몰입하게 한 것이다.

그가 우리에게 보여준 존재 방식은 진정한 종교성에 관한 것이다. 지금 이 순간에 깨어서 사는 것! 중병과 같은 극도의 고통이나 실패의 경험을 통해서 "영원자 당신(너)"(마르틴 부버-나와 너)인 궁극적 실재를 찾는 절대 긍정의 마음, 자신에게 해방되어 자유를 얻는 것, 이웃과 나라와 민족의 생명과 평화를 기원하는 것, 하나님의 긍휼과 은총과 삶의 영원함을 생각하는 것, 살아온 모든 나날에 깊이 감사하고 찬양하는 것, 인생무상을 있는 그대로 수용하고 이해하는 것, 어떻게도 할 수 없는 인생의 불가능성에 직면해서 삶의 질적인 차원을 깊이 인식하고 느끼고 체험하는 것, 이것이 시인이 보여주는 진정한 영성과 종교성이다.

신앙인은 문제 해결의 어려움을 떠나서 오직 하나님만 바라보면서, 지금 살아있는 이 순간의 삶을 경축하고 기뻐하고 감사하고 노래하고 웃을 수 있다. 신앙은 자기 긍정과 함께 자기 초월의 감각을 낳는다. 집요한 집착의 긍정이거나 몽롱한 몽상적 초월이 아니라, 하나님의 사랑에 대한 자각, 현실에 대한 깊은 이해, 인생에 대한 심오한 긍정을 통하여 자유에 이르는 견고한 초월이다. 이것이 진정한 삶이다.

영원한 지금

1. 구약성서에서 인간이 도달할 수 있는 아름답고 숭고한 영성을 보여주는 곳은 창세기 2장인 것 같다. 이야기 형식은 전형적으로 신인동성동형론에서 나온 문학 수법이다. 이 이야기는 하나님은 이 땅을 거니는 분, 땅의 흙과 같은 평범한 우리와 아주 가까이 있신 분, 우리의 행복과 기쁨과 평화

를 위해 즐거이 일하는 분, 우리와 함께 놀이하는 분, 우리와 대화하시는 분이라는 것을 증언한다.

그것을 찬찬히 생각해보자. 천지만 있던 시절의 어느 날, 하나님은 무엇인가를 구상한 후, 질척한 땅을 이리저리 거니신다. 그리고는 이내 무릎을 구푸리고 앉아 두 손으로 진흙을 뭉쳐 어떤 형체를 빚어 놓으신다. 빚어진 것은 누워 있는 사람 형상의 진흙 인형이다. 이윽고 만족스러운 얼굴로 그것을 바라보던 하나님은 그 코에 생명의 숨결을 불어넣어 살아 움직이는 생명체, 곧 사람이 되게 하신다. 그리고 그 사람은 말을 한다.

이윽고 하나님은 네 강줄기가 흐르는 곳에 땀을 흘리며 널따란 동산을 만들고, 나무들이 자라게 하고 짐승들이 뛰어놀고 새들이 노래하게 하신다. 아무것도 부족하거나 빠진 것이 없다. 이내 하나님은 마치 아빠가 어린 아들의 손을 붙잡고 걷듯이, 그 사람의 손을 붙잡고 동산으로 데려가 살게 하신다. 그리고는 그 사람과 "동물들의 이름 짓기" 놀이를 하신다.

하나님은 정녕 "놀이하는 하나님"이시다(Deus Ludens. 20세기 네덜란드 문화학자 'J. 하위징하'의 "호모 루덴스·Homo Ludens, 놀이하는 인간"에서 응용함). 이것이 하나님의 참모습이다. 힌두교에서는 신의 창조를 아예 "릴라"라 한다(Leela, 놀이·유희·遊戲). 그렇다. 우주와 만물은 하나님의 놀이로 나타난 것이다. 기독교 철학자와 신학자들도 하나님을 "춤추는 신"이라고 말한다(Dancing God. 샘 키인-춤추는 신; 헨리 나우웬-춤추시는 하나님). 성서도 "창조의 새벽에 별들이 함께 노래했다."라고 말하는데(욥 38:7), 춤추시는 하나님을 상상한 것이리라.

그렇기에 인간의 삶을 놀이하고 춤추시는 하나님과 함께 놀이하고 춤추고 노래하는 것으로 이해하고 살아가는 것, 이것이야말로 진정 숭고한 성서적 영성이다. 고대 히브리인의 영성은 창세기 2장에서 드높게 솟구쳐 오른 것이다. 만일 하나님이 엄숙하고 심각한 분이시라면, 꽃들은 기뻐하며 꽃을 피우지 않을 것이고, 새들과 시냇물들은 노래하지 않으리라. 그러나 하나님은 언제나 완전하고 순수한 에너지로 넘쳐서 즐겁게 노래하고 춤추시는 분이다. 그래서 이 세상의 만물 하나하나도 하나님의 기운을 받아 노래하고 춤추며 산다. 따라서 기쁨으로 가득 차서 노래하고 춤추며 사는 것이야말로 인간의 마땅하고 아름다운 삶이다.

하나님은 삶을 사랑하신다. 당신의 삶과 우주와 만물의 삶을…. 하나님께는 시간이 없으시다. 하나님은 나이를 먹지 않는 영원한 청춘이시다. 하나님은 영원한 지금을 사실 뿐이다. 마치 오늘 태어나신 분 같은 하나님은 경이감에 찬 눈으로 만물을 "참으로 좋구나·멋지구나" 하고 바라보신다 (창 1:31). "하나님은 영원하신 하나님이다. 땅끝까지 창조하신 분이다. 그는 피곤을 느끼지 않으며, 지칠 줄을 모르며, 그 지혜가 무궁하신 분이다." (사 40:28) 따라서 "오직 하나님을 소망으로 삼는 사람은 새 힘을 얻으리니, 독수리가 날개를 치며 솟아오르듯 올라갈 것이요, 뛰어도 지치지 않으며, 걸어도 피곤하지 않을 것이다."(사 40:31)

하나님은 지치지 않는 힘과 활기를 지닌 영원한 독수리이시다. 하나님을 그렇게 표상하고 신뢰하는 사람 역시 한 마리 독수리이다. 힘차게 삶을 기뻐하고 즐거워하고 행복에 겨워하고 만족하고 춤추는 인간 독수리, 이것이 인간의 진정한 모습이며 삶이다.

우주와 만물을 보라. 끊임없이 벌어지는 한바탕 거대한 축제 마당이다. 모든 것이 노래하고 춤춘다. 새들을 보라. 끝없이 노래한다. 꽃을 보라. 별들과 해와 달을 보라. 시냇물과 강과 바다를 보라. 소나무들과 잣나무들과 참나무들을 보라. 그리고 길바닥의 풀들을 보라. 만상이 기뻐하고 노래하고 춤춘다. 그것이 하나님이 창조하신 본래의 삶이다. 따라서 우리 인간의 삶 역시 기쁨과 노래와 춤을 위한 것이다. 지난 1930년대에 '알베르트 슈바이처'는 이런 말을 했다. "만일 사람들이 하루에 5분 정도라도 밤하늘의 별들을 쳐다볼 줄 안다면, 세상이 얼마나 좋아질 것인가?"(사랑으로 밝힌 생명의 등불)

2. 복음서에는 지금 이 순간을 살기로 결단하고 회개한 사람들의 이야기가 나온다.

2-1) 어느 바리새인 부자의 초대를 받으신 예수를 찾아온 한 여인의 이야기를 생각해보자(눅 7:36~50). 그녀를 "죄인"이라는데, 이것은 몸 파는 여자를 가리키지 않는다(본문은 이런 암시도 없다). 당시 유대 사회에서 '각종 중증 질환자(여성은 생리 불순의 하혈증을 앓을 경우. 지독한 냄새를 피움), 세리나 창녀나 목자나 돼지치기나 고리대금업자나 가죽 세공업자'는 민족 배반자나 천직(賤職)과 몸에 밴 악취 때문에 죄인으로 규정된 부류로서 성전 출입이나 봉헌조차도 제한되었기에, 그들의 아내나 딸 역시 몸에서 악취를 풍겨 죄인이라 했다.

그런 여자가 "향유가 담긴 옥합을 가지고 예수의 등 뒤로 다가와 발 곁에 서서, 울면서 눈물로 그 발을 적시고 자기 머리털로 닦고, 그 발에 입을 맞추고 향유를 부어 발랐다."('등 뒤, 발 곁'은 유대 부유층이 식사할 때 한쪽 팔을 괴고 비스듬히 누워 옆으로 다리를 뻗는 자세이기에 가능) 향유의 값어치가 얼마나 나가는 것인지는 말이 없다.

당시 처녀들이나 부인들의 관습에 의하면, 향유는 인도산 수입 향수인 "나드"인데(Nard), 매우 비싼 것이다. 비슷한 이야기를 보도하는 요한복음 12:1~8을 참고하면, 나사로의 누이동생인 마리아가 예수께 부은 향유의 값어치는 "300데나리온"이다. 당시 1데나리온은 노동자 하루 품삯이었기에,

오늘날 일용 노동자의 품삯으로 환산해도 대단히 많은 돈이다.

왜 여인들이 값비싼 향유를 사두었을까? 처녀들은 결혼 지참금, 부유층 부인들은 고급 향수나 비상시의 현금으로 쓰기 위해서였다. 따라서 그 여성도 결혼의 꿈을 품고 있던 처녀거나 부유층 부인이라는 것을 알 수 있는 대목이다. 그것을 한꺼번에 부은 것이다.

그러면 그녀의 행동은 무엇인가? 처녀라면, '나 같은 게 무슨 결혼을?' 하는 자포자기였을까? 부인이라면, 마음에 맺힌 한(恨) 덩어리를 풀어 새로운 삶을 살고픈 절절한 희망의 행동이었을까? 그녀의 처지와 마음을 누군들 알 수 있으랴마는, 나는 이렇게 본다.

그것은 지금 이 순간, 영혼 저 깊은 곳에서 처절히 울부짖는 소망의 목소리, 곧 어떤 이유로 그리되었던, 지난 세월에 얽힌 모든 수치와 소외의 고통을 다 내던지고서라도 새로운 삶을 시작할 수만 있다면, 정녕 그렇게 하리라는 단호하고도 거룩한 뜻에서 나온 자기 혁명의 행동이었다고. 그녀는 새로운 삶을 위하여, 모든 것을 내던진 것이다.

예수께서는 그것을 알아차리고, 그녀에게 구원, 곧 지금 이 순간 새로운 영혼의 삶이 열렸음을 선언하신다. 예수께서 그녀에게 해주신 것은 그것밖에는 아무것도 없다. 오로지 그녀가 지금까지 겪어온 모든 슬픔과 괴로움과 고통, 소망의 행동을 그냥 다 받아주신 것뿐이다. 예수께서는 그녀에게 이렇게 말한 것과 같다. '온 세상이 그대를 비난하고 욕해도, 나만은 그대를 이해합니다. 나는 그대 속에서 평생 굶주려 헤매며 찾아온 영원한 사랑의 임을 향한 갈망을 봅니다. 이제 그대의 소망은 지금 이루어졌습니다.' 그녀 스스로 구원의 문을 열어젖힌 것이다. 비록 그 후의 이야기는 없지만, 정녕 그녀는 새로운 삶을 살았을 것이다.

2-2) 다른 예는 "삭개오"이야기이다(눅 19:1~10). "그는 세관장이고 부자였다. 그런데 키가 작았다." 이것은 그의 심리와 인생살이 전체를 보여주는 중요한 상징적 문장이다. 얼마나 왜소했는지, 그것을 콕 집어서 기록한 것은 그가 평생토록 안고 살아야 했던 마음의 상처, 곧 심한 핸디캡에 관한 말이다. 그것은 그가 어릴 때부터 왜소증 때문에 말할 수 없는 조롱과 멸시와 왕따를 당하며 열등감과 자기 모멸감의 고통 속에서 살아온 것을 보여준다.

따라서 그는 어떻게든 살아 사회에 복수하기 위하여, 무슨 일이든 닥치는 대로 할 수밖에 없다고 생각하고는 세리가 되었으리라(로마 제국의 현지인 세금 징수원). 로마 제국은 세리에게 공공연한 착취도 허용했기 때문에, 유대인들은 세리만 보면 매국노라고 저주하고 인간으로 쳐주지도 않았다. 세리는 성전에도 들어오지 못하고 헌금도 받지 않는다고 규정한 유대교 관습법의 7대 죄인 중에서 선두주자였다. 삭개오는 그렇게 사회에 복수하려는 일념으로, 말단 세리로 시작하여 악착같이 세금을 걷어 바치고 착취하여, 어느덧 중년에 이르러 "여리고" 세관장(지방 국세청장)의 자리까지 오르고 부자가 된 것이다(Jericho, 농산물 집산지, 관세와 곡식세와 통행세와 인두세 징수).

그런데 그는 본디 착한 사람이어서, 날이 갈수록 양심이 찔려, 그 모든 것이 공허하고 무의미하고 허무하게만 느껴져, 실존적 위기에 처했다. 왜냐면 동료들은 많았어도, 사이좋게 살아갈 이웃이나 친구가 없었기 때문이다. 그러던 어느 날, 그는 예언자로서 국민적 영웅으로 소문이 자자한 예수께서 여리고를 지나가신다는 소문을 듣고, 호기심에 이끌려 그를 보고 싶어 했다. 예수가 다가오실 때, 하도 신장이 작아서 사람들에게 가려 볼 수 없게 되자, 그는 자신의 신분을 망각하고 돌무화과나무(sycamore tree)에 올라가 바라보았다.

예수께서 그를 보고 그의 집에 머무르겠다고 말씀하시자, 그는 놀라고 기뻐하며 집으로 모셔 들여 대접했다. 식사 후, 그는 예수께 그간의 인생을 정리하고 새롭게 출발하고자 하는 굳은 결심으로, 재산의 사회 환원을 선언했다. 예수께서는 그에게 그렇게 하라고 하시지도 않았다. 예수께서는 곧 그에게 구원을 선포하셨다.

생각해보시라. 이것이 어찌 쉬운 일인가? 오늘날에도 갖은 수고와 정직한 노력 끝에 사회적으로 크게 성공하여 부유하게 살아가던 60대 중반쯤에 이른 사람이 어느 날 거의 모든 재산을 사회에 환원하고, 이웃들과 어울려 평범하고 기쁘게 살아가는 일은 결코 쉬운 일이 아니다. 그렇게 성공한 사람이 그때쯤에 이르러 어쩌다가 교회당이나 절에 나가는 일이나, 얼마쯤 사회에 희사할 수도 있다.

그러나 삭개오가 한 일은 이런 것이 아니었다. 그동안 동족을 착취하는 세리로 살아온 자신의 삶 전체가 하나님이나 사회에 잘못되었다는 것을 정직하게 인정한 그가 그 모든 것을 그대로 안은 채 새로운 삶을 살아간다는 것은 또 한 번 하나님과 세상과 자신을 기만하는 일이었기에 내려놓은 것이었다.

그 후 이야기는 없지만, 우리는 그가 기꺼이 재산을 처분하고 행복한 보통사람으로 돌아갔다고 본다. 그는 분명 영성의 부자가 되어 새로 얻은 이웃들과 더불어 자유롭고 기쁨이 충만한 삶을 살았을 것이다. 그래서 나는 이 이야기를 '자캐우스 현상'이라 말하고 싶다(삭개오·Zacchaeus Phenomenon). 매우 희귀한 일이기 때문이다.

이 두 사람의 이야기는 지금 이 순간 마음을 바꾸고 행동할 때 새로운 인생이 시작될 수 있다는 진실을 보여준다.

3. 구원은 항상 지금 이 순간에 온다. "보십시오, 지금이야말로 은혜의 때요, 지금이야말로 구원의 날입니다."(고후 6:2b) 왜냐면 하나님은 어제도 내일도 아닌, 항상 지금 오시기 때문이다. 그렇기에 현재 이 순간이야말로 영원한 지금이다. 구원은 지금 이 순간, 온 마음을 다해 하나님을 향해 돌아서는 것이다. 인간이 앓고 있는 근본적인 정신의 병은 하나님·진리를 찾을 때를 항상 연기(延期)하는 것이다. 죽음에 이르도록 연기만 한다.

그러나 죽음이 코앞에 닥쳐왔을 때 돌아서기란 거의 불가능하다. 사람은 죽을병에 들거나 커다란 사건이 생기기 전에, 평안하고 건강하고 모든 일이 순조롭게 진행되는 지금 이 순간, 온전한 마음으로 하나님과 진리로 돌아서야 한다. 이것이 참된 인생의 길이다.

이것을 습관적으로 교회당에 다니는 것으로 대체하려고 하지 마시라. 종교 생활은 훌륭한 대체물이기는 하다. 그러나 내적 진실에서 나오는 절실한 수행이 아니라면, 그것조차도 허위와 관행적 장난일 수 있다. 인격의 변화와 성숙 없이, 교회당을 백화점 아이 쇼핑을 하는 것처럼 드나드는 사람이 많은 것은 참으로 슬픈 현실이다.

목회하는 동안 죽음 앞에서 두려움과 공포, 후회와 분노에 빠져서 강제로 끌려가듯 세상을 떠나는 기독교인들을 많이 보았다. 누릴 만큼 누리고 살 만큼 살았으면서도, 하나님을 향하여 분노하며 떠나는 사람도 보았다. 왜 그럴까? 그것은 신앙생활을 문화적 형식의 하나로 해왔기 때문이리라. 평생 교회당에 드나들었어도, 깨달은 것이나 마음이 변한 게 하나 없으니, 얼마나 기가 막힌 노릇인가! 이것은 남들의 이야기만은 아니다.

지금 이 순간, 진실로 삶에서 무엇이 소중한 것인지를 진지하게 생각해보시라. 오늘 밤 죽는다고 하더라도 두려워하지 않고 평안하고 감사한 마음으로 죽을 수 있게 해주는 그것, 그것만이 지금 이 순간 내가 해야 할 일이고 지녀야 할 무엇이다. 인생에서 그것보다 더 중요한 일은 없다.

죽음은 모든 것을 적나라하게 펼쳐 놓는다. 아무도 누군가의 훌륭한 죽음을 흉내 낼 수 없다. 죽음의 모습은 그동안 내가 살아온 모습과 같은 것이고 그 결론일 뿐이다. "죽음 앞에서 마음을 여는 것은 매우 어려운 일이지만, 자신과 세상과 하나님과 화해하고 죽는 사람은 누구나 평온하게 세상을 떠난다."(엘리자벳 퀴블러 로스-인생 수업)

4. 그대는 지금까지 단 한 번이라도 목숨을 걸고 하나님·그리스도를 갈망해보신 일이 있는가? 그대는 '진리를 찾기 위해, 영적 변화를 위해' 며칠을 굶어본 적이 있는가? 그대는 단 한 번이라도, 마치 물에 빠진 사람이 지푸라기라도 잡으려는 심정으로, 그렇게 하나님과 그리스도와 진리를 절실하게 찾아본 적이 있는가? 그대는 마치 광대한 사막에서 물이 떨어져, 며칠 동안 물을 마시지 못하고 죽음 직전에 놓인 사람의 목마름만큼이나, 그렇게 하나님과 그리스도와 진리에 대한 강렬한 목마름의 열망에 젖어본 적이 있는가?

이런 일이 없었다면, 지금 이 순간부터 하시라. 내일로 연기한다면, 지나치게 늦으리라. 젊은이든 노인이든 누구라도 마찬가지이다. 젊은이는 인생의 항구적 좌표를 설정하고 뚜렷이 살기 위해서이고(전 12장), 노인은 살아갈 날이 지나온 날보다 훨씬 더 적을 것이 분명하기에 세상에 대한 집착을 거두고 영원의 세계를 동경하며 아름다운 황혼을 누리기 위해서이다. 지금 이 순간 진리로 돌아서지 않는다면, 그대의 삶이란 비록 100년을 산다 해도, 꿈속의 잠꼬대, 술취한 자의 중얼거림, 몽유병 환자의 배회(徘徊)와 하나도 다를 것이 없는, 살아서 이미 죽어버린 삶일 뿐이다.

오늘 시인이 보여주는 것은 그가 절체절명의 위기에 처해, 비로소 하나님을 향한 강렬한 갈망과 이해를 통해 인생에 대한 심오한 자각에 이르렀다는 것이다. 우리는 그와 같은 병에 걸리지 않아도, 지금 그것을 할 수 있다. 건강할 때, 행복할 때, 평안할 때, 아무런 문제가 없을 때, 하나님과 진리를 향한 강렬한 내적 갈망을 일으키시라. 지금 그런 마음을 일으키지 않는다면, 어찌할 수 없는 고통이 오는 날에는 전혀 아무것도 할 수 없다. 영성의 자각이란 하루아침에 이루어지는 것이 아니라, 오랜 세월 축적된 결과가 꽃피는 것이기 때문이다.

기쁨, 그리고 행복. 이것이 인생이다. 언제나 지금 이 순간, "기뻐하고 즐거워하라."(마 5:12a) 지금이 아니라면 언제 행복하고 기뻐하겠는가? 돈 많이 벌고 성공한 다음에? 그렇게 생각한다면, 죽어도 그런 날은 오지 않는다. 설령 성공한다 해도, 행복하고 기쁠 수 없으리라. 더 바쁠 것이고, 또다시 내일로 야망을 투사하며 연기하며, 그것을 삶이라 여길 것이다. 진정 자신을 사랑한다면, 지금 이 순간, 목숨을 걸고 하나님·그리스도·진리를 갈망하시라.

행복과 기쁨은 육체적 욕구 충족이나 권력과 돈과 명예가 아니라, 진리를 깨달은 내면의 평화와 조화로운 인격에서 온다. 인간은 돼지나 닭이 아니다. 인생을 돼지우리나 닭장으로 여기지 마시라. 행복과 기쁨은 내면의 평정과 조화가 발산하는 향기로운 꽃이다.

시계와 달력의 크로노스 시간 속에 갇혀 사는 자는 만고(萬古)에 처량하다. 그러나 카이로스의 시간과 함께 순간에서 순간으로 움직이며 영원한 지금을 사는 자는 만세반석(萬歲磐石/rock of ages, 신)에 인생의 집을 짓는다. 그는 "산 위에 세운 요새"와 같다(마 5:14). 아무도 무너뜨릴 수 없다.

12

인생무상(人生無常)

∨

한소리가 외친다. "너는 외쳐라." 그래서 내가 "무엇이라고 외쳐야 합니까?"
하고 물었다. "모든 육체는 풀이요, 그의 모든 아름다움은 들의 꽃과 같을 뿐
이다. 주님께서 그 위에 입김을 불으시면, 풀은 마르고 꽃은 시든다. 그렇다.
이 백성은 풀에 지나지 않는다. 풀은 마르고 꽃은 시드나, 우리 하나님의 말씀
은 영원히 서 있다."(이사야서 40장 6~8절)

1. "꽃잎은 하염없이 바람에 지고, 만날 날은 아득타 기약이 없네. 무어라 맘과 맘은 맺지 못하고, 한갓되이 풀잎만 맺으려는고. 한갓되이 풀잎만 맺으려는고// 바람에 꽃이 지니 세월 덧없어. 만날 날은 뜬구름 기약이 없네. 무어라 맘과 맘은 맺지 못하고, 한갓되이 풀잎만 맺으려는고, 한갓되이 풀잎만 맺으려는고."(당나라 여성 시인 설도(薛濤)의 시, 가곡-동심초(同心草·No one knows)의 가사)

사랑하는 이와 맺어지지 못하는 애상(哀想)의 눈물이 뚝뚝 떨어지고 있다. 사랑하는 임과 함께 살지 못하고서는, 보내지도 않았건만 부지런히 떠나가는 세월의 하고많은 일이 아무런 의미도 없는 헛된 것일 뿐이다. 그 임은 시인의 영혼과 삶의 모든 것이기에, 이루어지지 못하는 사랑 때문에 인생무상(人生無常)을 절절히 느낄 수밖에 없다.

우리는 흔히 하던 일이 실패로 돌아가거나, 경쟁 상대나 적에게 패배하거나, 바라던 꿈이 꺾이거나, 불운한 시세(時勢)나 재해로 공든 탑이 무너지거나, 아무리 노력해도 뜻한 것을 이룰 수 없거나, 아무개와 관계가 틀어져 기분이 우울하고 쓸쓸하거나, 부조리한 사회 구조의 벽에 부딪혀 미래에 대한 밝은 희망을 품을 수 없어 체념하거나, 권력과 재산과 영광과 영화를 휘두르며 살다가 쓸쓸하게 죽거나 혹은 그런 인물을 보거나, 존경하고 흠모하고 사랑하던 이와 이별할 때면, 어쩔 수 없이 구슬픈 탄식의 어조로 人生無常을 읊조린다.

본디 인생은 항상성(恒常性, 늘·영원)이 없는 것이다. 생겨난 모든 사물에 어린 운명(運命)이란 어리고 젊고 늙고 병들고 쇠락하고 죽어서 흩어지고 사라지는 것이다. "모든 사물은 에너지 제로(0)의 지점을 향해 끊임없이 나아간다."는 '열역학 제2 법칙-엔트로피(entropy)'에 종속되어 있기에, 일정한 시간 동안 존재하면서 에너지를 다 쓰고 나면, 끝내 해체되어 흩어진다(제레미 리프킨-엔트로피). 엔트로피는 만물이 안고 있는 사멸(死滅)의 운명이다.

　신화의 민족인 고대 그리스인들은 엔트로피 법칙을 '운명의 여신'인 "모이라"(Moira)로 비유한다. 그녀의 세 딸은 운명의 실을 잣는 "클로토", 그 실을 감는 "라케시스", 그 실을 자르는 "아트로포스"이다. 인간 역시 사물의 하나이기에, 그 운명의 법칙을 따르지 않을 수 없다. 잠시 머무르다가 세월의 바람 속에 흙과 먼지와 티끌과 연기가 되어, 원자와 분자로 흩어진다. 이것리 영원히 변하지 않는 우주와 만물의 질서이다.

　2. 우리가 여기에 머물 시간은 매우 짧고···. 누구는 '바람에 지는 꽃잎' 아니던가? 사멸(死滅)의 운명이여! 만물에 이보다 더 확실한 진리도 없다. 모든 태어난 것은 필멸(必滅)의 운명을 안고 있다. 저 영원할 것처럼 보이는 항성들조차도 태어나 살다가 끝내 죽어 흩어진다. 영겁(永劫)과도 같은 길고 긴 시간의 차원에서 보면, 항성도 하루살이의 세월이요 하루살이도 항성의 세월이다.

　이 땅에서 한때 찬란하게 생을 누리다가 스러지는 만물을 보라. 대륙조차도 부딪치고 곤두박질치고 솟구치면서 태어나고 또 죽는다. 언젠가는 바다에서 솟구쳐 형성된 히말라야산맥조차도 다시 바닷속으로 가라앉아 형체도 없이 사라지리라. 수십 억 년 전, 이 땅을 활기차게 거닐며 살았던 생물들의 화석(化石)을 보라. 육지 동물의 화석이 바다에서 나오기도 하고, 바다 생물의 화석이 높은 산에서 나오기도 한다. 중국과 미국과 볼리비아 고원 지대에는 옛날 바다가 솟구쳐 말라붙은 소금사막도 있다. 굳건한 바위조차도 냉정한 세월에 부서져 모래알이 되어 뿔뿔이 흩어진다. 오늘 본 저 산은 어제의 그 산이 아니며, 태양조차도 어제의 그 태양이 아니다. 만물은 날마다 조금씩 엔트로피를 향해 쉬지 않고 나아간다.

수만 년 전, 구석기 시대 원시인들이 남긴 석기의 자취를 보라. 삶의 흔적만 남기고 사라졌다. 그러니 지금 이렇게 팔팔한 나도 어느새 자취도 없이 사라지리라. 간혹 육체적 아름다움을 믿고 뽐내기도 하지만, 며칠 후면 나보다 더 싱싱한 새싹이 솟구쳐 오른다. 세기의 여우(女優)라는 말을 들었던 여인들의 미모도 조금 후면 빛이 퇴색하여 시든 배추처럼 쭈그러진다. 남보다 조금 더 가졌다고 목을 빳빳이 쳐들고 으스대봤자, 백 년도 못 살고 가기는 마찬가지이다. '바람에 지는 꽃잎.' 이것이 인생이다.

19세기 영국의 수필가 '월터 페이터'는 말한다. "잎, 잎, 조그만 나뭇잎. 너의 귀여운 자식들도, 너에게 아첨하는 자도, 너의 원수도 모두 바람에 휘날리는 나뭇잎. 너를 이 세상에서 조롱하거나 멸시하는 사람들도, 너를 온갖 수단을 다하여 지옥에 빠뜨리려는 자들도, 그리고 명성이 이 세상을 뒤덮는 사람들도 모두 바람에 펄럭이는 나뭇잎. 이 모든 것에 한 가지 공통점이 있다면, 그것은 오직 이 모든 것이 극히 미미하다는 것뿐이다."(페이터의 산문-철인 황제 마르쿠스 아우렐리우스)

인생은 무상(無常)한 것, 항상성(恒常性) 없는 것. 인간이여! "너는 흙에서 나왔으니, 흙으로 돌아갈 것"이고(창 3:19), "혈기왕성한 청춘도 덧없이 지나가"(전 11:10) "온 세상 사람이 가는 길"(수 23:14; 왕상 2:1)인 죽음의 여행을 떠나야 한다. 정해진 운명이다. 이보다 더 확실한 사실도 없다. 억지를 부리고 발악을 해도 소용없다. 그럴수록 추해질 뿐이다.

3. 11세기 페르시아의 시인 '오마르 카이얌'은 노래한다(1048~1131년, 루바이야트).

아침마다 장미꽃 무수히 핀다지만, 어제 핀 장미는 어디로 갔는가?

황금 싸라기를 아껴 쓴 사람이나 물 쓰듯 바람에 날려 보낸 사람이나,
황금의 대지로 화신(化身)할 수 없는 몸,
죽어 묻히면 그 아무도 파보지 않으리.

마음조인 세상 소망 잿더미 되고,
그 소망 꽃피워도 그것은 잠시,
사막의 먼지 위에 내린 눈처럼,
어느새 녹아 사라지리라.

보라, 허물어진 세월의 여인숙에
밤과 낮이 엇갈리며 출입하는데,
대대로 누리는 술탄의 영화,
정한 시간 끝이 나면 사라지리라(9.15~17).

'사막의 먼지 위에 내린 눈'이 얼마나 가랴? 인생은 사막의 먼지 위에
내린 눈이 아니던가? 인간은 누구나 본성적으로 자기의 죽음을 알고 있다.
누가 가르쳐준다고 아는 게 아니다. 다만 죽음을 외면하거나 망각하고 살아
갈 뿐이다. 우리는 잠시 이 대지 위를 스쳐 지나가는 바람이다. 누구나 하
루살이를 가련히 여기며 비웃지만, "영원의 상하(相下)에서 보면"(B. 스피
노자-에티카), 우리는 하루살이조차도 못 된다.

4. 그런데 '설도'의 시는 단지 연인을 향한 그리움의 정(情)을 읊는 것
을 넘어, 신에게 바치는 한 인간의 진실한 심정의 애달픔을 노래하는 종교
적 송가(頌歌)로 봐도 될 여지를 남긴다(시 42편, 84편; 타고르-기탄잘리).

신을 믿으며 살아온 세월이 오래도 흘렀건만, 여전히 신을 만나지 못해 애태우는 가슴의 애상! 어째서 신의 마음과 내 마음은 맺어지질 못하는가? 신께서 느리신 것인가, 아니면 내 마음이 신의 마음에 맞추지 못하는 것인가? '한갓되이 풀잎만 맺는' 삶을 언제까지나 되풀이할 것인가! 인생무상을 절절히 느낄 수밖에 없다.

그러나 여기에는 희망이 있다. 왜냐면 신의 시간·신의 날이 이르면, 심정에 꽃이 필 날이 올 것이기 때문이다. "구하고, 찾고, 문을 두드리는 일"을 끝까지 포기하지 않으면, 마침내 영원한 임이 오시리라(눅 11:9~13; 행 1~2장). 그렇지 않다고 하더라도, 신을 향한 애절한 동경심은 헛되지 않다(마 5:3~4). 왜냐면 그러한 순결한 동경심이야말로 이미 내게 다가오신 신의 시간·신의 날이기 때문이다(사 55:1~6; 렘 29:13~14). 이슬이라고 비가 아니던가!

본문이 들려주는 생의 진실이 이것이다. 처음부터 끝까지 사실이면서도 진실의 상징과 비유이다. 그러나 본문에는 애상의 심정이나 뜻이 전혀 없다. 그저 인생의 사실과 진실에 대한 정직한 인식과 통찰과 고백의 언어일 뿐이다. 이 말에 고개를 끄덕이지 않을 이가 있으랴? 가슴을 서늘하게 후려치는 말이기에, 우리 역시 이실직고(以實直告)하지 않을 수 없다.

한소리가 외친다. …모든 육체는 풀이요, 그의 모든 아름다움은 들의 꽃과 같을 뿐이다. 주님께서 그 위에 입김을 불으시면, 풀은 마르고 꽃은 시든다. 그렇다. 이 백성은 풀에 지나지 않는다. 풀은 마르고 꽃은 시든다.

인간이나 풀이나 단지 한때 우연으로 뭉쳐진 원소들의 집합인 육체일 뿐이다. 시들고 스러질 본질적 운명은 같다. "사람에게 닥치는 운명이나 짐승에게 닥치는 운명이나 같은 것이다. …둘 다 같은 곳으로 간다. 모두 흙에서 나와서 흙으로 돌아간다."(전 3:19~20)

인간이여! 너는 풀이요, 너의 아름다움과 영광과 영화는 들의 꽃과 같을 뿐이다! 이것이야말로 인간이 밤낮 자신과 세상에 '한소리로 외쳐야' 할 생의 진실이다. 왜 외쳐야 하는가? 사멸할 운명을 안고 있는 인간이 내적 시력이 좋지 않아 한사코 그것을 외면하고, 영원히 살 것처럼 착각하며 살아가기 때문이다.

인생에 영원한 것은 아무것도 없다. 영원한 것은 오직 하나밖엔 없다. "우리 하나님의 말씀은 영원히 서 있다." 하나님과 진리의 말씀만이 영원하다. 하나님은 진리이시기에…(시 31:5; 사 65:16). 영원한 하나님 외에, "우주와 만물에 존재하는 모든 것들은 꿈같고, 허깨비 같고, 물거품 같고, 그림자 같고, 이슬 같고, 번개 같다. 마땅히 이처럼 보는 관점을 일으켜야 한다." (일체유위법·一切有爲法, 여몽환포영·如夢幻泡影, 여로역여전·如露亦如電, 응작여시관·應作如是觀, 금강경) 이것이 어찌 불경만의 진리일까!

인생이 이렇다니, 그러면 우리는 침울하고 허무한 마음을 품고 살아야 할까, 어차피 죽을 인생이니 아무렇게나 살아야 할까, 아니면 하루하루를 소중히 가꾸며 살아야 할까? 들꽃이 아름다운 것은 곧 스러지기 때문이다. 어느 누가 플라스틱 꽃을 아름답게 느끼랴? 죽지 않는 것이 오히려 슬프고 허망한 것이다. 아름다운 것은 사멸하기에 아름답다. 사멸은 아름다운 것이다. 인생은 짧은 생명의 세월이기에, 그토록 소중하고 찬란하고 아름다운 것이다.

우리는 사멸의 날을 두려움 속에서 짐짓 외면하면서 갖은 욕심을 품고 이 세상에 파묻혀 볼썽사납게 살아갈 수도 있고, 담담하고 생생하게 인식하고 수용하면서 하루하루 지금 이 순간을 알뜰살뜰하게 가꾸며 아름답고 숭고하게 창조적으로 살아갈 수도 있다. 사멸의 운명은 부정하고 외면한 다고 해서 피할 수 있는 것도 아니기에(타조 모래 속에 머리 박기. 그것만 큼 불합리한 일도 없다), 그날이 언제일지에 대해서는 하늘에 내맡기고, 은 총으로 주어진 하루하루를 찬란하게 꽃피우며 사는 것이 합리적이고 지혜 로운 일이다.

5. 알다시피 태양계는 8개 행성(行星)으로 이루어져 있다(명왕성은 퇴 출). 태양은 모든 행성의 핵(核)이다. 행성들은 일정한 궤도(orbit·길)를 따 라 태양을 공전(空轉)한다. 이런 거시적인 세계를 현대 양자물리학의 원자 (原子) 세계로 옮겨보면, 이것도 핵이라는 작은 태양을 공전하는 양성자와 중성자와 전자라는 행성들로 이루어져 있다. 그것들이 서로 충돌하는 일 없 이 제 궤도를 따라 잘 돌아가기에 물질이 존재한다. 원자와 분자로 이루어 진 우리 몸의 600조 개 세포들도 이처럼 미세한 태양계를 구성하고 전체적 으로 조화롭게 돌아가고 있다.

이런 이치가 어찌 우주와 물질세계에만 적용되는 것이랴? 인생에도 적 용되는 원리이다. 인간 역시 핵을 중심으로 제 궤도를 따라 공전하는 행성이 나 전자와 같은 존재이다. 이것은 인간의 본성에 관련된 진실이다. 물론 인 간은 어쩔 수 없이 사회적 동물이기에, 사회를 유지하기 위하여 양심과 이런 저런 도덕과 윤리와 법률의 핵과 궤도를 설정한다.

그러면 인간의 핵과 궤도는 무엇인가? 예로부터 진리를 깨달은 사람 들은 그것에 대하여 누누이 강조해왔다. 고대 이스라엘의 현자들과 예언 자들과 예수 그리스도는 "신에 대한 사랑과 이웃에 대한 자비"(신 6:5; 레 19:18; 막 12:29~31), "태양이신 하나님"(시 84:11)을 향한 그리움의 심정 이라고 설파했다.

그리스 철학자 '헤라클레이토스'는 영원한 로고스(Logos)를 아는 것, '피타고라스'는 우주에 충만한 신성(Deity)을 아는 것, '소크라테스'는 자신을 아는 것(Gnoti Seauton)이라고 말했다. '고타마 붓다'는 진리에 대한 올바른 견해(正見. 八正道 중에서 첫 번째), '노자와 장자'는 우주와 자연의 보이지 않는 도(道·로고스·진리), '공자'는 배우고 익히며(學習) 인의예지(仁義禮智)를 닦는 것(修己), '맹자'는 타자에 대한 자비심과 부끄러움을 아는 마음과 양보하고 관용하는 마음과 정의로운 마음을 말한다(사단·四端).

이렇게 동서고금의 종교와 철학의 가르침은 인생의 핵과 궤도를 말하는 것으로 포섭(包攝)된다. 인생은 궁극적 실재(實在·Reality, 신·진리·道·로고스)를 핵으로 삼고 공전해야 할 궤도이다. 따라서 인간은 무슨 일을 하건, 먼저 궁극적 실재를 향한 단순하고도 심원한 존재 방식을 추구해야 한다. 그때 인간은 삶의 의미와 목적을 알게 되고, 일상의 모든 것이 은총이며, 삶이 행복과 기쁨과 자유를 위하여 주어진 무대라는 진실을 이해한다.

인간이 궁극적 실재를 따라 공전하는 궤도를 망각하거나 외면하면, 필연적으로 이기심, 탐욕, 무지, 어리석음, 죄, 타락, 분노, 왜곡, 편견, 소외, 억압, 종속, 폭력, 자기 상실, 비존재, 죽음과 같은 비극적 상황에 빠져, 한없이 가련한 존재로 전락하고야 만다(창 3:23-에덴의 상실, 4:16-에덴의 동쪽 '놋'〈방황·떠돎·쓸쓸함〉 땅). 왜냐면 인간의 마음이나 삶에는 '진공'(眞空)이 불가능하기 때문이다. 인간의 마음과 삶은 모든 시간과 모든 공간에서, 신·진리의 빛이나 온갖 부정성의 어둠 중에서, 어느 하나가 차지한다. 이것이야말로 모든 종교와 철학에서 이구동성으로 말하는 인생의 진실이다.

6. 그런데 사람들은 대개 양적인 삶을 인생의 목적처럼 설정하고 살아간다. 사람들은 부자가 되어, 하고 싶은 일을 하고 먹고 싶은 것이나 가지고

싶은 것을 충분히 먹고 소유하고 누리며 오래오래 건강하고 평안하게 살 수 있으면 좋겠다고 한다. 이것은 모든 인간의 본능적 욕구이다. 어떻든 인생은 한 번뿐이질 않은가? 그러니 여봐란듯이 자랑하면서 살아야겠다는 심정은 대단히 인간적인 소망이며, 하나도 나쁠 게 없다.

그러나 이런 마음을 줄곧 지속하면 끝내 화(禍)를 부른다. 왜냐면 인생이란 항구적인 법칙이라는 핵을 중심으로 궤도를 따라 공전하는 존재 양태이기 때문이다. 핵의 상실은 필연적으로 흔들림과 방황과 타락을 가져온다. 지나친 부나 쾌락이나 자만이나 정신의 게으름 속에서 나른하게 사는 것은 행성이 아닌 유성(流星)이 되는 것이기에, 자기도 결국 불타 버리고 남들에게도 피해를 줄 뿐이다. 인생 도중에 추락하는 사람들을 보시라.

중국 철학의 '열자'(列子)에 나오는 이야기이다. 어떤 사람이 괴상하게도 자기 그림자를 무서워하는 병에 단단히 걸렸다. 그래서 그는 낮에는 거의 밖으로 나다니지 않았다. 그런데 하루는 어디 꼭 가야만 할 곳이 있어서 나갔다. 아니나 다를까, 그림자가 무슨 경찰처럼 자기를 따라오는 게 아닌가! 그는 공포에 질려 도망치기 시작했다. 마침 뜨거운 햇볕이 내리쬐는 한여름이어서, 그는 땀을 줄줄 흘리고 헉헉거리면서도 계속해서 달렸다.

그것을 본 어떤 이가 왜 그렇게 뛰어가느냐고 묻자, 그는 그림자가 자기를 따라오기 때문이라고 대답하고는, 뒤를 돌아보지도 않고 냅다 뛰어갔다. 그것을 보고 그 사람이 혀를 끌끌 차면서 말했다. "쯧쯧, 아니 저렇게 미련한 사람이 있나? 그늘에 들어오면 그림자가 없어지는 줄도 모르나?" 결국에 얼마 후 그 사나이는 심장이 터져서 죽었다.

이 우화(寓話)는 양적인 삶만 추구하면서 끊임없이 삶의 진실로부터 도망치는 가련한 인간에 관한 비유이다. 그러나 거기엔 아무것도 없다. '곧 마르고 시들 풀꽃'의 운명을 외면하고, 물질적 소유 속에서 영생을 갈망하는 모든 꿈과 야망은 헛된 것이다(전 1:1~2). 그런 사람일수록 필연적인 사멸의 죽음을 두려워하고 회피하며 가엽게 살아간다.

모든 것은 지나간다. 아무것도 붙잡아 둘 수 없다. 나와 인생을 소유물로 동일시하는 것은 살아서 이미 죽은 삶이다. 종교와 철학에서는 이러한 삶의 현실을 '소외, 상실, 멸망, 파멸' 등의 말로 표현한다. 이런 존재 방식은 모두 인생의 본질적 차원과 질서인 핵과 궤도에 대한 비지성적인 무의식과 무자각과 몰이해에서 나오는 것이다.

이런 사람들은 인생이 그저 배부른 돼지 같은 삶의 무대가 아니라는 진실을 알면서도, 한사코 외면하고 살아간다. 그러나 배부르고 안일하고 나른하게 사는 것보다는 배고프면서도 궁극의 진리를 찾으며 고뇌하며 사는 게 백천 번 낫다. "어차피 죽음에서 도망쳐봐야 그럴 수 없으니, 우리 한 번 시원하게 살다 가자!"(유영모-어록)

인간의 무의식과 망상과 착각은 깊고 깊다. 그렇게 살다가 죽음이 오면, 두려움과 공포에 질리고 만다. 이것이 평생토록 에고의 노예가 되어, 질질 끌려다니며 살아온 사람들이 대면하게 되는 삶의 적나라한 종국(終局)이다. 아무도 예외가 없다. 인간은 아무도 외적 소유와 향유(享有)만으로는 만족하지 못하는 심오한 존재요, 만족해서도 안 되는 숭고한 존재요, 만족할 수도 없는 고귀한 존재이기 때문이다.

인간은 그렇게 하찮고 값싼 존재가 아니다! 자기를 값싸게 취급하는 사람일수록 극도의 외로움과 소외감, 슬픔과 허무감의 포로가 되어, 그런 마음의 독을 풀어버리려고 술이나 도박이나 마약이나, 피상적인 인간관계와 보잘것없는 오락이나 쓸데없는 일에 매달리면서 물질적 존재 방식에 더욱 깊이 빠져들어 간다.

종교의 경전, 역사, 문학과 영화 등의 예술은 늘 이런 사실과 진실을 끊임없이 보여준다. 구약성서의 예를 보더라도 아담, 가인, 홍수로 멸망한 노아시대 사람들, 바벨탑을 쌓은 사람들, 아브라함의 조카 롯, 에서, 형제살육을 하고 왕이 된 아비멜렉(사사기-기드온의 서자), 솔로몬, 므낫세 왕(남유다 왕국의 사악한 왕) 등이 드러낸 공통점은 신과 이웃을 부정하며 소유와 향락에 사로잡혀 살다가 결국 파멸했다는 점이다. 중국의 춘추전국시대 역사를 보시라.

　　모든 인간은 외적 소유 이상의 것을 찾는다. 그것은 본성과 영혼의 목소리이다. 그것은 무엇일까? 종교와 철학에서는 그것을 궁극적 실재와 진리, 생의 목적과 의미, 내면의 빛, 이상(理想·Idea)의 추구라는 말로 풀어낸다. 한마디로 말하면, "인간이란 의미를 추구하는 존재"라는 것이지 싶다(빅토르 프랑클-삶의 의미를 찾아서; 엘리자벳 루카스-행복의 연금술). 인간은 아무도 의미 없이는 못 산다. 인간이 삶에서 의미를 찾지 못하면, 아무리 재화가 많다 하더라도 이내 성마름과 분노와 폭력성, 우울증과 좌절과 절망에 이르고야 만다. 이것은 누구나 알고 있는 삶의 진실이다.

　　그래서 인간은 웬만큼 부를 축적하면, 다른 여러 가지로 눈을 돌린다. 그것에 대한 가장 흔한 방편이 "권력에 대한 의지"를 추구하는 것이다(F. W. 니체-권력의지). 이른바 한 자리를 차지하여 보란 듯 자랑하며 자기 존재를 증명하고자 하는 것이다(권력 추구가 다 그렇다는 것은 아님!). 그러나 거기에는 아무것도 없다. 왜냐면 이것은 인간의 참된 본성이나 인생의 본질이 아니라, 그저 우연히 덧붙여졌다가 떠나가는 외면적인 것들이기 때문이다.

　　인간은 궁극적인 진실이 아닌 것, 곧 참된 자기가 아닌 것에서는 절대로 만족을 누릴 수 없는 지고한 존재이다. 이것은 아무리 돈에 대한 광기에 빠져 살아가는 현대라 할지라도, 누구도 부정할 수 없는 인생의 진실이다. 결단코 자기와 삶을 기만하지 마시라. 아무도 신과 자기와 삶을 속일 수는 없다. 삶은 우리가 헤아릴 수 없을 만큼 세밀하고 촘촘하고 합리적이고 지혜로운 그물이다(web). 삶은 자기를 기만하는 자에게 반드시 대가를 치르게 한다. 그것은 삶이 심판과 보복을 좋아해서가 아니라, 본디 그런 원리로 짜인 것이기 때문이다.

하나님은 비록 살인자는 용서해도(창 4장), 자신을 기만하는 자만큼은 용서하시지 않는다(창 3장; 마 25장). 하나님을 거역하거나 배신하거나 반역한다는 말은 자신을 기만한다는 뜻이기도 하다. 왜냐면 자신을 속이는 데서 하나님을 거역하고 배신하고 반역하고, 역으로 하나님을 거역하고 배신하고 반역하는 데서 자기를 기만하기 때문이다.

이 모든 사태가 인생의 행복이 양적인 삶에서 온다고 믿는 착각과 망상의 결과이다. 양적인 인생관, 가치관, 세계관을 지닌 사람은 사회와 나라와 세상의 불의와 부패와 불평등과 불화를 걱정하거나 고뇌하고 아파할 줄 모른다. 설령 그런 사람이 사회적 비판을 한다 해도, 그것은 정의롭고 공정한 심정에서가 아니라, 대개 이해타산에 젖은 습성에서 나오는 것이다. 이런 자들이 사회 지도층이 될 때, 나라는 도덕적 가치 질서의 아노미(혼란)와 불행과 쇠락을 면치 못한다.

삶을 양적인 가치로 측정하고 환산하는 사람은 결코 행복하고 자비로울 수 없다. 그는 영혼과 양심에서 한 인간으로서 자신의 실패와 패배를 이미 느끼고 안다. 아무도 자기와 삶을 속일 수는 없다. 그런데도 그런 사람이 계속 그 길을 걸어가는 것은 가정환경에 종속되거나, 직업적으로 그렇게 사는 데 익숙해진 데다가 이해타산의 단물이 주는 향락에 중독되어 있기 때문이다. '열자(列子)의 그림자 사나이'와 같은 것이다.

7. 그러므로 우리가 생각해야 할 것은 영원한 진리를 추구하는 질적인

삶이다. 이것만이 우리를 근원적인 소외감, 쓸쓸함, 허무함, 우울함, 무의미의 늪에서 구원하여, 참된 행복과 자유와 기쁨과 의미 깊은 삶을 누리게 한다. 질적인 삶은 내면과 인격과 사랑의 존재 방식을 추구하는 것이다. 그는 인생이란 것이 값진 기회와 선물의 장(場)으로 주어진 것으로서, 끊임없이 움직이고 열려 있는 창조를 위한 무대라는 것을 안다.

인생은 고정되지 않은 것이고, 고정할 수도 없는 것이다. 고정하려는 것은 '억지 춘향 격'이다. 곱디고운 인생의 상징인 춘향이는 사랑에 의해서만 움직이지, 권력의 위협이나 재력으로 유혹할 수 없다. 그러니 인생은 "변사또"처럼 살 필요가 없는 것이다. 설령 억지로 춘향이를 손에 넣을 수는 있으리라. 그러나 결단코 마음은 얻을 수 없다.

사람의 본능적 욕망은 무엇을 소유하면, 그것이 고정되기를 바라고, 더 나아가 축적되고 확장되기를 원한다. 그러나 이것은 끊임없이 움직이고 열려 있는 무대인 인생의 법칙을 억지로 자기에게 맞추려고 하는 무모한 시도에 불과하기에, 반드시 실패하고 패배한다. 인생은 단기적 전망에서 살 것이 아니라, 영원까지 포괄하는 장기적 전망을 지니고 살아야 할 신성한 기회의 선물이요 무대로 주어진 것이다.

19세기 영국 철학자 'J. S. 밀'은 말한다. "나는 배부른 돼지가 되기보다는, 배고픈 소크라테스가 되는 쪽을 택하겠다."(자서전) 현대인들은 이 말을 철없는 철학자의 말로 치부할지도 모르겠다. 배부른 돼지와 닭이 되어보자고 하는 것이 현대인의 자화상이라고 말한다면, 도무지 사회구조와 세상을 모르는 자의 헛소리라고 비난할 것이다.

그러나 나도 남들만큼 현대 사회와 나라와 세상을 안다. 나는 어느 나라를 막론하고, 지금 세상이 '새로운 노예제 사회'라는 것쯤 잘 알고 있다. 그렇다. 지금 세상은 주인과 마름이라는 신분 제도나 구조나 형식만 없다뿐이지, 고대나 중세나 근대보다 더 교묘한 노예제 사회이다. 어느 나라나 돈·임금을 기준으로 사람을 가르고 판단하고 차별 대우하고 억압하는 사회 구조이다. 이런 현실은 천박한 자본주의 국가일수록 더 극단적이다.

그러면 정치적 혁명 운동을 전개할 것인가? 그럴 수도 없다. 그러면 어떻게 할 것인가? 간단히 말하면, 민주주의를 통한 선거 혁명과 시민 언론 활동이다. 그리하여 사회와 나라가 평등과 상생의 질서를 추구하도록 끊임없이 비판하고 항의하며, 더 바람직한 대안을 찾아 잘못된 구조를 혁파하며 나아가도록 해야 한다. 사회와 나라는 정부만의 잘못이 아니다. 항의와 비판과 대안을 제시하지 못하고 불량한 자들을 지도층으로 선출하는 국민은 무능한 정부를 맞아 그 폐해를 고스란히 뒤집어쓸 수밖에 없다.

그리고 무엇보다 각 사람이 질적인 존재 방식을 추구하는 데서 정직성과 진실성을 드러내야 한다. '밀'이 말하고자 하는 핵심이 이것이라고 본다. 그는 나라와 국민의 부와 풍요와 번영을 반대한 것이 아니라(그는 경제학자이기도 했다), 그것의 기초가 되는 질적인 삶의 양식과 가치의 문화를 옹호한 것이다. 왜냐면 문화가 약하면 부는 얼마 가지 못하고 붕괴할 것이기 때문이다. 역사가 이것을 보여준다.

물적(物的) 양식(樣式)이 나라와 세상의 토대라는 'K. 마르크스'의 말은 절반의 진리일 뿐이다. 가난한 나라는 정신문화를 지향할 수도 없다. 예로부터 지금까지 가난한 나라가 정신문화의 꽃을 피운 예는 하나도 없다. 간혹 예외적으로 걸출한 사상가나 작가나 예술가는 배출할 수 있지만(고대 이스라엘 민족), 나라가 정신문화를 꽃피우지는 못한다. '맹자'의 말처럼, "항산(恒産)에서 항심(恒心)이 나온다."(맹자-양혜왕) "민생"(民生-맹자)이 보장되지 않은 곳에서, 무슨 격조 높은 문화가 나오겠는가? 우선 충족되어야 할 것은 삶의 물적 양식이다. 물적 양식은 국민의 도덕성을 비롯한 정신문화의 토대이다. 그러나 물적 양식이 어느 정도 충족되고 나면, 돼지의 풍요에 만족하고 머무를 수 없다.

'밀'의 말은 늘 배부른 돼지가 되기를 바라거나, 돼지우리 같은 물질 풍요에서 질척거리는 것은 인간의 삶이 아니라는 것이다. 인간은 의식주의 필요조건을 충족하면, 영혼·얼·정신문화의 충분조건을 지향해야 한다. 그 때 정신문화가 개인과 나라의 토대라는 것을 알게 된다. 왜냐면 충족된 물적 양식을 정신문화가 인도하지 못하게 되면, 그것은 반드시 타락과 붕괴로 이어져 무너지기 때문이다(창 19장-소돔과 고모라 사회; 진시황제의 진제국-15년만에 멸망).

거리의 가난뱅이 철학자 '소크라테스'는 늘 배고픈 생활을 하며 이 사람 저 사람에게서 빌어먹으며 살았다. 식탁을 제공하는 것이 자기 아들 또래라도 상관치 않았다. '플라톤'의 "향연"을 보라. 떠들썩한 카페에서 젊은이들과 어울려 먹고 마시며 즐거운 대화를 나누는 소크라테스는 일상의 가십이 아닌 심원한 인생 철학을 논한다. 그것이 '소크라테스의 철학 학교'였다. 그는 돈벌이에 정신이 팔려 출세를 위한 변론술을 가르치던 소피스트들(Sophists)과는 아주 다르게 살았다. 소피스트는 말도 안 되는 소리를 떠들어대는 '궤변론자'라는 뜻으로 쓰지만, 본래 '돈 받고 지식을 파는 장사꾼 지식인'을 조롱한 말이다. 소크라테스는 돈을 받고 지식을 파는 일이 없는 진정한 철인이었다.

이러한 모습은 가난뱅이 떠돌이 전도사 예수도 마찬가지였다. 복음서에서 그분이 세리들이나 죄인들과 한바탕 어울려 음식을 먹고 술을 마시는 장면을 보시라. 무엇인가? 늘 배고픈 생활에서 한 번쯤 환대하는 자리에 가서, 즐거이 먹고 마시며 방황하는 이들에게 인생 철학을 논하며 가르치신 것이다. 길거리와 장터와 음식 먹는 자리가 '예수의 신학교'였다.

비록 배가 고파도 무엇인가 의미와 가치 있는 것을 찾아 누리고픈 것이 인간의 본성이다. 한 번 합리적으로 생각해보시라. 일생의 긴 마라톤을 끝내며 골인 지점으로 들어가면서 환호해야 마땅한 것이 아닌가? 그러자고 살아온 것이 아니던가? 'W. 셰익스피어'의 말처럼, 인생은 "끝이 좋아야 좋은 것"이다(이척보척). 가장 잘 살아낸 삶이란, 어쩌면 죽을 때 손자 손녀를 앉혀 놓고, '너는 이 할아버지·할머니처럼 살아라.' 하고 축복하고 미소를 지으며 떠나는 것이 아닐까? 역사니 국가니 정의니 평화 등 거창한 것은 그만두고라도, 그저 자손들 앞에 부끄러움 없이 자기를 추천하며 떠날 수 있다면, 그야말로 훌륭한 삶이 아닐까!

얼마 전, 평생토록 시장에서 어렵게 돈을 모은 어떤 70대의 할머니가 문득 죽음을 생각하고는, 그 모든 게 허망하고 어이없다는 생각이 들어 모두 대학교에 기부하고, 이웃들을 초청하여 즐겁게 먹고 마시고 이야기를 나누며, 드디어 사는 보람을 찾았다고 말하는 이야기를 들은 적이 있다. 얼마나 시원한 삶인가?

8. 인도의 시성(詩聖) '라빈드라나트 타고르'는 노래한다(기탄잘리 103).

임에게 한 번 인사를 올림으로써 내 주여,
온갖 내 감각이 손을 뻗쳐,
임의 발 앞에 있는 이 세계를 어루만지게 하여 주소서.
아직 떨어지지 않은 소나기의 짐을 지고 나직이 떠 있는 7월의
비구름과도 같이,
한 번 임께 인사를 올림으로써,
온 이 내 마음이 임의 문 앞에 머리를 숙이게 하여 주소서.

온갖 내 노래가 갖가지 다른 가락들을 한 줄기로 모아,

임께 한 번 인사를 올림으로써 침묵의 바다로 흘러가게 하여 주소서.

밤이나 낮이나 고향이 그리워 애타며

산속의 보금자리로 날아돌아가는 학의 무리와도 같이,

온통 이 내 생명이 임께 한 번 인사를 올림으로써

영원의 안식처로 항해를 하게 하여 주소서.

영원하신 이를 그리워하고 사모하는 영혼으로, 될 수 있는 한 상처와 슬픔과 고통으로 가득한 세상을 따스한 심정으로 어루만지며 자유롭고 겸허하고 자비로운 발걸음으로 살다가 '영원의 안식처로 항해를' 떠나는 것, 이것이야말로 인생에서 성공한 질적인 삶이 아닌가! 그러니 가슴에 영원하신 이와 영원의 세계를 품지 않고 살아가는 것은 얼마나 무모하고 쓸쓸하고 허망하고 슬픈 것인가!

히브리서는 이런 말을 들려준다. "이 사람들은 모두 신앙을 따라 살다가 죽었습니다. 그들은 약속하신 것을 받지는 못했지만, 그것을 멀리서 바라보고 반겼으며, 땅에서는 길손과 나그네 신세임을 고백하였습니다. 이런 말을 하는 사람들은 자기네가 고향을 찾고 있다는 것을 나타내는 것입니다. …그들은 더 좋은 곳을 동경하고 있었던 것입니다. 그것은 곧 하늘의 고향입니다."(히 11:13~16a)

히브리서는 11장에서, 아벨로부터 아브라함과 모세를 거쳐 예언자들과 이름 모를 익명의 신앙인들을 죽 살펴보면서, 그들이 모두 영원하신 이를 그리워하고 영원한 고향을 동경하면서 이 풍진(風塵)의 세상을 살아갔다고 증언하고 있다. 그들은 배부른 돼지가 되어보려는 생각은 한 호리(毫釐, 가는 털)도 없었다. 대개는 가난하고 궁핍하고 고통스러운 살림살이였지만, 고결하고 숭고한 영혼·얼로 영원하신 이의 눈동자에 자기 눈동자를 맞추고,

참되고 심원한 내적 자유와 기쁨를 누리며 감사와 자비 속에서 걸어갔다.

예전에 서울 어느 교회에 있을 적에 한 장례식을 집전했다. 시골 공원 묘지에서 하관식 후 봉분(封墳) 작업이 마치기를 기다리는 동안, 같이 간 성도들과 묘지를 둘러보는데, 한 권사님이 눈물을 글썽이며 다가와 내 소매를 이끌고 어떤 묘석(墓石) 뒤로 데리고 가더니, 읽어보라고 가리켰다. 십자가 아래 이런 글귀가 쓰여 있었다. "○○아, 고향에 가는 것이니까, 낯설어하지 말어! 아빠·엄마가. 1979~1996." 17세 소년의 죽음.

실로 그러하다. 우리는 어느 곳에선가 이리로 와서 잠시 머물다가 떠난다. 떠나온 곳이 우리의 영원한 고향이다. 여기 이 땅 위를 잠시 바람처럼 스치다가, 다시 그 고향으로 돌아가야 한다. 누가 이것을 미신이라 조롱하겠는가? 참된 삶은 살다가 죽는 게 아니라, 왔다가 돌아가는 것이다! 영원한 고향으로 돌아갈 날을 고대하는 가슴은 잠시 보내진 이곳에서 아름답고 숭고하게 살 것이다.

영원한 고향을 그리워하며 살아가는 영혼은 은총으로 주어진 이 땅 위에서의 삶을 자유와 기쁨과 사랑과 자비 속에서 지나간다. 이른바 죽은 후에 천국에 갈 것을 소망하는 것은 미신적이거나 현실 도피주의적인 신앙 행태가 전혀 아니다. 지금 여기에서 하나님·그리스도를 깊이 의식하며 해야 할 일을 망각하거나 소홀히 하며 불량하게 사는 사람은 천국을 소망한다고 해도 끝내 주어지지 않을 것이다. 천국에 가는 것은 하나님이 베푸시는 은총이기도 하지만, 사람의 삶이 좌우하는 것이기도 하다! 그래서 바울은 이렇게 말한다. "자기를 속이지 마십시오. 하나님은 조롱을 받으실 분이 아니십니다. 사람은 무엇을 심든지, 심은 대로 거둘 것입니다. 자기 육체에다 심는 사람은 육체에서 썩을 것을 거두고, 성령에다 심는 사람은 성령에게서 영생을 거둘 것입니다."(갈 6:7~8)

천국을 소망하는 사람은 누구보다도 진실하고 의롭고 자비롭게 살아 간다. 천국에는 '믿음으로만' 간다고 생각하는 사람은 복음서나 신약성서를 대단히 잘못 읽는 것이다(마 25장-열 처녀, 달란트, 양과 염소의 비유를 읽어보시라). 그렇다고 해서 행위로 천국에 간다는 말도 아니다. 천국을 사모하면서 삶을 아름답고 숭고하게 빚어 나가는 사람에게 하나님이 은총으로 내려주신다는 말이다(딤후 4:6~8). 그렇기에 우리는 이렇게 말할 수 있으리라, 천국에 들어가는 것은 하나님의 은총과 사람의 진지한 삶의 노력이 합작해서 이루어지는 선물이라고!

9. 사람들은 끊임없이 영원하신 이와 삶의 진실과 자신으로부터 도망친다. "남자와 그 아내는 주 하나님의 낯을 피하여서 동산 나무 사이에 숨었다." (창 3:8) 이것이 "에덴의 동쪽"(창 3:24)인 이 세상에서 사는 인간의 실상이다.

그러나 예배당·성당·사원에 다닌다고 해서 그렇지 않으리라고 생각하지는 마시라. 예배당에 드나드는 것은 하나님과 삶의 진실과 자신의 참모습을 찾는 것과 같은 일이 아니다. 성서나 기독교 역사나 오늘날 교회의 현실을 보면, 평생 성직자로 살아온 사람들조차도 끊임없이 도망치며 사는 사람들이 많다는 것을 안다(사 1장; 호 4장; 마 7:15~23). 이런 사람들에게 하나님은 손오공(孫悟空)의 여의봉(如意棒) 같은 것이겠지만, 그것은 "만들어낸·만들어진 신"일 뿐이다(delusion of God, R. 도킨스)!

사람들은 마치 하나님·진리, 삶과 자신이 괴물이라도 되는 듯, 모든 힘을 다해 도피한다. 왜 그럴까? 그렇게 해야 자기가 생각하는 인생의 의미와 가치, 영광과 영화가 넘치는 행복한 삶이 있을 것이라는 망상을 품기 때문이다. 그러나 이 도피는 인생에서 근본적이고 결정적인 것이기 때문에, 아무도 피할 수 없는 참혹한 결과에 이르고 만다. 성서는 이것을 "죄의 삯은 사망"이라고 말한다(롬 6:23b). 사망은 육신의 죽음만 가리키는 것이 아니라, 살아서 이미 죽은 삶과 영원한 죽음을 가리킨다.

20세기 사회 심리학자 '에릭 프롬'은 말한다. "인간이 자기로부터 도피하는 것은 자유, 곧 인간의 진정한 가능성으로부터 도피하는 것이다. 따라서 거기에는 숱한 소외의 현실밖에 없다. 그리고 소외는 언제나 무가치함의 체험, 쓸쓸함, 허무감, 슬픔, 고통, 불안, 신경증, 폭력성을 유발하는 기제로 작용한다."(자유로부터의 도피) 그런데 인간이 정녕 하나님과 삶과 자신으로부터 도망칠 수 있을까? 불가능하다. 따라서 도망칠 수 있다고 생각하는 것이야말로 그지없이 부조리한 망상이다. 그리하여 인간은 결국 자신의 착각과 망상의 희생물이 된다.

그러면 착각과 망상은 어디에서 비롯되는 것일까? 인간이 놓여 있는 근원적인 상황 때문이다. 성서의 표현을 사용하면, 죄이다(sin). 죄란 무엇인가? 죄란 마음에 하나님·진리를 두기 싫어하는 것이다(롬 1:18~32). 이것이 위선, 부정, 부패, 거짓말, 억압, 착취, 폭력 같은 '죄들'의 근본이다(crimes-·transgressions. 성서에서 죄와 죄들을 잘 구별해야 한다).

그런데 하나님이나 삶의 진실은 본디 내 안에 있다. 따라서 삶은 내가 살아서 삶이 되는 것보다는, 내 안의 삶을 드러내는 여정(旅程)이다. 왜냐면 단순히 시간과 그 안에서 이루어지는 모든 종류의 소유와 축적의 세월이 나의 삶이 아니라, 나의 내면이 삶의 본질이고, 나의 삶은 그 본질을 드러내는 것이기 때문이다.

예수께서는 이렇게 말씀하신다. "하나님은 내 안에도 계시고, 하늘에도 계신다."(요 14:10; 마 6:9). 전자는 인간이 필요로 하는 모든 내적인 광명과 생명력과 행복이 내면에 다 들어 있다는 뜻이고, 후자는 하나님은 영원한 빛과 생명인 초월적인 존재이며, 나에게 필요한 모든 것을 자비로운 은총으로 베풀어 주신다는 뜻이다.

하나님은 내 안에도, 나를 둘러싸고도 계시다. 곧, 하나님은 나를 품어 안고 계시다. 이것을 시편에서는 이렇게 말한다. "내가 주님의 영을 피해서 어디로 가며, 주님의 얼굴을 피해서 어디로 도망치겠습니까? 내가 하늘로 올라가더라도 주님께서는 거기에 계시고, 스올(죽음의 지하세계)에다 자리를 펴더라도 주님은 거기에도 계십니다."(시 139:7~8) 인간이 하나님을 벗어날 곳은 이 우주에 없다. 그곳이 어디든, "하나님 앞이기에."(출 3:5)

따라서 삶의 진실과 자기로부터 도망치는 것은 실은 하나님으로부터 도망치는 것이다. 내 안에 있는 하나님은 내 밖에 계신 하나님이다. "신은 만물을 끌어안고 있는 포괄자(包括者)이시다."(K. 야스퍼스-철학적 신앙) 인간이 하나님으로부터 도망치는 것은 자신의 진정한 삶의 현실(reality)로부터 도망치는 것이다. 이것은 기쁨, 행복, 평안, 자유, 사랑, 자비, 보람으로부터 도망치는 것이다. 그러나 거기엔 아무것도 없고, 불행과 비참한 기분밖에는 없다.

"하나님, 당신은 사람을 당신을 위해서 지으셨기에, 인간이 당신의 품에 안기기 전까지는 평안하지 않습니다."(아우구스티누스-고백록). 하나님은 우리의 삶을 당신의 삶으로 살고 싶어 하신다. 말을 바꾸면, 인간의 삶은 하나님이 내 안에서 당신의 삶을 사시게 해드리는 것이다. 그러므로 인간이 하나님이나 삶의 진실이나 자기로부터 도망치는 것은 지독한 자기 모순이요 부조리이다. 왜냐면 진실로 인간이 일생토록 찾고 갈망하는 것이 바로 참된 삶의 현실인 기쁨, 행복, 평안, 자유, 사랑, 보람 등이기 때문이다.

10. 그리고 인간이 하나님과 삶의 진실과 자신으로부터 끊임없이 도망치는 이유는 무엇일까? 멈출 길 없는 마음의 욕망 때문이다. 그러나 욕망

이란 밑바닥 없는 항아리이다. 욕망을 채우지 못한 마음은 끝없이 목마름과 배고픔과 불행과 비참함을 느낀다. 그래서 더욱 욕망을 추구하여 더욱 불행을 느끼고, 더욱 불만족하여 더욱 욕망을 추구한다. 그렇게 끝없이 하나님과 삶의 진실과 자신으로부터 도망치는 끝없는 악순환 속에서 돌고 돈다.

인간이 하나님과 삶의 진실과 자신으로부터 도망쳐서 가고자 하는 곳은 어디인가? 세상이다. "이 세상의 신들(gods)"(고후 4:4), "이 세상의 풍조"(롬 12:2; 엡 2:1), "육신과 마음이 원하는 것"이다(엡 2:3). 그래서 인간은 종교, 정치, 경제, 돈, 향락 등의 '갖가지 장난감 놀이'에 빠지고, 다른 사람들의 한없이 가벼운 칭찬·평판·존경이라는 명예를 얻으면 행복해질 것이라고 철석같이 믿으면서, 끝없이 하나님과 삶의 진실과 자신으로부터 도망친다. 그렇게 하여 "신처럼 되고자" 하는 것이다(창 3:5).

이 세상의 신과 풍조는 무엇인가? 그것은 예수께서 광야에서 악마에게 시험받는 장면에 나오는 것이다(마 4:1~11). 크게 세 가지로서, 빵·돈·경제의 풍요, 놀라운 기적과 재주를 통한 종교적 명성과 권위의 확보, 그리고 정치 권력과 영광이다. 하나로 말하면 권력이다. 경제와 종교와 정치는 권력이다. 인간은 이러한 권력을 신처럼 떠받들며 이 세상과 자신을 동일시하고, 될수록 강력한 권력을 소유하고 누리고 행사하는 것을 인생의 목적으로 여긴다. 그런 권력을 소유하면, "내가 망하는가, 두고 봐라. 나에게는 언제라도 불행과 저주란 없다"라고 말하면서(시 10:6), "언제나 평안을 누리고 죽을 때까지 고통이 없으며, 몸은 멀쩡하고 윤기까지 흐르며 피둥피둥 살이 쪄서 신세가 편안하고, 늘어만 가는 재산을 누리며 거만하게 눈을 치켜뜨고 언제나 남을 비웃으며"(시 73:3~12) 큰소리치며 살아간다.

예수께서는 그런 삶을 "악마의 유혹"에 빠지는 것으로 보신다. 그러면 누가 옳은가? 진리는 하나뿐이다. 따라서 둘 다 옳을 수는 없기에, 누가 틀린 것이다. 누가 틀렸는가? 예수가 틀렸는가, 사람들이 틀렸는가? 누구나 다 아는 것이다. 세상이 틀렸고, 예수가 옳았다! 그런데 왜 예수를 따라가지 않는가? 여전히 이 세상의 신에게 사로잡혀 있기 때문이다. 그렇게 사람들은 평생 하나님과 삶의 진실과 자신으로부터 도망친다. '보물은 저 밖의 눈에 보이는 것을 손에 넣는 데 있다! 그러니 될 수 있는 한 많이 소유하라!' 이것이 사람들의 확고한 신념이다. 이미 청소년 시절부터 이렇게 배우며 확고한 신념체계로 자리 잡는다.

물론 사람들이 이 세상의 신들에 사로잡혀서 살아가게 된 처지가 된 까닭은 개인적인 책임에만 국한되는 일은 아니다. 그것은 더 큰 데서 온다. 곧, 저 먼 조상들과 역사, 부모세대, 기초부터 잘못된 교육, 사회의 숱한 부정적인 본보기, 그리고 부패한 사회구조로부터 온다. 곧, 물질적 성공을 생의 목적으로 여기도록 가르치는 모든 종교와 철학, 심리학과 경제학과 정치학, 그리고 가정과 온갖 전통과 습관, 문화와 사고체계에서 온다.

세상은 천사 같이 태어난 어린이들에게 온갖 거짓과 그릇된 관습이나 사고체계를 진리로 숭배하도록 끊임없이 강요하고 세뇌한다. 그러면서 그것을 아이를 사랑하고 안전하게 지켜주는 것이라고 호도한다. 자신의 아이가 천성적으로 가지고 태어나는 아름다운 성품과 고귀한 재능을 발현하도록 충실히 도와주거나, 시인이나 현자나 그릇된 사회를 개혁하도록 저항하고 반역하는 혁명가가 되기를 바라는 부모는 거의 없다. 그저 이 사회에 잘 적응하여 성공하고 무난하게 살아가는 것을 인생의 목적으로 여기도록 가르친다.

기독교의 원죄(原罪) 개념을 이런 식으로 이해할 수도 있다. 원죄는 내면적 심리로부터 외면적 습관과 행위, 그리고 역사와 사회구조와 현실에 이르기까지, 한 세대에서 다음 세대로 이어지는 심리적이고 관습적이고 부패한 질병의 고질적인 전이(轉移) 방식을 말하는 것이기도 하다. 남들과 똑같이 되라거나 더 나은 인간이 되라고 말하지, 개성을 지닌 색다른 인간, 너만의 아름다움과 가능성을 꽃피우라고 말하는 부모는 거의 없다. 그때부터 아이들은 하나님과 삶의 진실과 자신으로부터 도망치는 법을 배우고, 잘 도망칠수록 뛰어난 아이로 인정받는다. 그런 식으로 부모와 사회의 원죄라는 역사는 대대로 후세대에 전해진다.

예수께서 "어린아이처럼 되어라."라고 말씀하신 것은 다른 게 아니다(막 10:15). 그것은 어린아이의 순진성, 진실성, 아름다움, 내면의 빛, 신뢰하는 능력, 창조력, 진지함, 한 가지 일에 몰입하는 능력, 관용과 포용과 사랑의 능력, 창조성 등을 갖추고 살라는 것이다.

그런데 세상은 대대로 이런 것들을 버릴수록 좋으며, 이와 반대되는 것들을 가질수록 좋다고 가르친다. 인류의 6천 년 문명의 역사가 그저 이것뿐이다. 그러니 세상이 더 좋아질 리가 없다. "그대가 떠날 때의 세상은 그대가 태어날 때의 세상과 똑같으리라."(J. W. v. 괴테-서동 시집; A. 쇼펜하우어-인생의 예지를 위한 잠언) "사람들은 아이들에게 역사를 가르친다. 그러니 역사는 인간이 역사에서 배운 게 아무것도 없다는 것을 보여줄 뿐이다."(G. 버나드 쇼-쇼에게 세상을 묻다). 아, 얼마나 불행한 노릇인가!

춤으로 '국민 여동생'이 되고 싶어 하던 소녀가 있었다. 마녀를 만나 분홍신을 신었다. 왕궁에도 가고, 공연장에도 가고, 거리에도 가고, 시장에도 가며 전국을 떠돌아다니며 춤을 추어 화려한 명성과 부를 얻어, 드디어 국민 여동생이 되었다. 그러던 어느 날 그런 삶에 지친 나머지 엄마가 보고 싶고 집으로 갔다. 집에 도착하자마자 들어가려고 하는데, 분홍신이 그녀를 끌고 다른 곳으로 가버리는 것이 아닌가? 그녀는 평생토록 그 신발을 벗지 못하고 끝내 탈진하여 죽었다(H. C. 안데르센-분홍신).

이런 식으로 사람들은 하나님과 삶의 진실과 자기로부터 도망치며 세상을 붙잡아 성공하려고 한다. 성공하면 행복하다고 생각한다. 그러나 누구도 성공하지 못한다. 왜냐면 인생에 성공이란 없기 때문이다! 성공 역시 사람들이 평가하는 잣대일 뿐이다. 누가 진정 성공한 사람인가? "당신이 행복하지 않다면, 집과 돈과 이름이 무슨 의미가 있겠는가? 당신이 이미 행복하다면, 그것들이 또한 무슨 의미가 있겠는가?"(달라이 라마의 행복론-달라이 라마와 하워드 커틀러의 대화)

누가 성공했는가? 내 위에는 항상 나보다 더 부유한 자가 있고, 나보다 더 강력한 자가 있다. 그리고 몇 달이면 그 순서가 바뀐다. 지금 아무리 세상을 차지한다 해도, 고대나 중세나 근세의 위대한 영웅들에 비하면 아무것도 아니다. 누가 페르시아의 크세르크세스 황제를 넘어설 것이며, 그리스의 알렉산드로스 대왕을 넘어설 것이며, 몽골의 칭기즈칸을 넘어설 것인가? 앞으로 그런 자는 나오지 않으리라.

그런데도 사람들은 평생토록 진리에서 도망치며 세상을 붙잡으려고만 한다. 그것은 지평선·수평선을 잡으려고 하는 것이고, 무지개를 손에 넣으려고 하는 것이고, 신기루를 소유하려고 하는 것이고, 타조 모래 속에 머리 박기와 마찬가지이다. 결국에는 죽음의 먹이가 될 뿐이다. "일생 죽음의 공포 때문에 종노릇을 하는 사람들이여!"(히 2:15)

11. 벨기에 극작가 '모리스 메테를링크'가 쓴 "파랑새"는 아름다운 동화이다. 치르치르와 미치르 남매가 새장에서 빠져나간 파랑새를 찾으러 떠난다. 온 세상을 방황한다. 강물의 나라, 숲속의 나라, 안개의 나라, 거인의 나라, 새들의 나라를 전전한다. 그러나 그 어디에도 없다. 하는 수 없어 집으로 돌아오는데, 어디에서 파랑새 노랫소리가 들려온다. 보니, 집 울타리에 앉아 있는 게 아닌가?

행복의 파랑새는 그대 가까운 곳에 있다. 그대 안에, 그대의 집에…. '헤르만 헤세'는 "방랑"에서 이렇게 노래한다(예배당-묵상)

생명의 나무에서 잎새가 한 잎 한 잎 떨어져 내리네.

현란한 세계여, 그대는 얼마나 만족스러운가!

그대는 얼마나 만족스럽고 나른하며, 또한 얼마나 도취해 있는가!

오늘 불타던 것도 내일이면 사라지고 말리라.

내 갈색 묘지 위로는 이내 바람이 스산하게 불고,

아기의 머리 위로 어머니가 몸을 굽힌다네.

어머니의 눈을 다시 보고 싶구나, 그것은 나의 별.

다른 것들은 모두가 사라져버리고, 모든 것은 죽어버리네.

남는 것은 우리를 낳아준 '영원한 어머니'뿐.

허망한 허공에 우리들의 이름을 새겨주는 것은 어머니의

움직이는 손가락뿐.

그러면서 그는 이렇게 말한다. "우리가 믿어야 할 신은 우리들의 마음 가운데에 있다. 자신을 긍정하지 않는 사람은 신을 긍정할 수 없다." 하나님을 긍정하는 것은 삶을 긍정하는 것이고 타인과 나를 긍정하는 것이다. 이 역도 마찬가지이다. 하나님을 긍정하면서 삶과 타인과 나를 부정할 수는 없기에….

人生은 無常하다. 그렇기에 짧은 삶이 이토록 소중하다. 우리는 삶을 찬란하게 꽃피우며 살고 싶어 한다. 오늘 본문에 의하면, 그 길은 두 가지이다. 그러나 사실은 하나이다. 하나는 모든 육체는 풀이며, 인간의 영광이란 들꽃과 같이 이내 시들어버린다는 것이다. 다른 하나는 "내 마음에 있는"(신

30:14) "하나님의 말씀", 곧 진리만이 영원히 서 있다는 것이다. 이 둘이 하나인 이유는 인간과 그 영광이 풀과 들꽃 같다는 것을 이해하면 비로소 영원의 세계에 눈을 돌리고, 영원에 눈을 돌리면 풀과 들꽃 같은 육체의 영광에 매이거나 붙잡히지 않기 때문이다. 이것이 이토록 소중한 삶을 아름답고 찬란하게 사는 길이다.

궁극적 실재에 대한 망각과 외면적 가치만 추구하며 살아온 사람만이 쓸쓸하고 우울하고 슬프고 허무한 감정에 젖어 인생무상을 곱씹는다. 인생은 무상(無常) 앞에서 좌절하고 절망하도록 "내던져진 존재"가 아니라(마르틴 하이데거-존재와 시간), 끝을 분명히 인식하고 행복하고 아름답게 살라고 주어진 신의 은총이다. 그때 인생무상은 찬란한 불꽃이다.

이런 깨달음 속에서 살아가는 이는 육체가 사멸해도 항상 존재하리라. 영혼은 육체 이상의 존재이기에… 내 안에는 죽어도 죽지 않는 무엇, 죽음으로도 소멸하지 않는 무엇이 있으니, 그것은 태어난 적도 없고, 만들어진 것도 아니고, 죽는 일도 없어, 하나님과 방불하다. 다만 하나님이 죽이시면 죽을 뿐이다(눅 12:4~5). 항상(恒常, 늘·영원한) 있는 영혼이 내 몸을 빌려 삶을 경험해보려고 여기에 온 것, 이것이 나의 삶이다. 따라서 영혼의 목소리를 듣고 살려내는 것이 참된 삶의 길이다. 그런 이는 죽어도 죽지 않는다.

13

깊은 삶으로

∨

그가 나를 데리고 다시 성전 문으로 갔는데 보니, 성전 정면이 동쪽을 향하여 있었는데, 문지방 밑에서 물이 솟아 나와 동쪽으로 흐르다가, 성전의 오른쪽에서 밑으로 흘러내려 가서, 제단의 남쪽으로 지나갔다. 또 그가 나를 데리고 북쪽 문을 지나서 바깥으로 나와, 담을 돌아서, 동쪽으로 난 문에 이르렀는데 보니, 그 물이 동쪽 문의 오른쪽에서 솟아 나오고 있었다.

그가 줄자를 갖고 동쪽으로 재면서 가다가, 천(千)자가 되는 곳에 이르러, 나더러 물을 건너보라고 말하기에 건너보니, 물이 발목에까지 올라왔다. 그가 또 재면서 가다가 천자가 되는 곳에 이르러, 나더러 건너보라고 말하기에 건너보니, 물이 무릎까지 올라왔다. 그가 또 재면서 가다가 천자가 되는 곳에 이르러, 나더러 물을 건너보라고 말하기에 건너보니, 물이 허리까지 올라왔다. 그가 또 재면서 가다가 천자가 되는 곳에 이르렀는데, 거기에서는 물이 내가 건널 수 없는 강이 되었다. 물이 불어서 헤엄을 쳐서나 건널까, 걸어서 건널 수 있는 물은 아니었다.

그가 나에게 말하였다. "사람아, 네가 이것을 자세히 보았느냐?" 그런 다음에, 그가 나를 강가로 다시 올라오게 하였다(에스겔서 47장 1~6절).

1. 15세기 인도의 평민 시인 '까비르'는 노래한다(라빈드라나트 타고르 편-까비르 시집).

사랑은 정원에서 자라는 것이 아니다.

사랑은 저잣거리에서 사고팔 수 있는 것도 아니다.

왕이든 평민이든, 사랑을 원하는 자는 자신의 머리를 내주고야

사랑을 받는다.

위대한 학자들이 도(道)를 터득하는 것은 아니다.

모두 그냥 죽어갔을 뿐.

두 글자 반(半)으로 이루어진 '사랑'을 배우는 이는 도를 터득하고 있다.

사랑의 길은 좁아서 둘이 함께 갈 수 없다.

내가 존재할 때 주(主)는 없었지만,

주가 존재하는 지금은 내가 없구나.

까비르는 말한다,

사랑의 비구름이 나에게 와, 사랑을 퍼부어 내 가슴을 흠뻑 적시니,

내면의 숲에 푸르름이 넘쳐흐르누나.

신을 맛보지 못한 사랑에 메마른 가슴,

세상 사람이 다 그러하니, 세상의 성공조차도 헛되구나.

신의 이름으로 깨어나 황홀경을 노닐며,

신 앞에서 사랑에 취하고,

사랑이 넘쳐흐르는 흥겨운 잔치, 해탈(解脫)을 집착하는 이는 누구인가?

말할 수 없는 사랑 이야기,

단 한 마디도 전해진 것이 없으니,

벙어리의 꿀, 그는 맛을 보고 미소 짓는다.

얼마나 숭고한 시인가! 까비르는 문맹(文盲)이었지만, 깨달음의 최고
봉에 이른 사람이었다. '내가 존재할 때 주(主)는 없었지만, 주가 존재하는
지금은 내가 없구나!' 이것이 성서가 말하는 신앙이 아니던가(물론 여기에서
'주'는 성서의 하나님이 아니라 궁극적 실재인 신을 가리킨다)!

아브라함이 모리아 산에서 외아들을 바친 이야기도 이것에 관한 신앙의
진실이다. 이것이 모든 그리스도인의 신앙고백이어야 하리라! 인생은 하나님·
그리스도·진리를 위해서 존재한다는 것, 곧 인생은 사랑을 위해서 존재한다는
것, 사랑이 인생의 목적이라는 것, 인간은 진실로 신·진리를 사랑할 때야 비로
소 사람을 사랑할 수 있다는 것, 사랑이 삶이요 삶은 사랑이라는 것!

깊은 삶, 곧 더는 거짓된 환상과 욕망의 체계인 자아(Ego)와 착각과 망
상의 잠에 빠지지 않고 활짝 깨어난 삶, 과거와 미래로 달아나지 않고 지금
이 순간 여기에서 충만하게 사랑 안에서 존재하는 삶, 궁극적 실재이신 하
나님·진리를 향한 지극한 사랑의 가슴으로 존재하는 삶, 하나님·진리를 향
한 지고한 사랑에 생명을 내거는 삶, 일말의 계산도 욕심도 허영도 없는 순
수한 사랑의 심정으로 하나님과 깊은 사랑에 빠져서 살아가는 삶! 이것이 진
실로 사는 것이다.

그런데 이 사랑의 가슴은 마음의 한 부분일 뿐인 주제에 끊임없이 자
기가 주인이라고 속삭이며 복종을 요구하는 에고의 조종대로 움직이는 꼭
두각시이며 사념(思念)의 다발이기도 한 '머리'를 온통 하나님께 내주어야만
은총으로 받는다. 머리를 조종하는 에고가 살아있는 한, 사랑의 가슴으로 사

는 삶이란 불가능하다. 에고와 머리란 온갖 이기심의 욕망과 혼란과 무질서의 진흙탕이기 때문이다. 에고에 점령당한 머리는 오로지 이기심을 위한 외물(外物)만 추구하도록 충동할 뿐이다.

이기적이고 어두운 충동의 세계인 에고는 우리 안팎에서 전쟁만 일으킨다. 이 전쟁터에는 숱한 거짓과 착각과 망상, 폭력과 공격과 상처, 슬픔과 고통, 불만과 불안, 괴로움과 두려움과 공포, 자랑과 비교, 우월감과 열등감, 그리고 불행과 비참의 포연(砲煙)과 살상(殺傷)의 흔적이 자욱할 뿐이다. 에고는 평온, 자유, 기쁨, 사랑, 자비, 평화 등의 긍정적 가치나 현실을 전혀 알지 못한다. 에고는 우리 안에 있는 강력한 적·원수이다. 매사에 우리를 올려주고 살려주는 척하지만, 실상은 우리를 파멸로 몰고갈 뿐이다. 에고의 명령에 복종하면, 얕고 얄팍하고 천박해지고 살아서 이미 죽어버린 삶밖에는 아무것도 없다.

'내가 존재할 때 주는 없었지만, 주가 존재하는 지금은 내가 없구나!' 이것이 인간의 진실이다. 인간의 내면은 진공(vaccum) 상태가 불가능하다. 항상 무엇으로 차 있는 것이 마음이다. 그런데 에고와 하나님은 내 안에 동시에 있을 수 없다(마 6:24). 내면의 왕좌는 오직 하나밖에 없기 때문이다. 따라서 하나는 죽어야 하고, 하나는 살아야 한다.

죽어야 하는 것은 누구인가? 언제나 에고일 뿐이다. 그러면 비로소 내 안에서 하나님도 살고, 나도 산다. 이것이 영원한 로고스·진리·도·법을 따르는 삶이다. 따라서 까비르의 말은 이렇게 수정할 할 수 있다. '주가 존재하는 지금, 내가 진실로 존재한다!' 진실로 내 안에 주가 존재하지 않는다면, 주가 존재한다고 말하는 것은 아무 의미도 없다(사 1:11~16).

이 '나'는 내 안에 '주'가 없었을 때 존재하던 그 '나'가 아니다. 완전히 중생하여 변형된 나이기에(롬 6장, 8:1~17), 나이면서도 나가 아닌 나, 곧 참나이다. "세상과 나는 간 곳 없고, 구속한 주만 보인다."라는 고백이 이것이다(찬송가 288장-3, 화니 J. 크로스비)

2. 세상에는 두 종류의 신앙인이 있으니, 자아를 죽이고 내면의 왕좌에 하나님·그리스도·진리를 앉혀 드리고 영혼과 가슴과 삶을 다해 하나님을 위해 하나님을 사랑하고 따르는 사람과 자아를 내면의 왕좌에 앉혀 놓고 하나님·그리스도·진리를 필요로 하거나 이용하거나 추방하고 자아의 욕심을 추구하는 사람이다. 전자는 그리스도인·그리스도의 사람, 후자는 기독교인·기독교의 사람이다. 이 둘은 아주 다르고 차이도 매우 크기에, 구별하는 것은 무척이나 중요한 일이다(마 7:15~27 참조).

시편과 하박국서가 말하는 두 종류의 신앙인 이야기를 생각해보자.

2-1) 시편 4:6~8. 한 부류의 기도는 이렇다. "주님, 우리에게 큰 복을 내려 주십시오. 누가 우리에게 좋은 일을 보여줄 수 있을까 하고 불평하는 사람들(6a), 주님의 환한 얼굴을 우리에게 비춰 주십시오." 하며(6b), "햇곡식과 새 포도주의 풍성함과 기쁨"(7)만 찾는 사람들이다(사람들의 기도는 6절과 시인이 7절에서 그들과 자기를 비교하면서 한 말. 시인의 기도는 7절이다. 영어 성서들이 옳다).

이런 사람들이 기독교인들이다. 그의 내면의 의자에는 자신이 '큰 복, 좋은 일'이 생겨서 '주님의 얼굴을 환하게' 보도록 성공과 풍요를 바라는 욕망의 에고가 왕으로 앉아 있다. 따라서 그의 신앙생활이란 그가 바라는 '큰 복, 좋은 일'인 '햇곡식과 새 포도주의 풍성할 때에 누리는 기쁨'을 얻기 위한 수단일 뿐이다. 그는 그런 것들을 얻으면, 금방 기분이 좋아져서 하나님조차도 환한 얼굴로 색칠하여 보고 찬양하며 감사한다. 그러나 시시한 복이나 나쁜 일이 생겨 어둠에 처하게 되면, 이내 하나님을 분노하고 인색한 얼굴로 인식하고 형상화한다. 이것이 예나 지금이나 세속적 신앙인인 기독교인들의 모습이다.

다른 부류의 기도는 이렇다. "주님께서 내 마음에 안겨주신 기쁨은 햇곡식과 새 포도주가 풍성할 때 누리는 기쁨보다 더 큽니다."(7) 그는 내면의 의자에 하나님을 왕으로 모시고 사는 사람이다. 그것이 주님이 자기 마음에 안겨주신 기쁨의 모든 것이다. 곧, 그는 오로지 하나님을 기쁨으로 안다.

그의 마음은 여느 사람들이 좋아하고 추구하는 '큰 복, 좋은 일, 주님의 환한 얼굴, 햇곡식과 새 포도주의 풍성'에 가 있지 않다. 그는 성공과 실패에 의존하여 하나님의 얼굴을 색칠하지도 않고, 모든 상황의 어떠함을 넘어서 늘 "태양"(시 84:11) 같이 환하게 빛나는 하나님의 얼굴을 바라보며 기뻐할 뿐이다(마 5:10~12 참조). 그래서 그는 "내가 편히 누워서 자는 것도 주님께서 나를 평안히 쉬게 하여 주시기 때문입니다."라고 고백한다(8). 동물들도 일상으로 하는 "자고 깨는 것"조차도 주님이 붙들어 주시는 가없는 은혜이다(시 3:5). 이것이 예나 지금이나 진정한 신앙인인 그리스도인들의 모습이다.

2-2) 하박국서 3:17~19. 한 부류는 무화과나무에 과일이 많이 달리고, 포도 수확이 많고, 올리브나무에서 딸 것이 많고, 밭에서 거두어들일 곡식이 많고, 외양간에 양과 소가 많을 때만, 하나님의 은총을 즐거워하고 하나님의 환한 얼굴을 보며 찬양하고 감사하는 사람이다. 겉으로 볼 때, 이 사람은 훌륭하고 신앙이 돈독한 사람 같다. 그러나 내면의 왕좌에 앉아 있는 것은 하나님이 아닌 돈과 재산과 풍요에 대한 욕심인 에고이다. 자아에 속해 있는 사람일 뿐인 그의 내면에는 하나님이 없으며, 언제나 바깥에 내쫓긴 상황일 뿐이다. 그가 내면의 문을 굳게 닫아걸고 하나님이 들어오시는 것을 막고 있기 때문이다(계 3:20). 이것이 예나 지금이나 세속적 신앙인인 기

독교인들의 모습이다.

다른 부류는 비록 무화과나무에 과일이 없고, 포도나무에 열매가 없고, 올리브나무에서 딸 것이 없고, 밭에서 거두어들일 곡식이 없고, 양우리에 양이 없고, 외양간에 소가 없을지라도, 하나님 안에서 즐거워하며 자기를 구원하신 하나님 안에서 기뻐하며 노래하고 힘차게 살아가는 사람이다. 그는 내면의 왕좌에 하나님을 앉혀 모시고 있다. "하나님만이 그의 행복이며, 그의 재산이시다."(시 16:2.5, 재산─몫·기업·基業, heritage; 고후 6:4~10) 이것이 예나 지금이나 진정한 신앙인인 그리스도인들의 모습이다.

따라서 두 종류의 신앙인밖엔 없다. 하나는 영적인 신앙인이고(시 23편), 다른 하나는 세속적인 신앙인이다(사 1장). 영적인 신앙인은 모든 시간, 모든 장소에서 하나님만 행복과 기쁨으로 여기는 사람이다. 그에게는 일상의 모든 곳이 하나님 앞이요 성전이다(출 3:5). 세속적인 신앙인은 자기가 바라고 필요한 것을 위하여 하나님께 열성적으로 예배를 드리면서도 일상에서는 세상의 가치관을 따라서 살아가는 사람으로, 그의 하나님은 그저 예배당에 유폐된 신이고, 그는 예배당용 신자일 뿐이다.

어떤 신앙인인가 하는 것은 각자 해결해야 할 몫이다. 하나님도 대신해주시지는 않는다. 요컨대 기독교인은 피상적인 얕은 삶을 살아가는 사람, 그리스도인은 깊은 삶을 살아가는 사람이다. 그런데 하나님·그리스도·진리는 우리를 언제나 깊은 삶으로 부르신다.

3. '아우구스티누스'는 "성서는 하나님이 사람에게 보내신 사랑의 편지"라고 말한다(고백록). 매우 심원한 통찰이다. 유대인들은 히브리 성서(구약)를 "글자로 표현된 하나님"으로 믿는다. 성서는 하나님의 향기로운 가슴, 하나님의 사랑스러운 얼굴을 보여주는 거울이다.

(물론 구약성서에는 매우 좁고 독선적이고 인정사정없이 잔혹한 하나님 모습이 대단히 많다. 그러나 그것은 유대인들이 종족적·민족적 우월감, 이민족에 대한 적대감, 종교적 편견 등에 젖어 하나님을 생각하고 글을 쓴 탓이지, 하나님 탓이 아니다. 민중의 인지가 제대로 발달하지 못한 시대여서 그렇게 기록할 수밖에 없었기에, 그런 점을 충분히 고려해야 한다.

종교사는 엄연히 인간 의식·정신의 진화사이다! 성서에 있으니 일점일획도 버리지 말고 하나님을 그렇게 인식해야 한다고 하는 것은 개인의 영적 성장과 선교를 가로막고 유대교로 돌아가는 무지막지한 일이다. 일점일획을 운운한다면, 기독교도 구약의 율법을 다 지켜야 하리라!).

인간은 하나님의 사랑을 다 알 수는 없다. 그러나 그 사랑을 조금만 맛봐도, 하나님의 사랑, 사랑의 하나님을 아는 데는 충분하다. 이는 바닷물을 손가락으로 찍어 맛봐도, 전체가 짜다는 것을 아는 일과 같다. 성령을 통하여 진리를 깨달아 중생하여 하나님의 어린아이가 된 사람은 언제나 하나님의 품에 안겨서, 그 가슴에서 흘러나오는 사랑의 젖을 먹고 산다. 기쁨, 생명력, 행복, 평안, 배부름, 만족, 걱정과 두려움으로부터의 초월, 자유라는 충만한 삶이 거기에 있다. 그는 "아무것도 부족함을 모른다." 모든 게 채워져서가 아니다. 오로지 "나의 목자 하나님"이 모든 순간에 함께하신다는 것을 알기 때문이다(시 23:1). 이것이 깊은 삶에 들어선 사람의 고백이다.

구약성서에서 단연코 위대한 종교적 통찰은 창세기 1장 27절이다. "하나님은 하나님의 형상대로 사람을 창조하셨다." 이 말 한마디에 구약성서의 모든 말이 다 들어 있다. 따라서 이 말을 이해하는 사람은 하나님과 인생의 진실을 깊이 이해한다.

하나님의 형상은 사람 안에 계신 하나님, 인간의 내면에 존재하는 신성이다(神性·Deity). 하나님은 사람 안에 계시다! 인간은 하나님을 모신 성전이다(요 14:10; 고전 3:16). 따라서 인생이란 내 안에 계신 하나님을 깨달아 알고, 그분을 내 마음의 왕좌에 앉혀 모시고 사는 것이다. 그러면 충분하다. 행복하다. 자유롭다. 걱정과 불안과 두려움, 이기심과 거짓과 폭력성을 초극한다.

우리 안에 있는 하나님은 사랑이요 빛이시다. 사랑의 빛! 이것이야말로 우리 안에 있는 영원한 보물이요, 인생의 비밀을 깨달을 수 있는 열쇠·문이요, 우리의 참모습이다. 우리가 성령의 능력을 힘입어, 우리 안에 있는 하나님의 형상, 곧 사랑의 빛인 하나님을 발견하고 온전히 깨우치면, 우리는 모든 곳에서 "세상의 빛"으로 존재한다(마 5:14). 그때 우리는 성령의 갖가지 열매를 맛보고 드러내며 산다(갈 5:22~23).

우리는 어느 특정한 곳에서 하나님을 찾을 수 없다. 왜냐면 하나님은 계시지 않는 곳이 없지만(無所不在), 어디에도 있지 않는 주거부정(住居不定)의 역설적인 분이기 때문이다. 우리가 무엇인가를 찾는다는 것은 그것이 있음을 아는 것과 잃어버렸다는 것을 전제한다. 그런데 인간은 하나님을 모를 수 없다. "하나님을 알 만한 일이 사람에게 환히 드러나 있다. 사람은 하나님이 지으신 만물을 보고서, 하나님의 능력과 신성 등의 보이지 않는 속성을 깨닫게 되어 있다."(롬 1:19~20) 다만 우리가 너무나도 깊이 잠들어 있기에, 우리 안이나 만물에 계신 하나님을 알아보지 못할 뿐이다.

그리고 우리는 하나님을 잃어버릴 수도 없다. 하나님은 우리가 얻거나 잃어버릴 수 있는 물건이 아니시기 때문이다. 우리는 언제나 우리 안팎에 계신 하나님 안에 있다. 이 우주에, 사람이 하나님을 떠나서 존재할 시간과 공간은 그 어디에도 없다(시 139편; 행 17:28). 물고기가 물속에서 사는 것과 같이, 우리는 하나님 안에서 살고 있다. 다만 사람이 하나님을 잃어버렸다고 착각할 뿐이다.

따라서 하나님을 모를 수도 잃어버릴 수도 없는 우리는 우회로를 통하여 하나님을 찾을 수밖엔 없다. 어디인가? 영혼·가슴·심정이다. 곧, 우리는 사랑을 통해서만 하나님을 체험하고 안다. 하나님은 우리 가슴에 있는 사랑의 빛이시기에…. 가슴 속에서 사랑을 찾는다면, 하나님을 찾은 것이다. 그래서 성서는 이렇게 말한다. "사랑 안에 있는 자는 하나님 안에 있고, 하나님도 그 안에 계신다."(요일 4:16)

우리 가슴이 사랑의 빛으로 출렁거린다면, 그때 우리는 하나님을 알고, 하나님을 느끼고, 하나님을 본다. 그리하여 눈길이 머무는 모든 곳에서, 우리는 하나님의 환한 얼굴을 발견한다. 우리는 하나님을 완전하게 알 수 없다. 하지만 조금 안다 해도, 우리는 충분히 행복하고 평화로워진다. 사랑 속에서 우리는 자신이 하나님의 성품·형상을 지니고 있음을 알게 되고, 그때 사랑의 빛이 우리를 인도하기 때문이다.

사랑은 우리가 죽지 않는 한, 결코 잃어버릴 수 없는 보물이다. 그런데 우리는 이것을 잃어버렸다고 생각하거나 찾지도 않는다. 그리고는 안에 있는 것을 평생토록 밖에서만 찾아다닌다. 그러나 우리는 잃어버린 것이 무엇인지, 찾고 있는 것이 무엇인지도 정확히 알지 못한다. 우리는 대개 그것을 돈이나 권력이나 건강이나 문화라고 생각한다. 그래서 항상 목마르고 배고프게 산다. 그런 본원적인 궁핍함이 무의식적으로 호소하는 애처로운 갈망의 빛은 우리의 눈동자 속에, 말 속에, 얼굴에, 뒷모습에, 한숨과 비탄 속에, 사치 속에, 자만 속에, 그리고 일상 속에 가득히 어려 있다. 그 처연한 갈망은 매 순간 우리의 맥박과 함께 뛰고 있다. 그 갈망을 채우지 못하는 한, 우리는 언제나 어디서나 언제까지나 허무하고 쓸쓸한 방랑의 땅인 "놋"에서 가엾게 존재할 뿐이다(놋: 떠돌아다님, 창 4:11~16).

깊이 생각해볼 때, 먹고 잠자는 것, 일하고 쉬는 것, 권력이나 재산이나 명예와 같은 외부적인 형식에 대한 추구 등의 모든 것은 실상 그것들 자체에 대한 추구가 아니다. 그런 것들은 삶을 위한 수단이고, 우리가 잃어버릴 수 없는 내면의 보물을 잃어버렸다고 생각하면서 찾는 값싼 가짜 대체물일 뿐이다. 모조품은 어디까지나 사이비이지 진품이 아니다. 대체물들은 우리의 근원적인 갈망을 채워주기는커녕, 오히려 내면에 더욱더 큰 무의미와 쓸쓸함과 허무의 구덩이를 파놓을 뿐이다. 거기에는 아무것도 없다. 그런데도 결사적으로 그것들을 찾는다. 이것이 인간의 슬픈 자화상(自畵像)이다.

4. 몸이 아프면, 먼저 의사를 찾아 제대로 진단부터 받아야 한다. 의사의 진찰 없이 스스로 진단하고 처방을 내리고 치료할 수는 없다. 정확한 진찰만 하면, 거기에 맞는 약을 처방받거나 수술을 받는다. 따라서 진찰이 정확하지 않으면, 백약이 무효하다. 이것은 우리의 존재 방식에 관한 매우 단순한 비유이다.

근원에서 볼 때, 인간은 누구나 아프다. 아파서 아픈 것보다, 우리가 질병(disease) 자체이기 때문이다. 그래서 우리는 하루도 편안하지(ease) 않다(dis). 인간은 매일 끙끙 앓고 신음하며, 근심하고 분노하고 시기하고 공격하고 차별하고 비난하고 잘난 체하고 거칠게 행동하고 온갖 욕심을 품고 치달아가면서 가엾게 존재한다. 이것은 아파서 내는 신음이지 다른 게 아니다. 그런데 그렇지 않은 양, 가면(페르소나·persona)을 쓰고 살아간다. 그러면서 그것을 자신의 '인격'이라고 믿는다(personality). 그러나 그것은 결코 사람다운(人) 모습(格)이 아니다.

그런데도 우리는 엉뚱한 의사, 곧 이런저런 돌팔이 의사들을 찾아가 올바른 진단과 처방을 받으려고 한다. 대단한 모순이다. 우리는 병의 원인이 무엇인지도 모르고, 이 의사 저 의사를 찾아다니며 약만 구걸한다. 그러나 모두 번지수를 잘못 짚은 것이기에, 매번 허탕만 치고 실패하여, 자꾸만 더 아파서 괴로워하고 남을 위협하며 피를 흘리며 산다(막 5:25~34, 거라사의 광인). 그런 식으로 우리는 질병을 근원적으로 치유할 수 있는 생의 의사가 내리는 진단을 받기보다는, 스스로 진단하고 내린 처방을 철석같이 믿고 끝없이 욕망이라는 약을 복용한다. 그리하여 병은 더욱 도지고 만다. 이런 악순환이 평생토록 계속된다.

그러면서 우리는 어느덧 우리 안의 보물은 있지도 않은 상상의 것이라고 치부하면서, 모두 망각하고 외면하고 부정해버리기에 이른다. 그리하여 언제나 궁핍하고 헐벗은 존재로 가엾게 살아가면서, 밖에 있는 外物들을 많이 소유하고 누리면, 병이 없다고 단단히 착각한다. 그러나 그럴수록 우리는 가뜩이나 "에덴의 동쪽"(창 3:24)인 세상에서 더 멀리 떠나 쓸쓸하게 떠돌아다니며 살아간다. 존재하지도 않는 지평선을 반드시 붙잡겠다고 벼르면서….

우리의 근원적인 문제는 우리 안의 보물이신 사랑의 하나님을 느낄 가슴이 없고, 사랑을 알아볼 눈이 없다는 데 있다. "태양이신 하나님"(시 84:11)과 진리는 항상 빛나고 있건만, 우리의 눈은 멀어 있다. 사랑은 바다처럼 우리 안에서 출렁거리건만, 우리의 가슴은 그것을 느낄 줄을 모른다. 깜깜한 어둠에 갇혀 바윗돌같이 차가워지고 딱딱해진 가슴을 안고 살아가는 우리는 삶의 진수(眞髓)들을 맛보지 못하고 더욱 무기력해지고, 세상 곳곳에서 무의미의 쓸쓸한 폐허만 본다. 그러면서 또다시 저 밖의 것을 소유하기 위하여 달려간다.

5. 이런 이야기를 읽었다. 인도인들은 재빠른 원숭이를 잡으려고 할 때, 무엇이든 손에 붙잡은 것은 절대로 놓는 일이 없는 원숭이의 본능을 이용한다. 코코넛을 따서 원숭이 손이 들어갈 만한 조그만 구멍을 뚫어 속을

거지반 비운 다음, 밧줄로 나무에 묶어둔다. 이윽고 코코넛 향기를 맡은 원숭이가 나무에서 내려와, 손을 집어넣고 움켜쥐고는 손을 빼려고 한다. 그런데 주먹을 꽉 쥐었기 때문에 빠지지 않는다. 그때 사람이 다가온다. 손을 놓으면 살 수 있다. 하지만 원숭이는 열매 욕심에 손을 놓을 줄 모르고, 결국 붙잡히고 만다(수잔 워커 편-침묵의 대화).

이 이야기는 사람들이 살아가고 있는 존재 방식에 관한 비유이다. 사람들은 예나 지금이나, 작거나 크거나 간에 무엇인가를 쥐려고 한다. 그 대상은 야망이 클수록 커진다. 사람들은 '나는 원숭이가 아니다.'라고 말하지만, 세상을 둘러보시라. 사람들이 어떻게 살아가고 있는가? 원숭이처럼 살아간다. 놓으면 진정으로(!) 사는데, 움켜쥔 손을 펼 줄 모른다. 텅 빈 해맑은 마음으로 욕심 없이 주체적으로 살아가는 사람은 매우 드물다.

이것은 무욕(無慾)을 말하는 게 아니다. 욕구는 생존과 생활을 위해 필요하다. 그러나 지나치게 욕심을 품는 것은 먼저 자신에게 해롭다. 지나친 욕심은 불행의 길이다. 한두 사람 정도가 아니라, 국민 전체가 이러한 욕심을 품고 부와 권력과 명예를 탐하고 남들의 가벼운 입에 얹혀살고자 한다면, 나라를 끔찍한 지옥으로 만들어버리는 결과를 가져온다.

이것은 서유럽 나라들을 볼 때 명확하다. 오늘날 서유럽의 부유함은 경제발전만으로 이룩된 게 아니다. 그것은 14세기 르네상스 시대로부터 꾸준히 학문과 과학, 윤리와 철학과 민주주의를 발전시켜오면서 경제발전을 추구해온 결과이다. 물론 거기에 제국주의적 침탈 등 여러 모순이 있는 것은 사실이지만, 대체로 볼 때 서유럽 국가들의 경제발전은 도덕성과 정신문화의 토대 위에 세워진 것이다.

미국 역사학자 '에이미 추아'도 "제국의 미래"에서 이런 것을 논고하면서, 과거 제국들의 흥망성쇠에서 어떤 원리를 찾아낸다. 간단히 말하면 이렇다. 하나의 국가가 제국으로 발돋움하는 것은 거대한 제국을 운용할 만한 '능력'을 갖추었을 때이고, 그 능력을 상실할 때에는 여지없이 쇠락하고 무너진다. 당연하다.

그런데 그 능력에 포함되는 것이 많지만, 그중에서도 중요한 것은 도덕성과 정신문화이다. 만일 이런 것들이 사회 질서와 경제력과 군사력을 이끌고 통제하지 못하면, 역설적으로 그동안 부강한 나라를 이루게 했던 그 같은 요인들이 오히려 나라를 무너뜨리는 결정적인 동인(動因)으로 작용한다. 서로마 제국은 사치와 환락과 부정부패 때문에 게르만 용병들에게 봉급을 주지 못해 그들의 반란으로 망했다(서기 476년).

이런 것은 오늘날 한국사회에 커다란 빛을 비춘다. 지도층과 국민이 도덕성과 윤리적 질서와 정신문화를 건전하게 세울 때, 경제발전과 번영과 평화를 담보할 수 있다. 중요한 것은 선한 능력·실력을 갖추는 일이다. 하늘은 마음의 그릇이 큰 자와 나라에 복을 내린다. 복을 받아 타락하면, 하늘의 심판을 불러들이고 만다.

6. 그리스 신화에 나오는 '에리직톤'(Erisicton)은 당대 제일의 부자로서, 식탐(食貪)으로 가득한 매우 오만하고 불경스러운 인물이었다. 그의 집 가까운 곳에는 대지와 곡물의 여신인 '데메테르'의 신성한 숲과 요정들이 노는 커다란 나무가 있었는데, 오만한 그는 요정들의 간청에도 불구하고 도끼로 그 나무를 쓰러뜨렸다. 그러자 분노한 데메테르는 '리모스'를 보내 그에게 아무리 먹어도 허기를 느끼는 저주를 내렸다(Rimos, 기아·飢餓의 여신).

그때부터 그는 눈에 보이는 모든 음식을 먹어치웠지만, 그럴수록 더욱 배고파졌다. 그는 음식을 구할 돈이 다 떨어지자, 급기야는 자신의 딸까지 팔아서 음식을 사 먹었다. 딸은 바다의 신인 '포세이돈'에게 도움을 청하여, 원하는 대로 사물의 모습을 변화시키는 능력을 얻었다. 집으로 돌아온 딸의 능력을 알게 된 에리직톤은 그 덕분에 음식을 먹게 되지만, 그것도 한계에 다다르자, 다시 딸을 팔아 허기를 채워나갔다. 그러다가 끝내 딸이 도망쳐 돌아오지 않자, 그는 끝없는 배고픔을 참지 못하여, 자신의 몸까지 뜯어먹기 시작했다. 결국에 그는 틀니 같은 이빨만 남기고는 죽었다(에디스 해밀턴-신화집).

이 신화가 보여주는 인간의 삶에 관한 상징성은 매우 깊다. 인간은 신성한 정원과도 같은 삶을 있는 그대로 누릴 줄 모르고(창 2장), 대지의 신인 자연과 본성을 외면하고 오직 육체적 만족과 소유만 추구하며, 삶에 충족감과 기쁨의 놀이를 가져다주는 소중한 생명의 나무를 스스로 찍어버린다(창 3장). 도끼로 제 발등을 찍는 짓이다.

그렇게 하여 인간은 정작 삶·행복을 바라면서도, 스스로 죽음·불행·파멸을 불러들이는 모순되고 부조리한 행위를 한다. 이 발걸음을 멈추려면, 바다의 신인 본원적인 자연, 곧 자연스러운 성품과 존재 방식으로 돌아가야 한다.

욕망의 충족과 풍요 곁에는 언제나 기아의 신이 있다. 곧, 물질적 포만 곁에는 깊은 정신적 허기, 곧 불만족과 궁핍의 감정과 마음의 쓸쓸함이 존재한다. 왜냐면 포만이 허기이기 때문이다. 극과 극은 언제나 상존한다. 역설적으로 욕망은 기아이고, 포만은 궁핍이다. 이것을 아는 자는 탐욕과 포만에 빠지지 않고, 알지 못하는 자는 여전히 탐욕과 포만에 매달린다.

이것은 오늘날 또 다른 에리직톤으로 존재하고자 하는 현대인들의 초상(肖像)이다. 이것은 마치 강아지가 제 꼬리를 물려는 것과 같은 일이다. 강아지는 나중에 미칠 지경이 되고 만다. '분명히 코앞에 있는데 어찌해서 물 수 없는 것일까?' 그러다가 강아지는 사태를 이해했는지 지쳤는지, 어리석은 행위를 멈춘다.

그러나 강아지와 비교할 수도 없이 나은 존재인 사람들은 대개 평생토록 이런 행위 속에서 살아간다. 그렇게 하여 강아지보다 못한 존재 방식을 드러내면서, 역설적으로 한평생을 자살을 향한 가늠 길 없는 충동의 무대로 만들어버린다. 그렇다. 사람들은 사실 자살을 꿈꾸고 있다! 살려고 하는 본성인 생에 대한 의지(意志) 곁에는 자살하려는 본성인 죽음에 대한 의지가 자리하고 있다. 이것만큼 인간의 모순을 적나라하게 보여주는 것도 없으리라.

7. 예수 그리스도는 "공중의 새, 들의 백합"에 대하여 말하면서, 이것을 사람의 삶에 관한 이미지로 활용하신다(마 6:25~30). 동물이나 식물은 소유하지 않는다. 그들은 자연의 체계 속에서 각기 자기의 몫을 누리면서 절묘한 균형과 조화를 이루어 존재할 뿐이다. 그들은 오로지 필요의 충족에 그치며, 그 이상은 묻지 않는다. 그들은 걱정하지 않으며, 욕심도 허위도 자랑도 없으며, 과거도 미래도 생각하지 않고, 오로지 지금 이 순간 가득하게 현존하는 절묘한 존재 방식을 드러낸다.

그렇기에 동식물은 종교를 모르나 지극히 종교적으로 살아간다. 그들에게는 어떤 억지나 반-자연적인 행위가 없다. 그들은 온몸으로 모든 것을 창조자의 은총으로 받아 누리며 존재한다. 그들은 전체와 분리되지 않으며, 분리된 적도 없고, 분리될 수도 없다. 그렇기에 그들에게는 종교가 필요 없다. 사람이 이렇게 새와 백합처럼 전체와 합일된 상태에서 살아가면, 종교의 목적을 이루고 가장 인간적으로 존재한다. 이것이 예수 그리스도의 가르침이다.

그런데 사람은 지극히 인위적이라서, 끊임없이 이런저런 것에 대한 탐욕을 품고 소유하고, 또한 소유 당한다. 이것은 자연적인 존재 방식이 아니다. 왜냐면 탐욕은 이원론이요 이분법이기 때문이다. 탐욕은 언제나 자타(自他)를 분리해서 보며, 적대감 속에서 대결하며 싸움을 벌인다. 따라서 탐욕에 젖은 인간은 언제나 마음이 분열되어 세상으로부터 분리될 수밖에 없다. 이것은 더 큰 불행과 고통을 가져오고 휴식과 평안을 모조리 앗아간다.

그렇기에 이것을 넘어서 조화를 찾는 방법이 필요하다. 그것을 담당할 수 있는 하나의 차원이 종교이다. 종교를 제대로 활용하면, 내면적 평안과 사회적 평화에 이르는 길을 찾는다. 사회가 과학기술 문명과 물질적인 풍요로 넘칠수록, 내적 평안과 사회적 평화로부터 멀어지기에, 내면의 조화와 삶의 균형을 가르치는 종교의 필요성은 더욱 절실해진다.

종교란 결코 인위적인 것들의 소유지향을 충동질하는 체제가 아니다. 오히려 그와는 반대로, 자신과 사물과 삶의 근원적인 이치에 대한 통찰과 깨달음을 안내하는 방편이다. 거기에서만 진정한 휴식과 평온과 평화가 가능하다. 신을 향한 무한한 신뢰와 만물에 대한 사랑 속에서 존재하는 것, 곧 전적으로 신의 은총 아래에서 자유롭고 풍요롭게 존재하는 방식, 그것이 종교가 인간에게 주는 진정한 혜택이다.

예수 그리스도께서 공중의 새와 들의 백합이라는 다소 낭만적인 자연의 이미지를 통하여 밝히신 진실이 이것이다. 종교를 통해 내면적 자각에 이르러 신의 어린아이가 된 사람은 이런 면모를 드러낸다. 종교란 모든 것이 신·자연·우주적 진리로부터 배려된다는 참된 이해와 신뢰에 이르게 하는 길 외에는 아무것도 아니다. 물론 많은 이들이 종교를 잘못 이용하고 있고, 현금 우리 사회의 종교가 스스로 비틀거리는 것도 사실이지만, 그렇다고 해서 종교를 부정하고 내버릴 수는 없는 노릇이다. 문제는 종교를 오해하고 왜곡하여 이용하는 사람들이지, 종교 자체가 아니다. 종교는 심원하고 숭고한 인간의 길이다.

8. 돌과 꽃을 생각하며 어리석은 질문을 하나 해보자. 그대는 돌이 되고 싶은가, 꽃이 되고 싶으신가? 물론 꽃이 되고 싶어하시리라. 그런데 정말 그러하신가? 돌은 죽어 있고, 꽃은 살아있다. 돌은 그대로 죽은 무덤이요, 꽃은 생생한 삶의 열정이다. 돌은 영원한 과거 속에 존재하고 미래도 없다. 물론 수억 년의 세월이 흐르면, 원자로 흩어져 어느 식물이나 사람의 몸을 구성하겠지만…. 그러나 꽃은 언제나 현재에 존재하며, 미래의 가능성도 많다.

따라서 돌은 아무런 위험과 고통이 없고, 꽃은 항상 위험하고 고통에 직면한다. 왜냐면 죽은 것은 위험과 고통이 없고, 살아있는 것만이 위험과 고통에 노출되기 때문이다. 돌은 모험이 없지만, 꽃의 삶이란 매일 매 순간이 모험이다. 꽃의 향기와 아름다움은 위험과 고통을 이겨내고 성장하고 결실한 증거이다.

그렇기에 돌은 자기안전 속에서 언제나 편안하다. 그렇게 죽어 있는 것만이 영원히 안전하다. 그러나 꽃은 안전하지 않다. 꽃은 언제 누구에게 꺾일지 모르는 위험과 고통 속에서 불안하다. 그러한 위험과 고통의 불안을 감수하지 않는다면, 결코 꽃을 피울 수 없다. 그리고 상처를 많이 받은 꽃일수록, 그 향기는 더 짙다. 장미는 진딧물과 얼마나 치열하게 싸우는지! 그렇기에 꽃의 삶이란 사실 하나의 도박이고 전쟁이다. 그것이 꽃의 긴장이고 생명력이고 가능성이고 아름다움이다. 돌은 아무런 가능성도 없지만, 꽃은 자신이 지닌 모든 가능성을 활짝 피운다. 게다가 어느 꽃도 하는~척 하는 법은 없다.

돌은 꿈과 희망조차도 없지만, 꽃은 항상 꿈꾸고 희망한다. 올해는 얼마나 더 아름다운 꽃을 피우고, 얼마나 더 짙은 향기를 내뿜을 수 있을까 하는 것이 꽃의 최대 관심사이다. 돌은 결코 산 적이 없기에 죽을 수도 없지만, 꽃은 생생히 살아있기에 죽을 수 있고, 그래서 아름답고 찬란하고 영화롭다.

돌은 영원히 안전하나 생명·삶을 상실한 시신이요, 꽃은 연약하나 삶의 한가운데서 고통과 상처와 시련을 겪으며 살기에 영광스럽다.

　이런 진실을 이해할 때, 사람은 누구나 꽃이 되고 싶어 하리라. 그런데 과연 그러한가? 보라. 현재 우리나라의 교육제도는 하나의 꽃으로 세상에 들어온 아이들을 숫제 돌멩이로 만들어버리는 거대한 작업을 진행하고 있는 게 아닌가! 오늘날 이 물질적인 사회, 비인간적인 가치관과 차별과 폭력이 만연한 사회에서, 어른들은 끝없이 세상 구조만 탓하면서 꽃으로 태어난 아이들을 어떻게 하면 돌로 만들어버릴 수 있을까를 항상 고민하고 모색하는 것처럼 보인다면 지나친 억측일까? 학교에 체육과 예술과 인문학과 문화적 체험, 그리고 사회봉사 같은 프로그램이 거의 없는데, 어떻게 거기에서 인간다운 인간이 나올 것인가? 공부 잘하여 돈벌이 하는 걸 교육이라고 하니, 제정신인가? 장차 어찌하려고 하는지!

　아이들을 사랑과 자비, 숭고한 이상과 희망, 상생과 평화의 가치를 아는 인간으로 길러주는 것이 아니라, 어떻게 하면 남들을 의심하고 경쟁하고 이기고 성공하게 하고, 남들에게서 자신을 지킬 수 있을까 하는 자기방어와 자기안전에 대해서만 생각하는 로봇 같은 인간이 되게 한다. 어느덧 '시저와 나폴레옹 신드롬'이 오늘날 교육의 신념이 되어 버렸다.

　이런 교육체제 속에서 아이들은 사랑과 신뢰의 방정식이 아니라, 의심과 경쟁과 적대감과 폭력의 이념을 절대적 진리인 양 숭앙하며 자라면서, 이미 청소년 시절에 영혼이 죽어버린 인간이 되어버린다. 무한한 가능성인 꽃을 죽은 돌멩이로 만들어 놓는다. 자기에 대한 진실하고 사랑, 삶이나 타인에 대한 깊은 이해와 존중심, 인간에 대한 공감 능력, 동료와 약자에 대한 사랑과 자비심을 지닌 따스하고 부드러운 인간성, 인생의 진실에 대한 깊은 단순성과 감수성, 세계와 삶에 대한 책임 의식, 무엇보다 상상력과 창조성을 가지고 자유롭게 살아가는 태도 등을 길러주기보다는, 오히려 한없이 약하게 만들어 마치 돌멩이처럼 자기라는 무덤에 갇혀버린 죽은 인간을 양산해 내고 있다. 이것은 철저히 얕은 삶을 지향하는 멈출 길 없는 무한한 충동일 뿐이다. 누가 이 죽음의 발걸음을 되돌릴 것인가?

게다가 수도권 공화국에 아파트 왕국이 되어버린 대한민국의 현실은 슬프다 못해 참담할 지경이다. 터무니없이 높은 주택 가격, 가속되는 지방의 황폐화, 결혼 거부와 불능, 인구 격감, 지방 대학의 소멸과 연쇄적인 자영업의 쇠락 등으로, 어두운 미래가 불 보듯 빤한 데도 아무 대책이 없다. 근본에는 손을 대지 않고 헛된 시늉만 하며 세금과 재정을 낭비할 뿐이다. 그래서 지금은 나라가 융성하는 것 같으나, 20년 후면 정말 큰일이 날 것이다.

그리고 지금 세상 모든 나라에서 돈을 벌어 먹고사는 일이 지상의 목적이 되었다. 세상 구조가 그렇게 되어버렸기 때문이다. 참으로 궁핍하기 그지없는 시대이다. 어쩌면 앞으로 '시인과 작곡가, 신비주의자와 종교가, 철인(哲人)'이 별로 나오지 않을지도 모른다. 나온다 한들, 누가 알아주겠으며 밥이나 제대로 먹고 살겠는가? 이미 죽어버린 세계, 돌멩이가 되어버린 세계 속에서 어떻게 꽃이 필 수 있겠는가? 이것이 지금 세상의 현실이라는 것은 누구나 알고 있다. 나는 지나친 말을 하고 있다고 생각하지 않는다!

그런 사람들은 적어도 아직은 상상하고 창조하려는 사람들을 소중히 여기고 응원하고 존중하는 사회, 지금도 깊은 삶을 추구하는 인문학적 사상과 문화가 살아있는 나라, 여전히 인간적인 인간들을 존경하는 사회에서만 나온다. 왜냐면 그들은 홀로 성장하는 것이 아니라, 사회라는 거대한 공동체의 정원에서 피는 꽃이기 때문이다. 이런 현실을 볼 때, 지금 현대인들은 모두가 돌멩이가 되고 싶어 하는 것으로 보인다. 참으로 비극적인, 너무나도 비극적인 세상이다. 꽃으로 태어나 돌멩이로 살아가는 것만큼 비극적인 일이 어디에 있으랴!

따라서 만일 그대가 꽃으로 존재하고자 한다면, 무엇보다 진리에 대한 견고한 신뢰와 사랑과 상상력 속에서 살아야 하리라. 외적 형식을 통한 자기 규정, 자기보호나 자기안전이라는 방어막 없이 살려는 "존재를 향한 용기"를 가져야만 하리라(P. 틸리히-Courage to Be). 창조적으로 살려는 사람은 힘겨운 고통을 강요하는 사회의 틀을 거부하는 저항정신, 그리고 남들의 눈과 입에 대한 의식을 버리고 자기가 진정 하고 싶은 것을 하며 살고자 하는 옹골찬 의지가 필요하다.

하나님은 꽃으로 존재하고자 하는 사람을 돌보신다. 꽃으로 존재하고자 하는 내적 갈망이야말로 진정한 기도이다. 나무와 새들을 그렇게 잘 돌보시는 하나님이 어찌 사람을 푸대접하랴! 하나님은 독립적이고 주체적으로 존재하며, 적대감 없이 자유롭고 창조적이고 충만한 생을 살아가려는 사람을 충실히 도우신다.

9. 이제 경전을 생각해보자.

이것은 기원전 597년 바빌로니아제국의 유다왕국 침공 때 포로로 붙잡혀가, 도성 바빌론 일대의 유대인 제한구역(reservation)에 살면서 예언자로 활동한 젊은 제사장 '에스겔'이 환상(vision) 속에서 본 영상(影像)이다(Ezekiel, 에제키엘이 본래 발음. 하나님이 강하게 하신다. 유다왕국이 멸망한 것은 11년 뒤인 586년).

이스라엘의 사상사에서 이 사람만큼 괴이하고 신비스럽고 격정에 넘친 예언자도 없다. 그의 예언에는 알쏭달쏭한 게 많다. 예언(預言·prophecy)이란 개인이나 민족의 미래를 점치는 것이 아니라, 하나님의 영감과 통찰과 지혜로 가득 찬 사람이 현재 사회에 전달하는 메시지이다. 거기에는 설득, 과거사에 대한 기억과 환기, 충고, 재앙 선포, 충격, 위협, 협박, 회개와 혁신의 촉구, 재판, 선고, 미래와 희망 등이 포함된다. 그래서 예언자는 시인, 철인, 종교개혁자, 정치와 정신 혁명가 등을 한 몸에 갖춘 다층적인 사람이다.

에스겔의 예언 활동은 모두 신비한 환상 속에서 진행된다. 그가 거의 정상과 정신이상의 경계에서 오락가락하며 예언 활동을 한 것은 분명 조국의 참화와 계속되는 위기, 그리고 포로가 되어 5천 리나 되는 낯선 곳으로 끌려간 비참한 일로 엄청난 정신적 충격을 받았기 때문으로 보인다. 그는 30세에 하나님의 부름을 받고 예언자가 되었다.

그가 어느 날 강가에서 강한 영적 체험을 한 후, 그 충격으로 아무 말도 없이 집을 떠나 일주일이나 넘게 다른 마을을 돌아다니다가 찾는 사람들에게 발견되어 집으로 돌아오거나(아내가 사람들을 데리고 나섰으리라), 바빌론의 집안에 틀어박혀 조국의 수도인 예루살렘 성을 상징하는 조그마한 미니어처(miniature, 모형)를 만들어 거기에다 대고 예언하거나, 환상 속에서 기이하기 짝이 없는 '공간이동'을 하여 예루살렘에 가서 예언하는 모습 등, 모든 게 대단히 괴이한 것이라서 너무나 애처롭게 보인다. 그는 그렇게 평생토록 정상과 신비적 황홀의 이상한 경계를 오락가락한 사람이었다. 그런 모습에 오래도록 놀란 그의 아리따운 아내는 그만 병을 얻어, 일찍 세상을 떠나고 말았다(겔 24:15~18).

그렇게 예언자로 활동하며 말씀을 전하던 어느 날, 그는 하나님의 영에 휩싸여 몽롱하고도 명료한 역설적인 의식에 사로잡혀 하나의 영상을 보고 빨려 들어간다. 그것은 물과 관련된 이상(異象)이다. 하나님의 영은 그를 예루살렘 성전으로 인도하신다. 성전 문지방 밑에서 샘이 솟아 도랑물이 되어 동쪽으로 흐르다가, 방향을 틀어 남쪽으로 흘러간다. 거기서부터 450미터쯤 걸어가다가 물을 건너가니, 발목에 찬다. 그다음 450미터쯤 더 가서 건너니, 무릎까지 찬다. 그다음 450미터쯤 더 가서 건너니, 물이 허리까지 찬다. 그다음 450미터쯤 더 가서 건너니, 이번에는 헤엄쳐서만 건널 수 있는 깊고 넓은 강이 된다.

이것은 도대체 무슨 의미의 이야기일까? 강물은 하나님이 장차 이스라엘 민족사에 건설하시고자 하는 새로운 땅·나라에 대한 미래의 계획을 보여주는 은혜와 사랑의 상징이다. 에스겔은 포로가 되어 절망에 빠져 살아가는 유대인들에게 미래에 대한 희망 찬 메시지를 선포한 것이다. 이것은 지금 포로 생활 속에서 좌절감과 절망에 빠져서, 겨우 숨만 쉬고 살아가는 유대인들을 새롭게 부르시는 하나님의 음성이다.

만일 유대인들이 지금처럼 여전히 절망과 체념과 무기력증에 빠진 채로 살아간다면, 해방되어 고국으로 돌아간다 해도 아무런 변화를 이루어내지 못할 것이다. 따라서 지금 그들에게 필요한 것은 자신에 대한 새로운 이해와 자각이다. 그런데 이것은 전적으로 기존에 믿어오던 하나님을 새로운 눈으로 바라보아야만 가능한 일이다.

즉, 그들은 지금 이 순간, 하나님과 역사, 자신과 미래에 대한 새로운 패러다임(paradigm)을 가지고 내적 변혁을 이루어내야만 한다. 하나님이 그들에게 바라시는 것은 고난을 통하여 영적으로 완전히 변형된 민족이 되는 것이다. 그래야만 거칠고 도도하게 흐르는 역사의 강물을 헤엄치듯 건너갈 것이다. 그러나 그 일은 하나님이 기적을 일으켜 주시는 게 아니다. 해방과 자유와 새로운 미래의 창조는 하나님과 사람이 함께 협력하여 만들어내는 것이기 때문이다. 하나님이 새로운 조국을 선물로 주시고자 해도, 사람들이 그 자질을 준비하지 않으면 받을 수 없다. 하늘의 복을 누리려면, 먼저 사람이 받을 만한 그릇이 되어야 한다.

에스겔의 메시지는 발목→ 무릎→ 허리→ 깊은 강물에 이르는 신앙인의 영적 성장과 의식 발달의 4단계에 관한 것이다. 이것은 모든 이에게 주어진 길로서, 사람에 따라 각기 어느 단계에 속해 있다. 이것을 원(圓)으로 말하면, 표층(表層·껍데기)에서 심층(深層·중심)으로 파고들어 가는 것이고, 계단·사다리로 말하면 맨 아래에서 꼭대기까지 올라가는 것이다.

ㄱ) 발목 신앙인은 명목뿐인 형식주의적인 신앙인이다. 그는 신앙생활이 하나의 문화 현상과 전통으로 자리 잡은 곳에서 습관적이고 관습적으로 하나님을 부르고 믿으며, 자기의 필요와 자아(Ego)에 매여, 그저 열심히 "예배당 마당만 밟으며"(사 1:12) 기복주의를 위하여 기도하는 표층적인 얕은 신앙인, 곧 내면적 변화와 성숙한 이해의 자각이 없는 세속적 신앙인이다. 요컨대 그는 자기를 위하여 하나님을 필요로 하는 사람이다.

이런 사람이 종교 안에서 대부분을 구성하는데, 대통령이든 장관이든 부자든 가난한 자든 지식인이든 사제이든 평신도이든지 간에, 이런 사람은 어디까지나 세상에 떠밀려 가는 군중의 한 사람일 뿐이다. 그는 하나님의 영 바깥에 있다. 그에게는 종교적 체험과 앎·깨달음이 턱없이 부족하다. 그가 비록 예배와 기도와 성직을 수행한다 해도, 그 모든 것은 형식적이고 직업적이고 기복주의에 매인 관습적인 행위일 뿐이다. 그는 종교를 자기가 바라는 것을 얻어 보려는 우상 숭배적인 형태로 사용한다.

그는 잠들어 있는 사람, 비몽사몽(非夢似夢) 간에 있는 사람, 몽유병자 같은 사람, 닭장의 닭 같은 사람이다. 그는 예언자 '엘리야'가 말한 것처럼, "하나님과 바알(Baal) 사이에서 양다리를 걸치고 있는 사람이다."(왕상 18:21) 예수의 비유에 따르면, 그는 "길바닥과 돌밭과 가시덤불 같은 사람"(막 4:5.7), "거짓 예언자·성직자요, 나더러 주님 주님 하지만 불법을 자행하는 신앙인이다."(마 7:15~23) 이른바 깊이 잠들어 살아가는 사람이다.

신앙인은 자칫 평생토록 발목 신앙인의 상태에 머물러 살 수 있다. 여기에서 다음의 2단계인 무릎 신앙인이 되기까지는 평생이 걸릴 수도 있고, 어쩌면 전혀 도달하지 못할 수도 있다. 그에게 종교와 신앙이란 그저 사회적인 습관, 문화적인 행사, 직업적인 일이다. 그는 종교와 신앙 안에 있는 세속적인 사람인 "이방인"이다(마 6:32). 이런 사람들이 매우 비극적인 상황에 놓여 있는 것은 이런 것을 가르쳐주어도 듣지 않는다는 것이다.

예수께서는 공생애 내내 이런 사람들 때문에 질리고 질리셨다. 그래서 여북하면 가르칠 때마다 이렇게 말씀하셔야만 했을까? "들을 귀가 있는 사람은 들어라."(막 4:9) 누군 귀가 없는가? 시방 예수께서는 청각 장애인 협회에서 말씀하시는 것이 아니다. 그런데 어째서 이렇게 말씀하셨을까? 우이독경(牛耳讀經) 같은 일이 매일 벌어지기 때문이다. 사람들은 대개 자기가 듣고 싶은 말만 듣고, 진정 들어야 하는 말은 안 듣는다. 그러니 아무리 진리를 가르쳐주어도 듣기는 하지만 듣지 않는 것이다. 잠든 사람들이다.

ㄴ) 무릎 신앙인은 성령의 목소리와 감화를 따라 발목 신앙인을 넘어 신앙의 본궤도에 들어선 사람이다. 그는 일상에서 힘써 하나님을 위하여 하나님을 찾기 시작하고, "가난하고 슬픈 마음으로"(마 5:3~4) 하나님·진리인 "의에 주리고 목마른" 갈망에 사로잡혀(마 5:6), 무릎을 꿇고 기도하는 경건한 수행에 들어선다.

오래도록 무릎을 꿇는 것은 매우 힘든 일이다. 5분만 지나도, 오금이 저리다 못해 마비될 지경이 된다. 고행이 따로 없다. 그만큼 마음의 진실과 절실함, 집중과 끈기가 필요한 일이다. 무릎을 꿇고 기도하는 것은 자기와 대결하는 첫걸음이다. 그는 종교와 신앙이 자아 추구의 수단이 아니라는 진실, 필요에 대한 욕망과 집착이 아니라는 진실, 오히려 그런 마음을 포기하고 하나님 앞에서 철저히 죽는 것이라는 진실을 서서히 이해하기 시작한다. 이 단계에 이르는 것도 매우 어렵다. 그런데 여기에서부터 기도가 진실한 면모를 갖춘다.

그렇기에 우리는 예배당에 좋은 의자나 훌륭한 편의 시설을 설치하면서부터 신앙이 망가지고 기독교가 타락하는 이상한 함수관계를 깊이 생각해보아야 한다. 편안한 의자에 앉아 기도하는 것과 무릎을 꿇고 기도하는 것은 전혀 다른 내적 경험을 가져온다. 해보면 안다! 지금 슬프고 고통스럽고 절박한 일을 맞닥뜨린 사람이 소파에 앉아 편안한 심정으로 기도할까? 그렇게는 안 된다!

무릎을 꿇고 가만히 몇 분간 침묵하면, 머리와 자아는 서서히 죽고, 배와 가슴으로 힘이 응축되어 영혼의 에너지장이 움직이면서 깨어나기 시작한다. 그리하여 자아의 욕망을 불태우며 점점 더 몰입한 가운데서 심층으로 나아간다. 그리하여 그는 자신이 닭장 속에 갇혀서 사는 닭대가리가 아닌, 하나님의 독수리라는 진실을 깨닫는다. 그는 날아오르려고 날개를 퍼덕거린다. 그는 이제 종교와 신앙이 내면의 변화를 위한 길, 곧 '메타노이아'라는 것을 이해한다(Metanoia, 회개·생의 방향전환, 자신에 대한 새로운 패러다임을 갖는 것).

그는 기도의 초점을 자기가 바라는 세속적 사항의 충족이 아니라, 하나님이 바라시는 내적 변형과 영혼의 성장과 인격의 성숙에 모은다. 그는 자기를 버리는 것이 하나님의 부름이요 신앙의 핵심이라는 진실을 인식한다. 그런데 그때부터 많은 의혹, 싫증, 불안과 두려움, 체념하고픈 유혹의 시기를 맞이한다. 깊이 내려갈수록 에고·악마의 훼방이 심해지기 때문이다. 그러나 그는 포기하지 않고, 그 모든 것을 영적 깨달음에 집중해 수행한다.

그러면 어느덧 자기와 세상, 삶과 하나님을 바라보는 시각에 서서히 변형이 오기 시작한다. 이따금 내면에서 맑고 푸른 하늘을 보고, 자유롭고 힘찬 감정을 체험한다. 그는 참된 신뢰가 가져오는 해방과 자유, 기쁨과 행복, 평안과 진실을 점점 더 많이 맛보고 누린다. 드디어 깨어나기 시작한 것이다. 그는 예수께서 말씀하신 "구하여 얻은" 차원에 이른다(마 7:7a).

　　여기까지 도달하는 것만도 오랜 세월이 걸리는 무척이나 어려운 과정이다. 성직자라 해도 어렵다. 물론 집중적으로 수행하면 단축된다. 그런 만큼 그것이 가져오는 내적 결과에 대한 만족도는 강렬하고 해맑고 깊다.

　　ㄷ) 허리 신앙인은 이제 영적인 중심과 중추(中樞)를 확보한 사람이다. 추(樞)는 문설주·문기둥이나 그 곁 위아래 있는 구멍인 지도리이다. 문짝은 거기에 끼어 고정되어 있어야만 여닫을 수 있다. 문의 척추(脊椎)이다. 여기에 이른 신앙인은 이제 영적으로 튼튼한 허리를 갖게 된 것과 같다. 그는 마음이 헷갈리지 않고 한 방향, 곧 오로지 하나님의 뜻에 몰입한다. 그는 이기심이나 물질 지향적인 마음을 넘어서 있다. '내 뜻이 아니라, 당신의 뜻을 이루소서.' 하는 것이 그의 기도가 된다. 그의 세계관과 가치관과 인생관, 인간관, 물질 관념 등은 전적으로 하나님을 아는 것과 진리의 자각으로 올바르고 깊고 강해진다.

　　그는 일상에서 하나님께 온전히 헌신하기 시작한다. 무엇을 하든, 그는 종교적인 통찰력 가운데서 깬 정신으로 수행한다. 그는 영광에도 빈천에도 집착하지 않는다. 그에게 중요한 것은 자기를 향한 하나님의 뜻이다. 그렇기에 그는 모든 순간에 해방과 자유, 기쁨과 노래, 평안과 사랑, 감사와 자비가 충만하다. 그는 자연스럽게 덕스럽고 의롭게 살아간다. 그는 예수께서 말씀하신 "찾아서 …찾은" 차원에 이른다(마 7:7b).

　　그러나 그는 아직도 인간적인 의지와 노력 가운데 있다. 그의 신앙은 완성된 것이 아니다. 다만 크게 탄력을 받아 힘차게 진행되는 과정이다. 그래서 간혹 두려움과 욕망에 젖어 세속적 의지에 지배되기도 한다. 자유롭게 날아가기는 하지만, 여전히 서투른 면이 많이 남아 있다. 그래서 그는 자아에 완전히 죽기 위하여, 그간 해오던 무릎 꿇는 형식을 더 깊이 진행해 강화하여 더욱 튼튼한 허리를 가진다. 여기에 이르면 "힘은 산을 뽑고, 기개는 세상을 뒤덮을"(역발산기개세·力拔山氣蓋世, 중국 항우의 말) 하나님의 장사(壯士) 경지에 이른다.

ㄹ) 헤엄치는 신앙인은 성령의 온전한 능력 안에서 하나님을 찾은 사람, 참된 자기를 찾은 사람이다. 그는 성령의 힘과 빛, 영혼의 목소리, 그리고 삶의 강물과 하나가 되어 흐르는 사람이다. 그는 자신이 자기 마음과 삶의 강물이 분리되어 있지 않다는 것을 이해하기에, 성령의 힘과 영혼의 목소리와 삶을 거스르지 않는다. 즉, 그는 하나님을 거스르지 않는다. 왜냐면 그것이 자신의 영적인 파멸과 죽음이라는 것을 이해하기 때문이다. 그때부터 그는 진정한 의미에서 자발적으로 복종하는 인간이 된다.

그는 다음과 같은 차원에 이르러 산다. "나의 양식은 나를 보내신 분의 뜻을 행하고, 그분의 일을 이루는 것이다."(요 4:34) "내 아버지께서 지금도 일하고 계시니, 나도 일한다."(요 5:17) "아버지께서 나를 아시고, 나는 아버지를 안다."(요 10:15) "아버지께서 내 안에 계셔서, 자기의 일을 하신다." (요 14:10) 그는 예수께서 말씀하신 "문을 두드려 문이 열린" 차원에 이른다 (마 7:7c). 그는 "성령"의 사람이다(눅 11:13).

그는 일상의 삶을 거룩하게 변형시키고 승화시킨다. 그는 신앙이 성전에서만 국한되지 않는 영혼의 진실과 삶의 진실이라는 것을 알고 일상에서 자연스럽게 실천한다. 그는 자신이 어디에 있든지, 그 시간과 그 공간이

"하나님 앞"이라는 진실을 알기에, "신발", 곧 자아를 완전히 내려놓고 살아간다(출 3:5). 따라서 그는 어디에 있어도 성전 안에 있는 것, 곧 하나님 앞에 있는 것으로 알고 진지하고 진실하게 존재한다. 그는 비로소 자신의 삶을, 하나님이 자기 안에서 자기를 통해서 사시는 삶이라는 것을 이해하고 깨닫고 내맡긴다.

그래서 그는 세상 안에서 세상에 지배당하지 않는 자유, 곧 "세상에 있으나 세상에 속하지 않은" 자유를 얻는다(요 17:16). 그는 이제 길을 찾았고 깨달았다. 그래서 그는 삶이 자기에게 가져오는 모든 것을 있는 그대로 받아들인다. 그는 모든 것을 하나님의 선물로 이해한다. 그에게는 어떤 선호(選好)하거나 부정하거나 하는 것이 더는 없다. 고통과 박해조차도…(마 5:10~12; 롬 8:35~39).

그는 버들가지처럼 유연하고, 바위처럼 견고한 영혼이다. 삶의 비바람을 맞아도 끄떡하지 않는다. 그는 대지처럼 은혜롭다. 사랑과 자비가 그의 존재 형식이다. 그는 물처럼 부드럽고 강하다. 그는 영광에도 고이지 않고, 빈천에도 굴하지 않는다. 그는 바람처럼 자유롭다. 그는 걸려 넘어지지 않는다. 그는 하루하루를 모두 좋은 날로 받아들인다. 그는 오늘을 살기에도 좋은 날, 죽기에도 좋은 날로 본다.

그는 삶에서 겪는 모든 경험을 하나님과 자신을 아는 도구로 사용한다. 그는 하나님의 선하심을 굳건히 신뢰한다. 그의 영적 이해와 자각의 능력과 통찰력은 깊고 높다. 그는 진정한 해방과 자유, 기쁨과 행복과 평안을 누리며, 그것을 감사와 사랑과 자비를 통해서 드러낸다. 그는 모든 시간, 모든 장소에서, 하나님의 사랑에 깊이 감응하며 존재한다. 그는 이제 자유롭게 날아다니는 독수리이고 흐르는 강물이다. 그는 언제나 깨어 있는 사람이다.

이것이 하나님이 에스겔을 통하여 바빌론의 유대인들에게 들려주신 말씀이다. 그런데 그들은 여전히 발목 신앙의 단계에 머물러, 울고불고 좌절하고 체념하고 있다. 그들은 2단계의 무릎에도 이르지 못하고 있다. 그것은 그가 전에 선포한 메시지를 통해서 확인할 수 있다.

37장의 "골짜기의 마른 뼈다귀들" 이야기. 전쟁터에서 죽어 묻히지도 못하고, 독수리와 까마귀의 밥이 되어 햇빛에 노출된 채, 바싹 말라버린 군인들의 시체 더미. 그것은 정확히 바빌론 유대인들의 정신적이고 실제적인 삶에 대한 강렬한 상징과 이미지이다. 그사이 많은 세월이 지났음에도, 그들은 여전히 발목 신앙의 차원에서 흐느적거리고 있다.

하나님이 바빌론 포로 유대인들에게 바라는 바는 발목 신앙을 떨쳐 내버리고, 무릎의 사람에서 허리가 튼튼한 사람으로 성숙하여, 역사의 강물을 헤엄쳐서 건너가는 사람이 되라는 것이다. 그것은 깊은 삶으로 부르시는 초대요 명령이다! 이 네 번째 단계에 도달하는 것은 이스라엘 민족이 생각한 최고의 인간상이다.

에스겔은 이야기를 더 전개한다(47:7~12). 그가 하는 수 없이 강물에서 올라와(헤엄칠 줄 몰랐을 것) 성전으로 다시 돌아와 환상을 본다. 순식간에 무수한 세월이 흘러간다. 그는 강물이 흘러가는 곳마다 죽은 것들이 살아나고, 온갖 생물이 번성하며 살아가는 것을 본다. 강의 양쪽 언덕에는 많은 과일나무가 있고, 달마다 새로운 열매를 맺어, 사람들이 먹고 행복을 누리고 약재로 써서 치료하기도 한다.

이것이 유대인들이 네 번째 단계에 도달했을 때 이룩하게 될 조국의 미래상이다. 유대인들이 이렇듯 생명의 강과 같은 영성을 회복할 때에야, 장차 돌아가서 세울 조국은 과일(의식주의 상징)과 약재(치유와 회복의 상징)가 풍성한 **평화(샬롬·Shalom)의 땅이 될 것이다.

10. 그러면 강물에서 헤엄을 치는 것과 같은 깊은 삶의 특징을 생각해보자.

해방과 자유

해방은 과거의 모든 심리적이고 실제적인 고통과 기억, 억압과 피억압과 체념, 안일과 좌절감에서 벗어나는·버리는·떠나는·탈출하는 소극적인 행동 방식이다. 그러나 이것도 매우 어렵다. 사람에 따라서는 그의 사고와 태도 때문에 평생토록 이루어지지 않을 수도 있다. 정치적인 것이든 심리적인 것이든 일상의 실제적인 것이든, 해방이란 에고가 가져오는 일체의 짐, 곧 억압과 피억압, 지배와 종속, 무거움, 집착, 얽매임, 애착, 고집, 어리석음, 무지, 욕심, 비탄, 후회, 자만, 자기 아닌 것을 자기와 동일시하는 것 등, 일체 어둠의 세계를 부정하고 끊고 넘어서 벗어나는 것이니, 일체의 부정성으로부터의 탈출이다(Exodus).

자유는 지금 이 순간 펼쳐지는 경이로운 하나님의 사랑과 삶의 신비, 그리고 영혼과 삶이 간직하고 있는 모든 긍정성을 지향하는 적극적인 행동 방식이다. 따라서 해방은 자유의 전제조건이다. 해방이 없으면 자유도 없다. 떠남이 없으면 나아감도 없다. 버림이 없으면 얻음도 없다. 부정이 없으면 긍정도 없다. 해방은 진정한 자유의 삶으로 나아가는 출발점이다.

해방되고 자유로운 인간은 어느 때나 지금 이 순간에만 존재한다. 그는 과거가 이미 지나간 것이라는 진실을 알기에, 결코 과거로 도피하지 않는다. "너희는 지나간 일을 기억하려고 하지 말며, 옛일을 생각하지 말라."(사 43:18) 자아와 세상에 갇힌 사람만이 과거를 붙잡는다.

그는 미래에도 사로잡히지 않는다. 자유로운 인간은 물욕과 시간의 지배에서 벗어나 있기에, 미래를 하나님의 손에 내맡긴다. 그는 자신의 삶이 하나님의 완전한 보살핌 속에서 진행되고 있음을 알기에, 어떤 것이 다가오더라도 기쁘게 수용하고 적응한다.

따라서 그는 진정한 신뢰와 용기 속에서, 온몸으로 하나님을 사랑하며 그의 뜻을 따르며 살아간다. 그는 하나님 안에서, 모든 것이 아름답게 이루어질 것이라는 진실을 믿는다. 그는 모든 시간과 장소에서, 하나님의 가치, 곧 사랑, 자비, 신실, 웃음, 기쁨, 노래, 평화, 온유, 절제, 겸손, 부드러움, 나눔을 지향하며 존재한다. 그의 삶은 자유의 심화와 승화의 과정이다.

그는 날아가는 새처럼 어떤 자취도 남기지 않는다. 그는 물 위에 쓴 글씨처럼 흔적을 보이지 않는다. 그는 하나님의 영을 통하여 다시 태어난 인간이기에, 바람처럼 어떤 것에도 걸리지 않는다(요 3:8). 그는 오직 지금 이 순간, 하나님의 다스림(나라) 속에서 깊은 삶을 산다. 그는 자유의 날개로 삶의 하늘을 날아간다.

깊은 수용성

해방되어 자유로운 인간은 삶이 자기에게 가져오는 모든 것을 있는 그대로, 곧 사랑의 하나님이 인도하시는 무한하고 신비로운 은총과 기적으로 이해하고 받아들인다. 하나님이 우주와 세상과 역사의 주인이고 홀로 다스리시는 분이라면, 나에게 일어나는 모든 일도 그분의 섭리 가운데서 열리고 전개되는 것이기에, 무엇은 좋고 무엇은 나쁘다는 이분법에 빠질 수 없다. 고통이든 영광이든 모두 좋은 것이다.

그래서 그는 더 이상 삶을 에고의 안경을 쓰고, 탐욕과 이익의 관념에서 바라보지 않는다. 곧, 그는 편견과 왜곡을 특징으로 하는 에고의 사고와 감정과 의지, 에고의 언어와 행위를 통하여 삶을 대하지 않는다. 그는 지금 자신이 존재하고 있다는 사실보다 더 놀라운 기적이 없다는 사실을 알고 감격한다. 그는 자신의 삶에 깊은 경이감을 느낀다. 그는 자신이 하늘을 바라보고, 구름을 보고, 바람을 느끼고, 꽃과 나무들을 보고, 이 대지 위를 걷고, 밥을 먹고, 물을 마시고, 일을 하고, 고통을 겪고 평안을 맛보는 모든 것이 하나님의 가없는 은총과 사랑의 기적이라는 것을 안다.

그에게는 모든 것이 새롭다. 그에게는 오늘 뜨는 태양조차도 창조 이래 처음 대하는 태양이다. 그는 오늘을 창조 이래 첫날이요 마지막 날로 안다. 그는 모든 것에 대하여 열린 개방성의 인간, 깊은 수용성의 인간이다. 요컨대 그는 생생하게 살아있는 인간이다. 그는 더는 끊임없이 잠 속에서 살아가는 죄인이 아니다.

그는 더는 자아에 기초한 거부와 환영이라는 이분법 속에서 존재하지 않는다. 그는 그 모든 것을 뛰어넘은 사람이다. 그는 행복이든 고통이든, 성공이든 빈천이든, 영광이든 박해든, 그것을 하나님의 부드럽고 사랑스러운 손짓으로 받아들인다. 그는 자신이 어떤 상황에 처하든지, "하나님의 날개 그늘 아래"(시 17:8) 있다는 것을 안다.

그는 이미 "세상을 이긴 사람"이다(요 16:33; 요일 5:4). 그는 진정한 유월절의 인간이다(踰越節, 파스카·Pasca, Passover). 어둠도 죽음의 천사도, 그를 건드리지 않고 넘어간다. 그는 궁극적으로 자기에게서 하나님의 선한 의지만이 실현된다는 것을 안다. 그는 평생 노예살이인 이집트를 떠난 사람이고, 죽음의 갈대 바다(홍해)를 건너간 사람이다.

기쁨과 노래와 감사의 존재 방식

삶의 강물을 헤엄치는 사람은 기쁨의 존재이다. 그는 세속적인 것의 성취나 소유에서 기쁨과 즐거움과 행복을 찾지 않는다. 그렇다고 그는 영적인 기쁨이나 즐거움이나 지복(至福)만 찾는 것도 아니다. 왜냐면 그것조차도 자기에게 얽매이는 에고의 미묘한 유혹이기 때문이다. 그가 진정한 기쁨과 행복으로 여기는 것은 오직 하나님·그리스도·진리뿐이다. 그는 기쁨과 노래와 감사가 하나님 안에 있는 영혼의 향기라는 것을 안다. 요컨대 그는 하나님에게 열려 있는 영혼으로 존재할 뿐이다.

"주님밖에는 나의 행복이 없다."(시 16:2) 이 진실을 아는 것은 얼마나 어려우며, 또 얼마나 숭고한 일인가! 따라서 그에게는 기쁨과 즐거움과 행복이 마르지 않는다, 영원한 기쁨의 샘물을 자신 안에 가지고 있기에…. "그의 배에서는 생수가 강물처럼 흘러나온다."(요 7:38)

그렇기에 그는 가난하거나 부유하거나 하나님만 기뻐하며(잠 30:8~9), 박해 속에서도 두려워하지 않고 하나님의 사랑을 느낀다(마 5:10~12; 롬 8:35~39). 천하의 그 어떤 것도 그의 기쁨과 노래와 감사의 자유를 빼앗아 갈 수 없다. 그의 내면에 거주하시는 하나님을 빼앗아갈 수 있는 것은 없기 때문이다. 이것이 그의 영혼의 빛나는 성채(城砦)이다.

그가 드러내는 존재 방식의 절정은 기쁨의 노래와 감사이다. 이것이 진정한 신앙·신뢰의 삶, 곧 종교성의 차원이다. 성전과 경전, 예배와 신학, 교리와 신조 등, 모든 것은 기쁨의 노래와 감사를 지향한다. 기쁨의 노래와 감사야말로 종교 안의 모든 것이 가리키는 목적지이다. 따라서 여기에 이른 사람은 진정한 종교적 인간, 지극히 평범하면서도 뛰어난 인간이다.

영혼을 다해 부르는 기쁨의 노래와 감사, 곧 단지 물질적 소유나 어떤 성공이나 성취, 좋은 일 때문에 좋은 기분이나 분위기에 젖는 것이 아니라, 진정 아무런 이유도 없이 내면에서 솟구치는 기쁨의 노래와 감사, 아니 내면에 살아 계시는 하나님이 내 안에서 노래하고 춤추시기 때문에 함께 기뻐하며 노래하고 감사하는 것, 이것이 강물에서 헤엄치는 이가 드러내는 깊은 삶이다. 그는 밥을 먹고 잠을 자고 사람을 만나고 직장에서 일하는 모든 과정에서, 일상의 거룩함을 드러낸다. 그에게는 모든 것이 하나님께 바치는 거룩한 예배이다. 그가 늘 하는 말은 이런 것이다. "나의 전부이신 아버지!"(성 프란치스코. 토마스 첼라노-성 프란치스코의 생애; N. 카잔차키스-성 프란치스코)

사랑과 자비심으로 만물을 축복하는 마음

그러나 강물에서 헤엄치는 사람은 거기에서 그치지 않는다. 그는 하나의 깊은 샘물이기에, 끊임없이 샘물을 퍼서 자연스레 사람들에게 나누어준다. 그는 사랑과 자비심 속에서 존재한다. 그에게서는 만물을 축복하는 마음, 모든 살아 있는 것들과 사람들을 형제자매로 보는 눈, 모든 생명이 행복하기를 바라는 자비의 마음이 넘쳐흐른다. 그는 심지어 자기를 박해하고 죽이는 사람들조차도 용서하고 기도한다(눅 23:34; 롬 12:14).

이것이 에스겔의 '과일은 사람들이 먹고, 그 잎은 약재로 쓴다.'라는 말의 뜻이다. 그는 "먹여 살리는 자"(토마스 만-요셉의 그의 형제들, 5권)와 치유의 인간으로서 아름답고 고귀하게 살아간다. '20세기의 성 프란치스코'라는 말을 듣는 '알베르트 슈바이처' 목사는 아프리카 적도 아래 '가봉의 랑바레네'에서 50년 이상 봉사활동을 할 동안, 모기조차 죽인 일이 없었다. 그가 밖에 나가면, 사슴들을 비롯한 동물들이 조금도 무서워하지 않고 다가왔다(이일선-인간 슈바이처). 동물들도 참된 영성의 사람을 알아보는 것 같다.

종교성의 궁극적 목적지는 사랑과 자비이다. 모든 종교는 이것을 위해서 존재한다. 그렇건만 현재 세상의 종교들은 무엇을 하고 있는지! 잘못된 종교 이해와 사용 방식 때문에 종교가 세상을 피곤하게 하고 파괴한다. 종교를 잘못 사용하는 사람들 때문에 빚어지는 이런 비극적인 사태들이 지금도 신의 이름으로, 신앙의 이름으로, 진리의 이름으로 버젓이 행해지고 있다. 그러나 긍휼과 관용과 축복과 상생을 모르는 종교란 결단코 종교가 아니라,

이기주의자들이 저지르는 타락한 작태일 뿐이다.

우리는 예수께서 유대교 지도자들을 가리키며 과격한 어조로, "너희의 아비는 악마이며, 너희는 악마의 자식들이다. 악마는 거짓말쟁이이며 거짓의 아비이다. 악마는 진리를 모른다. 따라서 너희도 거짓말쟁이이며 진리를 모른다."라고 말씀하신 것을 본다(요 8:39~47). 자비의 화신이신 예수의 입에서, 왜 그런 비난과 저주의 말이 쏟아졌을까? 그것은 그들이 명색이 유대교 정통주의 신앙인들이요 신학자들이라고 자처하면서도, 실상은 축복과 사랑과 자비심을 잃어버리고 자기의 의에 사로잡힌 채, 종교와 신앙을 불관용과 인간 차별과 사회적 약자를 비난하고 공격하는 데 사용하며 왜곡했기 때문이다.

우리는 복음서를 읽을 때, 예수께서 분노하고 비판하고 비난하는 이야기를 대단히 주목해야 한다. 예수 같은 분이 분노와 비판의 언어를 쏟아내는 것은 전혀 예사로운 일이 아니다. 거기에는 예수께서 매우 소중하게 여기시는 진실과 마음과 생각이 담겨 있다. 예수께서는 어린이를 함부로 차별할 때, 자아의 욕심에 빠져 하나님의 뜻을 외면하고 자기 영광만 추구할 때, 먹고살기 위하여 어쩔 수 없이 취한 직업 때문에 죄인이 된 사람들과 사회적 약자들이 비난과 차별을 받을 때, 가난한 사람들에게 자비심을 보이지 않을 때, 종교와 성전과 교리와 율법으로 사람을 저주하고 기를 죽일 때, 교만한 자기의 의에 빠져서 도덕의 잣대로 사람을 판단하고 억압할 때, 언제나 분노하고 거친 말을 쏟아내셨다.

복음서는 그때도 지금도 여전히 예수의 목소리요, 오늘의 내 이야기요, 우리들의 이야기이다. 종교는 관용과 친절과 사랑과 자비일 뿐, 다른 아무것도 아니다. 즉, 이런 것을 드러내지 못하는 종교와 신앙은 거짓이요 가짜이다. 이기주의, 물질주의, 분리주의, 종교적이고 정치적인 이데올로기에 대한 맹신, 이런 데 서서 정치와 경제를 도모하는 것, 지지하는 정당에 대한 지나친 편향성과 지지하지 않는 정당에 대한 볼썽사나운 공격성, 폭력주의, 성공주의, 기복주의는 진실로 종교생활의 모습이 아니다.

종교는 언제나 어디서나 언제까지나 해방과 자유의 길이며, 사랑과 자비의 강물이다. 종교는 사람을 자비의 인간으로 양육해내는 신의 학교이다. 사랑과 자비심으로 만물을 축복하는 마음, 이것이 종교성의 극치이다. 이제까지 말한 것이 아니라면, 도대체 성서를 녹음기처럼 외운들 무엇 하며, 수십 권의 성서 주석서나 강해 서적을 낸들 무엇 하며, 평생 목회를 하고 신앙생활을 한들 무엇 하겠는가?

11. 하나님은 지금도 우리를 깊은 삶으로 초대하신다. 그 소리는 우리의 내면에서, 그리고 어떤 개인적이거나 역사적인 사건을 통하여 끊임없이 들려온다. 그 초대에 응할 수 있는 길은 진정한 기도와 침묵과 묵상의 영성이다.

우리는 정녕 바빠야 할 일은 제쳐두고, 바쁘지 않아도 될 일에만 바쁜 사람은 아닌가? 그대여, 지금 이 순간, 그대가 정녕 바쁘게 서둘러 찾아야 할 것이 무엇인가를 진지하게 생각하시라. 그렇지 않으면, 조만간 늙고 병들고 죽음이 다가오면, 그때야 인생을 잘못 살아왔음을 깨닫고 후회할지도 모른다. 모든 것은 지나간다. "인간은 결코 같은 강물에 두 번 들어갈 수 없다. 모든 것은 변화한다."(헤라클레이토스-어록)

우리는 이런 삶의 진실에 대해서 얼마나 외면하고 살아가는지! 우리는 삶과 죽음의 문제를 결정하는 것은 항상 제쳐두고 연기하면서, 별로 대수롭지 않은 것들에 빠져서 살아간다. 궁극적인 실재(Reality, 하나님·그리스도·진리)를 찾는 절실한 사랑의 심정이 없다면, 끝내 내면의 처절한 공허밖엔 아무것도 없다.

"아, 내가 정녕 같이 앉아서 이야기를 나누고 싶은 사람, 그 사람은 누구인가? 그 사람은 세상 모든 사람이 바쁘게 서두르는 일에 한가할 줄 알고, 모든 사람이 한가롭게 여기는 것을 바쁘게 서둘러 찾을 줄 아는 그런 사람이다."(중국 명나라의 문인 금성탄, 임어당-생활의 발견에서, 재인용) 얼마나 지혜로운 사람인가?

하고 많은 사람이 지금도 에사르하똔과 센나케리브(산헤립, 두 사람은 고대 아시리아제국의 황제), 네부카드네자르(느부갓네살, 바빌로니아제국의 황제), 알렉산드로스, 진시황제, 줄리어스 시저, 아우구스투스, 나폴레옹이 되지 못해서 안달하고 있는 형국이 아닌가? 그들은 행복했던가? 그들은 지금 어디에 있는가?

그대여, 그대 안에서 하나님이 외치시는 소리를 들어라! 그대여, 지금 그대 안에서 하나님을 살려내시라! 그것만이 그대가 바쁘게 서둘러서 해야 할 유일한 일이다. 하나님은 인간의 모든 것이다! 궁극적으로 볼 때, 우주에는 하나님밖에는, 진리밖에는 존재하는 것이 없다. 모든 것은 없던 데서 생겨났다가 변화하고 사라진다. 저 영원할 것 같은 항성들에 비교해 볼 때, 인간의 7~80년이란 아예 없는 것과 마찬가지이다.

그런데도 사람들은 세상에서 항성이 되어보려고 한다. 그것은 자기 손으로 제 몸을 들어 올리려는 것과 같은 어리석은 짓이다. 진정 항성이 되고자 한다면, 그대 안의 보물을 발견하시라. 그 보물을 위하여 그대 인생 전체를 걸으시라. 그리고 모험하시라. 진주를 얻기 위해 가지고 있는 것을 다 파는 상인과도 같이…(마 13:45~46).

그대여, 지금 깊은 삶으로 들어가시라. 무엇보다 자신에게 진실해지시라. 삶에게 무엇을 요구하지 말고, 삶이 그대에게 요구하는 것에 귀를 기울이시라. 거기에서만 지금 이 순간에 존재하는 삶이 가능하다. 거기에 행복이 있다. 얕은 삶에는 행복이 없다. 얕은 삶은 쓸쓸하고 씁쓸하고 쓰다. 얕은 삶을 살아가면서 하나님께 행복을 구한다면, 그것은 설악산 울산 바위에 걸터 앉아 낚시하는 것과 같다.

하나님이 우리를 세상으로 보내실 적에 들려주신 말씀이 하나 있다고 생각한다. 그것은 지금 우리 안에서 울리고 있다. '얘야, 세상에 가서 부디 행복하게 살다가 돌아오렴.' 우리는 행복할 때에만 타인에게 자비롭다. 마음이 불행한데 어떻게 타인에게 자비를?

14

하나님의 일과 사람의 일

ˇ

예수께서는 인자(人子)가 반드시 많은 고난을 받고, 장로들과 대제사장들과 율법 학자들에게 배척을 받아 죽임을 당하고 나서 사흘 후에 살아나야 한다는 것을, 그들에게 가르치기 시작하셨다. 예수께서 드러내놓고 이 말씀을 하시니, 베드로가 예수를 바싹 잡아당기고 항의하였다. 그러나 예수께서는 돌아서서 제자들을 보시고 베드로를 꾸짖어 말씀하셨다. "사탄아, 내 뒤로 물러가라. 너는 하나님의 일을 생각하지 않고 사람의 일만 생각하는구나!" 그리고 예수께서는 제자들과 함께 무리를 불러놓고 그들에게 말씀하셨다. "나를 따라오려고 하는 사람은 자기를 부인하고 자기 십자가를 지고 나를 따라오너라."(마가복음서 8장 31~34절)

법칙으로 이루어진 우주와 세계와 인생

1. 고대 그리스인들은 우주를 "코스모스"(Cosmos)라며 두 가지를 말했다. 마크로 코스모스(macro-cosmos)는 별들의 세계인 광대한 우주(우리 은하. 그때는 은하도 몰랐다), 미크로 코스모스(micro-cosmos)는 작은 우주인 인간이다. 그런데 이 둘은 크기와 현상만 다를 뿐, 일정한 법칙과 질서 안에서 움직이는 점에서는 같다. 만일 우주가 질서를 잃는다면 붕괴할 것이고, 인간이 질서를 따르지 않는다면 병들 것이다.

그런데 가시적인 코스모스 뒤에는 우주와 만물을 존재케 하고 움직이는 비가시적인 형이상(形而上)의 근원 법칙이 있다. 그리스 철학자 '헤라클레이토스'는 그것을 "로고스"라 했다(Logos, 기원전 540?-480?). 로고스는 절대적 진리·법칙, 이념(플라톤의 이데아·Idea, 중국 유교 철학의 誠·性·理), 말씀이다. 그런데 헤라클레이토스의 사유체계에서는 신들마저 로고스에 지배되기에, 로고스는 신이 아니다.

로고스는 우주와 땅(세상)과 만물을 존재케 하고 움직이는 궁극적 실재(實在, Reality)와 근원인 진리이며(道), 우주와 세상과 만물은 로고스의 발현·작품·덕(德)이다. 곧, 우주와 세상과 만물 안에는 로고스가 들어 있다(롬 1:19~20). 그러므로 근원적인 거시적 관점에서 볼 때, 우주에는 로고스만 존재한다. 모든 가시적인 사물 현상은 로고스가 이런저런 형식으로 발현한 일시적인 것이다.

따라서 로고스는 작은 우주인 인간의 신체와 내면에도 새겨져 있다. 이러한 로고스 철학 사유는 그리스인들에게 지대한 영향을 끼쳤는데, '인간'을 뜻하는 '안트로포스'(Anthropos)만 봐도 알 수 있다. 안트로포스는 누구인가? "위를 바라보는 존재"이다(인간은 무엇인가라는 질문은 오류. 무엇〈what〉은 사물에 쓴다. 인간은 누구〈who〉라고 물어야 한다).

그러면 인간은 어째서 머리를 쳐들고 위를 바라보는가? 거기에 광대하고 찬란하고 아름답고 숭고한 별들의 세계·은하수가 있기 때문이다. 인간의 본성에서 뚜렷한 측면은 숭고미(崇高美)를 향한 관심이다. 인간은 밥과 물과 고기와 술만 먹고는 도대체 못 사는 존재이다. 배가 터지도록 먹는 것이야 돼지나 강아지나 닭대가리도 할 줄 아는 것이다. 그러나 숭고한 아름다움과 신비를 향한 관심은 오로지 인간만의 특성이다.

그리고 인간이 별들로 가득한 우주를 바라보면서, '우리는 어디에서 왔는가, 우리는 누구인가, 우리는 어디로 가는가?' 하는 근본 물음을 안고 고뇌하며 찾는 이유는 실존적 호기심과 탐색을 그칠 수 없는 존재이기 때문이다. 어째서 인간만이 그런지는 아무도 모른다. 인간은 본래 그렇게 생겨 먹은 존재이기 때문이라고 말할 수밖에 없다.

성서가 인간을 "하나님의 형상"(창 1:27)이라고 하는 것이 그 대답이리라. 이 때문에 인간은 영원하신 이, 혹은 영원·영원한 세계를 향한 본성적 그리움·동경심을 안고 찾는다! 전도서는 이렇게 말한다. "하나님은 사람들에게 과거와 미래를 생각하는 감각을 주셨다."(3:11, 개역 개정판-영원을 사모하는 마음) 그래서 인간은 눈을 들어 질서정연하고 찬란한 우주인 코스모스를 바라보며 경이감에 젖어들고, 동시에 그 뒤편에 보이지 않게 존재하는 궁극적 절대 실재·진리·이념·법칙인 로고스를 깨달아 조화를 이룰 때 참된 인간이 된다(H. J. 슈퇴릭히-세계철학사 제1권; T. 보만-히브리적 사유와 그리스적 사유의 비교).

그런데 놀라운 사실은 헤라클레이토스의 로고스 철학 개념이 초기 기독교의 한 공동체에 엄청난 영향을 끼쳤다는 점이다. 요한복음 저자는 대단히 혁신적인 발상으로 로고스 철학 개념을 수용하여, 로고스를 '말씀·하나님·그리스도, 참〈道〉·진리'와 동일시한다(1:1~5). 기독교 신학이 그리스 철학 사유체계와 최초로 조우(遭遇)하여, 그 지평을 경이롭고 심오하게 펼친 순간이다(유대교는 이보다 전에 수용–알렉산드리아의 필로: 기원전 20~서기 50년).

그렇기에 요한 신학에서 로고스는 말씀·참·진리·하나님·그리스도, 하나님은 로고스·말씀·참·진리·그리스도, 말씀은 로고스·하나님·참·진리·그리스도, 참·진리는 로고스·말씀·하나님·그리스도이시다(로고스는 중국어 성서에서 道). 그리스도 예수는 로고스·말씀·하나님·참·진리가 "사람의 몸을 입고" 이 세상에 와서 인간으로 사신 분이다(요 1:14).

이런 말은 지금도 기독교인들을 놀라게 한다. 하나님을 '道'라고 하면, 대개 정통주의 신학자들과 목사들과 신앙인들은 그것이 마치 하나님을 모독하는 말인 것처럼 분노하기까지 하는데, 참으로 철학사와 기독교 사상사도 모르는 철부지 사태라 하겠다. 요한 기자가 과감한 '발상의 전환'을 통해 그런 신학적 작업을 시도한 의도는 어디까지나 유대교 신학과 전통에서 나온 예수 그리스도와 복음을, 그가 사는 지역의 그리스 상류층과 지성인들에게 선교하기 위해서였다(소아시아의 에페수스·에베소로 추정). 그렇다면 현대인들에게는 더더욱 그러해야 마땅한 일이다. 그러나 요한 신학은 시종일관 인격적인 하나님을 말한다.

고대 중국인들은 궁극적 실재이며 사람이 따라가야 할 신·진리·법칙을, 도(道–노자와 장자와 열자), 천(天–하늘·신, 공자–논어, 자사–중용, 맹자, 유교철학에서도 道를 말함, 성(性, 자사–중용, 誠–대학), 명(命–공자와 자사와 맹자)이라 했다. 이것은 인간과 나라가 부정하거나 거부할 수 없는 비인격적이고 절대적이고 형이상학적인 법칙·이치로서, 그 근본 성격은 정이다(正).

그래서 공자는 "정(政)은 정(正)이다."라고 말한다(논어, 안연 편). 사필귀정(事必歸正)을 인간과 세상과 역사의 법칙으로 믿는다. 사람이나 나라가

정(正)의 법칙을 어기면 반드시 붕괴한다. 맹자는 이것을 "순천자흥(順天者興), 역천자망(逆天者亡), 하늘을 따르는 자는 흥하고, 하늘을 거스르는 자는 망한다."라고 말한다(맹자, 이루 편).

고대 히브리인들은 '하나님의 말씀, 법, 명령, 율법, 율례, 규례, 도, 계명, 지시, 뜻' 등 여러 말들을 사용했는데(신명기와 시 119편과 잠언), 가리키는 바는 모두 같다. 개인과 나라와 민족의 생명과 번영은 하나님의 말씀을 따르는 데서 보장되고, 그것을 깨뜨리면 필연적으로 쇠락과 파멸이 온다. 다만 히브리인들이 중국인들과 다른 점은 그 법을 세상에 적용하는 주체를 '인격적인 하나님'으로 말하는 것이다. 우주와 역사는 하나님의 다스림·통치 아래 있다. 이것은 특히 모세 오경과 시인들과 예언자들의 언어에 집중적으로 나타난다.

구약성서는 이러한 법칙이 여러 가지 법률·율법이 생기기 이전에, 인간과 인생과 역사에 새겨져 있는 보편적인 원리와 이치라고 말한다. 그것은 우선 각 사람의 마음속에서 새겨져 있다. "하나님의 명령은 하늘에 있는 것도 아니고, 바다 건너편에 있는 것도 아니다. 그것은 아주 가까운 곳에 있다. 그대들의 입에 있고, 그대들의 마음에 있다."(신 30:11~14) 잠언은 이런 인생의 법칙에 대한 안내서로서, 특히 젊은이들을 양육하기 위한 도덕적 교훈집이다. 예수 그리스도와 신약성서의 가르침은 구약성서와는 다르게, 주로 내면적인 진리에 대하여 말한 차원이 높은 것이지만, 그것도 모두 인생의 법칙에 관한 것이기는 마찬가지이다. 진리의 말씀은 사람을 구원하는 영원한 법칙이다.

수학, 물리학, 열역학, 기계공학, 천문학도 우주와 만물에 어려 있는 법칙 찾기 놀이이다. 예를 들어 열역학의 법칙은 이렇다. 1) 에너지 보존의 법칙: 에너지, 곧 물질은 없어지지 않으며 다만 형태가 해체되고 변형될 뿐이다. 2) 에너지 상실의 법칙: 엔트로피(entropy) 법칙. 에너지는 시간에 따라 약화하면서 제로(0) 상태로 나아간다. 대표적인 예는 쓰레기이다(제레미 리프킨-엔트로피).

중력의 법칙. 항성이나 행성이나 위성이나 유성은 모두 그 질량 때문에 자성(磁性), 곧 인력(引力·중력)을 가지고 있다. 태양계는 서로의 중력으로 당기고 밀치기 때문에 절묘한 조화 속에서 운행한다. 지구는 거대한 자석으로, 무엇이든 끌어당기기에 아주 작은 먼지도 땅으로 가라앉는다. 따라서 무게란 사물에 작용하는 중력일 뿐, 사물 자체가 무게를 지닌 게 아니다. 우리가 보고 생각하는 것과 아주 다른 것인데, 참 신기한 일이다. 내가 70kg이라는 것은 내 몸에 작용하는 중력이 그만큼이라는 것이다. 지구보다 중력이 적은 달에 가면 1/6로 줄어든다. 사물이 인공적 진공 공간이나 자연적 진공인 우주 공간에 있으면, 무게가 제로가 되어 둥둥 떠다닌다는 것은 누구나 아는 것이다.

사계절의 법칙. 항성인 태양을 따라 조금 타원형으로 공전하는 행성인 지구는 기울기(23.5도)에 따라 햇빛의 양이 결정되기에 사계절이 발생한다. 지구는 겨울에 태양과 가장 가깝지만, 그 기울기로 인해 햇빛이 적도 아래를 많이 비추기에 남반구는 여름이고 북반구는 겨울이다. 여름에는 태양에서 가장 멀지만, 역시 기울기로 인해 햇빛이 적도 위를 많이 비추기에 북반구는 여름이고 남반구는 겨울이다(태양이 북위 23.27도인 북회귀선-하지, 남위 23.27도인 남회귀선-동지. 남반구에서는 하지와 동지가 바뀜. 인류 문명은 북반구 중심).

2. 마음의 법칙(心理). 마음을 이해하는 것은 인생을 살아가는데 매우 중요한 사항이다. 자신과 타인의 마음을 깊이 이해하는 사람은 행복하게 살

것이다. 정치를 비롯한 만사가 타인의 마음을 이해하고 얻느냐 얻지 못하느냐에 따라 달라진다. 사람을 불행하게 하는 대부분 요인은 마음을 조절하는 데서 실패하기 때문이다.

사람의 심리는 누구나 같은 것이기에, 자신을 관찰하면 깊이 이해할 수 있다. 모든 사람이 심리학책이다. 사람은 이 책을 평생토록 지니고 다니지만, 대개는 넘겨보지도 않고 지나친다. 이것이 무지(無知)와 어리석음, 거짓과 탐욕의 근본이다. 자신이나 타인과 인생을 이해하기 위해 심리학책을 많이 볼 것도 없다. 자신의 마음이 어떻게 흐르며 움직이는지를, 바로 그 순간에 의식적으로 지켜보기만 하면 된다. 내가 나의 거울이요 인생의 책이다.

예로부터 진리를 깨닫거나 현명한 사람들은 심리학책이나 세상사를 두루 경험해서가 아니라, 깊은 의식 속에서 기도나 명상을 통하여 자신을 관찰한 끝에 그런 경지에 오른 것이다. 내 안에 우주와 만물과 인간이 들어 있다. 인간의 마음은 살아 있는 경전(經典)이다. 따라서 우리가 늘 자신의 마음을 깊이 지켜본다면, 머지않아 현인이나 깨달은 사람이 되리라.

우리가 성서를 읽을 때, 그것을 외우거나 교본처럼 사용하는 것이 아니라, 내 마음을 비추어주는 거울로 읽는다면, 자신과 타인과 인생과 세상에 대하여 매우 깊은 이해와 통찰에 이를 것이다. 이런 점에서 볼 때, 성서란 고대 히브리인이 깨달은 인간 마음의 보편적인 진상(眞相)을 기록한 책이다. 사람을 뜻하는 Man이란 단어는 고대 인도어인 산스크리트어 '마나스'(Manas)에서 온 것으로 "마음, 정신"이란 뜻이다. 고대 인도인들은 인간을 마음으로 본 것이다. 그래서 인간의 마음을 이해하는 것은 인간과 삶과 가능성을 이해하는 길이다.

그런데 마음은 내면에 있는 강력한 세계이지만, 인간의 본질과 핵심은 아니다. 그것은 어떤 방향으로 나아가도록 잘 사용해야 할 무엇, 곧 어떤 에너지이다. 예를 들어 마음이 사랑, 자비, 존경, 자유, 맑음, 깨끗함, 활기, 평온으로 가득 차 있으면, 미소, 친절, 행복, 부드러움, 다소곳함, 넉넉함과 관용의 태도가 흘러나온다. 미움, 적개심, 분노, 불만족, 공포, 두려움, 시기심으로 가득 차 있으면, 경직, 경색, 옹색함, 거친 말, 폭력과 공격성으로 나타난다.

마음의 법칙을 잘 이해하고 조절하는데 따라 인격과 바람직한 인생이 결정된다. "자기 곳간에서 새것과 낡은 것을 꺼내는 집주인과 같이"(마 13:52), 마음의 창고에서 좋은 마음을 꺼내다 쓸 줄 알면, 인격과 삶이 아름다워진다. 마음은 자기보다 상위(上位)에 있는 어떤 것에 이끌릴 때 그 에너지를 아름답게 드러내고, 하위(下位)에 지배되면 추하게 드러낸다. 좋은 마음은 진리에 적셔질 때 솟아나고, 나쁜 마음은 이기심과 욕망에 빠질 때 터진다.

예수 그리스도의 일

1. 복음서에는 예수께서 각종 병의 치유에 관한 이야기가 많다. 시각 장애인이 눈뜬 이야기, 자궁에서 끊임없이 피가 새어 나오는 여인이 치유된 이야기, 뇌경색이나 동맥경화로 인한 중풍, 나병·문둥병 환자, 간질환자, 귀신·악령 들린 정신병이 깨끗해진 이야기, 지체 장애인이 지체를 회복하는 이야기, 죽음에서 살아난 사람 이야기 등. 그런데 만일 이런 이야기들이 예수 그리스도께서 단지 육체적 질병을 고친 기적 이야기뿐이라면, 오늘날 건강한 사람들에게는 아무런 관계도 없고, 아무것도 얻을 게 없고, 읽을 필요도 없는 일이 되고 말 것이다.

과연 그런 것인가? 아니다. 그러면 오늘날 우리는 그런 기적 이야기들을 어떻게 이해해야 할까? 오늘날 우리는 이런 이야기들을 신앙의 신학적 본질과 삶의 실존적 의미를 가리키는 상징(표징·표적)과 비유로 읽어야 한다.

물론 글자 그대로 믿어서 병을 고친 사람들도 있으리라. 그러나 이것은 예수 그리스도는 오늘도 갖가지 마음의 질병과 상처와 고통, 파괴되어 부조리한 그릇된 인간관계에서 사람을 해방하고 자유롭게 할 수 있는 분이라는 것을 말하는 것으로 이해해야 한다. 병이란 예수를 믿어 나을 수도 있고 낫지 않을 수도 있다. 게다가 예수를 믿는 사람들조차도 갖가지 사고나 재난을 당하여 목숨을 잃기도 한다. 인생에는 우리가 알 수 없는 일이 많다.

인생의 본질적·실존적 의미의 차원은 모든 인간에게 적용되는 것이다. 기적 이야기를 글자 그대로 받아들인다면, 평생토록 믿고 기도하고 신앙생활을 하고 간청해도 장애를 극복하지 못하거나, 백혈병이나 루게릭병, 불의의 사고나 사건으로 큰 장애를 안거나 심지어 죽을 경우, 신앙이 부족한 것인가 아니면 하나님이나 예수 그리스도가 무능력한 것인가를 물을 수밖에 없다. 그런데 복음서에는 예수 그리스도께서 이런저런 기적을 일으키는 것을 거부하고 반대한 것에 대해서도 분명히 밝힌다(마 4:1~11, 16:1~4).

기적이 사람을 변화시킨다면, 예수께서는 하구한날 기적을 일으켜 세상을 확 바꾸어 놓으셨을 것이다. 그것이 그분의 뜻이었으니까 말이다. 그러면 즉시 전쟁이나 불평등이나 차별이나 사회적 모순이 그쳐서, 모두 행복하고 평화롭게 살았을 것이다. 그러나 그럴까? 아니다. 기적이 사람을 변화시키는 것보다는, 사람의 변화가 기적을 이루어낸다.

'칼릴 지브란'의 "사람의 아들 예수"에 이런 이야기가 나온다. 전에 예수께서 고쳐주신 앉은뱅이였던 사람이 예수에게 와서 항의한다. "아니, 내가 전에 앉은뱅이였던 시절에는 그런대로 사람들이 동전이나 빵을 주어서 먹고살 만했는데, 당신이 나를 고쳐주는 바람에(!) 이젠 먹고 살기가 힘들어졌으니, 다시 앉은뱅이로 돌리도~!" 얼마나 기가 막힐 노릇인가? 기적이 사람을 변화시키는 일은 별로 없다(출 14장 이후, 신 8장을 읽어보시라!).

따라서 건강하든 병들었든, 기적 이야기들을 인생의 본질적인 의미에 관한 상징과 비유로 이해해야만, 오늘날 읽는 이에게 보편적인 의미를 지닌 이야기, 즉 나의 이야기로 다가온다. 그렇지 않다면, 도대체 그걸 읽어서 뭘 하겠는가? 병이 나면 병원에 가야 하는 게 하나님의 뜻이다! 성서에는 "하나님을 시험하지 말라."라는 말도 있으렷다. 병든 사람을 치유한답시고 두들겨 패며 학대하는 정신 나간 자들도 많다.

2. 성서에서 물의 상징과 이미지는 크게 두 가지로 나타난다. 하나는 하나님의 사랑과 은혜와 돌봄과 풍성하고 만족스럽고 행복하고 평화로운 삶이고, 다른 하나는 "사망의 음침한 골짜기"와 같은 유혹과 질병과 유혹과 시련에 처한 삶이다(시 23편, 69편). 따라서 물이 나오는 성구는 그때의 상황와 맥락 속에서 이해해야 한다.

이런 측면에서 예수 그리스도께서 물 위를 걸으신 기적을 생각해보자(마 14:22~32). 이것은 그분이 능력 있는 하나님의 아들이나 위대한 기적의 마술사라고 말하는 것이 본래의 의미일까? 그렇게 믿을 수도 있다. 그러나 예수께서 물 위를 걸으신 기적이 들려주는 진실은 숭고한 성품과 깨끗한 인격을 지닌 그분은 물로 상징되는 자아의 사나운 탐욕, 안팎의 미묘한 유혹, 적대자들의 위협, 거친 죄악의 풍랑에도 결단코 휩쓸리거나 지배당하지 않고, 그것을 초극하고 완전히 다스리며 자기의 길을 걸어가신다는 것을 의미한다.

도대체 물 위를 걷는 게 무슨 대수이며, 오늘의 우리와 무슨 관계가 있다는 말인가? 도마뱀 중에는 물 위를 뛰어가는 것도 있고(이름이 예수 도마뱀이다!), 연못의 소금쟁이는 물에 빠지지도 않고 잘만 살아간다. 심지어 물속 생명체는 육지에서 사는 것보다 더 많다.

예수께서 물 위를 걸으신 것이 도대체 누구에게 도움을 주겠는가? 기껏 한때의 흥밋거리일 뿐이다. 베드로가 물 위를 걸어가다가 자빠진 것은 그가 아직 예수 차원의 마음에 도달하지 못한 사람, 진정한 신앙에 이르지 못한 사람, 진리의 깨달음에 이르지 못한 사람, 곧 여전히 세속이란 물의 위협에 지배당하는 신앙인이라는 것을 말한다.

그리고 물 위를 걸으신 기적은 그분이 그때나 오늘날이나 물의 이런저런 유혹과 시련과 위협 가운데서 살아가는 당신이 사랑하는 사람에게 언제나 가까이 다가와 함께하신다는 것을 의미한다. 그분은 언제나 어디서나 언제까지나 세상 끝 날까지, 당신이 사랑하는 사람들 곁에 머무르신다(마 28:20). 그분은 세상의 물보다 훨씬 강하고 얼마든지 다스릴 수 있는 분이시기에, 물은 그분을 우리로부터 결단코 떼어 놓을 수 없다(롬 8:35~39).

그리고 예수께서 풍랑이 몰아치는 호수에서도 뱃머리에서 누워 태평하게 잠을 청한 이야기도 너무나도 피곤해서 그랬던 것도 있겠지만, 역시 그분은 이 세상의 기세등등한 것들을 두려워하지 않는 참된 평정에 이르신 분이라는 것을 보여준다(막 4:35~41). 우리도 그 차원에 이르면, 얼마나 좋은가?

시각 장애인이 눈을 뜬 이야기들도 심안을 뜨는 것에 관한 심오한 비유이다. 그런 점에서 '삭개오' 이야기는 단지 병력(病歷)에 대한 말이 없을 뿐이지, 사실 마음의 집착과 맹목(盲目)이란 병에서 해방되어 눈뜬 이야기요, 비록 신체는 멀쩡했어도 사람 노릇 제대로 하지 못하여 사지가 마비된 것이나 마찬가지였던 영적 중풍 병자가 온전해진 이야기로 읽어야 한다.

그러므로 기적 이야기들은 오늘날 나의 변형에 관한 이야기로 다가온다. 예수 그리스도는 오늘도 마음의 눈을 뜨게 하시는 분이다. 물론 이것은 절실히 바라고 찾는 사람에게만 일어날 뿐이다. 따라서 상징과 비유와 의미의 관점에서 본 복음서의 기적 이야기들은 오늘도 여전히 사람에게 일어날 수 있고, 또한 일어나야만 하는 인간 변형에 관한 것이다. 따라서 이것이야말로 진정한 기적이 될 수 있다. 인간은 누구나 이런저런 병자들이기 때문이다.

게다가 기적 중에서 사람이 예수를 믿어 내면과 존재 방식의 인간 혁명을 일으킨 것이야말로 진정한 기적이다. 그것은 "하늘에 있는 천사들도 기뻐하는 일이다."(눅 15:7.10) 예수 그리스도는 오늘도 사람의 병든 내면과 삶을 고쳐서 그를 하나님의 사람으로 변화시키시는 분이다! 이것이 예수 그리스도의 일이다.

3. 본문에서 예수께서는 마음의 법칙에 관하여 말씀하신다. 겉으로 보면, 전혀 마음에 대한 말은 없다. 그러나 깊이 헤아려 보면, 마음의 법칙에 관한 것임을 알 수 있다. 예수 그리스도의 일이란 무엇일까? 그것은 세속적인 마음, 곧 야망과 탐욕에 절은 마음을 초극(超克)하는 것, 곧 참마음으로 사는 존재 방식에 관한 것이다. 예수의 모든 가르침은 인간이 이기적인 마음·Ego를 넘어서서 사는 것, 곧 자아로부터 해방되어 하나님의 뜻·일을 깨달아 실천하며 살아가는 참되고 인간적인 존재 방식에 관한 것이다.

"예수께서는 제자들과 함께 무리를 불러놓고 그들에게 말씀하셨다. "나를 따라오려고 하는 사람은 자기를 부인하고 자기 십자가를 지고 나를 따라오너라." '자기'는 '나'란 인간 존재가 아닌, 이기적이고 세속적인 마음, 곧 에고로서의 나를 가리킨다. 이것을 부인하는 것이 십자가를 지는 것이니, 곧 자아·자기와 세상에 죽는 것이다. 따라서 자아를 초극하는 것만이 내가 예수 그리스도를 따르며 참된 '나'가 되어 사는 길이다.

예수의 일이란 항상 죄(히-하따아트·Chattaath, 그-하마르티아·ha-martia, 화살이 과녁에서 빗나가다. 내면적으로 하나님과 어긋난 상태. Sin. 범죄·crime는 그 죄에서 나오는 불의한 행태)에서 비롯된 탐욕과 불안정한 마음에 시달리고 지배당하는 불행한 사람들에게 하나님이 본래 심어준 참마음, 곧 '하나님의 형상'을 온전히 회복시켜주는 것에 관한 것이다.

그래서 예수께서는 "너희는 마음에 근심하지 말라. 하나님을 믿으니, 나를 믿어라."라고 하신다(요 14:1). 여기에서 믿으라는 말은 단순히 '믿습니다.' 하는 말을 가리키는 게 아니다. 그것은 지금 예수 그리스도와 전적으로 생생한 신뢰와 사랑, 친교와 헌신의 관계를 맺으라는 뜻이다. 그러면 그분이 이룩한 마음의 상태를 나의 것으로 누려서(나의 평화를 너희에게 준다, 요 14:27), 자기감정에 충실한 기분파가 되거나, 세파에 시달리며 자궁 출혈 환자처럼 피를 흘리며 살거나, 중풍 병자처럼 의식이 마비되어 사는데 휘둘리지 않고, 충분히 근심할 수 있는 상황 속에서도 근심하고 두려워하지 않는 초월의식과 평정·평화의 상태, 곧 물 위를 걷거나 사나운 풍랑 가운데서도 편안할 수 있는 삶에 이르게 된다는 것이다.

사람이 예수 그리스도를 통하여 이런 상태에 이르러서야, 진실로 하나님의 일을 떠받들 수 있으리라. 그래서 그분이 하나님의 일을 떠받드는 과정에서, 그것이 비록 자신에게 고난과 죽음을 가져온다 하더라도 기꺼이 받아들이겠다고 천명하신 것이다. 따라서 예수 그리스도의 일이란 자기를 부정하고 하나님의 뜻만 받드는 것이다. 그것이 십자가의 의미이다.

예수 그리스도의 일은 하나님의 일만 찾아 수행하는 것이다. 곧, 예수의 일은 사람을 에고를 초극한 사람다운 사람이 되게 하는 것, 이웃을 사랑하는 사람이 되게 하는 것, 진리를 위해 성실한 사람이 되게 하는 것, 그리하여 온통 하나님의 나라를 이 땅에 세우기 위하여 헌신하는 사람으로 변형시키시는 것이다.

사람의 일

1. 한 번 생각해보시라. 왜 사람은 하나님의 일보다는 사람의 일만 우선시할까? 왜 사람은 항상 자아를 앞세우며 주장할까? 왜 사람은 제 목숨만 소중하게 생각할까? 왜 사람은 온 세상을 얻으려고만 할까? 왜 사람은 자기에게 참된 이익이 될 것이 아닌, 파멸을 가져올 거짓된 이익에 목숨을 거는 것일까? 왜 사람은 십자가(에고의 죽음)를 거부할까? 왜 사람은 "나", 곧 그리스도(우주적 로고스·말씀. 요 1:1~5)를 따르기를 거부할까? 왜 사람은 그리스도와 복음을 위하여 제 목숨을 버리면 참된 삶이 가능하다고 하는데도, 그렇게 하지 않으려고 하는 것일까? 도대체, 무엇 때문에, 어쩌자고, 그러는 것일까?

이에 대하여 우리가 말할 수 있는 것은 사람의 마음에 '무엇인가'가 있기 때문이라는 것이다. 예수께서는 마음에 대하여 이렇게 말씀하신다. "사람에게서 나오는 것이 사람을 더럽힌다. 나쁜 생각은 사람의 마음에서 나온다."(막 7:14~23) 여기에서 우리는 생각과 마음이 같은 것이라는 사실을 알 수 있다. 즉, 마음이란 에고가 만들어내는 갖가지 탐욕적 사념(思念)의 다발이다. 따라서 사람들이 하나님의 일보다 자기의 일을 우선시하는 까닭은 그 나쁜 마음, 나쁜 생각 때문이다.

인간은 어째서 그런 마음을 내어 사로잡혀서 살아가는 것일까? 그것은 베드로의 행동과 예수 그리스도의 말씀을 깊이 들여다보면 알 수 있다. "예수께서는 인자가 반드시 많은 고난을 받고, 장로들과 대제사장들과 율법학자들에게 배척을 받아 죽임을 당하고 나서 사흘 후에 살아나야 한다는 것을, 그들에게 가르치기 시작하셨다. 예수께서 드러내놓고 이 말씀을 하시니, 베드로가 예수를 바싹 잡아당기고 그에게 항의하였다. 그러나 예수께서는 돌아서서 제자들을 보시고, 베드로를 꾸짖어 말씀하셨다. '사탄아, 내 뒤로 물러가라. 너는 하나님의 일을 생각하지 않고, 사람의 일만 생각하는구나!'"

베드로의 행위는 얼핏 보면 꽤 스승을 생각해주는 충성스럽고 의리 있는 제자의 행동인 듯 보인다. 하지만 사실은 그것이 아니다. 도대체 그는 무엇 때문에, 스승이신 예수의 멱살을 '바싹 잡아당기는' 무례하고 오만한 태도를 보이면서까지 항의했을까? 그렇게 할 만큼 베드로에게 급한 사정은 과연 무엇이었을까?

먼저 그것은 예수께서 베드로를 '꾸짖어 말씀하시는' 것에서 알 수 있다. '사탄아, 너는 하나님의 일을 생각하지 않고, 사람의 일만 생각하는구나!' 제자를 사탄이라고까지 비판하신다. 곧, 그의 내면에 있는 검고 흉측한 자아를 지적하신 것이다. 베드로라는 한 사람에게 욕을 하신 게 아니다. 그리고 그것은 제자들과 사람들에게 '나를 따라오려고 하는 사람은 자기를 부인하고, 자기 십자가를 지고 나를 따라오너라.' 하신 말씀에서도 알 수 있다.

결국에 제자 베드로가 스승 예수에게 그토록 무례하고 폭력적으로 대든 것은 자기도 의식하지 못하고 자아에 휘둘려, 사람의 일, 곧 예수를 발판 삼아 성취하고자 하는 자신의 세속적 욕망과 야망이 예수의 고난과 죽음으로 완전히 좌절되게 생겼다는 낭패감과 분노의 마음에서 나온 것이다. 물론 베드로만 그런 것은 아니다. 다른 제자들은 베드로처럼 하지 않았을 뿐이지, 마음은 똑같은 상태였다. 이러한 베드로와 다른 제자들의 심리는 얼마 후에 펼쳐진 일련의 이야기들을 통해서도 충분히 추적해볼 수 있다. 세 가지를 생각해보자.

마가복음서 9장 33~37: 제자들은 예루살렘으로 가는 길에서, "서로 우리 중에서 누가 가장 큰 사람이냐?" 하고 다투었다. 그것은 제자들이 예수를 통해서 쟁취해보려는 세속적 야망 때문에 발생한 일이었다. 그러자 예수께서는 그들을 불러 놓고 이렇게 말씀하신다. "누구든지 첫째가 되고자 하면, 모든 사람의 꼴찌가 되어서 모든 사람을 섬겨야 한다."

　　마가복음서 10장 35~45: 야고보와 요한이 어머니 미리암(마리아)의 치맛바람을 앞세워, 예수가 왕이 되면 아들들을 좌우편에 앉혀달라고 로비를 시도한다. 그 말에 다른 제자들이 분개한다. 그들도 똑같은 생각이었던 것이다. 그러자 예수께서는 그들을 곁에 불러 놓고 이렇게 말씀하신다. "누구든지 으뜸이 되고자 하는 사람은 모든 사람의 종이 되어야 한다."

　　누가복음서 22장 24~27: 마가복음서 9장 33~37과 같은 일을 보도한 누가복음서 9:46~48을 다시금 기록한 이것은 마지막 만찬 석상에서 벌어진 일로 나오기에 대단히 충격적이다. 스승은 수난과 죽음을 앞둔 마당인데, 제자들은 그것에 아무런 관심조차도 없고, 오직 자기들의 출세와 영광에 눈먼 지극히 천박하고 졸렬하고 철딱서니 없는 삿된 마음만 내비친다.

　　이 이야기들은 자리와 형식은 조금 다르지만, 본질은 같은 것이다. 이것을 통해 베드로의 심리와 행위를 추적해볼 수 있다. 베드로가 죽음을 예고하는 스승 예수에게 항의했다는 것은 스승을 생각해서가 아니라, 스승을 발판으로 삼아 얻을 현실적 이득, 곧 야고보와 요한과 같은 정치적 야욕에 사로잡혀 있었다는 것을 보여준다. 베드로를 비롯한 제자들은 예수가 예루살렘에 가서 왕이 되기를 바라고, 그 덕택에 한 자리를 차지해보려는 영광의 야망에 사로잡혀 있었다.

　　그런데 베드로는 어느 정도였는가? 그가 '예수를 바싹 잡아당겼다.'라는 것은 뒤에서 스승의 팔이든 멱살을 잡아 확 잡아챘다는 뜻이다. 이것은 결단코 제자가 스승에게 할 짓이 아니다. 대단히 무식하고 무례하고 오만하고 인사불성인 행동이다. 스승에 대한 제자의 폭력! 사람이 아니다! 그리고 그것으로도 모자라 거칠게 '항의했다.' 이 말은 화를 내며 스승을 '꾸짖었다'라는 뜻으로, 예수께서 '꾸짖었다'라는 말과 같은 단어이다.

잘못된 세상과 결사항전(決死抗戰)을 벌이려는 스승의 절실한 마음을 조금이라도 이해하기보다는, 오히려 자신의 희망이 사라지는 것만 생각하고 스승을 아랫사람 대하듯 꾸짖는 모습! 여기에서 우리는 인간의 후안무치함과 뻔뻔함이 어느 정도까지 이를 수 있는지를 본다. 하기는 그보다 더 나아가 스승을 돈 몇 푼 받고 팔아먹은 제자도 있었으니, 나았다고 해야 할까(가롯 유다는 스승의 그런 모습에 이스라엘의 해방과 자유, 그리고 자신의 야망이 완전히 꺾인 나머지 절망한 것이었으리라)?

우리는 베드로의 행동을 어떻게 이해해야 할 것인가? 이것은 여러 가지 측면에서 자세한 분석이 필요한 대목이지만, 우선 말할 수 있는 것은, 예수의 하나님 나라 운동 공동체가 상관과 부하라는 권위주의적 위계질서의 군대식 명령과 복종의 계급구조 집단이 아니었다는 것(그런데 나중에 교회가 이렇게 됨), 그렇다고 정반대로 동양에서처럼 깊은 공경과 사랑으로 이루어지는 스승과 제자의 관계도 채 아니었다는 것, 그리고 스승의 사고와 제자들의 지향점이 전혀 상반된 상태인 매우 설익고 애매모호한 관계였다는 것이다. 3년을 가르쳤건만!

곧, 베드로를 비롯한 제자들의 마음은 자기들의 잇속을 챙기기 위하여 스승을 이용해 먹을 생각뿐이었다. 그처럼 예수와 제자들의 마음은 전혀 달랐다. 몸뚱이는 가까이 있어도 마음은 서로 완전히 딴 세상이었다. 동상이몽(同床異夢)! 따라서 베드로가 스승의 옷자락까지 잡아당기며 분노하고 꾸짖은 것은 그가 지독한 정치적 야욕에 사로잡혀 있었다는 것을 보여준다. 그런 마음은 자기에게 불리한 어떤 경우의 수가 오면, 반드시 배반을 때리고야(!) 만다. 그러자 스승도 끝내 참지 못하고 분노하며 꾸짖고, 그를 '사탄'이라고까지 심하게 말씀하신 것이다.

그렇다면 이것은 스승 예수의 무능력을 말하는 것일까? 아니다. 비록 대왕은 천하를 정복할 수는 있어도, 한 강직한 범부(凡夫)의 마음은 그가 허락하지 않는 한 얻을 수 없다. 스승 예수께서는 끊임없이 진리를 가르칠 뿐, 제자들이나 사람들의 마음을 강제로 변화시키시지는 않는다. 그렇기에 오히려 참된 스승이시다. 사람의 마음은 그의 위기나 선한 결심에 하늘의 은혜가 떨어지는 특정한 때가 되면 변화된다.

2. 그러면 스승은 왜 그렇게까지 분노하며 거친 말을 하셨을까? 스승 대접을 하지 않아서일까? 아니다. 예수께서는 베드로를 비롯한 제자들의 세속성, 곧 정치적 야욕을 간파하셨다. 명색이 스승과 제자들 사이가 얼마나 먼가! 3년이 되도록, 제자들은 아무것도 배운 바도 변화된 바도 없었다. 그렇기는커녕, 오히려 시간이 흐르면서 스승의 국민적 인기가 솟구칠수록 세속적 야망은 더욱 강해지기만 했다. 그렇다고 해도 스승의 '사탄' 발언은 매우 충격적인 것이다. 베드로는 다른 제자들과 무리 한복판에서 망신살을 당했다.

우리는 복음서에서 분노하면서 충격적인 말씀을 하시는 예수 그리스도의 모습을 여러 번 본다. 어린아이들을 사람으로 여기지 않고 꾸짖으며 내쫓는 모습에 분노하시는 예수, 성전에 들어가서 난폭하게 소동을 일으키시는 예수, 그리고 여러 마을에 저주를 퍼붓는 예수, 바리새파 사람들을 힐책하고 저주하시는 예수 등이다.

그래서 어떻게 보면, 예수는 성급하고 다혈질적인 사람 같이 보인다. 그러나 그런 모습이야말로 예수 그리스도가 정녕 무엇을 소중하게 생각하셨는지를 보여주는 '사건!'이다. 그분은 결코 가볍게 보아 넘길 수 없는 중대한 사안, 곧 인간과 사회와 세상을 떠받치고 있는 토대와 기둥과도 같은 가치가 무너지고 훼손되는 현장을 볼 때, 그런 일을 일으키는 사람들에게는 언제나 분노하셨다.

이스라엘 예언자 '예레미야'는 나라의 도덕적 파국과 지도층의 죄악과 불의를 질타하는 성전설교를 하면서, 성전 무용론과 철폐론까지 천명한 과격한 발언으로 유명하다(렘 7장, 26장). 다른 예언자들도 그렇다(암 4:4~5; 사 3:14~15; 미 3:1~3; 겔 16:1~52). 인류의 스승으로 삼을 만한 분들이 과격한 발언을 하는 데는 그만한 이유가 있다. 오로지 사람과 나라를 살리려는 뜻에서 그러했던 것이다. 그것은 사람의 병이 하도 깊어서, 연고를 바르거나 내복약을 처방해서는 도저히 치료할 수 없고, 칼로 인정사정없이 가르고 째고 수술을 해야만 살릴 수 있는 최종 단계에 처해 있었기 때문이다.

따라서 우리는 제자에게 '사탄'이라고 한 스승이 그처럼 과격한 말을 통해서 목석과도 같은 제자들을 깨우치시려고 한 뜻이 무엇인지 주목해야만 한다. 그것은 예수와 제자들과 인간에게 목숨보다 더 중요한 가치이다. 사람에게는 목숨보다 더 소중한 가치가 분명히 있다. 다음 말씀을 생각해 보시라. "사람이 온 세상을 얻고도 제 목숨을 잃으면, 무슨 이득이 있겠느냐? 누구든지 나와 복음을 위하여 제 목숨을 잃는 사람은 구할 것이다."(막 8:36.35) 목숨은 온 세상보다 중요하지만, 목숨보다 더 중요한 것은 그리스도와 복음이라는 뜻이다.

'맹자'도 이런 말을 남겼다. "삶은 내가 바라는 것이지만 하고 싶은 일에 삶보다 더한 것이 있으니, 그러므로 구차하게 살려고 하지 않는다. 죽음이란 또한 싫은 것이지만, 싫은 일에 죽음보다 더한 것이 있으니, 그러므로 환란도 피하지 않는다."(맹자, 고자 상편) 하고 싶은 일은 목숨보다 더 소중히 여기는 어떤 가치이고, 죽음보다 더 싫은 일은 그 가치를 깨뜨리는 일이다. 그러니 하고 싶은 일을 포기하고 구차하게 목숨을 이어가며 사는 것보다는, 차라리 하고 싶은 일을 하다가 환란과 죽음을 당하는 게 더 낫다는 것이다.

'마더 데레사 수녀'는 "나는 신앙을 잃으니, 차라리 목숨을 잃는 편을 택하겠다."라고 하는데(자서전), 맹자의 말과 같은 의미이겠다. 하나님·그리스도를 위한 열정과 헌신과 순결이 목숨보다 더 소중한 가치라는 의미이다. 그것은 사람에 따라서 다르겠지만, 본질은 대동소이하리라. 정의, 민주주의, 진리, 나라의 독립과 해방과 자유, 사랑, 내면의 자유, 교육, 선교, 평화 등을 목숨보다 더 소중한 가치로 여기는 사람들이 있다.

3. "사탄"(Satan)은 예수 시대 500여 년 전, 유대인들이 바빌론 포로로 있을 때 접촉하여 알게 된 페르시아(오늘날 이란)의 '조로아스터교'에 나오는 악·악행의 전문가·대명사이다(불을 신성의 상징으로 삼기에 배화교·拜火敎. 모세 종교도 성전의 성소에 등불을 꺼지지 않도록 함-출 27:20~21. 어느 종교에서나 불은 신성과 진리와 생명과 구원의 상징. 구약성서에서 '사탄' 개념이 최초로 나타나는 것은 페르시아 시대 '후기 유대교'의 역대지상 21:1. 그 전에 쓰인 작품에는 없다. 역대지는 기원전 400년 어간 페르시아 제국 식민지 시대에 나온 작품. 욥기도 그 시대 작품).

3-1) 조로아스터교는 구약성서의 야훼 하나님 같은 절대 신인 "아후라 마즈다"를 숭배하는 종교이다. 그 신은 자신이 창조한 영적 권능의 존재들인 천사와 같은 선한 신 "스펜타 마이뉴와 천사들"과 '사탄'이라고도 불린 악한 신 "앙그라 마이뉴와 악마들"에게 인간과 세상과 역사를 맡겨 관장한다는 선악 이원론주의(dualism) 신학과 종교 체계이다(메리 보이스-조로아스터교의 역사; 카렌 암스트롱-축의 시대; 신의 역사 1권). 그래서 인간과 세상과 역사는 아후라 마즈다가 계획한 뜻에 따라 선신과 악신의 대결 무대이다.

모든 진실과 선과 정의는 선한 신 스펜타 마이뉴와 천사들을 섬기고 따르는 데서 나오고, 모든 이기심과 탐욕과 범죄와 악행과 전쟁과 살육은 악한 신인 앙그라 마이뉴와 악마들의 소행이거나 그들의 조종을 받는 악한 인간들이 벌이는 행위이다. 그러나 역사는 끝내 아후라 마즈다의 계획대로 되어, 언젠가 때가 오면 악한 신과 악마들과 악인들은 심판을 받아 멸망하고, 선한 신과 천사들은 승리하여 선한 자들만 복되게 살아가는 천국이 도래한다(이것은 그대로 신약성서 요한계시록의 구도와 같다).

유대교는 조로아스터교를 수용하기 전까지는, 오로지 한 분이신 야훼 하나님만 믿었기 때문에, 세상에서 벌어지는 악을 해명할 신학적 방편이 없었다. 그래서 하나님이 악행을 하실 리 없기에, 일체의 악은 그저 마음이 사악한 인간들이 저지르는 일이고(개인적 죄), 전쟁이나 자연재해로 인한 죽음이나 고통은 타락한 인간에 대한 하나님의 심판으로 설명해왔다(여기에서 전쟁이나 자연재해나 전염병은 하나님이 일으키시는 것이다! 바빌론 포로 시대의 예언자 제2 이사야는 하나님이 '빛과 어둠'을 창조하고, '평안과 재앙'을 일으키신다고 말하기에 혼동이 일어나는 것이 사실이다, 45:7. 다음을 볼 것: 다윗의 인구조사에 대해서, 유다왕국이 멸망하기 전에 나온 사무엘기하 24장은 야훼 하나님이 시키신 일로, 이것을 자료로 하여 페르시아시대에 나온 역대지상 21장은 사탄으로 고침. 창세기 6장과 18~19장은 자연재해를 하나님의 도덕적 심판으로 말하고, 욥기 1~2장은 사탄의 소행으로 말함).

그런데 마침 유대인들이 페르시아제국의 식민지가 되어 '키루스 2세' 황제의 칙령으로 해방과 조국 귀환을 맞이하면서부터 조로아스터교의 사탄 교리를 수용하여, 그간 해명하기 어려웠던 악의 문제를 설명하기 시작했다. 살인이나 전쟁 등, 일체의 악은 악의 전문가인 사탄의 소행이거나 그의 종이 된 사악한 인간들이 일으키는 것이다! 따라서 유대인들은 악을 설명할 수 있는 가장 좋은 신학적 방편을 찾은 것이다(그렇더라도 문제는 간단한 게 아니었다. 그것을 다룬 책이 바로 욥기이다).

그러면 간단히 생각해보자. 성서와 기독교 신학은 야훼(주) 하나님을 우주와 만물의 '유일한' 창조자와 통치자이시라고 믿고 고백하고 증언한다. 그런데 사탄이라니? 그것은 도대체 무엇인가?

기독교인들은 사탄을 다음과 같이 이해한다. 「사탄은 본래 하나님의 천사장 중 하나였다. 그런데 하나님이 지구에 인간을 지으시기 전 어느 때, 하나님의 자리를 가로채려는 흑심을 품고 일단의 천사들을 유혹하여 대적하고 전쟁을 일으켰다가, 다른 천사장들(가브리엘, 미카엘, 라파엘 등)과 천사들의 군대에 의해 패배하여 지상으로 쫓겨나 "뱀"으로 변신하고, 갓 창조된 인간을 유혹하는데 성공했다(창 3장). 그 후부터 사탄은 대대로 자기를 따르는 악한 인간들을 통해서 하나님의 뜻을 훼방하고 있다(대개 후기 유대교의 외경이나 위경, 그리고 '존 밀턴'의 "실낙원"에 나오는 이야기. 대부분 밀턴의 영향). 그러다가 하나님이 정하신 마지막 때에 이르면 패배하고 심판을 받아, 무저갱(無底坑-밑바닥 없는 지하 감옥)에 들어가는 심판을 받고(종말론), 선한 인간들은 천국에서 복되게 산다(요한계시록).」

그런데 이렇게 이해하면, 기독교 신앙과 신학에 두 가지 커다란 문제가 발생한다.

3-1-1) 하나님이 우주와 만물의 '유일한' 창조자와 통치자가 아니시게 된다. 왜냐면 천사들은 하나님의 영적 창조물로서 도무지 자기 의지란 게 없으며, 오로지 하나님의 명령만 수행하는 존재인데, 천사장 중 하나가 자의적으로 하나님을 대적한다는 것은 있을 수 없는 일이기 때문이다.

3-1-2) 모든 것을 아시는 하나님이 천사장 중 하나가 자신을 대적하는 음모를 꾸미고 시도하는 것을 몰랐다는 말이 된다. 알았는데도 막지 않았다면, 하나님은 악행을 조장하고, 세상은 하나님이 벌이는 장난이고, 인간이란 하나님이 가지고 노시는 꼭두각시일 뿐이라는 더 큰 문제가 발생한다. 왜냐면 하나님이 자기 의지가 없는 영적 존재로 창조하신 천사장 중 하나일 뿐인

자의 악한 음모와 시도를 처음부터 저지하고 없애버리고 새로 지으면 될 것을, 공연히 사탄과 그 졸개들을 지상으로 추방하여 그 세력이 인간을 유혹하고 지배하도록 허용하여, 인간들이 무수한 고통을 겪게 하셨다는 말이 되기 때문이다. 그러면 하나님은 하나님이 아니시게 되고, 성서를 처음부터 다시 뜯어 고쳐야 하는 일로 직결된다.

이렇게 사탄을 영적 실체로 수용하고 이해하면, 이런 해명할 길이 없는 문제가 발생한다. 따라서 사탄을 그저 세상과 인생에서 이해할 수 없는 일들이나, 인간들이 바람직한 삶을 살아가도록 도와주며 해명하기 위하여 설정한 종교적·신학적 상징의 문학 장치로 봐야 한다. 우리는 사탄을 재앙이나 사고, 그리고 에고의 종교적 상징으로 이해해야 한다.

3-2) 그러면 이렇게 물을 수 있다. 예수께서도 사탄에게 시험을 당하고 수없이 사탄의 존재를 말씀하시고, 신약성서에도 많이 나오지 않는가? 확실히 그렇다. 그러나 유대인인 예수와 사도들도 엄연히 역사와 시대와 종교와 문화의 아들이었다. 그들이라고 해서 21세기 천체 물리학을 안 것이 아니다! 예수와 사도들은 천동설 시대를 살았기에 지동설을 몰랐다('갈릴레오 갈릴레이'가 나오기 전까지!).

따라서 예수와 사도들은 당대 유대인들뿐만 아니라, 오래 전에 이미 지중해 세계에 퍼진 조로아스터교의 교리를 아는 로마 제국 사람들에게 진리와 복음을 전하는 하나의 방편으로 사탄이라는 상징 체계를 활용하신 것일 뿐이다. 조로아스터교가 수백 년 동안 지중해 일대 세계에 일으킨 종교적 광풍은 우리가 다 짐작하기도 어렵다(위에서 말한 '메리 보이스-조로아스터교의 역사; 카렌 암스트롱-축의 시대, 신의 역사 1권' 참고).

그러므로 예수께서 베드로에게 '사탄'이라고 말한 것은 전적으로 그 시대 사람들의 사고체계를 따라, 베드로가 그 순간 사탄의 유혹에 넘어간 것을 지적하며, 사랑하는 제자를 향하여 '너는 악마의 종자다!'라고 말한 것이다(다른 제자들도 마찬가지). 왜 그렇게 과격한 용어를 사용하셨을까? 그것은 예수께서 자신의 수난과 죽음을 목숨보다 더 중요한 가치인 하나님의 뜻으로 여겼고, 제자들도 마찬가지라고 보셨기 때문이다.

예수는 하나님의 뜻이 비록 자신의 비극적인 수난과 죽음을 요구한다 해도, 묵묵히 받아들이신 것이다. 물론 예수도 나중에는 그런 방식이 아닌, 다른 길에 대해서도 많이 생각했지만, 끝내 하나님의 뜻을 따르셨다(겟세마네 동산의 기도, 막 14:36.39). 그렇게 하여 예수께서는 자기를 믿고 따르는 사람들이 하나님을 섬기는데 반드시 갖추어야 할 태도, 곧 '꼴찌 신학, 종의 신학'을 설파하며 진정한 종교적 차원에 대하여 밝히신 것이다.

따라서 예수의 사탄 발언은 제자를 모욕한 게 아니라, 역설적으로 제자를 진리 안에서 끌어안으신 사랑의 언어이다. 그것은 심리학의 '충격요법'으로(shock therapy, E. 루카스-행복의 연금술), 곧 과격하고 충격적인 말로 깊은 깨우침에 이르게 하는 방편이다. 진실로 사랑하시기에(요 13:1), 그토록 서운하고 서럽고 과격하고 충격적인 말씀을 하신 것이다!

이것은 예전에 우리 어머니들이 속을 박박 긁으며 썩이는 자식 때문에 마음이 분하고 상하여 홧김에, '이 염병할 놈아, 이 문둥이 자식아, 나가 죽어!' 하고, 마음에도 없는 말을 한 것에 비유할 수 있겠다(경상도 사람들은 반가워도, '야, 이 문둥이 자슥아!' 한다).

예수의 말이 베드로뿐만 아니라, 다른 제자들에게도 깊은 충격을 주었다는 것은 이 이야기가 예수께서 세상을 떠나신 후에도 오래도록 기억되다가 가감 없이 기록된 것으로도 알 수 있다(마가복음은 약 45여 년 후에 나옴. 그때 베드로는 이미 순교. 가톨릭에서 초대 교황). 물론 그들이 그런 말을 들었다고 해서, 그때 바로 정신을 차린 것은 아니었다. 아직은 정신을 차릴 때에 이르지 못했기 때문이다. 인간은 그렇게 쉽사리 변하지 않는다! 인간은 진실로 일생일대의 충격적 사건을 경험해야 의식의 전변(轉變)을 일으키는 법이다.

4. 예수께서 말씀하시는 '사람의 일'이란 인간의 부정적인 속성에 대한 것, 곧 Ego의 탐욕적 마법에 관한 것이다. 대개 인간의 일생이란 에고가 지시하는 것에 대한 맹목적 추구의 몸부림, 곧 권력과 돈과 명성과 쾌락 등, 몸뚱이 신화(body's myth)에 집착하는 것에 다른 게 아니다. 그것은 "세상에 있는 모든 것, 곧 육체의 욕망과 눈의 욕망과 세상 살림에 대한 자랑"이다(요일 2:16). 이것이 인간의 실상이다. 인간은 본능적으로 죽음에 대한 공포, 즉 죽음을 모든 것을 빼앗아가는 폭군으로 인식하고, 죽음으로 인해 모든 것을 상실한다는 진실을 알고 있기에, 어떻게 해서든 살아 있는 동안 육체와 시간의 길이에 매달린다.

그래서 인간은 아무도 못 말린다. 지식이나 부가 있거나 없거나, 사회적 지위와 신분을 차지하고 누리거나 않거나 간에, 마음의 본질적 변화가 없는 인간은 누구를 막론하고 에고만 추구한다. 에고는 독재적이기에 이기적이고 폭력적이다.

그래서 성서는 에고에 갇힌 사람을 죄인이라 한다(창 6:1~11; 시 10편). 그는 에고를 채우려는 것밖엔 모른다. 에고의 노예가 된 인간은 아내나 남편, 자식이나 친구, 동료나 나라를 해쳐서라도, 제 이익을 챙기는 모순된 행위를 저지른다. 성서에서 죄란 이런 마음의 근원적 부패와 깊이 잠든 상태를 가리킨다. 그런 점에서 볼 때, 성서는 사실 에고를 추구하는 것과 에고를 넘어서는 것 사이에 놓인 인간의 죄악과 투쟁의 역사 철학을 담고 있는 책이다.

에고를 추구하는 마음에서 하나님과 진리와 인생의 이치에 대한 배반이 나온다. "하나님이 땅을 보시니, 썩어 있었다. 살과 피를 지니고 땅 위에서 사는 모든 사람의 삶이 속속들이 썩어 있었다."(창 6:12) 로마서 1:18~32, 3:9~10은 내적 변화를 모르고 에고의 노예가 되어 살아가는 인간이 어떤 존재인지를 보여주는 고전적인 구절이다. "착한 인간은 하나도 없다!"

이것이 내적 변화가 없는 에고에 갇힌 인간의 진상(眞相)이다. 그는 세상과 삶을 욕심 챙기기 무대로만 알 뿐이다. 이것을 끊어내고 불태우고 죽이지 않고서는, 예수 그리스도를 신뢰하고 따라간다는 것은 언감생심 불가능하다.

'윌리엄 셰익스피어'는 이런 부패한 인간상을 다음과 같은 우울한 어조로 말한다. "악마의 앞잡이들은 사람을 해치고자 하찮은 진실을 가지고 유혹을 하고는, 정작 중대한 시기에 가서는 배반을 때리지. …불멸의 보배인 영혼을, 인류의 적 악마의 손에 기꺼이 넣어주면서…. 꺼져라, 꺼져, 이 짧은 촛불아! 인생이란 한낱 부질없는 그림자, 가련한 배우. 제시간엔 무대를 주름잡지만, 얼마 안 가서 영영 사라져버리는…. 그것은 바보의 이야기, 고래고래 지르는 아무 의미도 없는 고함 소리."(맥베스)

예수께서 베드로의 마음속에서 보신 것은 이런 죄와 탐욕의 에고에 절어 있는 인간의 실상이다. 그래서 사랑하는 제자에게 그토록 가혹한 처방의 "망치(hammer) 철학"을 행사하신 것이다(F. W. 니체-우상의 황혼). 탐욕뿐인 에고는 인간의 유일신이다. 인간은 탐욕적 에고 때문에 기꺼이 자신 안의 동물적 속성의 충실한 노예가 되어, 진리와 친구에게 배신을 때린다. 그러면서도 자유와 행복을 원하는 지독한 모순에 빠져 있고, 그런 줄도 모른다.

지나치게 깊은 잠! "삶을 하나의 쾌락으로서 추구하는 한, 그는 아직도 동물의 지평 너머를 보지 못하고 있는 것이다. 왜냐면 그는 그저 동물이 맹목적인 충동을 통해 추구하는 것을, 좀 더 의식적인 상태에서 추구하고 있을 뿐이기 때문이다. 그런데 인간은 바로 이런 상태로 인생의 대부분을 보낸다."(F. W. 니체-반시대적 고찰)

따라서 인간이 에고의 탐욕, 탐욕의 에고를 넘어서지 못하는 한, 그에게 하나님의 일이란 있을 수 없다. 종교 안에 있다고 해도 여전히 탐욕적이기는 마찬가지이며, 오히려 '하나님의 이름, 예수 그리스도의 이름으로' 더욱 세련된 경건을 가장하는 방식으로 에고의 탐욕을 추구하게 된다(마 7:15~23). 구약성서 예언서에 나오는 거짓 예언자들이나 제사장들의 행태를 생각해보시라(암 7장; 사 1:11~15; 호 4~5장).

5. 그리고 예수께서 말씀하시는 '사람의 일'이란 고난 없는 영광을 바라는 마음에 관한 것이다. 위에서 생각해본 제자들의 일화가 그것이다. 살아서는 세상에서 부귀공명에다가 영광과 영화까지 누리고, 죽어서는 '젖과 꿀이 흐르는' 천국에 곧장 들어간다니, 얼마나 매혹적인 복음인가! 그러나 이것이 바로 "값싼 은혜이다. 그리고 값싼 은혜야말로 교회의 대(大) 원수(怨讐)이다."(디트리히 본회퍼-나를 따르라) 이것이 가인의 종교(창 4장), 솔로몬의 종교이다(왕상 11장). 이것은 희생 없는 성공, 고통 없는 영광, 십자가 없는 부활, 헌신 없는 영화, 복종 없는 성취, 정의 없는 승리, 자비 없는 신앙, 사랑 없는 영생에 대한 탐욕을 추구하는 세속적인 종교이다. 예나 지금이나 종교의 타락상은 공히 이런 모습이다.

이것은 하나님의 이름으로 돌멩이를 빵으로 만드는 기적, 하나님보다는 악마에게 절하여 세상의 영광과 권세를 차지하는 것, 진실과 성실성을 버리고 하나님의 이름이나 경전을 앞세워 사람들의 눈에 번쩍 뜨이는 괄목할 만한 기적적인 위업과 성공을 달성하여 한없는 명예를 누리고자 하는 것이다(눅 4:1~12).

이것은 하나님의 나라 없는 자기 왕국의 건설, 하나님의 이름으로 말씀을 전하고(예언·預言, 설교·강론) 귀신을 쫓아내고 기적을 행하지만, 사실은 자신의 이름과 권력 쟁취를 목적으로 하는 것이다(마 23장). 그런데 이것은 넓은 문과 넓은 길로 가는 비종교적이고 반–신앙적인 행태이며, 파멸에 이르는 길이다(마 7:13). 이것은 바로 '바보의 이야기, 고래고래 지르는 아무 의미도 없는 고함 소리'이다.

예수께서는 이런 것을 '사탄'의 일, 곧 '사람의 일'을 찾는 것이라고 분명하게 규정하며 거부하신 것이다. 하나님은 언제나 겉만 번드르르한 표층적인 신앙을 가진 사람들 때문에 훼방을 받으신다. 세상 사람들이야 하나님을 모르니까 그렇다 해도, 하나님을 믿는다는 자들마저도 내면의 혁신 없이 예수를 부르니, 이런 종교가 번창할수록 세상은 더욱 나빠진다.

따라서 예수께서 말씀하시는 고난을 부정하고 영광만 추구하는 종교란 사회에 대한 윤리적 책임을 외면하는 개인적 기복주의의 종교라는 뜻이다. 예수는 이것을 '사람의 일, 사탄의 일'이라고 규정하신 것이다. 그런 점에서 예수는 철저히 이스라엘의 예언자 계열에 서 계시다! 예수는 인간의 정직함과 진실함을 목숨보다 소중한 가치, 곧 하나님의 일로 여기신다.

이것이 하나님의 일이지, 달리 뭐가 있는가? 선교의 목적이 뭔가? 단지 예수 믿는 기독교인을 만드는 것이 아니라(인류 전체가 이런 기독교인이라 하더라도, 세상은 결단코 좋아지지 않으리라!), 성령과 진리로 다시 태어나 하나님의 일을 위하여 목숨까지 거는 정직하고 진실한 사람, 곧 참된 그리스도인·제자를 기르는 것이다!

6. 현대 프랑스 소설가 '제랄드 메사디에'의 대하소설 "신이 된 남자"을

읽고는 마음이 꽤 무거워진 일이 있었다. 거기에 잊을 수 없는 장면이 나온다. 소설가의 상상이지만, 우리가 깊이 새겨야 할 진실을 들려주는 이야기이다.

부활한 예수가 어머니를 모시고 이스라엘을 떠나 동방으로 간다. 예수가 사라지자 당황한 제자들은 백방으로 찾아 나선다. 그러다가 그것을 알아낸 제자들 몇이 '시리아'의 어느 곳에서 예수를 만난다. 그런데 예수는 전혀 반가워자지도 않고 무거운 침묵 속에서 식사를 나눌 뿐이다. 식사가 끝나자, 예수는 제자들에게 이렇게 말한다.

"나는 그대들이 나를 찾아 이렇게 먼 데까지 온 이유를 잘 알고 있소. 내가 그대들에게 현실적으로 도움이 되기 때문이지요. 그런데 내가 찾는 사람은 그런 사람이 아니라오. 내가 찾는 사람은 자기를 위하여 나를 사랑하는 사람이 아니라, 나를 위하여 나를 사랑하는 사람이라오. 그러니 그대들은 그대들의 길을 가시오. 나는 더이상 이스라엘에서 할 일이 없소." 그렇게 스승은 먼 데까지 찾아온 제자들을 내치고 동쪽으로 떠나간다.

오늘날 '예수를 위하여 예수를 사랑한다.'라는 말을 이해하는 사람은 얼마나 될까? 오늘날 기독교인들 역시 복음서에 나오는 제자들의 모습 그대로라면 지나친 말일까? 성령을 통한 내적 변화를 모르는 기독교인들이 오늘도 예배당을 채우고 있는 게 아닌가? '마더 데레사'는 이렇게 기도한다(1997년 선종). "하나님, 제가 하나님을 위하여 하나님을 사랑하게 해주소서."(브라이언 콜로디척-와서 나의 빛이 되어라. 데레사 수녀가 메사디에의 소설 〈1988년 발행〉을 읽었는지는 알 수 없다).

미국 사회작자 '필 주커만'이 쓴 "신 없는 사회"는 종교 통계조사를 바탕으로 쓴 종교 사회학적 보고서인데, 덴마크와 스웨덴과 노르웨이 등 북유럽의 기독교인 비율과 그 사회의 건강성이 어떤 관계에 있는가를 추적하며, 미국을 비롯한 다른 나라들과 비교한다. 그가 이런 조사를 하면서 동원한 항목은 '정치 지도자들의 도덕성, 학교교육, 공직자들의 업무 형태, 부의 사회적 분배와 편차, 사회 복지제도 및 가난한 자들에 대한 사회적 시선과 배려, 생태계 보전 운동, 범죄율, 국민의 윤리적 수준' 등이다.

그 결과가 매우 놀랍다. 북유럽 국가들의 종교적 공통점은 성당·예배당에 다니며 신앙생활을 하는 사람들이 인구의 3% 미만이다(그것도 대개 노인층). 그런데 사회적 안정성, 지도층의 청렴성, 국민의 윤리의식의 수준, 사회복지제도 및 약자에 대한 배려 등, 사회제도와 국민의 실제생활의 측면에서 현재 세상에서 가장 우수한 질적 수준에 있다. 즉, 신과 종교 없이도 건강한 생활을 영위하고 있다. 어째서 그럴까? 양심과 인문학적 지식에 근거한 윤리적 휴머니즘 때문이다.

그렇지만 미국을 비롯한 중남미 기독교 국가들의 상태는 말이 아니다. 이들 나라에서 종교인들의 숫자는 60%(미국)~80%(중남미)에 이르는데, 부의 극단적인 편차, 가난한 자들에 대한 정부와 사회의 무책임, 치솟는 범죄율(2024년 말 기준으로 미국 교도소에는 500여만 명의 재소자가 있고, 1년간의 교화시설 운영 비용이 3천 억 달러 이상이다), 공직자들의 부정부패, 국민의 낮은 윤리 의식, 생태계 오염 등에 있어서 대단히 열악한 현실을 드러내고 있다. 미국에서 후진국 빈민계층 정도로 가난한 사람들은 약 4천만 명이고, 인구의 5%가 국부의 85%를 독점하고 있다. 중남미 국가들은 더욱 말이 아니다.

주커만이 조심스레 내린 결론은 종교인들의 숫자와 사회의 건강성은 서로 비례하지 않는다는 것이다! 왜 그럴까? 기독교가 허울뿐인 종교, 곧 예수께서 말한 에고만 추구하는 '사탄'의 종교가 되어, 물질적 탐욕과 허영을 부채질하는 미신·우상숭배로 전락해버렸기 때문이다. 종교를 통한 내적 혁명이 없으니, 종교 천국이라 하더라도 윤리 없는 사회가 되고 만다. 그러니 차라리 종교 없이 윤리적 사회를 구성하는 게 낫다. 도대체 무엇 하러 하나님·그리스도를 믿는 것인가?

진리와 양심, 인격과 윤리 없는 종교는 사회적 재앙의 하나이다. 그것은 사회를 위선과 부패의 위험사회로 몰고 간다. 예로부터 부패한 종교가 번창했기 때문에 나라가 망한 역사는 누구나 다 안다(구약에 나오는 고대 이스라엘). 이런 이야기를 하는 까닭은 신 없는 사회를 만들자는 것이 아니라, 현재 각 종교 생활을 하는 한국인들이 경전의 가르침을 제대로 실천하지 않고, 베드로의 종교 곧 에고가 충동하는 대로 사람의 일과 사탄의 일에 빠진 채, 탐욕의 실상을 드러내고 있는 부정할 수 없는 현실 때문이다.

예를 들어 국회 공직자 인사청문회를 보면, 기독교인이나 불교인이 평범한 시민도 하지 않는 불법행태를 저지르는 일이 흔하고, 양심적 재산형성 과정을 보여주는 정직한 인사가 거의 없다. 어떤 이는 자신만만하게 기독교인이라고 공언하는데, 각종 비리 백화점이다. 이런 식으로 종교를 사회적 문화행사, 권력이나 신분이 높은 자들을 사귀는 사교(社交) 센터로 이용하는 사람들이 많을수록, 그 종교는 여지없이 탐욕의 좋은 발판이 되고 사회를 분열시키고 부패하게 할 뿐이다. 이런 종교라면 차라리 없는 것이 더 낫다!

하나님의 일

1. 예수 그리스도께서 말씀하시는 '하나님의 일'은 인간의 내적 변화, 곧 Ego를 넘어서는 초월의 종교성·영성이다(spirituality). 왜냐면 사람이 탐욕과 망상과 환상의 기제인 에고라는 근원적인 죄의 상태를 초극하지 못하면, 진리를 깨닫거나 도덕적 품성을 회복하거나 사회 윤리적 책임을 수행하기 어렵고, 오로지 사람의 일인 출세와 성공과 풍요만 추구하는 기복주의에 빠져 사탄의 먹이가 되어 그 종노릇만 하며 살기 때문이다(구약의 바알 종교

가 이것이다! 엘리야의 투쟁. 아모스서와 호세아서와 예레미야서를 보라).

그렇기에 예수께서 하시는 일은 제자들(그리스도인들 포함)을 에고와 세상에 빠진 깊은 잠에서 깨어나게 하여(awakening) 높이 승화시키는 것이다(昇華·exaltation), 곧 성령의 감동과 진리를 깨달아 중생(重生)하여 인간혁명을 이룩한 새로운 인간(new being)이 되도록 돕는 것이다. 그리하여 모욕과 박해와 죽음을 당하더라도 기쁘게 하나님의 뜻을 받들 만큼 하나님의 다스림(나라) 안에 들어간 숭고한 인간이 되게 하는 것이다(마 5:10~12). 이것이 하나님·그리스도의 일이다.

예수께서는 자신이 수행하는 하나님의 일, 곧 제자의 길, 그리고 장차 그들을 통해서 그리스도인인이 될 사람의 길이 개인적 소망을 넘어선, 진실로 인간다운 인간으로 살아가는 사회적 책임의 길이라는 것을 분명하게 밝히신다.

이것이 성령강림 이후 내적으로 변화된 제자 공동체에서 분명히 드러난다(행 1~4장). 행 2:42~47의 '사랑과 나눔과 섬김의 공동체'가 그 모습을 아름답게 증언한다. 지금 이 순간, 하나님의 다스림(나라) 안에 있는 인간은 타자·이웃을 형제자매로 보기 때문에, 인간적이고 신성한 사랑과 자비심 속에서 자연스럽게 도덕과 윤리의 향기를 풍기며 존재한다(롬 13:10).

그러나 종교는 윤리학이 아니다. 윤리적 태도는 인간혁명·새로운 인간의 부차적인 열매일 뿐이다. 종교는 먼저 각 사람의 존재 혁명을 위한 길이지, 윤리적 명령의 수행이 아니다. 인간이 존재 혁명에 이르면, 윤리와 도덕은 저절로 따라온다.

그래서 예수께서 이렇게 말씀하신 것이다. "눈은 몸의 등불이다. 그러므로 네 눈이 성하면, 네 온 몸이 밝을 것이다. 네 눈이 성하지 못하면 네 온 몸이 어두울 것이다. 그러므로 네 속에 있는 빛이 어두우면, 그 어둠이 얼마나 심하겠느냐?"(마 6:22~23). 이것은 어두운 방에 등불이 비치면 환해지는 것 같다. 종교는 내면에 등불을 켜는 것, 곧 진리의 자각, 영성의 깨어남을 통한 내면·인간 혁명에 관한 것이다.

2. 20세기 신학자 '카를 바르트'는 "로마서 강해"에서, 로마서 12장부터 나오는 기독교 윤리 항목을 다루면서, 그 장(章)에 "대혼란"이라는 매우 엉뚱하고 과격한 제목을 붙였다(1918년 출판). 왜 그랬을까? 기독교는 윤리학이 아니라(이런 말을 오해하지 않기를!), 사회적 행위의 규칙인 도덕과 윤리의 원천·근원에 관한 것이기 때문이다.

도덕과 윤리를 말하자면, 로마서 저자인 사도 바울과 동시대인이었던 로마의 스토아학파 철학자 '루키우스 안내우스 세네카 2세'의 철학서가 바울보다 더 자세하고 광대하다(기원전 4년경 스페인 출생~서기 65년, 아버지와 이름이 같은 둘째 아들. 로마에서 네로 황제의 명에 따라 자결. 네로 황제의 스승과 정치 고문과 철학자로서의 명성 때문에, 신약성서 위경·偽經에 사도 바울과 세네카가 주고받았다는 가짜 편지가 나돌았을 정도).

세네카의 "행복론, 인생론, 도덕철학 서한" 3대 저작은 분량이 성서만큼 된다. 그의 책을 기독교의 윤리적 관점, 곧 예수 그리스도라는 이름을 빼고 읽으면(그도 로마식으로 신〈Deus〉을 말한다), 마치 신약성서의 도덕과 윤리에 관한 이야기를 읽는 것 같은 착각을 불러일으킬 정도로 유사하다. 그러나 신약성서의 초월적 신이나 인간의 근원적 변화와 혁명에 관한 이해가 없는 세네카는 그저 이성을 통한 철학적 통찰로 신과 윤리를 사색했을 뿐이다.

따라서 바르트가 로마서를 주석하면서 12장에 이르러 그런 제목을 붙인 것은 충분한 이유가 있는 것이었다. 바울의 도덕과 윤리는 당대 로마 철학자보다 매우 간략한 게 사실이기 때문이다. 바르트 말의 핵심은 이것이다.

기독교는 도덕과 윤리 종교이기 이전에, 성령과 진리를 통한 내적 혁명을 이룩하여 예수 그리스도의 뒤를 따르는 길이다(롬 6장과 8장)! 윤리는 인간혁명의 자연스러운 열매일 뿐이다.

물론 기독교인들이 도덕과 윤리라도 제대로 실천한다면 괜찮다. 그러나 그 이하로 떨어지는 것은 그야말로 목불인견(目不忍見)의 참상이다. 그 이하가 무엇인가? 바로 구약성서에 줄곧 나오는 '바알 종교'이다. 바알 종교 때문에 이스라엘의 야훼 종교가 박멸될 뻔할 만큼 극성했던 시절이 엘리야 예언자 시대였다(왕상 16:29~왕하 1장). 그 후 바알 종교는 북왕국(이스라엘)과 남왕국(유다)이 멸망할 때까지 이스라엘을 유혹하며 위협했다. 결국 이스라엘이 몰락한 원인의 하나는 바알 종교에 대한 패배 때문이다.

바알 종교는 가나안의 주신인 "바알"과 그의 부인인 여신 "아세라"(아스다롯, 수메르와 아카드의 이난나, 바빌로니아와 메소포타미아의 이쉬타르의 변형)를 숭배하며, 사람과 동물의 다산(多産), 곡물의 풍요, 가정의 성공과 건강과 안정, 육체적 만족과 장수, 권력과 명예 등을 기원한 세속 종교이다. 사실 고대의 종교들은 어느 것이나 대개 이러한 신앙 체계이다. 바알 종교는 종교라는 허울로 표명된 세속적 복과 번영의 신앙·신학체계로서, 거기에는 진리도 정의도 도덕과 윤리도 없다. 그저 풍요하게 잘 먹고 잘 사는 것이 목적이다. 오늘날로 말하면 단연코 자본주의이다. 자본주의는 단연코 종교적 현상이다!

바알 종교가 야훼 종교의 이스라엘에 심각한 문제가 된 것은 그것이 이 민족의 종교라는 것 때문이기도 하지만, 근본적인 이유는 아브라함과 출애굽 사건을 통해 형성된 이스라엘 민족 신앙의 근본인 야훼 하나님을 망각하게 하고, 정체성과 역사, 현실과 미래를 전부 부정하고 말살하는 매혹적이고 간편하기 그지없는 세속주의와 물질주의와 물신주의의 종교체계였기 때문이다.

구약성서에서 "산당"(山堂, mauntain altar)이라는 것은 본디 나라에서 세운 정통 성전(북왕국-벧엘이나 사마리아 성전, 남왕국-예루살렘 성전)에 갈 수 없을 때, 마을 뒷동산에 세워 제사·예배를 드리도록 배려한 지방 성소였는데(제사장 거주), 차츰 가나안의 바알 종교에 물들어 나라가 망할 때까지 지속되어, 이스라엘은 그만 야훼 종교와 바알 종교의 혼합주의(syncretism) 종교가 되어버렸다. 이것을 규탄한 것이 예언자들이다.

바르트가 '대혼란'이란 제목을 붙여 비판한 것이 바로 '바알 종교화된 기독교'이다. 바르트는 기독교가 "종교가 되어서는 안 된다."라고 역설한다(기독교의 비종교화!). 왜냐면 일반적으로 볼 때, 종교란 인간이 자기가 바라는 이런저런 소망과 욕망을 저 하늘·하나님·신에게 투사(投射)하고 투영(投影)하여(projection) 충족하려고 하는 시도이기 때문이다.

바르트는 19세기 중후반 유럽 지식인 사회를 휩쓸었던 '루트비히 포이어바흐'의 "기독교의 본질, 종교의 본질"을 잘 알고 있었다(1804~1872년, 독일). 이 책들은 공산주의 이념과 운동을 전개한 'K. 마르크스, F. 엥겔스'에게 크나큰 영향을 끼치기도 했다. 포이어바흐가 논파한 것은 세상의 종교들과 기독교, 미신이나 우상숭배라는 종교적 형식이란 신을 말하든 말하지 않든 본질적으로 차이가 없으며, 오로지 심성이 연약하여 불안과 공포와 탐욕에 사로잡힌 인간이 에고가 충동하는 본능적 소망과 욕망을 저 하늘·신에게 투사하여 실현해보려는 가엾기 그지없는 맹목적인 시도라는 것이다.

이렇듯 종교는 일반적으로 성공과 안전과 번영을 추구하는 인간의 근원적 이기심과 욕망의 체계로 전락하고 오도되기 쉽기에, 나라가 종교적일수록 비인간화된 도덕적 '아노미'의 세상이 되어버린다(anomie, 무규범·무질서·혼란). 왜 그런가? 에고의 욕망에 기초한 종교는 인간혁명이나 숭고한 진리도 없고, 사회 정의와 자비라는 윤리적 소명을 망각하고 외면하기 때문이다. 그런데 포이어바흐의 분석과 이해는 이미 아모스, 호세아, 제1 이사야, 미가, 예레미야, 에스겔 등, 히브리 예언자들이 설파한 것이다.

따라서 기독교가 '종교'가 되는 것은 자기 상실과 해체를 가져오는 길이다. 왜냐면 기독교가 자신의 본질과 사명인 인간의 내적 변형, 곧 인간혁명에 관한 중생의 진리(내 안에 이루어지는 하나님의 온전한 다스림·나라)를 망각하고 방기(放棄)한 채, 그저 관습적 문화와 하나의 사회제도와 심리적 갈망의 충족 기제가 된 종교로 안주하는 것은 자기 본연의 영성·종교성을 잃어버릴 뿐만 아니라, 건실한 도덕과 윤리조차도 실천하지 못하는 위선의 길을 걷는 결과를 가져오고야 말기 때문이다. 이것이 정점에 이르게 되면, 사회와 나라는 필연 파국적 현상에 직면한다. 히브리 예언자들이 시종일관 질타한 것도 이것이다.

바르트가 로마서 강해에서 "교회가 바빌론 포로가 되었다."라고 한탄한 것도 이런 것이다. 그는 이것이 자기 시대 유럽 기독교의 현실이었기 때문에 준열하게 경고한 것이다. 이것을 증명한 사건이 바르트가 로마서 강해를 썼을 때의 1차 대전이고(1914~1918년), 그 후 2차 대전이다(1939~1945년). 이 두 전쟁은 누가 보더라도 유럽의 기독교와 문화의 자멸적 와해와 파멸이다. 뿌리가 썩은 과일나무에 열매 없듯, 인간혁명 없는 기독교에 도덕과 윤리 없다. 따라서 도덕과 윤리를 말하기 전에 인간혁명을 추구해야 한다.

3. 종교의 본질은 어디까지나 초월적 영성과 종교성이지, 도덕과 윤리가 아니다. 그런데 도덕과 윤리는 영성과 종교성의 진실과 수준을 증명한다. 영성은 윤리의 뿌리·모태·토대이고, 윤리는 영성의 결과·실천이다. 따라서 영성·종교성이 튼튼하지 못하면 윤리도 빈혈증을 앓고, 윤리 의식의 약화와 실종은 영성·종교성의 빈약과 상실을 증명한다.

예수께서는 제자들의 가슴 속에 내적 혁명의 씨앗을 뿌리셨다. 그 씨앗은 적당한 때가 되면 발아하여 꽃피고 결실을 얻을 것이었다. 그것이 성령강림절의 모습이다. 예수께서 세상에 계실 때는 아직 그때가 아니었다. 그렇게 예수께서는 제자들이 성령을 통하여 내적 혁명을 일으킨 후에 드러내야 할 모든 가치와 방향과 목적을 미리 가르치며 그 목전까지 인도하여, 그들에게 성령이 개입할 준비를 시켜 놓으신 것이다. 우리가 아는 대로, 그 후 성령의 능력으로 내적 혁명을 일으켜 온전히 변형된 제자들은 하나님·그리스도의 나라(다스림)를 이 땅에 건설하는 일에 목숨을 바쳤다.

"우리를 끌어올리는 자, 그들은 누구인가? 그들은 진실한 인간들, 더는 동물이 아닌 인간들, 철학자들, 예술가들, 성자들이다. 자연은 비약하지 않지만, 그런 사람들을 창조할 때는 비약한다. 인류는 개개의 위대한 인간들을 낳는 일에 끊임없이 종사해야 한다. 이것만이 인류의 과업이다.

왜냐면 문제는 다음과 같기 때문이다: 어떻게 당신의 삶, 개별적인 삶이 가장 높은 가치와 가장 깊은 의미를 지닐 수 있을까? 오로지 가장 드물고, 가장 가치 있는 인류의 전형들에게 보탬이 되도록 사는 것을 통해서만 그럴 수 있다."(F. W. 니체-반시대적 고찰) 얼마나 우리의 가슴을 울리며 이상(理想)의 불꽃을 지펴주는 위대한 통찰의 언어인가?

따라서 예수께서 말씀하시는 '하나님의 일'은 인간혁명과 사랑에 관한 것이다. 곧, 인간혁명에 따라 내면이 사랑의 형식이 되는 것이다. 누구를 사랑하는 것에 관한 것이 아니라, 인간이 사랑의 존재로 변형되는 것이다. 그것이 진정한 인간혁명이다. 왜냐면 마음에서 탐욕의 에고가 스러지는 만큼, 사랑이 그 자리를 채우기 때문이다.

내면의 왕국에는 한 왕만 앉는다. 내면은 마치 집과 같다. 내면의 집은 주인인 내 뜻과 명령을 따라 다스려진다. 주인이 거처가 일정하지 않고 자리를 비우면 내면의 집은 말이 아니게 망가지고, 에고라는 도둑이 들어 엉망진창으로 만들어버린다. 내면이 인간혁명에 따른 견고한 사랑의 형식이 될 때, 어둡고 폭력적인 에고의 영역은 그만큼 작게 축소된다. 내면이 사랑의 등불로 환해지면, 에고는 절로 스러진다. 사랑과 에고는 양립할 수 없기에….

그렇기에 예수께서 남기신 유일한 계명은 사랑이다. "이제 나는 너희에게 새 계명을 준다. 서로 사랑하여라. 내가 너희를 사랑한 것 같이, 너희도 서로 사랑하여라. 너희가 서로 사랑하면 모든 사람이 그것으로써 너희가 내 제자인 줄을 알게 될 것이다."(요 13:34~35, 15:12) 이 사랑의 계명은 새로운 율법이 아니라, 인간의 본질적인 영성·종교성에 관한 것이다.

예수의 사랑이란 어떤 대상을 향한 사랑이 아닌, 인간의 내면에 본원적으로 이루어져야 할 사랑의 형식에 관한 것이다. 다른 말로 하면, 사랑이란 내 안에 있는 하나님의 '나라', 곧 내가 하나님의 온전한 '다스림' 속에 있는 상태이다.

예수는 사랑이 윤리적 의무이기에 사람을 사랑한 것이 아니라, 사랑의 존재가 되었기에 사랑하신 것이다. 그래서 예수는 하나님의 다스림 안에서 완전하게 현존한 인간의 영원한 모범이시다(요 12:24~26; 빌 2:5~11). '서로 사랑하라.'라는 말은, 우리가 내면에 아무도 빼앗아갈 수 없는 사랑의 세계를 이루고 있다면, 그때에야 진정 사람을 사랑할 수 있다는 의미이다. 따라서 예수께서는 내면의 견고한 형식인 사랑의 세계를 말씀하신 것이다. 사랑은 전혀 도덕과 윤리의 계율이 아니다. 곧, 사랑은 율법이 아니다! 사랑은 새로운 영혼의 질적 형식이다.

예수께서 사랑을 율법으로 말했다면, 다시 모세 율법으로 돌아가는 것은 물론(레 19:18-네 이웃을 네 몸처럼 사랑하라), 예수도 아니시다! 예수는 그런 낮은 차원에 계신 분이 아니다. 이러한 사랑의 세계는 에고를 초월한 것이다. 왜냐면 우리 안에 사랑의 세계가 이루어질 때, 에고는 그림자조차도 없이 사라지기 때문이다.

그러면 우리는 어떻게 내면을 사랑의 세계로 형성할 수 있을까? 기도·묵상, 영적·지성적 공부이다. 예수께서는 기도를 "깨어 있는 것"이라고 하신다(막 1:35, 13:32~37). 깨어 있기는 지식이나 편견이나 어떤 관념이나 주의에 갇혀 있기를 거부하고, 하나님과 세계와 자신과 인생에 의식(意識)을 활짝 열어놓는 것이다. 깨어 있는 기도는 성령의 임재와 감화를 초청하고 힘입어 자아를 항복시켜 내 안에 사랑의 세계를 이룩하여, 하나님이 바라시는 인간적인 이상(理想)을 지향하는 참되고 숭고한 방편이다.

깨어 있기는 기도와 묵상, 성서 읽기, 예배, 신앙 서적을 읽는 공부, 일상의 반성과 성찰과 함께 수행해야 한다. 이것은 내가 성령을 통하여 깨어 있으면서 내 안에 사랑의 세계를 이루어, 의미 있는 차원의 삶으로 나아가기 위한 방편이다. 그것들은 다만 내 안에 자각과 사랑을 일으키는 촉매제일 뿐이다. 깨어 있는 것은 하나님이 내 안에 머무르시기를, 하나님이 내 안에서 살아나시기를, 하나님의 뜻만이 나의 뜻이 되기를 바라며 마음을 활짝 열어놓는 것이다(마 7:7~11). 이것이 내 안에 사랑의 세계를 이룩하고 예수 그리스도의 뒤를 따라가는 길이다.

사랑을 위한 지극한 헌신, 예수께서는 이것을 인간에게 가장 중요한 일이라고 보았기에, 여전히 에고의 탐욕을 추구하는 제자들에게 '사탄'이라는 독설의 충격요법을 써서, 그들이 비록 지금은 아니더라도 후일 내면이 변화되고 나면, 오직 하나의 사랑을 위해 자기를 불태우도록 새롭게 불러내신 것이다.

4. 예수께서 말씀하시는 '하나님의 일'은 기쁨과 자유에 관한 것이다. 예수는 인생을 기쁨의 무대로 보신다(요 15:11, 16:22). 이것이야말로 예

수의 진면목(眞面目)이다. 예수께서는 하나님도 기쁨의 하나님으로 보신다 (마 11:25~27). 예수는 기쁨 그 자체로 사셨다. 천지창조 이래 그처럼 기뻐하며 살았던 사람도 없었으리라! 그래서 유대인들이 예수를 제대로 이해하지 못한 것이다.

기독교가 2,000년간 세상에 많은 공헌을 해온 것은 사실이다. 하지만 '웃지 않는 예수, 슬픈 예수, 침울한 예수'를 지나치게 드러내며 강조한 것은 크나큰 착오였다! 십자가는 어쩔 수 없이 선택한 마지막 길이었지(막 14:32~36), 그분의 삶 전체가 슬픔과 고뇌와 고통, 고행과 죽음의 냄새를 피운 것은 아니었기 때문이다.

그렇기에 이제라도 기독교는 환하게 웃는 기쁨의 예수, 자유의 예수, 삶을 무척이나 사랑한 예수, 사람들과 어울려 먹고 마시고 축복한 예수, 삶을 경축하고 노래한 예수를 말해야 할 것이다.

우울한 예수라면, 어떻게 세리들과 죄인들과도 어울려 식사를 하고 대화를 나누고, 사람들에게 진리를 가르칠 수 있었겠는가(눅 15:1~2)? 그것은 불가능한 일이다. 태양처럼 강렬하게 기뻐하며 살아간 예수, 기쁨으로 뜨거운 가슴인 예수였기에, 뭇 사람들의 마음을 사로잡고 인간의 구원자가 되신 것이 아닌가?

성령은 기쁨의 영이기에, 성령으로 충만한 예수는 기쁨의 예수이시다 (마 3:16, 4:1). 가나 결혼 잔치(요 2:1~11), 신랑의 비유(막 2:19) 등, 예수의 모든 가르침과 비유와 기적 이야기는 기쁨에 관한 것이다. 예수는 기쁨의 명수이시다.

그래서 예수는 자유를 의미한다(크리스챤 뒤쪽-예수는 자유의 몸이시다). 사람은 기쁨에서 자유롭고, 자유로우면 기쁘다. 예수는 비판할 때도 자유롭고, 슬퍼할 때도 자유롭고, 분노할 때도 자유롭고, 저항할 때도 자유롭고, 밑바닥에서 차별받고 소외당한 사회적 약자들과 어울릴 때도 자유롭고, 기적을 일으킬 때도 자유롭고, 자비를 베풀 때도 자유롭고, 고난을 받을 때도 자유롭고, 십자가에 달릴 때도 자유로우셨다. 하나님조차도 예수를 강제하신 것이 아니다. 예수께서 하나님을 아버지로 알고 부르고 가르치신 것도 전적으로 자유에서 나온 것이다. 왜냐면 자유롭지 못하면 아들이 아니기 때문이다.

그런데 내면적·인격적 자유는 목표가 아니다. 사람이 자유를 추구하는 한, 언제까지나 자유롭지 못하다. 자유란 내면에서 터져 나오는 기쁨의 생생한 현실이기 때문이다. 따라서 기쁨 없는 자유란 율법·도덕·윤리로 떨어지고 만다. 율법은 강제된·제도화된 사랑의 윤리이기에, 필연적으로 세상을 이분법적·봉건적인 구조로 만들어 사람을 차별하고, 겉으로만 양반인 위선자들을 양산한다. 율법·윤리는 사람에게 기쁨과 자유를 주지 못하고, 사회를 통합하지도 못한다.

예수에게 있어서 기쁨은 곧 자유이다. 기쁨 없이 자유 없다. 예수께서 "진리가 인간을 자유롭게 한다."고 말씀하신 것도 이런 뜻이다(요 8:31~32). 진리는 어떤 도덕적 법칙이나 계명이나 율법이 아니라, 자각 의식과 자유와 내면의 기쁨에 관한 무엇이다. 그것은 신성의 분출이다. 진리는 저 밖에 있는 어떤 이론이 아니다. 그것은 내 안에서 이루어지는 참된 현실이다. 곧, 나에게 기쁨을 주고 자유롭게 하는 신의 빛과 힘·에너지, 생명력과 숨결이다.

따라서 예수께서 말씀하시는 '하나님의 일'이란 우리가 진리의 자각과 기쁨과 자유 속에서 존재하는 것을 가리킨다. 왜냐면 진리의 자각과 자유와 기쁨 속에서만 사랑이 가능하기 때문이다. 우리의 존재 자체와 존재 방식이 하나님의 일이 되게 하는 것, 곧 하나님이 우리 안에서 당신의 삶을 사시게 해드리는 것! 이것이 예수의 가르침이다. 예수는 이렇게 사셨다. 예수는 자신이 살지 않는 것을 가르치신 적이 없다.

그렇기에 하나님이 사람에게 바라시는 것은 하나뿐으로, 기쁨의 존재가 되는 것이다. 기쁨의 존재가 되면, 모든 율법·도덕·윤리·계명의 실천은 자연스럽게 따라 나온다. 기쁨의 존재가 악을 행할 수는 없다. 그것은 불가능하다. 이것은 꽃이 나무와 풀에서 맺히는 결실인 것과 같다. 나무와 풀이 없는데 꽃이 어디 있겠는가? 인위적 조화(造花)는 가능하지만, 자연의 사물에는 가능하지 않다.

따라서 진리의 자각과 기쁨과 자유의 존재가 아닌 사람에게 1만 가지 율법을 준들, 제대로 지킬 수 없다. 고대 이스라엘 민족이 고난당하고 망하고 유랑한 것도 십계명조차도 제대로 지키지 않았기 때문이다. 왜 지키지 못했는가? 진리의 자각과 기쁨과 자유를 몰랐기 때문이다. 비록 평생 예배당에 다니며 율법을 다 지키는 바리새인으로 산다 해도, 거기에 기쁨과 자유와 사랑은 없다(마 23장; 요 8장).

내가 지금 이 순간, 하나님의 다스림·나라 안에, 곧 진리의 자각과 기쁨과 자유 안에 있지 않고 하나님을 믿거나 하나님의 일을 한다면, 어떻게 될까? 그것이 산상수훈의 결말에 나오는 말씀이다(마 7:15-23).

하나님·그리스도를 위한답시고, "말씀 선포, 가르침, 기적 연출, 귀신 축출, 전도·선교"를 하지만, "양의 탈을 쓴 굶주린 이리인 거짓 예언자들, 불법(不法)을 행하는 자들"이 되고 만다. 왜 그런가? 그가 실은 하나님의 일이 아니라, 자신의 에고를 만족시키려 자기·사람의 일을 하면서 사탄의 일을 돕고 있기 때문이다.

예수께서는 지금도 우리를 하나님의 일, 곧 에고와 탐욕을 초극하고 내면에 진리의 자각과 사랑의 세계를 창조하는 일, 사랑의 눈으로 만물과 만인을 존중하는 일, 충만한 기쁨과 자유를 체험하면서 자연스럽게 윤리를 실천하는 삶으로 부르신다. 그렇기에 오늘도 누군가가 베드로처럼 에고의 탐욕을 추구하려고 예수를 믿는다면, 그 역시 '너는 사탄!'이라는 선고를 받으리라. 따라서 오늘 이야기는 지금 우리에게 강력한 육탄 돌격의 도전장이다.

그대여! 그대는 예수 그리스도를 통하여 마음 없는 마음, 곧 에고를 초월한 마음을 이루었는가? 혹은 그것을 올바른 방향으로 알아듣고, 끊임없이 참된 기도·명상과 공부를 통하여 그 지점을 향하여 나아가고 하는가? 그렇다면, "그대는 하나님의 나라에서 멀리 있지 않다."(막 12:34)

15
하나님의 어린아이

⌄

사람들이 어린이들을 예수께 데리고 와서 쓰다듬어 주시기를 바랐다. 그런데 제자들이 그들을 꾸짖었다. 그러나 예수께서는 이것을 보시고 노하셔서, 제자들에게 말씀하셨다. "어린이들이 내게 오는 것을 허락하고 막지 말아라. 하나님 나라는 이런 사람들의 것이다. 내가 진정으로 너희에게 말한다. 누구든지 어린이와 같이 하나님 나라를 받아들이지 않는 사람은 거기에 들어가지 못할 것이다." 그리고 예수께서는 어린이들을 껴안으시고, 그들에게 손을 얹어서 축복하여 주셨다(마가복음서 10장 13~16절).

인간의 길: 기쁨과 행복과 사랑

1. 어디선가 읽은 아일랜드 성인(聖人)의 전설이다. 십자가 아래에서 '성 패트릭'이 예수의 영혼을 위해 기도하고 있었다. 예수께서 패트릭을 부르셨다. "패트릭, 이리 올라와 보게. 그대에게 할 말이 있네." 그는 위를 쳐다보지도 않고 대답했다. "주님, 저는 지금 당신의 영혼을 위해 기도하고 있기에, 올라가지 못합니다."

예수는 조금 뒤 더 큰 목소리로 부르셨다. "패트릭, 그런 말은 그만두고 올라오게. 매우 중요한 일이라네." 그가 대답했다. "주님, 제가 지금 당신의 영혼을 위해 기도하고 있다고 말씀드리지 않았습니까?" 그러자 예수는 다시 큰 소리로 말씀하셨다. "패트릭, 마지막으로 말하네. 아주 중요한 문제이기에, 이리로 올라오라고 하는 게 아닌가?"

패트릭은 마지못해 일어나 사다리를 놓고 천천히 올라갔다. "자, 스승님, 제가 왔습니다. 하실 말씀이 무엇인지요?" 그러자 예수께서 말씀하셨다. "저기를 보게나, 패트릭! 저 나무들 위로 우리 집으로 가는 길이 보이지 않나?"

이것은 아일랜드인들이 상상으로 만들어낸 것이지만, 예수께서 어떤 사람이었는지를 보여주는 아름다운 이야기이다. 죽어가면서도 고향과 집을 그리워하시는 인간 예수. 이러한 예수는 우리가 평소 거의 생각해본 적이 없는 퍽 낯선 모습이다. 그렇지만 이것이 인간 예수의 참모습이다.

2. 그리스도인은 예수를 '그리스도'로만 사랑하는 게 아니다(히-메시아·Messiah, 그-크리스토스·Christos. 그리스도는 크리스토스의 한글 음역. 한자 음역은 기독·基督. 메시아·크리스토스의 뜻은 '기름 부음을 받은 자.' 유대인이 기다려온 하늘에서 내려오는 정치적 제왕인 구원자·人子. 다니엘서 7:13~14. 구약 외경에도 많이 나옴). 우리는 먼저 인간 예수를 사랑

한다. 인간 예수 없는 그리스도는 공허하다.

예수는 그리스도가 '되신' 분이다. "하나님은 예수를 그리스도가 되게 하셨다."(행 2:36. God has made him both Lord and Messiah-NRSV). 예수와 그리스도는 하나이다. 예수 안에 그리스도, 그리스도 안에 예수! 역사적 예수(historical Jesus)는 영원한 그리스도의 참된 발현이고, 그리스도는 역사적 예수의 참된 변모(變貌)이시다.

따라서 예수를 알면 그리스도를 알고, 그리스도를 알면 예수를 안다. 예수를 모르면 그리스도를 알 수 없고, 그리스도를 모르면 예수를 알 수 없다. 역사적 예수는 알 필요도 없고 그리스도만 알면 된다는 것은 초기 기독교에 나타난 이단인 '가현설'을 주장하고 추종하는 것이다(假現說, 도세티즘·Docetism, 그리스도는 영원히 사시는 분으로 죽을 수 없기에, 나사렛 청년 목수 예수의 몸을 빌려 활동하다가 십자가에서 죽기 직전 빠져나갔다고 하는 교설).

예수를 사랑하면 그리스도를 사랑하고, 그리스도를 사랑하면 예수를 사랑한다. 예수를 사랑하지 않으면 그리스도를 사랑할 수 없고, 그리스도를 사랑하지 않으면 예수를 사랑할 수 없다. 예수와 그리스도를 믿고 닮고 따르고 사랑하는 것은 하나이다. 이 둘 사이에서 균형과 조화를 잃어버리는 것은 왜곡된 예수, 왜곡된 기독교, 왜곡된 신앙이다.

예수를 제대로 알지 못하고 그리스도만 알고 믿으면 비역사적이고 추상적이고 공허하게 되며, 그리스도를 알지 못하고 예수만 알면 신성과 보편성과 영원성에서 문제가 생겨 역사적 위인이나 성인으로 그치고 만다. 복음서는 역사적 예수의 삶과 영원한 그리스도의 모습을 통합적으로 고백하고 증언한다. 가장 심오하게 증언하는 것이 요한복음이다.

그렇기에 예수와 그리스도를 알고 사랑할 때, 전적으로 신뢰하고 따를 수 있다. 그런데 우선적인 것은 먼저 예수를 아는 것이다. 예수를 그리스도로만 숭배하면, 역사적 예수의 가르침과 삶을 모르거나 소홀히 여기거나 외면할 수 있다. 게다가 역사적 예수를 알고 따르지 않고서, 신앙의 그리스도를 믿고 따를 길은 없다.

이것이 모든 시대에서 기독교가 일탈하고 타락하는 문제의 근원이다. 예수 없는 그리스도는 예수를 몸과 현실과 삶과 역사가 없는 분으로 왜곡하는 길이고(도케티즘), 그리스도 없는 예수는 예수를 몸과 현실과 삶과 역사에 가두어 보편성과 영원성이 없어 지금 살아계시지 않고 책과 기억에만 존재하는 역사의 성인(聖人)일 뿐이다(그리스도를 부정한 초기 기독교의 나사렛파. 현재 개신교의 회중교회·조합교회·Congregational Church가 그러한데, 미국 동부지역에 많다).

3. "갈릴리에 오신 이"(막 1:14; 찬송가 134장), "갈릴리 나사렛에서 나신 예언자"(마 21:11) 이신 역사적 예수는 이 땅을, 고향을, 어머니를, 형제자매들을, 사람들을, 세상을, 자연의 사물들을, 그리고 삶을 무척이나 사랑하셨다. 그것이 하나님을 사랑하는 유일하고 참된 길이기 때문이다. 그 밖에 다른 방법, 다른 길이란 있을 수 없다.

예수는 온통 하나님의 마음·심정으로 흠뻑 젖어, 인간과 자연과 세상을 사랑하셨다. 이 세상을 부정하고 하나님을 사랑할 수 있는 길은 없다. 이것은 내적 변형을 이루어 새로운 존재가 된 차원에서, 기존의 부패한 인간성과 세상을 부정하고 하나님의 나라(다스림) 안에서 새로운 인간과 세상을 긍정하고 지향하면서 사랑하는 역설(逆說·padadox)의 진리에 관한 말이다. 수도원의 수도사나 수녀는 세상에서 도피한 것이 아니라, 자기 안에 세상을 끌어안고 고독하게 참된 세상이 이루어지기를 바라며 기도하고 묵상하고 일하는 사람이다.

예수는 삶에서 일어나는 모든 일을 하나님의 사랑이 발현된 것으로 보셨다. 그런 점에서 우리는 예수께서 삶을 "결혼잔치"로 이해하고(막 2:19; 요 2:1~11), "금식"도 슬프고 우울한 표정을 지으며 하는 것이 아니라 "머리에 기름을 바르고 얼굴을 씻고" 기쁘고 기꺼운 마음으로 해야 한다는 것이나(막 2:19~22; 마 6:16~18), 도덕과 윤리의 율법으로 사람을 구속하고 억압하고 분리하는 것을 반대하신 것을 충분히 수긍하고 이해할 수 있다(막 2:23~28).

물론 예수는 광야에서 오랫동안 금식하셨다(마 4:1~11). 그러나 예수는 궁극적 실재(實在, Reality, 하나님·진리)를 깨닫기 위한 금식이 아니라, 종교적 의례에 따라 형식적으로 하거나 자랑하는 금식을 반대하신 것이다. 예수에 따르면 금식조차도 기쁜 것이다. 왜냐면 금식은 종교적 형식이 아닌, 하나님을 더욱 새롭게 발견하고 사랑하며 자신의 참모습을 깨달아 의미 있는 삶을 살아가기 위한 진지한 구도(求道)의 방편과 방식이기 때문이다.

예수께서 삶을 하나님이 시방 한바탕 시끌벅적하게 열고 계시는 결혼잔치로 본 것은, 그것이 초대와 참여, 기쁨과 축하, 풍성한 음식과 배부름과 만족, 즐겁고 떠들썩한 분위기와 대화, 소외된 자나 낯선 이방인이 없는 사랑의 축복과 노래와 춤으로 어울리는 축제마당으로서, 진실로 당신이 가르치고 온몸으로 드러내시는 '하나님의 나라'를 보여주는, 인간적인 너무나도 인간적인, 더 나아가 신성하기까지 한 생생하고 새로운 삶의 현실이기 때문이다.

어느 누가 결혼잔치에서 엄숙한 얼굴로 울상을 지으며 슬퍼하고 경직되어 있겠는가? 혹시 남몰래 신랑이나 신부를 짝사랑하던 처녀나 총각이 이젠 다 틀려버린 사태에 희망을 잃어서 그럴까, 초대받지 않은 나그네까지도 기뻐하고 즐거워하는 것이 결혼잔치의 어울림 마당이다. 결혼잔치는 사랑

의 행복, 축하와 경축(慶祝·축복, celebration)의 기쁨과 즐거움으로 가득한
잠시 동안의 천국이다.

4. 자, 복음서를 깊이 들여다보면서 이렇게 생각해보자.

예수는 어머니와 형제자매와 집, 고향과 사람들을 사랑하셨다.

예수는 흙을 사랑하셨다.

예수는 비가 내릴 때 풍겨오는 흙냄새를 사랑하셨다.

예수는 나무를, 꽃을, 새를 사랑하셨다.

예수는 빵 굽는 냄새를 사랑하셨다.

예수는 어린아이들의 해맑은 웃음소리를 사랑하셨다.

예수는 언덕 위에서 바라보는 갈릴리 호수를 사랑하셨다.

예수는 얼굴을 스치는 바람을, 새벽의 여명을 사랑하셨다.

예수는 날이 기우는 저녁노을을, 반짝이는 별들을 사랑하셨다.

예수는 밤의 침묵을 사랑하셨다.

예수는 슬픔과 고통을 사랑하셨다.

예수는 사람을 사랑하셨다.

예수는 이 세상에 있는 모든 창조물과 삶을 즐거워하며 사랑하셨다.

예수는 하나님을 아버지라고 부르며 사랑하셨다.

예수는 온통 사랑에 젖어서 사셨다.

예수는 사랑 그 자체이셨다.

이것이 우주와 만물과 삶의 창조자요 아버지이신 하나님을 사랑하는
길이기에….

생각해보시라. 그림을 칭찬하는 것은 그 화가를 칭찬하는 것이다. 시

를 사랑하는 것은 그 시인을 사랑하는 것이다. 아름다운 건축물에 감탄하는 것은 그 건축가에 감탄하는 것이다. 조각에 경탄하는 것은 그 조각가에 경탄하는 것이다. 음악을 사랑하는 것은 그 음악가를 사랑하는 것이다. 춤에 감탄하는 것은 그 무용가에 감탄하는 것이다. 책을 사랑하는 것은 그 지은이를 사랑하는 것이다.

작품을 사랑하지 않고서, 어떻게 그것을 창조한 사람을 사랑할 수 있으랴? 하나님의 작품인 우주와 만물과 삶을 사랑하지 않고서, 어떻게 창조자 하나님을 사랑할 수 있으랴? 따라서 인생의 모든 것, 곧 하나님이 은총·선물로 주신 삶을 온통으로·전체적으로(holistic) 사랑하신 예수야말로 진정 인간이 삶에서 실현해야 할 참모습, 종교가 도달해야 할 참모습인 종교성(religiosity)이 무엇인지를 보여주신 분이다.

위에서 패트릭에게 하신 예수의 말씀이 이것을 가리킨다. 종교는 종교 자체를 위해서가 아니라, 종교성을 위한 도구·길이다. 종교성에 이르지 못하는 종교는 성전주의와 형식주의와 기복주의와 '율법주의'가 되고 만다(도덕주의·청교도주의). 그러면서도 선교에 집중할 수 있다. 복음서는 종교적 열성분자였으나 종교성에 이르지 못한 사람들이 "바리새인들과 율법 학자들"이라고 말한다(마 23장).

종교성이란 인간의 영성에 관한 것이다. 영성·종교성을 적극적 방식으로 말하면, 일체의 부정적 사고와 감정과 의지로부터의 해방과 초월, 자유, 진실, 기쁨, 즐거움, 침묵, 사랑, 자비, 공감의 능력(共感·sympathy), 생명력, 노래, 감사, 만족, 모든 인간을 형제자매로 인식하고 축복하는 것, 정의와 평화의 추구 등을 그 내용으로 한다. 부정적 방식으로 말하면, 이러한 것들을 싫어하고 거스르고 훼방하고 파괴하는 자아(Ego)와 사회의 형식과 세력, 이데올로기나 관습과 전통 등을 타파하는 반항적이고 저항적인 행동이다. 그래서 진정한 영성·종교성은 자유와 해방과 혁명을 일으킨다.

5. 사람들은 종교를 이상하게 생각하여, 흔히 '종교적인 사람, 경건하고 거룩한 사람' 하면, 이성을 잘 활용하지 않고, 교회당 출입하는 일에 사로잡히고, 성서를 외우다시피 하고, 툭하면 금식하고, 초세간적이고 근엄한 금욕주의자나 엄격한 도덕주의자가 되는 것으로 치부한다. 그래서 잘 웃지 않고 침울하고 금욕적이고 엄격한 수행을 하는 사람일수록 성자(聖者)라고 떠받든다. 그러나 그런 사람은 전혀 종교적인 사람이 아니며, 종교가 무엇인지도 모르는 사람이다.

종교(religion)의 어원은 "다시 결합하다"라는 뜻인 라틴어 "렐레가레"(relegare)에서 파생된 "렐리지오"(religio)이다. 그렇기에 종교란 다시 결합하게 해주는 하나의 형식이다. '하나'의 형식인 이유는 종교만이 다시 결합하게 해주는 것은 아니기 때문이다. 그렇게 해주는 것은 다양하다. 문학과 그림과 음악 등의 예술이 그러하다.

그러면 "가장 좋은 길"(렘 6:16)인 종교는 사람을 무엇과 재결합시키는가? 하나님이다(히-엘·El=Elohim·하나님·신, 그-Theos, 라-Deus). 그리스어 "데이시다이모니아"(deisidaimonia)도 "신과 결합하다, 신 안으로 들어가다."라는 뜻이다. '노자'는 "반자도지동(反道者道之動), 돌아가는 것이 진리의 움직임"이라는데(도덕경, 40장), 이것도 길·종교를 가리킨 것으로 볼 수 있겠다. 이러한 이해는 모두 같은 것으로, 종교란 인간이 자신의 근원인 신·진리와 다시 결합하여, 본래 존재해야 할 마땅한 내면과 인격과 존재 방식을 회복하고 구현하는 방편이다.

이것에 대한 가장 아름다운 예는 '에덴동산'의 모습이다(창 2장). 신과 인간과 자연 만물이 이루어야 할 삼각형의 온전한 조화(harmony)가 실현된 상태·현실! 자유와 기쁨, 대화와 놀이, 사랑과 환대, 그리고 행복과 평화를 충만하게 누리는 모습, 이것이야말로 사람이 종교를 통해서 회복하고 실현하는 인생과 세상의 참모습이다. 그런 현실이 지복이다(至福, 그-유다이모니아·eudaimonia, eu=en·in. daimon·신, 신 안으로 들어간 행복한 상태).

따라서 종교란 신·진리와 재결합하여 자기와 삶에 대한 내적 자각을 이루고 지극히 자유롭고 행복한 마음을 회복하여 사랑을 따라 살아가는 일을 도와주는 훌륭한 장치이다. 이런 사람이 '종교적인(religeous) 사람'이다. 그렇기에 종교란 종교적인 사람이 되게 하는 길·방편이다. 그러나 '종교의 사람'은 아니다. 종교의 사람은 종교라는 형식과 제도에 속해 있는 사람일 뿐이다. 전에도 말한 것과 같이(제13장-2), '기독교인'과 '그리스도인'은 다르다. 기독교인은 교회·성당에 등록하고 세례를 받으면 자동으로 된다. 하지만 그리스도인은 그것을 넘어서, 성령을 통한 진리의 자각으로 내적 변형·인간혁명을 이룩한 새로운 존재이다(new being). 그렇기에 새로운 존재가 되지 못했다면, 비록 성직자라 해도 종교의 사람과 기독교인일 뿐, 아직 그리스도인이 아니다.

그리스도인은 인간혁명을 이룩하여 예수 그리스도를 알고 사랑하고 닮고 따르는 '그리스도의 사람'이다. 교회에는 기독교인과 그리스도인이 섞여 있다. 그것은 각 사람은 물론 사람들도 알아본다. 그렇기에 기독교는 세속인이나 기독교인을 그리스도인으로 기르는 "진리의 기둥과 터(학교)"이다(딤전 3:15). 사람을 그리스도인으로 변화시키고 길러내지 못하는 교회는 그저 종교적 제도와 형식일 뿐이다. 그리스도인은 종교적인 사람이고, 그리스도 안에서 종교적인 사람은 그리스도인이다. 기독교인은 비종교적인 사람이고, 예수를 믿어도 비종교적인 사람은 기독교인이다. 기독교인에게는 구원이 없다(구약과 마 7:15~23을 보시라)!

종교적인 사람은 신과 다시 결합하여 지극한 행복과 평정의 차원에 이른 사람이다. 그래서 종교적인 사람은 해방과 자유, 기쁨과 사랑, 웃음과 활력, 생명력과 노래, 감사와 만족이 넘친다. 종교는 사람을 이러한 종교성에 있게 하는 훌륭한 장치이다. 종교적인 사람은 삶의 모든 것을 신의 은총·은혜(선물)로 받아들이며 고마워하면서, 자신의 인격과 삶을 겸손과 사랑과 자비를 통해 표현하며 살아간다.

성서에서 영성·종교성이 도달한 숭고하고 아름다운 절정을 보여주는 부분을 말한다면, 단연코 시편 146~150편이다. 경이감, 자유와 기쁨, 감사와 만족과 경축(慶祝·celebration, 기쁘게 축복하는 것)의 우주적 노래들! 인간에게 그 이상이 있으랴!

그러므로 세상에 존재하는 것들을 부정하는 것은 우주 만물을 짓고 기뻐하고 춤을 추신 하나님을 부정하는 것이다(창 1:31). 살아 있는 만물에 무관심한 것은 하나님에게 무관심한 것이고, 만물을 파괴하는 것은 하나님을 거역하고 모독하는 것이다. 만물은 하나님의 사랑과 기쁨이 어린 걸작 예술품이기에….

그래서 전에도 인용했듯이(제5장-2), 이런 말이 성립한다. "내가 저 별에서 하나님을 바라보는 나의 눈은 저 별에서 나를 바라보시는 하나님의 눈과 같다."(마이스터 에크하르트-강론집). 모든 인간이 만물을 바라보시는 하나님의 마음과 눈을 얻는다면, 그때 이 땅에 하나님의 나라가 이루어지리라.

우리가 알다시피 하나님은 영이시기에, 할아버지와 할머니와 부모도 없고, 형제자매도 없고, 몸도 없고, 가슴도 없고, 머리도 없고, 눈도 없고, 입도 없고, 손도 없고, 발도 없고, 뒤태도 없으시다. 그래서 하나님은 누군가의 몸을 빌려 살고, 누군가의 가슴을 빌려 느끼고 경탄하며, 누군가의 머리를 빌려 생각하며, 누군가의 눈을 빌려 보고, 누군가의 입을 빌려 말하고, 누군가의 손을 빌려 껴안고, 누군가의 발을 빌려 걸어 다니며 일하신다.

곧, 하나님은 내 가슴을 통해서 경탄하고, 내 눈을 통해서 보고, 내 입술을 통해서 말하고, 내 손을 통해서 일하신다. 내 육체의 모든 것은 하나님이 빌려 쓰시는 도구이며, 나의 모든 것은 하나님의 것이다. 그래서 성서는 이런 사상을 "나는 주의 종이니…"라고 말한다. 하나님이 나를 빌리시는 것은 사람을 포함한 세상 모든 것을 더욱 기뻐하고 사랑하며 복을 내리시기 위해서이다. 그래서 하나님께 나를 잘 빌려드릴수록, 나는 행복한 존재가 된다.

6. 종교와 도덕·윤리는 다른 것이다. 종교는 어머니이고, 도덕은 자식이다. 종교는 근원(根源)·샘물이고, 도덕은 시내와 강물이다. 종교는 뿌리이고, 도덕은 가지이다. 종교는 몸통이고, 도덕은 그림자이다. 종교는 영성이고, 도덕은 사회성이다. 종교는 내면이고, 도덕은 외면의 존재 방식이다.

그런데 종교가 지향하는 바는 어디서나 비슷하지만, 도덕은 나라마다 조금씩 다르다. 그것은 종교는 삶의 근원과 관계하는 것이고, 도덕은 사회를 보전하기 위한 필요조건에서 만들어낸 여러 가지 규칙과 질서이기 때문이다. 도덕은 그 때문에 효용성을 가질 뿐이다. 즉, 도덕은 타인으로부터 나를 지키거나 어울리며, 무법자들로부터 사회를 지키기 위한 최소한의 필요에서 만든 규칙이다. 물론 사람들이 도덕조차도 실행하지 않기에, 더 나아가 법이라는 강제적 도덕을 만든다. 그러나 법이란 차차선책일 뿐이다. 경제적 역량이 어떠하든지 간에, 진정 정신문화가 드높은 인간·나라가 된다면, 법은 있으나마나 한 것이다.

따라서 도덕은 종교 없이도 가능하다. 종교 없는 사회라고 해서 도덕이 없는 것은 아니다. 도덕이란 타인과 더불어 살아야 하는 조건 때문에 발생하는 것이기 때문이다. 그렇기에 도덕을 일방적으로 절대화하게 되면, 사회는 상하(上下)로 양분되어 거대한 이중체계로 분리되어 위선의 사회가 되고 만다. 그러면 결국에 사회를 지키고자 한 도덕이 오히려 분열시키는 모순이 발생하고, 사회는 융통성과 소통성과 탄력성을 잃어버리고 왜곡되어 발전하지 못한다. 이런 일은 모든 민족의 역사에서 얼마든지 볼 수 있다.

종교는 도덕이 아니지만, 도덕을 낳고 포함하며 초월한다. 종교성은 도덕성을 내포하기에, 종교적인 사람은 자연스럽게 도덕적이고 윤리적이다. 종교적인 상태는 신과 진리와 사랑 안에 있는 것이기에, 종교적인 사람이 부도덕하게 사는 일은 불가능하다. 따라서 '제도적 종교' 안에 있는 사람이 부도덕성을 드러낸다면, 그는 '종교적인' 사람이 아니다. 종교적인 것과 종교를 갖는 것은 다른 것이기 때문이다. 종교는 종교성을 지향한다. 도덕적인 사람이 종교적인 사람은 아니다. 도덕적인 것은 도덕이라는 사회적 관습을 충실히 따르는 것에 불과하다.

종교적인 사람은 도덕을 의식하지 않으나 지극히 도덕적이고 윤리적이다. 왜냐면 종교가 잇닿아 있는 뿌리(신·진리)가 도덕은 아니지만, 지극히 도덕적이고 인격적이기 때문이다. 참된 종교적 체험은 이것을 증명한다. 따라서 종교적일수록 자연스럽게 도덕적인 사람이 된다. 그러나 도덕적이려고 할수록 종교·종교성에서 멀어진다. 그것은 도덕적일수록 종교를 하나의 도덕체계로 알고 외면적인 행위에 치중하기 때문이다. 결국에 종교적일수록 자유와 기쁨과 행복은 풍부해지지만, 도덕적일수록 근엄함과 경직된 태도가 강해진다.

종교적인 사람은 삶을 사랑한다. 그에게는 삶의 모든 것이 자연스럽고 사랑스럽다. 그러나 도덕적인 사람은 삶을 사랑하기 어렵다. 왜냐면 그는 삶보다 도덕을 위에 놓고, 그것을 기준으로 사람을 보고 평가하는 딱딱한 분리주의자가 되기 때문이다. 그래서 타인을 깊이 의식하고 비교하고 경쟁하며 도덕을 강조하는 선진국 사회일수록 정신질환이 많다. 가난한 나라는 서로 비슷하고 단순하게 살기에 정신질환이 적다. 종교란 내면의 단순성에 관한 것으로, 종교적인 사람은 정신질환을 모르며 모든 것을 통합하여 자유와 기쁨 속에서 존재한다.

7. 세상의 질서를 보시라. 도덕적 질서인 것 같으나, 참된 도덕적 질서가 아니다. 그런데도 사람들은 아무런 의문도 없이 잘 견디며 살아간다. 어릴 적부터 도덕 규범에 길들었기 때문이다. 그러나 도덕은 내면의 단순성에서 멀다. 그래서 도덕적일수록 고향을 잃어버린 사람처럼 내면이 쓸쓸하게 된다. 도덕은 삶의 근원을 상실하고 남은 찌꺼기 대체물일 뿐이기 때문이다. 그 껍데기는 대단히 얄팍하기에, 언제든 터지기 쉽다.

종교는 진리에서 멀어질수록 체계와 교리를 앞세운다. 진실을 잃고 나면, 논리와 이념을 내세운다. 경건과 순결을 잃어버리고 나면, 예의를 내세운다. 사랑을 잃고 나면, 도덕을 주장한다. 의를 잃고 나면, 윤리를 치켜세운다. 불의할수록 정의를 주장하거나 싫어한다. 침묵을 잃고 나면, 말을 앞세운다. 가슴을 잃고 나면, 머리를 내세운다. 덕을 잃고 나면, 기술을 선호한다. 영성을 잃고 나면, 제도와 질서와 권위를 내세우고 억압한다. 기도와 침묵과 명상을 잃고 나면, 욕망 어린 간청만 남는다. 깨달음을 잃고 나면, 전통과 지식과 형식을 주장한다.

그렇기에 세상이 제도적 종교체계로 가득한 종교 천국이 된다 해도, 인간들은 사나운 욕심쟁이가 되고, 삶은 날이 갈수록 피폐해지고, 나라는 더욱 불평등해지고 불화하고 범죄로 가득 차 사막화된다. 이것은 구약성서의 역사서나 예언서를 보면 아는 것이다. 일찍이 '노자'는 "절성기지(絶聖其智), 절인기의(絶仁其義), 절교기리(絶巧其利), 민리백배(民利百倍)"라고 말했다(도덕경, 19장). "거룩하고 지혜로운 체하는 것을 끊어라. 인자하고 의로운 체하는 것을 끊어라. 교묘하고 약삭빠른 짓을 끊어라. 그러면 백성의 살림살이는 백배나 이롭게 된다." 본질을 잃어버리고 형식만 앞세워 황폐해지는 세상을 바라보고 한 말이다.

종교는 자동차나 배나 비행기와 같다. 사람을 실어 어떤 목적지에 이르게 해준다. 종교는 진리의 창(窓)이며 거울이다. 종교는 인생의 진실을 깨닫고 보게 하여 참된 행복과 성화(聖化, sanctification)의 삶으로 인도하고, 세상에 평화를 심는 행동으로 인도한다.

종교는 '많이 쥔 자는 많이 잃는다. 많이 소유한 자는 많이 소유되어 삶으로부터 멀어진다. 많이 아는 자는 진실로 알아야 할 것에 관해서는 아무것도 모른다. 많이 다스리는 자는 아무것도 다스리지 못한다. 많이 바쁜 자는 진실로 바빠야 할 일에 대해서는 까맣게 잊어버리고 있다. 많이 나간 자는 목적에서 더 멀어진다.'라고 가르친다.

하나님이 인간을 세상에 보내신 까닭은 자유롭게 서로 사랑하고 기뻐하며 행복하고 평화롭게 살라고 하심이다. 자유와 사랑, 기쁨과 행복이 인간의 길이요 삶의 본질이다. 권위주의나 간섭이 아닌 존중과 이해의 관계를 맺고 창조적으로 살아가는 자유, 의무가 아닌 자발성과 단순성인 사랑, 외부적 사물의 소유가 아닌 내면에서 터져 나오는 존재의 기쁨과 행복, 이것이 삶의 본질이다. 종교는 이것을 가리키는 이정표이고 안내자이다.

도덕·율법은 강제된 사랑이고, 사랑은 자발적 율법이다. 사랑은 하나님의 은총과 진리에 대한 감각을 예민하게 다듬어준다. 사랑만이 기쁨을 맛보게 한다. 율법에는 기쁨이 없다. 율법 안에서 살아간 모세는 기쁨을 모르고 한평생 짓눌려 살았으나, 사랑의 예수는 은총에 대한 생생한 감각과 자유와 기쁨 속에서 사셨다. 율법에 갇힌 자는 자유와 기쁨의 세계 바깥에 있다

(소외·疏外). 은총에 대한 생생한 감각은 자유와 기쁨을 창조한다.

율법은 자유와 기쁨과 행복과 사랑을 가리키는 손가락이고, 자유와 기쁨과 행복과 사랑은 율법이 닿아야 할 목적지이다. 따라서 율법에 갇혀 있으면, 자유와 기쁨과 행복과 사랑을 알 수 없다. 자유롭고 사랑하고 기뻐하고 행복한 자는 율법을 넘어서며 율법을 완성한다. 그렇기에 "사랑은 율법의 완성이다."(롬 13:10) 사랑은 자유와 기쁨의 원천이다(源泉·spring). 따라서 사랑과 기쁨과 행복이 인간의 길이다.

마음의 5단계

종교를 이해하는데 있어서 매우 중요한 사항은 마음을 아는데 있다. 여기에서 마음은 Ego를 포함한 마음 전체를 말한다. 인간의 마음은 대략 5단계를 걷는다. 위로 올라갈수록 인간이 세상에 사는 목적과 종교가 존재하는 이유를 보여준다.

1) 마음 이전의 마음(pre-mind)

대개 3~4세 어린이 마음이다. 내면에 아직 부패한 마음인 사회와 도덕과 세상이 들어오지 않은 시절이다. 이것은 미분화된 마음(전체성), 몸과 마음이 하나가 된 마음(통전성), 의식이나 지성이 개입되지 않은 순진무구한 마음(순진성·진실성), 무한히 신뢰하는 마음(신뢰성·개방성), 분열되지 않고 무엇에나 전체적으로 반응하는 마음(감응성·단순성)이다.

이 마음은 자신과 세상을 분리해 볼 줄 모르고, 순간에 몰입하고 자유롭고 진지하고 아름답다. 종교 측면에서 이 단계는 애니미즘이다(Animism). 만물을 신으로 느끼며 신비의 세계로 본다. 이것은 외부 사물에 대해서 아는 것이 아주 적은 무지하고 본능적 집착으로 가득 찬 마음으로, '나는 왕이로소이다.' 하는 단계이다.

2) 집단적 마음(collective mind)

아이는 5~6세를 넘어서면서부터 서서히 자신과 세상을 분리하여 이해하기 시작한다. 세상이 자기 혼자가 아니라는 것을 안다. 엄마와 아빠와 가족, 이웃 사람을 의식하고, 동물들과 사물들을 자기와 구별하면서 자기를 알아 가며, 비로소 타자와 사회를 안다. 그리하여 매사에 자기보호 본능을 발동하고, 이기주의와 사회주의(남에게 맞추어야 할 필요성 인식)의 경계선에서 존재하며 눈치코치가 발달하기 시작한다.

여기에서 더 나아가면, 도덕과 법률의 세계, 곧 상과 벌의 세상을 알게 된다. 작은 사회인 부모나 어른이 원하는 대로 하면 상을 받고, 그렇지 않으면 벌 받는 것을 알게 된다. 그리하여 사회성이 생긴다. '나는 왕이 아니며, 사회의 한 작은 부분이로소이다.'라는 인식에 이른다. 이런 마음이 더욱 발달하면서 사회에 적응하려고 한다. 적응하지 못하면 벌을 받고, 죄의식만 늘어난다. 그리하여 청소년 시절에 이르면 사회에 잘 적응한 사람이 성공한 자라는 것, 실패자나 패배자는 사회 부적응자로 판정된다는 것을 알게 된다.

집단적 마음은 인간의 일생에서 가장 긴 시간을 차지한다. 이 마음은 언제나 사회적 의무, 타인과의 비교와 경쟁 속에서 존재한다. 그래서 질투와 시기심이 많고, 성공을 향하여 돌진한다. 이런 마음을 "우리 중에서 누가 가장 큰 사람인가?"로 정의할 수 있다(막 9:33~34). 이 마음은 삶을 정글이나 전쟁터로 인식한다. 살아남는 것과 남들보다 비교우위에 서는 것을 인생의 목적으로 여긴다.

물론 성공한다 해도 성격(personality)은 있으나 개성(individuality)이란 거의 사라진 지 오래라서, 마치 공장에서 주형(鑄型·틀)에 맞춰 찍어낸 제품 같은 인간이 된다. 다른 사람들과 비슷해지거나 더 뛰어난 존재가 되는 것을 인생을 목표로 알고 추구한다. 이런 마음은 인생을 소유와 성공의 척도로만 파악하기에, 자신과 인생에 대한 심각한 착각과 망상을 가져온다. 그는 자신을 아는 게 없으며, 자신을 독립적인 개성의 인간이 아닌, 일정한 성격을 지닌 군중의 하나로 여긴다. 그는 사회 속에서 자기가 맡은 역할에 충실하고 착하다. 인류의 90% 이상은 죽기까지 이런 상태에서 살아간다.

대중에게 사회란 눈에 보이는 신이다. 그래서 집단적인 마음을 인간의 형식에 비유하면, 아버지의 마음이다. 이 단계에 놓인 사람은 종교에서도 신을 단연 무섭고 권위적이고 명령적이고 초월적인 아버지상으로만 안다. 신은 하늘의 도덕가와 입법자, 선과 악에 따라 상과 벌을 내리는 무서운 심판자이시다.

이들이 비록 지식이나 학문이나 정치나 종교 방면에서 성공하여 영광이나 영화로운 생활을 한다 하더라도, 별 차이는 없다. 착각과 망상이 대단히 깊어서, 그것조차 알아차리지 못한다. 알아차린다 해도 짐짓 뭉개버리며, 끝없는 자기 합리화에 빠진다. 집단적 마음의 소유자가 학문이나 정치나 경제나 종교 안에서 성공할 때, 그 폐해는 상상 이상으로 깊고 크다. 집단적 마음에 기초한 종교는 율법적이어서, 신의 심판에 대한 두려움과 지옥의 공포를 심어주면서 그것을 십분 활용한다.

3) 개인적 마음(individual mind)

여기에 이르면 형이상학적인 관념과 의식, 좀 더 높은 도덕성과 윤리성, 그리고 자기 존재의 특성과 개성에 대한 인식이 고도로 발달한다. 사회를 인정하기도 하지만, 사회의 모순을 알아차리기에, 그에 맞추어 살아가는 데 별 의미를 느끼지 못하고, 자신만의 이상과 특성을 관철하고 실현하기 위하여 사회 속에서 거리를 두고 닮아가지 않는다. 이것은 소수 사람의 마음이다. 이것을 인간의 형식에 비유하면, 형제와 동지의 마음이다. 여기에서 신은 친구나 동지로서 내재적이기도 하고 초월적이기도 하며, 혹은 인문주의나 무신론이다.

이 마음은 사회 속에서 자신을 이해하고 수용하면서, 예술과 철학과 정치와 종교 등의 방면에서 주체적으로 활동한다. 사회의 특정한 관념과 전통과 관습을 뛰어넘어, 이상주의와 사해동포주의, 박애주의와 인류 평등주의, 생태계 보전 운동 같은 보편적인 이념과 가치를 추구하고, 자신만의 독특한 세계를 구축하고자 한다. 예술가, 시인, 작가, 사상가, 철인, 사회 개혁가, 이단자, 혁명가 등이 이에 속한다. 개인적 마음은 인류의 5%정도로 볼 수 있다.

그러나 자신을 우월한 독립적 개인으로 인식하기에, 우월주의와 이념 편향에 빠지기 쉽고, 지나친 목적의식과 당파적 이익 때문에 그것이 여의치 못하면 그동안 지켜오던 신념을 배반할 가능성도 다분하다. 이것을 극복하지 못하면 다시금 집단적인 마음으로 회귀하게 된다.

그러나 개인적인 마음에 이른 사람은 이미 자기가 부정하고 떠나온 집단적인 마음으로 다시는 돌아갈 수 없다. 그래서 상태는 더욱 나빠진다. 그는 두 세계 사이의 틈에 끼어 고뇌하고 짓눌리는 인간이 된다. 예술가나 지식인 등, 뛰어난 사람들이 생의 무의미에 질식하여 자살하는 경우가 많은 것도 이런 이유에서이다. 그 이상 뛰어오르고 싶지만, 방법을 모르기에 상상 이상의 고뇌에 압도당하고 만다.

그런데 여기에 속한 이들이 대단한 정치적 권력이나 사회적 영향력을 소유했을 때는 문제가 자못 심각하게 커진다. 이들은 개인이든 그룹이든 자기 이상을 세상에 펼치려고 한다. 그러나 세상은 이상대로 되지 않기에, 한계와 벽에 부딪힌다. 이상주의의 좌절은 곧장 교만한 독재적 태도나 특권주의와 우월주의와 폭력주의로 치달아간다. 그리하여 이상주의의 좌절은 괴멸된 유토피아주의(utopianism)에 이르러 악마주의로 귀결되기 쉽다. 절대 왕정을 무너뜨리고 자유와 평등과 박애를 내세운 프랑스 혁명, 절대정신의 정치적·민족적 육화(肉化)를 말하여 파시즘(fascism)의 길을 열어놓은 헤겔 철학, 부르주아 절대 정치체제를 붕괴시키고 프롤레타리아의 해방과 통치를 선언한 공산주의가 전보다 비교할 수 없이 지독한 '짜르' 체제가 된 자기 모순이 여기에 속한다.

4) 자각하는 마음(enlightened mind)

이것은 주로 종교와 철학과 예술과 농업 등의 방면에서 궁극적 진리와 삶의 실체에 대한 자각, 그리고 밝고 숭고한 자기 이해에 이른 마음이다. 곧, 심오한 자각을 통해 마음 이전의 마음으로 돌아간 마음이다. 이것을 인간의 형식에 비유하면 어머니와 여성의 마음이다. "영원히 여성적인 것이 우리를 이끌어 올린다."라는 말이 이것이다(괴테-파우스트). 여성적인 것은 모성적인 것이다.

여기에서 신은 거의 어머니로 표상되고, 주로 내재적 초월자와 초월적 내재자로서 균형을 이룬다. 여기에는 거의 분열이 없으며, 심원한 자각적 의식과 자기통합을 유지한다. 그래서 개인적인 이유로 분개하거나 감정적 기복을 겪는 일이 별로 없다. 자유와 기쁨과 통찰과 지혜가 영혼의 자연스러운 형식이 된다. 내면의 견고한 평화를 누리고, 모든 사물을 축복하고 경축하는 사랑과 자비를 드러내고, 에고를 추구하지 않으며, 모든 이들을 자기보다 낫게 여기고 겸손하다. 여기에서 비로소 도덕과 법과 형식적 종교 의례를 넘어선 진정한 종교성이 드러난다.

그는 어머니처럼 모든 것을 낳고 기르고 포용하고 사랑하며 창조한다.

그는 사람뿐만 아니라, 자연의 사물에 이르기까지 자비심을 드러내며, 그들을 형제자매로 인식하며 자신이 만물과 유기적으로 통합된 하나의 세계라는 것을 안다. 그러나 내면에는 아직도 미묘한 자아가 남아 있다. 그리고 그는 그것을 알고 있기에, 죽을 때까지 더 높이 오르려고 수행하는 길을 걸어간다.

5) 그리스도의 마음(Christ-consciousness)

인간의 마음이 도달하는 최정상이다. 인간으로서 완전에 이른 경지이다. 인류의 0.000…1% 정도이다. 진리를 깨달은 현인이나 각자(覺者)의 경지이다. 이것은 인간의 그 어떤 차원이나 형식으로 비유하기도 어렵다. 단지 신의 마음을 닮은 '우주적 마음'(cosmic mind)이라고 말할 수밖에 없다. 그래서 이것은 인간의 목적지로 제시된다(마 5:48; 롬 8:29; 엡 4:13~15).

여기에서 신은 그 이름을 말하거나 말하지 않건 간에, 전적으로 내재적이다. 곧, 신과 진리는 내 마음에 있다! "나와 아버지는 하나이다. 내가 하나님 안에 있고, 하나님이 내 안에 계시다."라는 차원이다(요10:30.38, 14:20, 17:21). 신과 분리된 인간도 사물도 없다. 모든 것이 하나로 융화(融化)되어 있다. 내가 너이고, 네가 나이다. 인간이 도달할 수 있는 더 없는 경지이다.

하나님의 어린이가 되라

1. 이제 경전으로 들어가 보자.

"사람들이 어린이들을 예수께 데리고 와서 쓰다듬어 주시기를 바랐다. 그런데 제자들이 그들을 꾸짖었다." 엄밀한 의미에서 제자란 진리의 스승을 통해 깨달음을 얻어 Ego를 초극고 참된 인간성을 회복한 사람을 말한다(히-탈미드·Talmid, 그-마세테스·Mathetes, disciple). 따라서 진정한 제자가 되기에 이르면, 그 또한 스승이 된다. "제자가 제 스승만큼 되면 충분하다."(마 10:25) 예수께서 이렇게 말씀하셨다는 것이 놀랍지 않은가? 이래서 예수가 멋진 스승이시다! 제자가 영원히 제자일 뿐이라면, 도대체 제자가 돼서 무엇 하겠는가?

그런데 본문에서 말하는 '제자들'이란 아직 그 단계에 오른 사람을 말하는 게 아니다. 그러면 이 제자들은 어떤 유형의 사람인가? 스승을 따르기는 하지만, 아직 스승의 가르침을 이해하고 내면의 변화를 일으키지 못한 유사(類似·pseudo) 제자이다. 제자와 '비슷하나 아직은 아닌'(似而非) 사람이다. 즉, 겉모습으로만 스승 곁에 있는 형식상의 제자, 아직 내적으로 변형되지 않은 사람, 곧 세계관이나 가치관이나 인생관은 여전히 세속적인 욕망으로 가득 차 있는 사람, 진정한 제자를 향하여 나아가는 도상(途上)에 있는 가능성의 사람이다.

이 제자들은 어른들, 곧 겉은 어른이지만 정신은 여전히 미숙하고 세속적인 마음으로 가득 찬 유치 찬란한 인물들이다. 심리학자들은 인간이 내적 변화와 성숙을 이루지 못하는 한, 죽을 때까지 14살 청소년의 정신 수준에 머물러 살다가 죽는다고 말한다. 내적 변화를 경험한 적이 없는 어른들은 세속적 가치관에 지배당할 수밖에 없다. 삶의 모든 것을 사회가 보여주고 대중이 소중히 여기는 가치관에 따라 바라보고 평가한다.

그들에게 인생이란 3가지 형식의 남다른 확보, 곧 재산과 권력과 명예의 소유이다. 그래서 사람을 이것에 따라 바라보고 평가한다. 더 나아가면 성(性), 지위, 신분, 자동차, 옷, 외모, 정상인과 비정상인, 인종, 국가, 종교를 따진다. 신분과 재산과 외모나 성으로 사람을 차별하는 것, 인종주의, 종교우월주의, 장애인 차별주의 등이 모두 여기에서 나온다. 개인적이거나 집단적인 예고와 거짓된 ideology에 지배당하는 군상의 모습이다. 그들은 이런 것을 진리로 떠받들며 평생토록 자기기만의 감방에 갇혀 살아간다.

이런 세속적 가치관에 지배당하는 사람들에게 어린이들이란 아직 채 사람이 아닌 존재일 뿐이다. 이들은 권위주의적인 태도로 어린이들을 그저 작은 몸뚱이의 약자라는 편견을 지니고 본다. 이들은 어린이들의 마음이 자기들보다 순수하다는 것, 자기들이 오래전에 잃어버린 마음을 여전히 지니고 있는 신비의 존재라는 것에 대해서는 아무것도 모른다.

이런 마음의 제자들이 자기네 과거이며 미래인 어린이들을 꾸짖으며 예수께 다가오지 못하게 한 것이다. 본문에서 어린이들을 데리고 온 '사람들'은 분명 엄마들이었으리라. 어린이들이 제사장과 랍비와 현인에게 축복을 받게 하는 것은 유대인들의 오랜 전통문화였다.

2. 그러자 "예수께서는 이것을 보시고 노하셔서, 제자들에게 말씀하셨다." 아니, 그깟 일로(!) 예수께서는 분노를 발하시는가? 복음서에 자주 나오는 툭하면 화를 내시는 예수! 이것은 우리가 익숙하게 알아온 예수, 곧 사랑과 자비의 예수, 관대와 온유와 친절의 예수, 인내심 강한 예수, 사람을 축복하는 예수상에 전혀 부합되지 않기에, 우리를 어리둥절하게 한다.

그러나 어리둥절할 것 하나 없다. 예수는 이 모든 것을 합친 것 이상의 존재이시기 때문이다. 따라서 예수상에는 분노하는 예수상도 있다. 예수는 생생하게 살아 있는 젊은 인간, 그것도 진리를 깨달은 분이시다. 불의하고 타락한 세상에 대하여 의분(義憤)조차도 없다면, 성자가 아니라 이미 죽은 인간일 뿐이다.

우리는 대개 본래의 역사적 예수가 아니라, 교회가 가르치거나 자기가 바라는 예수상을 예수에게 투사하기 좋아하고, 그중에서 자기가 더욱 좋아하는 특정한 예수의 모습, 이를테면 무난하고 보수적이고 복을 내려주고 목자같이 품어 주시는 모습만 취하면서, 그것이 예수의 전체적인 모습이라고 생각한다. 그러나 그것이 지나치면 만들어진·만들어낸 예수일 뿐이다. 이러한 예수 왜곡의 역사가 2천 년이다. 앞으로도 그럴 것이다. 슬픈 일이다.

그래서 우리는 엄연히 복음서에 나타난 예수, 곧 분노하는 예수, 책망하고 저주하는 예수, 저항하는 예수, 따지는 예수, 경고하는 예수, 성전에 들어가 난폭한 행동을 하는 예수, 혁명적인 예수를 몹시 싫어하고 심한 거부감을 느끼며 애써 배제한다. 복음서에서 이런 예수를 대면할 때면, 짐짓 회피하고 슬쩍 넘어간다. 심지어 목회자들도 이런 예수를 설교하는 것조차 싫어하고 외면한다. 참으로 부끄럽고도 무책임하고 괘씸한 일이다!

그러나 복음서가 말하는 역사의 예수는 우리가 익숙하게 알아오거나 거부감을 느끼는 모든 모습을 합친 그 이상의 전체적인(holistic) 분이시다. 현대인들은 이 '전체적'이라는 단어를 이해하기 어렵다. 왜냐면 그런 인간상이 전혀 없기 때문이다.

예수는 지극히 보수적이면서도(하나님의 뜻·가치에 목숨을 건다!) 기존 세상의 모든 그릇된 것을 무너뜨리는 전복적이고 혁명가적인 태도를 드러내고, 외적 도덕성보다 내적 순결의 도덕성을 더 강조하며 대단히 까다로운 율법주의를 선포하고(바리새인들보다 나은 의!), 시인이면서도 예언자이고, 가정적이면서도 가정을 부정하며 만인 형제자매주의를 주창하고, 진실로 제자를 끔찍이 사랑하면서도 인정사정없이 깔아 뭉개며 질책하고, 매일 거의 한끼 정도 빌어먹으면서도 식사에 초대받으면 너무나도 좋아하며 즐거이 가서 기분 좋게 어울리며 음식을 먹고 술을 마시고, 가난한 자들의 친구이면서도 부자들도 가리지 않고 사귀고, 외로움과 고독을 잘 타면서도 사람들과 어울릴 때면 광대처럼 기뻐하고 좋아하는 모습을 드러내신다. 한마디로 하면, 예수는 신성에 취한 거룩한 광인(狂人)의 모습이시라 하겠다.

우리는 이런 모습의 인간상이 세상에서 워낙 드물게 나타나기에 이해하기 어렵다. 가장 쉬운 예를 말하자면, '르네상스적 인간상'을 들 수 있는데, 천재적 재능을 지닌 한 인간이 시인도 되고 화가도 되고 건축가도 되고 조각가도 되고 과학자도 되는 경우이다. 미켈란젤로나 레오나르도 다 빈치 같은 사람이다. 그러나 이런 사람들도 예언자나 현인이나 진리를 깨달은 각자(覺者)나 설교자는 아니었다. 물론 예수는 직업적 예술가는 아니었으나, 죄인의 모습을 빼고는, 인간이 지니고 드러낼 수 있는 모든 인간성을 합해서 전체적으로 구현했기에, 진정한 르네상스적 인간이었다고도 말할 수 있겠다.

3. 생각해보자. 최초의 복음서인 마가복음의 예수는 슬픈 예수, 저항하는 예수, 타협을 모르는 예수, 혁명가 예수, 불굴의 투사 예수, 한 시대는 물론 세상 전체와 맞서서 홀로 싸우는 예수, 젊은 나이에 비극적으로 죽는 것도 불사하는 예수, 그러면서도 끝내 하나님이 버리셨다는 절망 속에서 죽어간 예수이시다. 참으로 충격적인 모습이다. 부활을 보도하는 마지막 장면은 더욱 충격적이다. 부활한 예수께서는 전혀 모습을 드러내지 않고, 오직 빈 무덤뿐이다. 그리고 갈릴리에서 다시 만나리라는 말로 끝난다(본래 마가복음의 부활 기록은 16:1~8. 그 뒤 9~20은 후대에 삽입한 것).

마태복음의 예수는 모세와 비교하며 새로운 율법의 수여자 예수, 예언자와 설교자 예수, 지혜로운 현인 예수를 강조한다. 그래서 마태복음에는 유난히 예수의 긴 설교가 많다. 누가복음의 예수는 사랑과 용서의 예수, 자비의 화신 예수, 다감하고 부드럽고 친절한 예수, 세상의 약자들을 감싸안고 돌보는 친구 예수, 무엇보다 기존의 구약성서와 유대교에서 말하는 의롭고 법률적이고 심판하시는 하나님과는 전혀 다른 무조건적이고 무한히 용서하고 사랑하는 새로운 하나님을 선포하고 가르치는 예수를 드러낸다(15:11~24).

요한복음의 예수는 공관복음서와는 완전히 다른 모습이다. 육신을 입고 이 세상에 들어오신 하나님 자신(로고스·말씀·참·道), 진리를 깨닫고 가르치는 그리스도 예수, 제자들을 사랑하고 자상하게 가르쳐 세상을 진리로 바꾸는 참된 예언자로 기르는 스승 예수, 죽음을 사명의 완성과 영광의 순간으로 믿고 거룩한 평화 속에서 죽는 그리스도 예수, 제자들에게 끝없는 사랑을 요구하는 그리스도 예수를 증언하고 고백한다.

이렇게 예수의 얼굴은 불교의 '십일면관음불상' 같은 다면(多面)이다. 예수는 어느 하나의 인간형으로 규정할 수 없다. 예수는 사람이 보기에 따라 이렇게도 보이고 저렇게도 보이지만, 예수는 인간이 생각하고 규정하는 모든 관점을 뛰어넘어 계신 분이다. 곧, 예수는 마가와 마태와 누가와 요한의 예수를 합친 것을 넘어선 전체적인 예수이시다.

따라서 예수는 지극히 평범하면서도 지극히 비범한 인간이시다. 비범함은 평범함이 아니나, 평범함은 비범함일 수 있다. 지극한 평범함은 도달하기 어려운 경지이기에 지극한 비범함이다. 예수께는 완전한 평범함과 특이성과 위대함이 공존한다. 이것이 예수의 전체성이다.

예수는 때와 상황에 따라서 사랑과 자비의 화신(化身), 인내와 무기력의 사나이, 사회적 반항아와 체제 혁명가, 민중을 선동하는 사람, 시인, 철인, 신비주의자와 깨달은 이로 자신을 드러내신다. 그래서 예수를 전적으로 "새로운 존재"라고 말할 수밖에 없다(The New Being, 폴 틸릭-The New Being). 그는 인류사에 출현한 전적으로 새로운 유형의 인간이다. 예수는 기존의 그 어떤 인간 규정에도 맞지 않고, 다른 종교를 창시한 종조(宗祖)들과도 매우 다르고, 그 모든 것을 포함하면서도 초월해 있다. 이런 유형의 인간이 역사에 나타난 예는 없었다.

복음서에서 예수께서 분노하시는 장면마다 유심히 보시라. 예수는 사랑의 예수이지만, 분노하는 예수이시기도 하다. 예수는 자비로운 예수이지만, 썩어빠진 성전 체제를 뒤집어엎고 유대 종교인들을 강력하게 비판하는 예수이시기도 하다. 예수는 모든 사람을 구원하려는 예수이지만, 사람 중에는 이미 죽은 자들이 있다고 말하며 그들을 내버려 두라고 말하는 냉정한 예수이시기도 하다(눅 9:60).

그러나 이것은 전혀 상반되는 현상이 아니다. 우리가 전체적인 인간상을 알지 못하기 때문에 그렇게 보일 뿐이다. 이 모든 것은 같은 원천에서 나오는 것이다. 이것을 조금이라도 이해하려면, 위에서 말한 5단계에서 적어도 3단계-개인적인 마음까지는 이르러야 한다. 그전에는 죽어도 알기 어렵다.

따라서 우리가 예수를 믿고 알고 닮고 따르고 사랑한다는 것은 그분의 전체성을 수용한다는 뜻이다. 그렇지 않으면, 우리가 아는 예수는 언제나 부분적이고 왜곡된 예수상일 뿐이다. 그러면서도 예수를 다 아는 것처럼 여기지만…. 아, 사람이 기독교 신앙의 세계 안에 있다는 것은 이토록 어려운 일이다. "예수 그리스도를 믿는다는 것은 인간의 본성을 넘어서는 것을 말한다."(S. A. 키르케고르-그리스도교의 훈련)

4. 어린이들을 꾸짖는 제자들의 태도에 분노하시는 예수. 그것이 왜 분노할 일일까? 복음서에서 예수는 자신이 소중하게 보는 어떤 가치가 훼손되는 현장을 볼 때마다 극렬하게 분노하신다. 그렇게 하여 인생에서 소중한 것이 무엇인지를 분명하게 천명하신다. 따라서 예수의 분노는 예수께서 무엇을 중요하게 보시는가를 가리키는 표지(標識)이다.

예수께서 사람에게 있어서 일생일대의 중요한 문제로 여기신 것은 전적으로 인간의 본래적 내면세계, 곧 어린 시절의 진실성과 단순성과 순진성과 신뢰성이다. 그렇다고 해서 어린이가 성인(聖人)이나 만인의 사표(師表)라는 것이 아니다. 예수께서 보실 때, 어린이의 마음이야말로 자아의 욕망과 세진(世塵)에 때묻어 온통 더럽기 짝이 없는 어른들이 다시 회복해야 할 인간의 근원적인 마음이다. 예수께서 "사람은 성령을 통하여 다시 태어나야 한다."라고 말씀하신 것도 이 때문이다(요 3:5).

예수에 따르면, 인간은 지독하게 오염된 존재이다. 따라서 다시 내면을 씻어 새로 태어나지 않으면, 종신토록 불행을 면치 못한다. 비유하면, 예수에게 있어서 구원이란 인간이 하나님의 영과 진리의 자각을 통하여, 다시금 진실하고 단순하고 무한히 신뢰하는 어린이의 마음을 회복하여, 만물과 인생의 실상을 알아 사람을 사랑하고 자비를 베푸는 참된 인간성으로 돌아가는 것이다. 즉, 구원이란 성령을 통한 내적 자각과 변형을 이룩하여 서너살 어린이가 체현하고 있는 어린이성(childhood)을 회복하고 완성하는 것이다.

그 첫걸음이 "메타노이아"이다(마 1:15, Metanoia. 회개·인생의 방향 전환, conversion). 회개는 그간 생각하고 살아오던 그릇된 사고와 방향을 전환하고 온전히 하나님께로 돌아서는·돌아가는 마음과 행동이다. 하나님을 믿고 성전 예배를 드리고 매일 경전을 읽는 유대인이라고 해서 이미 그렇게 된 것은 아니기 때문이다. 이것은 기독교인들도 마찬가지이다.

구원은 하나님에게로 온전히 돌아가서, 어린아이와 같은 본래의 순결한 내면·심성을 다시 회복하고, 새로운 세계관과 가치관과 인생관과 물질 관념과 인간관계를 지니고, 세상에 있어도 세상에 휩쓸리지 않고 내재적이고 초월적인 인격으로 존재하는 것이다. 곧, 구원은 화해(和解, reconciliation), 곧 하나님에게로 온전히 돌아가 타락하기 이전의 본래 마음을 회복하여 하나가 되는 것이다. 그렇기에 구원은 앞서 말한 '다시 결합하다.'라는 종교(religio)란 단어의 의미와 같다. 예수께서는 이것을 비유하여 어린이의 마음이라고 하신 것이다. 문자 그대로, 어린 시절로 돌아가라는 말이 아니다.

인간에 관한 이런 진실을 도무지 모르고, 명색이 제자라는 사람들이 어른이라는 권위와 힘만 앞세워 어린이들을 막아버리며 인간의 구원을 반대하고 파괴하는 일이 일어나자, 매우 소중한 인생의 진실과 가치가 훼손되는 것에 분노한 예수께서 "누구든지 어린이와 같이 하나님 나라를 받아들이지 않는 사람은 거기에 들어가지 못할 것"이라고 말씀하신 것이다.

예수는 사람이 하나님의 다스림·나라에 있는 것을, 어린이의 마음과 같은 상태라고 비유하신다. 예수에 의하면, 인간의 목적이란 내적인 변형을 통하여 하나님의 나라 안에서 살아가는 것, 즉 하나님의 마음을 제 마음으로 삼은 '하나님의 어린아이, 하나님의 어른 어린이'가 되어, 그 아름다운 내면과 인격을 드러내며 존재하는 것이다. 따라서 예수께서 분노하면서 말씀하신 것은 내면의 변화이다. '신의 어린이로 돌아가라!'

5. 그러면 어린이 마음은 어떤 것인가? 이것을 이해하는 데는 인도의 시인 '라빈드라나트 타고르'의 시구 하나만으로도 충분하리라(시집 초승달-바닷가에서).

무한한 세계의 바닷가에서 어린이들이 모입니다. 무궁한 하늘은 머리 위에서 고요히 멈추었고, 쉴 줄 모르는 물은 사납게 날뜁니다. 무한한 세계의 바닷가에서 어린이들이 모여 외치고 춤을 춥니다. 어린이들은 모래로 집을 짓고 조개 껍질로 놀이를 합니다. 마른 나뭇잎으로 배를 꾸며 웃음 지으며, 나뭇잎 배를 넓은 바다에 띄웁니다. 어린이들은 세계의 바닷가에서 놀이를 합니다.

어린이들은 헤엄칠 줄 모릅니다. 그물을 던지는 법도 모릅니다. 진주잡이는 진주를 찾고자 물속으로 뛰어듭니다. 장사꾼은 물건을 팔러 항해를 떠납니다. 하지만 어린이들은 돌을 주워 모아 가지고는 또다시 흩어버립니다. 그들은 숨어 있는 보화도 찾을 줄 모르고, 그물을 던지는 법도 모릅니다.

바다는 외치며 물결치고 바닷가의 웃음은 어렴풋이 빛납니다. 죽음을 거래하는 이 물결은 어린이들이 알지도 못할 노래를 부릅니다. 마치 아기의 요람을 흔들고 있는 어머니와도 같습니다. 바다는 어린이와 더불어 놉니다. 바닷가의 웃음이 어렴풋이 빛납니다.

무한한 세계의 바닷가에 어린이들이 모입니다. 폭풍은 길 없는 하늘에서 헤매어 돌고, 배들은 자취 없는 물속에서 깨어집니다. 죽음은 날뛰며 서성대고, 어린이들은 놀고 있습니다. 무한한 세계의 바닷가에 어린이들의 거대한 모임이 있습니다.

일찍이 이렇게 어린이의 마음을 탁월하고도 단순하게 이해하고 말한 시인도 없었다. 삶을 놀이로 이해하는 인간, 아무것도 당연하게 여기지 않는 인간, 모든 것이 은총임을 아는 인간, 모든 것에서 신의 신비와 삶의 아름다움을 느낄 줄 아는 인간, 만물에서 영원과 무한을 흘낏 보고 느끼는 인간, 아직 이익에 눈멀고 사로잡히지 않은 인간, 웃는 인간, 어울리는 인간, 행복한 인간, 이것이 신의 어린이, 신의 어른 어린이가 된 사람이다.

이것이 모든 인간이 찾아야 할 어린이 마음이다. 이런 사람은 지금 하나님의 다스림(나라) 안에 있다. 그는 전적으로 변형된 인간, 곧 자신의 본래 참된 얼굴(眞面目)을 회복하여 성숙한 지혜와 사랑에 도달한 신의 어른 어린이다. 이것이 인생의 목적이다.

"어린이들이 내게 오는 것을 허락하고 막지 말아라. 하나님 나라는 이런 사람들의 것이다. 내가 진정으로 너희에게 말한다. 누구든지 어린이와 같이 하나님 나라를 받아들이지 않는 사람은 거기에 들어가지 못할 것이다." 이것은 어린이처럼 마음 이전의 유치한 마음을 말하는 게 아니라, 내적 변형을 이룬 자각의 상태에 이르는 것에 관한 말씀이다. 어린이와 같이 하나님의 나라를 받아들인다는 것은 진리를 깨달은 어른으로서 어린이의 마음을 회복한 것이다. 진리를 아는 현인(賢人)이 되는 것이다. 현인의 마음은 다시금 어린이 시절의 그 깨끗한 마음으로 돌아간 것과 비슷하기에 그렇게 말한 것이다.

"그리고 예수께서는 어린이들을 껴안으시고, 그들에게 손을 얹어서 축복하여 주셨다." 이것은 신성의 차원에 이르신 이, 곧 '신의 어른 어린이 예수'께서 장차 그 차원에 이를 가능성을 안고 있는 어린이를 껴안고 축복한 참으로 아름다운 장면이다. 환하게 웃는 예수의 얼굴이 보이시는가? 방금 화를 냈다가, 금방 햇빛처럼 환하게 웃으신다. 예수께서는 분노할 때면 분노가 되고, 웃을 때면 웃음이 되고, 사랑할 때면 사랑이 되신다. 이것이 예수의 전체성이고 참모습이다.

6. '프리드리히 W. 니체'는 "차라투스트라는 이렇게 말했다"에서, 인간의 마음을 3단계로 비유한다. "낙타, 사자, 어린이." 낙타는 위에서 생각해본 마음의 2번째 단계인 집단적인 마음으로, 무거운 짐을 짊어지고 나르는 낙타처럼 살아야 하는 어른의 마음이다. 그러다가 어느 정도 이해와 자각에 이르면, 용맹한 사자처럼 개인적인 마음에 이른다. 이것이 더욱 깊어지고 강력해지면, 근원적인 이해와 진리의 자각을 통하여 낙타와 사자의 마음을 초월하고 인간이 본래 지녀야 할 진실하고 아름다운 어린이 마음으로 승화된다.

이것을 신약성서의 말로 하면, 세속적인 인간이 성령과 진리로 다시 태어난 사람으로 변화되는 것이다(요 3:1~8). 그는 일상의 모든 순간에 내면에서 성령의 지시와 느낌을 따른다(롬 8:1~12; 갈 5:16~25). 그리하여 고도의 의식 차원에 이른 하나님의 어린이가 된다. 그는 "세상에 있지만, 세상에 속하지 않은"(요 17:16) 견고한 성채(城砦) 같은 사람이다. 요컨대 세상이라는 물에 빠지지 않고 그 위를 걸어가는 사람이다(막 6:45~52).

　　이것에 관하여 '니체'는 이렇게 말한다. "우리는 건너온 다리를 태워 버렸다. 게다가 우리는 뒤에 남은 대지까지 불살라 버렸다. 오호라, 마치 대지에 더 많은 자유가 있기라도 하는 양, 대지를 향한 향수병이 너를 사로잡는다면! 그러나 너에게는 어떠한 대지도 존재하지 않는다."(즐거운 학문. 내가 니체의 반기독교적인 용어를 알면서도 그를 자주 인용하는 것은, 그가 끝내 위에서 말한 5단계-그리스도의 마음에 이르지 못하고, 3-개인적인 마음과 4-자각하는 마음을 오가며 살았으면서도, 번뜩이는 통찰력으로 5단계의 진실을 언뜻언뜻 보고 말했기 때문이다. 프란치스코가 될 자질이 있었지만, 지나치게 지식인이었던 게 그의 불행이었다. 나는 그의 기독교 비판은 2천 년 역사와 당대의 기독교가 역사적 예수의 가르침에서 지나치게 많이 빗나갔기 때문에 한 것이지, 예수 자체를 향한 것은 아니었다고 본다. R. J. 홀링데일-니체, 그의 삶과 철학)

　　하나님의 어린아이가 된 사람은 더는 그리워할 과거의 대지도, 다시 돌아갈 다리도, 미래도 없다. 오직 날마다 지금 이 순간에 온전히 현존(現存)할 뿐이다. 그는 이제 세상에 얽매이지 않은 자유인이다. 이런 마음을 지닌 사람은 다시는 세상으로 돌아갈 수 없고, 세상에 속한 사람으로 살지도 않는다. 그는 건강과 질병, 평안과 고통, 실패와 성공, 패배와 승리, 고난과 영광의 어느 상황(물)에도 빠지지 않는다.

　　바울은 고백한다. "그리스도로 말미암아 내 쪽에서 보면 세상이 죽었고, 세상 쪽에서 보면 내가 죽었다."(갈 6:14b) "나는 어떤 처지에서도 스스로 만족하는 법을 배웠다. 나는 비천하게 살 줄도 알고, 풍족하게 살 줄도 안다. 배부르거나 굶주리거나, 풍족하거나 궁핍하거나, 그 어떤 경우에도 적

응할 수 있는 비결을 배웠다.”(빌 4:11~12)

이런 사람은 무슨 인위적인 의도(人爲) 없이 자연스럽게(無爲) 내면의 아름다움을 드러낸다. 예수께서는 이런 사람을 “산 위에 세운 숨길 수 없는 마을, 집 안에 있는 모든 사람에게 환히 비치는 등경 위에 놓인 등불”이라고 하신다(마 5:14). 드러내고 비추려고 하는 의도 없이 절로 드러나고 비친다. 이것이 그리스도 안에서 자유에 이른 사람의 경지이다. 그는 세상 사람들이 듣지 못하는 소리를 들으며 움직인다.

‘헨리 D. 소로’의 말을 다시 생각해보자. “운동장에서 발걸음이 틀리게 걷는 아이는 분명히 다른 데서 들려 오는 북소리에 발을 맞추어 걷고 있음이 틀림없다.”(월든) 그는 ‘다른 곳’(하나님·그리스도, 경전, 양심, 역사)으로부터 들려 오는 소리에 발을 맞추어 걸어간다. 귀 밝은 이는 복되다! 그는 “배에서 생수가 강물처럼 흘러나오는”(요 7:38) 하나의 샘물이 된 것이다. 그는 늘 하나님의 다스림·나라, 곧 새 하늘과 새 땅의 현실에서 존재한다. 그는 이렇게 말한다. ‘나는 하나님의 나라 안에 있다. 그러므로 나는 존재한다.’

7. 하루는 그리스 정교회 신부인 ‘마카리우스’의 제자가 물었다. “스승님은 자꾸만 세상에 대하여 죽으라고 말씀하시는데, 도대체 그 말이 무슨 뜻입니까?” 그러자 스승은 제자를 공동묘지로 보내며, 욕설과 칭찬을 늘어놓다가 오라고 말했다. 제자가 다녀오자, 스승이 물었다. “그래, 네가 무덤들을 향해서 욕설을 퍼부으니, 무덤 주인들의 태도가 어떠하든?” 제자가 대답했다. “아무 소리도 없던데요!” 그러자 다시 물었다. “네가 무덤주인들을 칭찬하자, 어떤 반응을 보이더냐?” 제자가 대답했다. “꿈쩍도 하지 않던데요!” 이윽고 스승이 대답했다. “그것이 세상에 대하여 죽었다는 뜻이다.”(리처드 범브란트-하나님의 지하운동)

이런 사람이 세상에 죽고, 하나님에게 사는 사람이다. 하나님의 어린이가 된 이는 세상에서 세상없이 존재하고, 마음 없는 마음으로 존재한다. 그래서 참으로 세상을 위하여 존재할 수 있다. 진실로 역설(逆說)의 인간이다.

그는 마음이 미분화된 어린이의 '마음 이전의 마음' 단계로 다시 돌아간다. 그러나 거기에는 하늘과 땅 만큼의 질적 차이가 있다. 어린이는 아무것도 모르는 무지한 마음의 상태이지만, 하나님의 어른 어린이는 궁극적인 앎에 이른 "신성한 무지"의 사람이다(Santo Ignorantia). 그는 모든 것을 이해하면서도 아무것도 모른다고 한다. 그는 모든 것을 하면서도 아무것도 한 게 없다고 말한다. 모든 분별과 자랑이 사라진다. 모든 것을 '있는 그대로'(as it is·such as) 보고 수용할 뿐이다. "보기에 좋다!"(창 1:31), "모든 게 좋군!"(Es ist gut! 철학자 임마누엘 칸트가 죽을 때 한 말, O. 회페-임마누엘 칸트) 하는 차원에 이른 것이다.

그렇기에 그리스도 안에서, 성령을 통하여 변화된 하나님의 어린 어른·어른 어린이는 예수처럼, "나는 사람에게서 영광(칭찬·명예·존경·상찬·흠모·기림·경배·숭배)을 받으려고 하지 않는다."라고 말하며(요 5:41), 더 나아가 세상으로부터 몰이해와 모욕을 받아도 기뻐한다(마 5:10~12). 그는 "사람들이 높이 평가하는 그러한 것은 하나님이 보시기에 혐오스러운 것"이라는 진실을 안다(눅 16:15). 그는 이 세상의 모든 가치 평가를 넘어서 존재한다. 예수가 바로 이런 하나님의 어린아이가 된 사람의 영원한 표상(表象)이시다. 그리고 이것이 모든 인간이 실현해야 할 영원한 인간상이다.

8. 종교란 궁극적 실재(하나님·진리)를 통하여 '거짓 나'(Ego인 나)를 없앰으로써 '참나'를 찾는 길이다. 그 정점은 "내가 하나님 안에, 하나님이 내 안에"가 이루어진 일치의 차원이다(요 14:20). 현재 지구상에 존재하는

모든 종교의 문제는 바로 여기에서 비롯된다. 사람의 아들로 태어나 하나님의 아들이 되어야 하는 신성한 사명을 망각한 채, 종교 그 자체에 매이거나, 아니면 이 잠깐뿐인 세상의 여러 가지 것들을 더 많이 얻고 누리려고 종교를 이용할 뿐이다. 내면의 변화에 초점을 맞추고 종교를 찾는 사람, 곧 하나님의 어린아이가 되고자 하는 사람이 별로 없다. 이래서 종교가 갈수록 길을 잃고 헤매는 것이다.

종교학자 '오강남'은 역설(力說)한다. "기독교는 이제 표층적인 신앙에서 심층적인 깨달음으로 나아가야 한다."(종교란 무엇인가; 예수가 외면한 그 한 질문; 열린 종교를 위한 단상). 예수 그리스도의 십자가와 죽음과 부활을 믿는 것으로 그치는 게 아니라, 그것을 딛고 진정 내면이 변화된 인간을 길러내는 것이 "진리의 기둥과 터"인 기독교의 본질이다(딤전 3:15).

하나님의 백성(교회)이었던 고대 이스라엘은 의롭고 거룩한 공동체가 되어야 할 역사적 사명을 망각하고 거부하고, '물질주의와 세속주의와 배금주의와 안락주의'의 "바알 종교"를 받드는 우상숭배의 전당으로 전락했다가 파멸하고 오랜 수난을 겪었다. 우리는 "하나님의 심판은 하나님의 집에서부터 시작된다."라는 진실을 기억해야 한다(벧전 4:17).

그대여, 지금 하나님의 어른 어린이로 돌아가시라! 돌아가라고 하니, 죽으라는 뜻이다. 예수의 가르침과 기독교 신앙은 지금 죽어야 사는 진리, 지금 죽어서 사는 진리, 죽어도 죽지 않는 진리이다. 몸은 어른이지만 마음은 예수 그리스도의 마음을 지니기에 이른 이가 예수의 진정한 제자이다(마 5:3; 요 12:24; 빌 2:5). 예수는 지금도 우리를 이런 사람이 되라고 부르신다. 그대가 아니면, 누가?

'하나님의 어린 어른, 어른 어린이'로 살아간다는 것만큼 신나고 기쁘고 행복하고 아름다운 삶도 없다. 그런 사람은 죽기 전에 이미 죽어서 살고, 죽어도 죽지 않는다. 영생은 사후 천국에서 얻는 게 아니라, 지금 여기에서부터 누리는 것이다. 지금 살아 있지 못한 사람은 죽어도 살아 있지 못한다. "하나님은 죽은 사람의 하나님이 아니라, 살아 있는 사람의 하나님"이시기 때문이다(마 22:32).

오늘의 기독교인들은 복음서를 읽고 또 읽어서, 어떤 말이 어디에 있는지, 그것이 무슨 뜻인지, 손바닥을 들여다보듯이 환하게 알고 깨달아, 예수의 모든 언행을 지금 나에게 하시는 것으로 신나게 읽어야 할 것이다. 복음서의 예수께서 나를 온통 점령하시다시피 되도록…. 진실로 예수를 사랑하는 삶에는 실패와 패배가 없다!

그런 점에서 '공자'의 말을 다시 들어보는 것도 좋겠다(제6장 7). "남이 한 번에 하는 일을 나는 백 번 하면 된다. 남이 열 번에 하면 나는 천 번 하면 된다. 과연 노력이란 어리석은 자도 총명하게, 무른 것도 단단하게 만드는 것이다. 그러고서도 안 되었다는 말을 나는 이제까지 들어본 적이 없다."(자사-중용)

"구하라, 찾으라, 문을 두드리라."라는 말씀도(마 7:7~11), 하나님과 진리를 향한 열정의 노력과 분투를 말한다(마 11:12-하늘나라는 쳐들어가는 자가 얻는다; 히 11:1~12:2). 누가복음이 마태의 "좋은 것"을 "성령"으로 바꾼 것은 의미심장한 일이라 하겠다(눅 11:9~13). 우리는 성령과 진리의 자각을 통해 하나님의 어린 어른/어른 어린이로 돌아간다. 이것이 지금 하나님의 다스림(나라) 안에 들어간 것이고, 구원이고 영생이다.

16

갈림길에 섰을 때

∨

그들은 겟세마네라고 하는 곳에 이르렀다. …예수께서는 매우 놀라며 괴로워하기 시작하셨다. …그리고서 조금 나아가서 땅에 엎드려 기도하시기를, 될 수만 있으면 이 시간이 자기에게서 비껴가게 해달라고 하셨다. 예수께서는 이렇게 말씀하셨다. "아빠, 아버지, 아버지께서는 모든 일을 하실 수 있으시니, 내게서 이 잔(盞)을 거두어 주십시오. 그러나 내 뜻대로 하지 마시고, 아버지의 뜻대로 하여 주십시오."(마가복음서 14장 32~36절)

문제투성이의 인생

1. 인생과 세상은 문제투성이다. 왜냐? 인간의 존재 방식이 문제투성이기 때문이다. 외부에서 오는 게 아니다. 인간이 문제의 근원이다. 만물은 아무 문제 없다. 자연을 보시라. 하늘과 구름과 대지, 풀과 꽃과 나무와 동물, 강물과 바다에 무엇이 문제인가? 아무 문제 없다. 태풍, 지진, 해일, 화산도 문제가 아니다. 만물은 자연법칙에 따라 움직일 뿐이다. 오직 인간만이 문제이다. 인간만이 스스로 문제를 만들어내어 그에 얽혀 사서 고통을 겪는다. '만물의 영장'이라는데, 왜 그럴까? 두 가지 대답이 가능하겠다.

1-1) "하나님은 사람을 평범하고 단순하게 만드셨지만, 우리가 우리 자신을 복잡하게 만들어 버렸다."(전 7:29) 인생은 지극히 평범하고 단순한 것이다. 자고 깨고 밥 먹고 배우고 일하고 사랑하고 서로 어울려 행복하고 평화롭게 살면 족한 것이다. 지혜로운 이는 삶이 단순하고 평범하다는 것을 알기에, 이렇게 말한다. "배고프면 먹고, 졸리면 자고, 힘이 솟으면 일한다. 그뿐이다."(앨런 왓츠-물질과 생명)

바로 여기에 자유와 행복, 기쁨과 평화가 존재한다. 아무도 다른 이의 삶에 간섭하고 침범할 필요도 권리도 없다. 무슨 이유로 타인의 삶에 간섭하는가? 하나님은 아무에게도 그럴 권리를 허용하신 적이 없다. 그런데 우리는 이것을 망각하거나 짐짓 외면하고, 다른 이의 삶에 간섭하고 침범하며 자타(自他)의 삶을 '복잡하게 만들어버리면서' 불행을 사서 겪고, 무수한 상처와 고통과 불행을 만들어낸다.

1-2) "인간 안의 그 무엇인가가 잘못된 것이 틀림없다."(니코스 카잔차키스-잠언) 그렇다. 인간 안에 무엇인가 잔뜩 뒤틀리고 꼬이고 얽히고 깨지고 조각나고 망가진 구석이 있는 게 분명하다. 이것이 근본이 되어 모든 것을 망가뜨린다. 인간 자체가 하나의 질병이다. 그래서 현명한 이들은 이렇게 말

한다. "인간의 내면은 잠시도 가만있지 못하는 원숭이 같다."(수전 워커 편-침묵의 대화) "인간은 털 없는 원숭이일 뿐이라서, 하는 짓도 원숭이와 똑같다."(데스몬드 모리스-털 없는 원숭이) "영장류가 먹고 자고 쉬고 놀고, 영역과 먹이를 위하여 경쟁하고 싸우고 죽이듯, 인간도 여전히 영장류가 하는 짓을 되풀이하고 있다."(K. 세이건·앤 드루연-잃어버린 조상을 찾아서)

'인간 안의 잘못된 무엇'이란 어떤 것인가? 성서는 죄라 한다(다른 데서는 무지(無知), 무명(無明), 탐욕, 어리석음이라 한다). 죄(sin, 히-하따아트·Hattaath, 그-하마르티아·hamartia)는 '화살이 과녁에서 빗나갔다.'라는 뜻이다. 화살은 이성과 감정과 의지와 행동의 주체인 인간, 과녁은 하나님·진리이다. 따라서 죄는 화살인 사람이 과녁인 하나님·진리에 맞추지 못하고 빗나간 상태이다. 이 마음의 근본적인 빗나감에서 범죄들(crimes)이 나온다. 곧, 인간은 부도덕하고 탈법적인 범죄를 지어서 죄인인 것이 아니라, 근원적으로 하나님·진리를 외면하는 마음의 부정성(否定性) 때문에 죄인이다. 죄는 다른 말로 '의식·마음의 깊은 잠'이다.

내적으로 깊이 잠든 죄의 상태는 언제나 밖으로 드러나 자아의 탐욕을 추구하면서 타인을 침해하고, 자기와 타인의 삶을 고통스럽게 헝클어뜨린다. 그리하여 사회와 세상도 문제투성이가 된다. 이것은 우리 자신을 주의 깊게 살펴보는 것만으로도 충분하다. 우리 마음에서는 한시도 쉬지 않고 원숭이가 돌아치고 온갖 흙탕물이 솟구친다.

2. 이런 두 가지 이유로, 인간은 스스로 문제를 만들어내어 갖가지 상처와 고통과 위기를 겪는다. 그래서 인간은 누구나 불쌍하다(본래 불상·不祥, 祥-상서롭다·좋다·복되다. 된소리로 '불쌍하다'가 됨). 세상 모든 곳에서 길 잃은 어린아이처럼 슬프게 우는 소리가 들려 온다. 자신의 근원·집·고향·

본래 얼굴(眞面目)·사랑을 잃어서이다. 우리는 내면에서 근원적인 사랑의 집을 잃은 유아(遺兒)·탕자(蕩子)·방황하는 떠돌이다. "세상 모두 사랑 없어 냉랭함을 아느냐? 곳곳마다 사랑 없어 탄식 소리뿐일세. 곳곳마다 번민함은 사랑 없는 연고요, 측은하게 손을 펴고 사랑받기 원하네."(찬송가 503장) 이것이 인간과 세상의 실상이다.

인간과 세상에 대한 깊은 이해와 동정심을 가진 고대 이스라엘의 탁월한 익명(匿名)의 시인인 '욥기' 저자는 인간의 실상을 이렇게 말한다. "밥을 앞에 놓고서도 나오느니 탄식이요, 신음이 그칠 날이 없다. …평화도 없고, 안정도 없고, 안식마저 사라지고, 두려움만 끝없이 밀려온다. …인생이 땅 위에서 산다는 것이 고된 종살이와 다른 것이 무엇이냐? 그의 평생이 품꾼의 나날과 같지 않으냐? 저물기를 몹시 기다리는 종과도 같고, 수고한 삯을 애타게 바라는 품꾼과도 같다."(3:24~26, 7:1~2)

그래서 우리는 지금 이 순간, 만족스럽고 행복하게 사는 법을 모른다. 마음은 항상 물질과 성공을 찾아 과거와 미래로 달아나고, 지금 이 순간에 평온하게 현존(現存)하지 못한다. 이것을 잡으면 저것이 더 좋게 보인다. 그리하여 마음은 여러 갈래로 분열되고, 인생은 무수한 조각으로 찢어져 넝마처럼 된다.

이러한 인간의 실상에 대하여 'J. W. v. 괴테'는 "파우스트"에서 이렇게 말한다. "내 가슴 속엔, 아아! 두 개의 영혼이 깃들어서, 하나가 다른 하나와 떨어지려고 한다. 하나는 음탕한 애욕에 빠져 현세에 매달려 관능적 쾌락을 추구하고, 다른 하나는 과감히 세속의 티끌을 떠나 숭고한 선인(善人)들의 영역에 오르려고 한다. 우리는 삶의 시냇물을, 아아, 그 삶의 원천을 그리워하노라."(파우스트의 말). "인간들의 비참한 꼬락서니가 하도 딱해서, 나 같은 악마도 그 가련한 놈들을 괴롭히고 싶지 않습니다!"(악마 메피스토펠레스의 말).

누군들 이런 말을 수긍하지 않을 것인가! 비록 영화롭게 사는 사람이라도 마음은 늘 초조하고, 밤이면 외롭고 허무한 칼바람이 가슴팍을 찢어 감각적 쾌락 없이는 살지 못한다. 인간은 부자든 가난뱅이든, 처량하고 곤하며 슬프고도 외로운 존재이다. 이런 상황을 짐짓 "슬퍼하는 사람은 복이 있다. 하나님이 그들을 위로하실 것이다."(마 5:4)

'L. N. 톨스토이'는 이런 이야기를 들려준다(본래 불교 경전에 나오는 이야기). 어떤 사람이 호랑이에게 쫓겨 급히 달아나다가, 커다란 구덩이를 발견하고는 얼른 나무뿌리를 잡고 내려가 매달린다. 이윽고 따라잡은 호랑이가 위에서 내려다보며 으르렁거린다. 그가 더 내려가려고 밑바닥을 보니, 독사들이 우글거리는 게 아닌가! 그는 이러지도 저러지도 못하고, 겨우 매달려 호랑이가 떠나기만 기다린다.

그런데 이게 웬 액운인가! 갑자기 흰쥐와 검은 쥐가 나타나, 그가 매달린 나무뿌리를 갉아 먹기 시작한다. 큰일 났다 싶지만, 어찌할 도리가 없다. 그런데 어디선가 향기가 풍겨온다. 곁에 벌집이 있는 게 아닌가! 너무나도 목이 탄 그는 벌에 쏘이는 것도 아랑곳하지 않고, 꿀을 따먹으며 자신이 놓인 처지를 까맣게 잊어버린다(인생독본).

대단히 상징적인 이야기이다. 나무뿌리는 인간이 붙잡고 의지하는 것들, 호랑이와 독사는 어디를 가나 맞닥뜨릴 수밖에 없는 불행이나 죽음의 현실, 쥐들은 낮과 밤의 세월, 꿀은 인간이 지향하는 세상의 달콤한 것들을 상징한다. 이것이 인간이 놓여 있는 불쌍한 위기 상황이다. 그런데도 인간은 세상의 꿀에 취해 자신의 위험을 잊어버린다. 그러나 얼마나 매달려 있을 것인가? 호랑이가 지키고 있는 한, 이내 지쳐 떨어져 독사들에게 물려 죽으리라.

3. 그런데 역설적으로, 인생이 이다지도 고달픈 것은 인간이 신도 아

니고 동물도 아닌, 정확히 그 중간에 어정쩡하게 놓여 있는 얼치기 존재이기 때문에 발생하는 것이다. 구약성서에 의하면, 인간은 "땅의 흙과 하나님의 생기(숨결·바람·영)"라는 두 세계가 합쳐진 존재이기에(창 2:7), 인간의 정확한 위치는 "하나님 아래, 만물 위이다."(시 8:5~6) 흙은 육체성·육체이고, 생기는 영성·정신이다.

　　육체성만 추구하면 영성이 반란을 일으키고, 영성만 추구하면 육체성이 멸시당하여 저항한다. 신성하게 되자니 동물성이 가로막고, 동물이 되자니 신성이 신호를 보낸다. 이렇게 인간은 두 세계 사이에 끼여서, 신도 아니고 동물도 아닌, 어정쩡한 존재로 살아간다. 따라서 인생 자체가 본래 불안한 것이다. 불안은 인간의 숙명이다. 이것은 무시하고 부정해서 없어질 문제도 아니고, 인간과 인생을 이렇게 창조했다고 창조주에게 불평할 수도 없다.

　　우리는 갖가지 질병, 끊임없는 사고, 성가시고 골치 아픈 일들, 싫어하는 사람들과 같이 지내야 하는 괴로움, 사랑하는 이와 헤어져야 하는 슬픔과 고통, 가난, 뜻하는 대로 전개되지 않는 일상, 외부적 강제, 실업, 파산, 투자 손실을 비롯한 각종 낭패, 경쟁자나 적의 훼방, 그리고 불안한 마음, 그릇된 생각과 관점과 태도, 갖가지 욕구불만, 상실감과 허무감 등, 하루도 그칠 새 없이 다가와 옥죄고 괴롭히는 이런 문제들로 인하여, 마치 크고 작은 유성에 무방비 상태로 얻어맞아 곰보딱지가 되어버린 달처럼 상처투성이이다.

　　그런데도 우리는 웬만해선 삶을 포기하지 않는다. 죽은 정승보다는 개처럼 살아도 그게 더 낫다고 여긴다. 그것은 우리 안에서 다른 소리가 들려오기 때문이다. 우리는 무의식적으로나 의식적으로 그 소리를 듣고, 더 나은 삶을 향하여 날마다 끊임없이 시도하고 도전하고 모험한다. 그렇기에 인생이란 무대는 신과 동물 사이라는 영원한 숙명적 조건에 굳게 서서, 불안과 고통을 과감히 받아들이고 주어진 길을 걸어가면서, 그 숙명을 초극하려고 하는 과정에서 잠깐씩 맛보는 희열과 의미를 체험하는 소중한 장이다 (場·field). 이런 관점에서 인생의 문제들을 다르게 바라본다면, 갖가지 인간 조건은 오히려 우리의 영광이다. 왜냐면 문제들은 우리 안의 가능성의 세계를 주목하라는 소리와 신호(sign)이기 때문이다. 인간은 약하면서도 강한 매우 기묘한 존재이다. 관건은 우리가 무엇을 더 주목하느냐에 달려 있다.

4. 겨울은 인생을 배우는데 가장 좋은 계절이다. 겨울날의 추위와 바람과 눈은 지상의 모든 생명체를 시험한다. 꽃나무를 바라보면 감탄하지 않을 수 없다. 그리도 여리고 가느다란 가지가 그토록 길고 혹독한 추위에도 얼어 죽지 않고 살아남아, 끝내 봄이 오면 꽃을 피운다. 겨울날의 기나긴 시험을 통과한 승리의 환희가 아닌가! 연일 영하 30-40도를 넘어가는 겨울날에도 묵묵히 견디며 이겨내는 북극권 시베리아의 풀과 나무들은 대단한 인고(忍苦)의 용사들이다. 꽁꽁 언 땅에서 눈 속에 파묻힌 조그마한 냉이와 쑥과 민들레조차 얼어 죽는 법이 없으니, 정녕 생명의 경이로움과 위대함을 느끼지 않을 수 없다.

우리가 겪는 이런저런 고통스러운 문제들은 겨울날의 추위와 바람과 눈과 같이, 인생의 겨울이 가져오는 시험·시련이다. 고통과 위기는 우리가 인간, 아니 생명체이기에 겪는 필연적인 과정이다. 그것은 우리가 지닌 내적 가능성을 발견하고 꽃피워 인생을 더욱 값지고 아름답게 살도록 돕고 인도해주는 고마운 은총의 손길이다. 고통과 시련 없는 인생에 무슨 가치와 보람과 재미가 있겠는가? 우리는 고통을 통해서 인생의 소중한 가치들을 발견하고 맛보면서, 인격적으로 더욱 강하고 숭고하게 단련되어 간다.

사람들은 무엇 때문에 고통이 오는가 하고 묻지만, 삶 자체가 고통이다. 그렇기에 고통의 이유를 물으면 더욱 고통스러워질 뿐이다. 그런데 신이나 삶은 지혜롭다. 적절할 때마다 우리에게 필요한 것을 마련하여 가져온다. 따라서 우리가 어느 때 인생의 혹독한 겨울을 지나는 것은 지혜로운 신과 삶의 배려이다. 그런 겨울이 없으면, 아무도 자신과 인생의 진실과 가능성과 아름다움과 소중함을 알지 못할 것이다. 고통의 시험과 시련이 없다면, 인생의 깊은 차원을 도무지 깨닫지 못하고, 그저 동물처럼 평면의 삶을 살 것이다.

인류가 지금까지 종교와 철학과 예술과 문화와 문명을 일궈온 것도 고통을 삶의 스승으로 여기고, 그것을 통하여 비상(飛上)해온 피나는 역정(歷程)의 결과물이다. 5만 년 전의 인류가 남겨 놓은 '알타미라, 라스코' 동굴의 벽화를 보시라. 지금도 색채와 율동이 생생하게 살아 있는 선사시대 어느 위대한 익명의 예술가가 그려놓은 그 벽화는 인간이 과연 어떤 존재인지를 보여준다. 어떤 동물도 그런 것을 남겨 놓지는 못했다. 그들이 어디 한가해서 그렸겠는가? 그것은 매일 자연의 숱한 악조건과 싸우면서 이동하거나 잠시 정착하여 동물과 물고기를 사냥해서 먹고 살면서도, 본성의 어떤 명령에 대응한 결과가 아니겠는가?

문인 '임어당'은 "사상(思想)은 배때기(胃腸)에서 나온다."라고 말한다 (생활의 발견). 함축적으로 말해서, 지금까지 전개되어 온 인류 역사에 나타난 모든 위대한 종교와 철학, 사상과 예술, 문화와 문명은 모두 배때기가 텅텅 비는 궁핍과 가난, 모진 환경과 고통을 극복하려고 부단히 힘쓰고 찾고 추구한 끝에 이룩한 위업이다. 그것은 힘겨운 인생에서, 어떤 구원(久遠)의 진리와 참된 가치와 인간적인 삶의 방식을 묻고 찾은 도전과 모험의 결실이다.

우리는 수백만 년 전부터 살아남기 위하여 막대기와 돌도끼를 들고 끊임없이 이동하고, 자연의 악조건과 싸우면서 후손을 남긴 저 위대한 원시인들의 후손이다. 그렇기에 우리 안에는 고통을 통하여 비상할 줄 아는 DNA

가 아로새겨져 있다.

　5. 내 잘못 없이 운명적으로 다가오거나, 내 실수로 오거나, 혹은 나에게 적대감을 품은 사람들로 인하여 오거나 간에, 고통은 우리에게 이중적 방식으로 작동한다. 곧, 우리가 고통을 이중적으로 만든다. 고통은 우리가 당연하게 여겨왔던 기존의 관념과 허위의식과 거짓된 믿음과 부질없는 망상의 모든 체계를 강타하여 훼파하기도 하고, 그와 반대로 소중한 생각과 꿈과 이상을 더욱 강하게 단련하게 해주기도 한다.

　사람들은 평소 깊이 잠들어 산다. 그러다가 고통이 오면 놀라서 깨어난다. 그것은 인생의 진실을 대면할 절호의 기회이다. 고통은 어두운 겨울의 체험을 통하여 인생의 진실을 깨닫게 하고, 인격을 다듬고, 가능성을 꽃피우도록 도와주려고 다가오는 지혜로운 신과 삶의 거룩한 선물이다. 아무도 고통에서 예외적 존재로 선택받지 않는다. 하나님은 그런 일을 하시지 않는다. 오히려 하늘의 선택을 받은 사람일수록 더 많은 고통을 겪는다.

　고통은 평범한 돌멩이를 금강석으로 변화시킬 연금술적(alchemic) 기회이다. 금강석의 본질은 그저 숯과 같은 탄소일 뿐이다. 그런데 깊은 곳에 묻혀 엄청난 압력에 눌려 그렇게 변형된 것이다. 고통은 지혜로운 신과 삶이 우리에게 가하는 인생의 압력이다. 따라서 우리는 그것을 통하여 금강석 같은 사람으로 변형될 수 있다.

　고통이든 평온이든, 사람이 주목해야 할 것은 더 차원 높은 삶, 즉 깊이와 넓이와 높이를 지닌 인생이다. 우리에게 벌어지는 모든 일은 우리가 삶을 이해하도록 친절하게 배려되는 것이다. 고통은 인생의 소중한 것들에 눈을 뜨게 하고, 그것을 위대하게 긍정하며 기르면서 나만의 독특한 삶을 창조할 기회로 주어지는 것이다.

그런데도 사람들은 고통이 오면, 대답을 들을 수도 없는 이유를 물으며 세월을 보내고, 하루빨리 벗어나기만 바란다. 그러나 벗어나면 또 다른 더 큰 것이 다가온다. 그래서 인생은 파도와도 같다. 하나 뒤에 또 다른 무수한 파도가 밀려온다. 그러므로 우리는 파도를 불평하기보다는 파도를 타는 법, 곧 인생의 서핑보드 타는 법을 배우는 것이 현명하다.

내게 왜 이런 고통이 왔느냐고 하나님께 물어본들, 아무런 대답도 없다. 그렇기에 중요한 것은 삶의 본질을 주목하는 것이다. 고통의 때는 하나님이 더 가까이 다가오신 순간이기에, 견고한 신뢰 속에서 내 안에 심긴 위대한 가능성을 주목하고 드러낼 절호의 기회이다. "너희가 신앙 안에 굳게 서지 못한다면, 너희는 절대로 굳게 서지 못한다."(사 7:9b) 이것은 시리아와 북이스라엘 연합군이 유다왕국을 침공하여 수도 예루살렘이 풍전등화(風前燈火)의 위기에 처했을 때, 하나님을 바라보며 굳게 서면 극복할 수 있다고 격려한 말이다.

고통 전후 사이에서 자신의 내면과 삶을 다르게 변화시킬 줄 안다면, 분명히 고통을 통하여 단단하게 승화될 것이다. 따라서 우리는 굳센 정신으로 인생의 문제에 맞서야 한다. "투쟁이란 영혼의 영속적인 양식(糧食)이다."(F. W. 니체-유고·遺稿, 분위기들에 대하여) 이것이 우리가 품어야 할 정신·얼·혼이다. 실패자·패배자가 되지 않기 위해, 우리는 수없이 많은 문제를, 나를 시험하고 실험하는 도전으로 이해하고 맞서서 투쟁해야 한다.

그리스도인의 삶은 실존적 투쟁이다(엡 6:10~18). 이 구절에 나오는 "악마"란 사실 인간의 무지와 어리석음과 두려움이 만들어낸 내면의 어둡고 간교한 충동 세력인 'Ego와 사회적 집단 자아'라는 원수·적에 관한 종교적 상상의 산물일 뿐이다. 찬송가에도 이런 말이 있다. "저 악한 원수들이 안팎에 있으니…."(447장 3절)

그렇기에 우리는 안팎에서 한시도 쉬지 않고 우리를 무너뜨리려고 고도의 전략을 구사하며 다가오는 악마의 간계와 공격에 맞서기 위하여, 하나님이 주시는 갖가지 무기로 무장하고 투쟁해야 한다. 그 무기는 "진리, 정의, 복음, 신앙, 구원의 확신, 성령의 검인 말씀, 기도, 성령과 함께하는 것, 끝까지 참는 것" 등이다. 정신적 투쟁 없이는 승리도 성취도 영광도 없다. 십자가 없이는 부활도 없다.

인생은 싸움터이다. 그러니 "그대, 인생의 싸움터에서 쫓기는 짐승의 무리가 되지 말고, 맞서서 싸우는 영웅이 되어라."(헨리 W. 롱펠로우-인생찬가) '나는 고난 받아서 영광스럽다!' 이것이 그리스도인의 선언이다.

예수의 고뇌와 결단

1. 그러나 모든 외부적 고통과 시련은 다음의 문제에 비하면 아무것도 아니다. 곧, "내가 그것 때문에 살고, 그것 때문에 죽을 수 있는 그것"(S. A. 키르케고르-유혹자의 일기)을 찾는 영혼의 고뇌(苦惱)이다. 이것은 한 인간이 어떤 도전과 위기를 자신의 인생 전체가 걸려 있는 중차대한 정신적 문제라고 보는 데서 겪는 실존적 위기(existential crisis)의 순간이라서, 그를 온통 사로잡는 내면의 충격적 지진이다. 이것이야말로 인간이 살아가면서 한번쯤 부딪칠 수밖에 없는 진퇴양난(進退兩難)의 갈림길이요, 어떤 길을 선택해야 좋을지 심각하게 고뇌하며 영혼을 쥐어짜게 만드는 '겟세마네'(기름을 짜다)의 외롭고 고독한 밤이다.

그때 그에게는 인생의 어떤 것도 마음에 들어오지 않는다. 시간도 느끼지 못하고, 밥맛도 없고, 꿀맛도 모르고, 잠 맛도 모르고, 술맛도 없고, 이런저런 구경거리도 재미없고, 그 어떤 사람과 만나는 것도 아무 의미 없다. 그는 홀로 그 어두운 고통의 골짜기에서, 인생을 거는 도박을 감행하여, 죽기 살기로 "배수지진"을 치고(背水之陣, 시바 료타로-항우와 유방, 제2권) 백척간두(百尺竿頭)에 서서 한 걸음 한 걸음 진중하게 내디뎌야 한다.

그는 추격해오는 군대의 칼날을 맞을 것인가, 아니면 바다로 뛰어들 것인가를 결정해야 한다(출 14장). 앞뒤가 꽉 막힌 절체절명의 위기 앞에서는 목숨을 하늘에 내맡겨 마음을 텅 비우고, 살든지 죽든지 하늘의 뜻에 따르기를 선택해야 한다. 그러면 제3의 길, 곧 바다가 갈라져 걸어서 건너가는 기적이 발생할 수도 있다. 누가 미래를 알겠는가?

그러나 사람들은 대개 여기에서 도피한다. 좌절하고 울부짖거나, 그저 살아오던 방식을 고수하고 새로운 가능성을 포기하거나, 체념하고 무기력하게 현실에 휩쓸려 가는 길을 택하거나, 아니면 못나고 악독한 방법을 쓰기도 한다. 그것은 사람들이 자신의 본질이 영혼·정신이란 것을 알지 못하고, 여전히 무의식의 잠에 깊이 잠겨 외물(外物)에 사로잡혀 있기 때문이다. 그래서 사람은 대개 몽유병자 같은 상태에서 살아간다. "세계는 잠잔다. 깊이 잠잔다."(F. W. 니체-차라투스트라는 이렇게 말했다)

영혼의 고뇌란 어떤 현실적 문제에 대한 것이 아니라, 궁극적 실재·진리를 찾아 한 길을 선택하기 위한 고투이다. 비록 현실적인 문제라 하더라도, 그 근원은 실존적인 문제인 경우가 대부분이다. 영적 고투 속에 있는 사람은 생의 궁극적 의미가 외적 형식들의 소유나 증대에 있지 않으며, 영혼의 세계를 발견할 때만 가능하다는 것을 안다. 내 안팎에는 악마의 세계만 있는 게 아니라, 하나님과 진리도 있다.

인생은 그렇게 철저히 이중적인 세계이다. 영혼의 투쟁은 악마의 세계를 축소하거나 완전히 축출해버리고(탈출·해방), 신과 진리의 광명이 내 안에 가득해지기를 바라는 진지한 모색이다(지향·자유). 이러한 투쟁은 모든 이에게 주어진 사명이지만, 그렇게 하는 이는 많지 않다. 하늘의 뜻에 맞추기를 택한다면, 더는 세상의 문제에 매이지 않는다. 하늘의 뜻에 맡긴 바이기에, 어떻게 된다 하더라도 담담히 수용하고 하늘의 뜻만 지향할 뿐이다. 그럴 때 문제는 모든 예상을 깨고 뜻밖의 출구를 연다.

페르시아의 '조로아스터'는 어찌하여 산에서 헤맸을까? 인도의 '고타마 싯다르타'는 어찌하여 궁궐을 버리고 숲속에서 방황했을까? 그리스의 '피타고라스'는 어찌하여 세계 각지를 방랑했을까? 왜 이들은 부모나 형제나 자식이나 이웃에 대한 책임을 저버리고, 홀로 떠나서 오래 떠돌아다녔을까? 생의 궁극적 고뇌에 직면했기 때문이다. 그들의 신분은 지식인, 왕자, 철학자로 달랐지만, 내면의 근원적 갈망은 같은 것이었다. '궁극적 실재·신·진리를 깨닫지 못하면, 집으로 돌아오지 않으리라!' 이들은 모두 진리를 깨닫지 못하면, 도무지 사는 게 사는 게 아니라는 인생의 근원적 문제의식에 휩싸여 영혼의 오랜 고뇌의 세월을 보냈다.

이런 문제에 걸려든 사람은 그것을 해결하기 전에는 세상으로 돌아오기 어렵다. 그런 상태에서 더 나아가지 못하면, 이내 넋을 잃은 존재가 되고 만다. 역사에 그런 이들이 많았다(신학교도 다닌 스탈린과 어린 시절 설교를 흉내내며 자란 히틀러도 신부가 되는 게 꿈이었다!). 이처럼 절대적인 진리를 찾아 헤매는 내적 고뇌는 그토록 엄청난 무게로 사람을 짓누른다.

2. 20대 후반에 이른 갈릴리의 나사렛 청년 목수 예수 역시 오래도록 황야에서 고행하고 금식하면서 하나님과 진리를 찾았다. 그동안 마음의 근본적 고뇌와 의혹 덩어리(악마) 때문에 갖은 시험을 받았지만, 모두 성령의 능력을 힘입어 강인한 정신력으로 극복하고, 끝내 하나님을 체험하고 진리를 깨달았다. 이것이야말로 인간이란 존재가 궁극적 실재(신·진리)를 찾아 발견하는 과정이다(예수를 갈릴리 유대인 청년으로 보고 말함. 예수를 하늘

에서 뚝 떨어진 이미 완성된 존재로 본다면⟨그것은 나중에 나온 신앙고백이다. 요 1:1~18⟩, 아무 할 말이 없게 된다).

그 후 악마는 "어느 때가 되기까지 잠시 예수를 떠났다."(눅 4:1~13). 그 '어느 때'란 전적으로 악마의 마음에 달린 것이라서, 예수의 공생애 동안 여러 차례 나타났고, 마지막으로 겟세마네 동산에서 다가왔다. "감람산"(겟세마네 동산이 있는 언덕배기) 깊은 밤중에, 절체절명의 고뇌에 휩싸인 33세쯤에 이른 젊은 떠돌이 전도사 예수!

그는 자기의 뜻을 그대로 밀고 나가면, 반드시 비극적 죽음을 맞이하고야 말 것이라는 사실을 알고 있었다. 그간 해온 모든 일이 극단의 정점에 이르고 말았기 때문이다. 물러설 곳도, 더 나아갈 곳도 없었다.

그러나 마음 한편으로는 '꼭 그래야만 하는가?' 하는 생각도 있었다. 이것이 예수가 죽도록 고뇌한 이유였다(막 14:32~36. 이것을 외면하면 공관복음의 이야기는 무효가 된다. 처음부터 예수를 '사람이 되신 하나님·그리스도'로 고백하고 증언하는 요한복음에는 겟세마네 기도가 없다). 하나님의 뜻이 어찌 자신의 비극적 죽음뿐일까? 어쩌면 하나님께는 다른 길도 있으시리라!

그렇기에 그것은 예수를 절체절명의 위기와 선택에 직면하게 한 '시험'(testing)의 순간이었다. 하나님의 뜻을 따를 것인가, 더 살고자 하는 본능을 따를 것인가? "이것이냐 저것이냐?"(S. A. 키르케고르-이것이냐 저것이냐), "사느냐, 죽느냐? 이것이 문제이다."(W. 셰익스피어-햄릿)

"그들은 겟세마네라고 하는 곳에 이르렀다. …예수께서는 매우 놀라며 괴로워하기 시작하셨다." 그랬다. 예수의 갈등과 고뇌는 그처럼 깊고 깊었다. 겟세마네 동산으로 걸어가는 내내, 예수는 엄청난 압박감과 싸웠다. 한편에서는 머리끝에서 발끝까지 자기를 역사의 제물로 바치라고 소리치시는 하나님의 목소리가 들려오는 것 같고, 다른 편에서는 더 살고 싶은 인간적 본능의 욕구가 분출하여 오래 살면서 하나님의 일을 하는 것이 하나님의 뜻일 수도 있지 않을까 하는 생각이 솟구치기도 했다. 누가 알겠는가?

그렇기에 그 길고도 무거운 밤은 예수가 지금까지 살아오면서 믿고 가르치고 실천해왔던 모든 신념과 가치와 이상을 끝까지 밀고 나아가려는 마음과 더 살고 싶은 본능에서 다른 길을 찾고자 하는 마음 사이에서 흔들린 내적 시험과 갈등의 갈림길이었다. 그러나 하나님은 아무것도 강요하시지 않았다. 결정은 오직 예수가 홀로 내려야만 했기에, 온몸과 영혼은 엄청난 압박감으로 짓눌렸다. 이것이 '놀라며 괴로워했다.'라는 말의 의미이다.

"그리고서 조금 나아가서 땅에 엎드려 기도하시기를, 될 수만 있으면 이 시간이 자기에게서 비껴가게 해달라고 하셨다." 그랬다. 예수도 인간이었다. 더 살고 싶었다. 그래서 다른 길을 찾았다. 그러나 아무리 기도하고 침묵 속에서 귀를 기울여봐도, 하나님은 절대 침묵뿐이셨다. 그동안 잘해온 하나님의 일을 그 마지막에 물러나 본능의 욕구를 택한다면 결국에 악마와 세상에 패배하는 것이고, 승리하려면 비극적 죽음 속으로 뛰어들어야 한다. 어떻게 할 것인가?

그러나 별들의 눈동자는 초롱초롱하기만 한데, 하나님은 무한 침묵으로 저 먼 신화시대로 물러나 버리신 것 같았다. 정작 그토록 도움이 필요한 순간, 생사가 달린 결정적인 순간, 하나님은 마치 없는 존재인 양, 깊이 숨어 버리셨다. 하나님의 철수(撤收), 하나님의 부재(不在)! "자신을 숨기시는 하나님!"(데우스 아브스콘디투스·Deus Absconditus, 사 45:15) 칠흑 같은 어둠 속 어디를 봐도 보이지 않고, 가슴속을 들여다 봐도 느낄 수 없는 하나님! 그토록 홀로 버려진 예수. 평생 하나님을 섬긴 상(償)이 그것뿐이었다.

육체 그 자체가 되어버린 제자들은 이미 스승의 마음을 하나도 모르고 곯아떨어져 코를 고는지 오래고, 빙 둘러선 무심한 올리브 나무들은 그저 침묵 속에 잠겨만 있고, 머리 위에서 반짝이는 별들은 죽은 목석이나 다름없었다. 드디어 악마가 다시 찾아온 순간이었다.

자신만이 대답할 수 있는 문제 앞에 선 예수. 오래도록 자신의 영혼과 씨름한다. 우주와 세계와 인간들과 씨름한다. 아니, 하나님과 씨름한다. 조상 중 한 사람인 저 '야곱'도 그렇게 깊고도 처절한 실존적인 고뇌를 겪으며 기도하다가, 그만 강가 언덕에서 굴러떨어져 다리가 부러져 평생 다리를 절뚝거리며 살아야만 했다. 그래도 그는 그나마 운이 좋았다. 다시 아침 햇살을 보았고, 20년 원수인 형과도 마침내 화해했으니까(창 32:22~33:17).

그러나 예수에게는 아무 일도 일어나지 않았다. 오래도록 기도하고 생각하며 씨름했지만, 천사는 낌새조차도 없었다. 그렇게 예수는 절대고독과 외로움에 내던져졌다. 그것은 "영혼의 어두운 밤!" 같은 순간이었다(십자가의 요한-갈멜의 산길; 아빌라의 데레사-자서전). 그것은 한 인간이 놓일 수 있는 가장 큰 위기와 고뇌과 고통의 실체였다. 하나님은 가장 필요할 때 우주 저편으로 물러가셨다. 한 치도 보이지 않는 길을 예수 홀로 더듬고 나아가야만 했다.

일생 처음으로 하나님의 무한한 침묵이 예수를 당황스럽게 했다. 그동안 느껴왔던 친절하고 자상하신 아버지는 멀리 떠나 그 어디에도 없었다. 너무나도 큰 고뇌로 죽을 것 같은 공포에 휩싸여 한숨과 눈물을 흘리는 예수의 어깨만이 들썩였을 뿐이다. 그 고뇌가 얼마나 깊었으면, 다른 복음서는 이렇게 말한다. "예수께서 고뇌에 차서 더욱 간절히 기도하시니, 땀이 핏방울같이 되어서 땅에 떨어졌다."(눅 22:44. 원본이 아닌 후대 추가 부분). 겟세마네는 그 이름처럼(기름을 짜다), 예수의 몸과 영혼을 온통 쥐어짜는 기름 틀이 되었다.

그는 홀로 번뇌하고 또 고뇌한다. '아, 살고만 싶다. 이토록 젊은 나이에 비극적으로 죽는 것은 싫다.' 이것이 육신을 가진 인간 예수의 솔직한 몸부림이었다. 그리고 이와 똑같은 질량으로 터져 나오는 다른 생각. '하나님의 뜻은 죽음의 복종이다!' 이 둘 사이에 낀 예수. 그렇게 태초 이래 가장 긴 밤이 소리도 없이, 고뇌하는 한 인간의 어깨를 짓눌렀고 심장을 바싹 타들어가게 했다. 한 말을 되풀이하기를 수차례, 밤 깊도록 깨어 자신의 내면을 응시하는 처절한 눈동자….

이윽고 기나긴 고뇌의 침묵 끝에, 예수는 장중한 어조로 먼저 이렇게 간청한다. "아빠, 아버지, 아버지께서는 모든 일을 하실 수 있으시니, 내게서 이 잔(盞)을 거두어 주십시오." 마치 하나님이 독배(毒杯)를 들이밀며 강요하시는 것처럼 느껴졌다. 하나님은 자상한 아빠이시니, 어린 아들에게 다른 길을 열어 줄 수도 있지 않은가! 그랬다. 예수는 그 젊은 나이에 죽고 싶지 않았다. 더 살고만 싶었다. 이제 불과 33세, 한창때가 아닌가!

3. 그러면 예수는 왜 자신이 죽음의 지점에 와 있다고 생각한 것일까? 그것은 지나친 생각이 아니었을까? 아니었다. 예수는 자기 혼자 시대 전체에 맞서서 수행해온 모든 일이 필연 비극적인 결과를 가져올 것이라는 사실을, 공생애 처음부터 예감했다(막 2:6.16.24). 유대(Judea)의 아들 예수는 처음부터 거칠 것 없이, 유대인들이 수천 년 동안 신성하게 생각하는 모든 것에 의문을 제기했고, 그 하나하나의 의미를 새롭게 뜯어고쳤다. 도대체 자기가 "무슨 권리·권한"를 가졌다고 생각했는지(마 21:23), 예수는 유대인들의 모든 것을 하나하나 무너뜨리고 재설정하며 새롭게 천명했다(마 5:17 이하). 민중은 그런 예수를 "갈릴리 나사렛에서 온 예언자"로 떠받들었다(마 21:11; 요 7:40.52).

예수의 눈에는 아브라함 할아버지도(요 8:58, 아브라함이 태어나기 전부터 내가 있다!), 메시아로 받들려온 모세도(마 17:3), 다시 오실 메시아라는 다윗 왕도(막 12:37), 엘리야나 예레미야 등 예언자들도(마 16:14), 현자들과 시인들도 보이지 않았다. 그는 구약성서의 모든 인물과 말들이 자신을 가리키는 것이라고 선언하며(요 5:31~40), 자신을 새로운 세계의 창설자로 여기고, 기존 세상의 구조 전체를 뒤집어엎고 전혀 새로운 질서와 체계의 세상인 하나님의 나라를 세우려고 했다(마 5:17~48, 6:9~10). 아니, 예수는 마치 자신이 하나님인 것처럼 말하고 행동했다(요 10:22~39).

그런데 그 모든 것은 진실이거나 예수의 과대망상일 것이었다. 진실이라면 유대인을 비롯한 세상이 다 잘못된 것이고, 과대망상이라면 그의 죽음으로 모든 게 아무 일 없던 것으로 끝날 것이었다. 그러나 어떤 것이 되었든, 이미 지나치게 사회적 한계의 선(線)을 넘어버린 예수의 신상은 편안하게 끝날 것이 아니었다. 그의 존재 자체가 비극적 사태를 예견했다.

도대체 국가와 종교의 공식제도가 인정하고 발행한 증명서도 하나 없는 변방 출신의 떠돌이 젊은 전도사가 갑자기 나타나, 민족의 과거와 종교와 사회 전통, 관습과 사고체계와 문화 전체를 혼자서 탄핵하고 뜯어고치면서 새로운 가르침을 선포하고, 전복적이고 선동적인 발언과 행동으로 모든 것을 무너뜨리려고 했을 때, 예나 지금이나 국가와 종교는 가만두지 않는 법이다. 국가와 종교라는 것도 일종의 유기체·몸이라서, 일단 기존의 전통과 이데올로기와 안정을 해치는 침입자로 판정되는 바이러스가 발견되면, 즉각 저항과 박멸의 방어 체계를 작동하기 마련이다. 게다가 그 침입자 바이러스가 국가와 종교 전체를 무너뜨릴 정도로 커다란 정신적 힘과 민중에 대한 막강한 영향력을 가진 자라면, 더 말할 것도 없다. 국가와 종교가 무너지느냐, 그를 죽이느냐 하는 둘 중의 하나밖엔 없다.

설령 그 침입자의 말이 절대적 진리라 해도, 그것은 아직 그 혼자만의 생각일 뿐이다. 국가와 종교가 그것을 이해하고 적응하는 데는 오랜 시간이 걸린다. 옛날 예언자들의 운명이 그러했다. 그렇다면 예수의 운명도 그럴 것이었다. 더구나 예수는 유대인들이 신처럼 떠받드는 종교 자체를 의문시하며 성전철폐까지 선언하면서, 아무 데서나 영과 진리로 예배하는 시대가 왔다고 주장하기까지 했다(요 2:13~21, 4:21). 게다가 예수는 하나님에 대한 기존의 모든 신학적 관념까지 수정하고 재설정하고 바꿔야 한다고도 했다(눅 15:11~24). 그렇게 예수는 모세의 율법, 성전제도, 종교 전통과 관습, 도덕과 윤리, 그리고 심지어는 마음과 사고방식에 이르기까지, 모든 것을 새롭게 바꿔야 한다고 외치며 선동했다.

그러니 토라(모세오경, 구약)와 종교와 전통을 하나님이 직접 하사하신 민족의 근간과 생명으로 여겨온 유대교 지도층이 어떻게 반응했을 것인가? 하나님이 지키라고 준 것을 왜 이제와서 바꾸라고 하신다는 것인가? 그것은 말이 안 되는 것이었다. 그래서 오직 예수를 죽이려는 세찬 적대감의 풍랑이 신의 영광을 위한 확신이 되어 그들의 가슴을 강타했다.

그 당시 유대인은 종교적 민족이라는 것을 넘어서, 곧 종교 그 자체였다. 종교를 떠난 유대인은 상상할 수도 없었다. 그들에게 종교는 절대적이었다. 하나님보다 더 절대적이었다! 이스라엘 역사가 그것을 보여준다(렘 7장, 26장). 비록 하나님은 버린다 해도(마 23장), 종교는 안 버리는 게 유대인이었다. 대단한 모순이지만, 그것이 유대인의 실체였다. 따라서 그들은 종교를 훼손하여 유대 민족을 쇄파하는 시골뜨기 젊은 전도사를 가만둘 수 없었다. 그토록 예수의 모든 가르침과 행동은 혁명적인 것이었고, 유대교의 원수였다.

그런 까닭에 예수의 말과 행동은 처음부터 죽음을 가져올 것이 분명한 일이었다. 그러나 예수는 그것을 알고도 회피하지 않고, 죽음을 향해 돌진해 들어갔던 것이다. 그리하여 유대인들이 더는 참을 수 없는 지점, 곧 비극적인 사태가 벌어질 임계점·한계에 도달했다. 예수는 그것을 알았다. 그것은 그리 어려운 일도 아니었다. 그나마 그들이 오래 참아준 것만 해도 다행이었다. 물론 주로 시골에서 가르쳤기에 그런 면도 있었다. 그런데 이제는 도성에 들어와 그러니, 어떻게 가만 둘 수 있겠는가? 만일 그때가 독립국가 시대였다면, 그보다 더 일찍 체포되고 죽임을 당했을 것이다. 예언자 요한처럼(막 6:14~29).

이것이 예수에게 닥친 사회적이고 정치적이고 종교적인 고난과 죽음의 이유였다. 따라서 예수의 죽음은 필연이 되고 말 상황에 놓인 것이다. 예수가 그렇게 되지 않으려면, 두 가지 길뿐이었다. 멀리 도피하거나, 유대교 전통과 타협하여 가르침을 수정하거나…. 그러나 예수는 자신을 부정할 수 없었다. 그리하여 결국에는 파국적 충돌, 곧 예수의 비극적인 죽음밖엔 다른 길이 없었다.

4. 그런데 예수께서 목숨을 바치시려는 것은 인간에 대한 거룩한 사랑 때문이었다(예수의 죽음은 서기 26년, 혹은 28년경). 제자들이 이것을 깨달은 것은 성령 체험을 한 이후였다(행 1~2장). 그리고 이것을 기록으로 남긴 것은 그 후 20년이 더 지난 뒤부터였다(바울 서신에서 최초의 것은 서기 50년대 중반 데살로니가 전서, 최초의 복음서인 마가복음은 70년대 중반). 예수는 자신의 죽음이 인간의 구원을 위한 거룩한 죽음이 될 것이라는 진실을 믿고 계셨다.

이것은 예수께서 제자들과 마지막으로 나눈 저녁 식사에서 하신 말로 알 수 있다. 예수는 자기의 죽음이 "아기를 낳는 어머니의 고통 같은 것"이라고 말씀하신다(요 16:21). 즉, 예수는 자기의 죽음을 무엇보다도 유대인의 구원은 물론, 인류의 구원을 위한 사랑의 해산(解産)으로 이해하셨다. 유대인들은 예수가 자기들의 구원을 위하여 죽음을 겪는 것이라는 진실을 모르더라도, 예수는 곧 닥쳐올 자신의 수난과 죽음을 모든 인간의 구원을 위한 사랑의 수난과 죽음으로 이해했다. 그래서 예수는 그것이 비극적인 죽음이라 하더라도 받아들이신 것이다. 그 죽음은 진정한 자기 비움인 '케노시스(Kenosis)', 곧 무아(無我)·공(空)에 이르지 않고서는 해낼 수 없는 성질의 것이었다.

그러나 그렇다고 해도, 예수는 33세의 젊은이였다. 따라서 죽음에 대한 두려움이 없을 수 없었다. 그는 "사람의 아들"이었다. 모든 사람의 아들이 이 세상에서 가능한 한 오래오래 살기를 바라듯이, 예수도 그랬다. 그렇기에 우리는 여기에서 인간 예수의 솔직함, 정직함, 인간적 갈망, 그리고 육체와 삶을 소중히 여기는 진실한 마음을 본다. 제15장 '패트릭' 이야기를 기억해보시라. 신약성서도 이렇게 말하지 않는가! "그는 모든 점에서 형제자매들과 같아져야만 했다. 그는 몸소 시험을 받아서 고난을 당했다. 그는 모든 점에서 우리와 마찬가지로 시험을 받았다. 예수께서는 육신으로 세상에 계실 때, 자기를 죽음에서 구원하실 수 있는 분께 큰 부르짖음과 많은 눈물로써 기도와 탄원을 올렸다."(히 2:17~18, 4:15, 5:7)

만일 예수가 이러한 인간적 고뇌도 하나 없이, 마치 죽음이 아무것도 아닌 양 무덤덤하게 받아들이고, 아무런 두려움이나 고통도 모르고 죽었다면, 아무도 예수를 하나님의 아들과 사람의 아들로 이해하고 받아들이지 않았을 것이고, 그 후 그를 존경하고 사랑하지 않았을 것이고, 더구나 인류의 구세주가 될 수 없었을 것이다.

예수께서는 무엇을 해도 전체적인(holistic) 인간으로 사셨다. 그분은 상황에 따른 유불리를 계산하고, 이성과 행동, 의지와 태도, 내면과 삶이 분리된 인간이 아니셨다. 그분은 어느 순간에나 바로 그 자리에서 온전하게 현존(現存)하셨다. 거룩한 단순성의 사람, 그것이 예수의 참된 면모이다. 예수는 사람을 사랑할 때는 사랑 그 자체가 되셨기에, 그분의 사랑은 거룩했다. 예수는 분노할 때는 분노 자체가 되셨기에, 그분의 분노는 신성했다.

조각조각 분리된 사람의 심성으로는 감람산의 고뇌하는 예수를 이해하기 어렵다. 예수의 갈등은 전적으로 육체와 삶에 대한 갈망 때문에 비롯된 것이다. 아마도 그 긴 밤 내내 이렇게 생각하셨을지도 모른다. '더 오래 살아서 많은 사람에게 진리를 전파하는 게 하나님의 뜻이 아닐까? 그것이 더 좋은 일이 아닐까? 그렇게 살다가 늙어서 다 이루었다고 하며, 세상을 떠나는 게 하나님의 뜻일 수도 있지 않을까?'

이렇게 믿고 그 자리를 떠났어도 되었으리라. 그런다 해도 과연 하나님이 그것을 막으셨을까? 우리는 아무것도 알 수 없다. 이렇게 생각해보는 것은 예수가 죽음 앞에서 고뇌하며 망설이는 모습을 보이셨기 때문이다. 그렇게 하나님의 무한한 침묵 앞에서, 예수는 홀로 떠셨다. 그것은 "백 년보다 긴 하루"가 아니라(Z. 아히뜨마또프-백 년보다 긴 하루), 영겁(永劫)과도 같은 밤이었다. 지금까지 살아온 그 어떤 때보다도 가장 힘든 순간이었다. 살길을 택할 것인가, 끝내 파열할 것인가?

5. 그렇게 고뇌에 고뇌를 거듭하다가, 예수는 끝내 자신이 살아온 길이 가져다줄 필연적인 파국을 하나님의 뜻이라고 생각하고는 이렇게 기도하셨다. "내 뜻대로 하지 마시고, 아버지의 뜻대로 하여 주십시오." 하나님의 무한한 침묵 속에서 대답 없는 대답을 들으신 것이다. 예수는 자신이 하나님 편에 서서 결정하지 않으면, 하나님도 결정하시지 않는다는 것을 알았다. 그렇게 하여 예수는 자신을 완전히 비우고, 자신의 삶과 죽음을 모두 하나님의 손에 넘겨 드리셨다.

수십 생을 살면서 진리를 전파한다고 해도, 절대로 미치지 못할 단 한 번의 기회란 것이 있을 것이었다. 예수께는 자기의 죽음이 그것일 것이었다. 자신에게는 고통스럽고 비극적인 일이겠지만, 하나님께는 위대한 창조적인 일이 될 수 있을 그런 죽음! 하나님은 예수의 고난과 죽음을 통하여 위대한 구원의 역사를 창조하실 것이다! 그리하여 예수는 그것을 절대적으로 신뢰하고, 모든 것을 내려놓고 하나님께 자신을 완전히 내던지셨다.

> 아버지, 당신의 뜻을 이루소서.
> 내 말을 듣지 마소서.
> 단지 당신이 내게서 하고 싶은 일을 하소서.
> 아버지의 뜻은 내가 어떻게 되더라도 결단코 나에게 나쁜 것이
> 되지 않을 것입니다.
> 이제 나는 그것을 따를 준비가 되었습니다!

그리하여 하나님을 아는 것(knowing)과 무한 신뢰와 복종이 예수에게 하나가 되었다. 그것은 예수께서 그동안 살아오면서 하셨던 모든 말과 행동에 대한 책임에서 나온 것이었다. 예수는 자기의 모든 말과 행동을 "하나님이 자기 안에서 하신 일"로 이해했다(요 14:10). 따라서 예수는 비극적 죽음을 맞더라도, 자기의 말과 행동에 목숨을 내걸으셔야만 했다. 인간에게는 목숨이 가장 소중하다고 하지만, 분명히 그보다 더 소중한 가치가 있다!

그동안 예수께서는 한 번도 거짓말을 한 적이 없었고, 한 번도 물욕에 사로잡힌 일도 없었고, 한 번도 사람을 지배하려고 한 적도 없었고, 한 번도 사람들에게 칭찬과 존경과 흠모와 영광을 받으려 한 적도 없었고(요 5:41), 한 번도 부패한 권력과 타협한 일도 없었다. 그것은 예수께서 자신의 목숨과 삶보다 하나님·진리를 더 소중한 가치로 보셨기 때문이다. 하나님은 예

수의 유일한 기쁨이었고 사랑이었고 행복이었고 빛이었고, 목숨보다 더 소중한 생명 그 자체이셨다.

결국에 하나님·진리를 위하여 자신을 버리기로 결단한 예수는 일어나 제자들에게 간다. 이윽고 횃불과 칼과 몽둥이를 들고 나타난 일단의 검은 무리…. 예수는 태초의 "테홈"(Tehom, 혼돈·어둠, 창 1:2)에 빠진 유대교 지도층 인간들의 잔혹한 손으로 떨어지고 말았다.

하나님의 침묵과 온전한 신뢰

1. 우리는 살아가면서 크고 작은 선택의 갈림길에 선다. 그때 무엇이 가장 좋은 길인지, 우리는 잘 모른다. 우리가 내 뜻과 하나님의 뜻 사이에서 어려운 결정을 해야 하는 갈림길에 설 때, 우리는 순간적으로 하나님의 침묵·부재(不在)를 느끼게 된다.

그러나 쉽든 어렵든, 나의 결정은 내가 누구인지를 증명하는 것이기에, 하나님의 침묵 앞에서 홀로 결정해야 한다. 그것은 신앙이라는 것이 하나님에 대한 내 생각이나 신념, 성서나 교리나 관념에 대한 확신을 따르거나, 누구의 조언을 따르는 것도 아니며, 이미 나 있는 길을 걸어가는 것도 아니기 때문이다.

신앙은 언제나 새로운 길을 개척하고 모험할 것을 요구하는 실존적 결단의 문제이다. 그렇기에 중대한 선택을 강요하는 대단히 어려운 문제는 나의 인간성은 물론, 신앙 그 자체를 시험한다. 특히 나의 결정에 다른 사람들의 목숨과 삶이 달려 있을 때는 더욱 그러하다. 우리는 누구나 약한 존재이기에, 하나님께서 내 뜻에 동의할 것이라고 쉽게 생각하고, 헌신을 바라시는 하나님의 뜻을 얼마든지 피해갈 길 수 있다.

그러나 우리는 "내 생각은 너희의 생각과 다르며, 너희의 길은 나의 길과 다르다. 하늘이 땅보다 높듯이, 나의 길은 너희의 길보다 높으며, 내 생각은 너희의 생각보다 높다."라는 말씀을 진지하게 고려해야 한다(사 55:8~9). 이것은 두 가지 의미로 보인다.

　1-1) 하나님의 뜻은 우리의 뜻과 다르고 높다는 것. "사람의 눈에는 바른길같이 보이나, 마침내는 죽음에 이르는 길이 있다."(잠 14:12) 이를 뒤집어 생각해보시라. 사람의 눈에는 죽음에 이르는 길 같이 보이나, 하나님의 눈에는 그와 타인이 생명·구원을 얻는 길이 있다.

　우리의 다급함이 하나님의 다급함은 아니다. 우리의 약함이 하나님의 약함은 아니다. 우리의 이익이 하나님의 이익은 아니다. 우리의 선이 하나님의 선은 아니다. 우리의 갈망과 필요가 하나님의 갈망과 필요는 아니다. 우리의 포기와 절망이 하나님의 포기와 절망은 아니다. 우리의 성공이 하나님의 성공은 아니다.

　신앙의 실존적 선택을 요구하는 갈림길에서, 나의 이익·보수(保守)·보전·영광을 생각하는 방향에서만 결정한다면, 죽음에 이르는 길이 될 수도 있다. 성서에는 그런 사람들의 이야기로 넘친다(아담, 가인, 노아 시대 하나님의 아들들-신앙인들, 롯, 사울, 솔로몬 등). 생의 갈림길에서 선택하려 할 때, 우리가 염두에 두어야 할 표준은 이런 것이리라. "나의 간절한 기대와 희망은 내가 아무 일에도 부끄러움을 당하지 않고 온전히 담대해져서, 살든지 죽든지, 전과 같이 지금도, 내 몸에서 그리스도께서 존귀함을 받으시리라는 것입니다. 나에게는 사는 것이 그리스도이시니 죽는 것도 유익합니다."(빌 2:20~21)

　1-2) 하나님은 당신을 온전히 신뢰하는 사람의 삶을 그가 생각지 못한 방향으로 인도하면서, 결국에 당신이나 우리에게 모든 일이 아름답게 마무리되도록 다스리신다는 것. 그래서 이렇게 말하는 것이다. "하나님을 사랑

하는 사람들, 곧 하나님의 뜻대로 부르심을 받은 사람들에게는 모든 일이 서로 협력해서 선을 이룬다는 것을 우리는 압니다."(롬 8:28)

그런데 이것을 전체 문맥에서 잘라내어 이해하면 좋은 말씀이기에, 얼마든지 낭만적인 관점에서 쉽게 받아들일 수 있다. 그러나 바울은 곧바로 우리가 대개 싫어하고 거부하는 상황, 곧 "그리스도의 사랑에서 끊어지는" 것 같은 "환난, 곤고(困苦), 박해, 굶주림, 헐벗음, 위협, 칼, 도살당할 양과 같이 여김을 받거나 죽임을 당하는 것" 등(롬 8:35~39), 그리스도인이 맞이할 수 있는 최악의 상황을 언급한다.

그래서 이 말씀들은 두 방향에서 이해할 수 있겠다. 첫째, '모든 일이 서로 협력해서 선을 이룬다.'라는 말은 이런 극단의 상황 속에서도 하나님은 우리에게 선이 되도록 인도하신다는 뜻이다. 그러나 이런 상황은 하나님의 침묵이 어둠처럼 펼쳐지는 고통과 시험의 시간이기에, 받아들이기 대단히 어려운 일이다. 그래도 그렇게 믿고 나아가야 한다.

둘째, 뒤의 말씀을 '모든 일이 서로 협력해서 선을 이루어지기' 이전의 문맥과 상황으로 보는 것, 곧 바울이 말을 뒤바꾸어 한 것으로 보는 것이다. 그것은 이어진 말씀으로 알 수 있다. "우리는 이 모든 일에서 우리를 사랑하여 주신 그분을 힘입어서 이기고도 남는다. 그 어떤 피조물도 우리를 우리 주 예수 그리스도 안에 있는 하나님의 사랑에서 끊을 수 없다." 그렇기에 극단의 상황도 결국에는 선을 이루는 길로 작용하게 된다고 볼 수 있다.

신앙은 극한의 고통과 시련 속에서도 하나님께서 우리가 겪는 위와 같은 모든 상황을 다스려 결국에 선한 결과를 창조하신다는 것을 신뢰하고 내다보며, 그 가운데서 하나님 편에 서서 선택하는 것이다. 하나님은 내가 겪은 악조차도 선하게 바꾸어 사람을 구원하는 데 활용할 수 있는 분이시다(창 37~50장, 요셉). 요셉이야말로 로마서 8:28~39의 진리를 보여준다.

2. 이처럼 갈림길에서 하나님의 뜻을 선택하는 것은 우리에게 일시적인 죽음의 현상, 곧 고통이나 손해나 수치를 가져올 수 있다. 그러나 그때에도 우리가 견지하여야 할 태도는 하나님의 선과 진실과 의에 굳게 서서 온전히 신뢰하면서 내맡기고 따르는 것이다.

이에 관한 예를 생각해보자. 사무엘상 24장에는 다윗이 자기를 죽이려는 사울 왕을 살려주는 이야기가 나온다. 사울이 군인 3,000을 데리고 추격하자, 그는 부하들과 함께 한 동굴로 깊숙이 숨는다. 그런데 얼마 후 사울이 그곳에 이르러 뒤가 마려워 들어와, 한쪽에 옷을 벗어놓고 볼일을 치른다. 그때 다윗의 부하들이 그에게 "하나님이 원수를 넘겨준다고 약속한 그 날"이라고 속삭인다(절호의 기회!). 그 말에 다윗은 몰래 다가가 사울의 겉옷 자락을 자른다. 그리곤 곧 양심에 가책을 받는다. 돌아간 그는 부하들에게 말한다. "하나님이 기름을 부어 세우신 왕을 죽이는 것은 하나님의 뜻을 거역하는 일이다. 하나님께서 내가 왕을 죽이지 못하게 막아 주시기를 빈다." 그리고는 부하들을 타이르고 사울을 치지 못하게 한다. 단지 자기가 사울의 사위이기에 죽이지 않은 것이 아니다.

그리고 다윗은 어떻게 되었는가? 그 후로도 오랫동안 사울을 피해 광야를 전전하며 말할 수 없는 고생을 겪었다. 한 번 생각해보시라. 부하들의 말마따나, 다윗은 그때 사울 왕을 죽이는 것이 하나님이 뜻하여 내려주신 절호의 기회라고 생각할 수도 있었다. 그래서 다윗이 사울을 죽여 그 머리를 들고 동굴을 나가 군대 앞에 치켜세웠더라면, 모두 항복하여 곧바로 왕이 되었으리라. 그러면 고생 끝, 영광 시작이다!

바로 이런 상황이 우리를 유혹하는 시험의 지점이다. 예수께서 광야에서 악마에게 유혹을 당한 일도 이런 경우이다(마 4:1~11). 예수의 내면에서 들려 온 소리인 그 유혹의 본질은 그에게 막강한 경제적 능력과 정치적 권력과 종교적 마력, 곧 절대 군왕과 같은 힘을 가지고 하나님의 일을 능률적이고도 효과적으로 단기간에 이룩하라는 것이었다! 얼마나 매혹적인가? 그때 그것을 성령의 목소리라고 생각하기란 얼마나 쉬운가?

그러나 예수는 그것을 악마의 유혹으로 생각하고 거부하셨다. 왜냐면 거기에는 청빈(淸貧), 사랑, 희생, 겸허, 섬김, 그리고 무엇보다 삶의 성실성이 빠져 있기 때문이다. 이런 것 없이 쉽게 결과를 얻는 길은 분명히 악마의 유혹이다. 하나님은 돈·경제나 정치 권력이나 종교적 마력을 가지고 일하시는 분이 아니다. 오히려 하나님은 청빈과 사랑의 섬김과 헌신, 겸허와 성실성을 지닌 사람을 통해서 더 많은 일을 하실 수 있는 분이다. 기독교 역사에서 위대한 섬김의 모범을 보인 분들을 떠올려보시라. 기독교는 언제 어디서나 살아 있는 얼·정신이지, 돈과 숫자와 권력과 마력으로 하는 게 아니다.

그대에게 오래도록 갈망해온 권력과 성공을 잡을 큰 행운의 기회가 왔다고 생각해보시라. 어떻게 할 것인가? 그때 그것을 깊이 생각해보지도 않고, 무작정 하나님이 주신 절호의 기회라고 생각하기란 얼마나 쉬운가? 내 뜻과 하나님 뜻 사이에서, 하나님의 뜻을 올바로 분별하고 선택하기란 얼마나 어려운가?

따라서 예수와 다윗의 예처럼, 우리가 인생의 갈림길에서 먼저 고려해야 할 사항은 오히려 역설적으로 어떤 것을 결정하고 선택하는 문제가 아니다. 오히려 먼저 돈과 권력과 기적적인 능력을 많이 소유해야만 하나님을 잘 도울 수 있을 것이라는 생각을 내려놓는 것이고, 그리고 타인에게 고통과 상처, 절망과 죽음을 가져다줄 일은 결단코 하나님의 뜻일 수 없다는 진실에 굳게 서는 것이다. 그러면 올바른 선택은 자연스럽게 이루어진다.

이 두 가지 사항을 망각하고 하는 선택은 내 뜻이지 하나님의 뜻이 아니다. 하나님은 목적 지상주의자가 아니시다. 하나님은 목적보다 선한 방법과 과정을 더 중요하게 보신다. 그렇지 않다면, 하나님을 악마로 만드는 짓이다. '모세'의 경우를 생각해보시라. 하나님은 이집트에서 고난을 겪는 이스라엘을 해방하려고 할 때, '이집트 왕자'를 사용하시지 않았다. 그것은 사람을 때려죽이고 모래 속에 파묻어버리고 도망치는 사사로운 원한 감정이나 일시적 의분의 망가진 정신을 가지고서 할 일이 아니었기 때문이다(출 2장).

3. 고대 이스라엘의 예언자들은 하나님을 도공(陶工)으로 비유한다. 예레미야는 하나님의 이름으로 이렇게 말한다. "이스라엘 백성아, 진흙이 토기장이의 손안에 있듯이, 너희도 내 손 안에 있다."(렘 18:1~10) 제2 이사야는 이렇게 말한다. "질그릇 가운데서도 작은 한 조각에 지나지 않는 인간이여! 진흙이 토기장이에게 '당신은 도대체 무엇을 만들고 있는 거냐?' 하고 말할 수 있겠느냐?"(사 45:9)

진흙은 인간과 국가와 역사, 토기장이는 하나님이시다. 그런데 이 두 말씀은 얼핏 들으면 토기장이 하나님이 자의대로 그릇을 빚으시는 것으로 오해하기 쉽기에, 잘 해석해야 한다. 이것은 토기장이 하나님이 진흙인 인간과 국가와 역사를 제멋대로 다룬다는 의미가 아니라, 가장 좋은 질그릇으로 빚으려 하신다는 뜻이다. 그래서 예레미야는 인간과 민족의 신앙과 책임을 강조하며, "죄악에서 돌이키고 하나님의 말씀에 순종할 때, 재앙을 거두고 약속한 복을 내리신다."라고 덧붙인다. 곧, 인간과 나라가 자신을 내려놓고 하나님의 선하신 의지에 내맡길 때, 하나님은 그 인간과 나라를 당신의 의도에 따라 아름다운 질그릇으로 빚으신다는 의미이다.

내려놓음과 내맡김, 이것이 신앙이다. 내려놓지 않음과 내맡기지 않음, 이것이 불신·거역·배반·반역이다. 진흙 덩어리를 사람으로 생각해보시라. 그러면 도공이 구상에 따라서 이리저리 내려치고 뜯어내고 가르고 주무르고 매만져 정신없이 돌리는 그 기간은 진흙덩어리에게는 분명히 고난의 시기이다. 따라서 진흙덩어리는 도공이 자기를 그렇게 인정사정없이 다루는 것은 훌륭한 구상 아래서 진행되는 과정이라는 것을 믿고 온통 내맡겨야 한다. 그러면 그 진흙덩어리는 끝내 도공의 의도에 따라 잘 빚어진 항아리가 된다.

우리가 살아가면서 겪는 손해와 실패, 패배와 고통과 사회적 조롱 같은 고난은 하나님이 진흙 덩어리인 나를 당신의 의도에 따라 빚으시는 시험과 시련의 과정이다. 따라서 그조차도 하나님의 현존(쉐키나·Shekhinah)으로 알고 느끼고 믿고 내맡기는 것, 이것이 신앙이다.

이런 고난의 상황들이 하나님의 부재를 보여주는 것만은 아니다. 하나님은 모든 시간, 모든 장소에서 우리와 함께하시기에, 역설적으로 그런 상황들이 하나님의 깊은 사랑일 수 있다. 그것은 우리가 오직 하나님 한 분만 바라보도록 훈련하는 과정이다. 거기에서 진정한 신뢰가 나오며, 정녕 깊은 삶이 가능하다. 하나님이 우리에게 바라시는 것은 깊은 삶이다.

고난과 하나님의 침묵. 그 앞에서 신앙인이 해야 할 일은 하나밖에는 없다. 그때에도 햇빛처럼 쏟아지는 하나님이 선한 사랑을 느끼며, 그것을 목숨보다 더 소중히 여기고 신뢰하고 견고하게 지키며 나아가는 것이다. 그러면 하나님은 장차 그 모든 것을 선한 결과가 되게 바꾸어주신다. 신앙이란 모든 상황에서 하나님의 사랑과 선함에 초점을 맞추는 것이다. 즉, 하나님이 나를 통해서 당신의 선을 이루시도록 완전히 내맡기는 것이다.

오늘날 이토록 궁핍한 시대에서, 신앙도 어느덧 처참할 정도로 단순한 기호나 취미, 문화생활, 혹은 인맥을 맺어 출세하기 위한 수단, 평안과 성공을 갈망하는 문제로 축소된 경향이 깊지만, 그래도 신앙이란 나를 버리고 하나님의 뜻을 지향하는 것이다. 신앙은 100살에 낳은 외아들조차 버리는 절대적 신뢰를 요청한다(창 22장). 그렇게 할 수 있는 것은 하나님의 선하심 때문이다. 하나님은 당신을 신뢰하는 이들을 결단코 내버려 두시지 않는다.

따라서 갈림길에 섰을 때, 가장 좋은 선택은 자기보호 본능을 버리고, 하나님을 신뢰하는 것이다. 그때, 공은 하나님께로 넘어간다. 하나님은 반드시 제3의 길, 곧 자유와 구원의 길을 열어주신다. 그것이 부활이다. 그러한 부활은 오늘도 일어난다. 그러므로 하나님을 배반하고 일시적으로 성공하느니, 하나님의 뜻을 따르다가 죽는 게 백번 낫다! 삶에는 사는 것과 죽는 것보다 더 가치 있는 것이 존재하기 때문이다.

나를 내려놓는 것, 내 삶 전체를 하나님의 손에 내맡기는 것, 나에 대하여 추구하기를 그치고 죽는 것, 살기를 바라지 않고 살리든지 죽이든지 뜻대로 하시라고 내놓는 것, 곧 하나님이 나를 통해서 일하시게 해드리는 것이 참된 신앙·신뢰이다. 하나님은 내가 나를 당신의 손에 완전히 내맡길 때만 나에게 와서 나를 통해서 일하신다. 내가 나를 텅 빈 대나무로 내드릴 때, 하나님은 나를 플루트로 만들어 당신만의 아름다운 곡조를 연주하신다.

생각해보시라. 아들까지 내어주신 하나님이신데, 어찌 당신이 사랑하는 자녀를 위하여 가장 좋은 삶을 마련해주시지 않을 것인가(롬 8:32)? 그런 일은 있을 수 없다. 죽음이라도 그러하다. 우리는 인생에서 벌어지는 것을 모두 알 수 없다. 게다가 하나님이 하시는 일의 뜻과 목적을 제대로 알 수 있는 것은 더욱 아니다. 다만 하나님이 내 삶과 죽음을 아름답게 해주실 것이라고 믿고 나아가는 것뿐이다. 이것이 신앙이다.

평안할 때도 그러하지만, 특히 갈림길에서 우리가 택하고 지켜야 할 생의 가치는 우리를 향하신 하나님의 진실과 선이다. 하나님의 진실과 선이 결코 우리를 저버리지 않는다는 것을 확고히 믿는 것, 곧 나를 살리든지 죽이든지 뜻대로 하시라며, 온전한 제물로 하나님께 내어드리는 것이다. 그때 하나님은 모든 일이 협력하여 선을 이루도록 하신다. 겟세마네의 예수께서 보여주신 것이 바로 이러한 신앙이다.

제9장 끝에서 생각해본 'N. 카잔차키스'의 기도문을 다시 읽어보자(영혼의 단련). "주여, '존재하는 것은 당신과 나뿐'이라고 하는 이들에게 복을 내리소서. 주여, '당신과 나는 하나'라고 하는 이들에게 복을 내리소서. 주여, '이 하나조차도 존재하지 않는다.'라고 하는 이들에게 복을 내리소서. 주여, 나는 당신의 손에 든 활입니다. 당겨주소서. 주여, 너무 세게 당기지는 마소서. 나는 약한지라 부러질지도 모릅니다. 주여, 당신의 마음대로 하소서. 부러뜨리든 말든 뜻대로 하소서." 얼마나 시원한 신앙인가!

17
날마다 부활하라

⌄

우리의 옛사람이 그리스도와 함께 십자가에 달려 죽은 것은 죄의 몸을 멸하여서, 우리가 다시는 죄의 노예가 되지 않게 하려는 것임을 우리는 압니다. 죽은 사람은 이미 죄의 세력에서 해방되었습니다. 우리가 그리스도와 함께 죽었으면, 그와 함께 우리도 또한 살아날 것을 믿습니다.

…그러므로 여러분은 죄가 여러분의 죽을 몸을 지배하지 못하게 해서, 여러분이 몸의 정욕에 굴복하는 일이 없도록 하십시오. 여러분은 여러분의 지체를 죄에 내맡겨서 불의의 연장이 되게 하지 마십시오. 오히려 여러분은 죽은 사람들 가운데서 살아난 사람답게, 여러분의 지체를 의의 연장으로 하나님께 바치십시오(로마서 6장 6~8.12~13절).

1. 어떤 유대인이 '랍비'에게 물었다(Rabbi, 유대교 교사·성직자).

"랍비, 성서를 한 문장으로 줄이면 어떤 것입니까?"

랍비가 대답했다.

"하나님이 사람에게 '나를 네 왕좌에 앉혀라.'라고 하시는

것입니다."(M. 토케이어-탈무드)

진리는 하나이고 단순하다. 진리는 영원히 단순한 하나이다. 광대한 단순함, 심원한 단순함, 숭고한 단순함, 아름다운 단순함, 신비한 단순함이다. 진리는 바다와 같다. 세상의 바다가 하나이듯, 진리도 하나이다. 진리는 시간과 역사, 지리와 상황, 경전과 언어, 사람과 일에 따라 달라지거나 복잡해지지 않는다. 다만 사람이 살아가고 있는 환경과 종교와 철학과 문화에 따라 진리를 표현하는 언어들이 다를 뿐이다. 진리를 가리키는 모든 언어는 그 하나인 진리를 가리키는 무수한 화살표·표지판·이정표·길 같은 것이다.

성서는 '하나님을 내 마음의 왕좌에 앉히는 것'이라는 말에 다 들어간다. 이것은 '내가 나의 삶을 사는 것이 아니라, 하나님이 내 안에서 당신의 삶을 살게 해드리는 것이 나의 진정한 삶'이라는 뜻이다. 이것이 바로 예수의 삶이다. '하나님'은 그 이상은 없는, 우주와 만물을 포괄하고 있는 절대 영·의식(意識)·진리를 가리킨다. '하나님'이라는 단어·명칭이 하나님은 아니다. 하나님은 인간의 언어·개념·관념을 넘어선 신비의 궁극적 실재(實在·Reality)요 진리이시다(시 31:5; 사 65:16).

예로부터 하나님의 사람들, 참된 신앙의 사람들, 진리의 사람들은 하나님·진리를 자기 마음의 왕좌에 모시고 살아간 사람들이다. 그들 안에는 Ego의 욕망과 제 뜻이 없었다. 그랬기에 역설적으로 그들은 진정으로 자신의 삶을 아름답게 완성했다. 신앙에서나 인격에서나 고귀한 존재 방식에서나 사후의 기

억과 존경에서나…. 그들은 모두 당대에서 하나님·진리의 빛, 하나님의 별, 하나님의 거울이 되어 산 사람들이다. 이를테면 아브라함, 이삭, 요셉, 모세, 예수의 제자들, 사도 바울, 프란치스코, A. 슈바이처, 마더 데레사 등….

비록 세상 사람들이나 '거죽만의 신앙인들'이 보기에는 실패하고 패배한 것처럼 보이더라도, 하나님을 자기 마음의 왕좌에 앉히고 살면서 궁핍하거나 요절하거나 비극적으로 죽어간 사람들은 결코 실패하거나 패배한 것이 아니다. 사실 그것은 역설적으로 실패 같은 성공, 패배 같은 승리, 십자가를 통한 부활, 죽음을 넘어선 영생이다. 그것은 하나님이 그들 안에서 성공하신 거룩하고 온전한 삶이다(히 11장).

그러나 세상에서 성공하여 권력과 영광과 영화를 누리며 살아간 '형식적인 신앙인들'은 하나님의 눈이나 역사에서 실패자로 규정되고 단죄되고 거부되었다. 그들은 하나님을 자기 마음의 왕좌에서 내쫓아버리고, 탐욕적 에고를 그 자리에 왕으로 앉혀 숭배하며 왕처럼 군림하며 살아간 사람들이었다. 아담과 가인, 롯과 에서, 사울과 솔로몬과 므낫세가 대표적인 예이다. 그런 일은 지금도 마찬가지이다. 왜냐면 하나님·우주적 영·의식·진리는 인간과 역사를 포괄하는 하나이기 때문이다.

마음에서 하나님을 축출하고 살아간 사람들에 대하여 예수께서는 이렇게 말씀하신다. "나는 너희를 도무지 알지 못한다. 불법을 저지르는 자들아, 내게서 물러가라."(마 7:21~23) 그들은 입으로만 "주님(하나님·그리스도)을 부르고, 주님의 이름으로 예언·설교를 하고 귀신을 쫓아내고 많은 기적을 행한 사람들"이다.

그들은 이것도 저것도 다 취하고자 한 사람들, 즉 하나님과 Ego·세상이라는 두 신들 사이에 "양다리를 걸치고" 산 사람들이다(왕상 18장 참조). 그들은 "너희는 하나님과 재물을 함께 섬길 수 없다(마몬·Mammon, 아람·

시리아어-돈의 신). 사람들이 높이 평가하는 그러한 것은 하나님이 보시기에 혐오스러운 것이다."(눅 16:13.15)라는 예수의 말씀을 읽으면서도 한사코 외면하고 살아간다.

'노자'는 말한다. "기자불립(企者不立), 과자불행(跨者不行). 뒤꿈치를 들고서는 (오래) 서 있지 못하고, 다리를 쩍 벌리고서는 (멀리) 걸어갈 수 없다."(도덕경, 24장) 풍자(諷刺)인 이 말은 사람들이 진리와 재물에 대한 욕심 사이에서 어정쩡하게 살아가는 모습을 해학적으로 표현한 것이다. 그러니 계속 그런 식이라면, 이내 탈이 나고야 만다. 하나님을 내 마음의 왕좌에 모시고 산다는 것은 하나님의 뜻과 진리를 생의 목적으로 설정하고 살아가는 것을 말한다. 여기에 인간의 인간다움과 영광이 있다.

2. 그러므로 매우 단순하게 말해서, 인간은 단지 두 유형만 존재할 뿐이다.

2-1) 세속 안에서 자유롭게 살아가는 사람

그는 하나님·진리를 생의 목적으로 추구하는 사람이다. 그는 자신의 존재와 소유와 삶이 하나님의 기적, 하나님의 가없는 은총·선물, 하나님의 것, 하나님의 위탁(委託), 하나님이 자기 안에서 당신의 삶을 사시는 무대라는 진실을, 깊은 자각 속에서 이해하고 드러내는 진정 종교적인 사람이다. 그는 삶의 그 어떤 것도 당연하게 여기지 않고 경이로운 선물로 생각하여 말할 수 없는 고마움을 느끼며, 세상을 자기가 태어날 때보다 더 좋은 곳으로 만들려는 숭고한 신념과 이상 속에서 살아간다.

그렇기에 그는 언제나 열린 마음으로 하나님과 자신과 세상을 바라본다. 그는 전혀 닫혀 있지 않다. 닫혀 있는 사람은 결코 그렇게 인식하고 살수 없다. 닫혀 있는 사람은 권력과 재산을 추구하고, 남들과 비교우위에 서려 하고, 하나님이나 자신이나 삶에 대한 경이감을 느낄 줄 모르고, 숭고한 이상도 없이 그저 감각적으로 생존할 뿐이다.

20세기 걸출한 철학자 '루트비히 비트겐슈타인'은 철학자답지 않게 이런 말을 했다(논리 철학 논고). "신비한 것은 세상이 어떻다는 것이 아니고, 세상이 존재한다는 것이다." 우주와 세상의 구조가 어떻다는 것은 물리학자와 사회학자와 정치학자에게 맡겨두시라. 그런데 왜 우주와 세상이 존재하는가? 왜 우리는 없질 않고 있는가? 누가 이것을 설명할 수 있는가? 모든 설명이 구구한 억측일 뿐이다. 우리는 기적이라고 할 수밖에 없는 신비로운 우주 안에서 존재하고 있다. 우리가 존재한다는 것은 우리가 진지하고 실존적으로 묻고 대답해야 할 '존재의 형이상학'에 속한다.

그렇다. 나는 경이로운 기적의 현상이다. 내가 존재해야 할 필연적인 이유는 없다. 그런데 나는 존재한다. 따라서 지금 이 순간, 내가 살아 있다는 경이로운 현실, 이것이야말로 진정 기적이다. 삶은 기막힌 신비이다. 내가 아무것도 보탠 것도 없건만, 날마다 펼쳐지는 하늘과 대지, 소중한 오늘, 나의 세계를 이루고 있는 모든 것들, 알 수 없기에 기대감과 설렘과 희망으로 가득 차 열려 있는 앞날, 이 모든 것은 정녕 신의 기적이요 신비요 은총이다.

따라서 내가 존재한다는 것에 대한 자각과 경이감과 이해야말로 진정한 삶의 출발점이고, 또한 순간순간 나의 삶을 아름답게 형성하는 과정의 핵심이다. 여기에서 하나님과 진리를 추구하고 봉사하는 것이 생의 목적이라는 것을 깨닫는 것이 가능해진다. 이러한 자각적 인식은 삶의 모든 것, 곧 시간, 공간, 사물, 일, 모든 관계, 일상의 사소한 것들을 신의 눈으로 새롭게 바라보게 한다. 이것이 정녕 세속 안에서 자유로운 살아 있는 삶이다.

2-2) 세속의 포로가 되어 살아가는 사람
그는 경이로운 기적의 현상인 인간으로 태어나 그저 생물학적 차원에서만 살다가 죽는 사람이다. 어떤 것에 잔뜩 홀려서 취하여 살다가 꿈처럼 죽는다는 취생몽사(醉生夢死)라는 말이 이것이다. 어린애에게 장난감이 필요하듯, 유치한 어른에게도 역시 장난감이 필요하다. 권력, 돈, 지위, 신분, 음식, 술, 쾌락, 오락, 자동차, 취미 활동, 스포츠, 여행, 전쟁 등에 대한 광적인 집착이다. 이러한 장난감에서 해방되지 못하는 한, 누구나 만년 유치한 어린애로 살다가 죽는 것은 피할 수 없다.

생물학적 종으로 분류할 때, 인간이 '동물'에 속한다는 것은 매우 의미심장한 것이다. 그런데 인간은 '고도의 의식(意識)'을 지닌 동물이다. 따라서 이것은 인간이 동물의 차원으로 떨어지면 안 된다는 하나의 경고이면서, 동시에 인간이 삶을 통해서 드러내야 할 신성한 의무·과제에 대한 선언이다. 지식, 권력, 영향력, 신체, 재산, 재주, 기술 등, 인간이 지닌 모든 것은 '탈(脫) 동물, 향(向) 인간'으로 살기 위한 수단이기에, 이런 것들 때문에 '동물 속(屬)'으로 살아가는 것은 신과 자기와 삶에 대한 모독이다.

동물은 그저 먹고 경쟁하고 새끼를 낳고 기르고 살다가 죽는다. 그뿐이다. 그 이상에 대해서는 아무것도 모른다. 그렇다고 동물을 경멸하는 것은 아니다(나도 강아지들과 '냥줍' 고양이 둘과 함께 살고, 집에 오는 길냥이들 여럿을 먹이고 있다). 동물은 자기만의 생각과 사람과 같은 기본적인 희로애락애오욕(喜怒哀樂愛惡欲)의 감정과 사랑의 삶이 있는 멋진 친구들이다.

그러나 그 어떤 동물도 다음과 같은 질문을 하지는 않는다. '신은 누구인가? 진리란 무엇인가? 삶의 목적과 의미는 무엇인가? 무엇이 생을 참되게 하는가? 나는 어떻게 살아야 하는가? 나는 어디에서 왔는가? 나는 왜 여기에 있는 것일까? 나는 어디로 가는가?'

그렇기에 동물에게는 종교도 철학도 학문도 문화도 없다. 따라서 사람으로 태어나 도대체 이런 것을 묻지도 않는 사람은 동물처럼 생물학적 차원에 갇혀 살다가 죽는 것이다. 아는 것이라고는 돈과 물질, 음식과 소유, 타인과의 경쟁과 싸움, 육체적 향락, 생존 활동뿐이라면, 그것은 이미 죽은 인간으로 살아가는 것이나 마찬가지이다.

미국의 문화학자 'J. 다이아몬드'는 "제3의 침팬지"에서 이런 의미심장한 이야기를 한다. "인간에게서 옷을 벗기고 모든 소유물을 빼앗은 후, 말하는 능력마저 없애 버리고, 오로지 으르렁거리는 소리밖에 낼 수 없게 만든 다음, 신체구조만 그대로 두었다고 가정해보자. 그들을 동물원의 침팬지 우리 옆에 넣고, 옷을 입고 말을 하는 다른 인간들에게 동물원을 방문하게 해보자. 그러면 그들은 외양은 우리와 똑같아도, 두 발로 서서 걸을 줄 아는 털 없는 침팬지일 뿐이다."

이것은 인간 모독인가? 아니다. 그가 말하려는 것은, 인간이 대지의 많은 생물과 미생물에게 자신의 생존과 생활을 전적으로 의지하고 살아가면서도, 늘 소유욕에 빠져서 서로 지나치게 경쟁하고, 자신을 도와주는 자연 생태계와 동물의 터전을 함부로 침범하고 오염시키고 죽이는 데만 정신을 팔고 많은 종의 씨를 계속 말려가고, 마침내는 자신의 씨까지도 말리게 될 위기를 자초하고 있는 우울하고 무지하고 어리석고 탐욕적인 존재 방식과 세상의 구조와 현실에 대한 것이다. 그렇기에 그는 만일 인류가 이후에도 지금까지 지내온 대로 산다면, 인류의 멸종은 정해진 순서가 되리라고 진단한다.

생물학자들은 인간의 유전자(DNA)가 98.4% 이상 침팬지 유전자와 같다고 한다. 따라서 인간이 자신을 '인간의 얼굴을 한 침팬지'가 아니라고 한다면, 침팬지의 삶 이상의 무엇을 지니고 인간다운 존재 방식을 지향해야 한다. 그것이 없다면, 그저 인간의 옷을 입은 침팬지로 살아가는 것일 뿐이다.

구약성서의 시인도 이렇게 말한다. "사람이 제아무리 영화를 누린다 해도 죽음을 피할 수는 없으니, 미련한 짐승과 같다."(시 49:12) 이것은 '다이아몬드'의 말과 같은 의미이다. 신이나 진리에 대한 추구가 없다면, 인간은 영락없이 미련한 짐승일 뿐이다. 이것이 세속의 포로가 되어 살아가는 삶이다.

3. 신과 진리에 대한 무관심, 영혼·얼과 정신세계에 대한 무관심, 존재(to be)를 지향하는 삶이나 죽음에 대한 무관심, 우주에 대한 무관심, 사물의 이치와 아름다움에 대한 무관심, 내면에 대한 무관심, 인간에 대한 무관심 등, 인생의 본질적 차원에 대한 무관심은 모든 것을 당연하게 여기고 소유욕에 빠져 동물적인 차원에 갇힌 채, '죽음의 세계에서' 살아가게 만드는 내면의 암(癌)이다(죽음은 사망이 아니라, 인간다운 모든 것의 왜곡과 상실을 의미. 창 2:17을 숙고해볼 것).

구약성서는 하나님을 창조자로 고백하는데, 하나님이 살아계신 분이라는 뜻이다. 살아계신 하나님은 지금도 끊임없이 움직이고 변화시키고 창조하신다. 하나님의 창조는 완결된 것이 아니라 지속적인 과정이다. 만일 우주와 만물이 한 번의 창조로 완결되어 고정된 것이라면, 그것은 죽은 것일 뿐이다. 하나님의 창조 활동은 지금도 계속되는 과정이다. 하나님은 지금도 나비 한 마리를 창조할 때, 별들을 창조하는 것만큼이나 세심한 주의와 열정을 기울이신다. 왜냐면 창조야말로 하나님의 예술작품이요 기쁨이기 때문이다. 하나님은 언제나 열려 있기에 살아 있고, 살아 있기에 창조하시는 분이다.

이러한 진실이 어디 하나님에게만 해당하는 일일까? 인간도 마찬가지이다. 인간이 살아 있는 존재가 되는 것은 창조성 속에서 존재할 때이다. 그리고 진정한 창조성은 신과 진리, 삶과 자신과 세계에 대한 깊은 경이감과 개방성과 관심에서 나온다. 관심은 사랑 어린 호기심이다. 사실 인간이 여기에까지 이른 것도 이런 호기심의 관심 때문이다.

신과 진리, 만물과 삶과 자기에 대한 깊은 관심과 호기심과 사랑은 우리를 찾고 구하고 문을 두드리고 참여하고 도전하고 뛰어들고 모험하는 삶으로 인도한다. 관심과 호기심과 사랑의 삶은 과거가 어떠하든(지식, 성취, 나이 등), 끊임없이 그것을 뛰어넘으면서 미래를 향하여 나아가면서도, 지금 이 순간에 온전히 현존하는 존재 방식, 곧 "뒤에 있는 것은 잊어버리고, 앞에 있는 것을 향하여 몸을 내밀면서 달려가는 것"이다(빌 3:13~14). 그것이 우리를 생생하게 살아 있게 한다.

인생의 본질적 차원들에 대한 무관심은 사실 무의식의 세계에 놓인 두려움과 자만심에 기초하고 있다. 무의식적인 두려움은 사람을 자기도 모르는 걱정과 두려움과 공포에 휩싸이게 하여, 탈출구나 피난처를 찾게 한다. "무화과나뭇잎 치마"(창 3:7)로 상징되는 그 탈출구와 피난처는 대개 돈과 성(性)과 권력과 명예 등, 소유의 형식들이라는 '구덩이'이다(소유를 반대하는 게 아니라, 과도한 집착과 자발적 포로·노예가 되는 것을 지적하는 것). 그러나 그것은 '구덩이 속에서의 쾌감과 안락'이다(제 16장-2, 톨스토이의 호랑이와 네그네 비유).

그리하여 두려움은 인생의 본질적 차원들에 대한 무관심을 촉발한다. 무관심은 자기와 삶의 진실로부터 도피하는 자멸 행위이다. 왜냐면 무관심은 자신의 삶에 대한 절망이기 때문이다. 그리고 "절망은 죽음에 이르는 병이다."(S. A. 키르케고르-죽음에 이르는 병) 사람이 소유욕에 사로잡히면 이미 살아서 죽어버린다.

두려움은 각종 소유의 형식을 자기와 동일시하게 한다. 그리하여 어느 정도 자랑할 만큼 소유 형식을 축적하면 이내 자만심에 빠지게 하고, 그 이상의 것에 대해서는 아무 관심도 없게 만든다. 그의 관심 사항은 오로지 이것이다. "내 영혼아, 여러 해 동안 쓸 많은 물건을 쌓아 두었으니, 너는 마음 놓고 먹고 마시고 즐겨라."(눅 12:15~21, 어리석은 부자 이야기)

성서가 노아 시대에 일어난 지구적 홍수의 실상과 원인을 "하나님의 아들들", 곧 신앙인들의 타락상이라고 지적하는 것은 대단히 의미심장한 것이다(창 6:1~7). 그것은 타락하지 말아야 할 사람들까지 죄다 타락해버린 슬픈 현실을 지적한 것인데, 그 타락의 실상은 오로지 쾌락적 감각과 소유에 대한 광적인 집착이다. 그래서 인사불성(人事不省)이 된 인간들로 인해 온 세상이 극단적 무질서에 빠져버린 끝에 끝장이 난 것이다.

그런 사람들에 대하여 예수께서 다음과 같이 잔인하게(!) 말씀하셨다는 사실을 알면, 그대는 놀랄 것이다. "죽은 사람들을 장사(葬事)하는 일은 죽은 사람들에게 맡겨두고, 너는 가서 하나님 나라를 전파하여라."(눅 9:60) 시방 예수께서는 싸늘한 시체나 장례를 치르는 사람들을 싸잡아 이미 죽은 사람들이라고 말씀하신 것이다.

왜 그렇게 과격한 말씀을? 예수께서는 하나님의 나라, 즉 하나님·진리를 향한 관심과 호기심과 사랑이 없는 사람은 비록 하나님의 이름을 부르고 성전에 드나든다고 하더라도, 이미 '잠든' 사람, 곧 실상 '죽은' 사람이라고 보시기 때문이다. 예수께서 이 말씀을 세상에서 최고로 종교적 열성분자인 유대인들에게 하셨다는 것을 진지하게 생각하시라! 하나님이니 신앙이니 성전이니 예배니 율법이니 하는 모든 게, 무엇을 위한 것인가? 의식(意識)의 각성, 곧 깨어난 사람, 깬 사람이 되게 하려는 것이다. 그래도 유대인 모독도 정도가 있지! 그러나 그래서 예수이시다! 종교는 종교일 뿐이고, 깨어나는 것은 다른 차원이다.

구약성서에서 "잠"은 '죽음'의 은유로 쓴다. "주 나의 하나님, 내가 사망의 잠에 빠지지 않게 나의 눈을 뜨게 하여 주십시오."(시 13:3) 바로 이것이다. 이 사람도 엄연히 성전과 예배에 중독되다시피 한 유대인이다. 그런데도 이런 기도를 올린다. '죽음의 잠과 눈을 뜸'을 비교해보라. 무엇이 보이는가? 종교의 모든 것은 눈을 뜨기 위한 도구이다.

그런데 예수께서는 이보다 더 잔인한(!) 말씀을 하신다. "내가 자기들의 왕이 되는 것을 원하지 않은 나의 이 원수들을 이리로 끌어다가, 내 앞에서 죽여라."(눅 19:11~27) 이것은 마태복음의 달란트 비유(마 25:14~30)와 같은 "므나" 비유에서 말한 역설(paradox)의 변증이다. 므나 한 개를 "수건에 싸서 보관해두었다가 가져온 한 종"에게 내린 선고인데, 결론은 복수를 사용한다. 그러니 이것은 모든 사람에게 해당하는 이야기이다. 이런 말이 복음서에 들어있음에도 불구하고, 많은 이들이 떨리는 가슴으로 충분히 주목하지 않는다. 이렇게 우리의 입을 떡 벌어지게 만드는 실로 경악스러운 발언이 예수의 입에서 나왔다!

왜 사랑의 예수, 곧 대자대비(大慈大悲)의 예수께서 그렇게도 과격하고 폭력적인 언사들을 내던지다시피 하셨을까? 우리가 알다시피, 예수 같은 분은 절대로 가볍게 말씀하시는 분이 아니다. 예수께서 과격한 분노가 섞인 말을 할 때는 언제나 중차대한 문제로 여기는 '어떤 진실'이 무지막지하게 훼손되는 현실을 목격하실 때이다.

지금도 마찬가지이다. 복음서에 나오는 예수의 말을 단지 그때 유대인들에게 한 말이라고 생각한다면, 오늘날 읽을 필요조차도 없다. 그런데 "예수 그리스도는 어제나 오늘이나 영원히 한결같은 분"이기에(히 13:8), 위의 말은 지금도 당신을 믿는 사람들에게 말씀하시는 것으로 들어야 한다.

예수께서는 잠든 사람을, 인간다운 인간으로 깨어나게 하는 하나님·진리에 아무런 관심조차도 없이(수건에 싸서 보관해두는), 그저 동물처럼 먹고 후손을 낳고 싸우며 살아가는 인간, 하나님과 진리를 자기 내면의 왕좌에서 내쫓고 그 자리에 자아의 욕망을 앉히고는 형식적인 종교생활 속에서 밤낮 그것만 추구하는 인간을 이미 죽은 인간이라고 못 박았고, 그런 사람들을 죽여버리라는, 참으로 과격하고 충격적인 말씀을 하신 것이다.

물론 비유와 상징, 그리고 역설로 하신 말씀이지만, 그렇다고 해서 그 강도(强度)가 약해지는 것도 아니다. "들을 귀가 있는 자는 들어라!"(막 4:9) 예수께서는 하나님을 믿는 유대인들에게 하신 말씀이기에, 기독교인들에게도 해당하는 실로 경악스러운 발언이다. 실로 준엄하기 이를 데 없는 무서운 예수이시다!

4. 우리는 어떤 가감도 없이, 복음서의 예수를 있는 그대로 보고, 또한 새롭고 심원하게 발견해야 한다. 예수 그리스도는 우리 입맛대로 움직여주는 분이 아니며, 우리가 잘 보아주셨으면 하고 바랄 분도 아니다.

예수는 "뜻밖의 예수"(The Unexpected Jesus, 미국 신학자 'R. M. 브라운'의 "뜻밖의 소식·News"에서 변형), 충격적인 예수, 그래서 늘 새로운 예수이시다. "착한 사마리아인 이야기, 탕자(蕩子) 이야기"를 보시라(눅 10:25~37, 15:11~24). 그때나 지금이나 앞으로나, 예수는 언제나 기존의 종교와 신앙, 신학과 이념(ideology)과 관념, 치우친 애호(愛好)와 환상적 투사(投射·projection)를 전복하는(顚覆·subversive), 실로 까다로운 분이시기도 하다.

사람들이 '20세기 성녀'라는 '마더 데레사'의 전기, "와서 나의 빛이 되어라"를 읽다가 자꾸만 눈시울이 뜨거워진 일이 있었다(브라이언 콜로디척 편저). 이 책은 생전에 공표된 일이 없는 그분의 편지나 일기를 중심으로 쓴 일대기이다.

수녀는 18세 소녀 시절 수녀원에서, 예수 그리스도의 음성을 듣는 체험을 했다. 한 번은 "나는 지금도 십자가에 못 박혀 있다. 내가 목마르다. 나는 인도의 가난하고 병들고 버려지고 죽어가는 사람들 속에서 죽어가고 있다. 네가 가서 내 목마름을 채워라. 네가 나를 거절하겠느냐?" 하는 음성을 들었다.

그리하여 우여곡절 끝에, 그분은 인도 '콜카타'의 빈민굴로 들어가 서양인이 아닌 인도 여성으로만 구성된 "사랑의 선교회"를 창설하고, 평생토록 '청빈, 순결, 자비'를 생활신조로 삼아 봉사했다. 그녀가 겪은 고통은 이루 말할 수 없는 것이었지만, 늘 기쁨, 웃음, 친절, 인내, 겸허, 그리고 무한한 사랑 속에서, 오직 예수 그리스도를 위해서 살고 죽음이 필요하다면 기꺼이 죽겠다는 일념으로 수행했다.

물론 이것은 그런 일에 부름을 받은 특별한 사람에게만 해당하는 이야기일 수도 있으리라. 그러나 복음서는 이런 생각을 거부한다. 이것은 이 세상의 그 어떤 것과도 자기를 동일시하지 않고, 오로지 자기가 믿고 따르는 예수 그리스도를 위하여 의롭고 청빈하고 진실하고 자비롭게 살아가는 존재 방식을 취해야 하는 모든 그리스도인에게 적용되는 진실이다. 오로지 성령과 진리 안에서 하나님의 영광을 위하여, 끊임없이 자기를 부정하고 죽이는 삶, 이것이 구약성서와 신약성서의 복음이다(미 6:8; 요 12:24~26).

전에도 말했듯이, 복음서의 예수는 전체적인(wholly)인·통전적(通典的, holistic)인 분이시다. 예수의 모습에는 사람들이 좋아하는 면과 함께, 싫어하고 거부하는 면도 있다. 그러므로 우리는 자신이 좋아하는 예수를 예수의 전체라고 생각하면 안 된다. 내가 좋아하는 예수는 내가 싫어하고 거부하려는 예수와 조화를 이루어야 하고, 내가 싫어하고 거부하려는 예수는 내가 좋아하는 예수와 균형을 이루어야 한다. 이것이 복음서에 나타난 역사적 예수이시다.

오늘날 기독교가 이처럼 위태로운 지경에 처하게 된 것도 전적으로 기독교인들이 자기들이 좋아하는 예수만 좋아하고, 인간의 모든 그릇된 자아(Ego)와 행태를 뒤집어엎는 전복적이고 혁명적인 예수를 '슬쩍, 짐짓, 일부러, 고의로, 의식적으로, 아예' 제쳐두기 때문에 발생하는 일이다(마

7:15~23, 23장; 막 11:12~17 참조).

우리는 결코 예수 그리스도를 다 아는 것이 아니다. 아무리 알아도 모르는 바가 더 많다. 평생토록 지치지도 않고 한 수레 분량의 신학책을 줄기차게 써낸 걸출한 신학자 '토마스 아퀴나스, 칼 바르트'라도 그러하다. 아무리 예수에 대한 지식이 많다 하더라도, 인격과 생활은 또 다른 문제이다. 예수의 일부만 보고는 그게 전부라고 단정해서는 안 된다. "그리스도 안에는 모든 지혜와 지식의 보화가 감추어져 있다."라는 말도 이것이다(골 2:3). 누가 그것을 다 알겠는가? 비유하자면 예수는 마치 우주와 같다. 지금도 기껏해야 망원경으로 들여다볼 뿐인 지경이면서 감히 우주를 다 아는 것처럼 말하면 안 되듯이, 예수도 그러하다.

따라서 우리는 멋대로 자기가 좋아하는 예수상을 취사선택하거나 만들어내서는 안 된다. 그렇게 '만들어진 예수'는 복음서의 예수가 아니시다 (The Jesus Delusion, 영국 생물학자 '리처드 도킨스'의 "만들어진 신·The God Delusion"에서 빌려 만든 용어). 그런 상은 인간이 예수에게 탐욕을 투사하여 만들어 낸 종교적 허상과 우상일 뿐이다. 예수는 우리 마음대로 움직여주는 신적인 자동인형이 아니시다. 곧, 예수는 인간이 어떤 긴급한 필요나 위험에 처해서 부르기만 하면, 서커스 무대 천장에서 줄을 타고 내려와 기적을 베풀어준다고 믿은, 중세 유럽에 유행한 관념의 신인 "데우스 마키나"같은 존재가 아니시다(Deus Machina·기계적인 신).

이런 예수는 사람이 만들어낸 예수일 뿐이고, 복음서에 이런 예수는 없다. 진정한 신앙인의 삶은 예수 그리스도께서 내 안에서 당신의 뜻대로 사시게 해드리는 것이다. 그것이 우리에게 고통과 고난의 길이라 하더라도 그러하다. 감히 자기가 바라는 대로 예수가 움직여주기를 바라고, 그래서 권력과 재산과 명예를 얻어 누리면 신앙이 좋은 것이라고 착각하는 것은 대단히 심각한 종교적 질병이요, 하나님조차도 구원하지 못할 일이다(욥 4~5장). 이런 흔해 빠진 기독교인들은 기독교 2천 년 역사와 오늘날에 지나칠 정도로 많다.

5. 하나님을 내 마음의 왕좌에 앉혀, 그분이 내 안에서 성공하게 해드리며 살아야 하는 이러한 신앙의 진실, 그리고 비슷한 말을 여러 번 되풀이하신 예수의 말씀을 여전히 귀담아듣지 않는 사람들은 지금도 다음과 같은 말을 진리처럼 가르치거나 철석같이 믿는다. '내가 성공하고 교회가 인적으로나 재정적으로 번영해야 하나님이 영광을 받으시고, 하나님을 위해서 많은 일을 할 수 있다!'

물론 맞는 말일 수도 있다. 그런데 이 말의 진실과 사실을 제대로 모르면, 대단히 매력적인 복음(!)처럼 들린다. 곧, 번영의 복음, 번영의 신학(욥 1:10, 울타리 신앙·신학)! 이것을 추구하는 사람들이 말하는 성공이란 대개 물질적 성공과 부귀영화이다. 숭고한 인격이나 삶에 대해서는 침묵뿐이다!

그러나 성서는 '성공'을 무엇으로 규정하느냐에 따라 인생이 달라진다고 말하는 데서 추호도 양보하지 않는다. 성서가 인간들이 희구하는 성공을 가르치고 조장해왔다면, 결단코 인류의 경전이 될 수 없었다! 성서는 인간의 소망과 의지에 대한 증언의 책인가, 아니면 인간을 향한 하나님의 뜻과 의지를 밝히는 책인가? 그리스도인이면 누구나 안다. 인간의 소망은 전적으로 하나님의 선한 의지에 종속되는 사항이다(창 12:1~3 참조).

그런데 사람들이 좋아하고 추구하는 성공의 정의가 성서의 가르침에 따른 것이라고 믿는 사람들은 분명히 성서에서 근거를 찾아 자신을 합리화한다. 기독교 2천 년 역사와 오늘의 현실이 그렇다. 아브라함과 이삭과 요셉과 욥도 부자였고, 모세와 여호수아와 요시야도 권력자였다고! 맞는 말이다. 따라서 부와 권력을 성취하는 것은 성서의 가르침을 위배하는 것이 아니다(나도 반대하는 게 아니다)!

그러나 문제는 바로 여기에서부터 비롯된다. 그러면 그들은 그러한 성공을 자기 인생의 목적으로 삼았던가, 아니면 더 숭고한 어떤 목적을 위한 수단으로 여겼던가? 이것 역시 그리스도인이면 누구나 안다. 성공은 전적으로 숭고한 목적에 종속되는 사항이다(신 30:15~20; 수 1:1~10; 욥 29장과 31장; 시 63편 참조).

그들은 어떻게 살았던가? 그들은 결코 소유물의 종이 되지 않았고, 이기적이지 않았고, 성공에 목을 매지 않았고, 권세와 영광을 탐하지 않았고, 자랑하고 교만하지 않았다(다윗과 솔로몬은 후반기에 그랬다가 나라를 망쳤다!). 그들은 오로지 신앙의 사람, 곧 하나님 앞에서 자아를 철저히 죽인 하나님의 사람, "하나님의 친구"가 되어(사 41:8), 아무런 자랑도 거만도 모르고 겸허히 살았고, 고난을 겪더라도 움츠러들지 않았고, 당대 사람들이나 후대와 역사를 위해 자신을 바쳐 빛나는 공헌을 했다.

그렇다면 그리스도인들도 얼마든지 이들처럼 살 수 있다. 그러니 그대 그리스도인들이여! 대통령이 되고 싶으면 되시라. 기업 회장과 사장, 장관, 장군과 참모총장과 합참의장, 대학 총장과 탁월한 학자도 되시라. 유명한 연예인이나 막강한 인사도 되시라. 더 나아가 유엔 사무총장도 되시라. 무엇이든 되시라. 나는 그리스도인은 죄다 가난뱅이와 약자로 구질구질하고 멸시나 받으면서 살아야 한다고 말하는 게 전혀 아니다!

그런데 성서의 가르침에 따르면, 우리가 한 가지 명심해야 할 일이 하나 있다. 이것은 결코 가볍게 여기거나 외면하거나 무시해도 되는 그런 볼품없는 사안이 아니다. 이것은 예수 그리스도를 믿는 모든 그리스도인의 삶과 죽음과 그 후까지 결정하는 중차대한 사항이다. 곧, 이것은 모든 신앙인의

"죽음과 영원한 생명"을 결정짓는 사항이다(롬 6:23 참조).

다른 말은 그만두고, 그리스도인은 예수를 믿고 따르는 사람이니, 예수의 말씀만 생각해보자. "나는 너희에게 하나님을 사랑하는 마음이 없다는 것을 알고 있다. …너희는 서로 영광을 주고받으면서 오직 한 분이신 하나님께서 주시는 영광은 구하지 않으니, 어떻게 믿을 수 있겠느냐?"(요 5:42.44) "나를 섬기려고 하는 사람은 누구든지 나를 따라오너라. 누구든지 나를 섬기면, 내 아버지께서 그를 높여주실 것이다."(요 12:26)

따라서 '내가 성공하고 교회가 번영해야 하나님이 영광을 받으시고, 하나님을 위해서 많은 일을 할 수 있다!'라는 말을 물질적인 성공으로만 정의하고 생각하는 것은 전혀(!) 구약성서와 예수 그리스도와 신약성서의 가르침이 아니다. 성서 어디에서도 그런 말 없다. 이런 사고방식은 악마의 논리요, 거짓말이요, 에고의 속임수일 뿐이다.

이런 거짓된 신앙의 언어·신학이 고대 이스라엘 민족을 파멸하게 했다는 것은 구약성서에 나오는 이야기이다. 이것이 바로 바알 종교, 바알주의이다(Baalism). 물질적 복과 성공과 다산(多産), 풍요와 육체적 쾌락을 보장하는 우상으로서의 신과 종교적 이데올로기! 그런데 이것이 오늘날 한국 교회에서 성서의 정통 진리인 양 가르쳐지고 신봉되면서, 교회를 휩쓸며 더럽히고 타락하고 쇠락하게 하고 있다.

그렇다면 성서와 기독교 역사에서 보는 대로, 하나님을 굳건히 신뢰했음에도 불구하고 가난하고 병들고 실패하거나(욥기의 주제), 진리를 전하다가 사회와 국가로부터 내쫓기고 고난을 겪은 사람들, 혹은 현대에서 하나님과 예수의 가르침을 따라 생명과 인권과 생태보전, 그리고 민주주의 운동을 하다가 박해를 받는 사람들은 모조리 하나님께 큰 불찰을 저지르고 모욕을 안겨 드린 것이라는 말이 될 것이다. 과연 그러한가?

우리는 시편에서 참된 신앙인들이 겪은 가난과 박해, 패배와 고난과 고통의 언어를 수도 없이 읽고, 특히 모든 예언자의 삶이 그러하다는 것을 안다(롬 8:35~39 참조). 그렇다면 그들은 모두 하나님께 영광을 드리지 못한 사람들이라는 말이 된다. 그런데 과연 그러한가? 하나님은 내가 물질적으로 성공해야 영광을 받고, 내가 고난을 겪거나 실패하거나 패배하면 영광을 받지 못하는 그런 하찮은 신이란 말인가?

아니다. 그것은 거짓말이다. 그런 말은 성령과 진리 안에서 이루어지는 내적 변화를 도무지 알지 못하는 지극히 세속적인 성직자들이나 기독교인들이 좋아하는 욕심으로 가득 찬 허위의 언어, 거짓의 신념, 왜곡의 복음일 뿐이다. 진리와 거짓은 종이 한 장 차이이다. 우리는 "선악과"도 먹으면 "신처럼 되게 할" 듯, 즉 하나님에게 영광을 돌릴 듯 보였다는 사실을 명심해야 하리라(창 3:1~5).

6. 구약성서에서 '내가 성공하고 교회가 번영해야 하나님이 영광을 받으시고, 하나님을 위해서 많은 일을 할 수 있다!'라는 신학을 진리처럼 신봉하고 살아간 두 사람을 생각해보자. 사울과 솔로몬 왕이다. 이들은 잠시 제법 하나님의 뜻을 받들어 순종의 길을 걸어가다가 이내 어긋나기 시작했는데, 그것은 바로 위와 같은 잘못된 신학적 관념을 가지고 살았기 때문이다. 그들이 왜 그것을 깨닫지 못했겠는가? 그들은 그것을 알고서도, 계속 그 죽음의 길을 갔다. 인간은 거짓에 쉽게 익숙해진다. 그리고 거짓에 익숙해지는 것보다 더 큰 죄악은 없다. 그렇게 되면 진실을 알아도, 도무지 돌이킬·회개할 능력과 기회를 상실하고야 만다.

이스라엘의 태조 사울은 왕이 된 후 몇 년 동안은, 하나님의 은혜로 가는 곳마다 승리하여 이스라엘 왕국에 안정과 영광을 가져와 일약 국민적 영웅으로 떠받들어졌다. 그러자 차츰 교만해지더니, 예언자 '사무엘'의 말도 듣지 않는 위험한 단계에 이르렀다. 결정적인 실수는 '아말렉' 전쟁에서 대승한 후, 모든 것을 전멸시키라는 예언자의 말을 거부하고 좋은 짐승들을 끌고 온 것이었다. 사무엘이 책망하자, 그는 '하나님의 영광을 위해서 제물로 바치려고 가지고 온 것'이라고 하며, 그에게 대들기까지 했다. 그때 사무엘이 한 말은 유명하다. "순종이 제사보다 나으니라!" 즉, 하나님은 거짓을 통해서 영광을 받으실 분이 아니라는 뜻이다(삼상 9장~15장 참조).

솔로몬은 하나님의 영광을 위하여 7년간 성전부터 짓고 봉헌한다. 하나님께나 이스라엘 민족에게 얼마나 충성스럽고 위대한 왕이었던가? 그리고 그는 그 후 13년 동안 왕궁들과 정부 관청들, 수많은 군사 요새와 도로와 군사력을 갖추고, 유능하게 농업을 개선하고 국제 무역까지 하여, 명실상부하게 이스라엘 왕국을 확장하고 안정시키고 경제적 풍요를 이룩했고, 국가 안보까지 확립했다.

그러나 그는 성전을 짓는 과정에서부터 잘못 판단하여, 자기의 성공이 하나님의 영광이라는 신학적 등식을 진리로 철저하게 믿고 밀어붙였다. 그는 성전과 궁전 등, 모든 건설 사업에 자기가 속한 '유다 지파'를 제외한 북쪽 9지파의 '자유민 이스라엘' 백성을 강제 동원하여 노예처럼 부렸다(성직을 맡은 레위 지파는 제외). 그리고는 곧바로 교만과 황음(荒淫) 방탕과 주지육림(酒池肉林)에 빠져 타락의 길로 접어들어, 여러 차례 하나님의 경고도 무시하다가, 끝내 나라와 민족에 분단의 씨앗을 뿌려놓고 떠났다(왕상 3~11장). 그리고 그 후 남북왕국은 원수처럼 따로 살다가, 급속하게 기울어 결국에는 강대국에 멸망하고 말았다.

이처럼 '내가 성공하고 교회가 번영해야 하나님이 영광을 받으시고, 하나님을 위해서 많은 일을 할 수 있다!'라는 신학적 관념은 진리처럼 보이는 대단히 미묘한 거짓말이다. 예수의 일로 말하면, 그것은 악마의 유혹, 악마적 신학이다. 이런 관념은 '깊이 잠든 기독교인들'에게는 대단히 매혹적인 '성공과 번영의 복음'으로 들리고, 진정 하나님을 위해 궁핍과 고난을 겪는 이들의 진실한 삶을 여지없이 패배와 실패로 규정해버린다(마 5:10~12 참조).

그러나 하나님은 내가 실패하거나 패배하거나 고난을 받아도 영광을 받으실 수 있다! 이에 대한 가장 전형적인 사례가 바로 예언자 요한과 예수의 죽음이요, 베드로와 사도 요한을 비롯한 모든 신실한 신앙인들의 생애이다.

7. 이제 본문을 생각해보자.

우리의 옛사람이 그리스도와 함께 십자가에 달려 죽은 것은 죄의 몸을 멸하여서, 우리가 다시는 죄의 노예가 되지 않게 하려는 것임을 우리는 압니다. 죽은 사람은 이미 죄의 세력에서 해방되었습니다. 우리가 그리스도와 함께 죽었으면, 그와 함께 우리도 또한 살아날 것을 믿습니다.

바울 신학의 두 기둥은 '십자가와 부활'이다. 곧, 그의 신학적 전제와 개요는 이것이다. '예수 그리스도를 믿는 이는 그의 십자가·죽음과 부활 안에서 함께 죽었고 다시 살아났다!' 그러면 어디에 죽고, 어디를 향하여 살아난 것인가? Ego·욕망·이 세상에 죽고, 하나님을 향하여 살아난 것이다. 그리고 이것은 내 신앙의 업적이 아니라, 전적으로 하나님의 은총과 사랑이다. 왜냐면 하나님이 먼저 그 길을 마련하시지 않았다면, 내 신앙도 없을 것이기 때문이다. 따라서 예수의 죽음과 부활을 나의 죽음과 부활이 되게 하는 길은 오직 신앙뿐이다. 곧, 예수의 십자가와 부활은 거기에 신앙으로 참여한 나의 죽음과 부활이다.

그런데 항상 먼저 믿어야 할 것은 십자가, 곧 나의 죽음이다. 십자가 없이는 부활도 없다. 십자가는 죽음의 신앙·신학이요, 부활은 생명의 신앙·신학이다. 언제나 앞선 것은 십자가 신앙·신학이다. 부활 신학은 십자가 신학의 열매이다. 십자가를 심지 않고 부활을 거둘 수는 없다. 십자가를 거쳐 가지 않고 부활에 이를 수는 없다. 부활 역시 십자가를 진 사람에게만 주어지는 하나님의 은총이다.

　　예수 그리스도를 향한 신앙은 그분의 십자가와 부활에 참여한 것이다. 따라서 신앙 안에서, 예수의 십자가는 이미 내가 세상과 자아에 죽은 것이며, 예수의 부활은 내가 새로운 존재로 탄생한 것을 선포한 사건이다. 곧, 예수의 십자가와 부활에 대한 신앙 안에서 나의 죽음과 부활은 이미 이루어진 것이다. 그러므로 그리스도인에게는 자기와 삶과 세상에 대한 전적으로 새로운 이해와 세계관과 가치관과 인생관과 물질 관념이 생긴다. 이미 그리스도와 함께 죽어서 다시 태어난 사람이기 때문이다. 그는 이전과 같은 눈으로 세상을 볼 수도 없고 보지도 않는다.

　　따라서 기독교인에게 새로운 존재, 새로운 삶이 없는 것은 예수의 십자가와 부활이 곧 나의 죽음과 부활이라는 신앙이 없기 때문이다. 교회에 다닌다는 것이 그 신앙은 아니다! 신앙은 전적으로 그리스도 안에서 성령과 진리의 자각을 통해 전적으로 변화된 내 내면의 거룩한 선의지이다.

　　바울은 자주 '비교의 신학'을 펼친다. "옛사람과 새사람." 옛사람이란 "죄의 몸으로 죄의 노예가 된 사람"이다. 옛사람이란 예배당에 다니지 않는 사람을 가리키는 말이 아니다. 이것은 형식의 문제가 아닌 존재의 문제이다. 그렇기에 예수 그리스도의 이름을 부르고 믿는 종교적 형식을 지니고 있더라도, 여전히 옛사람일 수 있다. 그는 예배당에 다니면서도 자아와 세상에 대한 욕심으로부터의 해방과 자유의 진리이신 예수 그리스도의 죽음과 부활에 신앙으로 참여하지 않고, 여전히 세상의 사고체계와 과거의 습성과 물질적 환상의 포로가 되어, 이 세상에 파묻힌 자아의 노예로서 물건의 소유와 축적과 향유만 추구하며 하나의 물건으로 살아간다. 그는 예수 그리스도의 죽음과 부활이 이미 자기에게 일어났고 은총으로 주어졌다는 진리를 믿지도 않고 알지도 못한다. 그는 기독교 안에 있으나 신앙의 세계 밖에서 사는 대단히 기묘한 모순과 부조리의 사람이다.

그는 오로지 두 가지 길, 곧 욕망이나 심리적 억압을 통해서만 존재할 뿐이다. 그는 끊임없이 무엇인가를 욕망하며 추구하고, 무엇인가를 억누르고 감춘다. 그의 마음에는 하나님이 없다. 진리가 없다. 그리하여 그는 자신 안에서 분열된다. 그러나 결코 그것을 알아차리지 못한다. 그는 꿈속에서 산다. 그는 잠든 사람이고 이미 죽어버린 사람이다. 그는 수평선을 붙잡으려는 사람과 같다. 이런 사람들이 현대 기독교 안에 대단히 많다.

기독교는 사람을 해방하여 자유로운 인간으로 만드는 것이다. "진리가 인간을 자유롭게 한다."(요 8:32) 예수 그리스도가 길이고 진리이고 생명이시다(요 14:6). 그런데 목회자를 비롯한 많은 이들이 기독교 안에서 길을 잃어버린다. 기독교를 오해하고 왜곡하는 사람들은 기독교를 이 세상의 것을 추구하고 확장하고 축적하고 누리는 경건의 수단으로 착각한다. 이렇게 가르치거나 믿는 것은 죄악이다. 그래서 역설적으로 내면의 변화 없이 종교적인 열광에 빠진 사람들일수록, 더욱 "집, 아버지·하나님"에게서 멀어진다(시 90:1; 눅 15:18~19).

이러한 진실을 확인하는 데는 이사야 1장을 보는 것만으로도 충분하다. 수많은 종교 행사에 열렬히 참여하지만, 사고체계와 생활방식은 여전히 거짓되고 이기적이고 부패하다. 이것이 바로 종교 안에서 "하나님을 거역하고 메마른 땅에서 사는 것"이다(시 68:6b). 실로 무섭고도 참담한 일이다. 비록 마음을 위로하고 자랑할 수 있는 세상의 대체물들을 많이 소유하고 산다 하더라도, 그들은 하나님에게서·하나님의 다스림·나라에서 멀리 떠나 있다.

이것이 바울이 말하는 옛사람의 모습이다. 따라서 옛사람이란 종교 안 팎에 있다. 옛사람은 자기가 이미 "그리스도와 함께 십자가에 달려 죽은 것"이라는 진실을 모른다. 바울은 이러한 이치를 세상의 방식으로 비유한다. "죽은 사람은 이미 죄의 세력에서 해방되었다." 그것은 자동이다. 죽은 자는 더는 사람이 아니기에, 그 어떤 것도 영향을 미치지 못한다. 죽은 자에게는 선과 악, 정의와 불의, 음식과 노래, 욕망과 영광, 영화와 사치, 근심과 고통, 국가와 법률, 종교와 사회와 전통, 주민등록, 연금, 채권과 채무가 일절 적용되지 않는다. 예수 그리스도와 함께 십자가에 달려 죽은 것이라는 진실은 바로 이런 뜻이다. 그는 더는 "욕심을 따라서" 살지 않는다(엡 4:24). 죽었는데 어떻게 욕심을 내겠는가?

그렇기에 옛사람은 부활의 삶에 대해서도 아무것도 모른다. 옛사람은 과거와 미래, 소유물과 몸뚱이의 욕망에 온통 사로잡혀 있기에, 예수 그리스도의 부활이 곧 나의 새로운 탄생이라는 진실을 모른다. 그는 여전히 옛 세계, 곧 '죄의 몸' 안에서 '죄의 노예가 되어' 살아간다. 무엇을 위하여? "신처럼 되어"(창 3:5) 천하를 손아귀에 잡으려고…. 그는 그것을 인생의 목적과 사명으로 확신한다. 그는 "이 세상의 신"에 사로잡혀(고후 4:4) "어둠의 일에 끼어든"(엡 5:11) 어둠의 사람이다.

부활은 옛 세상으로부터의 해방과 자유이다. 자유란 초극·초월이다. "이 세상에 있으나, 이 세상에 속하지 않는 것"이 부활이요 자유이다(요 17:16). 그는 마치 흙탕물속에 뿌리를 내리고 자라는 수련 같은 사람이다. 그런데 오늘날 기독교인들은 세상에 파묻혀 살아가는 것, 자아의 노예가 되어 사는 것, 하나의 물건으로 사는 것이 이미 죽은 것이라는 사실조차도 모른다.

그러한 삶은 비록 저 '무드셀라' 처럼 오래 산다 하더라도, 이미 죽은 것이다.

세상에 대한 추구, 거기에는 끝내 아무것도 없다. 죽음, 곧 살아서도 죽음 같은 현실뿐이요, 죽어서는 완전히 죽는다. 왜냐면 "죄의 삯(봉급·salary)은 죽음"이기 때문이다(롬 6:23). 교회당에 다니며 예수 그리스도를 믿는 형식이 사람을 구원하는 것이 아니다! 정녕 내적 변형, 곧 새로운 세계관, 가치관, 인생관, 물질 관념을 갖게 되는 존재의 혁신과 그에 따른 존재 방식의 변화를 의미하는 신앙만이 사람을 구원에 이르게 한다.

따라서 자신이 이미 예수 그리스도의 십자가와 함께 죽은 자로 믿는·아는·깨닫는 것만이 다시 태어날 수 있는 유일한 가능성이다. 그래서 바울은 이렇게 말한다. "우리가 그리스도와 함께 죽었으면(죽었다고 확고하게 믿으면), 그와 함께 우리도 또한 살아날 것을 믿습니다. …이같이 여러분도 죄에 대해서는 죽은 사람이요, 하나님을 위해서는 그리스도 예수 안에서 사는 사람이라는 것을 알아야 합니다."(롬 6:8.11) 바울이 말하는 부활은 죽은 이후의 사태가 아니라, 지금 진리의 자각을 통해 이룬 내적 변형, 인간혁명의 새로운 존재에 관한 것이다.

그러므로 여러분은 죄가 여러분의 죽을 몸을 지배하지 못하게 해서, 여러분이 몸의 정욕에 굴복하는 일이 없도록 하십시오. 여러분은 여러분의 지체를 죄에 내맡겨서 불의의 연장이 되게 하지 마십시오. 오히려 여러분은 죽은 사람들 가운데서 살아난 사람답게, 여러분의 지체를 의의 연장으로 하나님께 바치십시오.

이미 죽어버린 세계로 다시 돌아가지 않는 것, 이것이 부활의 삶, 곧 끊임없이 성령과 진리를 통하여 다시 태어나는 과정의 삶이다. 부활한 사람은 자기 '몸을 불의의 연장·도구가 되게 하지 않고, 의의 연장이 되게 하나님께 바친다.' 이런 사람만이 하나님의 은혜 아래 있는 새 사람이다.

8. 예수 그리스도의 부활은 그것을 사실로 믿는 오늘 우리에게 있어서 또한 진실이다. 예수 그리스도의 부활은 모든 믿는 이에게 주어진 하나님의 은총·선물이다. 하나님은 모든 인간을 예수 그리스도의 부활로 초청하신다. 그런데 그것은 믿는 이에게만 새로운 현실과 사명, 잠재적 가능성과 미래가 된다. 따라서 믿는 이는 이미 주어지고 선포된 예수 그리스도의 부활을 자신의 새로운 인격적인 존재 방식 속에서 맛보고 드러내야 한다.

오늘 우리에게 부활이란 진정 하나님 안에서, 성령을 통하여 일으키는 내적 변화에 근거한 자각과 새로운 삶에 관한 것이다. 그것은 지금 이 순간, 우리에게 참되고 신성한 삶, 영혼의 삶, 행복한 삶, 곧 영원한 삶·영생을 누리게 하고, 또 약속한다. 하나님은 믿는 이들에게 지금 부활하라고 명령하신다. 이것은 하나님이 우리가 진정한 내적 변화 속에서 생명력으로 가득하여 행복하게 살기를 바라시기 때문이다. 이것이야말로 하나님이 인간을 창조하신 목적이다.

그러나 지극히 모순되게도, 우리는 행복을 바라면서도 언제나 그러한 삶을 거부한다. 이보다 더 어처구니없는 모순도 없다. 이것에 대한 고전적인 예는 에덴동산 이야기이다. 인간은 지금도 금지되지 않은 생명 나무의 열매는 먹으려 하지 않고, 한사코 먹으면 죽음을 가져오는 금지된 선악과만 따 먹고 불행과 추방과 파멸을 자초한다(창 2~3장. 생명 나무는 죄를 저지른 후에야 금지되었다).

도대체 인간은 무엇 때문에 부활하지 않으려 하는가? 곧, 생명 나무의 열매를 먹지 않으려고 그렇게도 안달하고 고집을 부리는 것일까? 그 근원적인 이유는 무엇일까? 그것은 인간이 깊은 무지와 어리석음과 이런저런 세속적인 욕망에 휩싸여 깊이 잠들어 꿈만 꾸는 환상에 잠겨 있기 때문이다. 이것이 성서가 말하는 죄의 실상이다. 죄는 인간의 내면에서 결정적으로 왜곡되고 파괴된 그 어떤 상태, 곧 과녁인 하나님께 화살인 자신을 맞추지 못하는 깊이 잠든 상태를 가리킨다.

이것을 복음의 진리로 말하면, "하나님을 마음에 모시기 싫어하는 것, 하나님을 무시하는 것, 마음의 어두움, 지각없는 마음, 썩어 없어질 것만 추구하는 마음, 타락한 마음, 진리를 거짓으로 바꾸는 힘, 마음의 욕정을 좋아하는 것"이다(롬 1:18~32). 죄는 심연(深淵)이라서, 그 깊이를 가늠할 수 없다. 그래서 인간은 자기도 모르게 무의식에 휩싸여, 생명 나무를 등지고 선악과 쪽으로 향한다.

그 실상은 사람들이 오로지 몸뚱이 신화에만 매달려, 천하와 그 영광을 소유하고자 하는 갈망 속에서 존재하고 있는 데서 찾아볼 수 있다. 이른바 "권·재·명·강·수"(權財名康壽, 오복·五福-서경·書經), 곧 권력과 재산과 명예와 건강과 장수라는 오래되고 새로운 신화! 그런데 이것은 사실 수평선·지평선 같은 것이다. 눈앞에 보이기에 분명히 거기 있는 것 같아 달려가 붙잡으려고 하지만, 실상은 없는 것이기에, 달려간 그만큼 다시금 멀리 물러난다. 수평선은 없다. 그것은 상상과 가상의 선이요, 신기루일 뿐이다.

그렇기에 '권·재·명·강·수'를 붙잡아 소유하고 누린다 해도, 더 멀리 물러나 또 저 앞에서 야릇한 미소를 지으며 유혹한다. 거기에 휘말린 인간은 결코 행복하지 못하다. 욕망은 끝이 없다. 만일 천하를 소유한 자가 행복하다면, 저 알렉산드로스와 칭기즈칸과 나폴레옹과 레닌과 히틀러와 스탈린이 정녕 행복했으리! 그러나 그들은 한 번도 행복한 적 없었다. 그런데도 사람들은 여전히 물질적 행복의 수평선을 찾아 오늘의 황제가 되지 못해서 안달한다.

미국의 소설가와 시인이었던 '스테판 크레인'(1871~1900년)이 쓴 시 "수평선을 찾는 사람"을 들어보자.

수평선을 찾아다니는 사람이 있었다.
그는 이 지구를 돌고 또 돌아다녔다.
나는 어이가 없어 그에게 말했다.
"쓸데없는 일이요. 당신을 절대로⋯."
그가 소리쳤다.
"거짓말 마시오."
그는 또다시 달려갔다.

이것이 어찌 이 한심한 사람만의 일일까? 사람들은 여전히 수평선이 존재한다고 철석같이 믿고 평생 찾아 헤매며 돌고 돈다. 이것이 인간의 보편적인 삶의 실상이다. 끝없는 욕망의 잠속에서 꿈같은 삶을 산다! 인간으로 태어나 동물처럼 살다가 동물로 죽는, 삶도 아닌 삶이다. 그래서 어찌 보면, 모든 인간에게 저 '가인'의 운명이 주어진 것처럼 보인다. "놋" 땅의 삶(Nod·방황·떠돌아다님·쓸쓸함·허망함. 창 4:8~16; 유다서 11; 요일 2:15~16 참조).

이것은 대단히 상징적인 이야기이다. 사실 가인은 그 놋 땅에서 엄청난 부와 권력을 축적하고 성(城)을 세우고 군주가 되어 떵떵거리며 많은 후손을 보고, '권·재·명·강·수'의 복을 누리며 잘만 살았다. 그러나 구약성서는 말한다. 하나님과 사랑의 친밀한 교제를 상실한 가인의 삶은 끝없이 "떠돌아다니는" 방황, 아무 의미도 없는 쓸쓸하고 가벼운 죽어버린 삶이라고⋯. 오늘날도 이런 행렬은 끝이 없어 보인다.

9. 신약성서에 의하면, 인간은 오직 두 종류가 있을 뿐이다. 옛사람과 새 사람. 달리 말하면, 인간은 육체의 사람과 영혼의 사람, 몸뚱이의 사람과 얼의 사람, 낡아빠진 사람과 새로운 사람, 과거의 사람과 현재의 사람, 어둠의 사람과 빛의 사람, 땅의 사람과 하늘의 사람, 노예와 자유인, 종과 주인, 이미 죽은 사람과 살아 있는 사람. 이렇게 두 종류밖에는 없다. 이것은 각각 일상에서 그에 따른 존재 방식을 그대로 드러낸다.

옛사람은 더러운 존재 방식을 드러내고, 새사람은 깨끗한 존재 방식을 드러낸다.

옛사람은 삶을 소유 형식으로 파악하고, 새사람은 존재 형식(인격)으로 이해한다.

옛사람은 경쟁에서 존재의 생동감을 느끼고, 새사람은 자족에서 생명력을 느낀다.

옛사람은 비교에서 기쁨을 찾고, 새사람은 개성 의식에서 기쁨을 누린다.

옛사람은 물건에서 자신의 의미를 찾고, 새사람은 진리에서 자신의 가치를 느낀다.

옛사람은 천하를 돌아다니지만, 새사람은 집을 나가지 않고도 천하를 안다.

옛사람은 욕망을 삶의 절대적 추동력으로 알지만, 새사람은 사랑을 샘물로 안다.

옛사람은 자랑하지만, 새사람은 노래한다.

옛사람은 과거와 미래에서 살고, 새사람은 오직 지금 이 순간에 산다.

옛사람은 걱정과 두려움과 불안의 길을 걷지만, 새사람은 감사와 자유의 길을 걷는다.

옛사람은 언제나 갈증과 배고픔에 시달리지만, 새사람은 늘 시원하고 배부르다.

옛사람은 죽음의 포로이지만, 새사람은 지금 하나님의 나라 안에 있기에 죽음을 모른다.

이것은 나의 지나친 주관적 억측이나 이분법이 아닌, 현대 지성이 설파한 가르침이다. 20세기 미국의 사회 심리학자 '에릭 프롬'은 인간의 존재 방식을 두 가지로 말한다. 유대인인 그의 분석은 정확히 구약성서의 가르침을 현대 사회 심리학으로 분석하여 설파한 것이다. "소유 지향형의 인간과 존재 지향형의 인간"이다(소유냐 존재냐; 인간의 마음; 존재의 기술).

소유(to have) 지향형은 우리가 아는 바이기에 새삼 설명할 게 없다. 존재(to be) 지향형은 내면의 기쁨과 자유, 서물(書物)과 사물에 대한 지성적 이해, 양심의 명령에 따르는 것, 타인과 생명체를 축복하고 사랑하는 것, 共生과 相生을 추구하는 것, 감사하고 노래하는 것, 삶의 궁극적 의미를 찾는 것 등이다. 그의 책들은 현대인들에게 성서의 핵심적인 가르침이 무엇인지를 이해하게 하는 뛰어난 작품이다.

히브리 예언자 에스겔과 제2 이사야와 동시대인인 그리스 철학자·수학자·현인·종교인·신비주의자인 '피타고라스'는 말했다(기원전 569~475년). "불행한 사람들은 그들 자신의 내부에 근원이 있는 선을 멀리서 찾아다닌다. 행복을 아는 사람은 아주 드물다. 단지 격정의 노리개일 뿐, 출렁이는 파도를 따라 이리 치이고 저리 치인다. 그들은 사나운 파도에 저항하지도 복종하지도 못하고, 눈이 먼 채로 해변이 없는 바다를 굽이쳐 흘러간다. 신이여, 당신은 저들의 눈을 뜨게 해줌으로써 구원할 수 있습니다. 그러나 그러지 마십시오. 잘못을 가려내고 진리를 보는 것은 신성한 인간이 하여야 할 일입니다. 본질은 그들을 돕는다."(문집)

그렇다. 눈을 뜨는 것은 신의 일이 아니라, 전적으로 사람의 일이다. 예수는 살아생전 아무도 강제로 변화시키시지 않았다. 예수 생전이나 세상을 떠난 후, 변화를 갈망한 사람들만이 변했을 뿐이다. 변화에 대한 갈망이야말로 하나님의 마음에 부딪혀 내면의 불꽃을 일으킨다. 이것이 하나님의 영이 작용하는 감화이다(요 3:1~8; 롬 8장 참조). 따라서 진실, 선, 아름다움을 향한 영적 갈망, 곧 참된 삶을 향한 순수한 신앙과 진지한 탐색이 우리를 구원에 이르게 하는 문이다(눅 7:36~50, 19:1~10 참조).

군중은 우리 안에도 있고, 우리 밖에도 있다. 갖은 욕망의 총체인 Ego는 군중이면서 그 두목이다. 에고의 졸개들이 우리를 거칠게 조종하고 억압하고 충동질한다. 에고는 모든 시간, 모든 장소에서 순식간에 얼굴을 바꾼다. 그래서 아무것도 종잡을 수 없다. 따라서 이러한 군중은 아직 개인이 아니다. 중심을 상실하고 떼를 지어 몰려다닌다. 출렁이는 세상의 파도를 따라, 이리저리 흔들리며 거품을 내뿜는다. '단지 격정의 노리개일 뿐', 마치 줄에 묶여 흔들리며 연기하는 인형극의 인형과도 같은….

이런 상태를 면하려면, 진리·삶의 진실을 깨달아 내적 혁명을 이루어야 한다. 아무도 강제로 타인을 내적 변화에 이르게 할 수는 없다. 그것은 인간이 스스로 해야 할 일이다. 하나님도 다만 곁에서 응원하실 뿐이다. '본질·하나님'은 잘못을 가려내고 진리를 보고자 하는 이들을 '돕는다.' 하나님은 당신을 향하여 내면을 열고 팔을 뻗는 자만 도우실 수 있다.

하나님은 독재자가 아니시다. "태양"(시 84:11)이신 하나님은 진리의 "햇빛과 비"(마 5:45)를 무한히, 무차별적으로, 아무런 대가도 없이 그저 주실 뿐이다. 그것을 받아 성장하고 열매를 맺어야 하는 것은 사람의 몫이다. 게다가 인간에게는 그럴 수 있는 가능성의 씨앗과 능력이 주어져 있다. 다만 내면의 깊숙한 창고에 깊이 넣어두고 썩혀둘 뿐이다.

오늘날 많은 사람이 오래도록 신앙생활을 해도, 내면의 변화, 인격의 승화, 삶의 혁신을 모르고 살아간다. 많이 기도하지만, 전혀 기도하지 않는다! 기도가 무엇인지조차 모르기 때문이다. 많이 기도하나 여전히 이기적이고, 많이 찬양하나 여전히 물질주의적이고, 많이 예배하나 여전히 세속적이고, 많이 성서를 공부하나 여전히 자기중심적이다. 예배당에서는 천사인 것 같은데, 문밖만 나가면 갖가지 문제로 갈등하며 경쟁하며 욕망의 진창에서 뒹군다.

그리하여 사람을 변화시키고 성장시키고 성숙하게 해주는 종교를 잘못 사용한다. 오랜 세월이 지나도 좀처럼 하나님을 자기 마음의 왕좌에 앉히려 하지 않고, 늘 밖에 세워둔다. 예수 그리스도는 늘 문밖에서 노크하지만, 열어주지 않기에 서성이다가 슬픈 얼굴로 돌아서신다(계 3:20). 그렇게 "차갑지도 뜨겁지도 않은" 채(계 3:15), 늘 어정쩡한 삶을 살아가고 있다. 종교성이란 거죽과 피부에만 스며들었을 뿐, 내면은 세속인과 별반 다를 게 없다.

"저 사람은 마치 죽은 것처럼 살아 있군!" 이것은 '알베르 카뮈'의 작품 "이방인"에서, 사형수인 주인공 '뫼르쏘'가 사형당하기 전날, 임종 성사를 위해서 찾아온 신부를 그냥 돌려보내며 그의 얼굴과 뒷모습을 바라보고 한 말이다. 물론 이것은 무신론자였던 카뮈의 기독교에 대한 신랄한 비판의 언어이지만, 정곡을 찌른 말이기도 하다. 그렇다. 사람들은 대개 마치 죽어 있는 것처럼 살고 있다. 하나님이 누구이신지, 자신이 누구인지, 자유가 무엇인지, 기쁨이 무엇인지, 노래가 무엇인지, 사랑이 무엇인지, 충만하고 높고 깊은 삶이 무엇인지 모르고, 바람에 휘날리는 먼지처럼 떠돌며 살아간다.

10. 책 이름이 도대체 생각나지 않는데, 이런 이야기를 읽은 적이 있다. 어떤 부인이 꿈을 꾸었다. 마침 봄이어서 여인은 화원에 들어가, 이런저런 꽃을 달라고 주문했다. 그러자 주인은 뜻밖에도 이렇게 말했다. "부인, 나

는 꽃을 파는 게 아니라, 씨앗만 팝니다." 부인이 그 대답에 놀라서 그 주인의 얼굴을 보니, 그윽한 미소만 짓고 바라볼 뿐이었다. 그러다가 그 앞에서 느닷없이 사라지는 것이었다. 하나님이셨다.

아름답고도 의미 있는 이야기이다. 하나님은 기성 제품을 파는·주는 분이 아니시다. 하나님은 그런 기적을 행하시는 분이 아니다. 하나님은 오로지 씨앗만 파신다. 그것을 심어서 싹을 틔우고 물과 거름을 주고 길러 열매를 맺는 것은 각 사람이 해야 할 일이다. 따라서 사람은 하나님께 나무와 열매라는 기적을 베풀어달라고 말할 수 없다. 사람에게는 오로지 기적을 일으킬 은총의 씨앗만 주어져 있을 뿐이다. 한 사람의 내면이 성령을 통하여 전면적으로 변화되는 것, 이것이야말로 진정 하나님의 기적이다. 따라서 세속적인 기적을 바라는 자는 평생토록 인생의 광야에서 온통 원망하고 불평하고 욕망하면서 한없이 가엾게 살아가다가, 결국 뼈다귀로 흩어지고 말 것이다(민 13~14장 참조).

나무 씨앗에 이미 열매와 후손이 들어있다. 따라서 길게 볼 때, 열매는 이미 이루어져 있는 것이다. 다만 인내와 고통과 성실과 희망을 쏟아붓는 시간이 필요할 뿐이다. 사람은 하나의 나무 씨앗이다. 그것은 의식적이고 자각적인 노력으로 자라고 열매를 맺으며 커다란 나무가 된다. 우리의 부활도 이와 같다. 부활의 씨앗은 우리 안에 이미 주어져 있다. 그것은 그리스도의 십자가에서 자기도 죽었다는 것을 믿는 사람에게만 나무와 열매로 자라난다. '우리가 그리스도와 함께 죽었으면, 그와 함께 우리도 또한 살아날 것을 믿습니다.'라는 바울의 말도 이런 의미이다.

오늘 우리에게 부활의 날은 언제나 '지금 이 순간'이다. 부활의 날은 먼 미래가 아니다. 미래는 결단코 오지 않는다. 시간이란 항상 지금 이 순간이기 때문이다. 내일도 그다음 날도, 백 년 후도 천 년 후도, 그때도 역시 항상 지금 이 순간일 뿐이다. 그 부활의 씨앗 안에 우리의 참된 삶이 들어있다. 따라서 우리의 진정한 삶, 곧 우리의 부활은 이루어야 할 것이 아니라, 이미 이루어져 있는 것이다. 다만 우리에게 필요한 것은 지금 이 순간 우리의 부활을 알아차리고, 그것을 가꾸는 일밖에는 없다.

이것이 바울이 말하는 우리의 부활에 관한 진실이다. 예수 그리스도의 부활은 이미 우리에게 주어진 은총·선물이다. 그렇기에 우리에게 '지금 부활하라.'라는 것, 곧 부활을 살라는 것이 예수 그리스도의 명령이고 초청이다. 부활은 내일도 모레도 그다음 날도, 어느 미래에도 없다. 우리에게 부활이란 지금 예수 그리스도의 부활 속에 참여하여 다시 태어나는 것밖엔 없다. 그래서 우리의 부활은 신앙의 부활이다.

은총의 선물인 부활을 내 것이 되게 하는 길은 깨어 있는 자각이다. 부활의 삶은 전적으로 나의 자각을 통해서 이루시는 하나님의 작품이다(엡 2:10). 이것이 신앙인의 고백이다. 비유하자면, 나의 부활, 곧 나의 진정한 내적 변형이란 다만 햇빛이 비쳐 들어오는 것일 뿐이다. 태양은 나의 창조물이 아니다. 그것은 이미 있는 것이다. 내게 필요한 일은 태양이 빛나는 대지 아래에 서는 일뿐이다. 그러면 어둠은 물러간다. 그리하여 나는 세상에 있으나 세상에 걸리지 않고 자유롭게 움직이는 바람 같은 자유인이 된다(요 3:8). 이렇게 된 것은 하나님이 내 안에서 하시는 은총이다.

그리하여 새 사람, 곧 부활한 사람은 "하나님이 내 안에서 당신의 일을 하신다."(요 14:10)라고 믿고 알며 전적인 신뢰 속에서 존재한다. 그에게는 더는 탐욕이나 자기 억압이 없다. 삶 전체가 자연스러워진다. 어디에 있어도, "하나님이 쓰는 몽당연필"이 되어 존재할 뿐이다(마더 데레사-하나님이 손에 든 몽당연필). 그것은 그에게 더 많은 자유와 기쁨을 준다. 그리하여 날마다 "땅에서 하늘에 닿아 있는 층계"를 올라가고(창 28:12), 무엇보다 성령의 인도에 따른 사랑을 통하여, 이 대지에 굳건히 발을 딛고서 진정한 현실·삶을 살아간다.

그것은 모든 것을 그리스도를 통해서(through), 그리스도와 함께(with), 그리스도를 위하여(for) 살아가는 삶이다. 거기에서 이런 고백이 나올 수밖에 없다. "세상과 나는 간 곳 없고, 구속한 주만 보인다."(패니 J. 크로스비, 찬송가 288장) "주 예수와 동행하니, 그 어디나 하늘나라."(C. F. 버틀러, 찬송가 438장) 그는 지금 여기에서 천국·영생을 산다.

이것이 부활의 삶이다. 날마다, 순간마다 성령과 동행하는 삶이다. 성령은 진리의 영·스승이시다(요 14:17). 성령이 있는 곳에 진정한 신앙의 참여와 부활, 자유와 초월이 있다. 따라서 부활의 삶은 기쁨과 지혜, 사랑과 자비, 그리고 의의 길이다. 이것이 종교적인 사람이 된다는 것의 의미이다. 그는 언제나 창조적으로 살아간다.

그는 깊은 감성과 심정의 인간, 곧 호모 심파테티코스(Homo Sympatheticos, 공감의 인간), 호모 심비우스이다(Homo Symbius, 共生·相生의 인간). 그는 모든 것에 대하여 경이감을 느낄 줄 알고, 모든 곳에서 하나님의 신비를 발견하고 즐거워한다. 그는 모든 것 하나하나에 깊은 관심을 기울이고 수행한다.

밥을 먹거나 공부하거나 일을 하거나 예배를 드리거나 기도하거나, 그는 그 순간에 자신의 모든 것을, 곧 영혼과 힘을 쏟아 넣는다. 그는 거기에서 기쁨을 누리며, 자유를 얻고, 새로운 용기와 희망을 얻는다. 그에게는 모든 것이 새롭다. 태양은 날마다 뜨지만, 그에게 "태양은 오늘도 새롭다."(헤라클레이토스-어록) 그에게는 오늘이 창조 이래 첫날이고 마지막 날이다. 그에게 오늘은 하나님이 새로 창조하여 선물로 주신 엄청난 기적과 신비의 날이다.

그에게는 큰일과 작은 일의 구별이 없다. 그는 아무리 하찮게 보이는 일이라도, 그것을 내 안에 사시는 하나님의 일로 보고 전심을 기울인다. 그는 청소하는 일을 마치 가장 사랑하는 이의 몸을 닦아주는 것처럼, 깊은 주의력과 사랑을 가지고 한다. 그래서 그에게는 모든 것이 기도이다. 그는 움직이는 모든 곳에서 신성한 분위기를 창조한다. 그렇기에 그에게서는 생명의 향기가 난다. 이것이 종교적인 사람의 존재 방식이며, 지금 부활한 인간의 삶이다.

이렇게 종교적인 사람의 영원한 모범은 바로 예수 그리스도이시다. 예수 그리스도는 죽어서 다시 산 것이 아니라, 살아서 이미 부활의 삶을 사신 분이다. 예수의 명시적 부활은 본원적 부활의 확인일 뿐이다. 예수는 죽어도 죽지 않는 이, 무덤이 없는 이이시다. 그런 사람을 누가 죽이고 무덤에 가두겠는가?

따라서 그대가 지금 이 순간 부활하지 않는다면, 예수 그리스도의 부활을 100년 동안 기억하고 기념하고 찬양한들, 그것은 아무런 영향도 생명도 없다. 부활절을 2천 년이나 지내온 기독교의 현실을 보라! 예수 그리스도는 지금 우리에게 '날마다 부활하라!'라고 말한다. 그대여, 지금 부활하시라!

18
영성(靈性)의 시대

∨

그들은 가버나움으로 갔다. 예수께서 집 안에 계실 때에, 제자들에게 물으셨다. "너희가 길에서 무슨 일로 다투었느냐?" 제자들은 잠잠하였다. 그들은 길에서, 누가 가장 큰 사람이냐 하는 것으로 서로 다툰 것이었다. 예수께서 앉으신 다음에, 열두 제자를 불러놓고 그들에게 말씀하셨다. "누구든지 첫째가 되고자 하면, 그는 모든 사람의 꼴찌가 되어서 모든 사람을 섬겨야 한다." 그리고 어린이 하나를 데려다가 그들 가운데 세우신 다음에 그를 껴안아 주시고, 그들에게 말씀하셨다. "누구든지 내 이름으로 이런 어린이들 가운데 하나를 영접하면, 그는 나를 영접하는 것이요, 누구든지 나를 영접하는 사람은 나보다 나를 보내신 분을 영접하는 것이다."(마가복음서 9장 33~37절)

1. '니콜라스 코페르니쿠스'(1473~1543년)와 '갈릴레오 갈릴레이'(1564~1642년)가 천동설(天動說)을 무너뜨리고 지동설(地動說)을 천명한 지 벌써 400년이 넘는다. 지동설은 지구가 우주의 중심이 아니고 태양계의 한 행성에 불과하다는 천문학적 진리를 보여주면서, 우주에 대한 인간의 이해와 패러다임을 근본적으로 뒤바꾸어 놓은 지식 혁명의 거대한 사건이었다. 그것은 르네상스로부터 시작된 인간 이해를 과학 방면에서 확실하게 정립하면서 휴머니즘의 길을 터놓았다(humanism, 인도주의).

그리고 그것은 곧바로 "나는 생각한다. 그러므로 나는 존재한다."라는 명제를 확립하여, 인간이 우주의 중심이고, 자연은 단지 인간을 위한 이성 없는 물질적 재료의 세계라는 사유체계를 정립한 프랑스 철학자 '르네 데카르트'(1596~1650년)의 철학적 사유체계를 낳았다(방법서설; 철학의 원리; 성찰). 그리하여 '이성·합리성, 과학의 발전, 자연의 정복, 문명의 진보, 미래에 대한 낙관주의(utopianism)'의 다섯 명제를 앞세운 인간 중심적 사유체계인 '계몽주의' 철학이 태동하여 확장되었다.

그 정점이 이성·정신의 인간화와 세계화를 선언한 'G. W. F. 헤겔'의 사유체계였고(역사철학 강의), 19세기를 지배한 서구 문명과 문화의 주류 체계였다. 이렇게 서구 유럽 사회는 이성적 철학과 과학을 원동력으로 하여, 그동안 인류사에 괄목할 만한 물질과 과학 문명의 발전을 이룩하고 세계화 했다(H. J. 슈퇴릭히-세계철학사 하권; 버트런드 러셀-서양철학사 하권; S. 그랜츠와 R. 올슨 공저-20세기 신학).

그러나 그러한 이성과 과학 중심의 사유체계는 몇 가지 중대한 문제를 일으키고 말았다.

첫째, 그동안 서구 유럽 사회의 정신과 문화를 지탱해온 기독교에 대한 무용론과 무신론을 확장하여, 기독교를 구시대의 유물로 치부하면서 물질주의와 개인주의와 이기주의와 국가주의를 절대적 가치로 내세웠다.

둘째, 세상을 철저한 이원론(二元論·dualism)에 입각한 대립 구도로 파악하면서, 자연뿐만 아니라 인간과 세상의 모든 것(국가와 문명 등)을 '나와 적, 위와 아래, 우등과 열등, 진보와 미개의 차원'으로 나누어 보는 극단적 분리주의의 생물학적이고 철학적 기반인 '사회 진화론'을 낳았다. 그 결과 20세기에 들어서 2번씩이나 세계대전을 치르면서 파국을 맞았고, 지금도 이어지고 있다.

셋째, 지나친 서구 중심의 세계관과 문화관을 낳아, 유럽 국가들이 아시아와 아프리카와 중남미를 정복하는 제국주의 사업에 뛰어들어 무차별적 착취와 억압을 저지르며, 선진 문명은 후진 문명을 지배하고 개조하고 개화시키는 권리와 권한을 가졌다는 그릇된 이데올로기와 신념을 정당화하게 했다.

넷째, 서구 유럽의 산업 사회는 지구 생태계 오염과 기후 위기를 불러온 장본인이 되었고, 그에 따라 동양의 나라들도 산업화를 절대 명제로 수용하여 같은 길을 가게 했다. 결국 21세기에 들어서 본격적으로 기후 재앙이 나타나게 되었다.

2. 기독교는 휴머니즘을 반대하지 않는다. 왜냐면 "기독교는 휴머니즘"이기 때문이다(제임스 패커와 토마스 하워드-기독교: 참된 휴머니즘. 이들은 20세기 유럽 기독교의 보수주의와 복음주의의 대표자이다. 놀랍고도 훌륭하다). 기독교가 반대하는 것은 하나님·진리를 부정하고 인간과 세계에 대한 일방적 관념을 그 자리에 올려놓고, 인간의 능력을 무한 확장하여 물질 문명을 절대 진리인 양 숭배하는 이데올로기로 삼아버린 왜곡된 휴머니즘이다. 왜 그런가? 그렇게 되면, 끝내 인간도 사라지기 때문이다. 이것은 이미 두 번의 세계 대전으로 증명되었다. 중요한 것은 휴머니즘이 '모든' 인간

의 존엄성을 말하고 실천하는 진정한 것이냐 하는 것이다.

그리고 기독교는 과학과 기술 문명의 발전을 반대하지 않는다. 다만 문명이 '모든' 인간이 고른 혜택을 누려 평등하고 평화로운 세계를 이룩하는 데 실패하고 있는 것을 반대한다. 인류 사회가 끝없는 불평등과 대결과 전쟁의 세상이 된 까닭은 역설적으로 그동안 문명 발전에 크게 이바지한 계몽주의 철학과 과학이 낳은 이원론과 분리주의와 국가주의 때문이다.

그것은 지나치게 인간 중심적이고 서구 사회의 물질주의적 산업화 중심의 사유체계이다. 그것이 비록 '인류'를 말하나, 거기에는 아시아나 아프리카나 중남미 등의 인류는 없었다. 그들이 말하는 인류란 그저 유럽의 백인들일 뿐이었다(그것도 동유럽을 배제한 서유럽). 그 실상은 미국의 역사학자 '에드워드 사이드'가 유럽 사회 중심의 세계관과 문화관을 비판하며 사용한 "오리엔탈리즘"(Orientalism)이었다. 그는 이 용어를, 서구 사회의 세계관이란 인종과 종교와 문화와 문명 등에서, 자기들은 우월하고 타 대륙은 열등하기에 마땅히 정복하고 착취해도 되며, 타 대륙은 자기네 선진 문명으로부터 배우고 교화되고 지배되는 것이 정당하고 이롭다는 무자비하고 폭력적인 가치체계로 규정하며 사용했다.

그리하여 서구 사회는 자기들이 지구의 중심이고, 다른 대륙은 서구 사회를 위한 물질적 수단이라는 독단적 사유체계를 지니고 온 세상을 정복하고 착취해왔다. 그리고 "크리스토퍼 콜럼버스가 아메리카 대륙을 발견한 이후 507년이 지났지만, 서구 사회의 정복은 여전히 계속되고 있다."(N. 촘스키-콜럼버스 이후 507년, 정복은 계속된다) 그 결과 이제 세상은 물질주의와 과학주의 문명을 절대 진리처럼 숭배하고 있다.

그런데 이 모든 것이 얼마나 모순되고 웃지 못할 일인가를 생각해보시라! 왜냐면 지구나 인간이 우주의 중심이 아니라는 지동설에 근거한 계몽주

의와 과학주의와 인간 중심의 휴머니즘이란 것이 그만 천동설과 같은 사유
체계가 되어버리고 말았기 때문이다. 바로 여기에 서구 사회의 어처구니없
고 부조리한 사유가 존재한다. 기독교의 오만한 천동설 시대에는 계몽주의
와 과학주의가 마땅하고, 지동설 시대에는 '모든' 인간의 존엄성과 평등을
말하는 기독교의 가르침이 그 대안이 되어야 합리적인 것인데, 오히려 그 반
대가 되어버린 것이다.

　　3. 우리가 여기에서 현대 서구 사회의 사유체계와 문명을 문제시하는
것은 그것이 비록 과학주의, 물질주의, 휴머니즘, 문명의 진보라는 그럴듯
한 명분을 내세우기는 하지만 어디까지나 서구 사회 중심의 문명관이며, 다
른 대륙을 잔혹하게 정복하고 착취하는 거대한 전제주의적 정치와 과학과
경제와 군대 체제이기 때문이다. 현대의 지구 생태계나 기후 위기·재앙의 문
제는 대부분 서구 사회가 만들어내 확산시킨 것이고, 동양은 후발 주자이고
(인도, 한국, 일본, 중국, 베트남) 아프리카 사회는 전혀 아니다.
　　따라서 이런 식으로 더 나아가는 "서구 문명의 귀결은 서구의 몰락이
며, 동시에 인류의 몰락이다."(오스발트 슈펭글러-서구의 몰락) 그런데도 지
성이 모자라고 천박한 미국의 어떤 학자는 구소련 공산주의가 몰락한 것을
보고 자본주의 문명의 승리라고 예찬하면서, "역사의 종말", 곧 '역사의 완
성'을 선언하기도 했다(프랜시스 후쿠야마-역사의 종말). 진실로 무지한 것
이다. 그러나 서구 문명은 공산주의와 자본주의에서 어느 하나를 선택하거
나 승리해야 하는 이분법적 구조가 아니다. 공산주의를 하든 자본주의를 하
든, 서구 문명이란 제국주의적 물질주의일 뿐이다.
　　이것은 그동안 서구 사회가 인류에게 가져온 혜택을 과소평가하는 게
아니다. 민주주의, 휴머니즘, 인권의식, 각종 법률, 과학 기술과 의학 발전,

대학과 시민 교육 확대, 지방 자치주의, 위생적이고 청결한 생활방식 등은 전적으로 타당한 것으로, 인류 전체가 골고루 누려야 할 인간적 문화와 문명의 가치들이다. 과학과 휴머니즘이 모든 인간에게 문명의 혜택을 골고루 전달하여 인류가 평등하고 평화롭게 살아가는 세계를 건설하는 방향으로 나아간다면, 누가 반대할 것인가?

그런데 서구 사회가 주창하는 휴머니즘과 과학 기술의 발전이라는 것은 아직도 철저한 이원론과 물질주의와 국가주의에 기초하여 자연을 정복하고 훼손하며, 자아와 풍요만 숭배하는 독단적이고 거만한 사유체계이다. 지금 우리는 그것이 가져온 생태계 위기를 겪고 있다. 그렇기에 현대 문명이 이런 식으로 계속 나아간다면, 자멸적인 운명은 피할 수 없다.

그렇다고 지금에 와서 기계문명 이전의 세계로 되돌아갈 수도 없다. 어떤 이는 "그대로 갈 것인가, 되돌아갈 것인가?"를 묻지만(스코트 니어링-좋은 삶을 향한 인간의 탐색), 인류는 이제 그대로 갈 수도 없고 되돌아갈 수도 없는 막다른 골목에 서 있다(데릭 젠슨-문명의 엔드 게임; 엘런 와이즈먼-인간 없는 세상). 따라서 현대 문명은 새로운 패러다임(paradigm)의 창출이 필요한 시점에 와 있다.

그것은 무엇일까? "통섭"(統攝·consillience)으로 보인다(에드워드 윌슨-지식의 대통합). 곧, 더는 자연과 인간, 서구 사회와 비서구 사회, 물질과 정신 등으로 나누는 이분법적인 사유나 대립적 가치체계가 아닌, 둘을 다 끌어안아 하나로 통합하여 다스려 나가는 진정한 사유체계를 통하여, 모든 인간의 평등과 평화를 실현하는 문명과 문화 세계를 이룩하는 것! 이것은 자연과 인문의 통합, 철학과 종교의 통합, 무신론과 유신론의 통합, 과학과 영성의 통합, 물리학과 종교성의 통합, 기계와 기도의 통합, 물질과 명상의 통합이다.

이러한 작업이 지난 1960년대에서부터 서구 사회의 여러 사람을 통하여 진행되고 있다. 미국의 생물학자 '에드워드 윌슨', 물리학자로서 물리학과 동서양 종교 영성의 통합을 시도하는 미국의 '프리조프 카프라'(새로운 과학과 문명의 전환; 현대 물리학과 동양사상; 탁월한 지혜; 신과학과 영성의 시대), 프랑스의 무신론 철학자 아버지인 'J. F. 아르벨'과 그의 아들로 과학자에서 불교 스님이 된 '마티유 리카르'(승려와 철학자), 미국의 의사로서 영성운동을 전개하는 '데이비드 호킨스'(의식혁명; 나의 눈; 호모 스피리투스), 동양 철학에서 새로운 해답을 찾는 심리학자인 미국의 '웨인 다이어'가 그러하다(서양이 동양에게 삶을 묻다).

영국의 종교학자인 '카렌 암스트롱'(축의 시대; 신을 위한 변론), 인도 출신의 영문학자인 '이크낫 이스워런'(마음의 속도를 늦추어라; 폭풍 속에서 마음 다스리기; 죽음이 삶에게 보내는 편지), 독일의 작가이며 언론인인 '프란츠 알트'(산상설교의 정치학; 현대인을 위한 예수전; 생태주의자 예수), 홍콩 출신의 예술가인 '케네스 렁'(예수 선·禪을 말하다) 등이 세계 곳곳에서 21세기 인류가 가져야 할 새로운 패러다임을 말하면서 운동을 일으키고 있다.

이들은 모두 21세기 이후 문명은 영성의 시대, 즉 정신의 진리를 찾는 영성과 과학을 통합하는 문명이 되어야 한다고 말한다. 왜냐면 이 길은 지구 생태계의 위기와 기후 재앙의 시대에 접어든 인류 문명의 선택 사항이 아니라 필수 사항이기 때문이다.

"우주 공간에 나가서 본 지구는 창백한 푸른 점이다."(칼 세이건-창백한 푸른 점). 세이건의 책에서, 보이저 1호가 토성을 지나며 뒤를 돌아보고 찍은 지구 사진을 보시라. 광막한 우주에 있는 푸르고 작은 점 하나. 그저 숨이 막힐 뿐이다. 이토록 아름다운 행성, 하나뿐인 인류의 집! 그래서 태초에 지구를 창조한 하나님조차도 "보기에 좋구나!" 하고 말씀하셨다고 고백하는 것이 아닌가(창 1:31)! 이것이 어찌 유치한 발상이란 말인가?

오대양 육대주나 섬들은 서로 동떨어져 있는 것처럼 보이지만, 그러나 지구라는 거대한 땅덩어리 위에 바다와 강, 호수와 시냇물, 그리고 동식물 계가 얹혀 있는 것일 뿐이다. 그 어떤 대륙도 다른 대륙과 떨어져 있는 것이 아니다. 그 어떤 섬도 대륙과 떨어져 있지 않다. 바다나 강 저편의 땅도 이편 에서 떨어져 있는 게 아니다. 지구는 한 마을(地球 村)이다.

그리고 이것은 인간에게도 역시 사실이고 또한 진실이다. 인간의 몸은 만물과 깊은 상호 연결성 안에서 존재한다. 인간은 저 우주와 별들, 그리고 자연의 사물로부터 동떨어져 존재하는 것이 아니다. 인간은 전적으로 지구 의 자식이다. 태양과 지구 등의 행성은 오래전에 생명을 다하고 폭발하여 흩 어진 어느 거대 항성이 남긴 화학원소 가스 먼지에서 왔고, 우리는 지구의 흙으로부터 온 존재이다. 별들과 행성들을 구성하는 원자는 인간을 구성하 는 원자와 같다. 인간은 우주라는 거대한 대륙의 한 부분이고, 만물의 한 부 분이다. 그렇게 인간의 육체는 우주와 만물의 한 부분으로 살다가, 때가 되 면 해체되어 다시 그것으로 돌아간다.

그리고 인간의 존재 형식 역시 아무도 다른 인간과 떨어져 있지 않다. 영국 시인 '존 던'은 이렇게 노래했다(1572~1631년). "세상 어떤 누구도 외 따로 떨어진 섬이 아니다. 모든 인간은 대륙의 한 조각이며, 대양의 한 부분 이다."(누구를 위하여 종은 울리나) 개개의 인간도 인간성이라는 거대한 대 륙, 인류라는 거대한 그물망 위에 하나의 그물코로 있다. 아무도 따로 동떨 어져 존재하지 못한다. 아무도 다른 이에게서 분리되어 있지 않다. 모든 인 간은 서로 깊이 연결되어 있는 유기체이고 영혼·정신이다. 운명이다.

4. 기독교와 신학은 '자기 부정, 자기 비움, 자기 무화(無化), 자기 겸

허'의 "케노시스"를 말하는데(Kenosis), 하나님의 육화를 가리키는 용어이다(肉化·인간화, 신이 사람이 됨, Incarnation). 그래서 "말씀이 육신이 되었다."(요 1:14), "자기를 비워서 사람의 모습을 취하셨다."라고 말한다(빌 2:7). Incarnation의 어원은 라틴어 '카르니스'로서(Carnis·육체), 그저 몸뚱이를 가리킨다. 카르니스에 상응하는 히브리어는 '바사르'(Basar), 그리스어는 '사르크스'(Sarx), 영어는 flesh이다. 모두 육체·고기(肉)라는 뜻이다. 세포를 구성하는 고기가 뭉친 인간의 육체는 동물의 육체와 하나도 다를 게 없는 각종 원소의 집합이다.

하나님이 영으로 있기를 부정하고, 자기를 한없이 비우고 낮추어 사람의 육체를 취하셨다는 케노시스는 인간의 소중함과 세상의 귀중함에 대한 역설로서, 매우 뜻깊은 종교적 진실을 말한다. 사람이 되신 하나님! 어찌하여? 그처럼 신은 세상을 사랑하신다는 것이다(요 3:16). 기독교는 사람이 되신 하나님을 예수 그리스도이시라고 말한다. 하나님이 사람이 되셨다는 것은 인간을 몹시 사랑하는 하나님이 자발적으로 인간이 겪는 모든 희로애락의 상황을 자신의 것으로 동일시하며 받아들이고 뛰어드셨다는 진실을 고백하고 증언한다.

그러면 왜 하나님은 그런 방식을 취하셔야만 했는가? 그것은 위에서 이것저것 내려주며 아무리 올라오라 해도 못 올라오니까, 당신이 직접 사람의 몸을 입고 세상으로 내려와 인간을 죄와 불행으로부터 구원하여 올려주시기 위해서이다. 인간은 사랑이신 하나님에게 그토록 소중한 존재이다. 이러한 하나님의 케노시스 개념은 기독교 신앙과 신학의 핵심이다.

그런데 이 개념은 하나님만 취한 일이 아니라, 사람이 되신 하나님인 예수 그리스도를 믿는 그리스도인이 취하여야 할 절대적 명제이기도 하다. 왜냐면 기독교 신앙을 지니고 산다는 것은 하나님처럼 세상에서 자기를 인류의 한 부분으로 참되게 육화하는 것, 그래서 하나님이 바라시는 대로 참으로 인간적인 인간으로 살아가는 것이기 때문이다. "하늘에 계신 너희 아버지께서 완전하신 것 같이, 너희도 완전하여라."라는 말씀도 이것을 가리킨다(마 5:58). 이것은 무엇보다 차별 없이 사람을 사랑하는 것을 말한다.

그리스도인으로 살아가는 것은 특별한 존재나 우월한 사람이 되는 것이 아니라, 자기를 육화시킨 하나님의 마음과 예수 그리스도의 태도를 지니고, 자기를 낮추고 타인과 하나가 되어 사랑하고 섬기며, 함께 평등하고 행복하고 평화롭게 산다는 뜻이다. "여러분 안에 이 마음을 품으십시오. 그것은 곧 그리스도 예수의 마음이기도 합니다."(빌 2:5)

그렇기에 케노시스는 어떤 특정한 사람의 사명이 아닌, 모든 그리스도인의 운명이다. 하나님은 모든 그리스도인을 케노시스의 인간이 되라고 부르신 것이다. 그렇기에 하나님과 예수 그리스도를 신뢰하고 따르는 그리스도인의 삶이란 세계에 대한 이분법적 이해를 초극하고 자기를 낮추어, 지금 여기에서 세상의 상황 전체를 자신의 것으로 이해하고 받아들여, 그것을 구원과 생명의 상태로 전환하는 실천에 참여하는 행동이다. 여기에 그리스도인의 목적과 의미가 있다. 기독교는 오로지 케노시스이다.

그런데 이런 일은 먼저 인간이 자신을 모든 인간의 한 부분으로 이해하는 것, 자신이 모든 인간과 깊이 연결된 동료라는 깊은 자각적 인식을 터득할 때만 가능한 일이다. 내가 남과 하등 관계없고 분리되어 있다고 생각한다면, 자기 육화는커녕 남을 이해하고 존경하고 사랑할 수도 없고, 오히려 제 욕심만 추구할 것이다. 따라서 케노시스의 삶은 사람의 자의적 노력, 철학적이거나 종교적인 지식의 축적, 단지 한순간의 도덕적 결단 같은 일들을 통해 이루어지는 것이 아니다. 그것은 '신적인 충격을 체험하는 내적 혁명'을 통해서만 가능하다.

예를 들어보자. 20세기 미국의 탁월한 영성가인 '토머스 머튼'은 어느 날 느닷없이 틈입한 자신의 종교적 체험을 이렇게 말한다. "그때 갑자기 나는 내가 모든 사람을 사랑했고, 그들 가운데 누구도 내게 낯설지 않은 존재요, 또 그럴 수도 없다는 사실을 깨달았다. 나는 내가 남들과 다른 특별한 소명을 지닌 별개의 존재라는 꿈에서 깨어난 것 같았다. 나는 여전히 인류의 한 구성원이다. 말씀이 육신이 되셨고, 또한 인간의 한 구성원이 되셨거늘, 인간에게 이보다 더한 영광이 무엇이겠는가! 나는 사람들의 가슴에 감춰진 아름다움, 죄도 욕망도 자의식도 닿을 수 없는 그들 가슴의 심연, 그들 존재의 핵심, 사람들을 저마다 하나님의 눈으로 본 것 같았다."(일기-죄 많은 방관자의 억측; 로버트 H. 킹-토머스 머튼과 틱낫한)

이것은 머튼이 오랜 수도 생활 중 외출했다가, 미국 어느 도시의 길거리에서 신의 현현(顯現·epiphany)이라는 종교적 체험·성령 체험으로 내적 혁명을 겪은 후에 고백한 말이다. 전혀 영적인 수행이라고는 모르던 사람에게 이런 일이 일어날 수는 없다. 오랜 영적 수행의 결실이 그런 방식으로 이루어진 것이다.

예나 지금이나 이런 깊은 종교적 체험, 곧 영적 자각의 혁명을 경험한 사람들은 모두 같은 인식과 행동을 한다. 다를 수가 없다. 왜냐면 이런 인식은 자의적인 결단이나 지적인 논리의 귀결이나 마음의 결정이 아니라, 하나님·하늘·저 위에서 다가오는 내적인 근본 혁명이기 때문이다. 사도행전에 나오는 예수의 제자들이 성령 체험을 한 후에 드러낸 행동과 삶도 정확히 이러한 인식과 겸허함이다(2장).

성령은 진리의 영, 자각의 영, 사랑의 영, 자비의 영이시다. 따라서 사람이 성령 체험을 하면, 그는 그 순간부터 자기 존재의 진실, 만인과 내가 한 몸이라는 '정확하고 겸허한' 자각적 인식, 곧 깨달음을 얻는다. '정확하다'

라는 것은 성령은 사람에게 자기 존재의 진실과 만인과 자신이 한 몸이라는 의식을 일으키신다는 것, '겸허하다'라는 것은 성령은 사람이 자신이 아무것도 아니라는 것을 깨닫게 하여 진정한 겸손에 이르게 하신다는 뜻이다.

이렇듯 성령은 사람을 깨달음과 겸허 의식으로 인도하신다. 곧, 성령은 사람을 자기 케노시스로 향하게 이끄신다. 이러한 케노시스의 인식과 행동과 삶을 가장 아름답게 이루신 전범(典範·example)이 예수 그리스도의 생애인 것은 물론이다.

따라서 성령 안에 있는 사람에게는 더는 에고도 없고 남·낯선 이도 없다. 그는 이제 사람을 종교와 신앙, 도덕과 인종과 사회적 위치로 구별하지 않는다. 그는 모든 사람을 하나님의 눈, 곧 사랑과 자비의 눈으로 바라본다. 그에게는 성인도 죄인도 없으며, 모든 사람이 하나님의 자녀이며, 세상은 하나님의 세상이다.

그리하여 그는 자신의 모든 존재 방식을 통해, 이 땅에 하나님의 나라를 이룩하기 위해 헌신한다. 이것은 수도사나 목회자나 선교사가 된다는 말이 아니라, 일상생활의 모든 시간과 장소에서, 그리고 이 세상에 존재하는 그때까지, 하나님의 도구로 자신을 바친다는 뜻이다. '아버지여, 어떤 것이든 결코 내 말을 듣지 마소서. 나를 통하여 오로지 아버지의 뜻만 이루소서.' 이것이 성령 안에 있는 사람이 매일 드리는 기도이다. 이것은 그에게 무한한 영광과 기쁨과 자유를 가져다준다. 그는 천동설의 인간이 아닌, 진정한 지동설의 인간으로 산다.

그는 모든 탐욕적 집착에서 해방된 자유인이다. 자유는 우리 안에 간직된 모든 가능성의 실현을 위한 신적 선물이면서, 동시에 인격적이고 도덕적인 능력의 씨앗이요 빛이요 힘이다. 따라서 그는 모든 사람 속에서, 죄와 망상과 타락조차도 완전히 손상하지 못한 남아 있는 순수한 진리의 자리, 곧 내면의 성전에 계신 하나님을 본다(마 5:8, 마음이 깨끗하다는 말이 이런 뜻이다). 비록 그것이 여러 가지 무지와 탐욕과 망상과 잠든 의식과 타락으로 가려지고 갇히고 뒤덮여 있기는 하지만, 그것은 여전히 인간 존재의 심층에 남아 있다. 그곳이 하나님이 일할 수 있는 자리이다. "사람에게는 하나님의 씨가 있다."(요일 3:9)

인간이란 성자든지 타락한 죄인이든지, 누구나 하나님 안에 있다. 위에서 인용한 '말씀이 육신이 되셨고, 또한 인간의 한 구성원이 되셨거늘, 인간에게 이보다 더한 영광이 무엇이겠는가!'라는 '머튼'의 말을 생각해보시라. 예수 그리스도 안에서 이루어진 하나님의 케노시스는 모든 인간을 향하여 열려 있는 세계이다. 하나님은 길 잃은 양 같은 사람에게 더 애틋한 사랑의 심정을 품으신다(눅 15:1~24). 따라서 하나님을 따라 자신을 케노시스하는 그리스도인은 만물과 만인과 깊은 상호성과 친밀성 안에서 존재한다.

5. 그런데 사람들은 대개 오래된 교육 체계에 따라 자신을 따로 떨어진 독립된 개체라고 인식하는 데 익숙하다. 사람들이 정치적 지배 욕망과 허구로 조작된 일종의 관습적 장벽과 끊어진 다리에 불과한 이러한 이분법적 사유체계를 무슨 진리처럼 떠받들며 살아오게 된 까닭은 고루하고 고집스럽고 편협한 전통과 학문, 곧 학교와 종교, 정치와 법률 체계, 도덕과 윤리 등, 지난 수 천 년 동안 사회 모든 방면을 통하여 내려온 왜곡된 가르침이나 신념이나 이데올로기, 인습적 사고와 전통에 세뇌당해 왔기 때문이다. 그래서 지금도 사람들은 어려서부터 타인을 배제하는 이원론적이고 분리주의적인 존재 방식을 배우며 자란다.

이기주의의 근원인 이것은 Ego중심주의(egocentricism)와 나와 비슷한 사람들과만 끼리끼리 어울리는 패거리 문화를 낳는다. 이것은 어느 나라에나 있는 지극히 저열하고 비인간적인 문화이다. 이런 문화에 빠져 살아가는 것은 참으로 처참한 현실이다. 이것은 돈과 재산, 자리와 신분, 권력을 중시하고 우월감을 드러내는 나, 가족, 동향, 동기, 동창, 동문, 가문, 같은 종교나 교파나 교인, 인종과 국가 등의 갖가지 지연과 학연과 인연으로 똘똘 뭉쳐서 타인을 배척하고 분리하는데 재빠르면서도, 별다른 자책감을 품을 줄 모른다. 그래서 낯모르는 사람들에게는 무례하다. 아는 사람들이나 그들이 하는 일은 무엇이나 곱게 보고 눈감아 주고, 모르거나 의견이 다른 사람이나 일은 무엇이나 마땅치 않게 보고 비난하기 좋아한다.

그리하여 사람들은 어려서부터 그런 이기주의와 이원론과 분리의식에 기초한 저열한 문화에 젖어 사물에 대한 그릇된 견해를 가지게 되고, 더 나아가 사물에 대한 뿌리 깊은 집착과 탐욕에 빠져서 타인이나 자연을 해쳐가면서까지, 자기와 집단의 성공과 부와 권력과 영광, 그리고 육체적 쾌락을 획책한다. 오늘날 이런 종류의 마음을 가진 사람들이 저지르는 사회적 범죄가 세계적으로 비일비재하게 벌어지고 있다는 것은 누구나 다 아는 일이다.

사람이 성령과 진리를 통하여 깊은 자각을 얻어 만인과 내가 한 몸이라는 생각을 지니고 살아가지 못한다면, 모두 사회적 범죄의 공범이다. 비록 범죄를 저지르지는 않았다 할지라도, 우리의 내면과 일상에는 그런 분리의식과 패거리 문화가 깊숙이 자리 잡고 있기 때문이다. 내가 남과 분리되었으며, 남들과는 다른 특별한 인간, 우월한 인간이라는 왜곡된 자의식에 젖어서, 자기 성공과 부와 권력과 영광, 그리고 육체적 쾌락을 추구하며 살아가는 한, 우리는 세상의 타락과 분열과 혼란을 단단히 거들고 있는 도덕적 공범일 수밖에 없다.

그런데 진리의 본질, 인생의 참모습은 갖가지 이기주의와 분리주의와 배타주의, 그리고 망상과 집착과 폭력성을 벗어나 초극하는 데 있다. 그렇기에 자유는 진리의 핵심이며 인생의 중심이다. 인간과 세상의 모든 불행과 비참과 고통은 집착적 탐욕과 망상에서 비롯된다. 자유의 반대는 부자유가 아니라 탐욕이다. 탐욕의 초극(超克)이야말로 인간이라는 종의 절대적 명제이다. 탐욕은 이집트 신화에 나오는 제 꼬리를 물고 먹어들어가는 뱀과 같다. 탐욕을 넘어서지 못하는 한, 인류라는 종은 끝내 자신을 먹어치우고 말 것이다.

그래서 십계명 제10조는 이렇게 말한다. "너희는 이웃의 집을 탐내지 못한다. 너희 이웃의 아내나 남종이나 여종이나 소나 나귀나 할 것 없이, 너희 이웃의 소유는 어떤 것도 탐내지 못한다."(출 20:17) 진리의 측면에서 볼 때, 이것이 십계명의 핵심이다. 왜냐면 탐욕 때문에 제1조~제9조의 모든 사항을 파기하기 때문이다(출 20:1~16).

인간은 탐욕 때문에 해방과 자유로 몰아붙이는 하나님이 아닌, 이기주의와 분리주의와 폭력과 구속을 강요하는 여러 가지 작은 신들(gods)을 기꺼이 숭배한다(제1조). 인간은 탐욕 때문에 비가시적이거나 가시적인 갖가지 우상을 숭배한다(제2조). 인간은 탐욕 때문에 신의 이름을 함부로 발설하며 이용하고 모독한다(제3조).

인간은 탐욕 때문에 자기와 타인과 짐승과 땅의 신성한 안식·휴식·쉼의 권리를 빼앗는다(제4조). 인간은 탐욕 때문에 부모를 업신여기고 불효한다(제5조). 인간은 탐욕 때문에 살인한다(제6조). 인간은 탐욕 때문에 간음한다(제7조). 인간은 탐욕 때문에 도둑질한다(제8조). 인간은 탐욕 때문에 거짓말한다(제9조).

집착, 곧 탐욕적 집착에서부터 무지와 어리석음의 어둠, 분노와 경쟁심의 폭력성, 그리고 분리주의와 배타주의와 우월주의의 패덕(悖德)이 발생한다. 이것은 모두 탐욕적 집착이 낳는 새끼들일 뿐으로, 온갖 상처와 고통을 가져온다. 특히 이런 행태에 젖은 사람부터 불행하게 한다. 그렇게 하여 삶이 온통 상처 덩어리가 되고 만다.

사람이 어떤 사물에 집착하면, 시간이 흘러감에 따라 자유로운 영혼을 잃어버릴 가능성이 더 많게 된다. 왜냐면 아무도 시간을 조종할 수 없고, 누구나 늙고 허약하게 되지 않을 수 없고, 영향력을 잃어버리게 되고, 세상에서 점점 잊히고, 세상의 변화를 막을 수 없기 때문이다. 권력, 재산, 성공, 영광, 쾌락, 명성, 미모, 재주, 건강 같은 것은 모두 물거품에 지나지 않는다. 그런 것들은 집착하는 사람에게 언제나 일시적인 값싼 위안, 상처와 고통과 슬픔만 안겨준다. 집착적 존재 방식은 자신 안에 지옥을 창조하고 갇힌 채, 스스로 죄수와 간수(看守)가 되어 살아가는 것이다. 진리만이 확고한 자유와 기쁨과 평안과 행복을 가져다준다.

6. 1917년 10월 러시아에서 공산주의 혁명이 일어나 기독교적 '짜르' 체제를 전복시키고 공산주의 국가를 세웠다(Tzar·황제. 시저·Caesar의 러시아식 이름). 그때 러시아 황제의 가문이요 정부의 총리대신이었던 '케렌스키'는 황제보다 더 강력한 실질적인 절대 권력자였다. 그런데 그는 공산주의자들이 황제를 비롯한 짜르 가문 사람들과 귀족과 대지주 등의 부자들을 모조리 처형하고, 심지어 6개월 된 아기까지도 죽여버린 와중에서, 요행히 미국으로 도망치는 데 성공하여 1960년까지 뉴욕에서 과일가게를 하며 살았다.

아무도 그가 러시아 제국의 총리였다는 것을 몰랐다. 그렇게 하여 세상에서 가장 커다란 제국의 총리였던 사람이 식품점 주인으로 몰락하고 말았다. 그가 죽고 나서야, 뉴욕의 신문에 그가 짜르 황족의 한 사람이었으며, 러시아 제국의 총리였다는 것이 밝혀져 사람들에게 큰 놀라움을 안겨주었다(O. 라즈니쉬-달마; 김학준-러시아 혁명사).

이것이 자신을 독립된 개체로 인식하고, 세계를 자기의 먹이로 여기고, 무지와 탐욕과 집착 속에서 분리된 채 타인을 부정하며 살아가는 사람들의 실상이다. 탐욕은 필연 무지를, 무지는 어리석음을, 어리석음은 이기주의를, 이기주의는 분리주의를, 분리주의는 집착을, 집착은 폭력과 독재를, 폭력은 파멸을 낳는다. 필연적 연쇄작용이다.

인생이란 게 꿈과 같다는 것을 이해한다면, 껍데기들을 주워 모으는 데 혈안이 되어 아우성치며 가엾게 존재하지 않을 것이다. 그 껍데기들은 장난감일 뿐이다. 대개 사람들은 나이만 먹어갈 뿐, 성숙한 어른이 되지 못한 채 유치한 어린애로 머물러 살아간다. 그래서 아이들이 아가 곰 인형을 좋아하듯이, 어른에게도 아가 곰 인형이 필요하다. '돈 인형아, 권력 인형아, 명성 인형아, 육체적 감각 인형아, 컴퓨터 게임 인형아, 나는 너를 무지무지 사랑해!'

이렇듯 세상은 참으로 어처구니없는 우스개 코미디 난장판이다. 인류는 여전히 무한정 먹어대는 병에 걸려 끝내 제 몸뚱이까지 먹어치우고 달랑 이빨만 남긴 저 그리스 신화의 "에리직톤"의 후예로 살아가는 형국이다. 이런 방식으로 살아가는 데는 상처와 불행과 고통과 슬픔밖엔 없지만, 그런데도 그것을 깨닫지 못한다.

따라서 사람이 정녕 행복한 삶을 바란다면, 하나님과 진리에 대한 깊은 자각, 우주와 만물과 인생과 세상에 대한 심원한 통찰을 통하여, 이기주의와 이원론적 이분법과 분리주의와 물질주의를 초극하고 성숙한 자유를 얻어, 일체 만물이 나와 한 피붙이요, 인간은 서로 지구 가정의 한 가족·형제자매라는 생의 진실 안에서 존재해야 한다.

우주는 하나의 거대한 시스템이요 그물(web)이다. 은하(銀河)계는 우주의 일원이다. 태양계는 은하계의 일원이다. 지구는 태양계의 일원이다. 만물은 지구의 일원이다. 인간은 만물의 일원이다. 나는 인류의 일원이고, 나라는 세계의 일원이다.

우주 안의 그 어떤 것도 결코 분리된 존재가 아니다. 별이 죽고 나서 생긴 가스 먼지에서 온 존재인 우리는 저 달과 나뉜 것이 아니라 함께 얽혀 있다. 현대 과학자들은 만약 지구에 달이 없다면, 중심을 잡지 못하고 비틀거려 빈번하게 발생하는 거대한 지진과 땅의 균열, 화산 폭발과 해일로 인하여 지구상 생명이 모조리 죽게 된다고 한다. 우리가 사는 것은 순전히 달 덕택이다.

지금 내 몸을 구성하는 세포 하나하나는 오래전 나무와 바위, 동물과 곡식을 구성하고 있던 분자들이 흩어져 돌아다니다가 내게 들어와 형성된 것이다. 지금도 내 몸에는 끊임없이 그런 일이 되풀이되고 있다. 음식을 먹는 것은 몸의 분자들을 계속 교환하는 것으로, 몸의 모든 세포는 6개월마다 완전히 바뀐다. 따라서 물리적으로 볼 때, 인간의 몸이란 단지 각종 화학 분자들의 집합체일 뿐이다. 분자들의 순환, 이것이 우주의 영원한 법칙이다.

그러므로 우리는 만물과 내가 한 몸이라는 진실을 가슴 깊이 간직하고 살아야 한다. 이 세상에 낯선 것이나, 나 아닌 것은 하나도 없다. 만물이 가족·형제자매, 내 몸의 일부이다. 우리는 우주적 생명 그물의 한 부분이다. "천하에 남이란 없다."(天下無人, 묵자–묵자)

길을 걷다가 민들레 아가씨를 보거든 반갑게 웃으며 인사하시라. 얼마나 어여쁜 자매인가! 꽃 속에서 웃고 있는 하나님의 얼굴을 보시라. 나뭇가지에서 춤을 추는 그리스도를 보시라. 지금 이 순간에도 쉬지 않고 땅속을 헤집고 다니며 기름지게 하는 지렁이 형제는 얼마나 성인(聖人) 같은가! 부지런한 벌과 나비 자매들은 잠시도 쉬지 않고 꽃을 찾아다니며 수정을 도와주면서 꿀을 채집한다. 'A. 아인슈타인'은 "지구에서 벌이 사라진다면, 인류는 4년 안에 멸망한다."라고 말했다(나의 세계관).

그런데 만물을 나와 한 몸으로 보는 것은 무슨 난해한 철학이나 심원한 종교적 깨달음을 얻어야만 가능한 게 아니다. 그것은 우리가 행복하게 살기 위해서라도 지녀야 할 정상적이고 합리적인 관념이다. 우주와 만물은 거대한 거미줄이다. 거미줄은 어디를 건드려도 전체가 흔들리기에, 숨어 있던 거미는 그 진동으로 먹이가 걸려들었음을 안다. 이처럼 만물과 내가 한 몸이라는 진실을 이해하고 있는 사람은 만물의 삶을 자기 몸처럼 느끼고 사랑한다.

구약성서 시편 후반부에는 이런 시각을 지닌 뛰어난 시인들의 통찰이 들어있다. 주로 100편 이후에 나오는데, 시인들은 하나님을 찬미하는 자신의 기쁨 속에, 우주와 만물을 초청하여 함께 찬미한다. 지금부터 2,400년 이전의 사람들이 가졌던 대단히 놀라운 발상이다. 그중에서 단연 빼어난 148편을 보시라. 시인은 자기의 기쁜 찬미 속에, 별들과 하늘과 구름과 바다와 산, 그리고 사람 등, 우주와 만물 전체를 모두 초청하여, 함께 우주적 찬미를 부른다. 이것이 바로 만물과 나를 한 몸으로 인식하는 종교적인 경지에 이른 인간의 참모습이다.

이런 감정과 생각은 만물과 자기를 한 몸이라고 인식하게 되는 정도가 깊어짐에 따라 심오해진다. 그래서 이것은 매우 어려운 일이기도 하다. 이것이 얼마나 어려운 일인가 하면, 오늘날 세계의 모든 대학에서조차도 가르칠 줄을 모른다. 그렇기에 이것을 깨달으려면, 깊은 철학적 사색이나 종교적 이해에 도달해야 한다. 그러나 이것은 대학을 나오고 지식이 많아야 한다는 말은 아니다. 이것은 글자를 모르는 사람이라도, 그가 타고난 내면의 지혜와 사랑을 잃지 않은 사람이라면, 얼마든지 깨달을 수 있는 진리이다.

우리가 분명히 말할 수 있는 진실은 행복한 사람은 만물을 자기 몸같이 여긴다는 것이다. 그는 생명을 함부로 훼손하지 않는다. 길가의 개미나 버러지조차 함부로 죽이지 않는다. 왜냐면 행복한 사람이야말로 진정한 철인이고 지극히 종교적인 사람이기 때문이다. 종교의 유무를 떠나서, 마음이 행복하고 만물을 형제자매로 보는 것은 심오한 영성·종교성이다. 불행한 마음은 필연적으로 이기주의와 분리주의와 물질주의를 취하고, 자기 보호와 보전에만 관심을 기울이며 남들을 배려하지 않는다.

7. 이제 경전을 생각해보자.

본문은 인간이 어느 방면에서 활동하든지, 숭고한 영혼의 형식을 이루어 참된 인간성을 통하여 살아가는 향기로운 존재 방식에 관한 멋지고 진실한 이야기이다. 이것은 정치, 경제, 학문, 예술, 종교, 교육, 상공업과 농어업 등, 인간사 모든 영역에서 활동하는 인간이 지녀야 할 인간적이고 아름다운 마음과 태도에 관한 진리를 말한다.

동서고금 소박하고 진솔하고 겸손한 마음으로, 자기 일에 혼과 힘과 땀을 다 바치는 사람은 반드시 민중의 인정과 사랑과 흠모를 받고, 더 나아가 푸른 역사(靑史)의 푸른 바위(벽암·碧巖)에 새겨진다(록·錄). 신적인 것이 인간적인 것이고, 인간적인 것이 신적인 것이다. 인간적인 것이 합리적인 것이고, 합리적인 것이 인간적인 것이다. 영적인 것이 합리적인 것이고, 합리적인 것이 영적인 것이다. 여기에 이원론이나 분리는 없다. 인간은 오로지 한 마음으로 산다.

그런 점에서 예수의 말씀은 우리의 가슴을 때린다. "누구든지 위대하게 되고자 하는 사람은 사람을 섬기는 사람이 되어야 하고, 누구든지 으뜸이 되고자 하는 사람은 모든 사람의 종이 되어야 한다."(막 10:43~44) "밀알 하나가 땅에 떨어져서 죽지 않으면 한 알 그대로 있고, 죽으면 열매를 많이 맺는다."(요 12:24) 살려고 하는 자는 죽고, 죽고자 하는 자는 산다는 말도 이것이다(생즉사 사즉생·生卽死 死卽生).

자기 한 몸의 영광과 영화를 추구하는 자는 하나님의 역사와 인생에서 패배하고, 의와 진리와 사랑을 위해 자신을 거룩한 '번제'로 바치는 자는 끝내 하나님과 역사가 손을 들어주시리라(燔祭, 라-holocaust. burning offering). 이기려 하지 않는 자는 끝내 이기고, 빛나려 하지 않는 자는 마침내 빛난다. 밑으로 내려가는 길이 위로 솟구치는 길이다. 이것이 인생의 비밀 아닌 비밀, 곧 노출된 비밀이다. 이것을 볼 눈을 지닌 자는 복이 있다.

인간에 대한 하나님의 다스림은 실로 기묘하다. "하나님은 신실한 사람에게는 신실함으로 대하고, 간교한 사람에게는 절묘함을 보이신다."(시 18:25~26 참조). "사람의 눈에는 바른길같이 보이나, 마침내는 죽음에 이르는 길이 있다."(잠 14:12) "사람의 행위는 자기 눈에는 모두 깨끗하게 보이나, 하나님은 속마음을 꿰뚫어 보신다. 사람이 마음으로 자기의 앞길을 계획하지만, 그 발걸음을 인도하시는 분은 하나님이다."(잠 16:1~2.9)

인생이 사람의 뜻·생각대로 된다면 좋겠지만, 그러면 도대체 무슨 재미로 살겠는가? 그것은 연극이나 드라마나 영화의 각본이지, 인생이 아니다. 인생은 철길이 아니다. 인생은 굽이굽이 험곡(險谷)의 산길이고, 미지의 영토를 걷는 모험의 길이다. 인생이 사람이 바라는 대로 전개된다면, 세상이 더 평등하고 평화로워질까? 아니다. 전혀 반대로 하루아침에 망할 것이다. 사람이 앞날을 안다면 사는 게 재미있고 행복할까? 아니다. 전혀 반대로 권태에 지치고 공포에 미쳐서 자살할 것이다.

인생은 앞날을 모르기에 짜릿한 맛을 느끼며 살만한 것이다. 만일 신이 모든 사람의 기도에 곧바로 응답해주신다면, 어떻게 될까? 세상은 곧장 지옥으로 변하리라. 하늘의 목소리를 세상의 소음보다 더 크게 들으며 살아가는 숭고한 영혼의 형식과 존재 방식이야말로 진정 인생과 역사에서 승리하는 길이다.

7-1) 서로 다투는 제자들

예수께서 집 안에 계실 때에 제자들에게 물으셨다. "너희가 길에서 무

슨 일로 다투었느냐?" 제자들은 잠잠하였다. 그들은 길에서, 누가 가장 큰 사람이냐 하는 것으로 서로 다툰 것이었다.

스승 예수의 불행이 여기에 있다. 명색이 '제자'라는 사람들이 진리의 스승과 가르침에 대해서는 일말의 관심조차 없었다. 인류 역사상 예수처럼 불행한 진리의 스승도 없었다. 대개 여느 종교나 철학에서 진리의 스승들은 썩 괜찮은 제자들을 두었는데, 예수에게는 그런 제자가 한 명도 없었고, 게다가 한 제자에게는 돈 몇 푼에 배반당하기까지 했다.

제자(Disciple)는 스승으로부터 훈련(discipline)을 받는 사람을 말한다(히-탈미드·Talmid, 그-마세테스·Mathetes). 구약에 1회만 나오는데 하나님으로부터 가르침을 받는 자이고(사 8:16), 신약에 복음서와 사도행전에만 269회 나오는데 모세의 제자, 예언자 요한의 제자, 그리고 예수의 제자와 그리스도인이다. 그리스도인이 예수의 제자라는 것은 엄청난 중요성을 갖는다!

그런데 예수의 제자들은 진리의 스승을 따르면서도, 오로지 세속적인 탐욕과 야망만 품고 있었다. 그들 마음의 Ego를 가득 채우고 있는 것은 이것이었다. '나는 남들과는 다르다. 나는 남보다 낫고 강하고 높다. 그렇지 않다면, 장차 나는 반드시 남들보다 더 낮고 높고 강력하고 위대한 사람이 되어야만 한다. 예수는 이것을 실현하기 위한 발판이다!'

실로 그들의 마음과 머리를 가득 채우고 있는 것은 어처구니없게도 타자에 비해서 우월적 지위를 차지하려는 권력주의적 탐욕, 이원론과 분리주의와 물질주의에 기초한 성공에 대한 야망뿐이었다. 그러니 스승으로부터 얼마나 멀리 떨어져 있었던가! 비록 몸뚱이는 밤낮 스승 곁에 있었지만, 머리와 가슴은 무한히 먼 곳에 있었다. 스승은 피땀을 흘리며 생명과 평화의 길을 가르치시는데, 제자들은 육신과 세상의 포로가 되어 깊이 잠들어 있다! 스승과 제자가 얼마나 동상이몽(同床異夢)의 상태였던가!

그러나 이런 모습은 비단 옛일만은 아니다. 이런 일은 지금도 기독교 나 다른 종교나 세상에서 버젓이 벌어지고 있는 일들이다. 기독교 2천 년 동안 그랬고, 세상 끝날까지도 그럴 것이다. 왜냐면 무지(無知)와 무명(無明)과 죄에 물들어 깊은 잠에 빠져서 살아가는 인간성과 사고방식은 예수와 부처를 믿거나 거의 변하기 어렵기 때문이다.

명색이 예수의 제자라면서 세속적인 야망을 채우려고만 하는 탐욕스러운 인간 하이에나들의 행렬은 세상 끝날까지 사라지지 않으리라. 예수의 이름과 기독교라는 종교를 빙자하여, 자기의 세속적 야망을 이루고자 하는 사이비 제자들의 행렬! 교회 밖에서 한다면 그래도 봐줄 수 있으리라. 세속은 본래 그런 세계이니까. 그런데 예수의 이름으로 자기의 욕심을 채우려고 하니, 더욱 더럽고 치졸하고 사악하기까지 한 것이다(마 7:15~23).

그리스도를 위해 기꺼이 자기를 비우고(kenosis) 작은 사람이 되고자 하는 이들은 지나치게 적다. 그러니 진리의 스승 예수 그리스도는 지금도 무한히 외로우시다. 프란치스코와 슈바이처와 같이 헌신하면서도, '나는 아무것도 아닙니다. 나는 아무것도 한 게 없습니다.'라고 말하는 사람은 거의 찾아보기 어렵다('니코스 카잔차키스'의 "성 프란치스코"를 꼭 읽어보시기를!).

기독교란 게 Kenosis, 자기 비움·無我에 이르는 길이건만, 교회에서 '누가 가장 큰가, 크게 될 것인가?' 하고 다투며 최고가 되려고만 한다. 말은 자기를 주님의 '종'(그-Doulos·노예, servant)이라 하면서도 실제로는 주인이 되고자, 아니 "하나님처럼 되고자" 한다(창 3:5). 그렇게 하여 자기 無化·無我에 이르는 길인 기독교를 세속적 야망의 수단으로 삼는다. 말이나 행위로 다투지 않으면, 마음으로 다툰다. 마음은 일등이 되고자 하는 세속적인 애욕과 집착으로 언제나 전쟁터이다. 그리하여 세상이 종교 천국을 방불해도 아무런 빛도 힘도 없고, 세상이 오히려 종교 때문에 망가지고, 세상 사람들이 종교를 걱정하는 사태가 빚어진다.

　이것이 바로 예수를 믿고 따른다고 하면서 성령을 통한 내적 변형에 이르지 못한 세속적인 기독교인들의 실상이다. 교회당 안의 이방인들(마 6:32), 믿는 불신자들(눅 18:8)! 실로 기기묘묘한 별종이 아닌가? 이런 제자들을 바라보는 스승 예수의 가슴은 아프다 못해 찢어진다. 언제나 제자들로부터 침 뱉음을 당하며 외롭게 버려지는 예수여!

　그러면 스승은 제자들이 길에서 다투는 것을 보거나 들으셨으면, '그런가 보다, 아직 그럴 수 있지' 하며 지나갈 수도 있지 않은가? 꼭 그걸 콕 끄집어내어 지적해야 직성이 풀리셨던가? 그런데 그깟 뒷담화를 가슴에 두었다가, 기어코 '집 안에 들어가서' 꺼내드신다.

　"너희가 길에서 무슨 일로 다투었느냐?" 제자들은 묵묵부답이다. 왜? 속을 들켰으니, 창피(부끄러움·수오지심·羞惡之心)하여 有口無言이어늘! 그러나 스승은 곧바로 야단치시지 않는다. 다 알면서도 모르는 척 넌지시 물은 것이다. 왜냐면 현재 제자들의 낮고 천한 의식 차원에서는 그처럼 할 수밖에 없다는 것을 아시기 때문이다. 인간이 아직 그 수준이기에 그런 것이다. 그러니 미숙한 이들에게 어떻게 성숙한 행동을 바라겠는가?

　그들은 아직 성령의 체험을 통한 내적 변형에 대해서는 아무것도 모르는 상태이다. 따라서 수년씩이나 진리의 스승을 따라다니며 숱한 가르침과 행동을 듣고 보았으면서도, 여전히 깨어나지 못하고 의식의 깊은 잠에 빠진 그들에게서는 그러한 세속적 야망의 분출밖에는 다른 것이 나올 수가 없다. 그저 꿈속에서 잠꼬대하듯 살 뿐이다. 스승은 그것을 알고 계시다. 그러니 스승의 질문에 무슨 대답을 할 수 있으랴?

그렇더라도 스승은 그냥 아무 일도 아니란 듯 지나갈 수 없다고 생각한다. 왜냐면 그 상황에 대한 대답은 스승 예수의 존재 방식과 이상(理想)과 길이고, 또한 자기를 따르는 제자들의 존재 방식과 이상과 길, 곧 목숨보다 더 중대한 것이기 때문이다. 예수께서 급 브레이크·태클을 거실 적에는 반드시 그럴 만한 사정이 있다.

7-2) 모든 사람의 꼴찌

예수께서 앉으신 다음에 열두 제자를 불러놓고, 그들에게 말씀하셨다. "누구든지 첫째가 되고자 하면, 그는 모든 사람의 꼴찌가 되어서 모든 사람을 섬겨야 한다."

그런 그들을 참고 바라보는 스승은 매우 부드럽고 친절하시다. 가까이 다가오게 하여, 그들의 눈동자를 들여다보며 말씀하신다. 지금은 그렇게 하지 못하지만, 나중에라도 기억하고 실천하기를 바라고, 또 그렇게 될 것을 아신다. '모든 사람의 꼴찌가 되어라! 내 길은 첫째가 되고자 하는 길이 아니며, 섬김을 받고자 하는 길도 아니다. 내 길이 그대들의 길이다!' 이것이 바로 예수와 제자의 길이다. 세상의 꼴찌 되기, 세상의 밑바닥으로 내려앉기, 케노시스!

이것은 인간의 자연적이고 타락한 본성과 본능과 사고체계와 습성에서 나오는 세속적 야망과 탐욕을 거스르고 뒤집어엎는 내적 혁명에 관한 말씀이다. 세상은 예나 지금이나 늘 첫째가 되고자 전쟁을 벌이지만, 예수의 길과 제자·그리스도인의 길은 밑바닥 사람이 되는 것이다.

이것은 살고자 하는 길이 아니라 죽고자 하는 길이다. 죽어야만 사는 길이고, 죽어서 비로소 사는 길이다. 이것은 "세상에 있어도 세상에 속하지 않는" 길(요 15:19, 17:16), "날마다 죽는" 길(고전 15:31), "자아와 세상에 대하여 죽는" 길이다(갈 6:14). 그러나 이 말을 교묘하게 왜곡하고 오해하면 안 된다.

이것은 살기 위하여 죽는 게 아니며, 높아지기 위하여 낮아지는 게 아니며, 첫째가 되기 위하여 꼴찌가 되는 게 아니며, 영광을 위하여 겸허한 게 아니며, 중심이 되기 위하여 주변에 서는 게 아니다. 그러면 매우 간교한 계산과 장삿속과 위선이다. 아무것도 바라지 않고 그저 죽는 것이다. 그저 낮아지는 것이다. 그저 꼴찌가 되는 것이다. 그저 겸허한 것이다. 그저 주변에 서는 것이다. 높아지는 문제는 사람에게 달린 것이 아니라 "아버지께서 해주시는 일이다."(요 12:26)

그렇다고 꼴찌가 되라는 것이 곧장 실천·행동의 문제를 말하는 것도 아니다. 아직은 그렇게 하려고 해도 안 되기 때문이다. 이 말씀은 먼저 스승 예수와 가르침·진리를 깨달아 내적 혁명을 이룬 존재(being)·인격에 관한 것이다.

거기에 이르면, 진정으로 꼴찌가 되어 섬기는 참되고 거룩한 삶은 저절로 나타난다. 그렇게 되지 않을 수 없다. 그렇게 안 되려고 해도 안 된다! 외적 행동은 내적 세계의 증명이기 때문이다. "사람은 그 열매로 알아본다."(마 7:20) 외적 행동이 내적 현실과 불일치한다면, 그것은 거짓이요 위선이다. 아무도 속일 수 없다. 자기를 속이는데 익숙한 자라면, 최악의 인간이다. 더군다나 하나님을? "하나님은 너희의 마음뽀를 다 아신다."(눅 16:15)

그런데 지금 제자들의 상태로는 아무리 고상한 진리를 말해준다고 하더라도, 그저 우이독경(牛耳讀經)일 뿐이다. 귀가 멀쩡해도 듣지 않을뿐더러 들을 수도 없다. 세속적 야망이 그들의 마음을 온통 차지하고 있고, 귀가 막혀 있고, 가슴이 시멘트 바닥같이 딱딱하기 때문이다. 그들의 마음은 길바닥이나 돌밭이나 가시덤불과 같은 상태이다(막 4:1~7 참조). 그래서 그들은 자기들이 듣고 싶은 말만 듣는다. 이것이 내적 변형을 모르는 모든 사람의 특징이다. 귀가 있어도 들을 줄 모른다. 내면의 귀가 의식의 깊은 잠으로 막혀 있기에….

7-3) 어린이는 참된 제자의 표상(表象, representation·symbol)

그리고 어린이 하나를 데려다가 그들 가운데 세우신 다음에, 그를 껴안아 주시고 그들에게 말씀하셨다. "누구든지 내 이름으로 이런 어린이들 가운데 하나를 영접하면, 그는 나를 영접하는 것이요, 누구든지 나를 영접하는 사람은 나를 영접하는 것보다 나를 보내신 분을 영접하는 것이다."

이것은 행동으로 진리를 보여주는 그림 언어이다. 제자들의 현재 상태를 잘 이해하고 있는 스승은 그들의 내적 변화를 미래에 내맡기고(하나님·성령의 손·능력), 이제 그들이 죽어도 잊어버릴 수 없는 하나의 상징적 퍼포먼스(performance)를 연출하신다.

현재 의식의 깊은 잠에 빠진 사람은 아무리 쉬운 말을 들려주어도, 귀가 막혀 있기에 아무것도 알아듣지 못한다. 하지만 구체적인 퍼포먼스는 오래도록 기억에 새겨져 잊히지 않는다. 그것은 마치 어린이 그림 동화책 같은 것이다. 비록 당장에는 그 심오한 의미를 깨우치지는 못하더라도, 오래도록 가슴 속에 동영상의 씨앗으로 남아 있다가, 때를 만나 영혼에 성령의 비가 내리면 싹이 트고 자라, 사람들에게 구원의 참된 안식과 자유와 기쁨의 넉넉한 그늘을 드리워주는 역사의 거대한 나무로 자랄 것이다. 스승은 그것을 내다보고 계시다.

그런데 유심히 보시라. 예수는 어린이를 문학적 장치로 설정하면서도,

결코 이용하시는 게 아니다. 이 문장의 맥락에서, 어린이는 단지 예수께서 말씀하시고자 하는 진리를 위한 하나의 예일 뿐이다. 그러나 예수는 결코 그를 도구화하시지 않는다. 왜냐면 어린이를 데려오라고 하지 않고, 직접 가서 데리고 오시기 때문이다.

예수의 행동을 한 컷씩 느리게 close-up 하여 나누어 생각해보자. '그들은 길에서 서로 다투었다.' 이것은 예수와 제자들이 어느 집에 들어가기 전의 상황이다. 다음은 '예수께서 집 안으로 들어가 앉으셨다.' 그다음은 '열두 제자를 불러놓고 그들에게 말씀하셨다.' 그다음은 마침 그곳에 있는 어린이가 눈에 띄어 '그를 데려다가 가운데 세우고 껴안아 주셨다.'

그렇다고 제자들에게 곧장 훈시(!)를 들려주기 위하여 돌아서신 것이 아니다. 그 아이의 해맑은 눈망울을 바라보며 품에 꼭 끌어안고 머리를 쓰다듬어 주며 축복하신 것이다. 아마 볼이나 이마에 뽀뽀도 해주셨으리라! 못난 우리도 그러는데, 어찌 예수께서 그렇지 않으셨으랴! 그 아이의 엄마를 비롯한 따라온 사람들이 무척 행복한 눈길로 바라보았으리라. 예수께서는 여전히 아이를 품에 안은 채, 제자들을 바라보며 말씀하신다.

이렇게 예수께서 꼴찌가 되어야 한다는 말에 제자들이 묵묵부답으로 있자, 당신이 세상을 떠난 후에도 그들이 분명히 기억할 수 있도록 그렇게 하신 것임을 알 수 있다. 그랬기에 이 이야기가 수십 년 후에도 여전히 생생히 기억되어, 복음 사가(史家)의 자료에 수집되고 기록된 것이 아니겠는가?

7-4) 신의 어른 어린이
그를 껴안아 주시고…

지금 '하나님의 어른 어린이, 하나님의 어린 어른'이 사람의 어린이를 껴안으신다. 이것이 Kenosis의 의미이다. 그리고 이것이 장차 제자들이 걸어가야 할 길이다. 세상에서 가장 약하고 작은 자를 성심으로 껴안는 것, 곧 세상에서 천시하는 보잘것없는 인간일지라도, 마치 하나님을 모셔 들이는 것 같은 최고의 진실한 마음과 태도로 수용하고 대접하고 경(敬)하는 것이다. 예수의 모든 가르침은 敬, 이 하나에 다 들어간다! 공경·恭敬, 가장 낮고 약한 인간조차도 하나님을 모시듯 공손히 경하는 것. 황제도 공경하고 거지도 공경하고…. 공경을 받지 못할 인간은 하나도 없다.

그래서 예수께서 세상의 "작은 사람들"을 이용하고 억압하는 행태에 "연자 맷돌, 지옥, 손과 발과 눈을 찍고 빼버리라."라는 저주까지 퍼부으신 것이다(막 9:42~49). 따라서 어린이를 껴안고 축복해준 것이야말로 스승이 제자들에게 가르치시려는 진리이다. 그것은 단지 하나의 친절하고 자상한 행동만은 아니었다. 그것은 세상에서 가장 작은 자를 하나님의 마음과 이름으로 공경하는 태도와 행동이 바로 예수 자신이고 복음이고 진리이고 하나님의 나라라는 진실을 선포하신 것이다. '누구든지…' 이하의 말은 이런 행동과 삶에 대한 주석일 뿐이다. 굳이 하지 않아도 되었으나 하도 못 알아들으니, 기억하라고 들려주신 것이다.

예수의 길이나 제자의 길은 모든 이의 밑으로 내려가는 길, 모든 이의 뒤에서 모든 이를 앞세우는 길, 모든 이의 아래에서 모든 이를 위에 세우는 길이다. 그것이 하나님·그리스도를 대접하는 것이다(마 25:31~46 참조). 사람을 섬기는 것은 하나님을 섬기는 것과 같기 때문이다. 이것이 예수의 휴머니즘이요, 그리스도인의 휴머니즘이요, 기독교 휴머니즘이다.

따라서 제자의 길은 누군가의 밑으로 내려가 구원하는 영성과 삶이다. 그러나 이것은 그가 구원한다는 말이 아니다. 제자는 단지 사람을 섬기는 영성만 드러내기만 하면 된다는 뜻이다. 구원은 하나님이 하시는 일이다. 제자의 길은 그 어떤 방면에서도, 결코 소유나 영광을 추구하는 길이 아니다. 그것은 영광이나 성공을 도무지 의식하지 않고 함으로써, 결과적으로 하나님이 영광스럽게 해주시는 역설의 길이다. 왜냐면 제자의 일은 예수의 일이고 하나님의 일이기에, 하나님은 그들의 행동과 삶의 결과가 어떠하다 하더라도, 결단코 실패하시지 않을 것이기 때문이다. 그들이 젊은 나이에 순교한다 해도, 그것은 실패가 아니다.

8. 서양에서는 훌륭한 정원사를 "녹색 엄지"라고 한다(green thumb). 그들이 만지는 모든 식물이 푸르고 싱싱하게 자라기에, 사람들은 그를 보고 '엄지 척!' 하며 칭찬하기 때문이다. 이것은 우리의 삶에 관한 훌륭한 비유이다. 손으로 만지는 것을 모두 푸르게 살아나게 하는 사람, 곧 생명이 생명답게 살도록 돕는 사람, 이것은 모든 인간이 되어야 할(becoming) 모습에 관한 이야기이다. 아무도 완성된(become) 존재가 아니다.

그리스 신화 "미다스" 이야기를 생각해보자. 그는 무엇 하나 부족한 게 없이 차지하고 누리는 왕이었으면서도, 유난히 재물 욕심이 많았다. 어느 날 그는 신전에 가서 많은 제물을 바친 후, 이렇게 기도했다. "신이시여, 한 가지 소청이 있으니 들어주소서. 제 손이 닿는 것은 무엇이든지 황금으로 변하게 해주소서."

신이 그의 기도를 들어주셨는지, 그가 왕궁으로 돌아와 돌기둥을 만지자마자 황금으로 변했다. 뛸 듯 기뻐한 그는 왕궁을 돌아다니며, 무엇이든 만져 황금으로 변하게 하였다. 그러나 그는 그 사태가 무엇인지 전혀 알아차리지 못했다. 저녁 식사를 하려는데, 물그릇을 만지자마자 물까지 황금으로 변했고, 음식을 집어 들자 역시 황금으로 변했다. 그리하여 그는 아무것도 먹을 수 없게 되고 말았다. 그때야 사태의 심각함을 알아차린 그는 다시 가서, "신이시여, 이젠 되었으니 취소시켜 주소서." 하고 기도했다. 그러나 신은 들어주지 않았다. 그리하여 그는 황금의 궁전에서 굶어 죽고 말았다 (토마스 벌핀치-그리스와 로마 신화).

이것은 흔히 탐욕적 인간의 파멸에 관한 비유로 읽는다. 그러나 다르게 고쳐서 읽을 수도 있으리라. 하나님 앞에서 내적으로 완전히 변형되어, 만지는 것마다 황금으로 변하게 할 수 있는 능력을 지닌 사람의 이야기로 읽으면 어떨까? 그러면 황금은 참된 삶을 구성하는 모든 질적인 본질과 고귀한 가치를 가리키는 상징이기에, 사람이 진정 주의력 깊은 자각적 의식 속에서 움직이며 만지는 모든 것이 황금의 차원으로 변한다는 이야기가 되어, 무엇인가 다른 진리를 드러낸다. 이런 사람이 인생과 역사의 '녹색 엄지'이리라.

진정 성령을 통하여 진리의 자각을 일으켜 의식의 변형을 이룩한 사람은 손길이 닿는 모든 것을 황금으로 변화시키리라. 그는 영적인 연금술사이다(alchemist). 따라서 손에 닿는 것이면 무엇이든 황금으로 변화시키는 사람, 마치 효모와도 같이 삶을 맛있는 빵으로 변화시키는 사람, 이것이 우리가 지향해야 할 인간다움이 아닐까?

그는 만지는 것은 무엇이든지 생명의 차원, 축복의 상태로 변화시킨다. 그는 불행이 찾아와도, 그것을 행복으로 바꾸어 놓는다. 슬픔과 고통을 겪어도, 그 속에서 아름다움의 씨앗을 찾아내어 기쁨의 나무로 길러낸다. 가난하고 고생스러워도, 진실한 인격과 황금 같은 삶의 족적(足跡)을 남겨 세상에 빛을 비춘다. 죽음이 찾아와도, 그것을 불멸로 바꾸어 놓는다.

이렇게 그는 자신이 만지는 것은 무엇이든지 빛나는 가치로 바꾸어 놓는다. 왜냐면 그는 내면에 성스러운 힘을 지녔기 때문이다. 그의 힘은 그가 자기 안에 확립한 내면의 빛, 내면의 참된 세계에서 나온다. 우리는 이런 인물을 창세기에 나오는 요셉에게서 본다. 그는 형제들의 배반으로 오랜 세월 시련과 고난을 겪었지만, 꾸준한 기도와 명상과 노력을 통하여 하나님 앞에서 진정한 내적 변형을 이루어, 손으로 만지는 것마다 모두 황금으로 변화시켜 천하 사람을 구원한 인간상의 영원한 표상이다.

9. 이렇게 손으로 만지는 것마다 질적으로 변형시키는 삶에 대한 가장 아름답고 상징적인 이야기가 "가나의 결혼잔치"이다(요 2:1~10). 예수께서 물을 포도주가 되게 했다는 이야기는 그분의 존재 자체가 손으로 만지는 것은 무엇이든 황금 같은 가치인 생명과 기쁨으로 변화시키신다는 것이지, 단지 기적을 보도하는 게 아니다.

물은 삶의 두 차원에 대한 상징이다. 구약성서에서 물은 긍정성과 부정성을 동시에 가리킨다. 부정적 상징·이미지는 맛없는 것, 질병, 박해, 상실, 실패와 패배, 고통, 슬픔, 추방, 외로움, 고난, 괴로움, 역경, 죽음의 위기 등이고(시 69편 참조), 긍정적 상징·이미지는 하나님의 사랑, 기쁨, 즐거움, 사랑, 행복, 신뢰, 풍요, 안전, 구원, 평화 등이다(창 2장; 시 23:2, 46:4; 겔 47:1~12 참조). 포도주는 물의 긍정적 이미지와 같은 삶의 질적인 차원을 가리킨다(시 4:7, 23:5, 80:8~12, 128:3; 미 4:4 참조).

따라서 물을 포도주로 변화시켰다는 이야기는 예수께서는 머무르는 모든 곳에서 부정적인 차원의 삶을 긍정적이고 질적으로 완전히 변형시키신다는 의미이다. 그분이 계신 곳은 결혼잔치와 같다. 잔치 자체이신 그분이 거기에 계시는 한, 인생은 결혼식의 기쁨과 축제의 마당으로 변화하고 지속한다.

지금도 예수는 물을 포도주로 변화시키실 수 있는 분이다. 그런데 한 가지 조건이 있다. 원하는 자에게만…. 예수는 그 일을 강제로 하시지 않는다. 그래서 오늘도 그분을 향한 전적인 신뢰와 사랑이 필요하다. 그분은 지금도 진정 내적으로 변형되기를 원하고, 자기의 삶과 타인의 삶이 결혼잔치의 축제가 되기를 절실하게 바라는 자의 맹물 같은 삶을 포도주로 넘치는 흥겨운 삶으로 바꾸어 놓으실 수 있는 분이다. 곧, 예수는 지금도 손으로 만지는 것마다 황금으로 변화시키신다.

이 이야기는 성령을 통하여 내적 변형을 일으켜 예수 그리스도를 사랑하며 따르는 모든 시대 그리스도인의 향기로운 존재 방식에 관한 것이다. 곧, 성령 안에서 진리의 자각을 통해 새로 태어난 그리스도인은 지금 여기에서 누군가의 삶을 물에서 포도주로 변화시킬 수 있다는 이야기이다. 물론 이 말은 그가 변화시킨다는 것이 아니라, 그리스도께서 그 사람 안에서 당신의 일을 하신다는 뜻이다. 그리스도인은 그리스도의 도구, 곧 포도주로 넘치는 생명과 평화의 길을 안내해주고 동기를 일으키는 매개체·촉매제로 작용한다. 그 모든 게 그리스도께서 그 사람 안에서 하시는 일이다.

그리스도인은 지금 여기에서 타자의 다정한 이웃, 친구, 안내자, 스승이 되어주는 삶, 곧 자기가 머무는 모든 곳에서 물을 포도주로 바꾸어 놓는 사람으로 살 수 있다. 이것이 진정한 영성의 사람이 일상에서 창조하는 평화와 구원의 삶이다. 따라서 이 이야기는 오늘 예수 그리스도께서 우리를 부르시는 새로운 소명에 관한 이야기로 다가온다. 이것은 "사람을 낚는 어부"(막 1:17)라는 말을 표적·상징으로 보여준 이야기이다. "가서, 너도 이같이 하라."(눅 10:37)

10. 모든 인간은 "하나님이 손수 심으신 의의 나무"(사 61:3)로 자랄 씨앗이다. 그 씨앗이 적절한 토양을 만나 싹이 트고 햇빛과 비를 맞으면, 자라서 거대한 나무로 자라리라. 사람을 이처럼 바라보시라. 세상에는 죄인도 탕자도 없다. 다만 길을 잃고 헤매는 신의 아이들이 있을 뿐이다. 그들은 미래의 의인이요 성자이다. 누가 사람의 미래를 알겠는가? 그리고 그때 거기에

는 의인도 성자도 없다. 다만 길을 찾은 신의 아이들이 있을 뿐이다.

진실로 모든 인간은 궁극적으로 자기를 구원해야 한다. 그렇지 않으면 하나님과 예수가 그 곁에 사신다고 하더라도 소용없다. 인간이 자기를 구원하기 위해서는 하나님·그리스도를 향한 견고한 신뢰와 진리의 자각이 있어야 한다. 거기에서만 내적 변형이 가능하기 때문이다. 이것이 진정한 영성이다. 그때 구원은 하나님께서 하신 일이다.

성령 체험은 無心·無我, 곧 자기를 케노시스 하여 하나님의 선한 의지를 깨닫고 수용하는 것이다. 그런데 無我는 우주와 독립된 개체인 '나'가 없다는 것이기에, 나는 모든 것과 상호 연결된 그물망 속에서 존재한다는 뜻이다. 따라서 케노시스는 우리를 사랑과 자비심으로 가득 채워 사람들 속으로 들어가게 이끈다. 거기에서 우리는 상처 입은 사람들이 치유되도록 도우면서 평화를 창조한다.

그리스도인의 길은 언제나 어디서나 언제까지나, 모든 시간과 장소에서, 누군가의 구원을 돕는 삶을 위한 영성의 여행이다. 하나님은 언제나 그와 함께하신다. 왜냐면 하나님은 당신의 일이 그를 통해 아름답게 이루어지기를 바라시기 때문이다. 지금 이 순간, 참된 영성을 통하여 구원을 돕는 일을 향하여 여행 중인 사람은 언제나 자유롭고 행복하고 풍요한 삶을 누린다. 그것이 진정 자신을 사랑하는 것이다.

그가 타인의 구원을 위해 촉매작용을 하는 것은 자연스럽고 마땅한 일이다. 그러나 그에게는 그 일을 잘하여 장차 무슨 상을 받고자 하는 마음이 일절 없다. 이미 세속적인 마음을 초월했기 때문이다. 그는 "살아도 죽어도, 하나님을 위하여 살고 죽는다."(롬 13:8) 그는 모든 일을 "하나님의 영광을 위해서 한다."(영광-뚜렷이 빛나게, 고전 10:31) 그러면 하나님은 그를 아름답고 숭고한 작품으로 빚어내신다.

그는 모든 일을 고요히 할 뿐이다. 그는 시끌벅적 "나팔을 불지 않으며, 오른손이 하는 일을 왼손이 모르게 하여 모든 일을 숨어서 한다."(마 6:3~4) 그에게는 사람들이 자기를 좋게 봐주고 칭찬해주기를 바라는 의식조차도 없다(마 6:5~6). 그는 그 모든 일을 행복한 마음의 표현으로 할 뿐이다. 샘물은 자랑을 모른다. 강물은 공치사를 알지 못한다. 땅은 무한히 섬기고 먹이고 돌봐주면서도 자기에 대한 의식 자체가 없다. 그리고 하늘은 모든 것을 품어 안아 먹여 살리면서도 언제나 텅 비어 있고 푸르다.

이것이야말로 그리스도인의 존재 방식에 관한 자연의 이미지가 아닌가! 예수 그리스도 안에서, 성령을 통하여 無我의 경지에 이른 그리스도인은 진리이신 만물의 아버지만 귀하게 여긴다. "나 홀로 사람들과 달리, 나를 먹여주는 어머니를 귀하게 여긴다."라는 말이 이런 뜻이다(아독이어인·我獨異於人, 이귀식모·而貴食母, 노자-도덕경, 20장. 노자의 도·진리는 어머니상).

이것이 21세기를 25년째 맞이하는 우리 시대에 절실하게 필요한 영성이다. 예수 그리스도는 인류가 이 땅에 건설해야 할 신성하고 인간적인 문화와 문명의 대안(代案), 곧 '하나님의 나라(다스림)'를 온몸으로 가르치고 보이고 가리킨 영원한 구원자요 진리의 스승이시다. 따라서 이제 기독교는 이러한 영성의 새로운 시대를 열어야 하는 긴급한 인류사적 요청 앞에 서 있다. "더는 미룰 시간이 없다. 오늘 우리에게는 시간이 촉박하다."(C. F. V. 바이젝커-시간이 촉박하다)

<u>19</u>

인생에서 가장 어려운 일

∨

너희 가운데서 누구에게 밭을 갈거나 양을 치는 종이 있다고 하자. 그 종이 들판에서 돌아올 때, "어서 와서 식탁에 앉아라" 하고 말할 사람이 어디에 있겠느냐? 오히려 그에게 말하기를, "너는 내가 먹을 것을 준비하여라. 내가 먹고 마시는 동안에, 너는 허리를 동이고 시중을 들어라. 그런 다음에야, 먹고 마셔라" 하지 않겠느냐?

그 종이 명령한 대로 하였다고 해서, 주인이 그에게 고마워하겠느냐? 이같이 너희도 명령을 받은 대로 다 하고 나서, "우리는 쓸모없는 종입니다. 우리는 마땅히 해야 할 일을 하였을 뿐입니다." 하여라(누가복음서 17장 7~10절)

1. 그대는 인간에게 가장 어려운 일이 무엇인지 생각해보신 적이 있으리라. 그게 무엇일까? 에드먼드 힐러리처럼 에베레스트산을 정복하는 일일까? 구멍가게로 시작하여 굴지의 재벌그룹을 만들어 놓는 일일까? 죽음 같은 고난을 극복하고 성공하여 입지전적 구원의 영웅이 되는 것일까? 알렉산드로스나 칭기즈칸처럼 천하를 정복하는 일일까? 아인슈타인처럼 찬란한 과학적 발견을 하는 일일까? 레오나르도 다 빈치, 미켈란젤로, 바흐, 모차르트, 베토벤처럼 위대한 예술품을 창조하는 일일까?

이런 일들은 모든 이가 할 수 있으나 누구나 하는 것도 아니기에, 매우 어려운 일임은 틀림없다. 그런데 이것은 가문의 운, 뛰어난 머리와 재능, 남다른 지도력, 불굴의 노력과 용기가 있으면 가능하기에, 가장 어려운 일은 아니다.

그러면 무엇이 가장 어려운 일일까? '아우구스티누스'는 이렇게 말했다. "인간이 하는 일 가운데서 가장 어려운 일은 겸손이다."(C. 크레모나 편-아우구스티누스 명상록) 실로 그러하다. 겸손에 비하면, 천하를 정복하고 제국을 이루어 황제의 권좌에 오르고, 이름을 드날리고, 부자가 되는 일은 오히려 쉽다. 예로부터 천하를 손에 쥐고 호령하던 자, 자수성가 하여 한 시대를 풍미한 부자, 수많은 수재를 좌절케 한 과학적이고 예술적인 업적을 이룩한 천재 학자와 예술가는 많았다.

그러나 겸손한 사람은 많지 않았다. 겸손은 지식이나 권력, 재능이나 능력, 직업이나 소유나 업적의 유무를 떠나, 진리를 향하여 한 인간이 취하는 순수하고 숭고한 텅 빈 마음과 태도이다. 구약성서는 겸손을 이렇게 말한다. "노하기를 더디 하는 사람은 용사보다 낫고, 자기의 마음을 다스리는 사람은 성을 점령한 사람보다 낫다. 많은 재산보다는 명예를 택하는 것이 낫고, 은이나 금보다는 은총을 택하는 것이 낫다."(잠 16:32; 22:1) 여기에서 '마음 다스림, 명예, 은총'이란 하나님과 깊고 친밀한 관계를 맺고, 끊임없이 진리를 찾고 배우며 사는 인격적인 삶을 뜻하기에, 겸손을 가리키는 것으로 보겠다.

'노자'는 이렇게 말한다. "참사람(聖人·거룩이·거룩한 이, '씻어난 이'〈유영모-어록〉)은 자기를 알되 자기를 드러내 뽐내지 않고, 자기를 사랑하되 자기를 치켜세우지 않는다. 참사람은 외면의 것을 버리고 내면의 것을 취한다; 하늘의 道는 마치 활을 당기는 것과 같아서, 높으면 누르고 낮으면 올린다; 세상에 물보다 부드럽고 약한 것은 없다. 그러나 강하고 단단한 것을 부수는데 물보다 훌륭한 것도 없다."(도덕경, 72, 77, 78장)

물은 겸손의 표본이다. 물은 자아(Ego)가 없다. 그렇기에 물은 어느 지형이든지, 좋아하거나 싫어하는 마음 없이 있는 그대로 받아들이고 적응한다. 심지어 지하에도 많은 물은 만물의 밑바닥에서 먹이고 기르고 살린다. 도대체 천하 만물에 물의 은덕을 입지 않는 것이 없다. 물이 없었다면 지구에 생명체는 존재하지도 않았다. 그러면서도 물은 아무런 공치사도 하지 않는다. 따라서 물은 영원한 겸허의 상징이다.

어떤 사람의 이름에는 '물 水'자가 들어 있는데, 아마 조상이 노자 철학을 알았던가 보다. 물 같은 사람이 되자면, 살아서 한 번 결정적으로 죽는 영적 혁명을 해야 한다. 겸손은 나를 초극하는 데서만 가능하기 때문이다. 훌륭한 일이나 업적을 이룩하고서도, '나는 명령을 받은 대로 마땅히 해야 할 일을 한 쓸모없는 종입니다.' 하고 말하는 것은 거의 불가능한 일이다. 우리는 사회에서 배울 만큼 배우고, 가질 만큼 가지고, 누릴 만큼 누리고, 부릴 만큼 부리는 사람들의 날개 없는 추락(墜落)을 자주 본다. 왜 그럴까? 물의 성질을 갖지 못한 것이 지나쳐서 그런 것이리라.

제2차 세계대전 중, 폴란드의 '막시밀리안·콜베' 신부는 유대인이 아닌데도 어떻게 붙잡혀 유대인 포로수용소에서 37세에 순교했다. 그 사정은 이

렇다. 어느 날 밤, 몇 사람이 수용소에서 탈출했다. 다음 날 아침점호 때 그
것을 안 수용소장은 그들이 다시 잡혀 오지 않으면, 열 사람을 무작위로 뽑
아 감방에 가두고 굶겨 죽이겠다고 하면서 지명했다.

그러자 지명된 한 사람이 주저앉아 처연히 울면서, 자기에게는 아내와
자식들이 있다고 살려달라고 하소연했다. 소장이 권총으로 그를 총살하려
고 할 때, 곁에 있던 콜베 신부가 나섰다. 그는 "나는 천주교 신부라서 아내도
자식도 없으니, 저 사람 대신 내가 들어가겠습니다."하며 죽음을 자청했다.

그 말에 놀란 소장은 짐짓 분을 억누르는 척하며 마지못해 허락했다.
그리하여 열 사람은 하루에 아주 작은 빵 한 조각과 물만 받아먹으며 굶어
죽게 되었다. 콜베 신부는 그들에게 성서 이야기를 해주면서 위로하고, 영
생에 대한 소망을 품고 세상을 떠나게 도와주고는, 마지막으로 굶어 죽었다
(제임스 맥커리-막시밀리안 콜베 전).

이것이 겸손이다. 겸손은 사랑의 다른 말이다. 겸손하면 사랑하고, 사
랑 안에 있으면 겸손하다. 겸손치 못한 사람은 사랑할 수 없고, 사랑하지 않
는 사람은 겸손하지 않다. 이 책의 저자는 "순교는 결코 흉내 낼 수 있는 게
아니다." 하고 말하는데, 이것은 겸손에도 적용되는 말이지 싶다. 겸손은 흉
내 낼 수 있는 게 아니다. 겸손은 내적 숭고미(崇高美)의 자질이기 때문이다.

2. 겸손의 반대는 교만이다. 교만은 히브리어 '가아와Gaawah, 가온·
Gaon, 짜돈·Zadon'(잠 11:2; 사 25:11), 그리스어 '휘페레파니아'(Hu-
perephania), 라틴어 '휘브리스'이다(Hybris). 교만은 언제나 우월감을 품
고 자신을 높은 위치에 두고 세상의 중심으로 여기는 오만불손한 부패한 마
음과 태도이다. 교만은 하나님도 타인도 인정하지 않는다. 교만은 파괴의 근
본으로서, 세상에 지옥을 창조한다. 그래서 성서는 교만을 가장 큰 죄로 본다.

개인과 인종, 집단(정치체제, 사회적 그룹), 국가와 민족, 종교에서 나타나는 교만은 나(내 것, 우리·우리 것)가 최고라고 떠벌이며 타자(他者)를 배척하고 억압하는 것이다. 따라서 교만의 뿌리는 자기를 강하고 빛나고 드높게 하려는 탐욕이다. 이러한 탐욕은 사물의 본원적 질서와 가치에 대한 착각·망상·환상과 왜곡과 편견을 가져온다. 개인적이든 집단적이든, 작든 크든, 교만은 자기를 세상의 중심으로 보는 탐욕과 편견 때문에 발생한다. 따라서 탐욕과 망상과 편견이 없으면 교만도 없다. 반대도 마찬가지로, 교만하지 않으면 탐욕과 망상과 편견도 없다.

탐욕은 교만이고, 교만은 탐욕이다. 탐욕과 교만은 동전의 양면이다. 그렇기에 교만은 각종 죄와 악의 근원이다. '아우구스티누스'는 이렇게 말한다. "일체 죄의 근원은 교만이다. 교만은 인간이 자기 영혼의 궁극적 목표인 하나님을 버리고, 자기 자신을 궁극적 목표의 위치에까지 높이려 하는 야망이다."(신국·하나님의 도성)

구약성서에서 교만을 다루는 몇 가지 장면을 생각해보자.

1) 창 3장 1~24절: 아담과 하와의 교만. 그들은 자기들이 "신처럼 된다."라는 거짓과 탐욕과 망상에 빠져서 금지된 선악과를 먹어 영혼에서 사랑을 상실하고 에덴동산에서 추방된다. 피조물이 창조자의 위치를 넘보고 타자를 부정하는 것, 이것이 교만이며 그 결과이다.

2) 창 4장 1~16절: 형 가인은 동생 아벨을 제사 문제로 시기하여 들판으로 꾀여 데리고 나가 쳐 죽인다(이것은 일상에서 자기 이익을 위하여 타자를 해치면서도 뻔뻔하게 제사·예배를 드리는 자에 대한 예언자적 규탄과 탄핵의 이야기로 읽어야 한다. 사 1장 참조).

3) 창 13장 1~13절, 19장: 아브라함의 조카 롯은 물질적 욕망 때문에 신앙을 저버리고, 소돔 사람들과 똑같은 사고체계와 생활습성을 지닌 사람

으로 전락했다가 끝내 파멸한다. 그는 위대한 신앙인인 큰아버지 곁에서 오래 살았으나, 아무것도 배운 바가 없었다.

4) 왕상 11:1~13절, 12장: 지혜의 대명사인 솔로몬 왕은 온갖 뛰어난 업적을 이룩하고, 영광과 지식과 영화로운 생활을 독차지하고 누리면서, 어느덧 하나님조차 내버리고 황음 방탕에 빠져 살다가, 결국 통일 왕국을 분단시킨 원인을 만들어 놓고 죽어 민족적 원흉이 된다.

이렇듯 교만의 결과는 처참하다. 작든 크든, 교만은 근원적인 상실, 추방, 방황, 질투, 분열, 고립, 폭력, 살인, 파멸, 불행, 전쟁의 길이다. 교만은 지옥으로 들어가는 급행열차이다. 교만은 그리스 신화의 '판도라(Pandora) 상자'를 여는 것과 같다. 판도라 상자는 창세기 2~3장에 나오는 '선악과 나무'와 같은 금기의 상징이다(禁忌·Taboo). 판도라는 그것을 열지 말라는 '프로메테우스'의 명령을 어기고 열어 온갖 불행이 나오게 한다(토마스 벌핀치-그리스 로마의 신화). 이처럼 교만은 지옥을 창조하는 길이다.

3. 그러면 교만의 반대인 겸손이란 무엇이고(히-아나와·Anawah), 어떤 까닭으로 일어나는가? 구약성서에서 '인간'(Adam)은 '흙'(아다마·Adamah)로 지어진 존재이다(창 2:7). 그런데 이것의 라틴어 역본은 '후무스'이다(Humus, 영어 Human이 나옴). 인간은 후무스·흙이다. 겸손·Humility는 '후무스인 것, 후무스가 되는 것'이기에, 겸손은 땅·흙처럼 된다는 뜻이다. 겸손은 하나님 앞에서 자기를 땅바닥으로 낮추는 것이다(대상 33:12).

흙·땅·대지를 생각해보면, 겸손이 무엇인지를 알 수 있다. 물처럼, 땅도 모든 사물의 아래에 처한다. 땅은 만물을 자기 위에 올려놓거나 품어안고 종이 되어 섬기며, 끝없이 먹이고 기르고 살리지만 아무런 공치사를 모른다. 일체 이름을 빛내려는 마음(名譽心)이 없다. 땅은 모든 생명의 모태와 터전이다. 땅 없이 존재할 수 있는 사물은 아무것도 없다.

그러므로 겸손은 인간이 자신의 본질이 흙이라는 사실을 아는 데서 나온다. 자신을 땅으로 아는 사람이 겸손한 사람이다. 겸손이란 대개 생각하는 것처럼, 단지 무엇을 사양하는 소극적인 예절이 아니라, 자신의 본질에 충실하여 만물과 만인의 아래에 처하며 먹이고 기르고 살리고 아무런 공치사도 하지 않는 순수하고 숭고한 마음과 태도이다. 그러니 사람이 교만하다는 것은 자신의 본질이나 사물의 이치에 대해서 도통 아무것도 모른다는 말이 된다.

성서에서 다루는 겸손을 몇 가지 생각해보자.

1) 창 22장 1~19절: 아브라함은 모리아 산에 가서 백 살에 얻은 아들 이삭을 번제물로 바친다. 이것은 자기를 무화(無化)시키는 행동이다. '나는 하나님 앞에서 아무것도 아닙니다.' 하는 태도이다. 조금이라도 자기 주장이 있었다면 그곳에 가지 않았을 것이고, 갔더라도 하나님이 자기를 놀리신다고 하여 버렸을 것이다.

2) 민 12장 3절: "모세는 세상에서 가장 겸손한 사람이다." 왜 그러한가? 이스라엘 민족을 이집트에서 탈출시키고 평생 이끌면서 자신을 땅처럼 낮추고, 아무런 영광도 탐하지 않고 죽기까지 섬겼기 때문이다. 모세는 죽을 때 목적지까지 이끌고 온 민족과 작별하고 홀로 산으로 올라가, 아무도 지켜보는 이 없는 가운데서 세상을 떠난다. 그토록 위대한 민족의 지도자인 위인에게 장례식조차 없었다(신 34:1~12). 인간이 이보다 더 겸손할 순 없다.

3) 요 5장 41절: 예수께서는 자신을 이렇게 말씀하신다. "나는 사람에게서 영광(칭찬·인정·존경·흠모·숭배·경배)을 받으려고 하지 않는다." 이것이야말로 '천상천하유아독존'의 차원이다. '나는 나로서 홀로 있다! 나는 타인의 존경에 의존하지 않으며, 배타에 걸려 넘어지지도 않는다.' 예수는 하나님만이 자신을 알아주시는 것으로 만족할 뿐이다. 십자가야말로 그 절정이다.

4) 요 14장 10절: 예수께서는 이렇게 말씀하신다. "하나님은 내 안에 계시면서 자기의 일을 하신다." 예수께서는 자신의 모든 행동이 자기가 하는 일이 아니라, 하나님이 자기 안에서 하는 일이라고 생각했다. 이것이야말로 자기 無化(Kenosis)인 겸손이다.

5) 갈 2장 20절: 바울은 이렇게 말씀하신다. "나는 그리스도와 함께 십자가에 못 박혔습니다. 이제 살고 있는 것은 내가 아닙니다. 그리스도께서 내 안에서 살고 계십니다." 그분은 자신의 모든 행동이 자기 안에서 사시는 그리스도의 행동과 삶이라고 생각했다.

이것이 겸손이다. '나는 하나님 앞에서 아무것도 아닙니다.' 하는 것. 겸손의 결과는 실로 풍요롭다. 겸손은 조화, 통합, 연대, 생명, 희망, 웃음, 기쁨, 행복, 위로, 치유, 회복, 화해, 평화를 가져온다. 겸손은 개인뿐만 아니라 집단과 국가의 덕성이기도 하다.

4. 오늘날 우리 사회에서 '갑질'이라는 치졸하기 짝이 없는 태도가 유행병이 되다시피 한 현상은 자못 심각한 것이다. 한마디로 이것은 왕조시대와 일제 강점기에 배태된 뿌리 깊은 독재적인 권위주의 사고체계의 악습으로서, 가히 천민자본주의의 극치라 하겠다. 이것은 돈과 자리와 신분으로 사람을 구별하고 차별하며 하대하는 매우 비인간적이고 몰상식한 행태로서, 천한 인간만이 이런 짓을 한다! 돈 많고 지위 높지만, 사람이 돼먹질 못한 것이다.

'공자'의 말씀을 들어보자(논어, 팔일 편). "인이불인여예하·人而不仁如禮何, 인이불인여악하·人而不仁如樂何? 사람이 못 돼먹었는데 종교니 학문이니 하는 것은 도대체 해서 뭘 하느냐? 사람이 좀체 돼먹질 못했는데 예술이니 철학이니 하고 떠드는 짓은 해서 뭘 하느냐?"(김흥호 역) 자고로 예와 음악은 사람 됨됨이를 위해서 하는 것인데, 그것은 어디나 내버리고, 말만 하고 풍악을 울리면 뭘 하느냐? 그 딴 거 집어치워라! 참으로 시원한 말씀이 아닌가! 복음서에서 이와 비슷한 예수의 말씀을 찾아보시라. 마태복음 7:15~23절과 23장이 이런 말씀이다.

갑질은 이 21세기 인문과 과학기술 문명이 고도로 발전한 시대에 전혀 가당치도 않은 '나는 주인, 너는 종. 나는 위, 너는 아래, 나는 지배자, 너는 하인'이라는 노예제 시대의 권위주의적이고 이분법적이고 독재적인 심성에서 비롯된 부패하기 짝이 없는 교만한 마음과 태도이다. 이래 가지고서는 나라가 제대로 발전할 수 없다. 잘 살기는 하지만 힘을 가진 자들이 죄다 천민 족속이 된다면, 그게 어디 사람이며 나라냐?

나라는 경제적 부와 풍요로만 되는 게 아니다. 한 나라의 진정한 발전은 문화의 힘, 곧 종교와 철학과 인문과 도덕, 그리고 선진적 민주주의와 국민의 품격과 건전한 생활방식에서 담보된다. 물론 우리 사회에서 갑질하는 사람들은 별로 없을 것이다. 그러나 아직도 우리나라의 직장과 사회구조와 관습에는 지나친 위계질서의 갑질적인 저질 문화가 많은 것도 사실이다.

유럽 각 나라의 이민자들이 세운 미국을 생각해보자(물론 미국은 많은 문제가 있는 나라이지만, 한 가지만 생각해본다). 이제 독립한 지 250여 년 된 나라가 세계 제일의 강대국 위치에 오른 것은 단지 경제적 발전과 군사력만으로 된 것이 아니다. 우리는 미국이 그러한 경제발전과 민주주의와 군사력을 이룩할 수 있었던 토대와 바탕이 무엇인가를 주목해야 한다.

그것은 20세기에 발생한 두 번의 전쟁으로 피폐하고 몰락한 유럽 때문이라는 역사적 행운도 작용한 것이지만, 단지 그것만도 아니었다. 미국은 "독립선언서"에 나타난 바와 같이, 문화의 힘, 곧 민주주의 정치체제, 언론자유, 모든 인간의 평등과 인권 사상, 종교와 철학과 대학과 학문의 자유로운 발전, 사랑과 연대와 책임, 정직성과 법치 질서, 약자·약소국에 대한 힘 있는 배려 등, 정신적이고 사회적인 휴머니즘 가치의 토대 위에 세워진 나라이다.

생각해보시라. 인류를 구성하는 모든 인종이 몰려들어 세워진 나라이기에, 자칫 극단의 혼란을 드러내다가 얼마 못 가서 주저앉을 수도 있었다. 다인종, 다종교의 나라를 통합하려면 어떻게 해야 하겠는가? 모든 이가 믿고 지키고 따를 공동의 철학과 사상과 이념을 바탕과 뼈대(중추·中樞)로 삼지 않으면 불가능한 일이다. 그것은 민주주의와 법치주의, 국민의 준법 질서, 그리고 무엇보다 정치를 비롯한 사회 각 방면 지도자들의 지혜와 정직과 청렴성과 드높은 명예의식이다. 그것이 "미국식 민주주의의 강점이다."(알렉시스 드 토크빌-미국의 민주주의).

나는 이것을 한 나라가 지닌 겸손의 힘이라고 본다. 왜냐면 모든 이가 법률을 통하여 자유롭게 인권을 보장받고 꿈을 이루고 잘살게 되는 것은 공동의 철학과 이념을 담아낸 독립선언서의 휴머니즘인 "타자(他者)에 대한 예의와 배려"(임마누엘 레비나스-타인의 얼굴)를 겸허한 마음으로 실천하는 데서 가능하기 때문이다.

모두가 법률 앞에 평등하다는 선언을 지키지 않았다면, 미국은 통합과 번영을 이룩할 수 없었다. 타자에 대한 무례, 이기적인 목적을 채우기 위한 불량한 양심, 사회적 반칙과 편법주의와 특권의식은 무엇보다 교만에서 나오는 타자에 대한 폭력이다. 타인, 곧 가족이나 지인이나 친구나 이웃을 깊이 배려하고 생각할 줄 안다면, 어떻게 반칙을 하겠는가? 사회가 반칙하는 자를 예외 없이 법률에 따라 엄격하게 처리하면, 누가 반칙을 하겠는가? 반칙하면 살아남을 수 없는 국가를 이룩한 것이 미국의 강점이다.

미국의 재무부는 세금을 미납한 사람의 집에 가서 이렇게 한다. 세금 고지서와 경찰을 대동한 정장 차림의 관리 두세 명이 문을 두드린다. 가장

이 나온다. 그러면 곧 세금 미납 사실을 알리며, 이렇게 말한다. "지금 당신과 가족 모두 복장 그대로 몸만 밖으로 나오십시오. 아무것도 가지고 나올 수 없습니다." 그들이 다 나오면, 자동차 열쇠와 집을 압류하고 그대로 내쫓고 폐쇄한다. 저항하면 총 맞는다. 그래서 그 사람이 어떻게든 이내 세금을 완불하면 돌려준다. 그래서 미국이 된 것이다(한 번 버지니아 장전과 독립선언서를 읽어보시라).

반칙해도 살아남는 나라는 영원히 후진국에 머무를 수밖에 없다. 돈 많다고 인격 아니고 선진국도 아니다! 인격과 선진 문화국가는 돈격에서 나오는 게 아니다. 그것은 품격 있는 정신문화의 힘에서 나온다. 우리는 천민 자본주의의 졸부 국가를 원하는 게 아니다. 2024년 12월 현재, 우리나라는 느닷없이 정치적 퇴행의 행태를 드러내고 있지만, 곧 잘 마무리되리라고 본다. 지금 우리나라는 욱일승천(旭日昇天)하는 기세를 타고 있다. 해외 가난한 나라에 많은 원조와 봉사와 선교도 잘하고 있고, 국민의 도덕성과 격조 높은 문화 수준은 세계에서 단연 최고를 표방하고 있다. 대한민국의 모든 것이 날개를 펴고 바람직한 방향에서 세상을 뒤덮는 'K-Culture의 시대'가 왔다.

미국의 번영은 지금도 모든 나라에 커다란 빛을 비추어 준다. 그런 미국이 지금 그 자리를 점차 잃어버리고 있는 것은 독립선언서에서 천명한 휴머니즘의 문화와 도덕성의 힘이 자꾸만 쇠퇴해가고 있기 때문이라고 볼 수 있다. 풍요 경제와 군사력만으로 대국이 된 나라·제국이 정신문화의 힘을 잃어가면, 반드시 쇠락하고 망한다는 것이 역사의 교훈이다.

그렇다면 우리나라가 진정한 선진국으로 발돋움하기 위하여 취해야 할 태도나 정책이 무엇이겠는가? 국민이 드러내는 문화의 힘, 곧 겸손한 정신과 훌륭한 인격과 존재 방식의 힘이 아니겠는가? 이것이 국가의 진정한 토대이다. 이러한 토대 없이 어떻게 그 위에 선진문화 국가라는 건물을 지을 수 있겠는가? 예수의 말씀처럼, "사람(나라)이 반석 위에 집을 짓거나 모래 위에 집을 짓는"(마 7:24~27) 일을 결정하는 사항은 "내 말", 곧 진리와 덕을 따를 때이다.

이것은 '아널드 J. 토인비'가 말하는 "도전(challenge)과 응전(response)의 원리"와 상통한다(역사의 연구, 제1권). 내적이고 외적인 문제의 도전에 직면한 나라와 문명은 그것을 어떤 가치체계와 힘을 가지고 슬기롭게 응전하느냐에 따라 융성하거나 쇠퇴한다. 그리고 그 응전이란 한 번으로 그치는 것이 아니라, 지속하여 이루어져야 할 성질의 것이다. 그것을 해내지 못하면, 이내 쇠락의 길로 접어들게 된다. 잠시 한 번의 영광과 번영은 영속적인 것이 아니다. 아무도 그것을 보장하지는 않는다. 그것은 국가 지도층과 국민의 산 혼에서 나온다.

국가의 겸손은 정신문화, 곧 국가의 토대인 도덕적이고 문화적인 가치체계의 총합이다. 따라서 그것을 튼튼하게 하지 않는다면, 경제력과 군사력으로 어느 정도까지는 올라갈 수는 있겠으나, 그 이상 상승할 수는 없다. 왜냐면 경제와 군대를 비롯한 국가 시스템 전체를 운용할 사회 지도층과 국민의 이성적이고 도덕적인 능력이 한계를 드러내기 때문이다.

미국 역사학자 '폴 케네디'의 "강대국의 흥망", '에이미 추아'의 "제국의 미래", 중국 인문학자 '이중톈'의 "제국의 슬픔" 등도 이와 비슷한 문제를 다룬다. 이런 문제는 역사의 보편적인 원리와 같은 것으로서, 어느 개인과 나라도 예외가 될 수 없다.

일례로 서로마 제국의 쇠망과 몰락을 보시라. 여북하면 "로마는 목욕탕 때문에 망했다."라는 말이 있지 않은가(에드워드 기번-로마 제국쇠망사, 축약본)? 이것은 로마 제국에 편만하던 타락한 문화를 말하는 것이다. 지도층과 귀족들과 부유층이 저녁마다 기름진 음식과 술을 먹고서도, 욕심을 부려 더 먹고자 밖으로 나와 손가락을 목구멍에 집어 넣고 토해내고서는, 다시 더 먹고 마시는 것이 유행이었다. 그리고 나서 어디로 가는가? 힘들고 피로하니, 목욕탕으로 달려가 몇 시간씩 떠들거나 잠을 자며 보내다가 집으로 돌아간다. 그러니 지도층의 정신상태가 어떠하겠으며, 나라를 어떻게 다스리겠는가? 그렇게도 강대한 제국이 일개 게르만 용병 군대에 의해 무너졌다 (서기 476년. 봉급을 제대로 주지 않아 화가 난 참에).

하나님·하늘은 정신과 도덕성과 문화에서 무능력과 한계를 드러내는 나라를 크게 일으켜줄 수 없다. 주지육림(酒池肉林)을 펼치다가 망한 중국의 하나라와 은·상나라, 인도의 무굴제국이나 몽골제국을 보시라. 그저 무(武)와 방탕의 힘만 뽐내다가 일찌감치 망했다. 문(文)이야말로 진정 국토나 인구에 상관없이 큰 나라가 되는 자원이다. 문의 힘은 인물의 힘이다. 스위스와 오스트리아는 작은 나라이지만, 세계적인 인물을 많이 낸 文의 제국이 아닌가! 지금 우리나라는 무엇보다 이러한 점을 진지하게 생각해야 할 때이다.

5. 이제 오늘의 경전을 생각해보자.

5-1) 이것은 예수께서 당대 유대 사회나 로마 제국의 노예제 관습을 비유 장치로 설정하여 설파하신 진리이다. 이것을 예수의 노예제 옹호 발언으로 해석한다면, 그야말로 무지몽매하고 악한 일이다. 물론 오늘날 그렇게 보고자 하면 그렇게도 보이기에, 얼마든지 남이나 아랫사람이나 피고용인을 비인간적으로 대하는 자신의 행위를 정당화시키는 성스러운 근거로(!) 써먹을 수도 있다. 그러나 이것은 그저 노예제 사회의 모습을 가져다가 진리를 드러내는 방편으로 삼은 것일 뿐이다.

이것이 예수 같은 깨달음의 차원에 이르신 분의 곤혹스러움이다. 진리를 표현하자니, 이미 익숙한 당대의 언어와 관습과 전통과 문화를 빌려 쓰지 않을 수 없다. 따라서 말씀이 선포된 시대적 상황이나 거기에 담긴 본래의 의미를 충분히 고려하지 않고, 문자 그대로 이해하여 무작정 자기 시대에 적용하면 크나큰 오해와 왜곡과 모독이 발생할 수밖에 없다.

지금도 기독교 문화 국가인 북미나 유럽의 백인 인종차별주의자들은 노예제를 옹호하거나, 백인 아닌 사람들을 비하하고 차별하거나, 이방인과 적을 전멸시키라는 말이 구약성서에 있다고 하여, 자기들의 인종차별 행위를 정당화한다. 지극히 유치하고 사악하기까지 한 짓이다. 그런 사람들은 "지극히 작은 자에게 한 것이 곧 나에게 한 것이다."(마 25:31~46), "네가 제단에 제물을 드리려고 하다가, 네 형제나 자매가 네게 어떤 원한을 품고 있다는 생각이 나거든, 너는 그 제물을 제단 앞에 놓아두고 가서 네 형제나 자매와 화해하라."(마 5:13~24), "너희는 서로 사랑하여라." 등(요 13:34), 무한한 사랑과 화해와 자비를 가르치신 예수 그리스도의 말씀이 훨씬 더 많은데도 짐짓 일부러 외면한다.

기독교는 구약성서조차도 어디까지나 예수 그리스도의 가르침과 삶을 통해서 들여다보아야 하건만, 구약성서 따로 예수 따로라는 식이다. 그리고 "너희는 하나님과 재물을 아울러 섬길 수 없다."라는 말도 외면하고는(마 6:24), 그저 죽도록 자본주의와 재물만 추구한다. 자본주의는 비기독교 문명이 아니라, 기독교 문명에서 나온 것이다! 모든 게 이현령비현령(耳懸鈴 鼻懸鈴) 격으로 제멋대로이다. 하기는 예수께서는 이런 말씀도 하신 적이 있다. "너희(제자들)를 죽이는 사람마다, 자기네가 하는 그러한 일이 하나님을 섬기는 일이라고 생각할 때가 올 것이다."(요 16:2)

사람은 하나님과 기독교 선교를 위하여 사람을 죽일 수도 있고, 인종청소를 감행할 수도 있다! 콜럼버스 이후 유럽 기독교인들의 세계 정복과 선교 행태가 그것이다. 북미 인디언들의 투쟁과 멸망에 관한 전기나 역사책을 한 권이라도 읽어본 사람이라면, 유럽에서 건너간 '청교도들'(!)을 비롯한 기독교인들이 그동안 무슨 짓을 저질렀는지 알 것이다! 너무나도 참혹해서 할 말을 잃어버린다.

이 모든 것이 어느 종교에서나 경전을 문자 그대로 받아들이는 근본주의자들이 드러내는 행태이다. 그런데 그렇게도 예수를 잘 믿고 잘 따르는 신앙인이라고 자부하는 사람들도 "믿는 사람들에게는 손으로 뱀을 집어 들며, 독약을 마실지라도 절대로 해를 입지 않는다."라는 예수의 말씀만은 절대로(!) 그대로 안 믿고 따르지도 않는다(막 16:18. 물론 이 말은 예수의 말이 아니라, 후대에 보탠 것이다. 마가복음의 초기 사본은 16:8절이 끝이다. 그러나 어쨌든 복음서에 있다!). 그것은 무지막지한 것이라나 뭐라나. 얼마나 영악스러운가!

5-2) 그리고 예수께서는 유대인의 사고체계를 빌어 진리를 드러내신 것이다. 전에도 언급한 것처럼, 현대 유대교 철학자요 랍비인 'A. J. 헤셀'은 구약성서에 나오는 유대인들의 인생관을 이렇게 표현한다. "나는 명령받았다. 그러므로 나는 존재한다."(누가 사람이냐?) '명령을 받은 대로 다 하고 나서, 우리는 쓸모없는 종입니다. 우리는 마땅히 해야 할 일을 하였을 뿐입니다, 하고 말하라.'라는 예수의 말씀은 유대인 예수가 유대인의 이런 사고체계를 따라서 말씀하신 것이다.

예수 그리스도는 한 줄의 글도 남기신 일이 없지만, 나는 이것을 '예수 자서전'의 한 부분으로 보고 싶다. 예수께서는 자신을 하나님의 종으로 생각하신다. 따라서 '나는 명령을 받은 대로, 마땅히 해야 할 일을 하였을 뿐인 쓸모없는 종입니다.' 하는 말은 우선 예수 자신의 고백으로 볼 수 있다.

제2 이사야 예언자의 책에는 "종의 노래"가 4개 있다(바빌론 포로 시대에 활동한 익명의 예언자. 사 40~55장). 42:1~9, 49:1~6, 50:4~9, 52:13~53:12이다. 자신을 하나님의 종, 민족의 종으로 이해한 그 익명의 예언자는 마치 노새나 당나귀처럼, 하나님의 말씀을 온몸으로 전하며 죽도록 하나님과 민족을 섬길 뿐이다.

그는 자신을 위해서는 하나님께 바라는 것이 아무것도 없다. 그저 바빌로니아 제국의 포로가 되어 절망하며 고생만 하는 자기 민족을 일깨우기 위하여 말씀을 전하면서 헌신할 뿐이다. 하나님이 알아주거나 민족이 인정해주기를 원하는 마음조차도 없다. 그러다가 그는 바빌로니아 당국에 여러 번 체포되어 고문을 받는 일을 되풀이하다가 끝내 순교한다(52:13~53장 참조. 53장은 그의 제자들이 기록한 것으로 봄. 후일 초기 기독교인들이 예수 그리스도에 관한 예언으로 인식한 부분).

오늘 본문을 예수 자서전으로 보고자 하는 것은 그것이 바로 예수 자신의 삶을 그대로 드러낸 말씀이기 때문이다. 요한복음에는 예수의 자전적 고백·선언이 많은데, 그것은 자기를 반대하는 유대 종교인들과 제자들에게 하는 말에서 집중적으로 나온다(특히 위의 3-3, 3-4에서 인용한 부분이 들어 있는 장. 3장~17장이 그러하다).

예수께서는 사람들이 알아주거나 말거나 괘념치 않고, 하나님이 맡겨주신 일에 죽도록 충성했다. 그렇기에 후일 초기 기독교도들이 예수를 "겸손한·온유한 분"이라고 증언한 것이다(마 21:5). 그런 가운데서 예수께서는 측량할 수 없는 기쁨과 자유와 생명력을 누리며 사셨다. 그분은 그 일을 의무가 아닌, 자신의 본원적 권리로 알고 기쁘게 수행하셨다.

예수께서 겸손의 모범이라는 것은 그분이 죽음이 기다리고 있는 예루살렘으로 들어갈 때, 당나귀를 타고 들어간 사건에서 여실히 드러난다. 그것은 매우 의미 심장한 상징적 행동이었다. 구약성서에서 당나귀는 짐승 노예로서, 평생 거친 음식만 먹으며 무거운 짐을 실어 나르고, 사람을 태우고, 연자 맷돌을 돌리고, 밭에서 일하고, 그러고서도 툭하면 매를 맞으며 살다가 비쩍 말라 죽는다(민 22:21). 안식이나 행복이나 영광이라는 것을 알지 못하고, 잘했다고 칭찬을 받는 일도 별로 없다. 그러므로 당나귀는 종교적으로 보자면, 짐승 중의 성자(聖者)라 하겠다.

따라서 예수 그리스도께서 왕들이 탄다는 백마(白馬)도 아닌, 하필 그렇게도 보잘것없이 취급하는 짐승 노예 당나귀를 탄 것은 매우 상징적인 것이다. 예수는 자신을 인간 당나귀로 이해하고 천명하며, '나는 그저 하나님을 위해서 죽도록 섬길 뿐이다.'라고 하신 것이다! 우리는 이런 모습을 증언한 것이 복음서라는 것을 안다.

이렇게 세상의 밑바닥으로 내려가 모든 사람을 위에 놓고 죽도록 섬기신 분이 예수 그리스도의 겸손이다. 그분이 그렇게 살았기에, 결과적으로 "하나님이 그분을 지극히 높이시고, 모든 이름 위에 뛰어난 이름을 주셔서, 하늘과 땅 위와 땅 아래 있는 모든 것들이 예수의 이름 앞에 무릎을 꿇고, 모두가 예수 그리스도는 주님이시라고 고백하여 하나님 아버지께 영광을 돌리게 하신 것이다."(빌 2:9~11).

6. 그런데 예수 그리스도는 자기를 믿고 따르는 제자들에게도 '나는 명령을 받은 대로, 마땅히 해야 할 일을 하였을 뿐인 쓸모없는 종입니다.' 하고 고백하며 살라고 말씀하신다(미래의 그리스도인들에게도). 이러한 말씀은 복음서 곳곳에 있다.

요한복음 12:24~26을 보시라. "밀알 하나가 땅에 떨어져서 죽지 않으면 한 알 그대로 있고, 죽으면 열매를 많이 맺는다. 자기 목숨을 사랑하는 사람은 잃을 것이요, 이 세상에서 자기의 목숨을 미워하는 사람은 영생에 이르도록 그 목숨을 보존할 것이다. 나를 섬기려고 하는 사람은 누구든지 나를 따라오너라. 내가 있는 곳에는 나를 섬기는 사람도 나와 함께 있을 것이다. 누구든지 나를 섬기면, 내 아버지께서 그를 높여 주실 것이다."

그리스도인은 한 알의 밀알 같은 존재이다. 그리스도인의 삶은 땅에 떨어져 죽는 것, 곧 자기를 어둠의 땅속에 감추고 자신을 추구하거나 드러내지 않고, 죽도록 섬기는 겸손과 사랑의 삶을 향한 부르심과 사명과 권리이다. 아브라함처럼, 탈출과 지향의 삶이다. 따라서 그리스도인은 땅에 떨어져 죽는 한 알의 밀알이 되라는 명령을 받고 있다.

그리스도인의 사명 선언 역시 이것이다. '나는 명령받았다. 그러므로 나는 존재한다.'(1장 8-3에 나오는 유대교 랍비 'A. J. 헤셸'의 말) 그리스도인은 하나님·그리스도의 명령을 수행할 때 비로소 존재한다! 이것이 그리스도인의 길이고 영광이다. 자아를 버리고 기꺼이 자기를 낮추는·죽어, 그 명령을 수행하는 사람은 역설적으로 하나님께서 높여 주신다. 이것이 영생이다. 얼마나 숭고하고 값비싼 은총인가!

그러나 명령의 수행을 거부하고 자기 인생을 보전하고 세상의 성공과 영광과 명예에 매달리며 자아의 지배를 받는 사람, 곧 세상에 속한 사람은 비록 기독교 신앙을 지니고 있다 해도, 더군다나 신부·목사로 산다 하더라도, 끝내 삶·영생을 잃어버릴 것이다(창 4장; 사 1장; 마 25장; 롬 2:6~11을 유심히 읽어보시라).

성서와 역사와 오늘 우리 주변을 보시라. 과거의 역사와 오늘의 세상은 스스로 높이, 강하게, 화려하게 살며 오래오래 영광을 누리려는 사람들의 발자취로 가득하다. 인간이란 어떻게 보면, 인간의 가죽과 얼굴을 둘러쓴 야만적 짐승이라 할 것이다. 차라리 짐승들은 인간과 같은 거짓과 술수와 탐욕과 폭력을 모른다. 종교나 철학이란 인간에게 거의 영향을 끼치지 못하고, 그저 표면과 형식만 스칠 뿐이다.

기독교를 2천 년이나 해먹은 유럽인들이 도통 중생한 일이 없었다는 것은 지난 세기에 두 번이나 세계적인 "지옥의 묵시록"을 쓴 것을 보는 것만으로도 충분하다! 나는 '유럽'의 기독교는 1945년 5월 9일 독일의 항복으로 2차 대전이 막을 내리면서 거의 끝난 것이라고 본다. 그 후 회개했단 말은 들어본 적도 없다.

그런데 이러한 교만하기 그지없는 인간의 발자취는 실상 죽음으로 빨리 나아가는 무지하고 어리석은 행진이다. 그들에게는 이런 말이 영원한 진실이다. "웬일이냐, 너 아침의 아들 새벽별아, 네가 하늘에서 떨어지다니! 민족들을 짓밟아 맥도 못 추게 하던 네가 통나무처럼 찍혀서 땅바닥에 나뒹굴다니! 네가 평소에 늘 장담하더니, '내가 가장 높은 하늘로 올라가겠다. 하나님의 별들보다 더 높은 곳에, 나의 보좌를 두고 저 멀리 북쪽 끝에 있는 산 위에 자리 잡고 앉겠다. 내가 저 구름 위에 올라가서 가장 높으신 분과 같아지겠다' 하더니, 그렇게 말하던 네가 스올로, 땅 밑 구덩이에서도 맨 밑바닥으로 떨어졌구나."(사 14:12~15)

이 말은 제1 이사야 예언자(1~39장, 기원전 8세기 후반 활동)가 팔레스타인 일대는 물론, 이집트까지 정복한 바빌로니아 제국의 '네부카드네자르 2세'(느브갓네살) 황제를 조롱하며 선포한 말이다. 이런 말은 '다니엘서'에도 비유적으로 나온다(4장). 천하를 제 손에 쥐고 흔드는 제국의 황제가 되었으니, 얼마나 교만할 것인가? 자신을 '아침의 아들 새벽별'로 여기고(계명성·鷄鳴聲-金星), 하나님과 동격이고자 한다. 그러나 결국 통나무처럼 찍혀서 땅바닥에 나뒹굴며 끝없이 추락하여, 스올, 곧 무덤과 죽음의 세계 가장 밑바닥에 떨어졌다. 아무것도 아닌 것이 지나치게 교만했다.

"왜 사람은 몰락하는 것일까? 왜 가문들이 결국은 끝장을 보는가? 여러 민족을 무기력하게 만들고 멸망시키는 사치의 본질은 무엇인가? 우리의 생활 가운데는 그것이 없다고 단언할 수 있을까? …사람이 대지에 깊이 뿌리를 박은 것은 그만큼 높게 하늘로 솟아오르려고 하기에 그런 게 아닌가?"(헨리 D. 소로-월든) '사람이~솟아오르려고 하는 것'은 교만이 아니라, 하나님·그리스도의 명령과 영혼의 숭고한 목소리를 따라서 살아가는 고귀한 삶을 의미한다. 사치가 어찌 고가의 물건을 소유하는 것만일까? 그것은 교만의 물질적 표현이다. 사치의 본질은 교만이다. 인간은 결국에 교만 때문에 몰락한다. 교만은 뿌리 없는 삶이기에, 끝내 뽑히고 만다.

"오, 올바른 이성을 잃게 하는 탐욕이여, 넋을 잃게 하는 분노여, 너희들이 짧은 인생에 불과한 우리를 몰아넣었던 것은 끊임없이 줄을 지어 영원한 지옥 속의 밑바닥으로 무참하게 떨어뜨리기 위함이었던가! …저놈들은 수단과 방법을 가리지 않고, 남의 재산을 빼앗고 피를 흘리게 했던 악랄한 폭군들이오. 지금 그 죄과대로 형벌을 받아 울부짖고 있소."(단테 알리기에리-신곡, 지옥 편)

따라서 스스로 높아지고 나대고 내세우는 교만은 심히 모순되게도 땅바닥으로 곤두박질하는 길, 내팽개쳐지는 길, 파멸하는 길이다. 그 까닭은 탐욕과 교만과 분노가 '올바른 이성', 곧 올바른 이해력과 판단력을 마비시키고, 귀를 막게 하고, 가슴을 메마른 사막으로 만들어, 그 어떤 진리도 듣지 않게 만들기 때문이다. 성서는 이런 사람을 "모가지가 곧은 백성"이라 한다(고집이 센 백성, 신 9:6). 교만이 탱천(撑天, 하늘을 찌름)할 만큼 되어, 모가지가 하도 뻣뻣해서 구부러지지 않는다.

7. 인간의 마음은 끊임없이 자신의 수고에 대한 정당한 보상을 바란

다. 그리고 그 보상이란 대개 눈에 보이고 손에 잡히는 것이다. 기독교인들에게도 마찬가지인 이것은 미묘한 탐욕과 교만의 악순환을 형성하는 고리로 작용한다. 그러나 예수 그리스도의 가르침은 보상을 바라는 마음조차도 버리라는 것이다.

그러면 예수 그리스도는 사람이 하나님을 섬기는 데서 전혀 아무런 보상도 없다고 잘라 말씀하시는 것인가? 아니다. 그분은 전혀 다른 질적인 보상, 곧 내면적이고 인격적인 삶의 보상을 약속하신다. 그것은 오늘 본문에는 없다. 그래서 다른 곳에서 그것을 찾아봐야 하는데, 복음서에는 그런 약속이 많이 나온다. 우리가 복음서에서 발견하는 무수한 기적 이야기들, 하나님 나라의 비유, 말씀 등은 모두 하나님을 섬기는 사람이 받는 참된 보상에 대한 약속들이다. 그리고 그것은 전적으로 내적이고 인격적인 삶에 관한 것이다.

두 가지만 생각해보자. "내가 너희에게 이러한 말을 한 것은 내 기쁨이 너희 안에 있게 하고, 또 너희의 기쁨이 넘치게 하려는 것이다."(요 15:11) "나는 내 평화를 너희에게 준다. 내가 너희에게 주는 평화는 세상이 주는 것과 같지 않다."(요 14:27)

이것은 언제나 '나는 명령을 받은 대로, 마땅히 해야 할 일을 하였을 뿐인 쓸모없는 종입니다.' 하고 고백하며 살아가신 예수 그리스도께서 하나님으로부터 보상으로 받아 누린 내면의 자유롭고 기쁜 천국에 관한 것이고, 또한 제자들과 그리스도인들도 누릴 수 있는 약속이다. 예수 그리스도는 현실적 보상에 대한 기대 없이, 오로지 순결한 영혼으로 하나님을 겸허하게 섬기며 하나님의 보상인 기쁨과 평화를 한없이 누리고 있는 자신을 이렇게 표현하신다. "나는 세상의 빛이다."(요 8:12)

이 한 마디 안에 예수 그리스도의 내면세계와 존재 방식의 모든 것이 들어 있다. 자유의 빛, 기쁨의 빛, 사랑·자비의 빛, 평화의 빛! 예수는 빛의 예수, 자유의 예수, 기쁨의 예수, 사랑의 예수, 평화의 예수이시다. 그래서 행복한 예수이시다.

예수는 한순간도 우울하고 침울하고 걱정과 두려움에 싸여 초조하게 사신 적이 없다. 그분은 태양처럼 밝은 미소, 따스한 눈동자, 터져 나오는 기쁨, 나비처럼 춤을 추는 즐거움 속에서 사셨다. 비록 복음서를 쓴 초기의 2세대 제자들이 십자가의 죽음을 구원의 근거로 제시하느라고 그런 모습을 세세히 기록하지는 못했지만, 역사적 예수는 자기를 부정하고, 하나님을 자기 안에서 완전하게 살도록 해드리며 움직였기에, 인간이 누릴 수 있는 최고의 자유, 기쁨과 사랑의 충만한 삶을 맛보고 누리며 사셨다! 우리는 어둡고 우울한 사람이 사람을 구원으로 이끌었다는 말을 들어본 적이 없다. 빛이 된 사람만이 다른 사람을 환한 세계로 인도하는 법이다.

빛은 자유, 기쁨, 평화, 환한 얼굴, 숭고하고 빛나는 인격, 덕스럽고 견고한 존재 방식의 이미지이다. 따라서 예수 그리스도를 믿고 따른다고 하면서도, 여전히 가시적인 보상을 바라는 마음을 떨쳐 내버리지 못한 사람은 그분에게서 멀리 있다. 예수께서 말씀하시는 보상은 전적으로 그분이 체험한 내적인 것, 인격적인 것, 존재 방식에 관한 것이다. 이런 보상으로 가득한 인격을 지닌 사람을 누가 무너뜨릴 것인가(롬 8:28~39; 갈 5:22~24)?

이것이야말로 영원한 재산이 아닌가? 그는 자기가 살든지 죽든지, 부하든지 가난하든지, 영광을 받든지 비천하든지, 그것에 매이지 않고, 바람처럼 자유롭게 살아간다(요 3:8; 고전 10:23~33, 13장 참조). 이것이 예수께서 말씀하시는 "내가 있는 곳에는 나를 섬기는 사람도 나와 함께 있을 것이다. 누구든지 나를 섬기면, 내 아버지께서 그를 높여 주실 것이다."라는 말의 참뜻이다(요 12:26).

예수 그리스도처럼 '나는 명령을 받은 대로, 마땅히 해야 할 일을 하였을 뿐인 쓸모없는 종입니다.' 하고 고백하며 살아가는 그리스도인은 '나와 함께', 곧 예수께서 누리신 내적인 충만함과 생명력, 자유와 기쁨을 누리며 늘 그분과 함께하고, 나날이 '아버지께서 높여 주시는' 솟구쳐 오르는 길을 걸어간다.

숭고한 인격과 아름답고 자유로운 존재 방식, 이것이야말로 하나님이 당신을 사랑하고 섬기는 사람에게 주시는 가장 멋진 불멸의 보상이다. 그 모범이 예수 그리스도이시다. 예수께서는 순간마다 그 보상을 누리며 사셨다. 바울은 이렇게 말씀하신다. "하나님은 참으면서 선한 일을 하여 영광과 존귀와 불멸의 것을 구하는 사람에게는 영원한 생명을 주신다. …선한 일을 하는 모든 사람에게는 영광과 존귀와 평강을 내리신다. 하나님은 사람을 차별함이 없이 대하시기 때문이다."(롬 2:7.10) 이것이 하나님이 내려주시는 보상이다.

자기를 無化하고 '나는 명령을 받은 대로, 마땅히 해야 할 일을 하였을 뿐인 쓸모없는 종입니다.' 하고 고백하며 겸허하게 살아가는 사람이 누리는 "그 기쁨은 빼앗을 사람이 없다."(요 16:22) 그래서 예수는 "너희가 나 때문에 모욕을 당하고, 박해를 받고, 터무니없는 말로 온갖 비난을 받으면 복이 있다. 너희는 기뻐하고 즐거워하여라."라고 말씀하신 것이다(마 5:11~12). 이것이 예수 그리스도께서 가르치신 역설의 진리이다.

성령을 통하여 "위에서 오는 지혜"(약 3:17)로 가득해진 사람은 "밭에 숨겨 놓은 보물을 발견하고 제자리에 숨겨 두고, 기뻐하며 집에 돌아가서는 가진 것을 다 팔아서 그 밭을 사고, 값진 진주 하나를 발견하여 가서 가진 것을 다 팔아서 그것을 산다."(마 13:44~46) 그 보물과 진주는 어디에 있는가? 바로 나의 내면에 있다. 그것은 곧 내 안에 이루어진 하나님의 다스림·나라이다. 아무도 그것을 빼앗아가지 못한다.

그러나 지금 예수의 말을 듣고 있는 제자들은 내적 변형에 관해서 아무엇도 모르기 때문에, 이와 같은 진리를 이해하지도 받아들이지도 못한다. 다만 언젠가 때가 되어, '위에서 오는 지혜', 곧 성령이 내려오시면 그때야 이해하고, '나는 명령을 받은 대로, 마땅히 해야 할 일을 하였을 뿐인 쓸모없는 종입니다.' 하고 고백하면서, 비록 목숨을 잃어버리는 순간이 오더라도 예수 그리스도의 증인이 되어, 그분처럼 햇빛과 같은 자유와 기쁨과 평화와 겸허함 속에서 가장 생생하고 충만한 삶을 살아가게 될 것이다.

8. 그리스도인의 정체성과 존재 방식에 관한 말은 많다. 그런데 그중에서도 "그리스도 안에서"라는 말이 가장 적합한 것으로 보인다(in Christ, 신약성서에 264회. 롬 6:11; 고전 1:30; 요일 2:27~28). 그리스도인은 그리스도 안에서 하나님의 자녀인 사람이고, 언제 어디서나 무슨 일이나 상황에서나, 오로지 그리스도 안에서 살아가는 사람이다. 그렇기에 그리스도인은 그리스도 안에서 겸손한 사람이다. 이것이 그리스도인의 정체성과 존재 방식이다.

그래서 기독교 역사에서 진정 겸손했던 두 사람을 생각해본다. 두 분은 평생토록 그리스도 안에서 사랑을 실천하며 겸손하게 사셨다. 우리는 두 분의 삶을 통하여, 그리스도인의 진정한 정체성과 존재 방식이 어떤 것인지를 본다.

8-1) '성 프란치스코'는 이탈리아 북동쪽에 있는 도시 '아시시'의 부유한 포목상의 아들이었는데(1182~1226년), 청년 시절에는 여느 부잣집 도련님들처럼 방탕하게 살았다. 그러던 중 도시국가 간 전쟁이 일어나 참여했다가 참상을 목격하고 돌아온 후로는, 거의 정신이 이상해진 실어증 환자가 되어 식음을 전폐하고 두문불출했다.

그렇게 몇 달 동안 슬픔과 고통과 허무 속에서 몸부림치다가, 느닷없이 내면에서 그리스도의 음성을 듣고 종교적 각성을 하게 되었다. 그리스도의 목소리는 그에게 "나의 무너진 집을 고쳐라."라는 것이었다.

그는 즉시 아시시 외곽의 '포르치웅쿨라' 들판에 있는 떠돌이 수도사들이 머물다 떠나는 거의 무너져가는 작은 성당으로 갔다. 성당에 들어간 그는 제단 벽에 걸려 있던 그리스도의 십자가상이 바닥에 떨어져 부서진 것을 보고는 충격을 받고, 그것을 가슴에 품어 안고 오열하며 오래도록 눈물을 흘리며 기도했다. 그리고는 곧 홀로 성당을 고치며 수도 생활을 시작했다. 그러자 이상하게 변화된 그를 본 몇몇 친구들도 합세하여 같이 했다.

어머니는 아버지 몰래 돈과 음식을 내주었다. 아버지는 사업에 바빠 오랫동안 두문불출하는 아들을 찾아볼 생각조차 하지도 않았기에, 아들의 내적 변화와 굳은 결심과 그간의 행동에 대해서는 아무것도 몰랐다. 그러다가 아들에게 가업을 물려주려던 아버지는 소문을 듣고 노발대발하며 결사적으로 반대하다가, 말을 듣지 않는 아들을 강제로 끌어다 방에 가두고 하인들에게 지키게 하고는 외출까지 금지했다.

그러나 그는 몰래 빠져나가 여전히 성당을 고치며 지냈다. 아버지가 또 찾아와 데려가려고 하자, 그는 하는 수 없이 성당으로 가자고 하여, 주임신부와 여러 사람이 보는 데서 입고 있던 옷을 다 벗고 벌거숭이가 된 채, 아버지를 똑바로 바라보며 이렇게 선언했다. "이제부터 당신은 나의 아버지가 아닙니다. 나는 이제 베르나르도의 아들이 아닙니다. 나는 하나님을 내 아버지로 섬기겠습니다." 그리고는 벌거벗은 몸으로 시내를 가로질러 다시금 들판의 성당으로 가서 본격적인 수도 생활을 시작했다. 아버지는 절망하여 포기했다.

그렇게 시작된 그의 수도 생활은 차츰 주변에 알려져 동료들이 더 생기게 되었고, 청빈(淸貧), 순결(純潔), 순명(順命, 순종)과 탁발(托鉢)을 생활의 원리로 하는 독특한 수도 공동체를 창설하게 되었다. 그는 자기부터 머리카락을 정수리 부분만 조금 남기고, '주변머리'를 모두 밀어버리는 괴상한 모습으로 만들었다.

그의 독창적인 면모는 단지 복음을 전하는 것만이 아니라, 복음서에 있는 그대로 예수 그리스도의 삶을 따라서 살아간 데 있었다. 그것을 위해서 그가 죽을 때까지 흘린 눈물과 기도, 금식과 고행(苦行)과 기행(奇行)은 이루 말할 수 없었다. 그는 평생토록 매일 새벽 2시쯤이면 무의식적으로 일어나 하늘을 바라보며, "나의 전부이신 하나님!" 하며 오래도록 울다가 다시 아기 같이 잠들곤 했다.

세월이 흘러, 그의 몸에는 그리스도가 받았던 다섯 가지 '상흔'이 생겼다(傷痕, 五傷). 사람들은 이탈리아에 성인(聖人)이 나타났다고 기뻐하며 극구 칭송하고 흠모하면서 떠받들었지만, 그는 일체의 명성과 사회적 찬사와 존경을 도외시하고, 끝없는 겸손과 자기부정 속에서 그리스도의 종으로 걸어갔다.

그리하여 사람들은 그에게서 그리스도가 다시 나타난 것 같은 모습을 보았다. 그는 특히 무차별적인 사랑과 자비를 추구하여, 문둥병자를 끌어안고 입을 맞추기도 했고, 우주와 만물을 "나의 형제자매"라고 하면서 자기에게 다가오는 새들에게 설교하기도 했고, 사람을 해치는 늑대를 만나 감화시켜 숲으로 돌려보내기도 했다. 그의 눈에는 모든 사물이 그리스도의 현시(現示)로 보였다.

그는 "태양의 노래, 평화의 기도"를 썼는데, 이것은 그의 삶을 압축한 것이다(태양의 노래가 담긴 찬송가 69장-온 천하 만물 우러러. 목회자 중 가톨릭을 이단이라고 설레발을 떠는데, 그러면 개신교도 이단이다! 왜냐면 사도신경도 그렇고, 찬송가에는 가톨릭 교인이 쓴 가사와 작곡한 찬송가가 무척 많기 때문이다. 아우구스티누스도 이단인가? 개신교인들이 망상에서 깨어날 때는 언제쯤일까?).

　그는 육체를 가혹하게 다루는 금욕생활을 하는 가운데서도, 그리스도께서 가르치신 복음의 본질인 아무것에도 집착하거나 매이지 않는 자유와 한없는 기쁨 속에서 사람들을 섬기고 겸손하게 살았다. 그는 자기 無化에 이른 진정한 그리스도인이었다.

　그 후 그가 기독교(가톨릭과 정교회와 개신교) 역사에 끼친 영향은 이루 말할 수 없이 커서, 지금도 가톨릭 교인들과 개신교인들은 물론 무신론자들에게도 가장 사랑받는 사람이다. 가톨릭에서는 그를 "제2의 그리스도"라고 말할 정도이고, 현대에 들어서는 그를 "생태계 수호의 성인"이라고 한다(우골리노-성 프란치스코의 작은 꽃들; 보나벤투라-성 프란치스코; 에릭 도일-태양의 노래; J. 요르겐센-아시시의 프란치스코; N. 카잔차키스-성 프란치스코; 호세 메리노-프란치스칸 휴머니즘과 현대사상).

　그의 "평화의 기도"를 들어본다(태양의 노래는 인터넷에서 찾아보시라).

　주여, 나를 당신의 도구로 써주소서.
　미움이 있는 곳에 사랑을
　다툼이 있는 곳에 용서를
　분열이 있는 곳에 일치를
　의혹이 있는 곳에 신앙을
　오류가 있는 곳에 진리를
　절망이 있는 곳에 희망을
　어두움에 빛을, 슬픔이 있는 곳에 기쁨을 가져오는 자 되게 하소서.
　위로받기보다는 위로하고, 이해받기보다는 이해하고
　사랑받기보다는 사랑하게 하여 주소서.

우리는 줌으로써 받고, 용서함으로써 용서받으며,
자기를 버리고 죽음으로써 영생을 얻기 때문입니다.

가장 어려운 길을 걸어간 이가 가장 높이 날아오른다. 예수 그리스도
처럼, '나는 명령을 받은 대로, 마땅히 해야 할 일을 하였을 뿐인 쓸모없는
종입니다.' 하는 고백 속에서, 죽을 때까지 하나님만 기뻐하며 겸손하게 걸
어가는 것이야말로 인생에서 가장 어려운 일이고, 그래서 진정한 그리스도
인의 모습이다.

8-2) '마더 데레사'는 1928년 18세에 예비 수녀가 되면서부터 수녀의
길을 걸어, 인도로 가서 평생토록 '콜카타'(구 캘커타)에서 가난한 학생들을
가르치고 병들고 노숙하고 죽어가는 이들을 돌보며 살았다(1910~1997년).
1979년 노벨평화상을 수상했다. 1983년에 로마를 방문 중이던 수녀는 침
대에서 떨어져 병원에 입원했다. 천만다행으로 그때 심각한 심장질환이 발
견되었다. 그녀는 입원하는 동안, 마태복음 16장 15절에 나오는 "너희는 나
를 누구라고 하느냐?"라는 예수의 질문에 자신의 답을 적었다.

나에게 예수님은 누구이신가?
예수님은 이야기되어야 할 진실이십니다.
예수님은 걸어야 할 길이십니다.
예수님은 밝혀야 할 빛이십니다.
예수님은 살아야 할 삶이십니다.
예수님은 사랑받아야 할 사랑이십니다.
예수님은 나누어야 할 기쁨이십니다.

예수님은 전해야 할 평화이십니다.

예수님은 먹어야 할 생명의 빵이십니다.

예수님은 음식을 드려야 할 굶주린 자이십니다.

예수님은 물을 마시게 해드려야 할 목마른 자이십니다.

예수님은 옷을 드려야 할 헐벗은 자이십니다.

예수님은 맞아들여야 할 집 없는 자이십니다.

예수님은 치료해야 할 병든 자이십니다.

예수님은 사랑해야 할 외로운 자이십니다.

예수님은 원해야 할 버려진 자이십니다.

예수님은 상처를 씻겨드려야 할 나병 환자이십니다.

예수님은 미소를 지어드려야 할 거지이십니다.

예수님은 그분의 이야기를 들어 드려야 할 주정뱅이이십니다.

예수님은 보호해드려야 할 정신 박약아이십니다.

예수님은 안아드려야 할 아이이십니다.

예수님은 이끌어 들여야 할 소경이십니다.

예수님은 대신해서 말을 해드려야 할 언어 장애인이십니다.

예수님은 부축하며 함께 걸어야 할 지체 장애인이십니다.

예수님은 친구가 되어드려야 할 마약 중독자이십니다.

예수님은 위험에서 구해내어 친구가 되어드려야 할 창녀이십니다.

예수님은 찾아가야 할 죄수이십니다.

예수님은 섬겨야 할 늙은 사람이십니다.

예수님은 제 배우자이십니다.

예수님은 제 생명이십니다.

예수님은 저의 하나밖에 없는 사랑이십니다.

예수님은 저의 모든 것이십니다.

예수님, 제 모든 마음과 모든 존재를 다 하여 당신을 사랑합니다.

이제부터 평생 저는 십자가에 못 박혀 돌아가신 배우자 예수님의

아내입니다. 아멘.

(마더 데레사-자서전: 그들과 함께하소서; 브라이언 콜로디척

편-와서 나의 빛이 되어라).

모든 이를 지금 내게 다가오신 예수 그리스도의 현시(顯示)로 보고 대하는 것(마 25:31~46 참조), 이것이 겸손이다. 그래서 이렇게 말하기도 한다. "모든 사람이 너보다 나으니라."(L. N. 톨스토이-인생독본) 언제나 지금 이 순간, 하나님을 완전히 신뢰하는 가운데 사랑 속에서 겸손한 존재 방식을 취하는 것, 이것이 우리를 가장 좋은 삶으로 인도하리라.

흔히 인생은 짧고 예술은 길다고 한다. 우리는 이 말을 인생은 짧지만 숭고한 인격과 삶은 길다고, 고쳐서 말할 수 있으리라. 이른바 불후(不朽)의 명성(名聲)·명예(名譽)라는 것이 이것이다. 추호(秋毫)도 현재나 사후의 명성에 연연하지 않고, 오직 겸손하게 사람을 섬기며 사랑하고 살라는 하나님·그리스도의 뜻과 진리를 위해 자기를 불태운 사람은 죽어도 죽지 않고 세상을 밝혀주는 빛이 되리라(마 5:14; 요 8:12, 12:24~26).

사람은 누구나 명예를 좋아한다. 자기 이름(名)이 널리 알려져 칭찬과 기림을 받으며 빛나기를 바라는 것(譽)은 모든 인간의 본성이다. 그렇게 인간은 대개 자기를 이름과 동일시한다. 그렇다면 진정 내 이름이 빛나게 될 마땅한 존재 방식을 취하는 것이 합리적인 일이다. 명예만 생각하고 그에 마땅한 존재 방식을 잊어버린다면 얻기 어려울 것이기 때문이다.

그러면 무엇이 우리를 명예롭게 하는 존재 방식인가? 겸손이다. 높은

신분과 이런저런 능력을 지닌 사람이 진실한 심정으로 기꺼이 아래로 내려가 겸허히 사람들을 돕고 섬기고 친절을 베푼다면, 훌륭한 인격자로 존경할 것이기에 이름은 절로 빛날 것이다. 물론 모든 이에게서 좋은 평판을 듣기를 기대할 수는 없는 일이다. 세상은 진리를 가르치고 인간을 구원하며 숭고하게 살아간 사람들에게 침을 뱉고 돌팔매를 던지고 죽여버리기도 하니까…. 겸손하게 살아간 이의 인격과 삶은 결국에 하나님께서도 인정하신다.

생각하는 바에 따라, 인생은 짧기도 하고 길기도 하다. 그러나 30대에 요절하든 90을 넘어 장수하든지 간에, 인간이라면 누구나 자기 인생이 아름답고 행복하고 의미와 가치 있는 것이 되기를 바란다. 그렇다면 정녕 그런 길을 걸어가야 한다. 우리를 망치는 것이나, 우리를 진실로 살리고 빛나게 하는 것도 우리 안에 있다. 하나님이 계시다는 것, 하나님을 믿는다는 것, 심지어 예수 그리스도가 내 이웃집에 사신다는 것도, 나에게 절로 아름답고 행복하고 의미 있는 삶을 보장하지는 않는다.

그것은 우리 각자가 드러내는 마음과 태도에 달린 것이다. 겸손은 동서고금 언제나 어디서나 통용되는 만국 화폐요 무비자 여권이다. 진정 겸손한 자만이 인생에서 승리하리라. 자신에게서 승리하고 성공하지 못했는데, 세상에서 승리하고 성공해서, 뭘 어쩌자는 것인가? 자신에게서 승리하여 행복하고 평온한데, 세상에서 승리하고 성공하는 게, 왜 필요한가? 그대여, 그리스도의 가르침과 삶을 따라서 그대 자신만을 사시라! 그분이 높여 주시는 날이 오리라. 살아서 안 온다면, 죽어서라도 반드시 온다!

20
지금 사랑하라

이제 나는 너희에게 새 계명을 준다. 서로 사랑하여라. 내가 너희를 사랑한 것 같이, 너희도 서로 사랑하여라. 너희가 서로 사랑하면, 모든 사람이 그것으로써 너희가 내 제자인 줄을 알게 될 것이다(요한복음서 13장 34~35절).

1.「 유튜브에서 천국의 장면을 그린 만화 한 컷을 보았다. 생명책이 놓인 책상에 수문장 '베드로' 선생이 앉아 있고, 그 앞에 방금 세상을 떠나온 한 사람이 서 있다. 베드로가 그에게 말한다. "오, 자네가 Bob이로군! 어서 오게. 이야기 많이 들었네. 지난 50년 동안 Rex가 어찌나 자네 얘기를 많이 하던지!"

그 말에 밥은 무슨 말인지 영문을 몰라 어리둥절한 표정이다. 그런데 베드로 뒤쪽에 강아지 한 마리가 꼬리를 치고 환하게 웃으며 밥을 바라보고 무척이나 반가워하고 있다. 바로 50년 전에 죽어 먼저 천국에 와 있는, 밥이 기르던 사랑스러운 강아지였다. 」이것은 사랑만이 천국에 이르는 길이며, 죽어도 없어지지 않는 참된 재산(heritage)이라는 것을 말한다.

모세에 따르면, 두 종류의 인간(나라·민족)이 있다. "생명과 번영과 복을 지향하는 사람과 죽음과 파멸과 사망과 저주를 지향하는 사람."(신 30:15~20) 예수에 따르면, 두 종류의 사람이 있다. "좁은 문·좁은 길로 가는 사람과 넓은 문·넓은 길로 가는 사람."(마 7:13~14). 20세기 사회 심리학자 '에릭 프롬'의 생각도 이와 같다. "존재 지향형의 사람과 소유 지향형의 사람"이다(소유냐 존재냐; 인간의 마음; 존재의 기술). '존재 지향'이란 자유, 지혜, 사랑·자비, 기쁨 등의 질적인 삶을 추구하는 것을 말한다.

이것을 단순하게 말하면, 전자는 진리와 생명을 지향하는 사람이고, 후자는 빵(소유물)과 죽음을 지향하는 사람이다. 전자는 홀로 그리고 더불어 걸어가는 길이고, 후자는 당대 군중의 무리가 되어 휩쓸려 가는 길이다.

그대는 자신과 인생을 무엇이라 생각하는가? 그대는 하루에 하나님·그리스도를 얼마나 깊이 의식하고 느끼고 생각하는가? 하나님·그리스도는 그대가 삶에서 가장 사랑하시는 분인가? 아니면, 그대의 생각과 계획과 일 중에서 중간의 어디쯤이나, 급하면 찾는 분이나, 혹은 맨 *끄트머리*에 존재하시는 분인가? 아니면, 그대는 하나님을 성전에 갇혀 계시는 분으로 생각하여, 예배당을 나오면서 '안녕히 계십시오. 다음 주에 뵙지요.' 하고 말하는가?

그리고 그대는 지금 이 순간, 사랑 속에 있는가? 누군가를 향한 사랑이 아니라, 그대 내면이 사랑의 세계인가? 그래서 그 사랑의 샘물을, 가족이나 이웃이나 직장 동료는 물론, 자연의 사물에도 흘려보내는가? 그대는 지금 이 순간, 사랑 안에서 행복한 사람인가? 아니면, 그대는 미래의 어느 시기에 누가 사랑을 가져다 줄 것이라고 상상하거나, 성공하게 되면 사랑 속에서 살게 될 것으로 생각하는가?

그대는 오직 사랑 속에서만 행복하다. 그대가 사랑을 잃어버리는 한, 사랑을 모르는 한, 사랑 밖에 있는 한, 사랑을 가치도 없는 효용성 다한 물건으로 취급하며 가슴에서 내쫓아버리는 한, 그대는 결코 행복할 수 없다. 그대가 비록 천하를 손아귀에 쥐고 흔든다 해도 사랑을 잃어버리는 한(막 8:36), 언제나 쓸쓸하고 외롭게 "떠돌아다니는"(창 4:12.14) 고립되고 허무한 가여운 존재일 뿐이다. 왜냐면 사랑만이 행복의 길이기에….

사람은 사랑을 창조할 수도 없고, 남들에게서 빌려올 수도 없다. 사랑은 물건이 아니기 때문이다. 물론 사랑하는 방법·방식은 얼마든지 배울 수 있다. 그런데 본디 "사랑은 하나님에게서 난 하나님의 것"이다(요일 4:7). 우리는 하나님의 것인 사랑을 빌려서 쓸 뿐이다. 그리고 사랑은 본디 그대가 태어날 때부터 내면에 담아 가지고 온 견고하고 아름다운 심성의 세계이다. 사람이 "하나님의 형상을 따라" 지어졌다는 말이 이것을 의미한다(창 1:27).

이렇게 사랑은 하나님의 것이기에 우리의 것이 아니고, 또한 우리 안에 있기도 한, 실로 묘한 빛과 힘·능력(powers)이다. 따라서 누구를 사랑하는 것은 그대가 사랑하는 게 아니다. 사랑이 전기라면 그대는 전깃줄이고, 사랑이 물이라면 그대는 수도관이고, 사랑이 봄이라면 그대는 민들레꽃이다. 아무도 사랑을 발명할 수 없고 소유하지도 못한다.

"사랑이신 하나님"(요일 4:8)의 사랑이 그대를 통하여 흘러가게 하고, 그대는 하나님의 사랑을 받아서 펼칠 뿐이다. 그래서 사랑만이 그대에게 삶의 참된 의미와 가치를 누리게 한다. 사랑은 신성하고 인간적인 빛과 힘이기에…. 사랑은 그대의 내면에서 두려움, 불안, 공포, 근심, 거짓, 이기심, 시기심, 교만, 폭력성의 모든 어둠의 힘(forces)을 내쫓는다(요일 4:18).

타인의 사랑이 우리를 잠시 행복하게 하는 것은 그 사랑 자체가 아니라, 그것이 우리 안의 사랑과 만나서 불꽃을 일으키기 때문이다. 타인의 사랑은 하나의 촉매제로 다가오는 선물일 뿐이다. 왜 그런가? 우리는 누군가 우리를 사랑해도, 그 사랑을 받아들이지 않을 수 있기 때문이다. 우리가 누군가에게 사랑을 받을 때 잠시라도 행복해지는 것은 우리가 그를 통해 흘러오는 촉매의 사랑을 수용했기 때문이다. 사랑이 우리에게 흘러올 때 그에 감응할 줄 모르고 차디찬 것은 우리 가슴이 세상의 물에 흠뻑 젖어버렸기 때문이다. 젖은 영혼은 가여운 영혼이다!

그대의 내면은 하나의 촛불이다. 타인의 사랑은 그 촛불에 불을 붙이는 것이다. 이와 반대로, 그대 내면이 강인한 사랑의 장작불이라면, 타인의 모욕에도 기쁨과 행복을 상실하지 않는다(마 5:10~12). 또는 그대가 권력과 재산과 명예가 드높은 경우를 생각해보라. 행복한가? 그럴 수 없다. 왜냐면 인간이란 상실할 수 있는 것들의 소유를 통해서는 결코 행복하지 못하기 때문이다. 그대는 그대 안의 사랑의 세계 안에서만 행복하다.

2. 사랑은 온갖 거짓된 욕망의 총체인 Ego를 내려놓을 때, 곧 자아가 허깨비라는 것을 이해할 때 흘러나온다. 사랑은 본디 우리 안에 있는 하나님의 샘물이기에, 그것을 덮고 있는 수많은 자아의 쓰레기들을 걸러내고 치우

기만 하면 자연스레 드러난다. 우리는 본디 사랑의 존재, 곧 태어날 때부터 사랑의 신을 모시고 이 세상으로 들어온 존재이기 때문이다.

그 사랑의 신은 결단코 죽지 않는다. "골짜기의 신은 죽지 않는다(谷神不死)."(노자-도덕경, 6장. 곡신은 '하늘 암컷·玄牝', 道·진리·사랑의 여성적·모성적 상징과 이미지) 아무리 악한(惡漢)이라도 그 사랑의 신을 죽일 수는 없다. 그럴수록 그의 내면에서 자기를 살려내라고 아우성을 친다.

그런데 우리 안의 사랑의 샘물이 흘러넘치게 하는 일은 우리 자신에게 달려 있다. 사람이 진정 존재하는 것은 사랑 안에 있을 때이다. 이것이 실존(實存)이다(진짜 존재하는 것). 그 외에는 다 가짜, 기만, 거짓, 환상, 망상, 착각, 투사, 환영이다. 사랑이 아닌 다른 것을 사랑으로 대체하는 한, 우리는 언제나 쓸쓸하고 외롭고 소외된다. 그때, 우리의 한평생은 거짓된 가면놀이일 뿐이다. 그것은 잠속의 꿈이요, 꿈속의 잠꼬대이다. 비록 그렇게 한오백 년 산다 해도, 거기엔 아무것도 없다. 그런 사람들이 하는 말이 이것이다. "모든 것이 헛되다. 사람이 해 아래에서 아무리 수고한들, 무슨 보람이 있는가?"(전 1:2~3)

정말이지, 사람들은 온통 자아와 세상과 물건의 감각적 쾌락에 사로잡혀서 살아간다. "육체의 욕망과 눈의 욕망과 세상 살림에 대한 자랑"에 빠져서, "하나님을 향한 사랑 없이" 살아간다(요일 2:16). 자기 안에 있는 사랑의 샘물은 까맣게 잊어버리고 밖에서만 물을 찾는다. 있지도 않는 지평선·수평선을 붙잡으면 행복할 것이라고 생각하며 근본적인 판단 오류에 빠져서 산다.

'에릭 프롬'은 이런 말을 한다. "사람에게는 두 종류의 사랑이 있는데, 생명에 대한 사랑(Biophilia)과 죽음에 대한 사랑이다(Necrophilia). 그런데 사람들은 이 둘을 혼동한다."(사랑의 기술) 앞서 말한 대로, 생명에 대한 사랑은 존재, 곧 자유, 지혜, 사랑·자비, 기쁨을 지향하는 삶이다. 죽음에 대한 사랑은 거짓과 탐욕의 총체인 자아(Ego)를 추구하며 소유를 지향하는 것인데, 이것이 기묘한 모순이라는 것은 죽음에 대한 사랑을 생명에 이르는 길이라고 판단 착오를 저지른다는 점이다.

생명을 행복, 죽음을 불행으로 대치하면 더 이해하기 쉽다. 사람은 누구나 행복을 바란다. 그런데 행복과 불행은 각기 거기에 이르는 길이 있다. 그렇다면 행복을 바라면 행복을 얻는 길을 가야 하고, 불행을 얻는 길을 피하고 버려야 한다. 합리적인 것이다. 따라서 불행에 이르는 길을 가면서 행복을 바라는 것은 모순이다. 그런데 사람들은 대개 행복을 바란다면서 불행에 이르는 길을 간다.

사람들은 사랑이신 신을, 신의 사랑을, 요컨대 사랑을 한 자리일 뿐인 내면의 왕좌에 앉히기는커녕, 무슨 낯선 이방인이나 쓸모없는 물건이나 되는 것처럼 밖에 내버려 두고 있다. 그러고서도 행복한 삶을 바라고 있다. 얼마나 기묘하고 지독한 부조리인가! 그런 삶은 그저 시간 낭비일 뿐이다. 신을 사랑하지 않는 한, 곧 사랑 안에 있지 않은 한, 사람은 행복할 수 없다. 왜냐하면 행복과 기쁨이란 단지 내적 사랑의 꽃이 풍기는 향기이기 때문이다. 이것이 삶의 진리이다.

사랑 속에서! 이것이 만상(萬象)의 존재 방식이 아닌가! 저 나무들을 보라. 종일 팔을 벌려 신을 찬미하며 별들을 향하여 자라 오르려 하고 있다. 저꽃들을 보라. 봄부터 가을까지 삶을 기뻐하면서, 사랑의 향기를 풍기고 있다. 저 바위들을 보라. 무수한 세월에 걸쳐 신을 명상하며 고요한 침묵에 잠겨 있다. 저 강과 바닷가의 조약돌들을 보라. 한때는 커다란 바위의 한 부분이었지만, 수천만 년을 지나는 동안 하도 신을 사랑하여 온몸이 닳아버렸다. 저 새들을 보라. 새벽부터 밤늦게까지 신의 사랑을 노래한다. 저 풀들을 보

라. 밤이나 낮이나 신이 부시는 사랑의 바람을 따라 춤을 추며 지극한 기쁨 속에서 전율하고 있다. 저 동물들을 보라. 해와 달 아래에서 늘 신을 그리워하며 사랑의 감동에 사로잡혀서 뛰어다닌다.

저 뱀을 보라. 바닥을 기면서도 신을 기리고 혀를 내밀며 향내를 맡는다. 저 길바닥의 민들레꽃을 보라. 저녁이 올 때까지 활짝 웃으며 온몸으로 신을 앙망하며 숭앙하고 있다. 저 어린아이를 보라. 시간과 공간에 대한 의식조차 없이, 엄마 같은 신을 사랑하는 행복에 겨워 웃고 있다. 저 하늘을 보라. 온통 자신을 텅 비워둔 채, 청결하고 환한 표정으로 창조 이래 지금까지 신을 모시고 있다. 저 대지를 보라. 수십억 년이나 신을 사랑하여 온갖 사물들로 자신을 아름답게 치장하고 있다. 그렇다. 만상은 신을 사랑하고 있다!

그런데 만물보다 높다고, 만물의 영장이라고, 쉴 새 없이 뻐겨대는 인간만이 신을 사랑하지 않고 사랑의 세계 밖에서 어슬렁거린다. 그래서 행복하지 않고 행복할 수도 없는데, 그러면서도 행복을 찾고 바라는 모순 속에서 한없이 가엾게 존재하고 있다. 그러나 신만이 사람의 행복이다. "주님, 당신밖에는 내게 행복이 없습니다."(시 16:2). 이 진실을 자기 안에서 느끼고 깨닫기 전에는, 비록 천 년을 열 번 살며 성전에 드나든다 해도 행복하지 않으리라.

3. 19세기 영국의 여성 시인이며 소설가인 '조지 엘리어트'는 이런 시를 썼다.

나는 어느 날 하나님의 집을 두드렸다.
안에서 하나님이 말했다. "그대는 누군가?"
나는 대답했다. "접니다."

그러자 하나님이 말했다. "나중에 오라."
나는 하는 수 없이 물러섰다.

세월이 많이 흘러, 나는 다시금 하나님의 집을 두드렸다.
하나님이 말했다. "그대는 누구인가?"
나는 대답했다. "접니다."
그러자 하나님이 말했다. "나중에 오라."
나는 하는 수 없이 물러섰다.

그리고 또 세월이 많이 흘러 나는 늙었다.
나는 다시금 하나님의 집을 두드렸다
하나님이 말했다. "그대는 누구인가?"
나는 대답했다. "당신입니다."
그러자 하나님이 말했다. "이리로 들어오라."(천국의 문 앞에서)

자신을 사랑이신 하나님과 한 몸으로 아는 이, 곧 자신을 사랑으로 아는 이만이 하나님의 집에 들여진다. 그렇다. 하나님은 사랑이시다. 하나님은 사람이 아니며, 정통주의 신학 관념, 교리나 신조, 더 나아가 성서라는 경전의 광주리에 담아낼 수 있는 분도 아니시다. 하나님은 그 모든 것을 초월해 계시다. 하나님에 관한 인간의 모든 언어는 단지 종교적 신념과 추정의 언어일 뿐, 하나님이 아니다. 물론 신적 체험에서 나온 확신의 언어는 어느 정도 근사치에 이른다.

하나님을 표상하는 데 있어서 가장 바람직하고 아름다운 것은 사랑이다. 그러나 이 말은 하나님이 신앙인 개인의 안전과 보호를 무조건 보장하신다는 의미의 사랑이 아니다. 하나님은 우주와 만물 전체가 생겨나고 자라고 살게 하신다는 의미에서 사랑이시다.

따라서 하나님이 창조하신 우주와 만물과 인간의 삶 역시 사랑이다. 삶의 의미는 사랑이다. 삶과 죽음, 모든 게 사랑이다. 밥 먹는 것, 자는 것, 노는 것, 일하는 것, 공부하는 것, 타인과 관계를 맺는 것 등, 삶의 모든 게 사랑이다. 하나님이 사랑이시기에, 삶도 사랑이다. 그뿐이다. 우리는 사랑하기 위해 여기에 왔다! 곧, 우리는 사랑하라고 세상에 "보내진 자"(실로암·Siloam)이다. 사랑은 인생의 목적이다.

그렇기에 하나님을 믿는 것은 자아를 버리고 하나님의 사랑을 받고 하나님을 사랑하는 것이다. 자아를 가지고서는 아무도 하나님의 집으로 들어갈 수 없다. 그리고 하나님을 사랑하는 것은 종교 방면에만 국한되는 일이 아니다. 왜냐면 하나님은 모든 시간, 모든 공간, 모든 일 속에 계시기 때문이다. "너는 내 앞에서 신발을 벗어라."(출 3:5) 이 세상 어디나 하나님 앞이다. 저 우주 끝까지 가더라도⋯(시 139 참조).

하나님은 신전에만 계시는 게 아니다. 그런 생각은 하나님을 성전의 포로로 만드는 신성모독이다. 우리 몸과 일상이 "하나님이 머무시는 성전이다."(고전 3:16~17). 그러므로 하나님을 사랑하는 것은 우리의 모든 일에서 드러날 수밖에 없다. 하나님을 사랑하는 마음으로 일상생활을 수행하는 것, 곧 일상의 모든 곳에서 하나님의 현존(現存, 쉐키나·Shekhinah)을 깊이 느끼고 의식하며 사랑 안에서 살아가는 존재 방식, 이것이 진정한 종교성·영성이다.

그리고 하나님을 사랑하는 것은 자기와 타인을 사랑하는 것이다. 왜냐면 하나님은 나를 비롯한 모든 사람의 가슴 속에 계시기 때문이다. 타인 역시 하나님이 머무시는 집·성전이다. 예수께서는 "마음이 깨끗한 사람은 복이 있다. 그들이 하나님을 볼 것"이라 하신다(마 5:8). 이것은 내 마음이 깨끗하면 타인 속에 계신 하나님을 본다는 뜻이지만, 반대로 읽어도 된다. 타인 속에 계신 하나님을 보는 사람은 마음이 깨끗한 사람이다.

히브리 인사말은 '샬롬'이다(Shalom, 평화·안녕). 히브리 사유체계에서 샬롬은 사람이 지금 이 순간 하나님과 가장 친밀한 관계를 맺고 살아가는 상태이다. 그래서 샬롬은 '그대가 하나님과 가장 좋은 관계 속에서 행복하게 살기를!' 하고 비는 축복의 언어이다. 인도인의 인삿말 "나마스테"(Namaste)는 '나는 그대 안에 계신 신께 절한다.'라는 뜻이다. 이처럼 타인을 하나님의 집·성전으로 보는 것은 그 사람 안에 머물러 계신 하나님을 마주하는 것이다.

따라서 나 자신과 타인을 억압하고 무시하고 불친절하고 차별하고 착취하고 폭력을 행사하는 것은 정확히 하나님께 하는 것과 같다. 우리가 자신을 사랑하는 것은 우리에게 주어진 권리이다. 그것은 이기주의가 아니다. 내가 나를 사랑하지 않는다면, 도대체 누가?

내가 나를 사랑하는 것은 내 안에 자리한 사랑의 샘물을 자각하는 것이다. 우리가 타인을 사랑하는 것은 내 사랑을 주는 것이 아니라, 내면에 자리한 사랑의 기쁨과 행복의 자연스러운 표현이다. 사랑은 결코 의무사항이 아니다. 사랑이 의무가 되면 추하다. 사랑은 내면에서 솟구치는 자발성이요 단순성이요 무-차별성이다.

4. 우리는 아브라함의 삶에서, 하나님과 사람을 향한 사랑의 두 가지 본질과 성격을 보여주는 이야기를 읽는다. 첫째, 하나님을 믿는 것과 사랑하는 것은 하나라는 진실이다. 그가 100살에 낳은 아들 '이삭'을 바치는 이야기가 그것이다(창 22장). 하나님을 향한 신뢰와 사랑은 나와 하나님 사이에 그 무엇도 끼워놓지 않는 것, 하나님보다 더 사랑하는 것을 내게 두지 않

는 것이다. 그렇기에 그것은 철저한 자아의 포기를 전제한다.

둘째, 하나님을 사랑하는 것과 사람을 사랑하는 것이 하나라는 진실은 두 가지 이야기에 나타난다. 1) 그는 어느 날 뜨거운 광야를 건너온 나그네 세 사람을 극진히 대접한다(창 18장). 그는 그들이 얼마나 목마르고 배고프고 피곤할까만 생각하고, 그늘진 천막으로 모셔 들여 손과 얼굴을 씻게 하며 하인처럼 수발을 들고, 급히 아내에게 음식을 만들게 하여 지극정성으로 대접하여 쉬게 한다(고대 근동 사회의 관습법인 '나그네 환대 전통'). 그가 그렇게 한 것은 그 어떤 계산도 없이, 그저 타인을 존중하는 사랑에서 나온 것이다. 그런데 두 사람은 천사들이고, 한 사람은 하나님이셨다.

2) 그리고 그는 집을 떠나는 하나님 앞에 엎드려, 조카 "롯"이 사는 "소돔 성"을 멸망시키지 마시라고 설득한다. 그것은 조카네 가족만 생각해서가 아니라, 그 안의 의인들을 악인들과 함께 심판하시는 것은 하나님의 불공평한 처사라고 보았기 때문이다.

이렇게 아브라함은 하나님을 믿는 것은 하나님을 사랑하는 것이며, 하나님을 믿는 것과 사랑하는 것은 타인을 자연스럽고도 뜨거운 마음으로 사랑하는 것이라는 진실을 보여준다. 물론 타인을 사랑하는 것으로 하나님을 향한 사랑을 대체하는 것은 아니다. 그러나 타인을 사랑하지 않으면서 하나님을 사랑할 길은 그 어디에도 없다.

따라서 우리에게 필요한 것은 사랑밖에 없다. 인생의 의미와 가치와 목적은 사랑에 있다. 인생은 사랑을 드러내고 맛보며 행복하게 살아가는 멋지고 기나긴 여행이다. 하나님을 알면 사랑을 알고 삶을 안다. 하나님과 삶은 사랑이기 때문이다. 지금 사랑 안에 있는 사람은 하나님 안에 있고, 생명력으로 풍부한 삶 속에 있다.

사랑이 행복이다. 행복을 찾지 마시라. 외부적인 행복이란 없다. 그런 행복이란 본래 있지도 않은 지평선일 뿐이다. 행복은 내적인 것이다. 이것은 어린이를 보는 것만으로도 충분하다. 어린이는 사랑의 천사요 천재이다. 어린이의 내면에는 사랑의 하나님이 온전히 살고 계시기에, 사랑의 등불이 밝게 타오르고 있다. 그것은 만들어낸 것이 아니라, 태어날 때부터 가지고 온 하나님의 선물이다. 모든 어린아이가 사랑스럽고 아름다운 것은 그 때문이다.

어린이는 권력과 재산과 명예를 몰라도, 한없이 행복하여 항상 웃는다. 모든 것을 신기하게 바라보고 즐거워한다. 그렇기에 예수께서 "어린아이같이 되어라."라고 말씀하신 것이 아니겠는가(막 10:15)? 어린이는 천하를 부리는 황제와도 같다. 어린이는 아무런 말이나 손짓이나 지시나 법률 없이도, 누구에게나 사랑을 명령하고 복종하게 한다. 그 앞에서 남자든 여자든, 외국인이든 내국인이든, 노인이든 청소년이든, 그 직업이 무엇이고 나이가 어떠하든, 모두 자발적으로 기쁘게 굴복하며 행복에 젖는다. 대가족 가정에서 어린이가 아파보라. 모든 식구가 전전긍긍하며 벌벌 떤다. 여기에서 우리는 사랑에 대한 자발적 복종이 기쁨이요 행복이라는 진실을 안다.

우리는 사랑 안에서 이미 행복함으로써 다른 사람들도 행복하게 할 수 있다. 이것이 진정한 봉사이다. 이것은 전혀 희생하는 것이 아니다. 아기 엄마는 행복하다. 엄마는 사랑 안에 있기에…. 엄마는 행복을 바라서 사랑하는 게 아니다. 행복하기에 사랑하는 것이고, 사랑하기에 더 행복한 것이다. 엄마는 아기가 자기에게 더 풍부하고 깊은 사랑을 흘려보내고, 더 아름답고 행복한 순간을 체험할 기회를 주었으므로 고마워한다. '네가 나에게 와주어서 고맙다!' 그러면 아이는 자신에게 고마워하는 엄마를 사랑하고 행복에 젖어, 말 없는 말 속에서 해맑은 미소로 감사를 표시하며 응대한다. 그렇게 하여 엄마와 아기 사이에 날이 갈수록 사랑의 유대가 깊어진다. 사랑은 행복의 근원(根源)·샘이고, 행복은 사랑의 온기(溫氣)이다.

이러한 모습이 삶의 본원적인 법칙이다. 우리는 이것을 모든 사람에게 확대하여 적용할 수 있다. '그대가 나에게 와주어서 고맙다. 그대가 있어서 행복하다.' 서로가 이런 깊은 의식에 싸여 살아갈 때, 우리는 더욱더 행복해진다. 그리고 행복해지면 더 아름다운 인간이 되어, 더 풍부하고 깊은 삶을 살아간다.

그대여, 결단코 허위의 인간이 되지 마시라. 진실한 인간이 되시라. 허위의 인간으로 평생 부유하게 산들, 그것은 삶이 아니라 차라리 악몽이다. 남을 의식하고 살지 마시라. 그대 자신을 사시라. 타자와 사회를 의식하지 마시라. 종교와 전통과 관습과 유행도 의식하지 마시라. 그대 영혼의 깊이를 사시라. 그것만이 그대의 삶이다.

허위의 긴 삶은 진실한 요절(夭折)보다 비교할 수 없이 나쁘다. 허위의 행복은 진실한 불행보다 훨씬 더 나쁘다. 진실한 슬픔은 허위의 웃음보다 백배 더 낫다. 진실한 고통은 허위의 쾌락보다 비교할 수 없이 좋다. 허위는 인간을 성숙하게 하지 못한다. 진실만이 인간을 성숙하게 한다. 오히려 허위는 사랑과 행복을 내쫓는다. 허위는 두려움 속에 존재하는 것이기 때문이다. 두려움과 사랑은 양립할 수 없다(요일 4:18). 따라서 두려움에는 행복이 없다.

5. 이제 경전을 생각해보자.

이제 나는 너희에게 새 계명을 준다.

서로 사랑하여라.

예수께서는 이 하나의 계명만 주신다. 그러나 복음서를 보면, 사실 예수는 많은 계명을 말씀하신다. 대표적으로 산상수훈이다. 그러나 그 어느 것에도 '계명'이라는 말을 쓰시지 않았다. 계명이라는 말을 쓰신 것은 이것이 유일하다.

　그런데 이것은 대단히 이상한 일이다. 예수 같은 차원에 이르신 분이 '계명'이라는 말을 쓸 리가 없다. 왜냐면 계명이란 구약성서와 유대교에서 율법을 말하기 때문이다(율법=계명·규례·명령·율례·법도 등. 시 119편 참조). 계명은 해도 되고 안 해도 되는 그런 선택적인 것이 아닌, 강제적 의무에 관한 명령 규정이다. 그래서 계명은 준수하는 자에게는 칭찬과 보상, 준수하지 않는 자에게는 벌과 심판이 내려진다(신명기는 온통 이런 말로 가득).

　그러면 예수께서 말씀하시는 사랑도 이와 같은 계명의 율법이란 말인가? 그렇기도 하고, 아니기도 하다. 곧, 계명이면서도 계명이 아니다. 왜 그러한가? 우선 예수께서 계명이란 말을 쓰신 것은 제자들이 철저히 율법적 사고구조를 지닌 유대인들이요, 아직 내적 변혁을 이룩하지 못한 관습적 신앙인들이었기 때문이다. 따라서 예수께서는 계명이라는 말을 단지 임시방편으로 쓰신 것이다. 왜냐면 만일 사랑이 계명이라면, 사랑하지 않으면 벌을 주고 심판한다는 뜻의 율법 차원으로 떨어지고 말기 때문이다.

　그러나 예수는 이런 뜻으로 계명을 말씀하신 게 아니다. 그것은 누구보다 예수를 보는 것으로 충분하다. 예수는 네 이웃·사람을 네 몸처럼 사랑하라는 하나님의 계명을 의식하며 사람을 사랑하신 것이 전혀 아니다(레 19:18; 마 9:35~36 참조). 그랬다면 예수 역시 종교인이며 신학자인 유대교의 랍비 차원을 넘어설 수 없다.

　그러나 예수의 사랑은 내면에서 사랑의 샘물이 흘러넘친 것, 곧 그분이 사랑의 존재였기에 자연스럽게 나온 것이지, 전혀 계명을 의식하고 하신 사랑이 아니었다. 그런 사랑은 매우 추하다. 왜냐면 그런 사랑은 보상을 바라거나, 심판에 대한 두려움을 품은 차원이 낮은 타산적 자아에서 나오는 것이기 때문이다. 사랑이 계명이고, 사랑하면 보상을 내려주신다고 사랑한다면, 그것은 그저 얄팍하고 위선적인 것일 뿐이다.

따라서 여기에서 사랑하라는 말씀은 계명이 아니다. 사랑이 계명이라면, 예수 자신은 사랑을 전혀 계명으로 인식하고 사랑한 것이 아닌데, 제자들에게는 그렇게 하라고 말씀하신다는 것은 자기모순이 되기 때문이다. 그렇다면 애당초 사랑을 계명으로 말한 예수가 잘못이다. 그러나 예수께서는 그런 뜻으로 말씀하신 게 아니다.

이러한 예를 복음서에서 찾아보자. 마태복음 25장 31~46절은 '최후의 심판·양과 염소의 비유'이다. 여기에 나오는 사람들은 두 종류의 신앙인들이다(더 나아가 신앙이나 종교를 전제하지도 않는다). 하나는 사회적 약자를 대접하여 상을 받는 신앙인들이고, 다른 하나는 대접하지 않아 심판을 받는 신앙인들이다. 그러나 축복 선고를 받은 전자는 사회적 약자를 자기에게 다가오신 그리스도로 알고 대접한 게 아니다. 그런데 후자는 심판 선고를 듣고는 그리스도께서 자기들에게 다가오신 적이 없다고 말한다.

그러면 이것은 단순히 사람이 사랑이라는 계명·율법을 지키거나 지키지 않았기 때문에, 각기 상과 벌을 받는다는 이야기일까? 겉으로 보면 그렇다. 그러나 더 깊이 들여다보면, 전혀 그렇지 않다.

이 이야기는 무슨 의미일까? 이것은 사랑을 율법이라는 절대적 잣대와 기준으로 삼아 사람을 판단한다는 것이 아니다. 이것은 신앙의 올바른 이해와 왜곡, 신앙과 윤리적 삶의 일치와 불일치, 윤리적 삶으로 나타나는 진정한 인격과 그렇지 못한 공허한 인격의 자만심과 어리석음을 대조한 이야기이다.

따라서 예수께서는 삶의 본원적 원리를 '계명'이라는 유대교 형식을 빌려서 말씀하신 것이다. 왜냐면 사랑은 무슨 종교적 의무사항이 아니라, 삶의 본원적 진실이기 때문이다. 이 이야기는 내면이 사랑의 영혼 형식이 되어, 자기가 만나는 사회적 약자를 비롯한 모든 이를 내게 다가오신 그리스도라는 생각조차도 없이, 무조건 대접하며 사랑하는 것에 관하여 말하는 것이다.

그렇기에 우리는 이 이야기를 예수께서 자신의 삶을 고백하신 것으로 볼 때 올바른 이해를 얻는다. 예수는 자기가 만나는 모든 이를, 특히 사회적 약자들을 하나님을 모시듯 대접하셨다! 그것이 예수식(Jesus style) 사랑이다. 따라서 이 이야기는 사실 '최후의 심판'에 대한 것이 아니라, 우리가 언제 어디에서나 드러내고 경험하는 일상적 삶의 진실에 관한 말이다.

이런 이야기를 하는 까닭은 예수의 가르침을 계명·율법으로 오해하는 일이 기독교의 역사였기 때문이다. 나는 사랑에 관한 예수의 가르침을 또 하나의 '새로운 계명'으로 인식하여, 그보다 비교할 수 없이 심원하고 숭고한 성령을 통한 내면의 변혁에서 자연스럽게 흘러나오는 사랑의 존재 방식으로 이해하지 못하는 사태를 지적하려는 것이지(갈 5:16~23 참조), 예수의 가르침을 고치려는 게 아니다!

6. 사랑은 사랑하지 않아도 심판하지 않는다. 심판한다면 사랑이 아니다. 심판한다면 사랑이 계명이라는 말이 되고, 무엇을 계산하고 했다는 뜻이 되고 만다. 사랑하지 않는 것 자체가 이미 심판이다(요 3:17~21 참조). 거기에 다른 심판자는 없다. 사랑 밖에 머물 때, 행복하지 않은 기분을 느끼며 마음이 전쟁터가 되는 것은 우리가 자신을 심판하기 때문이다. 우리가 우리 자신의 심판관이다! 그런데도 행복하다고 하는 것은 어디까지나 착각일 뿐이다.

사랑한다 해도 상을 받는 것이 아니다. 사랑 자체가 이미 상이다. 이것은 "덕의 보상은 덕 그 자체"인 것과 같다(B. 스피노자-에티카). 사랑이 품고 있는 상을 생각해보시라. 자유, 즐거움, 상쾌함, 슬픈 기쁨과 기쁜 슬픔(마 5:4), 고통스러운 연민(시 12편), 내면의 빛, 견고한 영혼 형식 등이다.

사랑은 일방성을 모른다. 인간을 향한 신의 사랑, 자식을 향한 부모의 사랑, 제자를 향한 스승의 사랑조차도 일방성은 아니다. 사랑은 그 둘 사이를 적시며 흐르는 진실한 심정의 강물이다. 신약성서는 이런 사랑의 특성을 '알렐론'(allelon)으로 풀어 쓴다. "서로"라는 뜻이다(together). '서로~하라.'라는 것은 공동체의 친교와 연합에 관한 말이기에, 평등한 관계와 쌍방향을 전제한다. '서로'에는 주종과 상하, 지배와 종속, 명령과 복종이 없다. '서로'의 사랑은 어떤 형식이든 진실하고 평등한 우정이다(friendship). 사랑은 주는 자도 받는 자도 없다. 다만 강물 같은 흐름이 있을 뿐이다.

예수는 제자들에게 이런 말씀을 하신 적이 있다. "너희는 내 친구이다."(요 15:14) 예수는 이런 뜻에서 이렇게 말씀하신 것이다. "내가 너희를 사랑한 것 같이…." 그분은 스승이지만 제자들을 수하(手下)로 생각한 것이 아니라, 영혼과 인생의 친구로 생각하고, 그동안 "친구를 위하여 목숨을 내놓는"(요 15:13) 참된 심정의 사랑과 우정으로 제자들을 사랑해왔기에, 이런 우정으로서의 사랑을 말씀하신 것이다. 계명이 아니다.

그리고 그 우정으로서의 사랑은 내가 알고 관계를 맺은 사람들 사이에서뿐만 아니라, 세상 모든 사람을 향한 보편적이고 초월적인 사랑이다(위에서 말한 마 25:31~46). 그래서 예수의 말씀은 전적으로 새로운 삶으로 부르시는 초청장이다. 구약성서와 유대교도 "네 이웃을 네 몸과 같이 사랑하라."라고 했지만(레 19:18), 그것은 '동족 유대인'을 향한 제한적 사랑이었을 뿐이다. 그러나 예수는 세상의 모든 경계를 뛰어넘는 사랑을 말씀하신다.

예수의 사랑이 보편적이고 초월적인 것이라는 진실은 "사마리아 사람의 비유"에서 확연히 드러난다(눅 10:25~37). 유대인들이 700년 이상이나 사마리아 사람들(북이스라엘 왕국의 후손들)에게 분리의 장벽과 차별의 경계선을 긋고, 다른 민족보다 더 혐오하고 푸대접해온 것은 그들이 '이방인들과 피가 섞인 혼혈인'이라는 이유에서였다(에스라기와 느헤미야기 참조).

그런데 이 이야기에서 강도에게 흠씬 두들겨 맞아 피를 흘리며 쓰러진 '유대인'을 도와주고 치료해주고 여관에 데려가 돌봐주고 돈까지 대준 사람은 '사마리아인'이었다. 유대교 '제사장'과 제사장을 돕는 직분의 부족인 '레위 사람'은 재빨리 도망쳤다. 분명히 자기들도 강도를 당할 것 같은 두려움이나, 또는 시체를 만지면 부정하다는 율법·계명부터 생각했을 것이다. 예수는 이 이야기를 통하여, 이웃에 대한 사랑의 개념을 동족에게만 협소하게 적용하거나, 그조차도 제대로 지키지 않는 유대인들을 의도적으로 비판하면서, 사랑의 보편성과 초월성을 천명하신 것이다.

예수께서 말씀하시는 사랑은 인종과 종교와 성(性)과 신분을 가리지 않는 것으로, 다만 지금 도움이 필요한 사람에게 다가가 정신적이고 구체적인 도움을 베풀며 친구가 되어주는 것이다. 그래서 예수는 이웃의 개념을 혁신하신다. 내 곁에 사는 사람이나 내 도움이 필요한 사람이 '이웃'이 아니라, 지금 도움이 필요한 사람에게 구체적인 도움을 줌으로써 내가 "이웃이 되는 것"이다. 즉, 이웃은 타자가 아니라, 타자의 친구로 다가가 돕는 '나'이다. 그렇기에 예수께서 말씀하시는 이웃은 종교적, 정적(靜的), 지역적, 관습적 개념이 아니라, 자비심에서 나오는 윤리적, 동적, 대응적, 참여적인 새로운 존재 방식이다.

7. 너희도 서로 사랑하여라. 너희가 서로 사랑하면, 모든 사람이 그것으로써 너희가 내 제자인 줄을 알게 될 것이다.

예수께서는 먼저 당신을 따르는 제자들의 공동체를 사랑의 공동체로 정의하신다. 예수의 공동체를 움직이는 오직 하나의 원리는 사랑이다. 어떤 사랑인가? '내가 너희를 사랑한 것 같이….' 누군가를 위하여 온몸을 내주는 사랑, 꼴찌가 되어 밑바닥으로 내려가 섬기는 사랑, 곧 십자가의 사랑이다.

그리고 그 사랑은 예수의 공동체를 넘어서 모든 사람의 존엄성과 삶의 권리를 옹호하는 휴머니즘이다. 특히 사회적 약자에 대한 포용성의 사랑이다. '전도, 선교, 기독교인 만들기'를 목적으로 설정하고 하는 변질 된 사랑이 아닌, 무조건적이고 무차별적인 자비로서의 사랑이다. 사람들은 조건 없는 사랑을 자연스럽게 드러내는 제자들의 모습에서 예수 그리스도를 볼 것이고, 그들이 예수의 제자라는 것을 알 것이다.

사랑을 입은 사람들이 예수의 품으로 들어오는 것은 그들의 자발적 선택이다. 이것이 진정한 선교이다. 따라서 제자란 예수의 심정과 같은 사랑으로 사람을 사랑하는 사람이다. 그 이상도 그 이하도 아니다. 예수의 제자라는 것은 사회적 증명이 필요하다. 그것은 교회당 출입이나 성직이나 신학으로 증명되는 게 아니다. 그것은 사랑 속에서만 증명된다. 그런 점에서 신앙은 과학이다. "제자 직분(discipleship)은 공동체 안의 사랑과 공동체 밖의 사랑에서 증명된다."(디트리히 본회퍼-신도의 공동생활)

진정한 제자는 성령과 진리의 빛과 능력 안에서 사랑의 존재가 된 사람이다. 그래서 사랑은 제자의 존재 방식을 통한 성령의 사랑이다. 아무리 사랑해도 내가 사랑한 게 아니라, 성령의 사랑을 흘려보낸 것이기에, 아무것도 자랑할 수 없다. 이것이 "오른손이 하는 일을 왼손이 모르게 하라."라는 말의 의미이다(마 6:3).

제자들이 공동체와 세상에서 보편적인 사랑을 펼칠 때, 세상은 그것으로써 그들이 예수의 제자라는 것을 알게 될 것이고, 그 사랑이 예수의 진리라는 것을 이해하여 공동체가 자연스럽게 확대될 것이다. 따라서 사랑이야말로 진정한 선교이다.

8. 예수 그리스도는 '하나님은 사랑'이라는 것을 말이 아닌, 온몸과 삶으로 보여주신 분이다. 이것을 진실로 깨닫기까지, 인간은 무려 4천 년의 세월을 기다려왔다. 기원전 4천 년 전, 저 고대 이라크 땅에서 인류 최초로 "수메르" 종교와 문명과 신화가 시작된 이래, 이스라엘 땅에서 태어나신 예수 그리스도에 이르러서야, 인간은 비로소 신이 사랑이라는 것을 깨닫게 되었다. 오래도록 신을 찾아온 인간의 발걸음이 드디어 꽃으로 활짝 피어난 것이다.

그전에는 어느 민족이나 신들의 세상이었고, 세상은 선한 신들과 악한 신들이 벌이는 질투와 욕망의 결투장이었을 뿐이다. 선하거나 악하건 간에, 신들은 왕초와 부하, 보스와 고봉의 서열과 계급으로 줄지어 있었다. 신들의 세계도 인간들의 세계와 하등 다를 것이 없는 정치적 모략과 힘이 맞부딪친 대결의 역사였다. 수메르의 신들, 아카드의 신들, 고바빌로니아와 메소포타미아의 신들, 페르시아의 신들, 이집트의 신들, 인도의 신들, 그리스의 신들이 다 그러했다.

제신(諸神)들은 하나의 왕국을 형성하고 인간을 만들어 노예로 삼아 부려먹었다. 신들은 인간에게 끊임없이 명령하고 위협하고 협박하고 억압하고 착취하기만 했다. 그러다가도 수틀리면 갖은 재앙을 내려 공포에 떨게 했고 죽음으로 몰아넣었다. 제신들은 선하거나 악하거나 간에, 인간을 파리쯤으로 아는 무지막지한 분노와 공포와 죽음의 대왕들이었고, 현대인의 눈으로 보면 거의 정신이상의 광기 수준이었다(J. G. 프레이저-황금의 가지; T. 벌핀치-그리스 로마의 신화; E. 해밀턴-신화집; Z. 시친-지구 연대기, 제1~3권; S. 월퍼트-인디아 그 역사와 문화; S. 라다크리슈난-인도철학사, 제1권; 퍼거스 플레밍 외-이집트 신화).

그러던 중, 세상에서 유일하게 히브리인들이 신을 한 분뿐이라고 주장하고 나섰다. 그들은 자기들이 믿는 하나님만이 진짜 신이라고 내세우며 다른 민족의 신들을 우상(偶像)으로 규정했다. 그러나 히브리인들이 믿는 "야훼·여호와(주) 엘·엘로힘(하나님·신)"조차도 역시 여느 민족 제신들의 특성을 고스란히 지닌 무서운 신인 것은 다를 바 없었다. 오히려 그 신은 여러 민족의 제신들을 합쳐놓은 하나의 신으로 보일 정도였다.

그 신은 바로 저 '모세'가 가르쳐준 율법의 신이었다. 인간을 사랑한다고는 하지만, 언제나 인간을 향해 명령하고, 복종하지 않으면 심판을 운운하며 위협하고 다그치고 분노하고 재앙을 내리고 죽이는 폭군과 같아서, 도대체 오락가락하는 기분을 맞춰줄 수 없는 지극히 까다로운 신이었다. 물론 구약성서의 하나님은 사랑과 자비로 이스라엘을 구원하고 위로하는 모습도 많았지만, 대체로 무서운 신이었던 것은 부정할 수 없는 사실이다(출 34:6~7).

그 앞에서 유대인들 역시 공포에 떨 수밖에 없었으며, 어떻게 해서든 하나님의 분노를 달래려고 여러 가지 제사를 바치고 율법을 지켜야만 했다. 그 하나님을 철저히 신봉한 어떤 예언자는 마을을 지나가다가 어린아이들이 자기를 대머리라고 놀린다고 저주를 퍼부어 곰들이 잡아먹게 한 몰상식한 일을 저지르기까지 했다(엘리사, 왕하 2:23~25). 그것은 그가 예언자라는 것을 증명하고 말고 할 일이 전혀 아니었다. 그것은 엄밀히 말해서 유아살해의 폭력이었다. 이렇듯 유대인들이 믿은 하나님 역시 고대 여러 민족의 신들과 별반 차이가 없었다. 나는 지금 구약성서의 하나님을 비판하는 게 아니라, 그려진 그대로를 말하는 것이다.

현대 영국의 진화 생물학자 '리처드 도킨스' 씨는 야훼 엘로힘의 모습을 비판하며 "만들어진 신"이라는 책을 써서(The God Delusion), 그것이 구약성서의 하나님 상이라는 견해를 설파하며, 신과 종교 무용론과 철폐론을 선동하기까지 했다(이것은 초기 기독교에서 "마르시온"이 한 일과 같다. 서기 84~160년. 그는 구약의 하나님을 폐기하고, 예수의 아버지 하나님만이 참신이라고 주장하고 최초로 신약성서를 선정했다. 그것에 놀란 교회는 그때부터 신약성서 경전작업을 했다).

　도킨스 씨의 말을 들어보자. "구약성서의 신은 모든 소설을 통하여 가장 불쾌한 주인공이라고 할 수 있다. 시기하고 거만한 존재, 좀스럽고 불공평하고 용납을 모르는 지배욕을 지닌 존재, 복수심에 불타는 피에 굶주린 인종 청소자, 여성을 혐오하고 동성애를 증오하고 인종을 차별하고 유아를 살해하고 대량 학살을 자행하고, 자식을 죽이고 전염병을 퍼뜨리고, 과대망상증에 가학피학성 변태성욕에 변덕스럽고 심술궂은 난폭자로 나온다."

　세상에서 인류가 생겨난 이래, 구약성서의 하나님을 이렇게까지 극단적으로 과격하게 비난하고 공격한 사람도 없었다. 나는 여기에서 그를 비판하거나, 조목조목 종교사를 펼쳐볼 생각은 없다. 그의 말 중에는 옳은 견해도 많다. 그렇기에 오늘날 21세기 기독교에서, 그러한 신이 기독교가 경전으로 삼은 구약성서에 나오니까 여전히 문자 그대로 따라야 한다고 가르치거나 믿는 사람들은 '도킨스' 씨의 말에 대하여 아무것도 반박할 수 없다. 그렇다고 해서 구약성서의 하나님과 예수 그리스도와 신약성서의 하나님이 다른 분이시라는 말이 전혀 아니다.

　그러나 도킨스 씨가 채 모르는 부분도 많다. 이제 그 점에 대해서 생각해보자. 그렇게 4천 년 동안 제신들의 종교적이고 권력적인 횡포와 억압에 짓눌려 살아오던 인류에게 한 줄기 강렬한 빛이 비쳤다. 바로 예수 그리스도의 출현이다. 예수께서는 그 모든 게 인간이 무지와 어리석음, 두려움과 욕망에 갇혀 하나님을 제대로 알지 못한 데서 비롯된 것이라는 진실을 드러내고 폭로하며 가르치셨다. 예수는 불안정하고 폭력적인 사람 같은 하나님은 없다고 하면서, 사람들이 만들어낸 허구적인 하나님의 상과 이미지와 관념을 완전히 걷어내셨다. 이 말은 그렇다고 예수께서 구약성서와 전혀 다른 하나님을 창조해냈다는 것이 아니라, '사람들이 제대로 알지 못하던 '본래 그러하신 하나님'을 비로소 온전하게 드러내셨다!'라는 뜻이다.

신 관념은 인간의 의식과 지성과 이해와 자각, 시대와 문화의 진화가 어느 정도인가에 따라 달라진다는 것은 영원한 진실이다. 이것은 신 때문이 아니라, 전적으로 인간의 사정 때문에 빚어지는 어쩔 수 없는 사태이다. 지금도 구약성서에 나오는 그러한 무섭고도 독재적인 하나님 상을 예수의 하나님인 것처럼 말하고 믿는 사람들 역시 지성과 이해와 자각의 정도가 지나치게 얕기에 그런 것이다. 의식(意識)과 사고방식이 유치했던 옛 시대 사람들 같은 현대인들도 여전히 그런 신 관념을 신봉하기 마련이다.

이런 일은 이미 구약성서 안에도 나타난다. 일례로 여호수아기와 호세아서에 나타나는 하나님 상을 비교해보자. 구약성서에서 하나님의 명령과 이름으로 빚어진 가장 많은 잔혹한 살육의 피가 튀는 책은 단연코 여호수아기이다. 그것이 바로 "헤렘"으로(herem), 짐승은 물론 적의 어린이들까지 모조리 도륙해버리라는 것이다(헤렘은 종교적으로 저주받은 사람이나 물건).

그런데 그런 무섭고 독단적인 하나님 상은 의식이 유치한 유대인들을 가르쳐서 단합하여 생존하게 하는 데 필요하기에 어쩔 수 없이 채택한 '유아교육용 방식'이었지, 본래 하나님이 그런 분이어서가 아니었다!

그러나 예수보다 750여 년 전 사람인 북이스라엘의 호세아 예언자에 이르면, 구약성서에서 이미 예수의 복음이 들려온다(호세아와 예수가 같은 이름이라는 것이 우연의 일치일까? 본명은 둘 다 여호수아. 호세아는 여호수아의 히브리식 애칭. 예수아〈Yeshua〉는 여호수아의 아람어식으로 복음서의 본래 이름. 예수는 그리스식). 호세아의 하나님은 인간에 대한 사무친 사랑에 무한한 슬픔과 고통을 사서 겪으시는 분이다. 호세아서에는 당신이 선택하고 사랑해온 인간들에 배신당하신 하나님의 애통과 눈물과 고통이

핏물처럼 흐른다.

그 옛 시대에 어떻게 그런 하나님 상을? 그것은 아주 단순한 이유 때문이다. 호세아라는 사람의 의식과 지성이 그만큼 높이 솟구쳤기 때문이다. 그렇기에 구약성서에서 단연 최고의 종교성과 의식, 영성의 차원에 오른 사람은 호세아라 하겠다. 다른 예언자들도 사랑과 은혜의 하나님을 말하기는 하지만, 그에 미치지는(至) 못한다.

호세아가 말하는, 인간의 죄 때문에 안타까워하고, 죄가 인간을 비참하게 하고 끝내는 파멸로 몰고 간다는 것을 알기에 슬픔과 고통을 느끼며, 당신께 돌아와 행복과 평화를 누리며 살기를 바라며 호소하시는 '무기력한 하나님'의 모습이야말로 진정 사랑의 하나님을 보여주고도 남는다.

사람은 의식과 자각이 성장하고 성숙한 만큼만 신을 본다! 그렇다고 사랑의 하나님을 말한다 해서, 하나님을 함부로 생각해도 되는 것은 아니다. 오히려 성숙하고 인격적인 이해이기에 더 어렵다. 왜냐면 하나님의 성품에는 결단코 범접할 수 없는 의와 거룩함도 있기 때문이다. 하나님의 의와 거룩함은 인간의 의로움과 경외심을 요구한다. 이것은 예수께서도 가르치신 하나님 상이다(죄, 지옥, 불, 손발 찍어. 막 9:42~50; 눅 12:4~7 참조).

참된 신앙은 사랑과 의로움 사이에서 균형을 취한다. 자기가 좋아하는 쪽만 좋아할 수는 없는 노릇이다. 참된 신앙은 하나님을 의와 사랑, 은혜와 거룩함을 지니신 분으로 안다. 사랑하기에 존경하고, 존경하기에 사랑하는 것이다. 예를 들어 진실한 심정으로 부모를 사랑하고 공경하는 자녀를 생각해보시라. 결단코 부모를 업신여기지 않는다. 왜냐면 부모를 사랑하는 만큼이나 존경하기 때문이다. 사랑과 존경은 같은 것의 다른 모습과 말일 뿐이다. 사랑 없는 존경 없고, 존경 없는 사랑 없다.

이미 예수께서 온몸으로 하나님의 참모습을 가르치셨는데도 불구하고, 여전히 기독교에서 구약성서의 신 관념을 설파하는 사람들이 많다. 따라서 현대 기독교는 무엇보다 신 관념에 있어서 예수의 가르침과 모범으로 돌아가 "오래되고 새로운 패러다임"을 창출해 내야만 할 것이다(카렌 암스트롱-축의 시대; 신을 위한 변론). 말하자면 기독교는 예수의 하나님 상을 통하여 구약성서의 하나님을 보아야 한다!

예수는 가르침과 행동을 통하여 온몸으로 하나님이 사랑이시라는 것을 보여주면서, 하나님을 친절하고 자상하고 자비심으로 가득한 "아버지"라고 불렀다. 물론 유대인들도 오래전부터 하나님을 아버지라고 불렀다(신 32:6; 사 63:16; 렘 3:4). 그러나 예수는 여기에 진정한 의미를 부여하셨다. 아마도 예수는 하나님을 '어머니'라고 말하고 싶어하셨는지도 모른다. 왜냐면 예수께서 말씀하시는 하나님을 깊이 들여다보면, 사실 아버지보다는 어머니 모습에 가깝기 때문이다.

예수께서 말씀하시는 무한하고 무차별적이고 조건 없는 사랑의 하나님은 아무런 제사도 율법도 요구하지 않는 분이요, 그저 사랑만 하고 사랑의 관계만 바라시는 분이다. 예수의 하나님은 미워하는 인간이나 적이 없는 분이요, 인간을 율법·계명·도덕·윤리의 눈으로 보는 분이 아니며, 의인이나 악인을 차별하지 않고 모든 인간에게 햇빛과 비를 내려주는 무한한 사랑 그 자체인 분이시다(마 5:43~48).

9.　이것이 '탕자(蕩子)의 비유'에 나오는 아버지 이야기이다(눅 15:11~32. 사실 이것은 15장 전체를 볼 때, '아버지의 비유'라고 해야 예수의 의도에 맞다). 그 아버지는 둘째 아들이 돈을 싸들고 집을 떠난 그 날부터 매일 "대문 앞에 나가" 돌아오기를 기다린다(둘째가 돌아오는 날 그런 것으로 보아 미리 유추할 수 있다). 그 아들은 방탕한 여인들과 술친구들에게

돈을 다 퍼붓고는 쫄딱 망하여 돼지치기로 고생고생하다가, 정신을 차리고 집으로 돌아온다.

그런데 그 날도 대문 앞에 나가, 오늘은 돌아오겠지 하며 기다리고 있던 아버지는 멀리 아들이 눈에 보이자마자 달려가, 아무것도 묻지 않고 얼싸 안고 입을 맞추고, 오로지 무한한 사랑으로 받아들이며 왕자처럼 대접하며 잔치를 베풀어 이웃들을 초대하여 음식을 나누며 기뻐할 뿐이다. 아버지는 전혀 율법에 따라 책망하거나 심판하지 않는다.

이 아버지가 바로 예수께서 말씀하시는 무한하고 무차별적이고 조건 없는 사랑의 하나님이다! 유대교의 율법적 하나님이 전혀 아니다. 이것은 예수께서 하나님을 어떤 분으로 알고 계셨는지를 보여주는 이야기, 곧 사랑의 하나님 이야기이다. 여기에서 구약성서에 나타난 하나님 상이 '비로소 완전해진다!' 예수께서는 본래 그런 하나님을 완전히 드러내신 것이다(창 2장; 사 46:3~4).

그런데 동생이 돌아올 때 집에 없었던 큰아들은 종으로부터 사정을 전해 듣고는, 잔뜩 골을 내고 토라져 잔치 마당에 들어가지도 않고, 그런 아버지와 동생을 못마땅해하면서 아버지에게 항의한다. 큰아들의 정체는 누구인가? 바로 유대인이다. 그들의 하나님 상과 이해는 전적으로 구약성서의 율법에 근거한 것이다.

율법은 신앙과 불신, 선과 악, 의와 불의, 도덕과 부도덕, 순종과 불순종을 두 쪽으로 쫙 가르는 분리주의이다. 거기에는 상벌(賞罰)의 원칙밖에는 없다. 따라서 큰아들이 보기에, 죄를 지은 불신자에다 악한(惡漢)에다 불의한 자에다 부도덕하고 방탕한 자에다 불순종한 저 버르장머리 없는 나쁜 자식은 아들도 아니고 내 동생도 아니니, 아버지도 마땅히 율법에 따라 심판하고 내쫓아야 마땅하고 정당하고 진실하고 정직하다는 것이다. 그래야 의인이다!

이야기는 여기에서 끝난다. 흐름으로 볼 때, 큰아들은 아버지의 말을 듣고 이내 마음을 바꾸고 들어가 동생을 껴안지 않았을 것이다. 이런 이야기를 들은 유대인들이 보기에, 예수는 율법과는 정반대로 하나님을 말하며 율법조차도 깨뜨리는 몰상식한 자이다. 죄인과 악인에 대한 무한한 용서와 환대와 대접이라니!

그런 하나님은 율법에 맞지 않기에 용납할 수 없다. 하나님도 율법을 지키셔야만 한다! 왜냐면 하나님 자신이 모세를 통하여 율법을 제정하고 지키라고 내려준 것을 스스로 파기하시는 것은 하나님의 지독한 자기모순이기 때문이다. 그러면서 어떻게 사람에게 율법을 지키라고 하시는가? 그것은 말이 안 된다.

예수께서는 당대 유대인들에게 하나님에 관한 이 거대하고 새로운 패러다임의 질문을 던져 놓고, 홀로 유대교 전체에 맞서 대결하신 것이다. 유대교 종교인들이 볼 때, 그러한 견해는 나사렛 촌구석 출신 전도사 주제인 예수의 독단적이고 독선적인 견해일 뿐이다. 율법에 비추어 볼 때, 예수가 말하는 하나님은 자가당착의 모순이다. 따라서 예수는 입을 다물어야 한다. 자기들은 다수이고, 예수는 단독(單獨)이다. 진리는 민주주의라서 투표로 결정된다! 그러니 틀린 예수가 스스로 입을 다물지 않는다면, 강제로라도 다물게 해야만 한다!

그런데 과연 예수가 스스로 입을 다물 것인가? 유대교 종교인 중 어떤 이들은 예수의 말에 동의하기도 했지만, 대다수는 예수를 신성모독이라고 생각했다. 물론 유대교 종교인들도 전통에 따라 하나님을 사랑의 아버지로 보기도 했지만, 그러나 그것은 엄연히 율법 안에서 신실한 신앙인에게만 적용되는 것이었다. 따라서 하나님 아버지의 사랑은 율법의 테두리 안에 있는 사랑일 뿐이었기에, 하나님이든 유대인이든 율법을 지키지 않는 자를 사랑해서는 안 되는 것이고, 오로지 율법에 따라 처단해야만 하는 것이다.

그렇게 유대인들은 율법을 하나님보다 위에 두었다! 그럴 수밖에 없었다. 논리가 그렇기 때문이다. 율법을 지키라고 주신 하나님이 스스로 그것을 깨시는 것은 지극히 부조리한 일이다. 하나님이 시대에 따라 이랬다저랬다 하시면, 과연 누가 율법을 지킬 것인가? 그들은 하나님을 사랑하는 것은 오직 율법을 준수하는 방식으로만 표현할 수 있고, 하나님도 율법을 준수하는 이에게만 사랑과 복을 내리신다고 말씀하셨기에, 그렇게 해야만 한다고 이해하고 믿었다. 하나님도 유대인이시다! 따라서 하나님도 불의한 죄인과 악인에게는 절대로 사랑과 복을 내리면 안 되는 것이다! 그들은 율법이 없는 하나님은 상상할 수도 없었다. 왜냐면 유대인들은 율법의 하나님을 천 년 이상 믿어왔기 때문이다.

따라서 유대인들에게는 율법을 모르는 유대인은 동족도 아니며, 율법이 없는 이민족은 이웃이 아니었고 사랑의 대상도 아니었다. 한사코 예수를 반대하고 박해하던 지상 최고의 율법주의자인 '바리새파' 사람들은 이렇게 말하기까지 했다. "율법을 알지 못하는 이 무지렁이들은 저주받은 자들이다."(요 7:49) 이것은 그들이 예수와 그를 따르는 제자들을 가리키며 백성을 향해 한 말이었다.

그런데 의인과 죄인·악인 사이에 그 어떤 차별과 조건이 붙이지 않고 모두 똑같이 사랑하고, 아니 죄인과 악인일수록 더욱 사랑하신다는 사랑의 아버지 하나님을 말하는 유대인 예수는 성전철폐를 주창하고 제사 무용론까지 선언하면서 민중을 선동했다(요 4:19~24). 따라서 유대교 종교인들에게 예수의 가르침과 행동은 율법을 수여하신 하나님을 모독하고, 유대교와 민족을 파괴하는 행위로만 보였다. 그들은 율법과 관계없는 하나님의 무차별적 사랑이나, 민족을 가리지 않고 타인을 무차별적으로 사랑하라고 하며 율법을 무시하는 예수의 말을 도저히 이해할 수도 용납할 수도 없었다. 그리하여 결국 유대교 종교인들은 스스로 입을 닫지 않은 예수를 십자가에 매달아 입을 닫게 하는데 성공했다.

그러나 무차별적이고 조건 없는 사랑의 하나님을 말한 예수 그리스도의 가르침과 행동은 그분의 부활 후 성령의 감화를 받아 인간 혁명을 이룬 제자들을 통하여 이스라엘 사회와 세상으로 퍼져나갔다. 세월이 흐르면서, 사랑의 하나님은 유대교 율법의 하나님보다 더 강력해졌고, 유대교는 유대인에게만 고립된 종교가 되고 말았다.

이렇게 예수는 유대인들이 믿어왔던 본래 같은 하나님을 새롭고도 온전하게 이해하고 드러내신 것이다(마 5:17~48). "전에는 이렇게 말했으나, 나는 이렇게 말한다." 따라서 오늘날 기독교인들은 구약성서의 하나님 상을 예수께서 말한 하나님 아버지 모습을 통하여 다시금 들여다보고 말해야 한다. 그렇지 않고 구약이라는 성서에 있으니 문자 그대로 믿고 따라야 한다고 한다면, '도킨스' 씨의 말은 백번 지당하고, 기독교는 그저 거기에다 예수 이름 하나 더 보탠 '신종 유대교'일 뿐이다. 내가 보기로는 기독교도 2천 년 동안 이러한 예수의 하나님을 제대로 알지 못했다.

10. 제자들은 예수가 세상을 떠난 50일 후인 '오순절'에 성령 체험을 통하여 비로소 예수 그리스도를 주님과 진리의 스승으로 믿고, 그분의 가르침이 오로지 사랑의 하나님과 사랑의 진리 하나뿐임을 확연히 깨닫고, 그것을 예수 그리스도와 가르침을 복음으로 전했다. 곧, 예수가 복음이다!

그렇게 제자들은 예수 그리스도와 함께 거닐고 듣고 먹고 마시고 잠자고 움직이면서 직접 목격한 지난 시절 스승의 모든 가르침과 삶이 온통 사랑뿐이었음을 확연히 깨달았다. 그들이 보기에, 예수 그리스도는 사랑 자체인 분이셨고, 십자가는 그 사랑의 완전한 증거와 증명이었다. 사랑은 단지 또 하나의 계명이 아니라 그분의 삶이었고, 그리고 성령 안에서 변화된 제자들의 내면과 인격과 태도의 영원한 영혼의 형식이어야 할 것이었다.

　　인간은 하나님을 궁극적 실재(實在·Reality) 그 자체로 경험할 수 없다. 인간은 오직 하나님의 영·기운을 체험함으로써 하나님의 속성과 성품을 깨달아, 간접적으로 하나님을 알 수 있을 뿐이다. 이것은 태양을 직접 바라보지 못하고, 간접적인 빛으로 태양의 실체를 아는 것과 같고, 누구도 바람을 직접 볼 수는 없지만 느낌으로 알 수 있는 것과 같은 일이다. 예수께서 성령 체험을 "바람"에 비유하신 것도 이 때문이다(요 3:8).

　　그러면 하나님의 속성과 성품에는 어떤 것이 있는가? 여러 가지가 있다. "위에서 오는 지혜는 순결하고, 평화스럽고, 친절하고, 온순하고, 자비롭고 선하고, 편견과 위선(거짓)이 없다."(약 3:17) 하나님은 인간의 언어 개념으로 제대로 담을 수 없지만, 하나님의 속성을 깨달음으로써 어떤 분이신지를 알 수 있다. 이것은 어떤 사람을 안다는 것이 단지 그의 얼굴이 아니라, 오래 사귀어 그의 성품과 특성을 알 때 안다고 말할 수 있는 것과 같다. 야고보의 말처럼, 순결, 평화, 친절, 온순, 자비, 선, 진실 등이 하나님의 속성이며, 이것은 사랑 하나로 수렴된다. 따라서 '위에서 오는 지혜'로 개괄되는 하나님의 본질적 속성은 사랑이다.

　　성령 체험은 하나님의 거룩한 속성과 능력을 맛보고 깨달아 아는 일이다. 그가 알게 된 하나님은 무엇보다 그리고 전체적으로 사랑의 하나님이시다(요한 1서). 그들이 알게 된 하나님은 머리의 신학적 지식이나 유대교 율법을 통해서 알게 된 하나님이 아니다. 왜냐면 머리로는 하나님을 알 수 없고, 더더욱 하나님을 사랑이라고 이해할 수 없기 때문이다. 비록 머리는 지적으로 인식하고 수긍하고 축적할 수 있지만(knowledge), 인격적 앎(knowing)

은 모른다. 앎이란 성령 체험을 통한 진리 자각이다.

성령은 머리로 내려오는 하나님이 아니라, 먼저 가슴으로 오시는 하나님이다. 머리는 그 후에 이해한다. 때로는 충격으로 오고(암 7:15; 겔 1:3), 때로는 미묘한 부드러움으로 오신다(왕상 19:12). 그래서 이렇게 말하기도 한다. "하나님의 영이 비둘기처럼 내려왔다."(막 1:10). 비둘기는 부드럽고 깊은 사랑과 평화의 상징이다. 하나님을 체험하는 것은 부드럽고 깊은 사랑을 체험하고 자각하는 것이다. 하나님은 무엇보다 사랑으로 체험한다. 그렇기에 지혜를 얻는다. 사랑과 지혜는 동전의 양면이다.

그렇게 부드럽고 순결한 비둘기처럼 내려오는 사랑의 하나님은 성령 안에 있는 사람에게 말씀하신다. "너는 내 아들, 내가 오늘 너를 낳았다."(시 2:7), "너는 내 사랑하는 아들이다. 나는 너를 사랑한다."(막 1:11, 아들은 성·性이 아닌 신분) 이것이 사랑의 하나님이 사람에게 임재하실 때 듣고 일어나는 체험적 앎·깨달음으로, 사랑의 자각과 사랑의 의식이다.

이렇게 사랑의 하나님을 체험으로 알게 된 사람의 삶은 어떠한 것인가? 바람과 같고, 자유롭게 흘러가는 샘물 같다. "그 배에서 생수가 강물처럼 흘러넘친다."라는 말이 이것이다(요 7:38). 그의 존재 방식은 사랑의 샘물을 맛보며 사람들에게 넉넉히 나누어주는 것이 된다. 아니, 나누어주지 않아도 그 존재 자체로서 저절로 흘러넘친다.

11. 그러면 사랑은 어떤 것인가? 사랑은 정의할 수 없다. 사랑도 바람과 같아서, 다만 비유적으로 말하고, 어떻게 나타나는가를 물을 수 있을 뿐이다. 옛날 우리 어머니들은 사랑을 이렇게 이해했다. "사랑은 가만있지 못하는 거지." 왜 가만있지 못하는가? 사랑하니까….

사랑은 그 대상을 어여삐 여기는 마음이 흘러 넘쳐 가만있지 못하고 무엇이든 해준다(사랑). 그리고 사랑은 그 대상이 가여운 처지에 있으면, 마음이 아파서 가만있지 못하고 다가가서 무엇이든 해준다(자비). 사랑은 타자와 삶을 함께 나눈다. 그래서 사랑은 우리를 '호모 심파테티코스'(Homo Sympatheticos·共感의 인간), '호모 심비우스'(Homo Symbius·相生의 인간)로 살아가게 한다.

'에릭 프롬'이 말한 사랑의 정의를 참고하며, 오늘 우리가 일상에서 드러낼 수 있는 사랑을 생각해보자(사랑의 기술). 그가 말하는 사랑은 순서대로 일어나는 것이 아니라 한꺼번에 통합적으로 발생하는 것으로, 공시성(共時性·synchronicity. 그때 함께 있는 것)과 통시성(統時性·diachronicity. 전체적·보편적으로 함께 있는 것)의 발현이다. 한 인간을 사랑하는 것은 모든 인간을 사랑하는 것이다(시 12편). 그렇지 않으면, 한 인간조차도 사랑하지 않는 것이다.

"사랑은 관심(關心)이다."(concern). 관심은 그 순간 어떤 사람과 함께(con) 인식하는(cern) 사랑이다. 곧, 관심은 타인의 문제를 내 것으로 인식하고 주의 깊은 마음으로 바라보는 것이다. 사랑은 그의 마음과 입장이 되어, 지금 그에게 필요한 것이 무엇인지를 살펴보는 것이다. 따라서 사랑의 반대는 미움이 아니라 무관심이다. 미움도 관심의 일종이니, 관심 없이 어찌 미워할 수 있겠는가? 미움은 적대적 관심으로 상대를 미워하는 것이다.

"사랑은 이해하는 것이다."(understand) 이해는 그 순간 그의 아래(under)에 서는(stand) 것이다. 아래편에 서야만 남을 제대로 이해할 수 있다. 남보다 위에 서서 내려다보면, 이해할 수도 사랑할 수도 없다. 사랑하는 것에는 상전과 부하가 없기에, 수여(授與)가 아니다. 나를 낮추고 상대의 아래 서면, 그를 이해할 수 있다. 이것은 높은 데서 바라보아야 전체가 잘 보이는 것과는 정반대이다. 사랑은 내가 더 아래쪽에 서야 잘 보인다.

"사랑은 섬기는 것이다."(serve) 섬김은 그 순간 그의 종(servant)이 되는 것이다. 식당에서 돕는 사람만 '서빙'하는 게 아니다. 사랑은 서빙이다. 마치 종이 주인을 섬기듯, 사랑은 그 순간 기꺼이 타인의 종이 되어 기쁘게 섬기는 것이다.

"사랑은 존중하는 것이다."(respect). 존중은 다시(re) 바라보는(spect) 것이다. 한 번 보고, 두 번 보고, 자꾸만 보는 것이다. 그래서 타인의 귀중함과 현실을 있는 그대로 이해하고 존경(尊敬)하는 것이다. 사랑은 적선이 아니다. 사랑은 사랑받는 사람을 경(敬)으로 대우한다.

"사랑은 책임지는 것이다."(responsibility) 책임은 어떤 지속적인 의무가 아니라, 그 순간 내가 만나는 사람의 필요성에 전체적으로 응답하는(response) 능력(ability)이다. 사랑은 상대의 현재 마음이나 필요를 알고 감응하는 것이다.

"사랑은 돌보는 것이다."(care) 돌봄은 지금 그의 필요를 알고 구체적으로 채워주는 것이다. 곁에 있는 것, 자상한 말, 친절한 행동, 필요의 제공 등이다. 그래서 사랑은 타인의 고통에 참여하여 같이 고통을 느끼는 헌신이다(긍휼·자비, compassion. 함께·com 아파함·passion).

이렇게 여섯 가지 사랑의 특성은 그때 그 순간에 몰입하여 전체적으로 일어나는 현상이다. 따라서 사랑은 그때 그 순간 가슴과 머리와 몸과 구체적인 태도가 동원되는 종합 예술이다. 복음서에는 이런 방식으로 사랑을 드러내는 예수의 모습이 많이 나온다.

12. 인생은 사랑이다. 사랑은 인생의 결정적 방법인 동시에 목적이다. 사랑을 잃으면, 삶의 의미도 잃어버리고 만다. 사랑 안에 있을 때, 삶의 의미인 행복을 누린다. 그릇된 사랑의 방식은 삶의 의미와 행복을 사정없이 불태

워버린다. 그렇기에 인생에서는 행복이라는 목적보다 사랑하는 방식이 더욱 중요하다. 방식이 잘못되면 목적도 훼손되어 사라지고 만다.

사랑 속에 있을 때, 우리는 하나님 안에 있고, 하나님은 우리 안에 계신다. 역으로, 우리가 하나님 안에 있고 하나님이 우리 안에 계실 때, 우리는 사랑 안에 있다. 왜냐면 "하나님은 사랑"이시기에(요일 4:8). 그런데 일차적인 것은 우리가 먼저 하나님 안에, 곧 사랑 안에 있어야 한다는 것이다. 항상 "너희가 내 안에, 내가 너희 안에"이다(요 14:20, 15:5).

태양이 빛나는데도 어둡고 침침한 동굴 속에서 벽에 비친 "그림자놀이"에 취해 사는 것은 자유로운 선택이지만(플라톤-국가, 동굴의 비유), 그릇된 선택은 스스로 삶을 망치는 심각한 판단 오류이다. 삶은 현실의 천국과 지옥 사이에 걸쳐 있는 다리이다. 나는 천국으로 갈 수도 있고, 지옥으로 들어갈 수도 있다.

사랑은 최선의 선택이다. 인생의 분명한 진실은 우리가 하나님을 마음의 왕좌에 앉혀 드리지 않으면, 우리가 사랑 안에 있지 않으면, 우리 영혼의 샘물에서 쓰레기를 치우지 않으면, 그때 우리는 사랑을 잃어버리고 사랑의 세계 밖으로 내동댕이쳐지고 생명의 에덴을 상실하고 추방되어, 이 세상의 황야에서 끝없이 떠돌며 살아가게 된다는 것이다.

사랑이 진정한 종교성·영성이다. 사랑이 우리 안에서 빛날 때, 진정한 종교성이 태어난다. 우리가 종교, 신앙생활, 교리와 신조의 울타리 안에 있다는 것이 저절로 사랑의 세계에 눈을 뜨게 하거나, 우리가 하나님 안에, 하나님이 우리 안에 머물게 해드리지는 못한다. 우리 안에서 사랑의 영성이 깨어날 때에야, 하나님이 우리를 통하여 당신을 삶을 사시게 되는 일이 가능하다.

그때 우리는 진정으로 종교적인·영적인 사람이 된다. 그때 체험하는 것은 기쁨이다. "내 기쁨이 너희 안에, 또 너희의 기쁨이 넘치게…!"(요 15:11) 이 기쁨이 곧 사랑이다. 이 기쁨은 사랑의 불꽃, 사랑의 교향악, 사랑의 춤이다. 이것이 진정한 종교성이다.

그리고 기쁨 충만한 사랑, 사랑 충만한 기쁨은 하나님의 속성과 성품을 고루 맛보게 한다. 사랑의 기쁜 세계, 기쁜 사랑의 세계 안에 있는 사람에게는 "위에서 오는 지혜"(약 3:17), 곧 자유, 노래, 감사, 선, 겸허, 자비, 평화, 창조성, 지혜, 인내, 생명력 등이 충만하다. 이러한 사랑만이 우리의 갖가지 상처를 치유하고 생을 긍정하게 하고 세상을 평화롭게 하는 신성하고 인간적인 빛이고 힘이다.

사랑을 상실할 때, 우주와 만상과 삶 전체는 형해(形骸)로 흩어지고, 하나님마저 물질화되어버리고 만다. 그런 사람은 인생 곳곳에서 인간이 제조하고 추구하는 물질적 형식만 본다. 그러나 그러한 물질은 죽어 있는 것이기에, 그는 생의 곳곳에서 죽음의 현상만 보고 느끼고 맛보고 겪을 뿐이다. 결단코 생명을 누릴 수 없다. 그는 살아 있는 것이 아니라, 살아서 이미 죽은 것이다(눅 9:60). 그는 "평생토록 죽음의 공포 때문에 종노릇하는" 신세를 면치 못한다(히 2:15). "하나님을 거역하는 사람은 메마른 땅에서 산다!"(시 68:6b)

13. 인간이 뜻대로 할 수 없는 것이 두 가지 있다. 탄생과 죽음이다(인위적 타살과 자살은 예외). 탄생과 죽음은 우리의 힘이나 선택 너머에 있다. 그런데 우리는 세월의 흐름에 따라 탄생으로부터는 점점 더 멀어지고, 죽음에는 점점 더 가까워진다. 죽음은 어느 날 갑자기 아무런 사전예고도 없이 찾아온다.

탄생과 죽음 사이, 이것이 인생이다. 그 사이에서 우리가 할 수 있는 가장 아름다운 일은 사랑이다. 그리고 우리가 내면에서 사랑을 깨어나게 하고 못하는 것은 전적으로 우리 자신에게 달려 있다. 인생은 탄생과 죽음 사이에서 연주하는 기나긴 사랑의 선율(旋律)이다.

사랑은 생의 빛과 어둠을 조화롭게 엮어내는 삶의 예술이다. 사랑은 죽음을 넘어서도 순수하게 남아 있는 영생의 불꽃이다. 사랑은 삶과 죽음이 만나는 심연이요, 삶과 죽음의 포옹이요, 삶과 죽음을 넘어서는 초월의 신비이다. 사랑은 삶이 가져다주는 어떤 것도 거부하지 않고 수용하여, 함께 웃고 축복하며 창조적 작품으로 빚어내는 용광로이다.

그런데 사람들은 행복을 갈망하면서도 아직 다가오지 않은 죽음을 미리 앞당겨, 그것에 너무도 깊이 지배당하고 있다. 지독한 모순과 부조리이다. 그래서 항상 두려움과 불안에 쫓기면서 자기 안전을 도모하려고, 사랑 아닌 것, 곧 돈과 권력과 명예 등의 소유를 추구하면서 견고한 성을 쌓는다.

그러나 이런 것은 잠시 안전감을 주지만, 어디까지나 일시적인 거짓 안전감의 환영(幻影)일 뿐이다. 인간이 땅에서 추구하고 소유하는 모든 것은 곧 좀이 먹고 녹이 슬어서 망가지며, 세월의 흐름과 내적 궁핍의 도둑들이 뚫고 들어와서 모조리 훔쳐가기에(마 6:19), 끝내 삶을 상실하고 궁핍한 빈털터리가 되어 죽음의 세계로 끌려가고 만다(눅 12:16~21, 어리석은 부자 이야기). 이것이 사랑을 상실한 인간이 가는 길이다.

그런데도 사람들은 여전히 자신의 근원인 사랑의 하나님과 내적 사랑의 세계로 돌아갈 생각을 하지 않고, 세월과 죽음이 그간 자신이 쌓아 놓은 성벽을 넘어오지 못하게 하려고, 온갖 착각과 망상과 집착의 허망한 무기를 들고 결코 이길 수 없는 싸움을 건다. 그러나 그 누구도 성큼성큼 다가오는 죽음의 필연을 물리칠 수는 없다. 그럴수록 그는 늙음과 질병과 무기력의 고통을 겪으며 가여운 삶을 영위하지 않을 수 없다.

인생은 사랑을 위한 것이다. 자신 안에 사랑의 세계를 이룬 사람은 머리가 아닌 가슴의 인간, 지식이 아닌 심정(心情, 心淨·深情)의 인간으로 산다. 그는 머리가 가슴을 짓누르게 하는 것이 아니라, 가슴으로 머리에 부드럽게 명령한다. 그의 명령기관과 주인은 가슴이고, 집행기관과 하인은 머리와 몸이다. 그는 영성의 사람, 감성의 사람이다. 머리는 결코 하나님을, 사랑을 알지 못한다. 머리는 방황과 죽음의 길이다.

　　가슴을 잃어버린 머리의 사람은 비록 성공은 하겠지만, 필연 인생과 인격에 실패할 수밖에 없다. 그는 자기와 비슷한 천박한 부류의 사회적 상찬이나 존경은 받을 것이다. 그러나 그것은 인류의 보편적 양심과 진리의 법칙을 거스르고 패배한 자의 추한 몰락일 뿐이다. 그런데도 그는 이것을 모른다. 그의 무지와 어리석음은 그토록 깊다. 아무도 삶의 진실을 거스를 수는 없다. 기쁨으로 평온한 노년과 감사의 심정으로 가득하여 맞이하는 죽음은 하늘이 가슴으로 살아온 자에게 내리는 영예의 훈장이다.

　　14. 우리 안에 있는 사랑의 세계는 절로 드러나지 않는다. 그것은 발견하고 느끼고 열고 왕성하게 드러나게 하는 세심한 배려가 필요한 과정이다. 즉, 사랑은 길러야 한다. "사랑은 수고하고 키우는 것이다."(욘 4:10) 사랑은 정성의 혼과 수고의 땀을 먹고 자라는 까다로운 난(蘭)과 같다. 사랑만큼 여리고 부드러운 것은 없다. 사랑은 물처럼 연약하고 꽃처럼 수줍어 한다. 사랑은 여리고 순결한 아가씨이기에, 세심한 배려 속에서만 자란다. 사랑은 거친 말 하나만으로도 숨통을 끊어버릴 수 있다. 또 사랑은 물처럼 힘 있고 홍수처럼 강하다. 사랑은 위대한 전사(戰士)이기에, 천하에서 이겨내지 못할 것이 없다.

　　우리는 특히 가정에서 사랑을 길러야 한다. 사랑은 일방성이 아닌 쌍방성에서만 꽃핀다. 내리사랑과 치사랑의 조화, 이것이 가정을 사랑의 화원으로 만드는 길이다. 우리는 가정에서 서로 수고하며 사랑을 키우는 만큼, 행복의 샘물을 길어 올려 마신다. 가정은 사육장(飼育場)이 아니다. 풍성히 먹고 입고 돈을 쓰는 것만으로는 부족하다. 어느 누가 가정이 축사(畜舍)가 되기를 바랄 것인가!

'A. 생텍쥐페리'는 사랑을 이렇게 표현한다. "나에게 있어서는 그 한송이 장미꽃이 더 소중해. 왜냐면 내가 물을 주어서 키운 꽃이니까. 유리덮개도 씌워주었고, 바람막이도 세워 주었거든. 송충이도 잡아 주었어."(어린 왕자) 사랑을 쏟아 기른 사물은 단지 사물이기를 그치고, 삶의 깊이를 나누는 인격적 차원으로 승화된다.

사랑을 기르는 데는 4단계가 있는 것으로 보겠다.

1) 언제나 지금 이 순간 사랑하는 것

사랑은 언제나 지금 이 순간의 사랑이다. 내일도 모레도 내달도 내년도 아니다. 모든 조건이 완벽하게 갖춰지고 난 후에 사랑하겠다고 한다면, 끝내 그런 기회는 오지 않는다. 인간은 아무도 미래를 알 수 없다. 지금이 아니라면, 다시는 사랑할 수 없는 때가 오고야 만다. 지금 사랑하지 않으면, 반드시 후회하게 된다. 사랑은 지금 이 순간, 사랑하는 대상을 향한 심정을 다한 감응(感應)이고, 나를 너에게 아낌없이 주는 살신성인(殺身成仁)의 투신(投身)이다.

특히 일 때문에 사랑을 희생하지 않는 게 중요하다. 사람들은 사랑하기에 일한다고 하지만, 그러다 보면 어느새 일이 목적이 되어버려 사랑을 희생하기 쉽다. 여유가 있건 없건 간에, 서로 부드러운 말씨와 자상한 태도를 표현하는 방식·방편이 중요하다.

아무도 충분히 사랑했다고 느끼기는 어렵겠지만, 그래도 함께 살아가는 동안 많은 기쁨과 행복과 대화와 희로애락을 함께 나누며 지냈다면, 그것으로 만족스러운 것이다. 사람이든 반려동물이든, 충분한 사랑은 함께 있을 때나 이별의 날에나 행복한 것이다. 사랑은 있을 때 기뻐하는 것이고, 떠나갈 때 기꺼이 놓아주며 축복을 빌어주는 것이다. 물론 억울하고 어이없는 별리(別離)는 참으로 슬프고 아픈 것이다.

2) 사랑을 해치는 마음의 독성을 그때그때 제거하여 샘물로 변형시키는 것

사람은 마음이니, 인즉심(人卽心)이다. 마음에는 좋은 마음과 나쁜 마음이 공존한다. 마음은 복잡하고 혼란한 세계이다. 탐욕, 분노, 시기심, 공격성, 비판하고 비난하고 깎아내리려는 마음, 불평하고 원망하는 마음, 남들과 비교하고 경쟁하고 이기고 지배하려는 욕심, 아니면 권력이나 돈에 대한 지나친 욕망, 일 중독 등이다.

이런 마음은 사랑을 제한하거나 파괴해버리는 독소와 망치로 작용한다. 그러므로 이런 마음이 들 때는 거기에 사로잡히지 말고, 잠시 인내하고 크게 심호흡을 하면서 그대로 놓아두고 가만히 지켜보아야 한다. 그때 아무 생각 없이 걷거나 가만히 침묵하며 사물을 응시하는 것도 좋은 방법이다. 그러면 부정적인 방향으로 흐르던 내면의 에너지가 이내 긍정적인 방향으로 흐르기 시작한다. 이것은 마음을 변형시키는 하나의 방편이다.

3) 내면이 평화로울 때 나누어주는 것

사람들은 이상하게도 부정적인 마음을 잘 표출한다. 그것도 일종의 나누어주는 행위이다. 그래서 슬프고 힘들고 지치고 괴롭고 일이 틀어지면, 어두운 표정을 지으며 분노하고 본능적으로 남의 동정과 이해를 바란다.

그러나 거기에는 잠깐의 위안은 있을지언정, 결코 좋은 마음이 생기지는 않는다. 남의 동정을 바라는 것은 나를 더욱 침몰시킬 뿐이다. 남의 위로를 바라지 말고, 그 뿌리와 원인을 이해하고 걷어내시라. 남은 남일 뿐이다. 궁극적으로 내가 내 마음의 주인이다. 성서는 이렇게 충고한다. "어려운 때는 (깊이) 생각하라. …극단을 피하라."(전 7:14.18)

삶은 매우 친절하다는 것을 잊지 마시라. 삶은 우리에게 사랑, 자비, 인내, 감사, 겸손, 긍정성, 균형, 만물과의 조화를 원한다. 따라서 우리가 삶이 원하는 것에 내면의 주파수를 맞추고 태도의 좌표를 설정하면, 모든 일이 아름답게 변화된다. 그러므로 삶과 어긋나는 마음이나 태도를 드러내는데 익숙해지지 마시라. 그러면서 행복을 바라는 것은 착각이다. 왜냐면 그때 우리는 삶이 원하지 않는 것을 바라는 것이고, 그러면 삶은 우리가 원하는 대로 어둠에 속한 여러 가지 실체들, 곧 분노, 불만족, 불평과 원망하는 마음, 질투심, 폭력성을 가져다준다. 그것은 불행에 이르는 길이다.

그러므로 무엇보다 삶과 조화를 이루어 내면이 평화로울 때 그것을 나누어주시라. 그러면 그것은 원금과 함께 많은 이자까지 더 보태서 되돌려 줄 것이다. 이런 이치에 대하여 예수께서는 이렇게 말씀하신다. "가진 사람은 더 받게 될 것이요, 가지지 못한 사람은 그가 가진 것까지 빼앗길 것이다." (눅 19:26) 그대가 가진 것이 무엇인지를 주목하고, 삶이 원하는 것을 품어 안으시라. 그러면 더 가지게 될 것이다.

4) 나는 아무것도 한 것이 없다고 하는 것

여기가 가장 어려운 지점이다. 누군가를 진실하게 사랑하고 나면, 곧바로 다 잊어버려야 한다. 내가 사랑했다는 생각을 버리고 마음을 텅 비워, 보상받고자 하는 심리를 버려야 한다. 내가 사랑한 게 아니라, 내 안에 있는 신이 나를 통해서 사랑하신 것이기 때문이다. 예수께서는 이렇게 말씀하신

다. "아버지께서 내 안에서 당신의 일을 하신다."(요 14:10)

이것이 우리가 지녀야 할 사랑의 태도이다. 따라서 사랑은 겸손에서만 진실한 것이 된다. 가장된 겸손이 아닌, 내가 사랑한다는 생각조차 하지 않는 진정한 겸손이다. 그렇지 않으면 이내 나쁜 마음인 자아·Ego가 고개를 빳빳이 세우기에, 사랑이 무력하게 되어 되어버린다. 그것이 습관화되면, 고치기 힘든 고질병으로 자리 잡는다.

이렇게 단순하고도 심원한 사랑의 방법이 자연스러워지게 되면, 무엇보다 내가 평화로워지고 삶의 의미와 기쁨을 충만하게 체험한다. 그러면 더 깊은 사랑으로 가득해져서 흘러넘치고, 누군가를 웃게 하고 행복하게 하며 기쁨 속에서 존재하게 된다. 사랑은 잠시 이 대지 위를 스치며 지나가는 우리가 거처해야 할 참된 안식처이다. 사랑을 떠난 우리는 생의 노숙자가 되어, 갖은 상처를 입으며 쓸쓸하게 살 수밖에 없다.

예수 그리스도는 이렇게 말씀하신다. "고통스럽고 무거운 짐을 진 모든 사람은 나에게 와서 휴식하십시오."(마 11:28) 이것은 둘 중의 하나, 곧 진실이거나 과장이다. 그러나 정녕 예수 그리스도께 가는 사람은 이 진실을 체험하고 안다. 그는 사랑의 예수 그리스도와 함께 안식한다. 그분은 사랑을 위하여 자신을 전부 내주셨다. "예수는 사랑의 먹이가 되어주신 분이다."(A. 슈브리에-참된 제자) 따라서 예수 그리스도께 가는 것은 사랑의 세계로 들어가는 것과 같다. 그분의 존재 자체와 말씀과 삶은 우리를 사랑의 결혼잔치, 사랑의 축제, 사랑의 쉼이 가득한 거룩한 향연(饗宴)으로 부르는 초청장이다. 거기에 참여하는 사람은 물이 포도주로 변하는 새로운 삶의 기적과 신비를 누린다(요 2:1~11).

인생은 사랑의 여행이다. 이것은 깊이 생각해보면 누구나 아는 진리·

진실이다. 그러나 쇠약한 노년이나 죽음의 손님이 찾아오는 순간에 알게 된다면, 지니치게 늦다. 우리는 도대체 한 번 무엇을 잡아 뻐겨대자고 여기에 온 게 아니다. 우리는 권력이나 돈이나 이름을 날리거나 오래 살려고 온 게 아니다. 모든 것은 지나간다. "인간은 아무도 같은 강물에 두 번 몸을 담그지 못한다."(헤라클레이토스-어록) 좀 전에 담근 물은 이미 흘러갔다.

우리는 여기에 사랑하고 사랑받으려고 왔다. 우리는 이토록 아름답고 소중한 인생을 더할 나위 없이 사랑하고 행복하게 살라고 보내졌다. 사랑은 구원이고, "구원은 사랑이다. 사랑만이 구원의 길이다."(J. L. 까라비아스-구원은 사랑) 그리고 구원은 행복이다.

그리스도인의 삶은 오롯이 사랑의 예수 그리스도와 함께 걸어가는 충만한 사랑과 심오한 행복의 여행이며, 박해와 모욕과 고난을 겪어도 여전히 기뻐할 수 있는 견고한 삶의 여정(旅程)이다(마 5:10~12). 또한 "세상의 소금"으로 녹아들어가 삶을 맛있게 빚어내는 솜씨 좋은 셰프(chef)의 길이며, "세상의 등불"로서 기꺼이 타들어가는 의미 깊은 모험이며, "선한 행동으로 신을 영광을 돌리는(뚜렷이 빛나게 해드리는)"(마 5:13~15) 아름다운 예술이다.

그리스도인은 난공불락의 요새와도 같은 사람이다. "세상을 이긴 승리는 이것이니, 곧 우리의 신앙이다."(요일 5:4) 신앙은 사랑의 예수 그리스도 안으로 들어가는 것, 곧 사랑의 그리스도가 내 안에서 당신의 삶을 사시게 해드리는 것이다! 이렇게 살아가는 그리스도인의 삶은 실패와 패배와 절망을 모른다. 왜냐면 아무도 그의 내면에 살아 계신 예수 그리스도를 패배시킬 수 없기 때문이다. 이와 같은 사랑의 여행은 영원히 이어진다. 그리스도인의 삶은 죽음조차도 끝낼 수 없는 아름다운 사랑의 이야기이다.

형제자매들이여! 이토록 찬란한 행성에 들러, 잠시 이 대지 위를 바람처럼 지나가는 동안, 우리 서로 깊고 숭고하게 사랑하며 행복하고 평화롭고 복되게 살아가자! 사랑은 우리가 가야 할 참된 길이요, 생명과 구원의 길이다. 우리 모두 이 정든 세상을 등지고 영원으로 가는 항해길에 오를 날이 오면, 감사와 축복의 인사를 건네며 행복한 심정에 그득 젖어 떠나가자!

나오는 말

1. 18세기 후반 영국에서 각종 기계의 발명으로 시작된 산업혁명은 인류 문명의 결정적 전환점과 과학 기술의 원동력이 되어 경이로운 속도로 발전하여 오늘에 이르렀다. 그때부터 지금까지 250여 년 동안 인류는 거의 일방적으로 물질 문명과 풍요의 삶을 추구해왔다.

이러한 과학 기술과 돈과 물질 풍요는 가히 현대인의 유일신이 된 것처럼 보인다. 이것은 세계의 정치와 경제, 종교와 교육, 사고방식과 생활 방식, 세계관과 가치관과 인생관 등, 모든 것을 블랙홀처럼 빨아들이며 일방적으로 지배하고 있다. 그래서 세상에 "유토피아"(토머스 모어-유토피아), "멋진 신세계"(올더스 L. 헉슬리-멋진 신세계)가 이루어진 것처럼 보일 정도이다(물론 이런 생각은 선진국 중심의 관점이다).

그런데 지금 인류는 전혀 새로운 미증유(未曾有)의 격랑 속으로 들어섰다. 기후 위기로 인한 기후 재앙 사태! 이것은 지구 순환 시스템의 자연스러운 변화가 아니라, 전적으로 석유화학 산업 일변도의 인류 문명이 촉발한 것이다. 이 사실은 아무도 부정하지 못한다. 그래서 이제 인류는 두 세계의 갈림길에 서 있다. 이런 '지구 죽이기'의 문명을 그대로 계속 밀고 갈 것인가, 아니면 바꿀 것인가? 대답은 당연히 이것이다. 문명의 혁명적 전환! 그러면 어떻게? 이것이 문제의 핵심이다.

1-1) 과학적 현실 진단과 산업의 구조 조정

현대 인류 문명은 무엇이든 당장 실현하여 풍족히 누려야 한다고 생각하는 즉시성(卽時性)과 즉물성(卽物性)의 사고구조와 존재 방식, 소비문화 습성, 쓰레기를 양산하는 석유화학 문명이 가져다주는 이로움과 편리함에 더 깊이 빨려들어 가고 있다. 이제는 AI 산업이 대세가 되고 있다. 가히 '중독 현상'이라 하겠다. 지금 인류의 산업은 철저히 생태계를 오염시키는 각종 화학 제품, 식량과 동물의 기계적 대량생산과 소비가 주도하는 문명이다. 인류가 소비하는 모든 물건이 석유 화학산업이 없으면 생산하여 쓸 수 없는 것이 엄연한 현실이다.

석유화학 문명이 양산해내는 온실가스와 오염 물질과 각종 쓰레기가 기후 위기와 재앙의 주범이라는 것은 누구나 다 알고 있다. 그런데도 인류는 날이 갈수록 물질문명의 고도화와 세계화를 일방적으로 확대하며, 더 빠르게, 더 편리하게, 더 풍요하게 사는 것을 추구하면서, 삶의 유일한 터전인 지구 생태계의 오염과 기후 재앙을 더욱 부채질하고 있다. 그리고는 인생을 살아가는데 적절한 시련과 인내심, 갖은 시행착오와 오랜 노력, 인간적 자질과 지혜와 도덕의 함양, 타인과 자연과 더불어 사는 단순하고 숭고한 존재 방식의 가치 등을 도외시하는 문화가 온 세상을 휩쓰는 데도, 여전히 별 문제 의식 없이 살아가고 있다.

그런데 지금 세계 인구는 80억 명을 넘어서고 있고, 20년쯤 후면 100억 명을 돌파하리라고 하는데, 지구의 생태계와 자원은 분명한 한계를 갖고 있다. 이것이 지금 지구가 보내는 기후 위기와 재앙의 진상이다. 따라서 이후에도 지금과 같은 문명의 지속 발전을 추구하는 것은 불가능하고, 더구나 해서도 안 되는 일이다. 그렇지 않으면 지구는 지금보다 비교할 수 없는 기후 재앙을 일으킬 것이 분명하기 때문이다.

그러므로 이러한 현실은 인류에게 문명에 대한 전체적이고 합리적이고 과학적인 진단을 통하여 세계 경제와 각 국가의 산업 형태를 생태 친화적인 방향으로 급격히 구조 조정할 것을 요청한다. 어떻게 할 것인가? 더는 지속 가능한 문명 발전이 불가능한 시점이 들어섰기에, 어쩔 수 없이 이러한 석유화학 산업 행태를 급격히 바꾸어야 한다.

그런데 이것은 모든 나라에 심각한 사태를 초래한다. 왜냐면 급격한 산업구조 조정은 필연적으로 인류가 상상할 수도 없는 '공포 사회'를 가져올 것이기 때문이다. 어떤 일이 발생할 것인가? 세계 각국의 모든 산업계에서 벌어지는 대량 실직 사태, 식량난 속에서, 각국의 극단적인 경쟁이 벌어지고, 어쩌면 핵전쟁이 터질 수도 있다. 인간이라는 종은 탐욕과 안전과 풍요한 삶을 위해서라면, 자유와 인권과 자비와 평화 같은 가치는 얼마든지 쓰레기로 여기고 무슨 짓이든지 할 수 있는 동물이고, 더 나아가 기꺼이 악마가 될 수 있는 존재라는 사실은 역사가 증명한다!

이것은 우리를 공포에 빠지게 한다. 왜냐? 어느 나라나 정치가와 과학 기술을 거머쥔 기업인 등의 지도층, 두뇌 집단인 과학자, 언론과 경찰과 군대가 합작하여 지배하기에, 다수 대중은 새로운 임금 노예제 사회에서(!) 절박한 처지에 빠져 맹목적으로 복종할 수밖에 없는 절대주의와 전체주의 사회 체제가 출현할 수도 있기 때문이다. 그런 세상은 소수 지도층이 끊임없이 세계적 추세와 사회적 필요와 필연을 세뇌하고, 다수 보수 부유층이 좋아하는 데 이르면 얼마든지 가능하다.

어쩌면 이미 그런 세상에 돌입한 것인지도 모른다. 조금 더 시간이 지나면, 선진국마다 AI 산업에 주력하여, 주민등록증이나 운전면허증이나 의료 보험증과 여권은 스마트폰이나 생체 칩에 삽입하여 GPS로 관리하는 시대가 올 것이다. 이미 영화들이 그런 세상을 보여주고 있다. 그때가 되면, '조지 오웰'의 말처럼 "Big Brother"가 세상을 지배하리라(1984년).

그러면 사람들은 '에릭 프롬'이 말한 것 같이, 인류는 "기계의 톱니바퀴"가 되어 자유와 개성을 잃어버린 줄도 모르고 살아가면서도, 오히려 그것을 즐거워할 것이다(소유냐 존재냐; 존재의 기술). 책을 읽고, 문화를 즐거워하고, 자연을 사랑하며, 인생을 깊이 사색하고 성찰하는 삶은 점점 더 드물어질 것이다. 그리하여 이루어진 즉물적(卽物的) 인간의 시대! 그런 세상에서 정녕 인간은 삶의 의미를 깊이 느끼며 행복하고 평화롭게 살 수 있을까?

1-2) 새로운 정신문화를 추구하는 방향으로 전환하는 것

이것은 과학 기술과 물질 풍요 일변도의 문명과 지구 환경 위기를 과학적 인식으로 정직하게 대면하여 일대 영적 각성을 일으키는 것이다. 그런데 이것은 생태계와 기후 위기를 자연, 혹은 신이 현대 문명에 보내는 경고의 메시지로 해석할 때만 일어날 것이다. 그리하여 정신문화에 대한 진지한 탐색, 곧 종교와 철학 등의 인문학적 소양, 내면의 성찰과 기도와 명상의 영성, 무엇보다 자연 친화적 산업과 존재 방식을 추구하며 인생의 의미와 평화로운 세계를 지향하는 쪽으로 문명의 방향을 전환하는 것이다.

과학과 영성, 기술과 기도·명상의 조화를 찾아 개개인의 의식(意識)을 높이고, 연대와 상생(相生)의 영성을 추구하며 지구 생태계를 보전하는 방향으로 새로운 문화와 문명을 일구어, 지금보다 더 인간적이고 평화로운 세상을 건설하는 것은 인류가 피할 수 없이 가야만 하는 운명의 길이다. 그렇기에 더 늦기 전에, 지금 우리 시대를 "문명의 전환점"으로 삼아야 할 것이다(프리조프 카프라, The Turning Point·새로운 과학과 문명의 전환).

이런 점을 생각하는 것은 무엇보다 인간의 본성과 세상의 현실 때문이다. 아무리 지금보다 더 발전한 과학 기술의 편리와 물질적 풍요와 안락한 생활을 보장받더라도, 인간은 여기에서 진정한 삶의 의미와 행복, 그리고 평화를 누리지는 못한다.

왜냐? 첫 번째 이유는, 인간은 동물이 아니라는 것 때문이다. 인간이 아무리 고도의 과학 기술과 물질적 풍요의 혜택을 누리며 장수한다 하더라도, 그것이 행복하고 의미 있는 삶을 보장하는 것은 아니다. 물론 어느 정도는 그러하다. 먹이, 곧 경제적 필요의 충족은 인간다운 삶의 기초·토대이다. 하지만 인간이 먹이만 충분하면 된다고 생각한다면, 그것이 도대체 집단으로 사육하는 닭이나 오리나 돼지와 소와 다를 바가 있을까? 과연 어느 나라 국민이 세상이 "인간 동물원"이 되기를 바랄까(데스먼드 모리스-인간 동물원)?

인간의 진정한 삶의 의미와 행복에는 물질적 충족과 풍요 외에 다른 것이 필요하다. 이것은 예수께서도 인정하신 바이다(마 4:4). 인생의 진정한 행복과 의미 체험의 삶은 먹이의 충족 너머의 어떤 다른 먹이를 추구하는 데 있다.

두 번째 이유는, 이미 인류가 지구촌 시대에 살고 있기 때문이다. 극단적으로 불평등한 세계는 선진국에도 좋을 게 하나 없다. 선진국들은 고립된 섬이 아니다. 농토와 식량과 산업 기반과 직업의 부족, 기후 격변과 전쟁으로, 인구는 많고 먹고살 것이 모자란 아시아와 아프리카와 중남미의 가난한 인민들이 경제 난민이 되어, 유럽과 북미로 물밀 듯 들어가는 사태가 지금보다 비교할 수 없이 많아진다면, 어떻게 할 것인가? 그것을 막는다 해도 정치적이고 윤리적인 한계가 있다. 그러면 세상은 어쩔 수 없이 더욱 대결과 갈등과 무자비한 태도로 가득하게 될 것이다. 거기에 무슨 평화가 있을 것인가?

따라서 이제 인류는 함께 살아가는 새로운 방식을 찾지 않으면 안 되는 절박한 시대적 현실을 직시해야 한다. 그러자면 먼저 각 나라 정치와 경제와 과학과 교육과 종교 등의 지도자들이 인류 문명이 결정적 위기와 전환의 시대에 들어섰다는 것을 뼈저리게 자각하고, 더 늦기 전에 함께 산업 구조를 바꾸고, 생태 친화적 세계관과 문명을 지향해야 한다. 어차피 세상은 지도자들의 역할에 따라 달라지기 때문이다. 특히 선진국에서부터 시작해야 한다.

여기에서 '노자'의 가르침을 생각해보는 게 좋을 것 같다. "큰 나라가 아래로 내려가면 천하가 모여들고 천하의 어머니가 된다. 큰 나라는 작은 나라 아래로 내려감으로써 작은 나라를 얻고, 작은 나라는 큰 나라 아래로 내려가서 큰 나라를 얻는다. …이 둘이 각자 바라는 바를 얻고자 한다면, 마땅히 큰 나라가 아래로 내려가야 한다."(도덕경, 61장) "강과 바다가 모든 골짜기의 왕이 되는 까닭은 그것들 아래에 있기 때문이다. …그래서 위에 있으나 사람들이 무거워하지 않고, 앞에 있으나 사람들이 해를 입지 않는다."(66장) "하늘의 진리는 마치 활을 당기는 것 같다. 높은 것을 누르고 낮은 것을 들어 올린다. 남는 것은 덜어내고 모자라는 것은 보탠다."(77장)

이것이 지금 선진국들이 해야 할 일이다. 그러면 인류에게 희망이 있을 것이지만, 지금과 같은 세상을 "지속 가능한 미래"라는 허울 좋은 이름으로 더 밀고 나가려고 한다면, 인류의 미래는 참으로 암담하다. 그렇기에 먼저 깨어난 시민과 언론들이 사회적 연대를 통하여 지도층이 정책을 입안하고 집행하는 모든 과정에 끊임없이 개입하여 평등하고 평화로운 상생의 세계를 건설하도록 압력을 가하고 저항하며 대안을 제시해야 한다. 나라와 세계는 지도층의 것이 아니라, 국민과 인류 공동의 하나밖에 없는 터전이기 때문이다.

그리고 각 나라 국민 개개인의 각성이 중요하다. 이것은 국민 개개인이 기계와 물질에 지배당하지 않고, 일상에서 깨어난 의식을 지니고 삶의 진정한 의미와 행복과 세상에 평화를 가져오는 길을 진지하게 탐색하며 노력하는 존재 방식을 취하는 것이다. 그러자면 각 사람이 종교, 경전, 기도와 명상, 그리고 인문학적 교육과 교양을 통하여 의식을 깨우고, 행복한 삶에 대한 정의(定意)와 인권과 생태계에 대한 새로운 관점을 지니고, 사랑·자비와 정의와 평화를 지향하는 생각과 태도를 더욱 심화하고 확장하는 방향으로 전환해야 한다.

물론 이것 역시 선진국에서부터 시작해야 한다. 선진국에서부터 새로운 문명의 전환을 시작하여 가난한 나라들에 대한 인간적 정책 지원을 활발히 전개하며 함께 살아가는 운동을 펼친다면, 분명히 인류에게 희망이 있으리라.

2. 이런 측면에서 인류 문명에 중대한 교훈을 주는 역사적 사건인 '세계 1, 2차 대전'을 생각해보자. 이에 대하여 서구 학자들조차도 심도 있는 종교사적이고 문명사적인 분석을 한 책을 쓴 일이 별로 없는 것은 안타까운 것을 넘어서, 대단히 괘씸하고 심각하고 무책임한 일이라 하겠다.

동양 문명인 일본을 제외한다면(일본은 1차대전 때 영국과 동맹), 두 차례 세계대전은 유럽 국가들의 전쟁이었다(미국과 캐나다와 호주 포함). 그런데 유럽 문명은 2천 년 역사를 내려온 기독교 문화권 국가들이다. 그런데 20년 사이에 두 번씩이나 서로 원수가 되어 전쟁을 치렀다(1차: 1914~1918년, 2차: 1939~1945년). 그로 인하여 발생한 대살육의 참화는 인류 역사상 처음이었다.

그러면 기독교라는 종교와 문화 속에서 살아온 유럽 국가들, 좀 과격하게 말해서 '2천 년 동안이나 기독교라는 종교를 해 먹으며 살아온' 유럽 국가들이 어째서 그렇게도 비인간적이고 수치스러운 사건을 저지른 것일까? 두 가지를 생각해볼 수 있겠다. 기독교가 무엇인가 대단히 잘못된 종교이든

가, 아니면 유럽 백인들이 잘못된 것이다. 어느 것일까? 두 가지 다이다. 여기에서 유럽 백인들의 2천 년 역사는 생각해보지 않겠다(나는 인종차별주의자가 아니다. 역사적 사실을 논고하는 것일 뿐).

그러면 기독교의 잘못은 무엇인가? 단도직입적으로 말하면, 2천 년 기독교 정통주의 신앙과 신학의 철저한 실패와 몰락이다. 기독교 정통주의의 핵심은 무엇인가? 이 땅에 사람의 몸을 입고 오신 하나님(로고스·말씀·道, 요 1:1~18), 하나님의 외아들, 십자가와 부활을 통해 인류를 구원하신 구세주이신 예수 그리스도를 믿고, 성령과 진리를 통해 변화되는 것이 구원의 길이라는 것이다. 그런데도 유럽의 기독교는 유럽인들을 내적, 인격적, 사회적, 국가적, 문화적으로 변화시키는 일에 실패했다.

예수와 신약성서와 기독교는 도대체 무엇을 가르쳤던가? 하나는 인간혁명이고(지금 하나님의 다스림·나라 안에 있는·들어가는 것, 중생·重生·다시 태어남, 요 3:1~8)), 다른 하나는 이 땅에 평등하고 평화로운 세상인 하나님의 나라를 실현하는 것이다(사 2:1~4, 11:1~9; 미 4:1~4; 마 6:9~10; 계시록 21~22장). 그런데 전체적으로 볼 때, 유럽 기독교 정통주의 신앙·신학은 그저 표면만의 관습과 문화적 변화만 보였을 뿐, 심층적 인격의 변혁과 사랑과 평화를 추구하는 존재 방식은 별로 없었다. 그 결과로 나타난 것이 두 차례 세계대전이라는 미증유의 사건이었다.

그런데도 2차 대전이 끝난 지 80년이 되는데, 기독교는 여전히 예의 그 모습을 그대로 유지하며 벗어날 줄을 모르고 있다. 진지한 반성과 회개와 변화가 전혀 없다. 현재 기독교의 모습을 보라. 여전히 2차 대전 이전의 조류 그대로이다. 정말 딱하기 그지없는 노릇이다. 게다가 이제는 정통주의 신앙·신학조차도 희미해져 가고, 대신 듣기 좋은 편안한 설교·강론의 시대가 되었고, 그마저도 젊은 층이 없어지면서 급격히 늙어가고 있다. 유럽에서 예배당에 나가는 사람은 어느 나라를 막론하고 국민의 3% 미만이고, 주로 노인층이다.

그러면 이제 기독교는 어떻게 해야 할 것인가? 아무리 믿는다 해도 사람이 달라지지 않는다면, 도대체가 왜 그런지를 생각하고 성찰하고 대안을 모색해봐야 할 것이 아닌가? 여전히 그저 인간들이 죄악에 절어 있고 세상이 썩어빠져서 그렇다고만 하며, 정작 자기 혁명은 내팽개치고 그저 세상 탓만 할 것인가? 초기 기독교가 로마 제국 사람들과 세상 탓만 해서 변화시켰던가(물론 313년 기독교 공인 이후 문제가 많은 것이었다)?

성서에서 말하는 '믿음·신앙'은 본디 전체적인 것이다. 믿음은 머리로 수용하고 인식하고 수긍하고 동의하고 예배당에 다니며 신앙생활을 하는 것을 넘어서(이것은 수단/길일 뿐이다!), 한 인간이 하나님·그리스도·성령 안에게 기존의 이성과 감정과 의지, 사고방식과 세계관과 인생관과 가치관을 모두 혁신하여 다시 태어난 새로운 인간이 되어 살아가는 전인적인 방식이고 길이다. 믿음은 전혀 형식적이고 관습적인 것이 아니다. 믿음은 한 인간이 변화되어 지향하고 이룩하고 드러내야 할 전인격적인 투신 행동이다.

그런데 종교 언어는 시대에 따라 이해가 달라진다. 그래서 믿음이란 용어가 어느덧 형식적이고 관습적인 것이 되어버리고 말았다. 이것이 유럽 기독교 2천 년 역사를 거의 채우고 있다. 중간에 한 번 '종교개혁'이 있었으나(기독교 개혁이다!), 교회의 전체적인 면모를 혁신하지는 못하고 강조점만 달라졌을 뿐, 가톨릭이든 정교회든 개신교든 유럽인들의 내면과 인격, 사고방식과 존재 방식과 사회 구조를 새롭게 하는 데는 실패했다. 그러니 이제 더는 이런 정통주의 기독교를 할 수 없는 지점에 와 있는 것이다.

그러면 이제 기독교는 어떻게 해야 하는가? 길은 하나뿐이니, 이제부터라도 2천 년 동안 유지해온 하나님·예수 그리스도를 관습적으로 '믿는' 정통주의 신앙·신학이 아니라, 전적인 신뢰와 성령을 통하여 진리를 '깨닫고 중생한 사람을 길러내는 일'에 초점을 맞추어야 한다. 이것은 정통주의 신앙·신학이 잘못되었다는 말이 아니라, 더는 좋은 결과도 없고 통하지도 않으니 다른 방식으로 말해야 한다는 뜻이다. 왜냐면 기독교 신학의 언어는 변화하는 시대에 맞추어 달라져야만 하는 것이기 때문이다. 옛날 신학을 되풀이하자면, 무엇 때문에 신학이 존재하는가? 그렇다면 신학조차도 필요 없을 것이고, 그저 성서 하나로 충분할 것이다. 실로 그러하다. 성서만 제대로 이해하고 깨닫고 실천한다면, 신학도 필요 없다. 프란치스코가 신학자라서 그런 차원에 이른 게 아니다! 그는 오히려 자신이 설립한 공동체에 복음서 외에는 어떤 책도 읽지 못하게 했다.

3. 이런 차원에서 나는 성서 구절의 이해를 통하여, 지금 이 시점에서 우리가 진지하게 고려해야 할 점을 생각해보았다. 무엇이든 아는 만큼 보이듯이, 인생도 자신과 타인과 삶의 이치를 이해하는 만큼, 진정 자신이 지닌 잠재성을 꽃피우면서 생의 깊은 의미를 맛보며 행복하게 살고, 세상의 평화를 위해 아름답게 공헌할 가능성이 더욱 커진다.

예수께서는 이렇게 말씀하신다. "구하라. 찾으라. 문을 두드려라."(마 7:7~8) 그런데 이것은 흔히 오해하고 왜곡하듯이, 일상의 필요사항을 위해 기도하라는 말이 아니다(마 6:25~32, 여기에서 예수께서는 하나님은 일상의 필요를 알고 베푸시니, 걱정하지 말라고 했다!). 이것은 하나님·진리를 찾아 깨닫고 내적 혁명을 일으켜 변화된 새로운 존재가 되기 위해서 애쓰라는 말이다. 구하고 찾고 문을 두드리는 것 세 마디는 같은 뜻의 반복이다.

그러니 이것을 오늘날의 용어로 풀어 밝히면 '깨달으라, 깨달으라, 깨달으라. 노력하라, 노력하라, 노력하라.'라는 말이겠다. 누가복음 기자가 같은 구절의 결론을 "성령"으로 바꾼 것도 이 때문이다(눅 11:9~13; 마 7:13~14: 좁은 문·길과 넓은 문·길도 같은 의미이다). 이것이 예수의 가르침이며, 복음서 이하 서신들은 이에 대한 신학적 주석일 뿐이다.

　　예수는 이른바 사람들이 생각하는 '제액 초복'을 구하는 '종교'라는 것을 가르치신 게 아니다(除厄 招福, 액운을 물리치고 복을 불러들임). 예수는 사이비 종교의 교주가 아니시다! 예수께서 성령을 "진리의 영"이라 하고(요 14:17), 누가복음 기자가 구하는 것의 최종 목적지를 성령이라고 말한 것도 같은 이유에서이다.

　　성령은 진리를 깨닫게 하시는 분이다. 그 목적은 무엇인가? 인간 혁명! 진리를 깨닫지 못한 내면에 인간 혁명은 불가능하다(요 3:1~8). 예수의 모든 가르침은 인간 혁명에 초점을 둔다. 예수의 하나님 다스림·나라는 먼저 내면에 이루어지는 혁명이다(마 5:3~12; 눅 17:21). 인간 혁명은 성령을 통하여 진리를 깨닫는 데서만 일어나지(행 2장), 신앙생활을 한다고 절로 일어나지는 않는다. 성령을 통하여·안에서 진리를 깨닫는 것만이 자기와 인간을 포함한 만물을 새로운 눈으로 바라보고 대하는 혁신적인 사유와 존재 방식의 근원이다. 무지와 형식적 신앙생활과 신학적 지식은 인간 혁명을 일으키기 어렵다.

　　인간 혁명의 길은 많다. 그중 하나가 성서의 가르침을 깊이 이해하여 깨우치는 것이다. 이것은 성서에 관한 지식을 쌓는 것을 말하는 게 아니다. 성서 전체를 달달 외우거나 성서 주석자·신학자·성직자라 하더라도, 하나님을 배신하고 거역하는 자가 될 수 있다는 것은 성서와 기독교 역사에 숱하게 나오는 이야기이기에, 일일이 말하는 것도 구차한 일이다.

　　성령을 통하여 성서의 진리를 깨닫는 것이야말로 진정한 인간 혁명을 담보하는 길이다. 지구에 인간이 생겨난 이래, 진리를 깨닫고서 변화되지 않은 일은 없었다. 정녕 성령을 통하여 성서의 진리를 깨닫는다면, 그때 진정 예수 그리스도를 하나님의 아들, 구세주, 주님, 스승으로 믿고 닮고 따르는 일이 일어난다. 이러한 진리에 대한 깨달음을 추구하는 방식이야말로 더 늦기 전에 기독교가 지향해야만 할 길이다.

4. 성서의 진리를 깨닫고자 하는 목적은 '나'라는 존재의 온전한 혁명을 이루어, 이 땅에 사랑과 평등과 평화의 세계인 하나님의 나라를 세우시려고 나를 부른 예수 그리스도의 뜻을 받들며 사람다운 사람으로 살기 위해서이지, 다른 아무것도 아니다. 성서의 진리를 깨닫지 못하고 내적 혁명을 이룩하지 못한 사람에게 하나님·그리스도는 그저 사람이 본능적으로 바라고 추구하는 풍성한 복을 내려주신다는 기복주의의 신과 우상으로 전략할 뿐이다.

그때 성서는 나와 상관없는 책으로 머물고, 신앙생활은 누구나 바라마지 않는 물질적 소유나 명예와 건강과 평안과 장수의 복을 증대하기 위한 미신과 우상숭배로 전략하고 만다. 성서의 진리를 깨달아 인간 혁명을 일으킨 성숙한 인격자인 그리스도인이 되지 않으면, 평생 신앙생활을 한다 해도 끝내 구원에서 멀어지고 만다(마 7:15~23!). 신약성서에서 구원과 영생을 얻는 신앙이란 마음과 생각과 행동과 삶 전체의 변화가 동반되는 전인적인 것이다.

예수께서는 "인자가 (다시) 올 때 세상에서 믿음을 찾아볼 수 있겠느냐?" 하신다(눅 18:8). 이것은 그때 교회에 다니는 사람을 볼 수 없다는 말인가? 아니다. 예수 그리스도를 믿고 진리를 깨달아 인간 혁명을 이루고 사는 참사람을 찾아보기 어렵다는 뜻이다. 따라서 이제 기독교는 성서의 가르침으로 돌아가 성령 안에서 진리를 깊이 이해하고 깨달아 인간 혁명을 이룩한 사람들을 길러내는 일, 곧 깨달음의 영성을 통한 인간 혁명을 지향하는 길로 나아가야 한다. 이것밖에는 다른 길이 없다. 이것이 본디 예수께서 가르치신 "길"이다.

세상에서 교회의 진정한 빛과 힘과 영광은 무엇일까? 그것은 결단코 기독교인의 숫자나 풍부한 재정에 있지 않다. 나는 이후 시대에는 기존의 기독교가 더는 통하지 않을 것이라고 본다. 그렇기에 기독교야말로 지금 일대 전환의 위기에 놓여 있다! 지금 전환하지 않는다면, 지나치게 늦는 날이 올 것이다.

나는 '기독교인과 그리스도인'을 구별해서 썼다. '기독교인'은 교회당에 다니기만 하면 자동으로 되는 유형의 사람, 평생토록 예배당을 드나들어도 도통 내면과 인격과 생각과 존재 방식이 변하지 않는 사람이다. 이는 기독교의 엄연한 역사이며 현실이다. '그리스도인'은 '그리스도의 사람'이다. 곧, 성령 안에서 예수 그리스도를 신뢰하고 사랑하고 성서의 진리를 깨달아 인간 혁명을 이룬 사람이다. 달리 말하면, 성령을 통하여 진리를 깨달아 자신 안에 "뱀"같이(창 3:1) 도사리고 있는 마음의 한 부분일 뿐인 '자아'라는 작고 딱딱하고 강력하고 고집스럽고 교만한 '신들'을 죽이고 초극(超克)한 사람이다(自我·Ego. 탐욕에 지배당하는 자기중심적인 마음의 한 부분. 신들: gods, 한둘이 아니다! 뭉뚱그려 자아. 실로 자아의 본질을 이해하는 것이 성서와 인간과 세상을 이해하는 길이다! 롬 8:1~15 참조).

그리스도인은 예수 그리스도를 신뢰하고 사랑하고 닮고 따르는 의로움 때문에 모욕과 박해를 받아도 기뻐하는 자유인이다(마 5:10~12; 요 8:31~32). 이런 사람들을 길러내는 것이 교회의 진정한 빛과 힘과 영광이다. 교회는 성령 안에서 진리를 깨달아 자아에 죽고 다시 태어난 그리스도인을 통해서, 세상에 하나님의 나라를 실현하는 그리스도의 몸·공동체이다.

인생은 한 번뿐인 거룩한 은총·선물·기회이다. 인생을 자신만의 개성 있는 예술로 빚어내도록 주어진 거룩한 심부름으로 이해하고, 자유롭고 행복하고 사람다운 사람으로 살아가는 것은 얼마나 멋지고 아름다운 삶인가?

5. 하나님은 자비로우시고, 우주와 만물은 경이롭고, 삶은 신비롭다. 그리고 인간은 고귀하고 아름다운 존재이다. 우리는 이토록 찬란하고 경이롭고 신비로운 세계에 손님과 나그네, 혹은 파견된 자로서 들러, 잠시 잠깐 바람처럼 스치며 살다가 떠난다. 삶은 얼마나 짧은가? "아, 벌써 황혼인가! 슬프다. 나에게도 떠나야 할 때가 왔구나!"(중국 주나라의 모든 것을 세운 탁월한 정치가인 주공·周公의 말. 진순신-중국의 역사, 1권) 삶이 소중한 것은 짧기 때문이다.

사람은 의식적으로든 무의식적으로든, 대개 두 가지 인생관에서 어느 하나를 선택하고 산다. 한 부류는 내 인생은 나의 것이라고 하면서, 거칠고 사나운 욕심을 품고 자기 생존과 안전과 보호와 확장에 매달리면서 살아가는 사람으로, 물적 소유와 이런저런 사회적 형식의 확보에서 생의 의미와 목적을 찾는다. 아직 내적 혁명을 모르는 기독교인들도 마찬가지이다. 그리하여 "모든 사람이 가는 길"(왕상 2:2)인 "죽음에 대한 공포 때문에 일생 종노릇"을 하면서도(히 2:15), 그것을 망각하고 자기를 위안하려고 늘 자아의 욕망에 빠져서 살아간다. 그러나 그럴수록 내적 쓸쓸함과 상실감과 허무감의 포로가 된다. 이에 대한 상징적 비유는 아담 이야기, 가인 이야기, 솔로몬 이야기이다.

어떻게 보면 이런 유형은 확고한 주체성을 가진 것으로 볼 수 있지만, 전혀 그렇지 않다. 왜곡되고 그릇된 지나친 주체성은 탐욕에서 비롯된 착각과 망상과 환상의 이기주의와 폭력주의일 뿐이다. 역사와 현실은 이러한 모습을 지겹도록 보여준다. 그야말로 왜곡되고 그릇된 주체성을 주체하지 못해 세상을 파괴한 자가 어디 한둘이란 말인가? 이런 사람은 살다가 죽는다!

다른 부류는 인생을 파견된 자의 사명(使命)으로 보고, 될 수 있는 한 최선을 다하여 나를 이 세상에 보내신 이의 명령을 의식하고 심부름을 잘 하려고 하는 사람이다. 우리는 생명(生命)이다! 생즉명(生卽命)이다. 그래서 역설적으로 나의 삶은 나의 것이 아니다. 나에게 생을 명하신 분이 계시기에, 나의 삶은 나에게 맡겨진 그분의 것이다(창 2:15-맡아서 돌보라). 여기에서 자아의 욕심에서 해방된 진정한 자각적 의식과 책임이 존재한다. 나는 언젠가 나를 보내신 이에게 돌아가, 이 세상에서 살아낸 결산서·보고서를 제출해야 한다. 이런 사람의 죽음을 가리켜 '돌아갔다.'라고 하는데, 여기에 심부름 왔다가 온 곳으로 돌아가는 것이다. 죽었다고 해서 다 돌아간 게 아니다!

　　복음서의 비유나 말씀, 그리고 서신들은 모두 이러한 두 종류의 사람에 관한 것이다(마 25:14~30-달란트 비유; 눅 19:11~27-열 므나 비유; 롬 6장, 8장 참조). 신앙으로 산다는 것은 이토록 짧은 인생에서 나를 보내신 이에게로 돌아갈 수 있는 삶을 사는 것이다.

　　가장 분명한 사실은 사람은 제 뜻으로 태어난 게 아니라는 것이다. 그러면 부모를 통해서 왔으니, 나는 부모의 것·소유물인가? 이렇게 생각하는 사람은 거의 없으리라. 물론 개중에는 자식을 제 소유물인 것처럼 여기는 못난 부모도 있기는 하다. 그러나 그런 부모는 반드시 대가를 치르게 된다.

　　'칼릴 지브란'의 지혜로운 말을 들어보는 게 좋겠다. "그대의 자녀는 그대의 것이 아니다. 그들은 스스로를 그리워하는 삶(신·대생명)의 아들딸들이다. 그들은 그대를 거쳐서 왔으나, 그대로부터 나온 것이 아니다. 또 그들은 그대와 같이 있으나, 그대의 것은 아니다."(예언자-아이들에 대하여)

　　게다가 나도 나의 주인이 아니다. 나를 이 세상에 보낸 분이 계시다. 모든 인간은 그분이 부모의 문을 통하여 이 세상으로 보내신 존재이다. 그러니 모든 인간의 주인은 보내신 그분이다. 이 말은 모든 인간은 그분의 '노예·종'이라는 말이 아니라, 그분을 알거나 모르거나 간에 그분의 '자녀'라는 뜻이다. 그런데 내가 나의 주인이 아니라는 인식은 결단코 나를 방종과 무책임한 존재가 되게 하지 않는다. 오히려 신성한 사명 의식을 지니고 책임감 있게 존재하게 한다.

성서는 고대 노예제 사회에서 쓴 책이기에, 당대 사회 관습에 따라 하나님과 사람의 관계를 이해시키려고 '주인과 종, 상전과 마름'이라는 용어를 사용한 것이다. 그런데 시대를 전혀 무시하고, 지금 이 21세기에도 그것을 글자 그대로 이해하면 참으로 무지하고 어리석고 고리타분한 구닥다리 구식이기에, 오히려 그리스도인의 자기 인식이나 선교에 장애를 일으킬 뿐이다(이런 용어는 폐기해야 한다! 사 41:8은 아브라함을 "하나님의 친구"라 함).

예수께서는 하나님을 한 번도 "주님"이라 한 적 없고, 언제나 "아버지"라고 부르셨다! 그것은 예수께서 자기만 하나님의 아들이라고 생각해서 쓴 말이 전혀 아니다. 본디 예수께서는 그런 생각조차 없으셨다. 진리를 깨달은 차원에 이르신 분이 그런 식으로 생각했다면, 전혀 예수가 아니시다! 예수는 모든 인간을 하나님의 아들딸로 바라보고 존경하고 대우하셨다. 인간에 대한 무한한 예의! 이것이 그리스도인들이 배워야 할 인간관이다.

그런데 지금도 기독교인들이 입만 열면 하나님과 예수 그리스도를 "주님"(주인님)이라고 하니, 지금이 고대 노예제 사회란 말인가? 나는 이 말이 틀렸다는 게 아니라, 시대에 전혀 들어맞지 않는 용어라고 말하는 것이다. 따라서 그리스도인들은 기도할 때 '아버지, 그리스도, 이 아들, 이 딸', 아니면 '이 몸'이라고 하는 게 마땅하고 적절하고 아름답다. 그리스도인의 신앙과 삶은 아버지이신 하나님께 지극정성으로 효도하는 것이며, 아버지와 함께 웃으며 즐거이 걸어가는 것이다.

6. 예수 그리스도의 인생관은 이러하다. "나는 아버지에게서 나와서 세상에 왔다. 나는 세상을 떠나서 아버지께로 간다."(요 16:28) "나를 보내신 분이 나와 함께 하신다. 그분은 나를 혼자 버려두지 않으셨다. 그것은 내가 언제나 아버지께서 기뻐하시는 일을 하기 때문이다."(요 8:29) "아버지께서 내 안에 계시면서 자기의 일을 하신다."(요 14:10) 이러했기에 그분이 영원토록 빛나는 삶을 사신 것이 아닌가!

그런데 이것은 비단 예수에게만 해당하는 사항이 아니다. 모든 인간은 아버지, 곧 우주와 만물을 지으신 궁극적 실재이신 하나님이 이 세상에 보내셔서 여기에 온 존재이다. 여기에는 남녀노소나 인종의 구별이 없다. 인간을 비롯한 모든 살아 있는 것들은 아버지이신 하나님의 심부름으로 이 세상에 온 존재들이다. 그렇기에 식물과 동물을 비롯한 모두 존재가 우리의 형제자매이다.

따라서 우리는 혼자 사는 것이 아니다. 우리를 이 세상에 보내신 친절하고 자상한 아버지 하나님은 언제나 우리와 함께 계신다. 그분이 아니 계신 때도 없고(無時 不在), 아니 계신 곳도 없다(無所不在). 그러므로 우리는 인생을 나의 일을 추구하는 무대가 아니라, 아버지 하나님이 나를 이 세상에 보낼 때 부여하신 사명·심부름을 이룩하는 단 한 번의 소중한 기회로 여기며, 성서의 진리를 깨닫고 참된 나를 찾아 타인과 만물을 존중하고 사랑하는 삶을 지향해야 한다. 곧, 아버지께서 내 안에서 당신의 일을 하시게 해드리는 것, 그리스도께서 나를 통하여 당신의 삶을 사시게 해드리는 것, 이것이 나의 진정한 삶이다.

이런 사람의 삶은 자유롭고 깨끗하고 덕스럽고 아름답다. 이것에 대한 상징적 비유는 창세기 2장의 생명 나무 이야기이다. 나는 이것을 '인간이여, 너는 생명 나무이다!'라는 하나님의 말씀으로 듣는다. 이것을 기르며 때마다 먹는 것이 인간다운 길이다. "영원한 당신이신 하나님을 사이에 두고, 내가 너(타인)와 맺는 인격적 관계만이 평화(shalom)를 창조하는 길이다."(마르틴 부버-나와 너) 평화는 가장 인간적인 삶의 현실이다.

그런즉 모든 인간 안팎에는 생명 나무가 있다. 그 열매를 먹는 것은 사람의 이해와 자유에 달려 있고, 그에 따라 인격과 삶의 질이 결정된다. 나의 삶은 전적으로 내가 만드는 것이다. 하나님도 대신 해주시지는 않는다. 하나님은 다만 우리 곁에 함께하며 도와줄 수 있기를 바라실 뿐이다. 하나님은 우리가 초청하지 않으면, 아무것도 하시지 않는다.

그래서 성서는 아버지 하나님을 무한히 수용하고 신뢰하고 내맡기고 살아가는 삶에 관해서 말한다. 히브리 사유체계에 의하면, 이것은 하나님의 명령이고(창 12:1~3), 인간의 선택 사항이기도 하다(신 30:15~20). 우리는 성서를 올바로 읽어야 한다. 하나님이 혼자 무조건 다 하시는 게 아니다! 신앙은 하나님의 명령을 선택하는 것이고, 그 선택을 명령 수행의 양식(樣式)으로 만드는 것이다. 여기에서 역설적으로 진정한 자유가 존재한다.

성서가 말하는 자유란 임의의 방종이 아니라, 하나님과 진리에 대한 심원한 이해에서 나타내는 자발적이고 자유로운 복종이다. 이것은 나의 모든 것, 즉, 내 영혼과 몸, 시간과 재산, 재주와 능력과 인생 등, 모든 것을 아버지 하나님의 뜻을 지향하며 존재하는 삶이다. 하나님은 이런 사람의 곁에서 그를 응원하고 도와주신다. 그러나 자아를 추구하는 자는 돕지 않고, 도우실 수도 없다. 그런 사람은 소외의 현실에 노출되고 자멸에 이르고야 만다.

이러한 원리는 성서만 가르치는 게 아니다. 이것은 만인과 역사에 적용되는 인생의 보편적인 원리와 법칙에 관한 것이기 때문이다. '맹자'가 "하늘에 순종하는 자는 흥하고, 하늘을 거스르는 자는 망한다."(順天者興, 逆天者亡)라고 말한 것도 같은 뜻이다(맹자, 이루 상).

7. 그대여, 이제 우리 생명 나무의 열매를 먹으며 참으로 존재하는 아름다운 길을 걸어가도록 하자. 쓸데없이 먹으면 반드시 죽는다는 선악과를 먹으며 살아가는 것은 살아서 이미 죽어버린 한없이 가여운 삶일 뿐이다(창 3장; 눅 9:60; 요 8장). 하나님이나 삶은 아무것도 강요하지 않는다. 이것은 그저 우리 앞에 주어진 두 갈래 길일뿐이다.

우리가 늘 마음에 새겨야 할 진실은 자상한 하나님 아버지는 우리가 행복하고 평화롭게 살도록 이 세상에 보내셨다는 것이다. 인간은 하나님의 뜻을 수행할 때 행복하고 평화롭고, 역으로 마음이 행복하고 평화로울 때 하나님의 뜻을 수행한다. 그런데 이것은 항상 지금 이 순간에 존재한다.

과거로 퇴행하거나 물적 형식에 사로잡히거나 미래로 도피하는 것은 무지하고 어리석기까지 한 일이고, 아무런 도움이 되지 못한다. 지금 이 순간, 그대 곁에서 머물러 함께하면서 그대를 도와주기 위하여 침묵 속에 서 계시는 '영원한 그이'를 깊이 의식하고 수용하고 함께 걸어가시라. 그러면 그대의 삶은 그이가 그대를 통해서 사는 멋진 여행이 되리라. 지금 이 순간에도, 멋진 삶이 우리를 기다리고 있다.

노년의 삶은 살아온 인생의 모습을 그대로 드러내고, 임종은 더욱 그러하다. 마지막 모습을 어떻게 스스로 연출하겠는가? 그것은 살아온 날들의 역정(歷程)이 저절로 표현하는 것이다. 죽을 때 잠자듯 떠나거나, 환희와 감사에 가득 젖어서 떠나는 사람은 분명 인생의 사명을 잘 수행하며 살아온 사람이다. "내 삶을 잘 되게 해주신 이가 내 죽음 또한 잘 되게 해주시리라." (장자-장자) 그에게는 죽음이 또 다른 멋진 세계로 들어가는 오래 기다려온 문이고 아름다운 비상(飛翔)의 여행이다.

세상은 그대로 인간의 확대판일 뿐이다. 인간은 정확히 자기를 닮은 세상을 만들어낸다. 따라서 지금 인류 문명의 결정적 위기는 인류가 자초한 것이다. 그러나 이제 더는 이전처럼 살 수 없고 살아서도 안 되는 문명 전환에 진입한 절박한 시대이다. 이것은 정치, 경제, 교육, 종교, 학문 등, 모든 인간의 내적 혁명과 존재 방식뿐 아니라, 사회와 나라와 산업 구조를 생태 친화적으로 혁신할 것을 요구한다. 지금 이후 몇 년이야말로 인류의 생사를 결정지을 중차대한 시기이다(길게 봐야 20년 정도?). 지금이 아니라면, 지나치게 늦을 날이 온다.

　　이제 인류는 참으로 어려운 시기로 돌입하고 있다. 마음과 태도를 단단히 준비해야 한다. 세상이 근대 이전의 중세로 돌아간다 해도, 이 지구 죽이기 문명을 바꾸어야만 인류가 살아남는다. 이전과 같은 세월이나 세기가 앞으로도 지속되리라는 망상을 버려야 한다. 현대 문명이 자초한 기후 재앙이 그렇게 생각하지 못하게 하는 시점에 진입했기 때문이다.

　　지구가 인간에게 가할 수 있는 자기 조절 방식은 많다. "코비드 19"는 아무것도 아니다. 인간은 지구의 주인이 아니며, 지구는 인간의 소유물이 아니다. 인간은 지구의 한 생물 종이며, 지구의 아이일 뿐이다. 성서는 이에 관한 확고한 이해를 보여준다. 그렇기에 우리는 이토록 아름답고 찬란한 행성인 지구에서 인간으로 살아가는 것을 기적과 신비와 은총으로 알아야 한다. 그것만이 우리를 향기롭고 아름다운 존재로 살아가게 하는 길이다.

　　우리는 경이감으로 가득찬 눈동자로 별들이 가득한 은하를 바라보며, 이렇게도 작은 지구에서 인간으로 살아가는 행운과 축복을 진지하게 생각하고 고마워해야 한다. 그런 점에서 가장 필요한 것은 의식(意識)의 변화이다. 지구와 세계와 삶을 바라보는 관점에 일대 새로운 내적 자각의 패러다임을 도입해야 한다. 그대여, 그대부터 인간 혁명을 하시라!

참고 도서

* 한 장에서 같은 책 인용은 한 번만 적음.

─────────── **들어가는 말** ───────────

1. 샤를 피에르 보들레르, 파리의 우울-이방인 2. 제임스 러브록, 가이아; 가이아의 시대 3. 헨리 데이비드 소로, 일기 4. 리하르트 D. 프레히트, 철학하는 철학사 1, 2권 5. 이일선, 인간 슈바이처 6. 라빈드라나트 타고르, 기탄잘리 7. 재레드 다이아몬드, 제3의 침팬지 8. 데스몬드 모리스, 털 없는 원숭이; 인간 동물원

제1장

1. 마르틴 부버, 나와 너 2. 맹자(孟子), 맹자(孟子) 3. 신동엽, 누가 하늘을 보았다 하는가? 4. 맹자(孟子), 맹자(孟子) 5. 윤동주, 서시(序詩) 6. 라 퐁테느, 우화집 7. 조셉 게이어, 정복되지 않는 민족 8. H. D. 소로, 월든 9. 노자(老子), 도덕경(道德經) 10. 아우구스티누스, 고백록 11. 카를 라너, 그리스도교 신앙 입문 12. Paul Tillich(폴 틸릭), The Courage to Be(존재를 향한 용기) 13. 미구엘 데 세르반테스, 돈키호테-1권 14 벤저민 프랭클린, 가난한 리처드의 달력 15. 윈스턴 처칠, 자서전 16. 빅토르 프랑클, 죽음의 수용소에서; 삶의 의미를 찾아서 17. 토마스 쿤, 과학혁명의 구조 18. 프리드리히 빌헬름 니체, 인간적인 너무나도 인간적인 19. 앨버트 아인슈타인, 나의 세계관 20. 함석헌, 죽을 때까지 이 걸음으로 21. 요한네스 볼프강 폰 괴테, 빌헬름 마이스터의 방랑시대 22. 에이브러햄 조슈아 헤셀, 사람은 혼자가 아니다 23. 유영모, 어록 24. 레프 니콜라예비치 톨스토이, 인생의 길 25. A. J. 헤셀, 누가 사람이냐? 26. 르네 데카르트, 방법서설 27. 에릭 프롬, 인간 해부학(인간은 파괴적 동물인가?) 28. 진순신, 중국의 역사(10권)-1권 29. 어빙 스톤, 미켈란젤로 전

제2장

1. Karl Barth(카를 바르트), The Humanity of God(하나님의 인간성) 2. 블레즈 파스칼, 팡세 3. A. J. 헤셀, 사람은 혼자가 아니다 4. 토를라이프 보만, 히브리적 사유와 그리스적 사유의 비교 5. 아르튀르 랭보, 지옥에서의 한 철 6. 장 폴 사르트르, 출구는 없다 7. 루트비히 판 베토벤, 서간집; 메이너드 솔로몬, 베토벤 8. 아우구스티누스, 고백록 9. 에버하르트 베트게, 디트리히 본회퍼 10. 로베르트 아돌프스, 신의 무덤 11. 프리드리히 횔덜린, 히페리온 12. 에른스트 블로흐, 저항과 반역의 기독교 13. L. N. 톨스토이, 인생의 길

제3장

1. 하비 콕스, 예수 하버드에 오다 2. 매튜 폭스, 원복 3. 니콜라스 토마스 라이트, 신약성서와 하나님의 백성 4. 헤르만 헤세, 데미안 5. 데이비드 호킨스, 호모 스피리투스 6. 윌리엄 워즈워스, 내 가슴은 뛰네 7. 정현경, 결국은 아름다움이 우리를 구원할거야 8. 이해인, 사계절의 기도 9. A. J. 헤셀, 누가 사람이냐? 10. 노자, 도덕경 11. F. 횔덜린, 히페리온 12. 에디스 쉐퍼, 최고의 예술가이신 하나님 13. 함석헌, 시집-수평선 너머 14. 장 자크 루소, 사회계약론 15. 알프레드 로드 테니슨, 담장에 핀 꽃 16. 헤르만 헤세, 에세이집: 방랑-나무 17. 지그문트 프로이트, 인간 모세와 유일신교 18. 헤르만 헤세, 시집-인생의 의무 19. 알베르 카뮈, 이방인 20. 랠프 왈도 에머슨, 강연집-정신론 21. 라빈드라나트 타고르, 기탄잘리

제4장

1. 토마스 모어, 유토피아 2. 오비디우스, 변신이야기 3. 진순신, 중국의 역사-1권 4. 도연명, 도화원기 5. H. D. 소로, 시민의 불복종 6. 노자, 도덕경 7. 베르너 푀르스터, 신구약 중간사 8. 보 라이케, 신약성서시대사 9. A. J. 헤셀, 안식 11. 엔니오 모리코네, 넬라 판타지아(Nella Fantasia, 내 꿈 속에서) 12. 류시화 편, 나는 왜 너가 아니고 나인가? 13. 칼릴 지브란, 눈물과 미소 14. Reinhold Niebuhr, The Nature and Destiny of Man(인간의 본성과 운명)-2권 15. 에드워드 엘가, 사랑의 인사

제5장

1. 마이스터 에크하르트, 강론집 2. 루트비히 포이어바흐, 종교의 본질 3. 메리 보이스, 조로아스터교의 역사 4. 단테 알리기에리, 신곡-연옥편 5. 조르다노 브루노, 무한자와 우주와 세계 6. 유영모, 어록 7. 필립 시몬스, 소멸의 아름다움 8. 헨리 솔트, H. D. 소로 9. 대니얼 부어스틴, 창조자들-2권 10. 죄렌 아브예 키르케고르, 유혹자의 일기 11. B. 파스칼, 팡세 12. 역경(易經) 13. S. 프로이트, 인간 모세와 유일신교 14. 홍자성, 채근담(採根譚) 15. 칼 세이건·앤 드루연, 잃어버린 조상의 그림자 16. 토마스 칼라일, 의상철학 17. 노자, 도덕경 18. 장자(莊子), 장자(莊子) 19. 아우구스티누스, 고백록 20. 에른스트 까르데날, 침묵 속에 떠오르는 소리 21. 칼릴 지브란, 사람의 아들 예수 22. L. N. 톨스토이, 인생의 길 23. F. 횔덜린, 히페리온

제6장

1. 윌리엄 셰익스피어, 햄릿 2. 노자, 도덕경 3. 헤라클레이토스, 어록 4. 세인트 존 그린, 엄마가 있어 줄 게 5. 우골리노, 성 프란치스코의 작은 꽃들 6. 아빌라의 데레사,

천주 자비의 글 7. 이탈로 칼비노, 보이지 않는 도시들 8. 함석헌, 전집-14권, 생각하는 백성이라야 산다 9. 바루흐 스피노자, 에티카 10. 엘리자베스 루카스, 행복의 연금술 11. 필립 체스터필드, 아들에게 주는 편지 12. 장자, 장자 13. 자사(子思), 중용(中庸) 14. 디트리히 본회퍼, 나를 따르라 15. 안셀름, 왜 하나님 인간인가? 16. 클라이브 스테이플스 루이스, 스크루테이프의 편지 17. 존 쉘비 스퐁, 생각하는 기독교인이라야 산다 18. Reinhold Niebuhr, Justice and Mercy

제7장

1. 노자, 도덕경 2. 조셉 캠벨, 천(天)의 얼굴을 가진 영웅들 3. 윌리엄 제임스, 종교적 경험의 다양성 4. 루돌프 오토, 성스러움의 의미 5. 프리드리히 슐라이에르마허, 기독교 신앙 6. 안병무, 역사와 해석 7. 토마스 만, 요셉의 그의 형제들(6권)-1권 8. 에릭 프롬, 소유냐 존재냐? 9. 콜린 윌슨, 잔혹-1권 10. 리처드 바크, 갈매기 조나탄 11. 요아킴 예레미야스, 예수 시대의 예루살렘 12. B. 파스칼, 팡세 13. 루트비히 비트겐슈타인, 논리철학 논고 14. 카를 마르크스, 경제학·철학 수고(手稿) 15. 버드런드 러셀, 서양철학사-1권 16. 월터 부르지만, 예언자적 상상력 17. 에른스트 블로흐, 저항과 반역의 기독교 18. 조철수, 예수평전 19. 마이스터 에크하르트, 강론집 20. 자사, 중용 21. S. A. 키르케고르, 순간 22. 위르겐 몰트만, 희망의 신학; 오시는 하나님 23. J. W. v. 괴테, 파우스트 24. 오강남, 종교란 무엇인가? 25. H. D. 소로, 월든 26. 표도르 도스토예프스키, 카라마조프의 형제들-1권 27. 유진 피터슨, 한 길 가는 순례자 28. 알리스터 맥그래스, 내 평생에 가는 길 29. 장 지오노, 나무를 심은 사람 30. 오귀스탱 베르크, 대지에서 인간으로 산다는 것 31. S. A. 키르케고르, 이것이냐 저것이냐 32. 밀란 쿤데라, 참을 수 없는 존재의 가벼움 33. 한스 큉, 왜 그리스도인인가?

제8장

1. L. N. 톨스토이, 인생의 길; 민화집 2. 공자, 논어 3. 장자, 장자 4. 맹자, 맹자 5. 마하트마 간디, 자서전 6. 존 밀턴, 실낙원 7. 이창배, 실낙원 해설 8. 존 메이시, 세계문학사 9. 넬슨 만델라, 자서전-자유를 향한 머나먼 여정 10. 폴 발레리, 해변의 묘지 11. 노자, 도덕경 12. S. A. 키르케고르, 공포와 전율 13. 윌리엄 제임스, 종교적 경험의 다양성 14. 장자, 장자 15. J. J. 루소, 고독한 산책자의 몽상 16. F. W. 니체, 인간적인 너무나도 인간적인 17. Paul Tillich, The Eternal Now 18. S. A. 키르케고르, 유혹자의 일기 19. 김현승, 절대고독 20. L. N. 톨스토이, 어떻게 살 것인가?

제9장

1. 표트르 데미아노비치 우스펜스키, 위대한 가르침을 찾아서 2. 아우구스티누스, 고백록 3. A. J. 헤셀, 사람을 찾는 하나님 4. 레이먼드 크래머, 예수 심리학 5. 레날드 맥컬리 · 제람 바즈, 인간 하나님의 형상 6. 폴 존슨, 종교 심리학 7. 조앤 윈밀 브라운, 기쁨의 날개 8. E. 루카스, 행복의 연금술 9. K. 바르트, 모차르트 이야기 10. 필립 솔레르스, 모차르트 평전 11. 로맹 롤랑, 베토벤 전 12. J. W. N. 설리번, 베토벤의 정신적 발달 13. M. 솔로몬, L. v. 베토벤 14. 이덕희, 음악 혼의 광맥을 찾아서 15. 폴 존슨, 유대인의 역사 16. 노자, 도덕경 17. S. A. 키르케고르, 그리스도교의 훈련 18. L. N. 톨스토이, 안나 카레니나 19. 조나탄 에드워즈, 신앙과 정서 20. 정주영, 시련은 있어도 실패는 없다; 아산문화재단-아산을 기리며 21. L. N. 톨스토이, 인생의 길 22. 니코스 카잔차키스, 신을 구하는 자; 영혼의 단련

제10장

1. A. J. 헤셀, 어둠 속에 갇힌 불꽃 2. 니코스 카잔차키스, 알렉산드로스 대왕 3. 진순신, 중국의 역사-3권 4. P. 마이클모어, 아인슈타인 전 5. 칼 세이건, 창백한 푸른 점 6. 에릭 프롬, 인간의 마음 7. 토마스 아 켐피스, 그리스도를 본받아 8. 테이야르 드 샤르댕, 인간현상 9. 헤르베르트 마르쿠제, 일차원적 인간 10. 라빈드라나트 타고르, 기탄잘리 11. 마르틴 부버, 성자가 되기를 거부한 수도승 12. 지그문트 프로이트, 쾌감원칙의 피안 13. 에릭 프롬, 사랑의 기술(art) 14. 파스칼, 팡세 15. 까비르, 여기 등불 하나가 심지도 없이 타고 있다 16. 에릭 프롬, 너희도 신처럼 되리라 17. 맹자, 맹자 18. 장자, 장자, 19. 자사, 중용 20. 칼릴 지브란, 사람의 아들 예수 21. 알베르 카뮈, 이방인 22. 벤저민 프랭클린, 가난한 리처드의 달력

제11장

1. 리처드 칼슨, 우리는 사소한 것에 목숨을 건다 2. 유형기 편, 성서주해-전도서 3. 엘리자베스 퀴블러 로스, 인생수업 4. J. R. R. 톨킨, 반지의 제왕-제7권 5. 칼릴 지브란, 예언자 6. 앙리 베르그송, 존재와 사유; 사유와 운동 7. 존 엘드리지 · 브렌트 커티스, 거룩한 로맨스 8. 임제, 임제록 9. L. V. 베토벤-서간집 10. 로버트 H. 킹, 토마스 머튼과 틱낫한 11. 클라이브 S. 루이스, 고통에 대하여 12. 요아킴 예레미야스, 예수 시대의 예루살렘 13. 노자, 도덕경 14. 마르틴 부버, 나와 너 15. 요한 하위징하, 호모 루덴스(Homo Ludens) 16. 샘 키인, 춤추는 신 17. 헨리 나우웬, 춤추시는 하나님 18. 알베르트 슈바이처, 사랑으로 밝힌 생명의 등불

제12장

1. 설도, 동심초 2. 제레미 리프킨, 엔트로피 3. 월터 페이터, 페이터의 산문 4. 오마르 카이얌, 루바이야트 5. 바루흐 스피노자, 에티카 6. 금강경 7. 열자(列子), 열자(列子) 8. 유영모, 어록 9. 빅토르 프랑클, 삶의 의미를 찾아서 10. 엘리자벳 루카스, 행복의 연금술 11. 프리드리히 W. 니체, 권력의지 12. 제임스 스튜어트 밀, 자서전 13. 맹자, 맹자 14. 윌리엄 셰익스피어, 이척보척(자는 자로) 15. 라빈드라나트 타고르, 기탄잘리 16. 리처드 도킨스-만들어진 신 17. E. 프롬, 자유로부터의 도피 18. 카를 야스퍼스, 철학적 신앙 19. 아우구스티누스, 고백록 20. 요한네스 W. V. 괴테, 서동시집 21. 아르투르 쇼펜하우어, 인생의 예지를 위한 잠언 22. 조지 버나드 쇼, 쇼에게 세상을 묻다 23. 한스 크리티안 안데르센, 동화집 24. 달라이라마, 달라이라마와 하워드 커틀러의 대화-달라이라마의 행복론 25. 모리스 메테를링크, 파랑새 26. 헤르만 헤세, 방랑-예배당, 묵상 27. 마르틴 하이데거, 존재와 시간; 숲길

제13장

1. 라빈드라나트 타고르 편, 까비르 시집 2. 아우구스티누스, 고백록 3. 수잔 워커 편, 침묵의 대화 4. 에이미 추아, 제국의 미래 5. 에디스 해밀턴, 해밀턴 신화집 6. Paul Tillich, The Courage to Be 7. 토마스 첼라노, 성 프란치스코의 생애 8. 니코스 카잔차키스, 성 프란치스코 9. 토마스 만, 요셉과 그의 형제들-제5권 10. 이일선, 인간 슈바이처 11. 헤라클레이토스, 어록 12. 임어당, 생활의 발견

제14장

1. 한스 요아킴 슈퇴릭히, 세계철학사-제1권 2. 토를라이프 보만, 히브리적 사유와 그리스적 사유의 비교 3. 노자, 도덕경 4. 장자, 장자 5. 열자, 열자 6. 논어 7. 자사, 중용 8. 대학 9. 맹자, 맹자 10. 제레미 리프킨, 엔트로피 11. 칼릴 지브란, 사람의 아들 예수 12. 마더 데레사, 자서전-그들과 함께하소서 13. 메리 보이스, 조로아스터교의 역사 14. 카렌 암스트롱, 축의 시대; 신의 역사 1권 15. E. 루카스, 행복의 연금술 16. W. 셰익스피어, 맥베스 17. F. W. 니체, 우상의 황혼; 반시대적 고찰 18. 디트리히 본회퍼, 나를 따르라 19. 제랄드 메사디에, 신이 된 남자(6권) 20. 브라이언 콜로디척 엮음, 와서 나의 빛이 되어라 21. 필 주커만, 신 없는 사회 22. 칼 바르트, 로마서 강해 23. 루시우스 안내우스 세네카, 행복론; 인생론; 도덕철학 서한 24. 루트비히 포이어바흐, 기독교의 본질; 종교의 본질 25. 크리스창 뒤꼭, 예수는 자유의 몸이시다

제15장

1. 마이스터 에크하르트, 강론집 2. 노자, 도덕경 3. J. W. v. 괴테, 파우스트 4. Paul Tillich, The New Being 5. S. A. 키르케고르, 그리스도교의 훈련 6. 라빈드라나트 타고르, 초승달-바닷가에서 7. F. W. 니체, 차라투스트라는 이렇게 말했다; 즐거운 학문 8. 레지날드 J. 홀링데일, 니체-그의 삶과 철학 9. 리처드 범브란트, 하나님의 지하운동 10. 오토 회페, 임마누엘 칸트 11. 오강남, 종교란 무엇인가; 예수가 외면한 그 한 질문; 열린 종교를 위한 단상

제16장

1. 앨런 왓츠, 물질과 생명 2. N. 카잔차키스, 에세이-영혼이여 불꽃이여 3. 수잔 워커 편, 침묵의 대화 4. 데스먼드 모리스, 털 없는 원숭이 5. 칼 세이건 · 앤 드루연, 잃어버린 조상의 그림자 6. J. W. V. 괴테, 파우스트 7. L. N. 톨스토이, 인생독본 8. 임어당, 생활의 발견 9. F. W. 니체, 유고-분위기들에 대하여 10. H. W. 롱펠로우, 인생찬가 11. S. A. 키르케고르, 유혹자의 일기 12. 시바 료타로, 항우와 유방-2권 13. F. W. 니체, 차라투스트라는 이렇게 말했다 14. S. A. 키르케고르, 이것이냐 저것이냐? 15. W. 셰익스피어, 햄릿 16. 십자가의 요한, 갈멜의 산길 17. 아빌라의 데레사, 자서전 18. 친기즈 아히뜨마토프, 백 년보다 긴 하루 19. 니코스 카잔차키스, 영혼의 단련

제17장

1. 마빈 토케이어, 탈무드 2. 노자, 도덕경 3. L. 비트겐슈타인, 논리 철학 논고 4. J. 다이아몬드, 제3의 침팬지 5. S. A. 키르케고르, 죽음에 이르는 병 6. 로버트 맥피 브라운, 뜻밖의 소식 7. 브라이언 콜로디척 엮음, 와서 나의 빛이 되어라 8. 리처드 도킨스, 만들어진 신 9. 서경(書經) 10. 스테판 크레인, 수평선을 찾는 사람 11. 에릭 프롬, 소유냐 존재냐; 인간의 마음; 존재의 기술 12. 피타고라스, 어록 13. 알베르 카뮈, 이방인 14. 마더 데레사, 하나님이 손에 드신 몽당연필 15. 패니 J. 크로스비, 찬송가 288장 16. C. F. 버틀러, 찬송가 438장 17. 헤라클레이토스, 어록

제18장

1. 르네 데카르트, 방법서설; 철학의 원리; 성찰 2. 게오르크 빌헬름 프리드리히 헤겔, 역사철학 강의 3. H. J. 슈퇴릭히, 세계철학사-2권 4. B. 러셀, 서양철학사-2권 5. 스탠리 그랜츠와 R. 올슨 공저, 20세기 신학 6. 제임스 패커와 토마스 하워드 공저, 기독교: 참된 휴머니즘 6. 에드워드 사이드, 오리엔탈리즘 7. 노엄 촘스키, 콜럼버스 이후 507년 정복은 계속된다 8. 오스발트 슈펭글러, 서구의 몰락-1, 3권 9. 프랜시스

후쿠야마, 역사의 종말 10. 데린 젠슨, 문명의 엔드게임-1, 2권 11. 앨런 와이즈먼, 인간 없는 세상 12. 스코트 니어링, 좋은 삶을 향한 인간의 탐색 13. 에드워드 윌슨, 통섭 14. 프리조프 카프라, 새로운 과학과 문명의 전환; 현대 물리학과 동양사상; 탁월한 지혜; 신과학과 영성의 시대 15. J. F. 아르벨·마티유 리카르, 승려와 철학자 16. 데이비드 호킨스, 의식혁명; 나의 눈; 호모 스피리투스 17. 웨인 다이어, 서양이 동양에게 삶을 묻다 18. 카렌 암스트롱, 축의 시대; 신을 위한 변론 19. 에크낫 이스워런, 마음의 속도를 늦추어라; 폭풍 속에서 마음 다스리기; 죽음이 삶에게 보낸 편지 20. 토마스 머튼, 죄 많은 방관자의 억측 21. R. H. 킹, 토마스 머튼과 틱낫한 22. 오쇼 라즈니쉬, 달마 23. 김학준, 러시아 혁명사 24. 묵자(墨子), 묵자(墨子) 25. 앨버트 아인슈타인, 나의 세계관 26. 토마스 벌핀치, 그리스와 로마의 신화 27. 노자, 도덕경 28. 카를 프리드리히 폰 바이젝커, 시간이 촉박하다

제19장

1. 카를로 크레모나 편, 아우구스티누스 명상록 2. 유영모, 어록 3. 노자, 도덕경 4. 제임스 맥커리, 막시밀리안 콜베 전 5. 아우구스티누스, 신국 6. 토마스 벌핀치, 그리스 로마 신화 7. 논어 8. 미국 독립선언서 9. 알렉시스 드 토크빌, 미국의 민주주의 10. 임마누엘 레비나스, 타인의 얼굴 11. A. J. 토인비, 역사의 연구-1권 12. 폴 케네디, 강대국의 흥망 13. 에이미 추아, 제국의 미래 14. 이중톈, 제국의 슬픔 15. 에드워드 기번, 로마 제국쇠망사-축약본 16. A. J. 헤셀, 누가 사람이냐? 17. H. D. 소로, 월든 18. 단테 알리기에리, 신곡-지옥편 19. 우골리노, 성 프란치스코의 작은 꽃들 20. 보나벤투라, 성 프란치스코 21. 에릭 도일, 태양의 노래 22. 요한네스 요르겐센, 아시시의 프란치스코 23. N. 카잔차키스, 성 프란치스코 24. 호세 메리노, 프란치스칸 휴머니즘과 현대 사상 25. 마더 데레사, 자서전-그들과 함께하소서 26. B. 콜로디첵 엮음, 와서 나의 빛이 되어라 27. L. N. 톨스토이, 인생독본

제20장

1. 유튜브, 밥과 렉스 2. 에릭 프롬, 소유냐 존재냐; 인간의 마음; 존재의 기술 3. 노자, 도덕경 4. 에릭 프롬, 사랑의 기술 5. 조지 엘리어트, 천국의 문 앞에서 6. 바루흐 스피노자, 에티카 7. D. 본회퍼, 신도의 공동생활 8. E. 해밀턴, 해밀턴 신화집 9. T. 벌핀치, 그리스와 로마의 신화 10. 제임스 조지 프레이저, 황금 가지 11. 제카리야 시친, 지구 연대기-1, 2, 3권 12. 스탠리 월퍼트, 인디아 그 역사와 문화 13. 사르베팔리 라다크리슈난, 인도철학사-1권 14. 퍼거스 플레밍·엘런 로시안 공저, 영생에의 길-이집트 신화 15. 리처드 도킨스, 만들어진 신 16. K. 암스트롱, 축의 시대; 신을 위한

변론 17. 플라톤, 국가 18. 생텍쥐페리, 어린 왕자 19. 앙리 슈브리에, 참된 제자 20. 헤라클레이토스, 어록 21. 후안 루이스 까라비아스, 구원은 사랑

─────────────── **나가는 말** ───────────────

1. 토머스 모어, 유토피아 2. 올더스 L. 헉슬리, 멋진 신세계 3. 조지 오웰, 1984년 4. 에릭 프롬, 소유냐 존재냐 5. 프리조프 카프라, 새로운 과학과 문명의 전환 6. 데스먼드 모리스, 인간 동물원 7. 노자, 도덕경 8. 진순신, 중국의 역사-제1권 9. 칼릴 지브란, 예언자 10. 마르틴 부버, 나와 너 11. 맹자, 맹자 12. 장자, 장자